M. TULLII CICERONIS

OPERA

22729. — PARIS. — IMPRIMERIE LAHURE

9, rue de Fleurus, 9

M. TULLII CICERONIS OPERA

OEUVRES

DE CICERON

BRUTUS

TEXTE LATIN

REVU ET PUBLIÉ D'APRÈS LES TRAVAUX LES PLUS RÉCENTS
AVEC UN COMMENTAIRE CRITIQUE ET EXPLICATIF
UNE INTRODUCTION ET UN INDEX

PAR JULES MARTHA

Maître de conférences à l'École normale supérieure

PARIS

LIBRAIRIE HACHETTE ET Cie

79, BOULEVARD SAINT-GERMAIN, 79

LONDRES, 18, KING WILLIAM STREET, STRAND

1892

INTRODUCTION

I

A QUELLE DATE ET DANS QUELLES CIRCONSTANCES LE *BRUTUS* A ÉTÉ COMPOSÉ?

Il est facile de déterminer à quelques mois près la date du *Brutus*[1]. Il y est question du séjour de M. Brutus en Asie Mineure auprès de César[2] et du titre de propréteur récemment attribué au même Brutus avec le gouvernement de la Gaule Cisalpine[3]. Cicéron est à Rome[4], César l'ayant enfin autorisé à quitter Brindes, où le malheureux consulaire avait si longtemps traîné sa dignité d'*imperator* avec ses licteurs et ses lauriers[5]. Tout cela nous reportant à la fin de l'année 707/47, les inquiétudes de Cicéron[6] et les nouvelles qu'il sollicite de Brutus[7] ne peuvent avoir trait qu'à la guerre d'Afrique, entreprise par César dans le courant de décembre, mais dont les opérations ne commencent réellement que le 1er janvier 708/46[8]. Le *Brutus* est donc postérieur à cette date. D'autre part,

1. Le seul titre authentique est *Brutus*. C'est ainsi que l'ouvrage est toujours désigné dans l'antiquité (Cic., *de Divin.*, II, 1, 4; *Orat.*, 7, 23; Quintil., X, 1, 38; Tac., *Dial. de Orat.*, 30; Suét., *J. Cæs.*, 57; Macrob., *Sat.*, VI, 2). L'addition d'un sous-titre date du xv⁰ siècle et semble due à Flavio Biondo qui, le premier, donne *de claris oratoribus* (*Italia illustrata*, éd. de Bâle, 1531, p. 346). Les seuls manuscrits avec sous-titre sont ceux qui dérivent directement ou indirectement de Biondo (B et H, dans la suscription finale : *de oratoribus claris*; — M : *de illustribus oratoribus incipit feliciter*). Sur la valeur de ces manuscrits, voir, à la fin de l'introduction, le chapitre relatif aux sources du texte.

2. §§ 12, 21, 330. L'expédition contre Pharnace a lieu vers le mois d'août 707-47.

3. § 171. Brutus fut nommé lorsque César, de retour à Rome en septembre 707-47, s'occupa de pourvoir aux magistratures vacantes et de réorganiser l'administration (Duruy, *Hist. des Rom.*, III, p. 351).

4. La façon dont il parle de ses villas (§§ 20 et 300) prouve qu'il est à Rome. Il y est revenu en octobre (*ad Famil.*, XIV, 20).

5. *Ad Attic.*, XI, 6.

6. § 266 : « præteritorum recordatio est acerba et acerbior exspectatio reliquorum. »

7. § 19 à la fin.

8. *Bell. Afric.*, 1-6.

la manière dont on y parle des deux grandes victimes de cette
guerre, Caton et Scipion, prouve qu'ils sont ou qu'on les croit
encore vivants[1], par conséquent que la bataille de Thapsus
(6 avril 708) n'a pas encore été livrée ou du moins qu'on en
ignore encore à Rome l'issue et les conséquences. L'ouvrage a
donc été composé entre janvier et avril 708/46[2] et probablement
plus près d'avril que de janvier, puisqu'on est dans l'attente d'un
événement décisif et que déjà des bruits circulent sur les premiers
succès de César[3].

La publication a dû suivre de très près la composition. On a cru
pouvoir la reculer d'un an sous prétexte que la préface, où il est
question des chagrins de Cicéron et des consolations de Brutus, n'a
pu être écrite qu'après la mort de Tullia, c'est-à-dire en 709/45[4].
Mais les chagrins et les consolations dont il s'agit sont d'ordre
politique[5]. Et puis dans l'*Orator*, qui a été publié en 708/46[6], le
Brutus est mentionné comme un ouvrage déjà lu et connu[7]. Du
reste, si la préface avait été écrite après coup en 709/45, on ne
comprendrait pas comment ces pages, toutes pleines de tristesses
et de regrets, ne contiennent pas une seule allusion à la mémoire
de Caton. En 709, en effet, toutes les pensées de Cicéron étaient
tournées vers le héros d'Utique, dont il venait d'écrire le panégyrique[8], qui était l'objet d'une discussion courtoise entre César
et lui[9], et dont le souvenir, dans un ouvrage adressé au propre
neveu de Caton, eût été à tout le moins une obligation de bien-
séance.

Dans les premiers mois de 708/46, la situation était pour Cicéron
des plus critiques. Il n'était plus avec les Pompéiens et n'était pas
avec César. On sait qu'entre les deux rivaux il avait longtemps
hésité[10], qu'il ne s'était décidé que faute de pouvoir rester neutre
et plutôt par raison, par convenance, que par inclination[11]. L'im-
prévoyance et l'aveuglement de Pompée, sourd à tous les conseils
de la prudence et de la modération[12], la folle jactance de ses
partisans, qui se croyaient assurés de la victoire et se disputaient
d'avance les dépouilles des vaincus[13], puis, après Pharsale, les

---

1. §§ 118, 212.

2. Ces dates n'ont pas une rigueur
absolue, l'année 708-46 correspondant
précisément à la réforme du calendrier
par Jules César.

3. § 10 : « Nihil sane, inquit Brutus,
quod quidem aut tu audire velis aut ego
pro certo dicere audeam. »

4. Middleton, *Hist. de Cic.*, t. III
(éd. Didot, 1749, p. 235). L'idée première de cette conjecture appartient à
Corrado (éd. du *Brutus*, Florence, 1552).

5. Voir §§ 11 et 330.

6. Voir *ad Famil.*, VI, 18, 3 et 5
(lettre antérieure à la mort de Tullia).

7. *Orat.*, 7, 23.

8. *Orat.*, 10, 35 ; Plutarque, *J. Cæs.*,
54.

9. *Ad Attic.*, XII, 40, 1 ; XIII, 27, 1 ;
46, 2.

10. Voir Boissier, *Cicéron et ses amis*
(7ᵉ éd.), p. 56.

11. *Ad Attic.*, VIII, 11.

12. *Ad Famil.*, VI, 6, 3-6 ; *ad Attic.*,
VII, 13, 1-2 ; 21, 1.

13. *Ad Famil.*, VII, 3, 2 ; VI, 21, 2 ;

longs mois passés à Brindes dans l'isolement et l'inquiétude[1], tout
cela l'avait peu à peu détaché d'un parti qui n'avait eu en somme
d'autre mérite à ses yeux que de soutenir la bonne cause[2]. D'autre
part, il se faisait un scrupule de passer à César. Sans doute on
l'avait traité avec les plus grands égards, on avait respecté son
amour-propre et sa dignité[3], on lui avait délicatement épargné
l'embarras et l'humiliation d'une soumission publique[4]. Mais il
n'était qu'à demi conquis. La république était ruinée, le sénat avili,
le forum réduit au silence. Pouvait-il se rallier au régime nouveau,
sans accepter la complicité de l'œuvre accomplie? Aussi se tenait-
il dans une sorte d'abstention défiante, soumis mais non résigné,
attendant avec impatience, comme tout le monde, des nouvelles de
la guerre d'Afrique, mais n'osant faire des vœux pour personne,
puisqu'au point où en étaient venues les affaires, s'il y avait quelque
différence entre les causes, il ne devait pas y en avoir entre les
victoires[5]. Mal vu des Césariens qui le traitaient en vaincu et le
regardaient avec une insolente fierté[6], mal vu des Pompéiens
qui lui reprochaient d'avoir survécu à la défaite du parti[7], en
butte à toutes sortes de propos malveillants, obligé cependant de
rester à Rome pour faire bonne contenance et n'avoir pas l'air de
fuir[8], il s'enfermait dans la retraite et la solitude, avec ses livres,
« ses vieux amis »[9]. Eux seuls pouvaient sinon le consoler, du
moins le distraire.

Mais, s'il est vrai qu'aux chagrins il n'y a pas de meilleur
remède que le travail, encore faut-il qu'on soit capable de
rompre par un brusque effort avec ses pensées et aussi que le
travail auquel on s'attache ne risque pas de ramener l'esprit sur
les objets mêmes d'où l'on voudrait l'éloigner. Or Cicéron était
trop accablé pour avoir l'énergie de se dominer, et d'autre part les
études qui s'offraient à lui n'étaient pas propres à le détourner
des choses qui l'affligeaient. Lors de son départ pour la Cilicie, il
avait laissé interrompu son traité *de Legibus*, qui devait compléter l'œuvre de philosophie politique commencée par le *de
Republica*. Il avait, comme il le dit lui-même, fait des provisions
de matériaux pour cet ouvrage et tout cela était comme en
réserve, prêt à être mis en œuvre[10]. Rien de plus naturel que de

IX, 6, 2 ; *ad Att.*, IX, 11, 3 ; X, 7, 1 ;
XI, 6, 2 et 6. Cf. César, *B. Civ.*, III, 82.

1. *Ad Attic.*, XI, 7 ; XI, 18 et 22.

2. *Ad Famil.*, VII, 3, 2 : « Nihil
boni præter causam. »

3. *Ad Famil.*, XIV, 23 ; *pro Lig.*, 3, 7.

4. Plutarque, *Vie de Cic.*, 39.

5. *Ad Famil.*, V, 21, 3 : « Est enim
res jam in eum locum adducta, ut, quanquam multum intersit inter eorum causas, qui dimicant, tamen inter victorias
non multum interfuturum putem. »

6. *Ad Famil.*, IX, 2, 2.

7. *Ad Famil.*, IX, 5, 2 : « quibus
non sati-facimus quia vivimus. »

8. *Ad Famil.*, IX, 2, 3.

9. *Ad Famil.*, IX, 1, 2 ; VII, 33, 2.

10. *Brut.*, 16 : « ex conditis, qui jacent
in tenebris et ad quos omnis nobis aditus,
qui pæne solis patuit, obstructus est. »

reprendre son travail au point où il l'avait laissé ; mais aussi rien de
moins salutaire. Quand tous les principes de la morale politique
étaient ouvertement méconnus et violés, comment étudier les fon-
dements du droit, de la justice, des lois, sans être à chaque instant involontairement ramené aux désordres et aux illégalités du
présent ? Et quelle vertu consolatrice pouvait avoir une étude où
les rêves généreux de la philosophie ne pouvaient que mieux mettre
en relief les misères de la réalité ?

Un livre d'Atticus vint à point détourner vers d'autres objets
le cours des pensées de Cicéron et le réconcilier définitivement
avec ses livres[1]. En lisant le *de Republica*, Atticus avait eu l'occasion de relever un certain nombre de fautes contre l'histoire[2]. Les
petites discussions épistolaires qu'il avait eues à ce sujet avec son
ami et la nécessité d'établir le bien fondé de ses critiques l'ayant
conduit à faire des recherches dans l'histoire romaine[3], pour
laquelle il avait d'ailleurs un goût particulier[4], il avait rassemblé
une multitude de faits, de noms, de dates, de détails généalogiques.
Ainsi s'était formé une sorte de manuel chronologique, que les
anciens citent sous le nom de *Liber annalis*, et qui paraît avoir été
un catalogue des magistrats romains classés par consulats, avec
l'indication des lois, des traités, des guerres, des principaux événements de politique intérieure et extérieure correspondant à
chaque année, le tout entremêlé de synchronismes, qui permettaient
de suivre le développement de l'histoire romaine dans ses rapports
avec l'histoire des autres grands peuples[5].

Ce livre était terminé au moment où Cicéron revint à Rome après
la guerre civile. Il le lut et s'y intéressa vivement. Il avait des
notions assez précises sur les antiquités romaines, qu'il avait étu-
diées dans sa jeunesse ; mais ces notions étaient incomplètes et plus
ou moins décousues. Il fut ravi de pouvoir embrasser d'un coup
d'œil tout le tableau de l'histoire romaine et de revivre en imagination avec les grands hommes d'autrefois. En même temps, comme
la plupart de ces grands hommes avaient été plus ou moins des orateurs, tout le passé oratoire de Rome se représenta à sa mémoire.
Tous ces noms réveillèrent en lui la passion des choses de l'éloquence dont les malheurs publics l'avaient, depuis plusieurs années,

1. *Brutus*, 13.

2. *Ad Attic.*, VI. 1, 8 et 17.

3. *Brutus*, 19.

4. Cornelius Nepos, *Atticus*, 18, 1 :
« summus .. fuit... antiquitatis amator. »

5. *Brutus*, 15 : « ut explicatis ordinibus temporum uno in conspectu omnia
viderem. » *Orator*, 34, 120 : « Cognoscat
etiam rerum gestarum et memoriæ veteris
ordinem, maxime scilicet nostræ civitatis,
sed etiam *imperiosorum populorum et
regum illustrium;* quem laborem nobis
Attici nostri levavit labor, qui conservatis notatisque temporibus, nihil cum
illustre prætermitteret, annorum septingentorum memoriam uno libro colligavit. » Cf. Cornelius Nepos, *Atticus*, 18, 1 :
« nulla enim lex neque pax neque bellum neque res illustris est populi romani
quæ non in eo suo tempore sit notata. »

distrait. Il se plut à coordonner ses souvenirs; il en vint à les
compléter par des lectures et des recherches nouvelles, et, presque
sans y penser, se trouva conduit à composer le *Brutus*.

Le *Liber annalis* avait ainsi redonné le branle à son activité
littéraire et, en le ramenant comme par surprise à ses livres longtemps délaissés, avait apporté à son âme malade la plus efficace
des consolations. Aussi parlait-il du livre d'Atticus avec un enthousiasme reconnaissant, bien fait pour étonner ses amis, qui ne s'at-
tendaient guère à entendre vanter de la sorte les charmes d'un
manuel de chronologie. « Il m'a, dit-il, apporté le salut[1]. » Les
travaux de ce genre ne font pas d'ordinaire de pareils miracles.

II

RAPPORTS DU *BRUTUS* AVEC LE *DE ORATORE* ET L'*ORATOR*.

Si la lecture du *Liber annalis* a été l'occasion déterminante du
Brutus, le dessein de l'ouvrage était sans doute de plusieurs années
antérieur. Du jour où Cicéron avait entrepris d'écrire sur l'art oratoire et conçu le *de Oratore*, l'idée d'un exposé historique avait dû
lui venir à l'esprit. Il y était naturellement conduit par l'exemple
d'Aristote, dont le souvenir le hantait[2] et qu'il se piquait d'imiter[3].
Sans doute il ne trouvait pas à Rome les éléments d'une Τεχνῶν
συναγωγή, analogue à celle d'Aristote, puisque la rhétorique latine
n'avait pas d'histoire et que l'éloquence à Rome était moins une
affaire de théorie que de routine. Mais à défaut de systèmes à résumer, il avait des orateurs à faire connaître : il pouvait montrer
comment s'était formée et développée jusqu'à son temps la pratique
de l'éloquence, comment elle s'était modifiée sous l'influence crois-
sante de la culture grecque, à quel point enfin elle en était arrivée.
Outre qu'une semblable histoire pouvait avoir pour lui un intérêt
patriotique, elle était faite pour tenter sa vanité, puisqu'en dernière
analyse cette série continue de progrès vers la perfection venait
aboutir à lui-même et qu'en faisant valoir les orateurs qu'il avait
dépassés, il rehaussait d'autant sa gloire.

De plus, l'histoire était la meilleure justification des enseignements du *de Oratore*. La théorie oratoire, dont ce traité est le
développement, n'est pas autre chose, en effet, que la mise en préceptes et, pour ainsi dire, la codification de l'éloquence cicéronienne. L'orateur qu'il s'agit de former, Cicéron ne le conçoit qu'à

---

1. *Brutus*, § 13 : « Salutem attulerunt. »

2. *De Invent.*, II, 2, 6; *de Orat.*, II,
36, 152; 38, 160; *de Divin.*, II, 1, 4.

3. *Ad Attic.*, XIII, 19, 4 : « Quæ autem his temporibus scripsi, Ἀριστοτέ-

son image et l'éducation qu'il lui prescrit est identique à celle qu'il s'est donnée à lui-même et à laquelle il doit d'être ce qu'il est. A l'exemple de tous les grands artistes devenus théoriciens, il se prend lui-même comme mesure et comme type de son art et tire une loi de sa propre expérience. A coup sûr personne ne pouvait s'étonner de le voir ainsi ériger ses pratiques oratoires en maximes. Sa méthode était bonne, puisqu'elle avait fait ses preuves et avec éclat. Mais, bien qu'elle eût le prestige du succès, elle pouvait paraître trop personnelle. On pouvait dire d'elle ce qu'Antoine en dit dans le *de Oratore*, quand il reproche à Crassus (lequel n'est que l'interprète des idées de Cicéron), de définir l'éloquence, non d'après les limites de l'art, mais d'après l'étendue, presque immense, de son talent[1]. Il était bon de montrer que cette méthode, en apparence si particulière et si nouvelle, était au contraire conforme à l'esprit romain, qu'elle avait des titres dans le passé et comme une légitimité historique. C'était celle en effet que plusieurs siècles d'efforts plus ou moins inconscients avaient peu à peu préparée, qu'avaient pressentie et en partie appliquée les plus grands orateurs des âges précédents, qui s'était développée et précisée de génération en génération et à laquelle Cicéron n'avait fait que donner sa formule définitive en conciliant la culture grecque avec les meilleures traditions de la pratique romaine. Cette démonstration, l'histoire seule pouvait la fournir ; par elle seule on pouvait établir que la théorie du *de Oratore* n'était pas une fantaisie de génie, mais le terme logique d'une évolution nationale.

Cicéron en a si bien le sentiment qu'il s'ingénie à donner aux enseignements du *de Oratore* le soutien de l'histoire. Et d'abord il imagine un cadre historique : au lieu de parler en son nom comme il le fera plus tard dans le *Brutus* et l'*Orator*, il fait parler Crassus, Antoine et plusieurs de leurs contemporains, c'est-à-dire les plus grands orateurs de la génération antérieure à la sienne, comme s'il voulait par cet artifice donner à ses préceptes l'autorité d'une tradition déjà ancienne. Les interlocuteurs du dialogue se plaisent à rapporter des souvenirs personnels et pour les contemporains de Cicéron ces souvenirs sont de l'histoire. A chaque instant on rappelle les orateurs illustres des âges précédents, Caton, Lælius, Galba, Carbon, les Gracques : on cite de leurs mots, on raconte sur eux des anecdotes caractéristiques, on parle des procès auxquels ils ont pris part. On multiplie à plaisir les exemples empruntés au passé oratoire de Rome. Cicéron a consulté les documents les plus authentiques, les auteurs les mieux informés, les témoins les plus sûrs ; il connaît le détail de toutes les causes célèbres et a lu

---

λειον morem habent »; cf. *ad Famil.*, I, 9, 23.

1. *DeOrat.*, I, 49, 214 : « Crassus vero mihi noster visus est oratoris facultatem non illius artis terminis, sed ingenii sui finibus, immensis pæne, describere. »

tous les discours qui sont encore conservés de son temps. Il a dès ce moment entre les mains tous les éléments qui lui serviront pour la composition du *Brutus*. Bien plus, l'esquisse du futur traité est comme tracée d'avance. Les grandes périodes de l'éloquence romaine sont déjà nettement distinguées, comme elles le seront dans le *Brutus*, avec les noms qui personnifient chacune d'elles[1]. On peut dire qu'il y a dans le *de Oratore* une sorte de *Brutus* latent. Le livre est fait dans la pensée de Cicéron : Atticus, avec son recueil de noms et de dates, ne fournira que les moyens de l'écrire facilement.

Le *Brutus* tient de si près au *de Oratore*, que pour le bien comprendre il importe de ne pas l'isoler du traité qu'il complète. Le même esprit anime les deux ouvrages.

De part et d'autre la thèse est la même. Le *de Oratore* a pour but de démontrer que l'éloquence ne consiste ni, comme le pensent la plupart des praticiens romains, dans une certaine facilité naturelle fortifiée par l'exercice de la parole[2], ni, comme le prétendent les rhéteurs, dans l'application méthodique de certains procédés techniques[3]; qu'elle exige au contraire le concours du talent naturel, de la pratique et de l'étude, et que cette étude doit embrasser l'ensemble des connaissances humaines, la rhétorique, la philosophie, la politique, l'histoire, la poésie, la jurisprudence[4]; en un mot que de tous les arts l'éloquence est le plus difficile[5]. Cette thèse fondamentale est précisément celle qui domine tout le *Brutus*. Elle est formulée dès le début dans les termes les plus clairs[6] et, à plusieurs reprises, dans le cours du dialogue, Cicéron prend soin de la rappeler avec une insistance significative[7]; c'est pour la bien poser qu'il commence par résumer l'histoire de l'éloquence et de la rhétorique chez les Grecs; c'est pour la démontrer d'une façon péremptoire qu'il entasse coup sur coup tant de noms et s'engage dans cet interminable et fastidieux catalogue qui finit par lasser la patience

---

1. *De Orat.*, III, 7, 28 : « Gravitatem Africanus, lenitatem Lælius, asperitatem Galba, profluens quiddam habuit Carbo et canorum : quis horum non princeps temporibus illis fuit? » La période qui suit l'âge de Carbon est représentée par les deux interlocuteurs du dialogue, Crassus et Antoine; après eux vient la génération de Cotta et Sulpicius. L'ouvrage se termine par l'annonce d'Hortensius.

2. *De Orat.*, I, 2, 5 : « eloquentiam in quodam ingenii atque exercitationis genere ponendam. » C'est la théorie soutenue par Antoine (*de Orat.*, I, 48, 209 et suiv.).

3. *De Orat.*, III, 14, 54 : « Quare omnes istos deridete atque contemnite, qui se horum... rhetorum præceptis omnem oratorum vim complexos esse arbitrantur ». Cf. III, 20, 75; 21, 81; 24, 92; 30, 121.

4. *De Orat.*, I, 2, 5 : « eruditissimorum hominum artibus eloquentiam contineri »; 6, 20 : « nemo poterit esse omni laude cumulatus orator, nisi erit omnium rerum magnarum atque artium scientiam consecutus. » La théorie est développée par Crassus.

5. *De Orat.*, I, 5, 16, 19.

6. *Brutus*, 6, 25.

7. §§ 39, 137, 182, 244, 270, 299.

d'Atticus[1]. Il sait bien que cette nomenclature touffue risque d'accabler l'esprit du lecteur; il est le premier à en reconnaître la longueur et l'ennui, mais il ne s'en obstine pas moins à la poursuivre, non pas, comme il le prétend dans l'*Orator*, pour encourager le talent en rendant justice aux mérites les plus modestes et par une sorte d'indulgence naturelle pour les orateurs de son pays[2], mais parce que ce dénombrement est à lui seul un argument, l'argument le plus fort qu'il puisse apporter en faveur de sa thèse. Grossir, en effet, la liste des prétendants à l'art oratoire, quand on a en somme peu de vrais orateurs à citer, cela revient à diminuer la proportion des élus aux appelés : excellente manière de prouver que l'éloquence est un art entre tous difficile ; qu'il défie l'effort des ambitions communes ; que pour y atteindre, les talents, même les mieux doués, ne sauraient se soumettre à une discipline trop sévère, et qu'ainsi les prescriptions, en apparence si rigoureuses, du *de Oratore* ne sont pas exagérées.

De même que la thèse, le ton didactique du *de Oratore* se retrouve dans le *Brutus*. Cicéron y parle moins en historien désintéressé, qui expose des faits et des dates, qu'en théoricien préoccupé d'une doctrine. « Cette conversation, dit-il, ne doit pas être seulement une énumération d'orateurs; elle comporte aussi des préceptes » (§ 319). Et les préceptes y abondent en effet, les uns nettement formulés avec une précision dogmatique, les autres plus ou moins enveloppés dans une anecdote, un éloge ou une critique. On peut dire que d'un bout à l'autre de l'ouvrage il y a comme une théorie à l'état diffus. Il suffit d'en recueillir les éléments épars, de les classer, de les concentrer en faisceau pour avoir une véritable *institutio oratoria*, dont voici les traits principaux. L'éloquence exige avant tout un ensemble de qualités intellectuelles et physiques. Mais il faut que ces qualités soient développées par l'éducation et entretenues par un exercice assidu (§§ 22, 25, 111, 320 et *passim*). Le futur orateur, habitué dès l'enfance à un langage pur et correct (§§ 104, 125, 211, 213, 258), recevra une forte culture générale, surtout la culture grecque (§§ 104, 132, 322) ; il connaîtra la littérature, l'histoire, le droit, la philosophie (§§ 23, 214, 322 et *passim*). En ce qui concerne la philosophie, il choisira parmi les écoles, laissera de côté les Épicuriens, qui n'apprennent point à parler (§ 131), se formera auprès des Stoïciens dans l'art de la dialectique, mais en évitant de leur emprunter leur style sec et hérissé (§§ 118, 309), s'attachera surtout aux disciples d'Aristote et de Platon, qui seuls savent à la fois raisonner avec rigueur et parler avec élégance (§ 120). A cette éducation générale viendra s'ajouter l'éducation spéciale de la rhé-

---

1. § 244 : « Tu quidem de fæce hauris »; cf. 269.

2. *Orat.*, 7, 23 : « Qui in illo sermone nostro, qui est expositus in *Bruto* multum tribuerim Latinis vel ut hortarer alios, vel quod amarem meos. »

torique. Cette science très complexe (§ 25) doit être étudiée à fond et aucune des cinq parties dont elle se compose ne saurait être complétement négligée (§ 214). Toutes, il est vrai, n'ont pas une importance égale : l'élocution et l'action ont une valeur prépondérante (§§ 142. 235), et l'élocution prime tout le reste (§ 216). Le style simple a de la grâce (§ 35), mais le vrai style oratoire doit être sublime, c'est-à-dire abondant (§§ 29, 82. 253), figuré (§§ 69, 141. 274), harmonieux enfin et d'un tour périodique (§§ 32, 33, 68. 274). C'est le style qui convient le mieux à l'expression de la passion et sans pathétique il n'y a point de grande éloquence (§§ 89, 276) ; car, si le rôle de l'orateur consiste à instruire, plaire et toucher, le but suprême est de toucher (§§ 198, 276, 322). N'est-ce pas là toute la substance du *de Oratore*? Et je ne parle pas d'une foule de petites réflexions didactiques jetées au cours de la conversation, sur la nécessité d'approprier l'enseignement au talent naturel de l'élève (§ 204), sur l'importance des exercices écrits de composition et de style (§§ 92, 321), sur l'art d'élever le débat par des considérations générales (§§ 82, 322), sur l'inconvénient de la brièveté (§ 50), sur le ton qui convient à l'avocat devant les juges (§ 246), sur le soin qu'il faut prendre de ne pas prêter au ridicule par certaines exagérations de langage et de tenue (§ 225). A chaque instant une leçon vient ainsi rappeler au lecteur que le *Brutus* est l'appendice du *de Oratore*. En passant d'un ouvrage à l'autre, Cicéron n'a pas dépouillé le maître d'éloquence.

Ce maître pourtant n'est plus tout à fait dans les mêmes dispositions d'esprit. Il y a dans le *Brutus* quelque chose qui ne se trouve pas dans le *de Oratore*, une certaine passion latente et comme l'ardeur inquiète d'une autorité qui se sent menacée. C'est qu'entre les deux traités près de huit ans se sont passés et que dans l'intervalle le prestige oratoire de Cicéron a subi quelques atteintes. Vers 699/55, au moment où il compose le *de Oratore*, il a bien, comme tout homme politique en vue, des envieux et des ennemis, mais nul ne conteste son éloquence : on l'admire sans réserves et il n'a pas besoin de prouver qu'il a droit à l'admiration. Mais vers cette époque commence à paraître au forum un jeune orateur d'un talent âpre et redoutable, C. Licinius Calvus[1], dont l'éloquence, plus vigoureuse et plus serrée que celle de Cicéron, s'élève en face de la sienne, dont la réputation grandit peu à peu, et qui finit par devenir le chef d'une école nouvelle. Pour lui et pour tout le parti des jeunes gens, orateurs ou poètes, qui se groupent autour de son nom, Cicéron est loin de réaliser la perfection de l'art oratoire. Celui que dans une pièce mordante Catulle appelle ironiquement le « le plus disert de tous les neveux de Romulus, le meilleur

---

1. Le premier discours de Calvus contre Vatinius est de 696-58 (Teuffel, *Röm. Lit.*, § 213, 6). — Sur Calvus voir §§ 283, 284 et le commentaire.

de tous les avocats[1] », le maître jusque-là tant admiré est en butte
à toutes sortes de critiques. On le trouve verbeux, emphatique ; on
dit qu'il manque d'esprit et surtout de force[2] ; enfin, comme il
arrive dans les luttes littéraires ou politiques, on imagine un mot
pour l'exécuter : il n'est pas *attique*. Je n'ai pas à raconter ici la
querelle des Attiques, qui est bien connue[3]. On sait combien elle a
ému Cicéron et quelles peines il s'est données pour revendiquer à
son profit ce titre d'*attique* que ses adversaires s'acharnaient à lui
dénier. Il suffit de rappeler qu'en 706/46, c'est-à-dire au moment
où le *Brutus* est composé, cette guerre oratoire est dans tout son
feu. Calvus est mort[4], mais son école est encore bien vivante et
Brutus, celui-là même auquel le livre est dédié, est un de ses plus
fervents adeptes. De là dans le *Brutus* plusieurs digressions, dont
l'intention n'est pas douteuse et qui visent les néo-attiques. Tantôt
Cicéron se fait un malin plaisir d'établir un parallèle, — auquel
d'ailleurs il ne croit pas tout à fait[5] — entre Caton l'Ancien et Lysias,
moins pour exalter le plus ancien et le plus rude des orateurs
romains, que pour ramener à un rang plus modeste celui que la
nouvelle école révère à l'égal d'un dieu, et pour montrer par la
même occasion tout ce qu'il y a d'engouement factice, d'ignorance
et d'injustice dans cette manie d'aller chercher en Grèce ce qu'on
trouverait aisément à Rome, c'est-à-dire un modèle de simplicité
forte[6]. Tantôt il prend ses adversaires directement à partie et leur
démontre, par une discussion pressante, que l'atticisme n'est pas
quelque chose de défini, que les formes en sont très variées à
Athènes même, que s'ils se prétendent attiques, d'autres peuvent
l'être aussi qui se font de l'art oratoire une idée toute différente de
la leur[7], et que, tout bien considéré, l'atticisme n'est pas la condition de l'éloquence, mais l'éloquence la condition de l'atticisme[8].
Tantôt enfin aux critiques de ces délicats qui se donnent des airs

---

1. Catulle, 49. Sur le sens de cette
pièce, voir Benoist, *Commentaire critique et explicatif des poésies de Catulle*,
p. 489.

2. Quintilien, XII, 10, 12 : « (M. Tullium) incessere audebant ut tumidiorem
et Asianum et redundantem et in repetitionibus nimium et in salibus aliquando
frigidum et in compositione fractum,
exsultantem ac pæne, quod procul absit,
viro molliorem » ; Tacite, *Dialog.*, 18 :
« Constat ne Ciceroni quidem obtrecta-
tores defuisse, quibus inflatus et tumens
nec satis pressus, sed super modum ex-
sultans et superfluens et parum Atticus
videretur. Legistis… Ciceronem a Calvo
quidem male audisse tanquam solutum
et enervem, a Bruto autem, ut ipsius
verbis utar, tanquam fractum atque
elumbem ».

3. Voir Lantoine, *De Cicerone contra
oratores atticos disputante* (thèse), 1874 ;
Gache et Piquet, *Cicéron et ses ennemis
littéraires* (traduit d'une préface d'O.
Jahn), Klincksieck, 1886 ; O. Harnecker,
Cicero und die Attiker (*Neue Jahrb. f.
Phil. u. Pæd.*, 1882, vol. 125).

4. Calvus mourut en 707-47 (*ad Famil.*,
XV, 21, 4).

5. Voir les réserves mises dans la bouche
d'Atticus, § 293 et suiv.

6. § 63 et suiv.

7. § 284 et suiv.

8. § 291 : « Ita fiet ut non omnes, qui
Attice, iidem bene, sed ut omnes, qui
bene, iidem etiam Attice, dicant. »

de connaisseurs[1] et se gèrent en arbitres suprêmes du bon goût, il oppose le sentiment de la multitude, juge souverain et juge infaillible du talent oratoire[2].

La conclusion implicite de cette polémique, comme de tout le dialogue du reste, est qu'il faut considérer Cicéron non seulement comme le plus grand orateur romain, mais comme un orateur attique, c'est-à-dire comme un modèle, presque comme le plus parfait modèle de l'éloquence — et nous voilà conduits sur les confins mêmes de l'*Orator*, où sera reprise, quelques mois plus tard, la polémique commencée, où sera défini et façonné de toutes pièces ce type, jusqu'ici simplement ébauché, de l'orateur idéal, où s'achèvera enfin, dans une sorte d'apothéose du génie cicéronien, le cycle des traités oratoires.

On voit quelle place occupe le *Brutus* entre le *de Oratore* et l'*Orator*. Il est la suite de l'un et la préface de l'autre; il est en germe dans le premier et contient en germe le second. Avec eux il forme comme un tout organique. On conçoit que Cicéron, publiant le recueil de ses œuvres, ait pu grouper les trois ouvrages sous un même titre et les présenter comme une façon de rhétorique en cinq livres[3].

III

SOURCES ET VALEUR HISTORIQUE DU *BRUTUS*.

Quelque place que tiennent dans le *Brutus* les préoccupations d'enseignement et de polémique, le livre est avant tout une histoire. Cette histoire est-elle digne de confiance? Pour répondre à cette question il faut se demander à quelles sources en ont été empruntés les éléments[4].

Pour la plus grande partie de l'ouvrage, c'est-à-dire pour toute la période qui s'étend entre Crassus et Hortensius (§ 173-fin), Cicéron n'a pas eu à faire de longues recherches. Il lui a suffi de mettre en ordre ses souvenirs personnels. Tous les orateurs dont il parle, il les a vus et entendus (§ 181). A partir de l'année 663/91[5], où il a

---

1. Ce sont ceux qu'il désigne par les termes de *docti, intellegentes*.

2. § 184 et suiv. — Sur le *Brutus* considéré en tant que plaidoyer, voir Fr. Müller, *Brutus, eine Selbsvertheidigung des M. Tullius Cicero* (Gymnas.-Progr. Colberg, 1874).

3. *De Divin.*, II, 1, 4 : « Cumque Aristoteles itemque Theophrastus... cum philosophia dicendi etiam præcepta conjunxerint, nostri quoque *oratorii libri* in eundem librorum numerum (*les traités philosophiques*) referendi videntur. Ita tres erunt de Oratore, *quartus* Brutus, *quintus* Orator. »

4. Voir la dissertation de Naumann, *De fontibus et fide Bruti Ciceronis* (Halis Saxonum, 1883).

5. C'est l'année où meurt l'orateur Crassus.

reçu, avec la toge virile, le droit de paraître au forum (§ 303), rien de ce qui touche l'éloquence ne lui a été étranger. Jeune homme, il montre une ardeur de curiosité extraordinaire[1] et il ne se passe guère de jour où il n'assiste assidument aux assemblées (§§ 304, 305). Plus tard, quand il entre lui-même dans la carrière, il se trouve plus ou moins directement mêlé à toutes les grandes causes du forum et s'intéresse à toutes les discussions du sénat. Quand le besoin du repos, l'exil ou des fonctions provinciales l'éloignent de Rome, il a des correspondants bien informés et complaisants qui le tiennent au courant de la chronique oratoire, comme de la chronique politique, et, quand il le peut, il se procure et lit les discours prononcés (§ 328). En un mot, pendant les quarante-cinq ans qui s'écoulent entre son apparition dans la vie civile et la composition du *Brutus*, personne n'a suivi de plus près que lui le mouvement de l'éloquence romaine. Il en parle donc avec toute l'autorité d'un témoin bien informé et, qui plus est, avec toute l'autorité d'un témoin admirablement compétent. Il se peut à la rigueur qu'il ait été parfois ou trop indulgent pour tel ou tel de ses amis, ou un peu sévère pour tel ou tel de ses adversaires, mais d'une manière générale sa véracité est au-dessus du soupçon.

Il est difficile de marquer la limite exacte où s'arrêtent les souvenirs de Cicéron. Il est certain qu'il a entendu Antoine, lequel n'est mort qu'en 87[2]. Mais a-t-il entendu Crassus, dont la mort coïncide avec la date de sa majorité[3]? Il ne le dit pas expressément; mais la chose n'est pas impossible. Qui sait si à la veille de prendre la toge virile, alors que le forum lui était encore officiellement interdit, il n'a pas obtenu la faveur d'y accompagner un de ses oncles, quand Crassus devait parler, ou bien s'il n'a pas réussi à se glisser en curieux dans la *corona* qui se pressait autour du célèbre orateur? On est tenté de le supposer quand on observe avec quelle complaisance il revient dans le *Brutus* et ailleurs sur le fameux procès de M'. Curius et de Coponius[4]. Il décrit avec une précision si vivante la physionomie de cette grande scène oratoire qu'il semble en avoir reçu l'impression directe. Son imagination est pleine de ce souvenir de sa jeunesse, comme s'il avait eu, ce jour-là, en partageant les émotions de l'auditoire, la révélation de la véritable éloquence.

En tout cas, il a connu personnellement Antoine et Crassus, avec lesquels sa famille avait d'étroites relations. Son oncle maternel Aculéon, dont les fils étaient ses condisciples, était

---

1. § 305 : « me cupidissimum audiendi ».

2. *Tuscul.*, V, 19, 55 : « M. Antonii, omnium eloquentissimi quos ego *audic-rim* »; II, 24, 57 : « Genu mehercule M. Antonium *vidi*, cum contente pro se ipse lege Varia diceret, terram tangere. »

3. Voir *de Orat.*, III, 1, 1 et suiv.

4. § 194. Le commentaire renvoie aux autres passages de Cicéron où cette cause est rappelée.

très lié avec Crassus, et son oncle paternel L. Cicéron était l'ami d'Antoine[1]. Il les a donc vus de près, a pu causer avec eux, a reçu d'eux des conseils; il laisse même entendre que ses études ont été dirigées par Crassus[2]. Il a vécu si près d'eux qu'il a eu comme le premier écho de leurs discours. Avec sa curiosité précoce et passionnée, il a dû avidement recueillir, à l'âge où déjà ses ambitions oratoires se dessinaient, les impressions rapportées du forum ou du sénat par les personnes de son entourage, et s'enflammer au contact de leur admiration encore frémissante[3].

En ce qui concerne ses deux illustres devanciers, son témoignage équivaut presque à celui d'un contemporain. S'il peut paraître dans une certaine mesure suspect d'enthousiasme, il ne l'est pas d'inexactitude. Il a pu du reste compléter, contrôler et préciser tous ses souvenirs. Il a lu et relu tous les discours de Crassus qui avaient été publiés[4]: pour les autres il a eu des sommaires, des analyses, parfois même des extraits, probablement des notes prises à l'audience[5]. De plus, il a vécu dans l'intimité du grand pontife Q. Mucius Scævola[6], qui avait été le collègue de Crassus dans presque toutes ses magistratures[7] et son adversaire dans la *causa curiana*[8]. Il a reçu des renseignements de Cotta[9], et peut-être de Sulpicius, disciples l'un d'Antoine, l'autre de Crassus[10]. Enfin il a bien connu et, selon toute vraisemblance, consulté plusieurs de ceux qui, comme Scævola, avaient été en conflit avec les deux illustres orateurs, notamment Curion le père[11] et Marius Gratidianus[12].

Il a pu ainsi atteindre plus ou moins aisément la génération contemporaine de son père et de ses oncles. Mais comment remonter au delà, jusqu'à Céthégus et Caton, c'est-à-dire jusqu'aux plus anciens orateurs connus? Et à quelles sources puiser pour reconstituer le premier siècle de l'éloquence romaine dont personne n'avait encore songé à écrire l'histoire?

1. *De Orat.*, II, 1, 2.

2. *Ibid.* : « ea disceremus quæ Crasso placerent ». C'est probablement à Crassus que fait allusion Cicéron quand, parlant du désir qu'il avait eu de suivre l'enseignement de Plotius Gallus, un rhéteur latin fort à la mode, il ajoute : « continebar autem doctissimorum hominum auctoritate » (Suétone, *de clar. rhet.*, 2). On sait que Crassus avait, comme censeur, prononcé l'expulsion des rhéteurs latins (Suétone, *ibid.*, 1; Aulu-Gelle, XV, 11; *de Orat.*, III, 24, 93).

3. On n'en peut douter quand on voit Cicéron, après la mort de Crassus, aller pieusement contempler à la curie la place où le grand orateur avait parlé pour la dernière fois (*de Orat.*, III, 2, 6).

4. C'est-à-dire les discours politiques (*Orator*, 38, 132).

5. *Brutus*, §§ 160, 164.

6. *Ibid.*, § 306.

7. *Ibid.*, § 161.

8. *Ibid.*, § 194 et suiv.

9. *De Orat.*, I, 8, 29.

10. Voir § 203 et les textes indiqués dans le commentaire.

11. Curion avait plaidé contre Antoine (*de Orat.*, II, 23, 98). Sur ses rapports avec Cicéron, voir *ad Famil.*, II, 2.

12. Il avait plaidé contre Crassus (*de Orat.*, II, 65, 262). Il était parent de Cicéron et le fils d'un ami intime d'Antoine (*Brutus*, § 168).

La première chose à faire était de lire les discours que l'on possédait encore. Ces discours étaient pour la plupart si bien oubliés que bien des gens, même parmi les plus instruits, comme Brutus, en soupçonnaient à peine l'existence[1]. Cicéron s'est donné comme tâche de les découvrir et il semble s'être livré à de patientes recherches pour en rassembler le plus possible[2]. Ce sont ces discours qui constituent le fonds le plus solide de ses informations pour toute la partie du *Brutus* qui va du chapitre XV au chapitre XXXV, c'est-à-dire de Céthégus à Antoine. Il y renvoie à chaque instant et il est visible que sur la plupart des orateurs qu'il énumère il ne sait guère que ce que la lecture de leurs discours conservés a pu lui apprendre[3].

On remarque en effet un contraste curieux entre la partie du *Brutus* qui nous occupe et celle dont il a été question plus haut. Lorsque Cicéron parle des orateurs qui touchent plus ou moins à sa génération, qu'il a lui-même vus et entendus, ou dont il a trouvé le souvenir encore vivant, il signale bien leurs mérites littéraires, le choix heureux des arguments, l'art de la composition, l'éclat, l'harmonie ou l'abondance de la phrase, mais ce qu'il ne manque pas de mettre en relief, ce sont les qualités extérieures qui font surtout l'orateur et qui expliquent son ascendant sur la multitude, à savoir la portée, la force ou l'agrément de la voix, l'élégance de la tenue, la convenance ou la vivacité du geste, le grand air du visage, en un mot l'action. La physionomie qu'il compose ainsi a quelque chose d'animé, et cela parce que l'orateur dont il fait, souvent en quelques mots, le portrait, il l'a vu vivre et que cette éloquence qu'il analyse, il l'a sentie palpiter. Ici, au contraire, rien de pareil, sauf en deux ou trois passages d'autant plus remarquables qu'ils tranchent sur le reste. Tout ou presque tout se réduit à des réflexions sur le style. Caton est « rempli de pensées et d'expressions brillantes » (§ 65) ; il a toutes les « fleurs » de l'éloquence (§ 66) ; il est riche en tropes et en figures (§ 69) ; mais sa langue est archaïque et rude (§ 68). Voilà tout ce qu'on trouve à nous dire d'un des plus puissants orateurs de Rome ! A part quelques exclamations admiratives (§ 65) et deux mots jetés en passant[4], rien qui nous donne l'idée d'un grand prestige oratoire ; rien qui nous représente le déchaînement de cette éloquence belliqueuse ;

---

1. §§ 123, 133.

2. § 65 : « Orationes amplius centum quinquaginta, *quas quidem adhuc invenerim et legerim* », dit-il en parlant des discours de Caton. Non seulement il recherche les discours, mais il se préoccupe aussi des questions d'authenticité (§§ 100, 205).

3. Sur les 90 orateurs qu'il cite pour cette période, il y en a 23 dont il mentionne les discours publiés. En apparence, la proportion est faible ; en réalité, elle est très forte ; car si l'on défalque du chiffre total les orateurs obscurs qui ne sont là que pour faire nombre, le chiffre 90 se réduit à 30 environ. La proportion est donc de près de huit dixièmes.

4. § 80 : « summa contentione ».

rien qui nous fasse voir le personnage avec sa mimique expressive, et cette voix vigoureuse qui lui permettait encore de plaider à plus de quatre-vingts ans[1]. Il est vrai que dans le cas particulier, Cicéron, qui a rencontré sur son chemin le nom de Lysias, songe moins à peindre Caton qu'à donner une leçon aux partisans outrés de l'atticisme. Mais dans les pages qui suivent il n'a plus la même arrière-pensée et pourtant le procédé ne change pas. Jusqu'à Antoine, presque tous les orateurs qui obtiennent autre chose qu'une mention fugitive sont traités comme on ferait de purs littérateurs. Rien n'est plus doux que le style de Lælius, quoique sa langue ait quelque chose de plus archaïque que celle de Scipion (§ 83); L. Mummius est simple et antique; son frère Spurius, sans être plus orné, est plus serré (§ 94); Porcina a une certaine harmonie et peut passer pour un *bon écrivain* (*scriptor sane bonus* §§ 94, 95); Sex. Pompeius est archaïque sans maigreur (§ 97); Fannius est élégant mais un peu dur (§§ 100, 101) — et ainsi de suite. Il semble qu'on soit en présence non pas d'orateurs, mais d'écrivains. C'est qu'en réalité ces orateurs, Cicéron ne les connaît que comme écrivains. Il n'a, pour les juger, que les discours laissés par eux, discours écrits après coup, à loisir, dans le silence du cabinet (§ 91), et qui ne sont qu'un pâle reflet de la parole vivante. Le souffle oratoire étant tombé (§ 93), il ne reste qu'une suite de mots inertes, comme des restes desséchés dans un herbier, dont on ne peut, faute de mieux, qu'analyser la forme et la structure.

Dans toute la série des personnages cités entre les chapitres XV et XXXV, trois seulement, Lælius, Galba et Carbon, sont appréciés comme des orateurs doivent l'être. La raison en est que Cicéron n'a pas été réduit, en ce qui les concerne, à la lecture de leurs discours. Il a recueilli sur eux des détails caractéristiques en causant avec des personnes qui les avaient vus et entendus. S'il peut nous apprendre que Carbon avait une voix harmonieuse, un débit rapide et une certaine vivacité, c'est que L. Gellius, son ami, qui avait été autrefois auprès de Carbon consul, lui a fait part de ses souvenirs (§ 105). Le récit détaillé du procès des publicains qui montre à l'œuvre Lælius et Galba, l'un avec son élégance consciencieuse et un peu froide, l'autre avec son ardeur emportée et son pathétique, il le tient tout entier de la bouche de Rutilius Rufus (§ 85 et suiv.).

Ces passages ne sont pourtant pas les seuls où l'on peut découvrir, dans cette partie du *Brutus*, des traces de traditions orales. Quoique Cicéron dise peu de choses précises sur les Gracques, comme s'il s'imposait, par convenance politique, une certaine réserve à leur égard, il est clair qu'il en sait plus qu'il

---

1. § 80; cf. *Cato maj.*, § 11. Sur l'éloquence de Caton, voir Berger et Cuche-val, *Histoire de l'éloquence latine*, II, p. 24 et suiv.

n'en veut dire, et qu'il a reçu, par l'intermédiaire de quelques
témoins oculaires, le contre-coup de leur éloquence[1]. Ailleurs, il
signale trois orateurs sur la foi du poète Accius, qui les connaissait
bien et lui en avait souvent parlé (§ 107). Mais d'ordinaire il ne
nomme pas les personnes de qui il tient ses renseignements. Tantôt
il rapporte des propos contradictoires qu'il a entendus, sans autre
indication que les mots *alii... alii* (§ 99). Tantôt il se dit informé
par quelqu'un de la génération de son père (§§ 104, 127). Tantôt
enfin il s'en tient à des formules plus vagues encore, comme *accepimus* (§§ 77, 98), *habitus est* (§§ 78, 79, 81, 82, 95, 135), *constat*
(§§ 79, 98), *putabatur* (§ 108), *dicunt* ou *dicitur* (§§ 79, 108).

Nous ne pouvons pas contrôler la valeur de la plupart de ces
informations orales, faute d'en connaître exactement l'origine.
Elles auraient un grand prix si nous étions sûrs qu'elles émanent
d'Antoine, de Crassus, de Cotta, d'Ælius Stilon ou des deux
Scævola, l'Augure et le Pontife. En tout cas celles qui nous sont
données comme provenant de L. Gellius, d'Accius et de Rutilius
méritent pleine confiance. Gellius était, sinon un grand orateur, du
moins un avocat distingué, qui avait du talent naturel, de l'étude et
de la pratique et qui se fût acquis plus de renom si la gloire d'Antoine et de Crassus ne l'eût éclipsé : il était d'ailleurs curieux et très
au courant des choses du passé (§ 174). Accius était le premier tragique de Rome et, si quelqu'un était capable d'apprécier les orateurs, c'était à coup sûr le poète qui mettait de si beaux discours
dans la bouche de ses personnages, et dont les tragédies étaient de
si admirables assauts d'éloquence qu'on s'étonnait de voir son génie
oratoire se confiner au théâtre[2]. Quand à Rutilius, s'il n'était pas
un orateur de premier ordre (§ 118), il avait beaucoup plaidé
(§ 113) ; de plus il avait joué un petit rôle dans le procès des publicains, avait pu surprendre Galba dans tout le feu de sa préparation oratoire et avait partagé à l'audience l'admiration du public
(§§ 87, 88). Et quel témoin plus véridique que ce stoïcien rigide,
sévère à lui-même comme aux autres, hostile à tous les artifices, et
d'une conscience poussée jusqu'à l'abnégation[3]?

Outre les discours des orateurs et les récits des témoins, Cicéron
a mis à profit les *Annales* d'Ennius (§§ 58, 71), les *Satires* de Lucilius (§§ 99, 160, 172, 274), les *Didascalica* d'Accius (§ 72), et surtout deux ouvrages historiques, les *Origines* de Caton l'ancien et
les *Annales* de Fannius[4], le premier parce qu'il permettait d'appré-

---

1. Il dit d'ailleurs : « atque hoc memoria patrum teste dicimus » (§ 103).

2. Quintilien, V, 13, 43.

3. Plutarque l'appelle φιλαλήθης ἀνήρ
(*Vie de Marius*, 28). Rutilius n'ayant été
exilé de Rome que vers 92 (Tite Live,
Epit., 70), il est probable que, pour la

période antérieure, Cicéron lui doit plus
d'un renseignement. De même il se réfère
à son témoignage dans le *de Republica*
(I, 18, 13) et le *de Oratore* (I, 53, 227
et 229 ; II, 69, 280).

4. Selon Peter (*Vet. histor. rom. reliq.*,
p. ccviii), Cicéron n'aurait eu entre les

cier le style de Caton et que d'ailleurs l'auteur y avait inséré plusieurs de ses discours (§§ 66, 75, 89, 90), le second parce qu'il contenait des analyses de discours (§ 81), ainsi que des détails sur le milieu de Lælius, de Scipion Émilien et des Gracques (§§ 81, 99, 118, 299), détails d'une authenticité indiscutable, puisque Fannius avait été le gendre de Lælius et l'adversaire de C. Gracchus. Peut-être les *Annales* de Libon, l'adversaire de Galba, ont-elles été mises aussi à contribution : il n'en est pas question dans le *Brutus*; mais on sait que Cicéron les avait entre les mains[1] et il est difficile de croire qu'il ait négligé un ouvrage qui devait certainement raconter en détail le procès de Galba[2]. A ces livres on pourrait encore ajouter les *Annales* de Pison (§ 106), les histoires en grec de Scipion, fils du premier Africain (§ 77) et de Postumius Albinus (§ 81), l'histoire de Cælius Antipater (§ 102), les écrits de Ser. Flaccus (§ 108), les Mémoires de Scaurus (§ 112, 132). Mais Cicéron ne cite ces ouvrages qu'en passant, simplement pour indiquer sur quoi il fonde son appréciation littéraire. Il n'est pas certain qu'il les ait consultés spécialement au moment d'écrire le *Brutus*, et rien ne nous prouve qu'il y ait cherché des renseignements historiques.

Pour terminer cette étude sur les sources du *Brutus*, il ne reste plus à examiner que la première partie du dialogue, antérieure au chapitre xv. Je laisse de côté, bien entendu, ce qui concerne l'histoire de l'éloquence et de la rhétorique grecques : le sujet était trop familier à Cicéron pour qu'un exposé aussi succinct ait exigé de sa part des recherches approfondies ; le seul livre qu'il paraît avoir eu sous les yeux est la τεχνῶν συναγωγή d'Aristote (§ 46 et suiv.).

Pour le chapitre xiv, qui résume les origines de l'éloquence à Rome, la question est un peu plus délicate. Ce chapitre contient les noms de quelques personnages antérieurs aux guerres puniques, auxquels Cicéron croit pouvoir attribuer un certain talent oratoire. Aucun texte, il le reconnaît lui-même, ne l'y autorise formellement ; il fait de simples conjectures[3], uniquement fondées sur ce que l'on sait des événements auxquels ces personnages ont été mêlés[4]. H. Jordan[5] a essayé d'établir que ces conjectures avaient été suggérées par la lecture d'un ouvrage historique, contenant des harangues à la façon de celles de Tite-Live : non pas que Cicéron ait été dupe de l'historien ni qu'il ait cru un instant à l'authenticité des harangues en question ; mais il a pu se dire que l'historien n'eût pas songé à en composer si réellement dans la circonstance on n'en

---

mains que l'abrégé des *Annales* de Fannius par Brutus (Plutarque, *Brutus*, 4 ; cf. *ad Attic.*, XII, 5, 3). Mais la façon dont il parle du style de Fannius (§ 101) semble indiquer qu'il connaît l'ouvrage original.

1. *Ad Attic.*, XIII, 30, 3 ; 32.

2. Libon y avait été personnellement mêlé (§ 89).

3. § 56 : « Tantummodo conjectura ducor ad suspicandum. »

4. § 53 : « Quantum ex monumentis suspicari licet. »

5. *Die Einleitung des Ciceronischen*

avait pas prononcé. Toujours est-il que par une coïncidence remarquable, plusieurs des orateurs présumés dont le nom figure dans le chapitre xiv, entre autres Brutus, les deux Valérius, Appius, sont précisément ceux que les Annalistes ne manquaient pas de mettre en scène et de faire parler. D'autre part, la conjecture faite au § 55 sur l'éloquence d'Appius ne peut se rapporter qu'à un discours fictif, puisqu'au § 61 il est question du discours soi-disant authentique du même Appius, discours dont le texte conservé au temps de Cicéron ne valait pas la peine d'être lu, n'étant sans doute qu'un résumé insignifiant. La conclusion de Jordan est que la source du chapitre xiv est l'histoire de Valérius Antias.

L'hypothèse me paraît à tous les points de vue inadmissible[1]. D'abord il serait étrange que Cicéron se fût attaché aux pas d'un déclamateur aussi impudent que Valérius Antias, qu'il n'honore même pas d'une mention lorsqu'il est amené à passer en revue les plus médiocres annalistes de Rome[2]. En second lieu, s'il est vrai qu'il feuillette Valérius Antias, comment se fait-il qu'il ne suive pas l'ordre de l'annaliste, c'est-à-dire l'ordre chronologique, et pourquoi un consul du ive siècle, Popilius Lænas, vient-il après Appius Claudius, le sénateur qui entraîne à la guerre contre Pyrrhus ? Pourquoi aussi y a-t-il si peu de noms cités dans le chapitre xiv ? Certainement Valérius Antias, dont l'histoire paraît avoir eu au moins 75 livres, avait dû composer plus de trois harangues pour toute la période comprise entre l'expulsion des rois et la guerre de Pyrrhus. Enfin — et c'est là l'objection la plus grave — l'hypothèse de Jordan est inutile. Les trois premiers noms cités par Cicéron se rapportent aux trois plus grands faits de l'histoire intérieure de Rome avant les guerres puniques, aux trois faits qui ont été le plus gros de conséquences politiques, à l'expulsion des rois qui crée la République, à la *Secessio* sur le mont Sacré, c'est-à-dire à la première révolution plébéienne qui marque l'avènement d'une puissance redoutable, le tribunat, enfin à la *Secessio* sur l'Aventin, qui détermine la chute des Décemvirs et consacre définitivement les premières conquêtes de la plèbe. On conviendra aisément que pour parler d'événements de cette importance, un homme comme Cicéron n'avait pas besoin de faire des études de textes ni surtout d'aller se mettre à la remorque d'un Valérius Antias[3]. Il devait se dire tout naturellement, sans que personne lui en suggérât l'idée, que les hommes qui avaient amené ou terminé de pareilles révolutions n'avaient pas été des hommes ordi-

---

Brutus (*Hermès*, VI, p. 196-213). Les conclusions de Jordan sont acceptées par Naumann, *de Fide et fontibus*, etc., p. 22-25.

1. Voir *Revue de philologie*, 1891, p. 46 et suiv.

2. *De Orat.*, II, 12, 54 ; *de Leg.*, I, 2.

3. Il avait, du reste, déjà montré la portée de ces événements dans le *de Republica* (II, 33) et le *pro Murena* (7, 15).

naires et que leur action sur la multitude était une présomption d'éloquence.

Les noms qui suivent ceux de Brutus et des deux Valérius s'expliquent aussi sans Valérius Antias. Il est possible que le nom d'Appius Claudius soit amené par le souvenir du Décemvir Appius Claudius, dont les excès provoquèrent la révolution de 449. En tous cas le personnage avait été tellement célébré par Ennius et son intervention au sénat lors de la discussion de la guerre contre Pyrrhus était si connue que Cicéron ne pouvait pas ne pas songer à lui, sans compter que le discours d'Appius, authentique ou non, existait encore de son temps. Le nom d'Appius à son tour entraînait naturellement ceux des héros de la guerre de Pyrrhus, Fabricius, Coruncanius, Curius Dentatus, ainsi que celui de Popilius Lænas, probablement consul l'année même du tribunat de Curius Dentatus.

Ainsi la série des noms du chapitre xiv s'enchaînait logiquement d'un bout à l'autre et nous n'avons que faire de Valérius Antias. Quant aux détails historiques ou chronologiques mêlés à cette énumération, Cicéron les a sans doute empruntés soit aux *Annales* d'Ennius, soit aux *Commentarii pontificum*[1], qu'il cite au § 55, soit tout simplement au *Liber annalis* d'Atticus.

Ce *Liber annalis*, nous l'avons réservé jusqu'ici parce que nous avions à considérer à part certaines parties du *Brutus* et qu'il ne se rapporte pas plus particulièrement à l'une qu'aux autres. En réalité c'est l'ouvrage auquel Cicéron doit le plus. A voir la complaisance avec laquelle il multiplie les dates, les indications généalogiques, les renseignements sur les actes publics, sur les magistratures successives ou simultanées, sur les discussions politiques du sénat et du forum, il est manifeste que toute cette précision ne lui coûte guère et qu'il a constamment comme une table chronologique à sa portée. Tantôt il suit pas à pas le manuel d'Atticus, tantôt il l'abandonne, mais pour y revenir un peu plus tard. Il va et vient, au gré de sa fantaisie un peu discursive, mais on sent qu'il a toujours dans la main le fil qui l'empêche de s'égarer et le ramène au bon chemin. Il ne se cache pas, du reste, pour dire ce qu'il doit à Atticus (§ 72), trop heureux de faire ainsi une politesse à son ami, et d'excuser en même temps les longueurs de certaines digressions chronologiques (§ 74). Il ne pouvait d'ailleurs choisir un guide plus sûr[2]. Atticus avait passé une partie de sa vie à étudier les antiquités romaines et s'était acquis en cette matière une telle autorité qu'on s'adressait à lui, comme au d'Hozier de la noblesse

---

1. Notamment l'anecdote relative à Popilius Lænas, anecdote qui appartient à la chronique religieuse.

2. *Brutus*, § 14 : « Omnem rerum memoriam... *perdiligenter* complexus est » ; — § 44 : « Rerum Romanarum auctorem laudare possum *religiosissimum*. »

romaine, et que plusieurs grandes familles l'avaient prié de faire leur généalogie[1].

Fondé, comme il l'est, sur une pareille autorité, on ne peut douter que le *Brutus* n'ait une solide assiette historique. Si l'on songe maintenant que Cicéron ne s'en est pas tenu aux données d'Atticus, qu'il a fait de son côté des recherches personnelles, qu'il a lu tous les discours conservés, qu'il a su recueillir une foule de traditions orales, qu'il a consulté les archives publiques[2], les archives des familles[3] et peut-être aussi les inscriptions des statues et des tombeaux[4], qu'enfin il a mis sans doute à profit l'érudition du plus savant des Romains, Varron[5], lequel était son ami et entretenait avec lui une correspondance[6], on devra reconnaître qu'il a tout fait pour s'acquitter avec conscience de ses devoirs d'historien et que le *Brutus* présente les garanties les plus sérieuses d'exactitude et de vérité[7].

IV

LA CRITIQUE DANS LE *BRUTUS*.

Une histoire de l'éloquence comporte nécessairement des jugements sur les talents et les œuvres, c'est-à-dire de la critique littéraire. Quelle est la nature et la valeur de cette critique dans le *Brutus?*

Tout d'abord il faut reconnaître qu'elle n'est pas faussée par la passion politique. Sans doute Cicéron ne cache pas ses opinions et laisse clairement entendre qu'il est attaché aux *optimates*, aux *boni*, au parti de l'ordre et du sénat. Mais quelles que soient ses sympathies pour l'aristocratie, il n'y sacrifie pas son indépendance de critique. Il lui arrive parfois d'apprécier, peut-être avec une indulgence excessive, des personnages qui ont eu plus de fermeté civique que de talent oratoire et dont le plus clair mérite est d'avoir tenu tête aux perturbateurs[8], ou contribué à son rappel de l'exil[9], ou soutenu la bonne cause avec Pompée[10]. Mais il n'hésite pas à rendre pleine justice aux orateurs du parti démocratique, aux

---

1. Cornelius Nepos, *Atticus*, 8.

2. « Veteres commentarii » (§§ 60 et 72).

3. Notamment pour les *laudationes funebres*.

4. *Ad Attic.*, VI, 1, 17 ; *Cat. maj.*, 7, 21.

5. Il le cite § 60.

6. Voir *ad Famil.*, IX, 1-8.

7. C'est la conclusion de Nissen (*Kritische Untersuch.*, p. 45) et aussi celle de Mommsen (*Römische Forschungen*, II, p. 343, 422). La seule erreur grave que l'on puisse relever dans l'ouvrage est le dédoublement de Fannius (Voir § 99 et le commentaire).

8. Notamment pour P. Lentulus, qui marcha contre Tib. Gracchus (§ 108), et pour Æmilius Scaurus (§ 111). Cf. § 222 (ceux qu'il place *in præsidiis reipublicæ*).

9. § 247.

10. §§ 212, 267.

Gracques, par exemple, dont il fait un bel éloge et qu'il célèbre presque sur le ton de l'enthousiasme[1], à Carbon, l'ami et le collaborateur de Tib. Gracchus[2], à ceux mêmes qui, comme Saturninus, Fimbria, Servilius Glaucia, rappellent les pires violences de la démagogie déchaînée[3].

Par contre, là où sa propre gloire d'orateur est en jeu, il ne peut se défendre d'une certaine malveillance à l'égard de ceux qui ont mis cette gloire en péril. La passion littéraire ou plutôt l'amour-propre est plus fort chez lui que la passion politique, en dépit des efforts qu'il fait pour rester impartial. C'est ainsi qu'il se montre sévère pour Calidius, un des premiers types de cette éloquence délicate et mesurée qui se couvre du nom d'*atticisme*; il l'accable de fleurs, mais pour critiquer plus à l'aise l'impuissance et la froideur de cet art trop savant[4]. De même il est injuste pour Calvus. Il ne veut voir en lui que le chef des néo-attiques, le critique au goût étroit, dont les scrupules exagérés ne tendent qu'à appauvrir l'art oratoire ; et il ne dit pas un mot de cette véhémence qui faisait de Calvus un orateur si redoutable[5]. En revanche, le vieux Caton est loué avec complaisance, avec une complaisance visiblement suspecte, l' « homme de Tusculum[6] » n'étant ainsi élevé sur un piédestal que pour donner aux adversaires de Cicéron une petite leçon de modestie. D'une manière générale on peut reprocher à l'auteur du *Brutus* de penser un peu trop à lui-même quand il apprécie ses devanciers, et de ne pas dégager assez sa critique des polémiques contemporaines.

Mais le plus grand reproche qu'on puisse faire à cette critique, c'est d'être trop uniformément technique. Elle se borne à examiner si les personnages cités ont eu les trois conditions de l'éloquence, c'est-à-dire le talent naturel, la science et la pratique, et dans quelle mesure ils ont satisfait aux exigences de l'art oratoire, lequel comporte l'invention, la disposition, l'élocution, la mémoire et l'action. S'agit-il de préciser l'élocution ? on se reporte aux trois genres typiques, sublime, simple ou tempéré, et l'on analyse les éléments du style, d'après les règles de l'école, au point de vue du choix des mots propres ou figurés, de leur place dans la phrase, de la construction rythmique de la période. S'agit-il de l'action ? On la décompose, encore suivant l'école, en emploi du geste et emploi de la voix. S'agit-il enfin de classer les orateurs ? On s'en rapporte toujours aux principes de l'école, qui distingue l'ἦθος et le πάθος et assigne à l'orateur un triple devoir, *docere*, *delectare*, *movere*. Analysez tous les jugements disséminés dans le *Brutus*, et

---

1. §§ 103, 104, 125, 126.
2. § 104.
3. §§ 129, 130, 223, 224, 234.
4. §§ 274-279.

5. § 283. Voir les textes cités dans le commentaire.
6. « His tu comparas hominem Tusculanum » (§ 294).

vous y retrouverez invariablement les cadres de la rhétorique. Cette rhétorique n'est pas toujours apparente, parce que Cicéron l'enveloppe dans l'élégance un peu flottante de sa phrase, et que, faute d'avoir à sa disposition, comme les rhéteurs grecs, un langage spécial d'une précision bien définie, il est souvent forcé de s'en tenir à des équivalents ou de recourir à des périphrases. Mais, avec un peu d'attention, on découvre aisément, sous le vague des mots, la théorie latente à laquelle se conforme toute la critique cicéronienne et qui la soutient comme une armature cachée.

Une semblable méthode ne répond pas à l'idée que nous nous faisons aujourd'hui de la critique. Elle a quelque chose d'artificiel, de convenu, d'étroit, qui choque nos habitudes d'esprit. Nous voudrions des jugements plus finement appropriés et moins de formules. Passe encore quand il s'agit d'orateurs obscurs, dont la médiocrité peut s'accommoder d'une appréciation sommaire. Mais caractériser de la sorte et comme au pied levé des orateurs tels que Galba, Antoine, Crassus, Hortensius! Les rapporter tous également, sans distinction, à la mesure commune, les faire pour ainsi dire passer à la toise de la rhétorique, comme si leur valeur était exactement proportionnelle à la somme qui leur revient d'invention, de disposition, d'élocution, de mémoire et d'action, comme s'il s'agissait de remplir les blancs d'un signalement libellé d'avance ! Il semble que sur des talents de cet ordre il y ait plus et mieux à dire.

Oui ! mais n'oublions pas que les anciens ne concevaient pas d'autre système de critique. Varron[1] et Quintilien[2] procèdent, comme Cicéron, par formules courtes et comme stéréotypées, qui se ramènent toujours plus ou moins directement aux cadres de la rhétorique. C'est que dans l'antiquité la rhétorique n'était pas, comme aujourd'hui, une science usée et quelque peu discréditée. Elle avait tout son prestige et régnait en souveraine sur les esprits. Elle occupait dans l'éducation une place prépondérante, et comme tout le monde cultivé était plus ou moins façonné à sa discipline, il était difficile d'échapper à sa prise. On pensait naturellement par elle, tout comme au Moyen Age on pensa par la scolastique.

N'oublions pas non plus que le *Brutus* est moins un livre de critique littéraire qu'une façon de traité sur l'art oratoire : on a vu plus haut par quels liens intimes il se rattache au *de Oratore* et à

---

1. Voir, par exemple, les jugements de Varron sur les poètes : « In argumentis Cæcilius poscit palmam ; in ethesi Terentius, in sermonibus Plautus » (Nonius, 374). — « Exempla …ubertatis Pacuvium, gracilitatis Lucilium, mediocritatis Terentium » (Aulu-Gelle, VI VII), 14, 6). — « ἦϑη nullis aliis servare convenit (contigit?) quam Titinio, Terentio, Attæ ; πάθη Trabea, Atilius, Cæcilius facile moverunt » (Charisius, *Gramm. lat.*, I, 241). Cf. Horace, *Epist.*, II, 1, 50 et suiv. Sur la critique de Varron, voir Boissier, *Étude sur la vie et les ouvrages de Varron*, p. 158 et suiv.

2. Dans le Xe livre, ch. 1.

l'*Orator*. La rhétorique y est si peu déplacée qu'on serait en droit
de s'étonner qu'elle en fût absente. Voudrait-on qu'un théoricien
ne prît pas le langage de l'art ou de la science qu'il enseigne? Il est
naturel que Cicéron parle en rhéteur dans le *Brutus*, comme il est
naturel que l'auteur d'un traité de médecine parle en médecin,
d'un traité de jurisprudence en juriste, d'un traité de chasse en
veneur.

Au surplus, que la critique de Cicéron soit bonne ou mauvaise
en soi, la question n'est pas là. Il s'agit seulement de savoir si elle
répond exactement au dessein propre du livre; et, si elle y répond,
elle se trouve par là même justifiée, quelque imparfaite qu'elle
puisse nous paraître aujourd'hui. Or si on la considère à ce point
de vue, on est obligé de convenir qu'elle est ce qu'elle doit être.
J'ai montré comment le *Brutus* est le développement historique de
la thèse suivante, qui est celle du *de Oratore*, à savoir que pour être
orateur il faut réunir un certain nombre de conditions essentielles,
avoir du talent naturel, exercer ce talent par la pratique, le forti-
fier par un travail assidu qui embrasse l'étendue des connaissances
humaines, enfin, puisqu'il y a une science spéciale de la parole,
posséder à fond les cinq parties de cette science, l'invention, la disposition, l'élocution, la mémoire et l'action. Pour prouver par l'histoire que cette thèse est légitime et que l'éloquence est bien le plus
difficile de tous les arts, la meilleure méthode à suivre est celle de
Cicéron. Il suffit de montrer, en prenant un à un tous les orateurs
connus, que personne ou presque personne n'a complètement satisfait aux conditions requises, et que tous, même les plus grands,
ont été courts par quelque endroit. Dès lors il ne s'agit plus de tra-
cer, à la façon d'un critique moderne, des portraits plus ou moins
achevés ni de composer avec un art délicat des jugements d'une
précision fine et pénétrante. Il ne s'agit que d'évaluer au plus juste
et sans minutieux examen, simplement avec ce minimum de conscience et d'exactitude qui suffit pour répondre à un questionnaire,
le nombre et le poids des conditions réalisées. C'est la seule précision qui importe dans la circonstance, parce que c'est la seule qui
ait une valeur démonstrative.

La critique littéraire du *Brutus* a donc au moins le mérite de
suffire à son objet. Mais n'y a-t-il pas dans l'ouvrage autre chose
que de la critique littéraire proprement dite? Quand on voit Cicéron se répandre, comme il le fait à tout propos, en digressions chronologiques, établir les dates avec précision, distinguer les périodes
de l'art oratoire, grouper les orateurs par générations, marquer les
rapports des générations entre elles, ne peut-on pas dire qu'il
replace dans leur milieu les hommes et les œuvres, et n'est-ce pas
là de la critique historique? Sans doute il n'expose pas méthodi-
quement, comme nous aimons à le faire aujourd'hui, les raisons

générales ou particulières qui expliquent l'état de l'éloquence à un moment donné et ses transformations successives, mais ces raisons il les a presque toutes discernées et très clairement indiquées[1].

Bien avant Tacite et le *Dialogue des Orateurs*, il comprend et signale l'importance de l'éducation. Il n'est pas indifférent de savoir en effet si l'orateur a contracté dès l'enfance de bonnes habitudes de langage dans le commerce journalier de la famille (§ 210), s'il a grandi sous les yeux d'une mère attentive et attachée aux saines traditions comme Cornélie (§§ 108, 211), comme Lælia, comme les filles ou les petites-filles de Lælia (§ 211). Plus d'un n'a dû, comme Curion (§ 213), sa réputation oratoire qu'à l'intelligente sollicitude dont il avait été entouré dans la maison paternelle. Rien n'est plus tenace qu'un mauvais pli pris dès l'enfance. Voilà pourquoi ceux qui ont été élevés hors de Rome, à la campagne ou dans les provinces, où la langue est toujours plus ou moins corrompue[2], ne réussissent jamais à parler purement. Ils ont beau être attentifs à corriger leur vocabulaire : il leur reste toujours une tare ineffaçable, l'accent du terroir, et jamais ils n'acquièrent ce je ne sais quoi qu'on nomme l'*urbanitas* (§§ 170, 171).

Après l'éducation domestique, vient l'éducation par les maîtres, qui, elle aussi, a une grande portée dans l'histoire de l'éloquence. Cicéron ne manque pas de nous dire si l'orateur qu'il cite est un homme instruit. Tantôt il se contente d'expressions générales, comme *doctus, eruditus, litteratus, litterarum studiosus et non imperitus;* tantôt il donne des détails plus précis : Titius n'a aucune culture grecque (§ 167); Curion n'a rien lu ni un orateur, ni un historien, ni un poète et ne sait même pas un mot de droit (§§ 213, 214); Sp. Mummius a étudié le stoïcisme (§ 94); Num. Fabius Pictor, le droit, l'histoire et la littérature (§ 81); Sex. Pompeius, le droit et la géométrie (§ 175) ; Torquatus a une érudition très étendue et très particulière (§ 265). A l'occasion même on nous cite le nom du maître qui a le plus contribué à former tel ou tel esprit, Panétius, par exemple (§§ 101, 114), Molon de Rhodes (§ 245), Diophanès de Mitylène (§ 104), Hermagoras (§ 263). Bien entendu, l'instruction ainsi attribuée aux divers orateurs est mesurée par rapport à celle de leurs contemporains. Pour qu'on ne s'y trompe point, Cicéron ajoute parfois *ut temporibus illis* (§§ 107, 173) ; mais là même où il ne formule pas cette réserve, il la laisse aisément deviner. Du reste il nous avertit à plusieurs reprises qu'entre Caton l'Ancien et Hortensius la culture générale à Rome a fait des progrès[3]. L'idéal des vieux âges ne ressemble pas à celui des généra-

---

1. Voir Schwister, *Quæstiones ætiologicæ in Ciceronis Brutum* (Bonnæ, 1857), thèse qui est plutôt un catalogue de textes qu'une dissertation.

2. Cf. § 258 : « Eos aliqua barbaria domestica infuscaverat. »

3. § 124 : « *Nondum* tritis nostrorum hominum auribus nec *erudita* civitate. »

tions nouvelles. Pison est beaucoup plus versé dans les lettres et les sciences de la Grèce qu'on ne l'était auparavant (§ 236); Catulus est savant, non pas à l'ancienne manière, mais à la nouvelle, et encore on a été depuis beaucoup plus loin que lui (§ 132). Au temps de Crassus, il y a plus d'un orateur cultivé ; mais l'instruction philosophique, juridique et historique pourrait être poussée encore plus loin et cette insuffisance relative explique pourquoi l'éloquence n'est pas encore tout à fait ce qu'elle pourrait être (§ 161 fin). La perfection oratoire ne sera atteinte que le jour où paraîtra un talent d'une culture supérieure, que Cicéron, avec sa modestie habituelle, s'abstient de désigner, mais qu'on devine aisément aux précautions mêmes qu'il prend pour ne pas prononcer son nom[1]. Continuant jusqu'au bout son rôle de critique historique, il s'attache à nous faire connaître tout le détail de ses études, l'étendue, la variété, la profondeur de ses connaissances, sans oublier de comparer son ardeur de curiosité à celle de ses devanciers et de ses contemporains (§§ 301-328).

À tout instant nous sommes ainsi ramenés indirectement à cette idée que l'éclosion du talent oratoire est plus ou moins subordonnée à certaines conditions extérieures et qu'il y a pour l'éloquence, comme pour les fruits de la terre, des saisons et des climats. D'où vient que Caton, qui est un si remarquable génie, qui a tant de force logique, tant d'âpreté, tant de finesse pénétrante, tant de verve, tant d'invention même dans le style, n'est pas estimé à tout son prix? C'est qu'il a paru trop tôt, quand la langue était encore rude et insuffisamment assouplie. Il y aurait peu de chose à changer à ses discours pour les rendre, non seulement supportables, mais admirables. Ce peu de chose suffit à discréditer son talent (§ 68). L'histoire de l'éloquence est donc en relation avec l'état de la langue aux diverses époques, et c'est ce que Cicéron a fort bien compris. Par une série de petites réflexions éparses de loin en loin, il nous laisse entrevoir les progrès du langage. Les aspérités de l'archaïsme s'adoucissent avec Lælius, dont le vocabulaire cependant conserve encore quelque chose d'un peu vieux (§ 83); avec Sulpicius Gallus, dont le langage a déjà un air de toilette[2]; avec Porcina surtout, qui le premier a le sentiment d'une certaine harmonie (§ 96). Ce sentiment se développe lentement: Antoine et Crassus ne l'ont encore qu'à demi (§§ 140, 162). Le beau langage, aisé, abondant, nombreux, bien cadencé, ne paraît qu'avec Hortensius et Cicéron (§§ 253, 303, 327). Pendant longtemps le latin souffre de l'incertitude de sa grammaire. Les règles ne sont pas définies, la correction est chose relative et arbitraire, il n'y a pas de bon usage universellement reconnu et personne

1. § 322 : « Nihil de me dicam : dicam de ceteris, etc. » Cf. §§ 161, 162.

2. § 78 : « Unctior quædam splendidiorque consuetudo loquendi. »

avant César ne conçoit l'idée d'une loi fixe, immuable, d'une discipline raisonnée en matière de langage (§§ 258-261). La condition essentielle de l'art oratoire étant la pureté de l'expression, on s'explique que cet art n'ait pu atteindre à la perfection que vers le temps de César.

Éducation, culture intellectuelle, état de la langue, tout cela est fort important au point de vue de la critique historique ; mais ce qui l'est plus encore, c'est la situation politique. Si bien armée que soit pour les luttes de la parole une génération de talents, encore faut-il qu'elle ait et l'ambition et le loisir de se produire. L'ambition, elle l'aura, s'il y a des récompenses et comme des prix (*præmia*) pour les orateurs : or les *præmia eloquentiæ*, Cicéron le constate, existent à Rome au moins à partir d'une certaine époque[1]. Le loisir, elle l'aura de même, si la société est guérie des crises révolutionnaires, si la guerre n'absorbe pas toute l'activité publique, si la tyrannie d'un maître ne condamne pas tout le monde au silence (§ 45). Or cette paix sociale, Rome la possède durant plusieurs siècles, plus ou moins troublée sans doute, mais seulement d'une façon passagère et pas assez pour paralyser l'éloquence ; celle-ci dès lors croît d'âge en âge, jusqu'au jour où éclatent les tempêtes de la guerre civile, qui déciment les orateurs (§§ 267 et suiv. ; 307, 311) et font la solitude au forum (§ 227).

Cette subordination de l'éloquence à la politique, on ne peut nier que Cicéron ne l'ait bien démêlée. Il avait pu du reste en observer les effets dans sa jeunesse, lors des troubles de Marius (§ 306), et lui-même en souffrait plus que personne au moment où il écrivait son ouvrage (§§ 6 et suiv. ; 330 et suiv.).

Mais ce n'est pas tout. En dehors des grands mouvements qui troublent l'État, il y a dans la vie publique une foule de petits événements, en apparence secondaires, mais qu'un historien de l'éloquence ne peut pas négliger, parce qu'ils ont plus ou moins leur contre-coup sur elle. Cicéron ne les néglige pas. Il note, par exemple, au passage l'institution des tribunaux permanents, *quæstiones perpetuæ* (§ 106), qui, en multipliant les occasions de plaider, ouvre aux orateurs une plus large carrière ; — la loi *Cassia tabellaria* (§ 106), qui, par l'établissement du scrutin secret dans les comices judiciaires, assure l'indépendance du vote, désormais protégé contre les intrigues et les intimidations, et relève ainsi le rôle de l'avocat, qui, n'étant plus en présence d'auditeurs prévenus, sait que tout le succès dépendra de sa parole ; — la *rogatio Mamilia* (§§ 127, 128), qui provoque tant de procès et de plaidoiries ; — la loi *Varia*, qui met en cause ou en mouvement tous les orateurs du

---

1. § 56 : « Omnino tum ullum eloquentiæ præmium fuisse nihil sane mihi legisse videor. » — § 182 : « Volo enim sciri in tanta et tam vetere re publica *maximis præmiis eloquentiæ propositis* omnes cupisse dicere. »

temps (§ 205) et qui, à elle seule, occupe le forum alors que toutes
les autres procédures sont suspendues par la guerre (§ 304) ; — la
loi *Pompeia de ambitu*, qui restreint le nombre des avocats dans
une même cause, et qui, en limitant la durée des plaidoyers, décou-
rage la prolixité des mauvais orateurs et force les bons à concentrer
leur éloquence (§§ 243, 324).

Enfin la politique a sur l'art oratoire des effets plus particuliers
encore. Par cela qu'elle provoque des conflits, elle excite dans certaines âmes des passions violentes. De là des orateurs véhéments,
qui remplissent le forum de leurs emportements. En même temps
elle crée des partis et chaque parti a son langage. Le tribun factieux qui soulève les foules ne parle pas comme le consulaire noble
qui opine au sénat. Il y a ainsi comme une éloquence de tempérament et de situation. A la façon dont Cicéron s'exprime quand il
s'agit de certains orateurs démocratiques, par exemple (§§ 108, 223),
il est aisé de voir que, pour apprécier les talents, il ne croit pas
indifférent de connaître les opinions.

J'ai poussé un peu loin cette analyse pour bien montrer jusqu'à
quel point la critique historique est présente dans le *Brutus*. On
peut dire qu'elle l'anime tout entier de son esprit. Elle se traduit
par une foule d'observations de détail, qui risquent, il est vrai, de
passer inaperçues, parce qu'elles sont semées un peu au hasard et
en courant. Mais pour peu que l'on concentre, comme j'ai essayé de
le faire, ces réflexions diffuses, on a en mains la plupart des éléments que pourrait mettre en œuvre aujourd'hui un historien de
l'éloquence romaine. Le premier des écrivains antiques qui ait composé véritablement une œuvre de critique historique, Tacite, dans
le *Dialogue des Orateurs*, n'a souvent fait que reprendre, développer ou réfuter des idées qui sont déjà dans le *Brutus*.

V

LES MANUSCRITS DU *BRUTUS*.

Comme beaucoup de textes antiques, le *Brutus* n'a survécu que
grâce à un hasard heureux. On pouvait le croire perdu à jamais
ainsi qu'une partie du *de Oratore* et de l'*Orator*, lorsque, en 1422[1],
l'évêque de Lodi, Gherardo Landriani, ayant à rechercher les titres

---

1. La plus ancienne mention que l'on
ait de la découverte se trouve dans une
lettre de Poggio, écrite de Londres, le
10 juin 1422, à Niccolo de' Niccoli : *De
oratore, quod ais repertum esse Laudæ
idque Franciscum Barbarum testari,*
*credo quod illi affirmant et hoc magnum
est lucrum* (Tonelli, *Poggii epist.*, p. 81).
— L'histoire du *Laudensis* est aujourd'hui
assez bien connue, grâce aux travaux de
Detlefsen (*Verhandlungen deutscher Phi-
lologen in Kiel*, 1869, p. 96-105), de

de certains privilèges, fit fouiller une caisse depuis longtemps abandonnée dans une église et y découvrit un très vieux manuscrit[1], contenant *præter rhetoricorum novos et veteres qui habebantur* (c'est-à-dire le *de Inventione* et la *Rhetorica ad Herennium*) *tres quoque de Oratore integerrimos, Brutum de Oratoribus claris et Oratorem ad Brutum M. Tullii Ciceronis*[2].

L'écriture était si ancienne, que personne à Lodi ne fut en état de la déchiffrer[3]. L'évêque adressa alors le manuscrit à Gasparino Barzizza, professeur à Milan, l'un des savants de l'époque les plus versés dans l'étude de la rhétorique cicéronienne et qui précisément travaillait à compléter le *de Oratore*[4]. A Milan on fut d'abord aussi embarrassé qu'à Lodi. Enfin Barzizza réussit à trouver un copiste, un certain Cosme de Crémone, qui transcrivit le *de Oratore*, tandis que Flavio Biondo, alors de passage à Milan, transcrivait le *Brutus*[5]. Peu après, l'évêque de Lodi recevait de Barzizza un beau manuscrit tout neuf, parfaitement lisible, à la place du vieux manuscrit presque illisible qu'il avait envoyé et que Barzizza conservait en sa possession[6]. En même temps deux exemplaires, d'après la première copie de Biondo, étaient adressés l'un à Guarini à Vérone, l'autre à Leonardo Giustiniani à Venise[7].

Ce vieux manuscrit, le *Laudensis*, a disparu on ne sait quand ni comment. Si par hasard il existe encore aujourd'hui, nul ne peut dire ce qu'il est devenu. Nous n'avons plus que des copies, au nombre d'une quarantaine environ.

Heerdegen (Préface de son édition de l'*Orator*, p. xiv et suiv.), de Stangl (*Blätter f. d. bayer. Gymnas.*, XXI, p. 37 et suiv.) et de Sabbadini (*Rivista di filologia*, XIV, p. 425 et suiv., article reproduit dans la *Wochenscrift f. klass. Phil.*, 1886, p. 749; *Riv. di fil.*, XVI, p. 97-120).

1. Vespasianus Florentinus, *Vitæ CIII virorum ill. sæc. XV* (Rome, 1839), p. 618 : « Fu il libro trovato in una chiesa antichissima in uno cassone che era stato lunghissimo tempo che non s'era aperto, e cercando di certi privilegi antichi, vi trovarono questo libro in uno esemplo vetustissimo. »

2. Flavio Biondo, *Italia illustrata* (Bâle, 1531), p. 346.

3. Flavio Biondo, *l. c.* : *cujus litteras vetustiores paucissimi scirent legere.* Cf. Raphael Volaterranus (cité par Detlefsen, p. 99) : *flagitiosa ac pene incognita littera scripti.*

4. Biondo, *l. c.* : *Liberatus est bonus ipse vir Gasparinus ingenti quem assumpserat labore supplendi quod poterat librorum de oratore defectus.* Sur Barzizza, voir Voigt, *Wiederbelebung des klassischen Alterthums, oder das erste Iahrhundert des Humanismus*, I, p. 223.

5. *Et cum nullus Mediolani esset repertus, qui ejus vetusti codicis litteram sciret legere, Cosmus quidam egregii ingenii Cremonensis tres de oratore libros primus transcripsit, multiplicataque inde exempla omnem Italiam desideratissimo codice repleverunt. Nos vero cum publicis patriæ tractandis negotiis adolescentes Mediolanum adiissemus, Brutum de claris oratoribus primi omnium mirabili ardore ac celeritate transcripsimus, ex quo primum Veronam Guarino, post Leonardo Justiniano Venetias misso omnis Italia exemplis pariter est repleta* (Biondo cité par Detlefsen, p. 98).

6. *Feci autem ut pro illo vetustissimo ac pene ad nullum usum apto, novum manu hominis doctissimi scriptum, ad illud exemplar correctum, alium codicem haberes* (Lettre de Barzizza citée par Detlefsen, p. 98).

7. Voir note 5 fin.

Jusqu'à ces dernières années la critique hésitait entre ces copies. Schütz (Leipzig, 1808) s'attachait aux manuscrits de Wolfenbüttel (*Gudianus* 1 et *Gudianus* 2). Orelli attirait l'attention sur le *Parisinus* 7704, dont il donnait une collation complète[1]. Peter ajoutait à ces trois manuscrits les *Parisini* 7703, 7705 et 7708, ainsi que le *Dresdensis*, mais attribuait une autorité prépondérante au *Parisinus* 7704 et au *Gudianus* 1 (éd. du *Brutus*, Leipzig, 1839, p. IV-V de la préface). Ellendt (Königsberg, 1844), tout en reconnaissant les mérites du *Parisinus* 7704 et des deux *Gudiani*, donnait la préférence aux manuscrits conservés en Italie, notamment au *Nanianus* de Venise, qu'il appelle *Venetus prior*, à l'*Ottobonianus* 2057 (Vatican) et aux nᵒˢ 8 et 51 de Lagomarsini. Kayser enfin déclarait que pour lui tous les manuscrits du *Brutus* se valaient à peu près[2].

Depuis les travaux de Detlefsen, de Heerdegen, de Stangl et de Sabbadini, la question a pris une forme nouvelle. Les données que l'on possède aujourd'hui sur la manière dont s'est opérée à Milan la transcription du *Laudensis* et sur la destination des premiers exemplaires transcrits permettent de faire un départ entre les manuscrits. La disparition du *Laudensis* ayant suivi d'assez près la découverte, puisqu'à partir de 1428 on en perd complètement la trace[3], la plupart des manuscrits conservés, lesquels sont postérieurs à 1430 ou même à 1450, n'ont pas été copiés sur l'archétype et n'en descendent qu'indirectement par l'intermédiaire d'une ou de plusieurs copies antérieures. Si corrects qu'ils puissent paraître, ils n'ont donc que la valeur de témoins secondaires et doivent être éliminés. D'autres, qui par leur date sont plus voisins de la découverte de Lodi, doivent être de même laissés de côté, comme étant la transcription pure et simple d'une copie plus ancienne que nous avons[4]. C'est autant que possible aux copies primordiales, ou du moins à celles qui peuvent y suppléer, qu'il convient de s'attacher.

On est ainsi amené à retenir, avec Stangl, les six manuscrits suivants :

1ᵒ Le *Florentinus Magliabecchianus* I, 1, fol. 32ʳ-74ʳ (F), provenant de la succession de Niccolo de' Niccoli, d'où il a passé dans la bibliothèque du couvent de Saint-Marc à Florence[5], puis dans la

---

1. *Variet. lect. cod. Reg. VIIMDCCIV.* . (Gymn.-Progr. Turici, 1830).

2. *Præf.*, p. **xx** : *Bruti in universum codices aliquoties laudavi ; omnes recentes sunt et æquali fere dignitate præditi.*

3. La date résulte d'une correspondance échangée entre Guarini de Vérone et Giovanni Lamola, correspondance publiée par Sabbadini (*Riv. di filol.*, XIV, p. 453, 434).

4. Tel est le cas du *Lagomarsinus* 51,

copié en 1423 pour Cosme de Médicis. Il est certain qu'il dérive du *Florentinus Magliabecchianus* (= F), qui a appartenu à Niccolo de' Niccoli (Detlefsen, p. 105, Heerdegen, p. xv, xxiv).

5. Il porte l'indication suivante : *Iste liber est conventus S. Marcj de Florentia ordinis predicatorum de hereditate Nicolai de Nicolis florentinj virj doctissimi.* Le manuscrit a été pour la première fois signalé par Ellendt (1844, p. x). Il est

bibliothèque Magliabecchi. Il remonte à la fin de 1422 ou au commencement de 1423[1].

2° L'*Ottobonianus* 2057, fol. 93ʳ-124ʳ (O), copié avant la fin de 1422 pour Francesco Bossi, évêque de Côme[2], et corrigé à Pavie trois ans plus tard, après collation avec le *Laudensis*, par deux membres de la famille Bossi et par Viglevio degli Ardizzi[3].

3° Le *Neapolitanus* IV B 43, fol. 1ʳ-57ʳ (G), provenant de la succession de Guiniforte Barzizza, fils de Gasparino Barzizza[4].

4° L'*Ottobonianus* 1592, fol. 14ʳ-58ᵛ (B), copié par Flavio Biondo au milieu d'octobre 1422[5].

5° Le *Neapolitanus*, IV B 36, fol. 120ʳ-153ᵛ (H), copié avant la fin de décembre 1422 pour Guarini de Vérone par Hugo Mazolato, secrétaire du marquis de Ferrare, sur le manuscrit de Biondo[6]. C'est un des trois premiers exemplaires du *Brutus* signalés par Biondo[7].

6° Le *Mutinensis* VI D 6, fol. 1ʳ-35ʳ (M), qui a appartenu à Francesco Calcagnino de Rovigo, élève de Victorinus de Feltre[8]. Le manuscrit, qui est l'œuvre d'un copiste inconnu, a été corrigé à Mantoue d'après l'exemplaire de Biondo en septembre 1425[9]. Il

---

identique au n° 8 de Lagomarsini (Ellendt, *l. c.*; Detlefsen, p. 107).

1. La date peut être établie avec une quasi certitude. Il a servi de modèle au *Laurentianus* 50, 18, copié pour Cosme de Médicis et dont la copie a été achevée le 1ᵉʳ octobre 1423 (Heerdegen, p. xv, xxiv). Stangl (p. xvii) se fonde de plus sur une lettre de Poggio (15 mai 1423), où il demande à Niccoli de lui envoyer au plus tôt les livres oratoires de Cicéron; mais cette lettre n'est pas une preuve décisive, Poggio n'étant pas sûr que Niccoli les possède (*mittas, si illos habes; sin autem, sumas mutuo a Nicola vel alio*, Detlefsen, p. 104).

2. Il porte l'indication suivante : *MCCCCXXII, die penultimo novembr. in sero finit.*

3. A la fin du *Brutus*, une autre main que la précédente a écrit : *Qui tres oratorii libri correcti auscultati collecti emendati conformati et justificati fuerunt cum codice illo vetustissimo et ipsa intuitione religionem quandam mentibus hominum inferente quem reverendissimus pater et dominus Gerardus Landrianus... repperit litterarum cupidior. Per Antonium Johannis Simonem Petri Bossios et me Franciscum Viglevium de Ardicijs quam-* vis cursim *MCCCCXXV. die XXVI Aprilis. Indictione tercia. In civitate papia studiorum matre* (Stangl, p. xvii).

4. Voigt, *ouv. cit.*, I, p. 493, 511. En tête du manuscrit on lit : *Guiniforti Barzizzii M. T. C. Brutus, A. Jani parrhasii et amicorum Mediolani emptus aureolo* (Stangl, p. xviii).

5. On lit au folio 58ᵃ : *Scripsi hunc Brutum Mediolani a nonis ad ydus Octobres. 1422. Ad exemplar vetustissimum repertum nuper : Laude.* Une note, d'ailleurs assez obscure, qui se trouve en haut du folio 29ʳ, semble indiquer que Biondo n'a pas fait entièrement sa copie sur le *Laudensis*. Il dit, en effet, vers le § 128 : *Hic habui exemplar vetus* (Stangl, p. xviii).

6. Detlefsen, p. 100 et suiv., Stangl, p. xviii-xix. note 6; Sabbadini, *l. c.*, p. 430 et suiv.

7. Voir p. xxviii, note 5.

8. Detlefsen, p. 101.

9. Au fol. 62ʳ, à la fin de l'*Orator*, on lit : *Orator ad M. Brutum feliciter explicit transcriptus perfectusque, et ab eo exemplari emendatus. Quod de vetusto illo codice primum transcriptum correctumque fuerat, pridie idus Septemb. 1425. Mantuæ.*

peut tenir lieu du troisième exemplaire signalé par Biondo, de celui qui avait été envoyé à Venise, à Leonardo Giustiniani[1].

Ces six manuscrits, que Stangl a collationnés ou fait collationner pour son édition, sont aujourd'hui assez bien connus pour que par eux on puisse essayer de remonter jusqu'au texte de l'archétype disparu.

Toutes les fois qu'ils sont d'accord (et ils le sont, comme on le verra, très souvent) on peut être assuré de tenir la leçon authentique du *Laudensis*. Mais quel parti prendre lorsqu'ils sont en désaccord? Et quels sont ceux dont l'autorité doit être prépondérante?

Stangl a montré par des arguments décisifs que la première place appartient au *Florentinus*. Seul F donne un texte suivi d'un bout à l'autre sans aucun alinéa, et en cela il est conforme au *Laudensis*, qui, selon le témoignage formel de Biondo, n'avait point de divisions apparentes[2]. De plus, il reproduit plus fidèlement que les autres les formes de l'orthographe antique[3], ainsi que les fautes de l'archétype[4]. Seul, il donne en plus d'un passage la bonne leçon[5] ou, à défaut de la bonne leçon, celle qui s'en rapproche le plus[6]. Un élève de Guarini, Giovanni Lamola, parlant d'une copie que lui-même avait faite des livres oratoires de Cicéron et la comparant aux autres copies, dit dans une lettre publiée par Sabbadini[7] : *curavi etiam usque ad punctum minimum omnia ad veteris speciem exprimere, etiam ubi essent nonnullæ vetustatis delirationes, nam velim potius cum veteri illo delirare, quam cum istis diligentibus sapere.* Ces termes pourraient s'appliquer au copiste de F, qui, lui aussi, pousse l'exactitude jusqu'au scrupule, et s'il n'était pas certain que la copie de Lamola, aujourd'hui disparue, est de plusieurs années postérieure à F[8]; si d'autre part F avait des notes marginales comme on sait qu'en avait la copie de Lamola[9], on pourrait se demander si F n'est pas identique à celle-ci.

En tous cas il est difficile de croire que F ne dérive pas directement du *Laudensis*. Sur ce point je ne suis pas d'accord avec Stangl,

---

1. Voir p. xxviii, note 5.

2. Après le § 48, Biondo ajoute cette note dans B sur une ligne à part : *In veteri continuat testus ubique sine capitulo vel testiculo.* La même note se trouve répétée dans H, au même endroit (Stangl, p. x).

3. Par exemple *Hortensi* (§ 1), *dividundo* (§ 18), *alis* pour *aliis* (§ 161), *nobilis* pour *nobiles* (§ 3), *clarissumo* (§ 5), *sexagensumo* (§ 324), *comprendo* (§ 19), *Albinos* (§ 81), *consequutæ* (§ 12), *Sulla* (§ 306), *intellego, exto, expecto,* etc. (Stangl, p. xii et p. xx, note 12; cf. Heerdegen, p. xviii.)

4. Ainsi *conferam veri* (§ 25), *hisdem* (§ 151), *ex is* (§ 213), *et edibus* (§ 229), *acerrimus* (§ 269).

5. *Præsentem* (§ 11), *Zeuxim* (§ 70), *C. Aureliorum* (§ 94), *civis* (§ 95), *putabatur* (§ 122), *Mamilia* (§ 127), *in struendo* (§ 216), etc.

6. *Nua serius* (§ 81), *quam tum* (§ 258), *memor quæ* (§ 302).

7. *Rivista di fil.*, XIV, p. 434.

8. La lettre de Lamola est attribuée par Sabbadini à 1428.

9. *Notarem etiam marginibus ubique lectiones istorum logodædalorum et sane barbaricarum beluarum* (même lettre).

qui, sans se prononcer catégoriquement, paraît cependant porté
à admettre entre F et L l'existence d'une copie intermédiaire, celle
de Cosme de Crémone[1]. Mais comment expliquer alors certaines
hésitations du copiste, transcrivant mal d'abord les mots de l'original, puis se reprenant pour écrire à la suite de la leçon mal lue
la leçon rectifiée[2]? Ces hésitations indiquent que le copiste a sous
les yeux un texte difficile à déchiffrer, où tous les mots se tiennent,
comme nous savons qu'était le *Laudensis*. C'est la conclusion de
Heerdegen et les exemples cités par Stangl ne me paraissent pas
de nature à la modifier.

Après le *Florentinus* viennent l'*Ottobonianus* 2037 et le *Neapolitanus* IV B 43. Ces deux manuscrits, qui ont un certain nombre de
fautes communes[3] et qui seuls distribuent le texte du *Brutus* en
trente-quatre alinéas, ont entre eux une si étroite parenté qu'on
serait tenté de les croire copiés l'un sur l'autre, si O n'avait pas des
fautes qui manquent dans G, et G des corrections qui manquent
dans O. Ces deux manuscrits sont très voisins de F, avec lequel ils
sont généralement d'accord. Mais ils ont des fautes qui ne sont pas
dans F, ils altèrent plus souvent que lui les formes de l'orthographe
ancienne, enfin ils ne donnent pas comme lui un texte d'une seule
teneur. On peut donc affirmer que, malgré leurs affinités avec F,
ils ne dérivent pas de lui et forment un groupe à part. Dérivent-ils
directement du *Laudensis*? Heerdegen le pense[4] et la suscription
de O pourrait le faire croire[5]. Mais alors il faudrait admettre que G,
qui se rattache certainement au même original que O, est, lui aussi,
une transcription directe du *Laudensis*, et qu'ainsi deux copistes
différents ont eu, chacun de son côté, la même idée, celle de
découper arbitrairement le texte et de faire les coupures précisément aux mêmes endroits. De deux choses l'une : ou bien O et G
ont été copiés sur le *Laudensis* par un seul et même copiste, hypothèse que n'autorisent pas certaines différences de copie[6], ou bien,
ce qui est plus vraisemblable, ils représentent la tradition d'un

---

1. *Ex Cosmiana archetypi translatione
manasse malis quam ex ipso archetypo*
(p. xii).

2. Par exemple, *cumulatiores ipsos
si possis* (§ 16), *eiusdem dicendi* (§ 117),
uolt egesta hexesias (§ 286), *eiue uidere*
avec un *t* au-dessus de *ci* (§ 307). Heerdegen (p. xv) cite des exemples analogues dans l'*Orator*.

3. Stangl, p. xxiv, note 20.

4. *Proleg.*, p. xvii.

5. A la fin de sa note, Viglevio degli
Ardizzi, après avoir célébré la découverte
de Gherardo Landriani, dit de l'évêque
de Côme : *Sel item Cumanus aut paris
est gloriæ vel non minoris felicitatis;
propterea quod primum veterem et superiorem codicem non sat a plerisque legi-
bilem ob antiquarum litterarum effigiem
stilumque incognitum in latinas et expli-
catas bene litteras studioseque inter-
punctas summa diligentia renovavit.* Le
témoignage est suspect, le reviseur du
manuscrit cherchant visiblement à asso-
cier son evêque à la gloire de Gherardo
Landriani.

6. Par exemple, § 182, *particius* O[1],
patirtius G[1] : § 329, *omitte* O[1], *o mire* G[1].
O[1] a, de plus, des transpositions et des
fautes qui ne sont pas dans G[1].

original commun, déjà découpé lui-même en trente-quatre chapitres, et cet original, selon toute probabilité, n'est pas autre chose que la copie du *Laudensis* faite par Cosme de Crémone pour Gasparino Barzizza[1]. Du reste il est tout naturel que l'exemplaire de Gasparino ait servi de modèle à l'exemplaire (G) de son fils Guiniforte.

Quoique issus moins directement que F de l'archétype de Lodi, O et G y touchent encore de très près. On ne peut pas affirmer que G ait été collationné avec le *Laudensis*, mais la chose est très probable, son premier possesseur ayant le vieux manuscrit sous la main dans la maison paternelle ; en tout cas, il a été en plusieurs endroits corrigé et d'une façon très heureuse. En revanche, pour O nous savons que la collation a été faite par Viglevio degli Ardizzi, que l'évêque de Côme avait envoyé exprès avec deux de ses parents à Pavie, où se trouvait sans doute Barzizza. Le manuscrit porte d'assez nombreuses corrections marginales ; quelques-unes n'ont aucune indication d'origine ; mais la plupart sont accompagnées d'une abréviation *vet* (= *vetus codex*) ou *al* (*alii*), pour rappeler soit la leçon de l'archétype mal interprétée par le copiste, soit une variante empruntée à une autre copie[2]. Ces corrections (surtout O^2 *vetus*) sont très précieuses ; elles le seraient plus encore si l'on n'avait pas la certitude que la collation a été faite un peu précipitamment[3].

Des trois manuscrits qui restent, deux (B et H) représentent deux des plus anciens exemplaires de *Brutus*, l'un (B) étant la copie faite par Biondo sur le *Laudensis*, l'autre (H) la copie de B envoyée par Biondo à Guarini de Vérone. Quant à M, il tient lieu de la copie envoyée à Leonardo Giustiniani. Ces trois manuscrits ont donc une autre origine que F, que O^1 G et que O^2 *vetus*. En les joignant à FOG nous possédons quatre traditions différentes, indépendantes les unes des autres, et qui peuvent se contrôler mutuellement. Mais si en maint endroit leur témoignage vient confirmer celui de FOG et nous fournir ainsi, pour la reconstitution de l'archétype, un complément de certitude, il arrive souvent que le groupe BHM présente des leçons particulières qui ne se retrouvent pas ailleurs.

---

1. Dans une lettre à Bossi (Detlefsen, p. 101), Barzizza parle de son *Brutus* (*Brutus noster*), qu'il se proposait d'envoyer à Côme au moment où l'on venait de le lui retourner (*postquam... ad me rediit*). L'exemplaire qui circulait ainsi de main en main n'était certainement pas le *Laudensis*, que Barzizza n'avait pas réussi à déchiffrer et qui eût mis ses correspondants dans le même embarras que lui. C'était la copie de Cosme de Crémone. D'ailleurs, si l'évêque de Côme avait eu le *Laudensis* entre les mains, il

aurait pu le faire collationner à loisir et n'aurait pas été obligé d'envoyer trois ans après un réviseur à Pavie. L'examen qu'a fait Friedrich de O pour le *de Oratore* l'amène à conclure aussi que ce manuscrit n'est pas une copie directe du *Laudensis* (*Neue Jahrb.*, 1887, p. 79).

2. Selon Friedrich, toutes ces notes marginales ne seraient pas de la main de Viglevio ou des deux Bossi, et plusieurs seraient postérieures à la revision de 1425 (*Neue Jahrb.*, 1887, p. 78).

3. *Quamvis cursim* (voir p. xxx, note 3).

Ces leçons, que valent-elles? et Biondo mérite-t-il autant de
confiance que Cosme de Crémone, Viglevio degli Ardizzi ou le
consciencieux copiste de F? On sait par Biondo lui-même qu'il a
exécuté sa copie, *mirabili ardore ac celeritate* en moins de dix
jours, du 7 au 15 octobre 1422, et d'une note mise par lui au § 128
on peut inférer qu'il n'a pas eu constamment le *Laudensis* à sa disposition[1]. Il ne s'est donc pas trouvé dans des conditions très
favorables pour accomplir un travail aussi minutieux et peut-être
n'y a-t-il pas apporté toute l'attention désirable. Toujours est-il
que le groupe BHM a de nombreuses omissions et transpositions;
il ajoute des mots et altère beaucoup de formes. De temps en temps,
on le voit par des notes marginales rappelant la leçon de l'archétype. Biondo a substitué au texte qu'il avait sous les yeux des
corrections personnelles. Quelques-unes de ces corrections réta-
blissent, il est vrai, la bonne leçon, évidemment dénaturée dans
l'archétype, mais beaucoup ne sont que des conjectures arbitraires[2].

En résumé, il y a du bon dans BHM, et Stangl a cru pouvoir plusieurs fois préférer le témoignage de ce groupe à celui de FOG.
Mais le mauvais l'emporte. Lorsque Giovanni Lamola, dans la lettre
qui a été rappelée plus haut, juge en termes sévères les copies du
Laudensis[3], nul doute qu'il ne fasse allusion aux copies dérivées de
celle de Biondo et en particulier à la copie qu'il avait vue chez son
maître Guarini à Vérone, c'est-à-dire au manuscrit H. Il est très
probable qu'il ne connaissait ni F qui était à Florence chez Niccolo
de' Niccoli, ni O qui était chez l'évêque de Côme, ni G qui était
chez Guiniforte Barzizza.

Il faut donc ne consulter BHM qu'avec réserve, et c'est le témoignage de FOG, surtout celui de FO² *vetus*, qui doit être prépondérant.
Les observations qui précèdent se résument dans le tableau suivant:

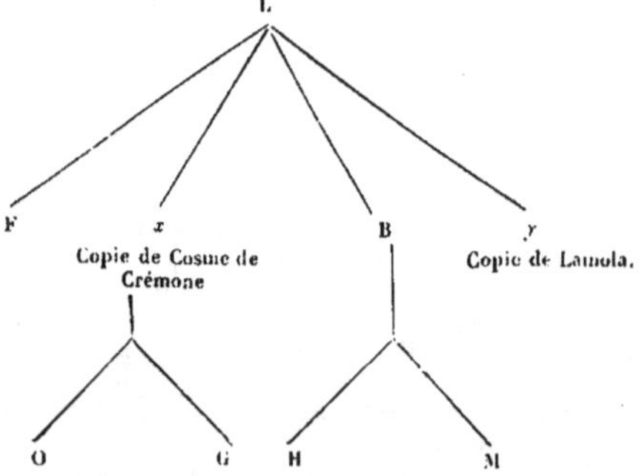

Quelle idée maintenant peut-on se faire de l'archétype de Lodi et

1. Voir p. xxx, note 5.
2. Stangl, p. xxv, note 22.

3. *Riv. di fil.*, XIV, p. 433 : « *Hic
autem ipse codex* (le Laudensis)... *ab istis*

quelle valeur faut-il lui attribuer? Ceux qui l'ont vu au xve siècle
en parlent comme d'un très vieux manuscrit, à l'aspect particulièrement archaïque[1]. De là on a été conduit à penser qu'il était
écrit en minuscule lombarde et datait du viiie ou du ixe siècle[2].
L'hypothèse est très vraisemblable; mais ce n'est qu'une hypothèse,
dont il est difficile d'établir le bien fondé. Tout ce que l'on peut
affirmer, c'est que L n'était pas en écriture capitale, puisqu'on eut
beaucoup de peine à trouver des copistes capables de le déchiffrer.
On sait de plus que les mots n'y étaient pas bien séparés les uns
des autres, que l'orthographe était généralement conforme à la tradition antique, enfin que les mots grecs cités dans le texte étaient
toujours transcrits en lettres latines[3].

Il était loin d'être exempt de fautes. On le voit en comparant les
données qu'il fournit, pour le *de Oratore* et l'*Orator*, avec celles de
l'*Abrincensis*, le meilleur des *codices mutili* qui nous ont conservé
certaines parties de ces traités. Il y avait des mots passés, trans-
posés ou répétés, des noms propres altérés, des abréviations mal
interprétées, des gloses interpolées, enfin une foule de petites
bévues de détail[4]. Parmi ces fautes, les unes étaient imputables au
copiste du *Laudensis*, les autres provenaient de copies antérieures,
certaines gloses notamment, qui ne se trouveraient pas à la fois
dans l'*Abrincensis* et dans le *Laudensis*, si elles n'avaient pas été
déjà dans l'archétype commun de ces deux manuscrits[5]. Il en est
de même pour toute une série de lapsus caractéristiques, qui supposent la confusion de plusieurs lettres capitales (I, L, E, F, P, T)
et n'ont pu se produire que lors du passage de la capitale rustique
à la minuscule[6], c'est-à-dire au moment où a été copié soit le
manuscrit en minuscule avec abréviations, qui a servi de modèle au
Laudensis, soit un manuscrit antérieur.

---

in quorum manus _incidit_ quique ex eo
*accurato exemplari exemplum, quod vol-
gatum undique est, traduxerunt, summis
ignominiis adfectus est, quippe qui multa
non intellexerunt, multa abraserunt, multa
mutarunt, multa addiderunt,* etc. » Les
mots *quod vulgatum undique est* sont à
rapprocher de ce que Biondo dit lui-
même de sa copie : *ex quo... omnis Italia
exemplis pariter est repleta* (voir p. XXVIII,
note 5).

1. *Summæ quidem venerationis et antiquitatis non vulgaris effigies* (Lamola,
cité par Sabbadini, *l. c.*, p. 433). — *codice
illo vetustissimo et ipsa intuitione religionem quandam mentibus inferente* (Viglevio degli Ardizzi, dans la suscription
de O).

2. Detlefsen, p. 98; Stangl, p. x.

3. Heerdegen, *Proleg.*, p. xix. Cf.
Brut., 162, 298, 299.

4. Schenkl, *Zeitschrift für den oesterr.
Gymnas.*, 1870, p. 622 et suiv.; Heerdegen, *Proleg.*, p. xxvi.

5. Heerdegen, *Proleg.*, p. xxv.

6. En voici quelques exemples, I = E :
quatinus, dicere (Or. 73), *extimescit* (98),
siqui (104), *acumini* (110), *ambigetur*
(126), *defineat* (137), *effugire* (189);
laudari (Br. 25), *videri* (Br. 110), *haberi*
(Br. 146), *devinceret* (Br. 276), *crimine*
(Br. 277), *accidit* (Br. 313), *et si veris*
(Br. 325). I = T : *adipale* (Or. 25), *tam*
(112), *aut* pour *avi* (Br. 239). I = L : *mos
malorum* (Br. 282). I = P : *Stilionem*
(Or. 157). L = T : *vel ad* pour *vetat*
(Or. 147), *obtineret* (Br. 51). L = P :
Lammene (Or. 105). C = P : *explanatio*

Toutes ces fautes ont valu au *Laudensis* une fâcheuse réputation. Les gloses surtout lui ont fait beaucoup de tort : on s'est habitué à le considérer comme un manuscrit plein d'interpolations. A voir la façon cavalière dont certains critiques[1] en usent avec lui, supprimant à tout propos des mots, des phrases, des paragraphes entiers, il semble qu'il ait été envahi par toute une végétation parasite, et qu'on soit en droit de tailler dans ce fourré à coups de hache. Il y a là un excès contre lequel il faut se mettre en garde et où je dois reconnaître que les derniers éditeurs du *Brutus* ont évité de tomber. Tout compte fait, le *Laudensis* n'était pas tellement mauvais qu'on puisse prendre à son égard toutes les libertés. La plupart de ses fautes sont des lapsus, dont beaucoup se corrigent aisément. Les interpolations, celles du moins que l'on peut dûment constater dans le *de Oratore* et l'*Orator* par comparaison avec l'*Abrincensis*, se réduisent à quelques gloses généralement très courtes. Il se pourrait, il est vrai, qu'il y en eût d'autres, qu'une comparaison avec l'*Abrincensis* ne permet pas de découvrir, les deux manuscrits se rapportant à un même archétype et pouvant avoir par conséquent des interpolations communes, empruntées à cet archétype[2]. Mais ces interpolations que l'on soupçonne demeurent toujours plus ou moins hypothétiques et plus d'un critique ne les cherche et ne les trouve que parce qu'il a d'avance une mauvaise opinion du *Laudensis*. Quoi qu'il en soit, une chose est certaine, c'est que le *Laudensis*, malgré tous ses défauts, représentait une tradition assez sûre. En faisant le relevé, dans l'édition de Heerdegen, de tous les passages de l'*Orator* où L et A conservent simultanément le texte, on peut constater que les deux manuscrits sont très souvent d'accord et que là où ils sont en désaccord, deux fois sur trois c'est L qui fournit la meilleure leçon.

VI

MÉTHODE SUIVIE DANS CETTE ÉDITION.

Texte. Le texte de cette édition n'est pas la reproduction plus ou moins fidèle de l'un ou l'autre des textes publiés jusqu'ici. Non pas que je méconnaisse la valeur des éditions antérieures à celle-ci : il en est d'excellentes et qui m'ont beaucoup servi. Mais comme les derniers travaux sur les manuscrits du *Brutus* et surtout la recension de Stangl permettent de remonter presque toujours

---

pour *exclamatio* (*Or.* 135). C = G : *clan le* (*Or.* 31). D = P : *depulisti* pour *pepulisti* (*Br.* 297).

1. Notamment Campe, Bake et Kayser.
2. Schenkl, *l. c.*, p. 622; Heerdegen, *Proleg.*, p. xxv.

avec une quasi-certitude jusqu'à la leçon du *Laudensis*, le premier devoir d'un éditeur est de reconstituer pour son usage et dans la pleine indépendance de sa critique le texte de l'archétype. Je m'y suis employé de mon mieux, et pour mettre le lecteur à même d'en faire autant pour son compte, je donne, d'après Stangl, toutes les variantes qui ne portent pas uniquement sur des différences d'orthographe.

Comme le texte de l'archétype est en maint endroit visiblement corrompu et ne peut pas être toujours reproduit tel quel, des corrections sont nécessaires. Souvent la vraie leçon se rétablit aisément et pour ainsi dire d'elle-même. Mais souvent aussi elle demeure problématique : à l'exemple des éditeurs qui m'ont précédé, j'ai dû plusieurs fois introduire des conjectures dans le texte, pour le rendre intelligible. On trouvera dans les *Notes critiques* l'indication de leur origine; on y trouvera aussi les plus plausibles de celles que je n'ai pas acceptées. Peut-être n'a-t-on pas assez tenu compte jusqu'ici des fautes provenant de la transcription mal faite d'un manuscrit en capitales rustiques. Le fait est assez bien constaté pour qu'on puisse, en bien des passages, en déduire un principe de correction. C'est ce principe que j'ai appliqué dans la plupart des cas où je propose une conjecture nouvelle[1].

L'orthographe est celle qu'adoptent d'ordinaire les éditeurs de Cicéron, quand ils n'ont pas à leur disposition un manuscrit d'une valeur supérieure et incontestée, dont on puisse reproduire intégralement les formes.

Commentaire. Le *Brutus* comporte inévitablement un commentaire assez développé. Outre les remarques grammaticales ou explicatives qu'entraîne toujours l'étude d'un texte, il demande :

1° Des notes historiques, parce que tout le dessein de l'ouvrage est subordonné à la chronologie et à l'histoire et que tout est rempli d'allusions aux événements politiques, aux institutions, aux lois, aux usages de la vie publique et privée des Romains ;

2° Des notes biographiques, parce que ce long défilé de noms propres n'est qu'un catalogue insipide et monotone, si chacun des personnages cités n'est pas replacé à sa date et autant que possible caractérisé par ce qu'on sait de sa carrière, sans compter que souvent tel ou tel détail biographique permet seul de comprendre l'ordre suivi par l'auteur dans son énumération ;

3° Des notes de rhétorique, parce que la rhétorique forme la

---

1. Voici l'indication des passages où se trouvent les corrections propres à cette édition : §§ 39, 40, 46, 48, 59, 66, 71, 81, 97, 110, 119, 120, 124, 129, 130, 131, 132, 151, 156, 172, 175, 197, 201, 206, 207, 213, 229, 230, 231, 253, 260, 261, 273, 278, 288, 296, 306 (cf. 312), 320, 327.

trame de l'ouvrage et sert comme de soutien à la critique cicéronienne, dont le langage, un peu flottant en apparence, risque d'in-
duire en erreur, si l'on n'en dégage pas le sens technique ;

4° Des rapprochements de textes avec le *de Oratore* et l'*Orator*,
parce que le *Brutus* se relie étroitement à ces deux traités et qu'il
est utile de montrer, par des citations topiques, l'unité de doctrine
des *libri oratorii* ;

5° Enfin des textes, et, s'il se peut, des fragments de discours,
permettant de compléter, de rectifier, de préciser les jugements de
Cicéron sur les orateurs.

J'ai essayé d'alléger le commentaire en renvoyant le plus souvent
possible, pour la grammaire, à la *Syntaxe latine* de Riemann[1], que
tous les étudiants ont aujourd'hui entre les mains ; pour les détails
historiques, à l'*Histoire des Romains* de Duruy et au *Manuel des
Institutions romaines* de Bouché-Leclercq. Il eût été possible de
l'alléger davantage en supprimant les citations données *in extenso*
et en rejetant en appendice les discours dont le texte nous a été
conservé, ainsi que les détails biographiques, disposés sous forme
d'index, à la façon de Piderit. Mais pour ce qui est des citations
in extenso, il est bon, l'expérience le prouve assez, que les textes à
rapprocher de l'auteur sautent pour ainsi dire aux yeux et qu'on ne
soit pas sans cesse obligé à un travail de vérification qui finit par
lasser la patience. Quant aux appendices, s'ils sont commodes pour
l'éditeur, s'ils conviennent même aux livres de classe, où il importe
de garantir l'élève contre la tentation d'une explication improvisée,
ils ont le grand inconvénient de tenir le lecteur perpétuellement
balancé entre le début et la fin du volume, et cette bascule inces-
sante n'aboutit qu'à contrarier la lecture.

BIBLIOGRAPHIE. On trouvera dans Orelli (2e édition revue par
Baiter et Halm, vol. vi, p. 230-232 ; viii, p. 344), dans Engelmann
(*Bibliotheca scriptorum classicorum*, 8e éd. 1882), dans Teuffel
(*Röm. Liter.*, 4e et 5e éditions, revues par Schwabe, 1882 et 1890),
tous les renseignements bibliographiques relatifs au *Brutus*[2]. Il
suffira de rappeler ici parmi les travaux les plus récents :

1° La recension de Stangl dans la collection des auteurs grecs et
latins de C. Schenkl (Leipzig, Freytag, 1886) ; le texte de Kayser
dans l'édition complète de Cicéron publiée par Baiter et Kayser
(Leipzig, Bern. Tauchnitz, 1860) ; le texte de G. Friedrich dans
l'édition C. F. W. Müller (Leipzig, Teubner, 1891) ;

---

1. Je la cite d'après la 2e édition. De
même pour la *Stylistique* de Berger.

2. La liste des dissertations critiques
a été complétée par Stangl, à la fin de
son édition. On peut y ajouter : Stangl,
Epikritisches zu Ciceros Orator u. Brutus
(*Blätter f. d. bay. Gymn.*, XXIII, 2, 3,
p. 92-93) ; J. Martha, *Brutus*, §§ 119-
121 (*Revue de Philologie*, XIII, p. 155-
158).

2° Les éditions avec commentaire de Meyer et Bernhardy (Halle, 1838), de Peter (Leipzig, 1839), de Kuniss (Leipzig. 1843), d'Ellendt (2ᵉ éd. Königsberg, 1844), d'O. Jahn (Berlin, 1849, revue et corrigée par Eberhard, 1877), de Demarteau (Bruxelles, Manceaux, 1867), de Kellogg (Boston, 1889), surtout l'excellente édition de W. Piderit (3ᵉ éd., revue par G. Friedrich, Leipzig, Teubner, 1889).

On consultera avec profit pour les questions de rhétorique : Ernesti, *Lexikon technologiæ Græcorum Rhetoricæ* (1795) et *Lexikon technologiæ Romanorum rhetoricæ* (1797); R. Volkmann, *Die Rhetorik der Griechen u. Römer* (Berlin, 1872), ouvrage résumé par le même auteur dans le *Manuel* d'Iwan Müller (II. p. 455 et suiv.); Causeret, *Étude sur la langue de la rhétorique et de la critique littéraire dans Cicéron* (Paris, Hachette, 1886); — pour la généalogie des orateurs : Drumann, *Geschichte Roms* (6 vol. Königsberg, 1833-1844); E. Babelon, *Description historique et chronologique des monnaies de la République romaine* (2 vol., Paris, 1885) et le t. I du *Corpus Inscriptionum latinarum*; — pour l'histoire de l'éloquence à Rome : Westermann, *Geschichte der röm. Beredsamkeit* (Leipzig. 1835): Ellendt, *Brevis eloquentiæ romanæ ad Cæsares historia* (en tête de son édition du *Brutus*, 1844); Demarteau, *L'éloquence républicaine de Rome* (Mons, 1870); Berger et Cucheval, *Histoire de l'éloquence latine* (2 vol.. Paris, 1872); Poiret, *L'éloquence judiciaire à Rome* (Paris, 1887); — pour les fragments des discours : Meyer, *Oratorum romanorum fragmenta* (2ᵉ éd., 1842); Wordsworth, *Fragments and specimens of early Latin* (Oxford, 1874).

Noᴛᴀ. Voir les *Additions et Corrections* à la fin du volume.

ARGUMENT ANALYTIQUE

PRÉAMBULE. 1° Regrets sur la mort d'Hortensius (§§ 1-9). — 2° Exposé des circonstances qui amènent le dialogue entre Cicéron, Atticus et Brutus (§§ 10-24).

INTRODUCTION. Cicéron établit la thèse fondamentale de l'ouvrage, celle dont l'histoire de l'éloquence à Rome doit être la démonstration.

L'éloquence est le plus difficile de tous les arts, témoin ce qui s'est passé en Grèce :

1° De tous les arts l'éloquence est celui qui se forme le dernier ; il ne paraît à Athènes que fort tard, vers le temps de Périclès et des Sophistes, et ne se développe véritablement qu'à partir d'Isocrate (§§ 25-34). Revue sommaire des orateurs attiques (§§ 35-38).

2° L'idée d'une technique oratoire ne vient aussi que tardivement. La rhétorique commence seulement à l'époque de Périclès, quand la Grèce est sortie de la période des guerres et des révolutions. Origines et histoire sommaire de la rhétorique (§§ 39-48).

3° L'art oratoire ne fleurit point partout. En Grèce, Athènes est la seule ville qui ait des orateurs. En dehors de la Grèce il y a des orateurs estimables en Asie Mineure et à Rhodes, mais ce n'est plus la grande éloquence (§§ 49-51).

L'ÉLOQUENCE A ROME.

I⁰ᵉ Période. *Les origines jusqu'à Caton l'Ancien* (§§ 53-60).

A. Personnages qu'aucune tradition ne mentionne comme des orateurs, mais dont l'influence politique suppose une certaine capacité oratoire : L. Brutus, l'auteur de la révolution de 510 ; M. Valerius et L. Valerius Potitus, qui ramenèrent la plèbe après les *Sécessions* de 494 et 449 ; Appius Claudius, qui fit continuer la guerre contre Pyrrhus ; la mention d'Appius amène celle de ses contemporains, C. Fabricius, Ti. Coruncanius, M'. Curius Dentatus et M. Popilius (§§ 53-56).

B. Personnages qui d'après des traditions plus ou moins vagues passent pour avoir su parler : C. Flaminius, Q. Fabius Cunctator, Q. Metellus (§ 57).

C. Le plus ancien orateur dont l'éloquence soit positivement attestée : M. Cornelius Cethegus, consul en 204. Il ne reste rien de lui, mais on le connaît par le témoignage précis d'Ennius, et pour se faire une idée de la langue qu'il parlait on a les œuvres de son contemporain Nævius (§§ 57-60).

IIe Période. *Caton l'Ancien et son temps* (§§ 61-80).

A. Caton est le premier orateur dont il reste des discours (§§ 61, 62). Ses discours sont à peu près aussi nombreux que ceux de Lysias. Comparaison avec Lysias (§§ 63, 64). Qualités et défauts de l'éloquence de Caton (§§ 65-69). Il est fâcheux que dans l'art oratoire on ne rende pas justice aux primitifs comme on le fait dans les autres arts (§§ 70-76).

B. Les contemporains de Caton, plus âgés que lui, notamment le premier Africain et son fils, puis Sex. Ælius Catus (§ 77, 78).

C. Les contemporains de Caton, plus jeunes que lui : C. Sulpicius Gallus, Ti. Sempronius Gracchus, P. Scipio Nasica Corculum, L. Lentulus, Q. Fulvius Nobilior le fils. Tous ces personnages ont été consuls entre 166 et 153 et sont cités par ordre chronologique. A propos de Fulvius, qui a été triumvir en 184, retour en arrière : mention de T. Annius Luscus, triumvir avec Fulvius, et de Paul Émile, consul en 182 (§§ 78-80).

IIIe Période. *Galba et son temps* (§§ 81-102).

A. Orateurs qui paraissent dans la vie publique à la fin de la vie de Caton ; les plus illustres du groupe sont Lælius, Scipion Emilien et Galba (§§ 81, 82).
Comparaison entre Lælius et Scipion (§§ 83, 84).
Procès criminel plaidé par Lælius (§§ 85, 86). Rôle de Galba

dans le même procès (§§ 87, 88). L'éloquence de Galba (§§ 89. 90).
Ses discours écrits n'y répondent pas, et pourquoi (§§ 91-93).

B. Orateurs secondaires du temps de Galba : L. Mummius, vainqueur de Corinthe, dont le nom amène ceux de plusieurs personnages qui ont été soit commissaires d'Achaïe, soit magistrats en
charge entre 146 et 137 (§§ 94, 95).

M. Æmilius Porcina, transition entre Galba et les Gracques (§ 96).
Orateurs qui se sont signalés en 137. date du consulat de Porcina
(§§ 96-97).

Autres orateurs contemporains : P. Crassus Mucianus et son
frère P. Scævola (§ 98) ; C. Fannius C. f. ; réflexions sur l'authenticité d'un de ses discours (§§ 99, 100) ; C. Fannius M. f., gendre
de Lælius et auteur d'Annales (§ 101) ; Mucius Scævola l'Augure,
autre gendre de Lælius, et son adversaire T. Albucius ; Cælius
Antipater, historien comme Fannius (§ 102).

IVᵉ Période. *L'époque des Gracques* (§§ 103-138).

A. Ti. Gracchus et Carbon (§§ 103-106). Mention de trois orateurs signalés par le poète Accius. D. Brutus, Q. Fabius Allobrogicus et P. Scipio Nasica Serapio, le chef du monument qui renversa Ti. Gracchus (§ 107). Divers personnages mêlés aux troubles
des Gracques : P. Lentulus et L. Furius Philus ; le jurisconsulte P.
Scævola (consul en 133), qui favorisa les projets de Ti. Gracchus.
et dont le nom amène celui d'un autre jurisconsulte contemporain,
M. Manilius (§ 108). Autres partisans des Gracques : Appius Claudius, M. Fulvius Flaccus, C. Cato, P. Decius (§ 109). Adversaires
des Gracques : M. Drusus (et son frère C. Drusus), M. Pennus,
T. Flamininus, consul en 123 (§ 109).

B. M. Æmilius Scaurus et P. Rutilius Rufus ; comparaison des
deux orateurs (§§ 110-115). Rutilius est le type de l'orateur stoïcien
(§ 116) ; de là quelques mots sur le stoïcien Tubéron (§ 117) ; digression sur le Stoïcisme : dans quelle mesure cette philosophie peut
servir à l'orateur (§§ 118, 119). Avantages du Péripatétisme et de
l'Académie (§§ 120, 121).

C. Suite des orateurs contemporains des Gracques : C. Curio I
(*avus*) ; appréciation de son talent (§§ 122-124) ; C. Gracchus ; éloge
de son éloquence (§§ 125, 126).

D. C. Galba. fils du grand orateur. Son nom amène ceux de plu-

sieurs orateurs qui ont été plus ou moins directement mêlés à la
discussion de la *rogatio Mamilia* (111-110 av. J.-C.) ou qui ont été
comme lui condamnés en vertu de cette loi : P. Scipio et L. Bestia,
consuls en 111 (§§ 127, 128).

Retour en arrière vers l'année 121, date de la mort de C. Gracchus et du tribunat de Bestia : mention de P. Licinius Nerva, tribun
avec Bestia, et de divers orateurs, dont les noms se trouvent consi-
gnés dans les Fastes vers cette époque, C. Fimbria, Sex. Calvinus,
M. Brutus, l'accusateur (rapproché de Cæsulenus, autre accusateur de la même époque), T. Albucius, mêlé à un grand procès en
120 (§§ 129-131). Le grécomane Albucius fait penser à son contemporain Q. Catulus, également passionné, mais sans exagération,
pour la culture grecque (§§ 132-134).

Reprise des Fastes à la date de la *rogatio Mamilia* (110 av. J.-C.) :
Q. Metellus, Numidicus et M. Silanus (consuls en 109), M. Aurelius
Scaurus (consul en 108), Q. Cæpio, consul en 106, C. Memmius, accusé de *repetundis* en 104 ; divers autres orateurs mêlés aux événements de cette période chronologique (§§ 135-138).

Vᵉ Pᴇ́ʀɪᴏᴅᴇ. *Antoine, Crassus et leurs contemporains* (§§ 139-200).

A. Caractères de l'éloquence d'Antoine (§§ 139-142). Caractères
de l'éloquence de Crassus comparée à celle d'Antoine (§§ 143, 144).
Mention de la cause de M'. Curius et parallèle entre Crassus et
Q. Scævola le Pontife (§§ 145-149). Scævola comparé à Ser. Sulpicius, ce qui amène un parallèle entre Ser. Sulpicius et Cicéron
(§§ 150-157). Suite du jugement sur Crassus ; énumération des principaux discours de Crassus ; il s'en faut de peu que l'éloquence
romaine soit arrivée à la perfection (§§ 158-164).

B. Orateurs contemporains : Cn. Domitius Ahenobarbus, censeur
avec Crassus, C. Cælius, consul en 94, un an après Crassus, M. Herennius, consul en 93, C. Claudius, consul en 92 ; C. Titius, dont le
nom amène celui d'Afranius, poète dramatique comme lui ; deux
accusateurs, Q. Rubrius Varro et M. Gratidius (§§ 165-168).

A propos de Gratidius, qui est d'Arpinum, mention de plusieurs
orateurs provinciaux (§§ 169. 170) ; en quoi consiste l'*urbanitas*
(§§ 170-172).

C. Après Crassus et Antoine le plus grand orateur du temps est
Philippus (§ 173). Énumération de plusieurs orateurs secondaires
de la même époque (§§ 174-176). Appréciation du talent de C. Julius

Cæsar Strabo (§ 177). Nouvelle énumération d'orateurs secondaires (§§ 178-180). Raisons qui justifient ces longues énumérations (§§ 181, 182).

D. Liste de quelques orateurs plus jeunes, parmi lesquels se détachent Cotta et Sulpicius, les meilleurs au gré des connaisseurs et aussi au gré de la foule (§ 183). Digression destinée à prouver que les connaisseurs et le public ne peuvent pas ne pas être d'accord sur l'effet produit par l'éloquence, et par suite sur la valeur des orateurs (§§ 183-193). Exemple de cet accord dans le procès de M'. Curius, où le public, tout en admirant Scævola, a bien vu la supériorité de Crassus (§§ 194-198). Le seul avantage des connaisseurs est de discerner les raisons du succès; mais ils ne peuvent nier le succès (§§ 199, 200).

VI⁰ Période. *Cotta, Sulpicius et leurs contemporains* (§§ 201-233).

A. Cotta et Sulpicius représentent l'un le genre simple, l'autre le genre sublime (§ 201). Analyse du talent de Cotta et de Sulpicius (§§ 202-204). De l'authenticité des discours publiés sous les noms de Sulpicius et de Cotta (§§ 205-207).

Raisons qui expliquent le petit nombre des orateurs figurant alors dans les procès. L'usage d'employer plusieurs avocats à la fois n'existait pas encore. Inconvénients de cet usage (§§ 208, 209).

B. Curion II (*pater*), le meilleur orateur après Cotta et Sulpicius, à cause de la pureté de son langage, due à son éducation (§ 210). Importance de l'éducation domestique (§§ 211-213). Ignorance de Curion; ses défauts oratoires (§§ 214-217). Son extraordinaire faiblesse de mémoire (§§ 217-220).

C. Mention de plusieurs orateurs qui ont été mêlés aux événements des années 91 et 90, C. Carbo, Q. Varius, Cn. Pomponius, L. Fufius, M. Drusus (§§ 221, 222). Le nom de Drusus, partisan de l'aristocratie, amène ceux d'une série de personnages politiques attachés au même parti (§ 222), puis, par contraste, ceux de plusieurs démocrates (§ 223), enfin ceux des démagogues factieux, Saturninus, C. Servilius Glaucia, Sex. Titius (§§ 224, 225).

D. Fin de la période : P. Antistius (§§ 226, 227) et L. Sisenna (§ 228). Apparition d'Hortensius au forum. Limites chronologiques de la carrière d'Hortensius (§§ 229, 230). Brutus regrette que Cicéron ne veuille pas aller au delà d'Hortensius. Cicéron promet de faire connaître le détail de ses études oratoires (§§ 231-233).

VIIe Période. *Hortensius et ses contemporains* (§§ 233-329).

A. M. Crassus, le triumvir, et son ennemi C. Fimbria (§ 233). Liste d'orateurs appartenant à la même génération (§§ 234-243). Dans le nombre, il y en a de très médiocres et de très obscurs ; Cicéron explique pourquoi il les cite (§ 244). Reprise de l'énumération (§§ 245-247).

B. Brutus regrette que Cicéron ne dise rien des orateurs de cette génération qui sont encore vivants, notamment de Marcellus et de César (§ 248). Cicéron laisse à Brutus le soin de caractériser Marcellus (§§ 249, 250), à Atticus le soin de caractériser César (§ 251). César est remarquable par la correction de son style, correction qu'il doit à l'éducation et surtout à ses études théoriques de grammaire (§§ 252, 253). A propos d'une phrase de César citée par Atticus, Cicéron fait une digression sur le mérite comparé du général et de l'orateur (§§ 254-275). Atticus reprend la parole et montre ce que César a fait pour la pureté de la langue et la grammaire : le premier il a trouvé un principe de correction (§§ 258-260). Éloge de son éloquence et de ses *Commentaires* (§§ 261, 262).

C. Reprise de l'énumération des orateurs qui ont vécu au temps d'Hortensius : C. Sicinius, C. Visellius Varro, L. Torquatus et C. Triarius (§§ 263-265). Les noms de Torquatus et de Triarius rappellent le souvenir de la guerre civile (§ 266) et amènent la liste des orateurs morts dans cette guerre (§§ 267-269).

D. Cicéron y ajoute les noms de quelques orateurs nés hors de Rome (§§ 270, 271) et s'arrête à caractériser quelques orateurs d'une génération plus jeune, morts également, C. Pison, son gendre (§ 272), Cælius (§ 273), Calidius (§§ 274-279), Curion III, qu'il compare en passant à Crassus, le fils du triumvir (§§ 280-282), Licinius Calvus, le chef des Néo-Attiques (§ 283). De là une longue digression sur les doctrines des Néo-Attiques (§§ 284-291).

E. Atticus ne veut pas laisser finir le dialogue sans présenter quelques objections relatives aux jugements que Cicéron a exprimés sur les orateurs. Il pense que son ami n'a pas toujours dit exactement ce qu'il pensait et il remet les choses au point (§§ 292-297). Réponse de Cicéron (§§ 298-300).

F. Retour à Hortensius. Ses débuts ; ses qualités oratoires. Cicéron atteint sa majorité et commence à suivre les débats du forum (§§ 301-304). État du forum et de la ville à cette époque.

Cicéron s'instruit en écoutant les orateurs et en poursuivant ses études. Il entend souvent Hortensius, qui prend la première place parmi les avocats. Cicéron plaide pour la première fois après la victoire de Sylla (§§ 305-312). Départ de Cicéron pour la Grèce et son séjour en Orient (§§ 313 316).

G. Commencement de la rivalité entre Hortensius et Cicéron (§§ 317-319). Hortensius cesse d'entretenir son talent (§ 320). Cicéron au contraire développe de plus en plus le sien (§§ 321, 322), et arrive à son apogée (§§ 323, 324). Causes de la décadence d'Hortensius (§§ 325-327). Ses derniers discours (§§ 328-329).

ÉPILOGUE.

Tristes conditions faites à l'éloquence par la guerre civile (§ 330). Brutus n'en doit pas moins continuer à travailler pour se faire, le cas échéant, un grand nom comme orateur (§§ 331-333).

M. TULLII CICERONIS

BRUTUS

I. [1] Cum e Cilicia decedens Rhodum venissem et eo mihi de Q. Hortensii morte esset allatum, opinione omnium majorem animo cepi dolorem. Nam et amico amisso

F = Florentinus Magliabecchianus ; — *O* = Ottobonianus 2057 ; — *G* = Neapolitanus IV B 43 ; — *B* = Ottobonianus 1592 ; — *H* = Neapolitanus IV B 36 ; — *M* = Mutinensis : — *L* = l'accord des six mss ; — *O² vetus* = notes du correcteur de *O* rappelant en marge la leçon de l'archétype ; — *O² al.* = variantes ou conjectures empruntées par le correcteur de *O* à d'autres copies ; — *B¹ vetus* = notes du copiste de *B* rappelant en marge la leçon de l'archétype (de même *H¹ vetus*, *M¹ vetus*) ; — *r* = le reste des six mss, après l'indication d'une variante spéciale à l'un ou à plusieurs d'entre eux.

Tout ce qui n'est pas conforme au texte fourni par les six mss (abstraction faite des variantes orthographiques) est indiqué soit par des italiques (*additions et corrections*), soit par des crochets [gloses ou interpolations à supprimer].

Titre : F (f° 32ʳ) : *M. TVLLI. CICERONIS. BRVTVS. INCIP. LEGE. FELIC.*

I, 1. *Cilicia*, que Cicéron avait administrée comme proconsul de juillet 703 (51 av. J.-C.) à juillet 704 (50).

Decedens, expression consacrée pour indiquer le départ officiel du magistrat qui quitte son gouvernement.

Rhodum. Cicéron s'était embarqué à Sidé en Pamphylie pour gagner par mer Éphèse et de là le Pirée ; Rhodes se trouvant sur sa route, il s'y arrêta quelque temps. « Rhodum volo puerorum causa » (*ad Attic.*, VI, 7, 2 ; cf. *ad Famil.*, II, 17, 1).

De Q. Hortensii morte. Hortensius, déjà malade au moment du départ de Cicéron (*ad Attic.*, V, 2, 2), mourut au milieu de juin 704/50. Cicéron apprit la nouvelle par une lettre de Cælius (*ad Famil.*, VIII, 13, 2).

Opinione omnium. On croyait dans le public que Cicéron et Hortensius ne s'aimaient pas, parce qu'ils étaient rivaux, qu'ils avaient plaidé souvent l'un contre l'autre et qu'en plusieurs circonstances notamment dans le procès de Verrès, ils ne s'étaient pas ménagés.

Cepi dolorem. Cf. *ad Attic.*, VI, 6, 2 : « De Hortensio te certo scio dolere ; equidem excrucior. Decreram enim cum eo valde familiariter vivere. » — Sur l'emploi du verbe simple *capere* au lieu d'un composé, voir Riemann, *Gramm. de Tite-*

cum consuetudine jucunda tum multorum officiorum con-
junctione me privatum videbam et interitu talis auguris dignitatem nostri collegii deminutam dolebam ; qua in cogi-
tatione et cooptatum me ab eo in collegium recordabar,
in quo juratus judicium dignitatis meæ fecerat, et inauguratum ab eodem ; ex quo augurum institutis in parentis
eum loco colere debebam. [2] Augebat etiam molestiam
quod magna sapientium civium bonorumque penuria vir
egregius conjunctissimusque mecum consiliorum omnium
societate alienissimo rei publicæ tempore exstinctus et auctoritatis et prudentiæ suæ triste nobis desiderium relique-
rat ; dolebamque, quod non, ut plerique putabant, adversarium aut obtrectatorem laudum mearum, sed socium

VARIANTE : I, 2. augebam *L* (*G²* *corr.*).

NC (*notes critiques*). — I. 1. Lambin supprime *in* devant *parentis*. Mais Cicéron emploie aussi volontiers *in loco* que *loco*. Cf. *ad famil.*, II, 6, 1 ; *in Verr. sec. a.*, I, 15,
40 ; *de Orat.*, II, 49, 200 ; *Orator*, 46, 155. — 2. Peter et Ellendt conservent *augebam*
(= *ipse efficiebam ut molestior esset dolor*, Peter), par analogie avec *Tuscul.*, V, 1, 4,
et *Brutus*, § 266. L'analogie n'est pas tout à fait exacte, dans les exemples cités *augere*
n'étant pas accompagné d'une proposition complétive.

Live, 2ᵉ éd., p. 199. Cf. § 147 ; *ad Attic.*,
XI. 21. 1 ; 24, 4 ; *de Fin.*, II, 19, 61.

Officiorum, bons offices, comme on en
échange entre amis. Cf. *Lael.*, 11, 49 ;
16, 58.

Cooptatum. L'expression juste serait *no-
minatum* (Cf. *Philipp.*, II, 2, 4). Le nom
du candidat était en effet mis en avant
(*nominatus*) par un augure ou deux au
plus (*Philipp.*, *l. c.*), qui répondaient de
lui sous serment (*juratus*) et affirmaient,
entre autres choses, qu'il n'était l'ennemi
d'aucun des membres du collège (*ad Famil.*, III, 10, 9). La *cooptatio* était proprement l'élection par le collège tout entier. Mais comme la *nominatio* par Hortensius avait entraîné la *cooptatio*, Cicéron
peut se dire *cooptatus ab eo*, d'autant plus
qu'à cette époque la *cooptatio* n'était plus
guère qu'une simple formalité : depuis les
lois *Domitia* (650/104) et *Atia* (691/63) les
augures étaient tenus de coopter le candidat désigné par les comices sacerdotaux
et choisi sur une liste de plusieurs candidats *nominati* (Voir Daremberg et Saglio,

Dictionn. des Antiq., I, p. 552). — Cicéron devint augure en 701/53 à la place
de P. Crassus (cf. § 281), le fils du triumvir, tué dans la guerre des Parthes.

Judicium dignitatis meæ fecerat = *ju-
dicaverat me esse dignum*, etc.

Inauguratum. L'*inauguratio* était la
consécration sacerdotale du nouvel élu.
Il était solennellement installé dans ses
fonctions par un de ses collègues, qui lui
servait de parrain et devenait ainsi pour
lui une sorte de père spirituel (*in parentis loco*).

2. *Augebat… quod.* Cf. Riemann, *Syntaxe*, § 172, p. 263.

Sapientium civium bonorumque, le parti
de l'aristocratie, auquel lui-même appartient depuis son consulat, le parti de la
légalité et du sénat. — Pour l'emploi de
l'ablatif absolu *magna penuria*, voir Riemann, *Synt.*, p. 134, § 70.

Consiliorum, vues politiques.

Alienissimo rei publicæ tempore. La
guerre civile allait éclater entre César et
Pompée.

potius et consortem gloriosi laboris amiseram. [3] Etenim
si in leviorum artium studio memoriæ proditum est poetas
nobiles poetarum æqualium morte doluisse, quo tandem
animo ejus interitum ferre debui, cum quo certare erat
gloriosius quam omnino adversarium non habere ? cum
præsertim non modo nunquam sit aut illius a me cursus
impeditus aut ab illo meus, sed contra semper alter ab
altero adjutus et communicando et monendo et favendo.
[4] Sed quoniam perpetua quadam felicitate usus ille cessit

NC. 3. *mortem* Lambin. Cf. cependant § 4 : *nostro incommodo doleamus.* — *Quo ego
tandem* Stangl. L'addition de *ego* se justifie paléographiquement, mais n'est pas nécessaire. — 4. *excessit* Stangl d'après Bake. Voir les notes explicatives.

Gloriosi laboris. Plusieurs éditeurs pensent que Cicéron fait allusion aux luttes
soutenues par lui et son parti contre les
perturbateurs de la république. Mais les
mots *obtrectatorem laudum* ainsi que
la phrase *Etenim,* etc., prouvent qu'il
s'agit seulement de sa carrière oratoire.

3. *Leviorum artium,* expression consacrée pour désigner la poésie, l'art et en
général tout ce qui n'a pas directement
trait à la politique (*Cato,* 14. 50 ; *de Finibus,* II. 33, 107 ; *de Oratore,* I, 19. 212).
Elle date du temps où l'esprit pratique
des Romains n'avait que du dédain pour
la civilisation hellénique. Cf. § 70 : « hæc
minora ».

Poetas nobiles. Cf. *vit. Eurip.,* 10 : λέγουσι δὲ καὶ Σοφοκλέα ἀκούσαντα ὅτι
ἐτελεύτησεν Εὐριπίδης αὐτὸν μὲν ἱματίῳ
φαιῷ προελθεῖν, τὸν δὲ χορὸν καὶ τοὺς
ὑποκριτὰς ἀστεφανώτους εἰσαγαγεῖν ἐν
τῷ προαγῶνι.

Cum quo certare, etc. explique *consortem gloriosi laboris.* Loin de nuire à la
gloire de Cicéron, Hortensius a travaillé
pour elle : il y a plus d'honneur à triom-
pher d'un pareil adversaire qu'à vaincre
sans péril. — Cicéron emploie indifffé-
remment *cum quo* et *quocum,* excepté
dans ses discours, où il semble éviter la
préposition suivie du relatif (Merguet,
Lexicon zu den Reden, I, p. 719 *a*).

Cum præsertim, locution familière à
Cicéron. Cf. §§ 190. 257. 267 ; *Orator,* 9.
32 ; *pro Rosc. Amer.,* 24, 66.

Cursus, sc. honorum.

Semper est exagéré. L'amitié des deux
orateurs ne datait guère que de l'arrivée
de Cicéron au consulat (§ 323). A partir
de ce moment la communauté des vues
politiques créa entre eux une sorte d'intimité, soigneusement entretenue par leur
ami commun Atticus (Corn. Nepos, *Atticus,* 5. Cf. *ad Attic.,* II, 25, 1), et qui
pourtant ne fut pas toujours sans nuages
(*ad Attic.,* III, 9, 2 ; IV, 6, 3 ; *ad Quint.
fr.,* I, 3, 8).

Favendo. Hortensius faillit être tué en
voulant défendre Cicéron contre la faction de Clodius (*pro Milone,* 14. 37). On
a vu qu'il l'aida à entrer dans le collège
des augures.

4. *Felicitate.* Cf. §§ 5 et 329. Hortensius fut en effet un orateur entre tous
heureux. Riche et de grande famille, doué
d'une incroyable facilité, il eut tous les
succès, traversa des temps troublés sans
avoir personnellement à souffrir (*ad Famil.,* II, 16, 3) et acheva sans encombre
sa carrière. Son seul malheur fut de rencontrer sur sa route un rival comme Cicéron. — *Quadam,* pour atténuer le mot
felicitas, le fait de mourir n'étant qu'un
bonheur relatif.

Cessit e vita. Cicéron emploie d'ordinaire *cedere* avec l'ablatif seul (*Tuscul.*
I. 15, 35 ; *de Offic.,* II. 23. 82) ou bien
excedere avec la préposition (*Brutus,* 80 ;
Philipp., IX, 12, 2 ; XIII, 19. 41 ; *de
Finib.,* III. 18. 60). Cf. pourtant *pro Milone,* 30. 81 : « cederet *ex* ingrata civitate ».

e vita suo magis quam suorum civium tempore et tum occidit, cum lugere facilius rem publicam posset, si viveret, quam juvare, vixitque tam diu, quam licuit in civitate bene beateque vivere, nostro incommodo detrimentoque, si est ita necesse, doleamus, illius vero mortis opportunitatem benevolentia potius quam misericordia prosequamur, ut, quotienscumque de clarissimo et beatissimo viro cogitemus, illum potius quam nosmet ipsos diligere videamur. [5] Nam si id dolemus, quod eo jam frui nobis non licet, nostrum est id malum ; quod modice feramus, ne id non ad amicitiam, sed ad domesticam utilitatem referre videamur : sin tanquam illi ipsi acerbitatis aliquid acciderit angimur, summam ejus felicitatem non satis grato animo interpretamur.

II. [6] Etenim si viveret Q. Hortensius, cetera fortasse desideraret una cum reliquis bonis et fortibus civibus, hunc autem *aut* præter ceteros aut cum paucis sustineret dolorem, cum forum populi Romani, quod fuisset quasi thea-

VARIANTES : angitur *F O² vetus, B¹, II¹*. — II, 6. hunc autem et *L*.

NC. II, 6. Parmi les éditeurs, les uns conservent *et* avec le sens de *etiam* (Peter), d'autres le suppriment soit en conservant *autem* (Ellendt), soit en substituant avec Lambin *aut* à *autem* (Orelli, Meyer, Jahn-Eberhard, Kayser, Stangl avec *huncce*). Mais la phrase demande une particule adversative. J'écris *aut* avec Piderit, la confusion de *et, ut, at, aut* étant fréquente dans *L* (Cf. *Orator* ed. Heerdegen, 104, 108, 133, 138, 149, 156, 158, 229).

Suo, etc., parce qu'il eût été quelques mois plus tard obligé de prendre un parti dans la guerre civile et se serait perdu avec Pompée.

Civium a un sens restrictif : ce sont ceux qui pensent comme Hortensius, c'est-à-dire le parti aristocratique.

Si est ita necesse, puisque nous ne pouvons pas ne pas pleurer.

5. *Nostrum est id malum.* Cf. *Lælius*, 3, 10 : « Nihil mali accidisse Scipioni puto : mihi accidit, si quid accidit; suis autem incommodis graviter angi non amicum sed se ipsum amantis est »; *Tuscul.*, I, 46, 111 : « nostrum enim et nostra causa susceptum dolorem modice ferre debemus, ne nosmet ipsos amare videamur ».

Grato animo. sc. in deos. Cf. *de Orat.*, III, 2, 8 : « ut mihi non erepta L. Crasso a dis immortalibus vita, sed donata mors esse videatur ».

Interpretamur. Certains événements ne sont en eux-mêmes ni heureux, ni malheureux : tout dépend de la façon dont on les considère et du sens qu'on leur donne. Senec. *Epist.*, 81, 25 : « Quicquid accidit benigne interpretando levat. »

II, 6. *Cetera*, tout ce qui dans la république a été bouleversé par la victoire de César.

Bonis. Cf. § 2.

Fuisset, subjonctif par attraction. Riemann, *Syntaxe*, § 234, p. 402.

Quasi theatrum. Cf. *de Orat.*, II, 83,

trum illius ingenii, voce erudita et Romanis Græcisque auribus digna spoliatum atque orbatum videret. [7] Equidem
angor animo non consilii, non ingenii, non auctoritatis armis egere rem publicam, quæ didiceram tractare quibusque
me assuefeceram quæque erant propria cum præstantis in
re publica viri tum bene moratæ et bene constitutæ civitatis.
Quod si fuit in re publica tempus ullum, cum extorquere
arma posset e manibus iratorum civium boni civis auctoritas et oratio, tum profecto fuit, cum patrocinium pacis exclusum est aut errore hominum aut timore. [8] Ita nobismet
ipsis accidit, ut, quanquam essent multo magis alia lugenda,
tamen hoc doleremus, quod, quo tempore ætas nostra per-

VARIANTES : 7. aut terrore *L.* — 8. ipsis *omis par B H M.*

NC. 7. Friedrich conjecture *quibus didicerat ille tractare quibusque me assuefece-
rat.* Mais ce qui suit prouve que Cicéron pense à lui-même. — *errore,* correction de
Victor Pisanus. — 8. *ut cum essent* Corrado et Weidner.

338 : « fit autem ut quia maxima quasi oratori *scæna* videatur contionis, natura ipsa ad ornatius dicendi genus excitemur ».

Erudita, par opposition à la voix rude et grossière des agents de César, dont la plupart n'avaient aucune éducation oratoire. Cf. § 24, 230.

Græcisque, « et même grecques ».

Orbatum. Cf. § 330 : « orbæ eloquentiæ ».

7. *Auctoritatis armis.* Cf. *ad Famil.,* IV, 7, 2 : « Non enim iis armis pugnabamus, quibus valere poteramus, consilio, auctoritate, causa quæ erant in nobis superiora, sed lacertis et viribus, quibus pares non eramus. »

Egere, sentir la nécessité de...

Bene moratæ et bene constitutæ, qui est dans les conditions normales, qui a des traditions (*mores*) et des lois (*leges = id quod constitutum est*). Cf. *de Orat.,* I, 19, 85.

Posset, parce que l'hypothèse ne s'est pas réalisée ; au contraire *exclusum est,* parce que c'est un fait.

Patrocinium. Cicéron avait rêvé d'être par son talent oratoire (*oratio*) et par son autorité morale (*auctoritas*) l'arbitre entre César et Pompée. Aux approches de la guerre civile, il n'avait cessé de prêcher la paix aux deux partis. § 266. Cf. *ad Famil.,* II. 16, 3 ; IV, 1, 1 ; XVI, 11, 2 ; 12, 2 ; *ad Attic.,* V, 21, 2 ; VI, 1, 1 ; VII, 11, 3 ; *pro Ligar.,* 9, 28 ; *pro Marc.,* 3, 11 ; *pro Dejot.,* 10, 29 ; *Philipp.,* II, 10, 21.

Aut errore hominum aut timore. Cicéron n'a en vue que les Pompéiens ; ils avaient été sourds à tous les conseils de la modération, les uns parce qu'ils se faisaient illusion (*errore*) sur les forces respectives des deux partis et se croyaient sûrs de vaincre, les autres parce qu'ils redoutaient César (*timore*) et voulaient arrêter les progrès de sa puissance. Cf. *ad Famil.,* XVI, 12, 2 : « mirus invaserat *furor* non solum improbis sed etiam eis qui boni habentur, ut pugnare cuperent, me clamante nihil esse bello civili miserius » ; *ad Famil.,* IX, 6, 2 : « vidi enim... nostros amicos cupere bellum ; hunc autem non tam cupere quam non timere ».

8. *Essent,* subj. par attraction. Cf. *Philipp.,* VI, 1, 3 : « hæc sententia ita per triduum valuit ut. quanquam discessio facta non *esset,* tamen omnes mihi assensuri viderentur ».

Alia lugenda. Cf. § 7 : « cetera ».

functa rebus amplissimis tanquam in portum confugere
deberet non inertiæ neque desidiæ, sed otii moderati atque
honesti, cumque ipsa oratio jam nostra canesceret haberet-
que suam quandam maturitatem et quasi senectutem, tum
arma sunt ea sumpta, quibus illi ipsi, qui didicerant eis uti
gloriose, quemadmodum salutariter uterentur, non reperiebant. [9] Itaque ei mihi videntur fortunate beateque vixisse
cum in ceteris civitatibus tum maxime in nostra, quibus
cum auctoritate rerumque gestarum gloria tum etiam sapientiæ laude perfrui licuit. Quorum memoria et recordatio in maximis nostris gravissimisque curis jucunda
sane fuit, cum in eam nuper ex sermone quodam incidis-
semus.

III. [10] Nam cum inambularem in xysto et essem otiosus
domi, M. ad me Brutus, ut consueverat, cum T. Pompo-

Otii moderati atque honesti, c'est l'*otium
cum dignitate* du *de Orat.*, I, 1, 1.

Oratio jam nostra, construction familière au style oratoire. Cf. § 12 : « populus
se romanus » Berger, *Stylistique*, § 147,
p. 282.

Canescere. Cf. Quintil., XI, 1, 31.

Maturitatem. Cf. § 318.

Illi ipsi, César et Pompée, qui avaient
fait de la guerre un glorieux apprentissage, l'un en Gaule, l'autre en Orient.

Salutariter. Cicéron revient souvent
sur cette idée que dans les guerres civiles,
quel que soit le vainqueur, les suites de
la victoire sont toujours funestes. Cf. *ad
Famil.*, IX, 6, 3 : « extremum malorum
omnium esse belli civilis victoriam »; XII,
18, 2 : « Bellorum enim civilium hi semper exitus sunt, ut non ea solum fiant
quæ velit victor, sed etiam ut iis mos
gerendus sit, quibus adjutoribus sit parta
victoria. »

Reperiebant. Par politesse Cicéron
feint de croire que César a cherché.

Fortunate avec les faveurs de la fortune, *beate* avec la liberté d'esprit qui
permet d'en jouir pleinement.

In nostra, qui est la plus illustre de
toutes et par suite celle où les jouissances
de la gloire sont le plus précieuses. Cf.
de Orat., I, 1, 1 : « in optima republica ».

Sapientiæ, sagesse politique.

Perfrui, jouir complètement et jusqu'au bout.

Memoria et recordatio, deux mots souvent rapprochés dans Cicéron (*Tuscul.*,
V, 31, 88 ; *Lælius*, 27, 104). Le premier
semble désigner les traces plus ou moins
vagues que le passé a laissées dans la
mémoire; le second l'effort de l'esprit
qui cherche à rassembler ses souvenirs.
Cf. *de Orat.*, I, 2, 4 : « ac mihi repetenda
est veteris cujusdam memoriæ non sane
satis explicata recordatio ».

III, 10. *Xysto*, sorte de terrasse avec
une pelouse (§ 24 *pratulum*) ou un parterre
de fleurs (Pline le Jeune, *Epist.*, II, 17,
17 : « xystus violis odoratus »), qui servait de promenade d'hiver. Elle se déve-
loppait d'ordinaire le long d'un portique
exposé au midi et dont le mur la garan-
tissait contre les vents du nord (Pline,
l. c.; Vitruve, VI, 7, 5). *Inambularem*,
cf. *de Orat.*, II, 3, 12.

Domi, à Rome, comme le prouvent
deux autres passages du *Brutus* (§ 20 :
« quod mihi nuper in Tusculano incohavisti », et § 300 : « sed in Cumano aut in
Tusculano aliquando », etc.) ainsi que la
lettre *ad Famil.*, V, 21, 3 : « neque me
tamen ulla res alia Romæ tenet nisi
exspectatio rerum Africanarum ».

nio venerat, homines cum inter se conjuncti tum mihi ita
cari itaque jucundi, ut eorum aspectu omnis quæ me ange-
bat de re publica cura consederit. Quos postquam salu-
tavi : Quid vos, inquam, Brute et Attice ? numquid tandem
novi ? Nihil sane, inquit Brutus, quod quidem aut tu audire
velis aut ego pro certo dicere audeam. [11] Tum Atticus :
Eo, inquit, ad te animo venimus, ut de re publica esset silentium et aliquid audiremus potius ex te, quam te afficeremus ulla molestia. Vos vero, inquam, Attice, et præsentem
me cura levatis et absenti magna solacia dedistis. Nam vestris primum litteris recreatus me ad pristina studia revocavi.
Tum ille : Legi, inquit, perlibenter epistulam, quam ad te
Brutus misit ex Asia, qua mihi visus est et monere te prudenter et consolari amicissime. [12] Recte, inquam, est
visus. Nam me istis scito litteris ex diuturna perturbatione
totius valetudinis tanquam ad aspiciendam lucem esse re-

VARIANTES : III, 10. ita cari atque *O.* — nunc. quid *L.* — 11. præsentem *F*,
præsente *r*.

NC. III, 10. Stangl écrit *venit* au lieu de *venerat*, d'après une correction d'ailleurs inutile de Fleckeisen. — *numquid*, correction de Nipperdey, adoptée par tous
es éditeurs. Cf. *de Orat.*, II, 3, 13.

Conjuncti. Cf. Cornelius Nep., *Atticus*,
8 : « Sic M. Bruto usus est ut nullo ille
adulescens æquali familiarius quam hoc
sene, neque solum eum principem consilii haberet, sed etiam in convictu. »

Quid vos, etc. Cf. *de Orat.*, II, 3, 13 :
« quid vos tandem ? Crassus, num quidnam, inquit, novi ? » Pour l'ellipse du
verbe, voir Berger, *Stylistique*, § 89 c.

Numquid tandem novi. On attendait
avec impatience des nouvelles de l'expédition de César en Afrique (*ad Famil.*,
V, 21, 3).

Nihil sane. Brutus en sait peut-être
plus qu'il ne veut en dire.

Tu audire velis, parce que Brutus suppose que Cicéron fait des vœux pour les
Pompéiens.

11. *Silentium.* Trait de caractère. Sur
l'indifférence politique d'Atticus voir
Cornelius Nepos, *Atticus*, 6 et suiv. ;
Boissier, *Cicéron et ses amis*, 7e éd., p. 137.

Attice, parce que Cicéron répond aux

derniers mots d'Atticus (*te afficeremus
molestia*) ; *vos*, parce qu'Atticus a parlé
au nom de Brutus et au sien (*venimus*)
et que la phrase qui suit s'adresse également à tous les deux. Cf. Virgile, *Æn.*,
IV, 525 : « vos, o Calliope, precor, ad-
spirate canenti ».

Absenti, éloigné de vous.

Litteris, terme général qui s'applique
en même temps à la lettre de Brutus et
au livre d'Atticus.

Ex Asia, où Brutus avait été retrouver
César après avoir sollicité et obtenu son
pardon.

Monere. Comme on n'a pas la lettre
de Brutus, il est difficile de savoir au
juste de quelle nature étaient ces avis.
Sans doute Brutus donnait à Cicéron des
conseils de prudence et l'avertissait des
bonnes dispositions de César à son égard
en l'engageant à faire sa soumission.

Consolari, c'étaient des consolations
d'ordre politique : cf. § 330.

vocatum. Atque ut post Cannensem illam calamitatem primum Marcelli ad Nolam prœlio populus se Romanus erexit posteaque prosperæ res deinceps multæ consecutæ sunt, sic post rerum nostrarum et communium gravissimos casus nihil ante epistulam Bruti mihi accidit, quod vellem aut quod aliqua ex parte sollicitudines allevaret meas. [13] Tum Brutus: Volui id quidem efficere certe et capio magnum fructum, siquidem quod volui tanta in re consecutus sum. Sed scire cupio quæ te Attici litteræ delectaverint. Istæ vero, inquam, Brute, non modo delectationem mihi, sed etiam, ut spero, salutem attulerunt. Salutem ? inquit ille. Quodnam tandem genus istuc tam præclarum litterarum fuit ? An mihi potuit, inquam, esse aut gratior ulla salutatio aut ad hoc tempus aptior quam illius libri, quo me hic affatus quasi jacentem excitavit ? [14] Tum ille : Nempe eum dicis, inquit,

VARIANTE : 14. dices *L*.

12. *Marcelli ad Nolam proelio*. Il y eut deux batailles livrées à Nola par Marcellus, le futur vainqueur de Syracuse, l'une en 538/216, l'autre, beaucoup plus importante, en 539/215. C'est de la première qu'il est ici question. Cf. Tite-Live, XXIII, 16, 15 : « Sive tanta, sive minor victoria fuit, ingens eo die res ac nescio an maxima illo bello gesta est : non vinci enim ab Hannibale vincentibus difficilius fuit quam postea vincere » ; XXIII, 30, 19 : « M. Marcello pro consule imperium esse populus jussit, quod post Cannensem cladem unus romanorum imperatorum in Italia prospere rem gessisset. »

Populus se Romanus. Cf. § 8 ; 292 : « ista mihi tua, etc. ».

Rerum nostrarum. Allusion à la détresse financière de Cicéron après Pharsale (*ad Attic.*, XI, 13, 2), à ses démêlés avec sa femme, qui avait profité de son absence pour le piller de complicité avec un de ses affranchis (*ad Attic.*, XI, 2 ; 24), aux désordres de son gendre Dolabella (*ad Attic.*, XI, 12 ; 14 ; 15 ; 17), aux méchants procédés de son frère et de son neveu, qui pour se disculper d'avoir suivi Pompée s'acharnaient à le perdre dans l'esprit de César (*ad Attic.*, XI, 8 ; 9 ; 21), enfin à sa situation fausse entre les Pompéiens qui l'accusaient de désertion et les Césariens qui le traitaient en ennemi vaincu (*ad Attic.*, XI, 18 ; *ad Famil.*, IX, 2, 2). Cf. *ad Famil.*, IV, 14, 3 : « ego tam misero tempore nihil novi consilii cepissem, nisi in reditu meo nihilo meliores res domesticas quam rempublicam offendissem ».

13. *Quidem certe* = ce qu'il y a de sûr c'est que précisément. Cf. § 280 ; *ad Attic.*, I, 1, 4 : « spero tibi me causam probasse ; cupio quidem certe ».

Capio. Cf. § 1.

Istæ = « les écrits dont tu parles ». Ce mot reviendra à chaque instant avec ce sens dans le cours du dialogue.

An mihi. Sur cet emploi de *an* voir Riemann, *Synt.* § 281, rem. IIb, p. 523.

Salutatio, parce que le livre d'Atticus était accompagné d'une épître dédicatoire adressée à Cicéron avec la formule ordinaire, *M. Tullio Ciceroni salutem*. On joue ici sur le double sens du mot *salus*.

14. *Nempe*, sans doute, n'est-ce pas ; Riemann, *Syntaxe*, p. 507, note 3.

quo iste omnem rerum memoriam breviter et, ut mihi quidem visum est, perdiligenter complexus est? Istum ipsum,
inquam, Brute, dico librum mihi saluti fuisse. IV. Tum Atticus : Optatissimum mihi quidem est quod dicis : sed quid
tandem habuit liber iste, quod tibi aut novum aut tanto usui
posset esse? [15] Ille vero et nova, inquam, mihi quidem
multa et eam utilitatem, quam requirebam, ut explicatis
ordinibus temporum uno in conspectu omnia viderem. Quæ
cum studiose tractare cœpissem, ipsa mihi tractatio litterarum salutaris fuit admonuitque, Pomponi, ut a te ipso su-
merem aliquid ad me reficiendum teque remunerandum si

VARIANTES : IV, 14. mihi quidem est *F*, mihi est quidem est *G*, quidem mihi est *O*
B¹ M, quidem mihi optatissimum est *H*, mihi quidem optatissimum est *B*. — esse
posset *O*.

NC. 14. Il n'y a pas de raison suffisante pour intercaler après *rerum* soit *nostrarum*
(Jahn-Eberhard), soit *romanarum* (Bake, Stangl). Voir les notes explicatives. —
IV, 14. Les mss ne sont pas d'accord sur la place de *mihi* et de *quidem* et il
semble que dans l'archétype il y ait eu quelque trouble à cet endroit. Avec la
plupart des éditeurs j'adopte la leçon de *F* ; Stangl substitue *inquit* à *quidem* :
mais le verbe n'est pas nécessaire. Cf. § 13 début. — Mähly pense qu'après *et eam*
il devait y avoir un verbe comme *attulit*, omis à cause de sa ressemblance avec le
commencement d'*utilitatem*. Le même verbe se trouve rétabli par conjecture après
multa dans un ms. secondaire (*Gudianus* 38).

Omnem rerum memoriam. Dans son
manuel de chronologie, Atticus ne s'était
pas rigoureusement confiné dans l'histoire romaine : il y avait fait des synchronismes. *Orator*, 34, 120 : « Cognoscat etiam (orator) rerum gestarum
et memoriæ veteris ordinem, *maxime
scilicet nostræ civitatis, sed etiam imperiosorum populorum et regum illustrium ;*
quem laborem nobis Attici nostri levavit
labor qui conservatis notatisque temporibus, nihil cum illustre prætermitteret,
annorum septingentorum memoriam uno
libro colligavit. »

15. *Utilitatem*, suppléez *habuit*.

Tractatio litterarum, « le fait de m'occuper de choses littéraires ».

Salutaris. Cf. *ad Famil.*, IV, 3, 3 :
« Reliqua sunt in te ipso (il s'adresse à Sulpicius), neque mihi ignota, nec minima solacia, ut quidem ego sentio, multo maxima : quæ ego experiens cotidie, sic probo
ut ea mihi *salutem* afferre videantur. »

Aliquid, un sujet d'étude, propre à le

distraire et à lui rendre la santé morale.
Il ne s'agit pas du *Brutus*, mais d'un
ouvrage que Cicéron promet de composer plus tard (Cf. § 16 : « seremus igitur, etc. » ; 17 : « quæ polliceris » ;
19-20 : « sed illa cum poteris... nunc
vero expone nobis quod quærimus »).
Piderit pense que Cicéron fait allusion
ici au *de Legibus*. Mais l'idée première
de ce traité, qui se rattache intimement
au *de Republica* et en est la suite naturelle (*de Leg.*, I, 5, 15), paraît être antérieure à la publication de la chronologie
d'Atticus : on a quelque raison de croire
que le *de Legibus* a été commencé en
702/52 (Cf. Teuffel-Schwabe, *Röm. Lit.*,
p. 342), puis abandonné au milieu des
troubles civils pour être repris vers 708
(*ad Famil.*, IX, 2, 5). Il est plus naturel de croire, avec Jahn, que Cicéron
a ici en vue un ouvrage d'histoire, qu'il
n'a jamais composé d'ailleurs, mais qui
semble avoir été dans ses projets et dont il
donne la promesse dans le *de Leg.*, I, 2, 6.

non pari, at grato tamen munere : quanquam illud Hesiodium laudatur a doctis, quod eadem mensura reddere jubet
quæ acceperis aut etiam cumulatiore, si possis. [16] Ego autem voluntatem tibi profecto emetiar, sed rem ipsam nondum posse videor ; idque ut ignoscas, a te peto. Nec enim
ex novis, ut agricolæ solent, fructibus est, unde tibi reddam
quod accepi, sic omnis fetus repressus exustusque flos siti
veteris ubertatis exaruit ; nec ex conditis, qui jacent in tenebris et ad quos omnis nobis aditus, qui pæne solis patuit,
obstructus est. Seremus igitur aliquid tanquam in inculto et

VARIANTES : 15. qua *L*, quo *B¹ H¹ vetus.*

NC. 15. *Quæ*, correction d'Eberhard, adoptée par Stangl. Cf. § 16 (*reddam quod
accepi*) et le texte du *de Officiis* cité dans les notes explicatives. — 16. *remetiar*
Rivius, Lambin et Kayser. — Stangl écrit *repressus est* avec Bake et Kayser et
siti flos avec Lambin. Mähly conjecture *fetus veteris ubertatis repressus exustusque
flos*, etc. Friedrich voudrait substituer *exortus* à *exustus.*

Si non pari. Cf. Hom. *Il.*, I, 167 : σοὶ
τὸ γέρας πολὺ μεῖζον, ἐγὼ δ' ὀλίγον τε
φίλον τε — ἔρχομ' ἔχων ἐπὶ νῆας.

Quanquam, pris adverbialement. Riemann, *Syntaxe*, § 200, p. 328, Rem. III.

Illud Hesiodium. Hésiode, *Trav. et jours*,
349 et suiv. : εὖ μὲν μετρεῖσθαι παρὰ
γείτονος, εὖ δ' ἀποδοῦναι αὐτῷ τῷ μέτρῳ,
καὶ λώϊον, αἴ κε δύνηαι. Cf. *ad Attic.*,
XIII, 12, 3, et *de Offic.*, I, 15, 48 : « ea
quæ utenda acceperis, majore mensura,
si modo possis, jubet reddere Hesiodus ».

16. *Emetiar*, faire bonne mesure, remplir le boisseau jusqu'à l'extrême limite
de ce qu'il peut contenir. Cf. Horace, *Sat.*,
II, 2, 105 : « Cur improbe, caræ non
aliquid patriæ tanto emetiris acervo? »
Cicéron mettra tout ce qu'il pourra mettre de bonne volonté pour éteindre sa
dette, mais il n'a pas de quoi payer sur
l'heure la totalité de la dette elle-même
(*rem ipsam*) et il demande un délai.

Videor, comme *mihi videor*, en grec
δοκῶ. Cf. § 161.

Ex novis, la récolte de l'année.

Solent, sc. reddere.

Fetus repressus, etc. Quand le germe
du fruit, qui est à la base de la fleur et
en est comme le support, ne se développe
pas normalement, la fleur se dessèche et
tombe avant de s'ouvrir.

Exustus. Cf. Lucrèce, III, 917 : « Quod

sitis exurat miseros » ; Senec. Trag.
Agam., 19 : « exustus siti ».

Siti veteris ubertatis. Cf. *de Repub.*, I,
43, 66 : « Inexplebiles populi fauces exaruerunt libertatis siti ». Dans *ubertas* il
y a l'idée de l'humidité propre à entretenir la sève nourricière et à contre-
balancer l'action desséchante du soleil. —
Cicéron laisse entendre que dans l'année qui vient de s'écouler son esprit ne
s'est pas trouvé dans les conditions normales pour produire.

Ex conditis, ce qui reste des récoltes
précédentes et a été mis en réserve ; allusion soit au *de Legibus*, pour lequel
Cicéron avait amassé des matériaux, soit
d'une manière générale à des ouvrages
philosophiques, qu'il s'était réservé de
composer sur ses vieux jours.

Qui pæne solis patuit, parce que la
philosophie n'étant pas encore vulgarisée
à Rome par des ouvrages latins, l'accès
n'en était ouvert qu'à quelques hommes
d'étude.

Obstructus est, par les préoccupations
politiques. Cicéron n'a pas l'esprit assez
libre pour faire de la philosophie.

In inculto et derelicto solo fait allusion
non pas au *de Legibus*, lequel peut être
rangé parmi les *condita*, mais, selon toute
vraisemblance, à une œuvre historique.
Cicéron pouvait, en effet, considérer

derelicto solo; quod ita diligenter colemus, ut impendiis
etiam augere possimus largitatem tui muneris; modo idem
noster animus efficere possit quod ager, qui *cum* multos annos quievit, uberiores efferre fruges solet. [17] Tum ille : Ego
vero et exspectabo ea, quæ polliceris, nec exigam nisi tuo
commodo et erunt mihi pergrata, si solveris. Mihi quoque,
inquit Brutus, [et] exspectanda sunt ea, quæ Attico polliceris;
etsi fortasse ego a te hujus voluntarius procurator petam,
quod ipse, cui debes, incommodo exacturum negat. V. [18] At
vero, inquam, tibi ego, Brute, non solvam, nisi prius a te
cavero amplius eo nomine neminem, cujus petitio sit, peti-

VARIANTES : 16. quam *F O M B¹ H¹ vetus*, sepe *B H G*. — 17. polliceris. Et si *L*.
NC. 16. *cum* vulg. ; *postquam* Lambin. — 17. Avec la vulgate, devant *exspectanda*
je supprime *et*, qui a été vraisemblablement amené par le voisinage de *et exspectabo*.
Friedrich pense qu'il manque quelque chose après *et si* (*et si forte tu non solveris,
ego.*). Fleckeisen, qui défend la leçon de *L*, croit que la phrase *Et si*, etc. est incomplète
et qu'il devait y avoir après *negat* quelque chose comme *ne tu mihi suscenseas oro*.
— Plusieurs éditeurs ajoutent *se ... tuo* (*se incommodo tuo* Lambin, Kayser; *incommodo se tuo* Eberhard, Stangl). Mais le pronom possessif n'est pas nécessaire, étant
donné le voisinage de *tuo commodo*, et l'ellipse du réfléchi n'a rien d'incorrect (voir
les notes explicatives).

l'histoire comme un champ abandonné
et à défricher Cf. *de Legibus*, I, 2, 6 :
« Abest enim historia litteris nostris,
ut... ex te persæpe audio (c'est Atticus
qui parle),... quæ est a nostris hominibus
adhuc aut ignorata aut relicta. »

Impendiis, les intérêts du capital.
Varron, *de Ling. lat.*, V, 183 : « Usura
quod in sorte accedebat, impendium appellatum ».

Quievit. Ovide, *Ars am.*, II, 351 : « Da
requiem, requietus ager bene credita
reddit. » Cf. Virg. *Georg.*, I, 71 et suiv.

17. *Exigam*, terme technique, indiquant la sommation de payer à l'échéance.
Tous les termes de ce passage sont empruntés de même au langage de la fi-
nance, langage particulièrement familier à
Atticus et à Brutus. Atticus était l'homme
d'affaires de Cicéron, et Brutus faisait de
l'usure en grand (Voir Boissier, *Cic. et
ses amis*, p. 448 et 333).

Etsi, adverbialement, comme *quanquam*. Cf. § 15.

Procurator désigne un mandataire
chargé des intérêts de quelqu'un. En
apparence le terme est en contradiction
avec *voluntarius*. La loi admettait cependant que de soi-même et sans mandat
explicite on se portât mandataire d'une
autre personne, à la condition de garantir la ratification ultérieure par l'inté-
ressé de tous les actes faits en son nom.
Gaius, *Instit.*, IV, 84 : « Quin etiam
sunt qui putant, vel eum procuratorem
videri, cui non sit mandatum, si modo
bona fide accedat ad negotium et caveat
ratam rem dominum habiturum. »

Exacturum negat, avec ellipse de *se*.
Riemann, *Syntaxe*, § 177, Rem. II,
p. 275.

V, 18. *A te cavero*. Conformément à
la loi, Cicéron exigera de Brutus une
garantie pour ne pas courir le risque de
payer deux fois la même dette. Gaius,
Instit., IV, 98 : « Procurator vero si agat,
satis dare jubetur, ratam rem dominum
habiturum; periculum enim est ne iterum
dominus de eadem re experiatur. »

Neminem, un autre mandataire, cette
fois pourvu d'un mandat régulier.

Cujus petitio sit, le titulaire de la
créance, celui qui dans les textes de Gaius
cités plus haut est désigné par *dominus*.

turum. Non mehercule, inquit, tibi repromittere istuc quidem ausim. Nam hunc, qui negat, video flagitatorem non
illum quidem tibi molestum, sed assiduum tamen et acrem
fore. Tum Pomponius : Ego vero, inquit, Brutum nihil
mentiri puto. Videor enim jam te ausurus esse appellare,
quoniam longo intervallo modo primum animadverti paulo
te hilariorem. [19] Itaque, quoniam hic quod mihi debere-
tur se exacturum professus est, quod huic debes, ego a te
peto. Quidnam id? inquam. Ut scribas, inquit, aliquid ;
jampridem enim conticuerunt tuæ litteræ. Nam ut illos de
re publica libros edidisti, nihil a te sane postea accepimus,
eisque nosmet ipsi ad *veterum* *annalium* memoriam com-

VARIANTES : V, 18. ausum (*corrigé en* ausim) G², ausus sim *r*. — 19. ad rerum naturalium *L*.

NC. V, 18. J'adopte avec tous les derniers éditeurs la forme archaïque *ausim*, quoiqu'elle ne se rencontre nulle part dans Cicéron. Il est vrai que dans le même auteur la forme déponente de l'aoriste potentiel ne se rencontre pas davantage (*sim passus* dans *Tuscul.*, I, 23, 55, n'est pas certain. Voir Wölfflin, *Archiv.*, I, p. 348). L'archaïsme *ausim* peut se justifier ici par l'emploi des formules juridiques. — 19. La plupart des éditeurs s'en tiennent au texte de la vulgate *ad veterum rerum nostrarum*. Baehrens conjecture *nostratium*. Avec Stangl j'adopte la correction de Victor Pisanus : c'est celle qui répond le mieux à la leçon de *L* et à ce que nous savons du livre d'Atticus. Voir les notes explicatives, § 14.

Cf. *Digeste*, XLVI, 8, 23 : « In stipulatione cavetur non petiturum cum cujus de ea re actio petitio persecutio sit. »

Repromittere, encore un terme juridique. Cicéron dit qu'il paiera (*promittere*), mais il faut que Brutus s'engage en retour (*repromittere*) à assurer Cicéron contre toute réclamation ultérieure. Cf. Plaute, *Asin.*, II, 4, 47 : « Verum istuc argentum tamen mihi si vis denumerare, repromittam istoc nomine solutam rem futuram. »

Ausim, subjonctif aoriste équivalant pour le sens à un subjonctif présent. Riemann, *Syntaxe*, p. 223 et 243.

Hunc, Atticus que voici.

Negat, sc. incommodo exacturum.

Non illum quidem, etc. Le terme *flagitator* impliquant l'idée d'un créancier impérieux et rigoureux (*molestus*), Brutus s'empresse de le corriger ; Atticus ne sera pas exigeant pour les délais et ne mettra pas Cicéron dans l'embarras, mais il ne manquera aucune occasion de lui rappeler sa dette.

Videor. Cf. § 16.

Jam, dès à présent, séance tenante.

Appellare, citer en justice. A son tour Atticus se fait le *procurator* de Brutus.

Hilariorem, parce que Cicéron a riposté avec bonne humeur aux plaisanteries juridiques d'Atticus et de Brutus.

Quod huic debes. En recevant la lettre de Brutus (§ 11), dont la lecture lui a fait tant de bien, Cicéron a aussi contracté envers lui une dette de reconnaissance.

Jampridem. Six ans s'étaient écoulés depuis la publication du *de Republica*, composé en 700-54 avant le départ pour la Cilicie.

Conticuerunt. Cf. *de Offic.*, II, 1, 3 : « illæ scilicet litteræ conticuerunt ».

Ut = ex quo. Cf. § 151, 305 ; *Tuscul.*, I, 38, 92 : « Endymion vero, si fabulas audire volumus, *ut* nescio quando in Latmo obdormivit, nondum, opinor, est experrectus. »

Nihil sane. Cf. § 10.

Veterum annalium memoriam, voir § 14.

prehendendam impulsi atque incensi sumus. Sed illa, cum poteris ; atque ut possis, rogo. [20] Nunc vero, inquit, si es animo vacuo, expone nobis quod quærimus. Quidnam est id ? inquam. Quod mihi nuper in Tusculano incohavisti de oratoribus, quando esse cœpissent, qui etiam et quales fuissent. Quem ego sermonem cum ad Brutum tuum vel nostrum potius detulissem, magno opere hic audire se velle dixit. Itaque hunc elegimus diem, cum te sciremus esse vacuum. Quare, si tibi est commodum, ede illa, quæ cœperas, et Bruto et mihi. [21] Ego vero, inquam, si potuero, faciam vobis satis. Poteris, inquit : relaxa modo paulum animum aut sane, si potes, libera.

Nempe igitur hinc tum, Pomponi, ductus est sermo, quod erat a me mentio facta causam Dejotari fidelissimi atque optimi regis ornatissime et copiosissime a Bruto me audisse defensam. VI. Scio, inquit, ab isto initio tractum

NC. 21. Contrairement à presque tous les éditeurs, qui adoptent la correction de Wetzel *plane*, je maintiens avec Peter (éd. du *Brutus*, *Excursus*, VII, p. 280 et suiv.) la leçon de *L* (*sane*).

Illa, l'ouvrage qu'Atticus sollicite pour Brutus. Il y a peut-être ici une allusion a l'*Orator*, composé, nous dit Cicéron lui-même, sur les instances de Brutus (*Orator*, I, 1, 1-3).

20. *Tuum vel nostrum.* Cf. *ad Attic.*, VI, 2, 7 : « venio ad Brutum tuum, immo nostrum ; sic enim mavis ».

21. *Sane*, tout à fait, parfaitement. C'est le sens primitif du mot. Cf. § 40, 19 ; *de Orat.*, II, 66, 261 : « res sane difficilis ».

21. *Nempe.* Cf. § 14.

Igitur marque l'entrée en matière. Cf. *de Orat.*, I, 7, 24.

Ductus. Cf. § 248.

Dejotari, tétrarque de Galatie, fidèle allié des Romains contre Mithridate. Pompée lui avait fait donner par le sénat le gouvernement de la petite Arménie avec le titre de roi. Entraîné par reconnaissance dans le parti de Pompée, il avait amené un corps de cavalerie à Pharsale et pris part à la bataille. La guerre finie, il vint en suppliant au-devant de César à Nicée en Bithynie pour solliciter son pardon et Brutus se fit son avocat. César consentit à lui laisser son titre de roi, mais le dépouilla d'une partie de ses États. C'est le Déjotarus pour lequel Cicéron eut à plaider en 709-45.

Optimi, parce qu'il avait défendu la bonne cause, celle de Pompée et du sénat.

Ornatissime et copiosissime, superlatifs de politesse, auxquels Cicéron n'attache pas ici un sens très précis. Ils signifient simplement : « avec beaucoup d'éloquence ». Ailleurs, dans une lettre à Atticus (XIV, 1, 2), le discours de Brutus est mieux caractérisé : « de Bruto nostro... Cæsarem solitum dicere « magni refert hic quid velit, sed quicquid vult, valde vult », idque eum animadvertisse cum pro Dejotaro Nicææ diceret valde vehementer eum visum et libere dicere ». Voir dans le *Dialogue des orateurs* (XXI) en quels termes dédaigneux Tacite apprécie le discours de Brutus.

esse sermonem teque Bruti dolentem vicem quasi deflevisse judiciorum vastitatem et fori. Feci, inquam, istuc quidem, et sæpe facio. [22] Nam mihi, Brute, in te intuenti crebro in mentem venit vereri, ecquodnam curriculum aliquando sit habitura tua et natura admirabilis et exquisita doctrina et singularis industria. Cum enim in maximis causis versatus esses et cum tibi ætas nostra jam cederet fascesque summitteret, subito in civitate cum alia ceciderunt, tum etiam ea ipsa, de qua disputare ordimur, eloquentia obmutuit. [23] Tum ille : Ceterarum rerum causa, inquit, istuc et doleo et dolendum puto ; dicendi autem me non tam fructus et gloria quam studium ipsum exercitatioque delectat : quod mihi nulla res eripiet te præsertim tam

Variantes : VI, 22. et quodnam *F*, ecquodnam *O*, quodnam *r*.

NC. VI, 21. *quasi* paraît suspect à Eberhard, qui le remplace par *graviter*, et à Stangl, qui le met entre crochets en se fondant sur le § 329, où *deflevimus* est employé seul. Mais la comparaison des deux passages n'est pas légitime, parce que dans les deux cas ce n'est pas la même personne qui parle. Voir les notes explicatives. — 23. Stangl : *vis* au lieu de *res* d'après une conjecture de F. G. Mueller. Mais, outre que l'expression n'est pas dans le ton du dialogue, toujours circonspect à l'égard de César, elle est tout à fait déplacée dans la bouche du Césarien Brutus.

VI, 21. *Quasi* porte non pas sur *vastitatem*, comme le veut Piderit, mais sur *deflevisse*. Dans tous les passages du *Brutus* où *quasi* est employé, il est immédiatement voisin du mot qu'il atténue (Cf. §§ 6, 8, 51, 82, 188, 200, 220, 212, 259, 272, 284). Ici l'expression *deflevisse* paraît un peu forte à Atticus : il ose à peine dire que Cicéron a eu la faiblesse de pleurer. Cicéron, qui comprend la politesse de l'atténuation, s'empresse de protester que le mot est juste : *feci istuc quidem*, « j'ai fait précisément ce que tu viens de dire », entendez *deflevi*. — *Facio* est souvent employé ainsi pour tenir lieu d'un verbe ou d'une proposition qui précède. Cf. § 130 et *passim*.

22. *In te intuenti*, etc. Tout cela est développé § 331 et suiv.

Ætas. Cf. § 8. Pour cet emploi du substantif abstrait, voir Riemann, *Gr. de T. Live*, p. 71, § 13.

22. *Natura, doctrina, industria*. Ce sont, d'après la rhétorique, trois conditions essentielles de l'éloquence, à savoir : 1° les aptitudes naturelles (φύσις) ; 2° la culture intellectuelle (ἐπιστήμη) ; 3° l'activité oratoire (μελέτη, γύμνασις). Ces trois termes ou leurs synonymes sont souvent associés (Cf. §§ 65, 98, 125, 267, 272, 280 ; *de Invent.*, I, 1, 2 ; Quintil., III, 5, 1). — Cicéron vante à plusieurs reprises les qualités naturelles de Brutus (*Orator.* 10, 33 ; *ad Famil.*, IX, 14, 5). Pour la *doctrina* et l'*industria* voir §§ 23, 120, 149, 332.

In maximis causis. Cf. §§ 230, 324.

23. *Ceterarum*, etc. Cf. *ad Famil.*, VI, 17, 1 ; XV, 14, 4.

Studium exercitatioque répondent à *industria*. Cicéron essaie de traduire les deux termes qui expriment la troisième condition de l'éloquence μελέτη et γύμνασις. — Parmi les exercices oratoires de Brutus, Quintilien cite une sorte de déclamation *pro Milone* (III, 6, 93 ; X, 1, 23 ; X, 5, 20. Cf. Ascon. *in Milon.*, p. 42, Orelli, et *Schol. Bob. in orat. pro Mil.*, p. 276, Orelli).

studioso *mei*. Dicere enim bene nemo potest, nisi qui prudenter intellegit. Quare qui eloquentiæ veræ dat operam, dat prudentiæ, qua ne maximis quidem in bellis æquo animo carere quisquam potest. [24] Præclare, inquam, Brute, dicis eoque magis ista dicendi laude delector, quod cetera, quæ sunt quondam habita in civitate pulcherrima, nemo est tam humilis qui se non aut posse adipisci aut adeptum putet : eloquentem neminem video factum esse victoria. Sed quo facilius sermo explicetur, sedentes, si videtur, agamus. Cum idem placuisset illis, tum in pratulo propter Platonis statuam consedimus.

[25] Hic ego : Laudare igitur eloquentiam et quanta vis sit ejus expromere quantamque *i*is, qui sint eam consecuti, dignitatem afferat, neque propositum nobis est hoc loco neque necessarium. Hoc vero sine ulla dubitatione

VARIANTES : 23. studiosum. Et *L*, studioso *O*² *al.* — uere *L*. — 24. pulcherrime *F O G*. — 25. laudari *L* (*H*² *corr.*). — his *L*. — sunt *B H M*.

NC. 23. *Studioso mei*, correction de Margraff, adoptée par presque tous les éditeurs récents, est ce qui se rapproche le plus de la leçon de *L*. Prohasel conjecture *studioso et diserto*; Piderit *studioso et diligenti dicendi magistro*; Friedrich *tam studiosum et exercitatum audienti*. La plupart des anciennes éditions ont *studioso*. *Etenim dicere.* — 25. Peter : *exprimere* ; Kayser, d'après Bake, *exponere*, leçon de mss inférieurs.

Studioso mei. Cf. *pro Mil.*, 8, 21 ; *ad Attic.*, III, 22, 4 ; *ad Q. fr.*, I, 3, 9. Cicéron suivait de près les études de Brutus et cherchait à les diriger.

Enim explique *delectat*. Si Brutus se plaît à ses exercices oratoires, c'est qu'ils lui forment l'esprit et l'habituent à penser avec netteté, justesse et précision, qualités qui constituent la *prudentia* et qui sont toujours utiles, dans toutes les circonstances de la vie.

Nisi qui prudenter intellegit. Cf. *de Orat.*, I, 11, 48 : « dicendi enim virtus nisi ei qui dicit ea de quibus dicit percepta sint, exstare non potest », idée que Cicéron résume plus loin par le mot *prudenter* (*de Orat.*, I, 15, 64).

Veræ, par opposition à l'éloquence vide des rhéteurs de profession.

In maximis bellis. Même dans les guerres qui mettent en mouvement de grandes armées et où il semble que le nombre doive tout décider, la *prudentia* est un facteur important.

Æquo animo, s'il est de bon sens.

24. *Humilis.* Allusion aux créatures de César, aux officiers et aux provinciaux que le dictateur avait appelés aux charges publiques ou fait entrer dans le sénat.

Platonis. Vers la fin de la république, la mode commence à se répandre à Rome d'avoir dans les habitations des bustes ou des statues représentant les plus célèbres écrivains de la Grèce, symboles des goûts du propriétaire. En se mettant ici comme sous le patronage de Platon, Cicéron indique qu'il a la prétention de composer une façon de dialogue platonicien.

25. *Laudare.* Cf. *de Orat.*, I, 8, 34.

Igitur. Cf. § 21.

Expromere. Cf. *Orator*, 35, 125 : « in qua vis eloquentiæ possit expromi ».

confirmaverim, sive illa arte pariatur aliqua sive exercitatione quadam sive natura, rem unam esse omnium difficillimam. Quibus enim ex quinque rebus constare dicitur, earum una quæque est ars ipsa magna per sese. Quare quinque artium concursus maximarum quantam vim quantamque difficultatem habeat existimari potest. VII. [26] Testis est Græcia, quæ cum eloquentiæ studio sit incensa jamdiuque excellat in ea præstetque ceteris, tamen omnes artes vetustiores habet et multo ante non inventas solum, sed etiam perfectas, quam hæc est *ab eis* elaborata dicendi vis atque copia. In quam cum intueor, maxime mihi occurrunt, Attice, et quasi lucent Athenæ tuæ, qua in urbe primum se orator extulit primumque etiam monumentis et litteris ora-

VARIANTES : 25. conferam ueri *F O² vetus*. — illa *O¹ G²*, ulla *r*. — 25. habeant *L* (*G² corr.*). — VII. 26. excellet... præstatque *F O*. — a Græcis *L*.

NC. 25. Kayser : [*sive natura*]. Mais il n'y a pas de contradiction entre ces mots et *difficillimam*. En admettant même que pour quelques natures particulièrement bien douées, l'éloquence soit relativement facile, elle n'en est pas moins, d'une façon générale, le plus difficile de tous les arts. Friedrich voudrait *ipsa natura*. — Kayser, Stangl : *quarum* au lieu de *quare*. — Meyer essaie de défendre la leçon *habean'*; mais il est impossible de considérer ici *concursus* comme un pluriel. — VII, 26. Tous les éditeurs considèrent avec raison *a Græcis* comme une glose. J'adopte la conjecture de Piderit *ab eis*, qui appelait naturellement la glose. Voir dans Kühner (*Gramm. d. lat. Sp.*, II, p. 17) plusieurs exemples, tirés de Cicéron, de constructions analogues·

Confirmaverim. Cf. § 18, la note relative à *ausim*.

Arte, synonyme ici de *doctrina*. On retrouve l'expression des trois conditions essentielles de l'éloquence. Cf. § 22.

Pariatur, subjonctif par attraction modale. Riemann, *Syntaxe*, § 234, p. 399.

Unam renforce le sens du superlatif. Berger, *Stylistique*, p. 77.

Difficillimam. Voir la même idée développée dans le *de Oratore*, I, 5, 16.

Quinque rebus, les cinq parties de la rhétorique, l'invention, la disposition, l'élocution, la mémoire et l'action. Cf. *de Invent.*, I, 7, 9.

Concursus. Cf. *de Orat*, I, 5, 19 : « Quamobrem mirari desinamus, quæ causa sit eloquentium paucitatis, cum ex eis rebus universis eloquentia constet in quibus singulis elaborare permagnum est. »

VII, 26. *Athenæ*. Cf. *de Orat*, I, 5, 13 :

« Atque ut omittam Græciam, quæ semper eloquentiæ princeps esse voluit, atque illas omnium doctrinarum inventrices, Athenas, in quibus summa dicendi vis et inventa est et perfecta. »

Tuæ. Allusion au surnom d'Atticus, qui avait séjourné 22 ans à Athènes. Cf. Cornelius Nepos, *Atticus*, 3 et suiv.

Monumentis et litteris. Cf. *Verr.*, IV, 48, 106 : « Vetus est hæc opinio, quæ constat ex antiquissimis Græcorum litteris et monumentis, etc. » On explique quelquefois *monumentis et litteris* par un ἕν διὰ δυοῖν, comme s'il y avait *monumentis litterarum*. En réalité, les deux termes ont un sens distinct. *Litteris* désigne les discours authentiques, conservés par écrit ; *monumentis*, les souvenirs qui restent des discours perdus, souvenirs conservés soit par la tradition, soit par les œuvres des historiens. Cf. §§ 28, 52, 62, 181.

tio est cœpta mandari. [27] Tamen ante Periclem, cujus scripta quædam feruntur, et Thucydidem, qui non nascentibus Athenis, sed jam adultis fuerunt, littera nulla est, quæ quidem ornatum aliquem habeat et oratoris esse videatur. Quanquam opinio est et eum, qui multis annis ante hos fuerit, Pisistratum et paulo seniorem etiam Solonem posteaque Clisthenem multum, ut temporibus illis, valuisse dicendo. [28] Post hanc ætatem aliquot annis, ut ex Atticis monumentis potest perspici, Themistocles fuit, quem constat cum prudentia tum etiam eloquentia præstitisse; post Pericles, qui cum floreret omni genere virtutis, hac tamen

VARIANTE : 28. Attici *L*.

NC. 27. Stangl, d'après Eberhard : *fuit* au lieu de *fuerit;* mais le subjonctif s'explique très bien par une attraction modale. — 28. *Atticis*, corr. de Lambin, adoptée par tous les éditeurs. Eberhard considère comme interpolée la phrase *ut ex. . perspici*.

Est cœpta. Voir Riemann, *Syntaxe*, § 135, p. 199.

27. *Feruntur.* Le rapprochement des noms de Périclès et de Thucydide indique qu'il s'agit des discours conservés dans la *Guerre du Péloponèse*, discours dont Cicéron était porté à admettre l'authenticité. Cf. *de Orat.*, II, 22, 93 : « Antiquissimi fere sunt, quorum quidem scripta constent, Pericles atque Alcibiades et eadem ætate Thucydides... »; Quintilien, III, 1, 12 : « Cicero in Bruto negat, ante Periclem scriptum quicquam quod ornatum oratorium habeat, ejus aliqua ferri. Equidem non reperio quicquam tanta eloquentiæ fama dignum, ideoque minus miror, esse qui nihil ab eo scriptum putent, hæc autem quæ feruntur ab aliis esse composita. » (Cf. XII, 2, 22; 10, 49.) Plutarque (*Periclès*, 8, 32) dit positivement que Périclès n'avait rien laissé d'écrit, hormis ses décrets.

Qui quidem. Riemann, *Syntaxe*, § 224, p. 373.

Quanquam, § 15.

Pisistratum. Cf. *de Orat.*, III, 34, 137 : « Quis doctior eisdem illis temporibus aut cujus eloquentia litteris instructior fuisse traditur quam Pisistrati? Qui primus Homeri libros confusos antea sic disposuisse dicitur, ut nunc habemus.... Ita eloquentia floruit ut litteris doctrinaque præstaret. »

Solonem. Cf. *de Orat.*, I, 13, 58 : « Lycurgum aut Solonem (quanquam illos quidem censemus in numero eloquentium reponendos)... »; III, 15, 56 : « Hanc cogitandi pronuntiandique rationem vimque dicendi veteres Græci sapientiam nominabant. Hinc illi Lycurgi, hinc Pittaci, hinc Solones, etc. »

Clisthenem, l'organisateur de la démocratie athénienne après la chute des Pisistratides. Cicéron procède ici à l'égard des grands politiques d'Athènes, comme il fera plus loin pour les politiques qui ont organisé la constitution romaine après l'expulsion des rois (§ 53). Il suppose (*opinio est*) qu'ils n'auraient pu accomplir leur œuvre s'ils n'avaient pas su agir sur la multitude par la parole.

Ut, en égard à.... Cf. §§ 41, 102, 107, 162, etc.; *Cato*, 1, 12 : « Multæ etiam, ut in homine Romano, litteræ. »

28. *Prudentia.* Cf. § 23; *de Orat.*, II, 74, 299 : « Ut apud Græcos fertur incredibili quadam magnitudine consilii atque ingenii Atheniensis ille fuisse Themistocles. » Voir encore *de Orat.*, III, 16, 59, et le portrait de Thémistocle par Thucydide (I, 138), dont Cicéron paraît s'être inspiré.

Eloquentia. Cf. Lys. *Epit.*, 42 : Θεμιστοκλέα ἱκανώτατον εἰπεῖν καὶ γνῶναι καὶ πρᾶξαι.

Pericles. Cf. §§ 38, 44, 290.

fuit laude clarissimus. Cleonem etiam temporibus illis turbulentum illum quidem civem, sed tamen eloquentem constat fuisse. [29] Huic ætati suppares Alcibiades, Crit*ias*, Theramenes; quibus temporibus quod dicendi genus viguerit ex Thucydidi scriptis, qui ipse tum fuit, intellegi maxime potest. Grandes erant verbis, crebri sententiis, compressione rerum breves et ob eam ipsam causam interdum subobscuri.

VARIANTES : 29. Critas *L*. — crebris *L* (*F²* *corr.*).

NC. 29. Stangl écrit *comprehensione* d'après un ms. inférieur et par analogie avec § 140 *comprehensione devinciendis*. Mais le rapprochement n'est pas légitime. Ici il s'agit des idées serrées et comme étouffées dans une phrase concise ; au § 140 Cicéron parle du tour périodique. Cf. *de Finib.*, II, 6, 17, *compressius loqui*.

Cleonem, le fameux démagogue, raillé par Aristophane dans les *Chevaliers*. Plutarque, *Nicias*, 8 : Τὸν ἐπὶ τοῦ βήματος κόσμον ἀνελὼν καὶ πρῶτος ἐν τῷ δημηγορεῖν ἀνακραγὼν καὶ περισπάσας τὸ ἱμάτιον καὶ τὸν μηρὸν πατάξας καὶ δρόμῳ μετὰ τοῦ λέγειν ἅμα χρησάμενος τὴν ὀλιγωρίαν τοῦ πρέποντος ἐνεποίησε τοῖς πολιτευομένοις. Cf. Thucydide, IV, 21.

Turbulentum. Cf. *de Repub.* IV, 10, 11 : « Populares homines improbos in re publica, seditiosos, Cleonem, Cleophontem, Hyperbolum læsit (comœdia). »

29. *Alcibiades*. Cf. Plutarque, *Alcib.*, 10 : Ὅτι μὲν δυνατὸς ἦν εἰπεῖν οἵ τε κωμικοὶ μαρτυροῦσι καὶ τῶν ῥητόρων ὁ δυνατώτατος ἐν τῷ κατὰ Μειδίου (Démosthène, *Midienne*, § 40, 6, 145) λέγων τὸν Ἀλκιβιάδην καὶ δεινότατον εἰπεῖν γενέσθαι πρὸς τοῖς ἄλλοις. Εἰ δὲ Θεοφράστῳ πιστεύομεν, εὑρεῖν μὲν ἦν τὰ δέοντα καὶ νοῆσαι πάντων ἱκανώτατος ὁ Ἀλκιβιάδης, ζητῶν δὲ μὴ μόνον ἃ δεῖ λέγειν, ἀλλὰ καὶ ὡς δεῖ τοῖς ὀνόμασι καὶ τοῖς ῥήμασιν, οὐκ εὐπορῶν δὲ πολλάκις ἐσφάλλετο καὶ μεταξὺ λέγων ἀπεσιώπα καὶ διέλειπε λέξεως διαφυγούσης αὐτὸν ἀναλαμβάνων καὶ διασκοπούμενος.

Critias, un des Trente Tyrans qui gouvernèrent Athènes après la victoire de Lysandre. Il était à la fois orateur et poète ; *de Orat.*, III, 34, 139 : « Quid Critias ? quid Alcibiades ? Civitatibus suis quidem non boni, sed certe docti atque eloquentes, nonne Socraticis erant disputationibus eruditi ? » *de Orat.*, II, 22, 93 : « Multa Lysiæ scripta sunt ; nonnulla

Critiæ ; de Theramene audimus. » Hermogène, *de Form.*, II, 10 : Ἔστι σεμνὸς μὲν παραπλησίως τῷ Ἀντιφῶντι καὶ διηρμένος πρὸς ὄγκον καὶ τὰ πόλλα λέγων ἀποφαντικῶς, καθαρώτερος δὲ τὴν λέξιν καὶ σαφὴς ἅμα τῷ μεγέθει καὶ εὐκρινής.

Theramenes, un des Trente Tyrans, surnommé *le cothurne*, à cause de sa versatilité politique ; Critias le fit condamner à mort (*Tuscul.*, I, 41, 96). Cicéron lui attribue le talent oratoire sur la foi de certaines traditions (Voir le texte du *de Oratore* cité dans la note précédente) ou simplement par conjecture, en concluant de son rôle politique à son éloquence. Cf. Thucydide, VIII, 68 : Ἀνὴρ οὔτε εἰπεῖν οὔτε γνῶναι ἀδύνατος.

Quibus temporibus... quod. Riemann, *Syntaxe*, § 18, p. 38.

Thucydidi. Cf. § 286. Cicéron emploie régulièrement cette forme de génitif pour les noms propres grecs en *es*. Neue, *Formenlehre*, I, p. 332 et suiv.

Grandes verbis. §§ 126, 203, 287. Le jugement est sujet à caution. Cicéron est trop porté à attribuer aux orateurs contemporains de Thucydide les caractères particuliers du style de l'historien. Cf. *de Orat.*, II, 13, 56 : « Thucydides... qui ita creber est rerum frequentia, ut verborum prope numerum sententiarum numero consequatur, ita porro verbis est aptus et pressus ut nescias utrum res oratione an verba sententiis illustrentur. » *De Orat.*, II, 22, 93 : « Subtiles, acuti, breves, sententiisque magis quam verbis abundantes. »

Subobscuri. Cf. *Orator*, 9, 30 : « Ipsæ

VIII. [30] Sed ut intellectum est quantam vim haberet accurata et facta quodam modo oratio, tum etiam magistri dicendi multi subito exstiterunt. Tum Leontinus Gorgias, Thrasymachus Calchedonius, Protagoras Abderites, Prodicus Cius, Hippias Elius in honore magno fuit ; aliique multi temporibus eisdem docere se profitebantur, arrogantibus sane verbis, quemadmodum causa inferior (ita enim loquebantur) dicendo fieri superior posset. [31] His opposuit sese

VARIANTES : VIII, 30. Abderitas *F*, Abderitas *B M G*, Abderita *H O*. — prodicus *F*, prodigus *r*. — Ceius... Eleius *L*. — fuere *B*[1], fuerit *H*.

NC. VIII, 30. Stangl met entre crochets *tum* avant *Leontinus*. Mais la répétition est très naturelle. — Pour la forme *Abderites*, Quintil. III, 1, 10. — *Cius... Elius*, d'après Fleckeisen. — Eberhard et Stangl suppriment *in honore magno fuit*.

illæ contiones (*ceux de Thucydide*) ita multas habent obscuras abditasque sententias, vix ut intellegantur. »

VIII, 30. *Facta* équivaut à l'expression de la rhétorique grecque πεποιημένη λέξις, laquelle désigne un style travaillé artistement, qui n'est pas à l'état brut, où les mots ne sont pas laissés au hasard de l'improvisation. Cf. *de Orat.*, I, 14, 63 ; III, 48, 184 ; *Orator*, I, 54, 63 ; 51, 172. On dit de même *facti versus* (Horace, *Sat.*, I, 10, 58) et *factum argentum*.

Quodam modo, d'une manière déterminée, c'est-à-dire suivant certains principes. Cf. plus loin § 149 et *de Orat.*, III, 10, 37 ; 48, 184.

Gorgias, de Léontium en Sicile, disciple d'Empédocle (Quintil., III, 1, 8), vint à Athènes en 427 comme ambassadeur des Léontins et ne quitta plus la Grèce, où il mourut plus que centenaire (Quintil., *l. c.* ; *Cato*, 5, 13). Sa réputation y fut prodigieuse, à ce point qu'à Delphes on lui éleva une statue d'or à l'endroit où il avait parlé (Philostr. *Vit. soph.*, I, 9 ; *de Orat.*, III, 32, 129). Il se prétendait capable d'improviser un discours sur n'importe quel sujet (*de Orat.*, I, 22, 103). Ce fut lui qui le premier introduisit dans la prose grecque le nombre oratoire (*Orator*. 12, 39 ; 13, 40 ; 49, 165 ; 50, 167 ; 52, 175 et 176).

Thrasymachus, sophiste souvent cité par Cicéron à côté de Gorgias. *Orator*,

12, 39 : « Hæc (*il s'agit du nombre oratoire et des figures*) tractasse Thrasymachum Calchedonium primum et Leontinum ferunt Gorgiam, Theodorum inde Byzantium multosque alios, quos λογοδαιδάλους appellat in Phædro Socrates. » Cf. *Orator*. 13, 40 ; 52, 175 ; *de Orat.*, III, 16, 59 ; 32, 128. Thrasymaque vint s'établir à Athènes vers 430 av. J. C.

Protagoras, d'Abdère, né vers 480, philosophe, rhéteur et grammairien, un des plus redoutables adversaires de Socrate ; il fut exilé d'Athènes à cause de la hardiesse de ses opinions sur les dieux (*de Nat. deor.*, I, 23, 63). Voir plus loin, § 46 et *de Orat.*, III, 32, 128.

Prodicus, de Céos, connu surtout par son allégorie d'Hercule entre le chemin de la volupté et celui de la vertu. Xénophon, *Mem.*, II, 1, 21 ; *de Off.*, I, 32, 118.

Hippias d'Elis, historien et rhéteur ; sur son extraordinaire vanité, voir *de Orat.*, III, 32, 127.

Fuit, au singulier malgré la pluralité des sujets, parce que tous les personnages cités sont considérés comme formant un seul groupe. Cf. §§ 36, 42, 68, 79, 325 ; *de Divinat.*, I, 39, 84 : « Hac ratione et Chrysippus et Diogenes et Antipater utitur. »

Profitebantur, se faisaient forts de, comme ἐπαγγέλλεσθαι. Cf. § 48.

Sane. § 24.

Causa inferior. Allusion à la formule (ἐπάγγελμα) de Protagoras, citée par Ari-

Socrates, qui subtilitate quadam disputandi refellere eorum
instituta solebat [verbis]. Hujus ex uberrimis sermonibus
exstiterunt doctissimi viri; primumque tum philosophia
non illa de natura, quæ fuerat antiquior, sed hæc, in qua
de bonis rebus et malis deque hominum vita et moribus
disputatur, inventa dicitur. Quod quoniam genus ab hoc,
quod proposuimus, abhorret, philosophos aliud in tempus
rejiciamus; ad oratores, a quibus digressi sumus, revertamur. [32] Exstitit igitur jam senibus illis, quos paulo ante
diximus, Isocrates, cujus domus cunctæ Græciæ quasi ludus
quidam patuit atque officina dicendi ; magnus orator et
perfectus magister, quanquam forensi luce caruit intraque

NC. 31. *verbis* finit mal la phrase et est inutile, *refellere* étant déjà déterminé par
subtilitate. Quelques éditeurs l'expliquent avec Klotz (*in Tuscul.*, III, 20) par une opposition entre *instituta*, les théories doctement soutenues par les sophistes, et *verba*,
es conversations familières de Socrate. Mais l'opposition est peu nette, les sophistes
se servant aussi de *verba* : on attendrait plutôt *sermonibus*. Les conjectures abondent : Margraff, Feldhügel, Madvig : *acerbius*, adopté par Stangl; Orelli *urbanis-
sime;* Vitelli *urbanius*; avec Haupt (*Philol.*, II, p. 384) je supprime le mot, qui peut
avoir été amené soit par *verbis* (2 lignes plus haut) soit par l'abréviation mal lue de
hujus. — 32. Malgré Bake, que suivent Eberhard et Stangl, je conserve *et perfectus
magister*, qui est parfaitement explicable et se trouve dans une citation de ce passage
faite au iv° siècle par Rufin, *de comp. et de metris oratorum*, p. 189 Orelli; voir le
commentaire.

stote (*Rhetor.*, II, 24) : τὸ τὸν ἥττω λόγον
κρείττω ποιεῖν. Cf. Aristoph. *Nuées*, 113
et suiv.

31. *Instituta*, leurs théories. Cf. *de Off.*,
I, 1, 4 : « præceptis institutisque philosophiæ. »

Sermonibus, parce que les discussions
de Socrate n'étaient que des conversations.

Illa, qui est loin de nous. Allusion à
la première philosophie grecque, à la
philosophie des Ioniens, uniquement oc-
cupée à rechercher les principes et les
lois du monde, *rebus occultis et ab ipsa
natura involutis* (*Academ.*, I, 4, 15). Cf.
Tuscul., V, 4, 10 : « Ab antiqua philosophia... numeri motusque tractabantur et
unde omnia orirentur quove reciderent,
studioseque ab iis siderum magnitudines,
intervalla, cursus anquirebantur et cuncta
cælestia. »

Hæc, la philosophie telle qu'on la conçoit aujourd'hui, qui étudie l'homme et

subordonne tout à la morale. *Tuscul.*, V,
4, 10 : « Socrates autem primus philosophiam devocavit et cælo et in urbibus
collocavit et in domus etiam introduxit et
coegit de vita et moribus rebusque bonis
et malis quærere. »

32. *Senibus illis*. Isocrate vécut en effet
de 436 à 338 av. J.-C.

Ludus. Cf. *de Orat.*, II, 22, 94 : « Isocrates... cujus e ludo tanquam ex equo
Trojano meri principes exierunt. »

Officina. Cf. *Orator*, 13, 40 : « Domus
ejus officina habita eloquentiæ est. »

Quanquam. La restriction porte aussi
bien sur *perfectus magister* que sur *magnus
orator*. S'il avait eu l'expérience de la parole publique, son enseignement, parfait
d'ailleurs, aurait eu encore plus d'autorité.

Forensi luce, le grand jour de la place
publique, c'est-à-dire le soleil et la pous-
sière du vrai combat oratoire, par opposition aux exercices méthodiques de la

parietes aluit eam gloriam, quam nemo meo quidem judicio
est postea consecutus. Is et ipse scripsit multa præclare et
docuit alios ; et cum cetera melius quam superiores, tum
primus intellexit etiam in soluta oratione, dum versum effugeres, modum tamen et numerum quendam oportere servari.
[33] Ante hunc enim verborum quasi structura et quædam
ad numerum conclusio nulla erat ; aut, si quando erat, non
apparebat eam dedita opera esse quæsitam : quæ forsitan laus
sit ; verumtamen natura magis tum casuque, non unquam aut

VARIANTES : 32. quidem meo *B H M* (quidem *omis par Rufin*). — 33. nonnunquam
aut *L* (nonnunquam haud *Rufin*).

NC. 33. *non unquam* d'après Peter. *nonnunquam quam* vulg. Friedrich : *nunquam* ;
Bæhrens : *natura magistra casuque, non unquam.*

palestre, qui se font dans un espace réservé et commodément aménagé. La
même métaphore se trouve plus loin,
§ 37. Cf. *Orator.* 13, 42 (à propos d'Isocrate) : « Orationis genus... pompæ quam
pugnæ aptius, gymnasiis et palæstræ di-
catum, spretum et pulsum foro. » Cf. *de
Oratore.* I. 18, 81 ; 32. 147 ; 34. 157 ;
II, 20, 84 ; Quintilien. X. 1, 79 ; I, 10,
29 ; 33 ; Tacite, *Dialog. d. orat..* 5 ; 32 ;
34. — *Caruit. Carere* signifie proprement
n'avoir pas ce qu'on voudrait avoir (*Tuscul.*, I, 36, 88). Ce fut en effet plutôt par
résignation que par système qu'Isocrate
ne se mêla pas aux luttes oratoires de la
place publique ; *de Orat.*, II. 3, 10 : « Ut
ille pater eloquentiæ de se Isocrates scripsit ipse, pudore a dicendo et timiditate
ingenua quadam refugisti. » Cf. *de Repub..* III, 30, 42.

Docuit alios. sc. *præclare scribere.*

Primus. Il n'eut pas le premier l'idée
du nombre oratoire : Thrasymaque et
Gorgias l'avaient devancé (*Orator*, 52.
175, 176). Mais, corrigeant ce qu'il y
avait d'excessif ou d'arbitraire dans les
tentatives de ses prédécesseurs. il donna
le premier la théorie du nombre oratoire,
en posa les principes et en fixa les règles.

Dum versum effugeres. Aristote. *Rhet.*,
III. 8, 2 : ῥυθμὸν δεῖ ἔχειν τὸν λόγον,
μέτρον δὲ μή. *Orator.* 56. 187 : « Perspi-
cuum est igitur numeris astrictam orationem esse debere. carere versibus. »
Cf. *de Orat.*, III, 48, 184

Modum et numerum. deux termes sou-

vent associés (*de Orat.*, 33. 152 ; 48. 184 ;
50. 194). *Numerus* est l'arrangement des
mots les uns par rapport aux autres, de
telle sorte qu'il y ait comme une succession de battements réguliers par suite
de la distribution des syllabes brèves et
des syllabes longues. Il correspond à ce
qu'on appelle en métrique le *pied. Modus*
désigne la cadence de la phrase, prise
dans son ensemble. et correspond au
mètre.

33. *Structura.* Métaphore empruntée au
langage des architectes (Cf. *Orator.* 11,
119 ; *de Optim. gen. or.* 2, 5). On trouve de
même *constructio* (§ 272 ; *Orator.* 12, 37 ;
44. 150 ; 60. 202. et *structa verba* (*de
Orat.*, III. 65. 219 ; 70. 232 ; Quintilien.
VII, 10. 7 ; IX. 4. 113 ; X. 7, 8). Les mots
sont comme les éléments d'une construction : ils doivent être rangés en ordre
dans la phrase et non empilés au hasard.
comme ils viennent.

Ad numerum conclusio. période bien
cadencée. Pour le sens de *conclusio* voir
de Orat., II. 8. 34 : « Quod carmen ar-
tificiosa verborum conclusione aptius? »
Cf. III, 11. 174 : *Orator.* 5, 20 ; 49. 169 ;
63. 212 ; Horace, *Sat..* I. 4. 40 (conclu-
dere versum).

Quæ. au lieu de *quod.* par attraction.
Riemann. *Syntaxe.* § 25 d. p. 47.

Natura, par instinct naturel. Cf. *Orator.* 51. 170 : « Quod fit etiam ab antiquis,
sed plerumque casu. sæpe natura. »

Magis, plutôt que de propos délibéré
(*dedita opera*).

ratione aliqua aut *ulla* observatione fiebat. [34] Ipsa enim natura circumscriptione quadam verborum comprehendit concluditque sententiam, quæ cum aptis constricta verbis est, cadit etiam plerumque numerose. Nam et aures ipsæ quid plenum, quid inane sit judicant et spiritu quasi necessitate aliqua verborum comprehensio terminatur : in quo non modo defici, sed etiam laborare turpe est. IX. [35] Tum fuit Lysias ipse quidem in causis forensibus non versatus, sed egregie subtilis scriptor atque elegans, quem jam prope audeas oratorem perfectum dicere. Nam plane quidem perfectum et *cui* nihil admodum

VARIANTES : 33. aut obseruatione *L* (aut ulla obscruatione *Rufin*). — 34. constricta *F O*, circumscripta *r*. — comprensio *F*. — IX, 35. uersatur *O³ vetus*. — quo *F O*, cui quo *G⁴*, in quo *r*.

NC. 33. *ulla* rétabli d'après Rufin par Fleckeisen. — IX, 35. *quo* vient d'une fausse lecture de *quoi* (cf. §§ 105, 169, 189).

Ratione indique une méthode fondée sur des principes rationnels et en quelque sorte déductive ; *observatione*, une méthode inductive qui part de l'observation pour déterminer certaines lois.

34. *Ipsa*, d'elle-même, à elle seule, comme dans l'expression *per se ipse*. De même plus bas, *aures ipsæ*.

Circumscriptione, une des nombreuses expressions par lesquelles la rhétorique latine essaie de traduire le terme grec περίοδος. *Orator*, 61, 204 : « In circuitu illo orationis, quem Græci περίοδον, nos tum ambitum, tum comprehensionem, aut continuationem aut circumscriptionem dicimus. » Les deux verbes *comprehendit* (Cf. *comprehensionem*, dans le passage qui vient d'être cité), et *concludit* (voir la note ci-dessus § 33, *conclusio*) se rapportent à la même idée.

Aptis. Cf. § 303 ; *Orator*, 44, 149 : « Collocabuntur igitur verba, aut ut inter se quam aptissime cohæreant extrema cum primis eaque sint quam suavissimis vocibus, etc. » *Apta verba* sont des mots agencés de telle sorte qu'il n'y ait pas de rencontres désagréables de voyelles, pas d'hiatus.

Cadit. Cf. *Orator*, 50, 168 : « cum apte verba cecidissent ».

Aures. Cf. *Orator*, 53, 177-178 : « Aures enim vel animus aurium nuntio naturalem quandam in se continet vocum omnium mensionem ; itaque et longiora et breviora judicat et perfecta ac moderata semper exspectat, mutila sentit quædam et quasi decurtata, quibus, tanquam debito fraudetur, offenditur, productiora alia et quasi immoderatius excurrentia, quæ magis etiam aspernantur aures. »

Spiritu. Les limites naturelles de la respiration imposent à la parole certains points d'arrêt ; *de Orat.*, III, 47, 182 : « Longissima est igitur complexio verborum, quæ volvi uno spiritu potest, sed hic naturæ modus est, artis alius. »

35. *Lysias*. Cf. § 48, 63 et suiv.

Ipse, personnellement. Les plaidoyers qu'il composait étaient destinés à des clients qui les récitaient eux-mêmes devant le tribunal, la loi athénienne n'admettant pas l'usage d'un avocat. Il ne plaida qu'une fois en personne, pour accuser Eratosthène, le meurtrier de son frère.

Subtilis, un des termes familiers à Cicéron pour désigner le style simple (ἰσχνὸς χαραχτήρ). Cf. *de Oratore*, III, 7, 28 (« subtilitatem Lysias »); *Orator*, 9, 30 (« Lysiam ... subtilem et elegantem »). Sur le style de Lysias, voir Jules Girard, *Études sur l'éloquence attique*.

Nam explique la restriction *prope*.

desit Demosthenem facile dixeris. Nihil acute inveniri potuit in eis causis, quas scripsit, nihil, ut ita dicam, subdole, nihil versute, quod ille non viderit ; nihil subtiliter
dici, nihil presse, nihil enucleate, quo fieri possit aliquid
limatius, nihil contra grande, nihil incitatum, nihil ornatum vel verborum gravitate vel sententiarum, quo
quicquam esset elatius. [36] Huic Hyperides proximus et
Æschines fuit et Lycurgus et Dinarchus et is, cujus
nulla exstant scripta, Demades aliique plures. Hæc enim

VARIANTE : 35. his *B¹ H*.

NC. 35. Eberhard et Vassis conjecturent *dicit* au lieu de *dici*. — Lambin conjecture
verborum granditate vel sententiarum gravitate, sous prétexte que *gravitas* ne peut pas
s'appliquer à *verba*. Campe supprime ce passage. Mais cf. §§ 221, 265 et *de Orat.*, III,
8, 31. Le texte de *L* est d'ailleurs confirmé par une citation de Charisius (p. 179). —
Stangl substitue *exstet* à *esset*, donné par *L* et Charisius. Jahn-Eberhard, Kayser,
d'après Bake : *esse*. Voir le commentaire.

Nihil, etc. Au point de vue de la rhétorique antique, un orateur n'est parfait
de tous points que s'il possède les cinq
qualités essentielles de l'éloquence. Mais
ici l'auteur, qui est surtout préoccupé de
la question de style, laisse de côté la disposition, la mémoire et l'action, pour
mettre en lumière la perfection de Démosthène dans l'invention et l'élocution,
qui sont d'ailleurs les qualités maîtresses
de l'orateur.

Acute, d'une façon pénétrante ; le
terme se rapporte à l'invention, ainsi
que *subdole* et *versute*.

Subtiliter (Cf. plus haut *subtilis*) se
rapporte au genre simple, ainsi que *presse*
(§ 197, 201 ; cf. *pressus*, § 51, et *de Orat.*,
II, 23, 96), *enucleate* (§ 115 ; *Orator*, 9, 28 ;
cf. *enucleatus*, *de Orat.*, III, 9, 32 ; *Orator*,
26, 91) et *limatius* (*Orator*, 6, 20 : « subtili quadam et pressa oratione limati. »)

Grande, etc. Caractères du genre sublime. — Cicéron n'ajoute pas que Démosthène a excellé dans le genre tempéré,
parce que la chose va de soi, du moment
qu'il excellait dans les deux genres extrêmes. Pour tout ce passage voir *Orator*, 31, 110 : « Multæ sunt ejus totæ
orationes subtiles, ut contra Leptinem ;
multæ totæ graves, ut quædam Philippicæ ;
multæ variæ, ut contra Æschinem falsæ
legationis, ut contra eundem pro se in
causa Ctesiphontis. Jam illud medium,

quotiens vult, arripit et a gravissimo disce-
dens eo potissimum delabitur. »

Esset s'explique très bien à côté de
possit. En ce qui concerne le style simple,
Démosthène atteint une perfection qu'on
ne *pourrait* pas dépasser. Dans le style
sublime il s'est élevé à une hauteur qu'on
ne *dépassait* pas de son temps en Grèce
(= *nihil erat elatius*). L'imparfait implique
qu'il peut y avoir mieux, et de fait Cicéron
n'était pas complètement satisfait en lisant
Démosthène. Cf. *Orator*, 29, 104 : « Nec
enim nunc de nobis, sed de re dicimus ;
in quo tantum abest ut nostra miremur
et usque eo difficiles ac morosi sumus, ut
nobis non satis faciat ipse Demosthenes ;
qui quanquam unus eminet inter omnes
in omni genere dicendi, tamen non semper implet aures meas ; ita sunt avidæ et
capaces et sæpe aliquid immensum infini-
tumque desiderant. »

36. *Huic Hyperides proximus*. Cf. *de
Orat.*, I, 13, 58 : « Hyperidem aut Demosthenem perfectos jam homines in dicendo et politos. »

Fuit, parce que les orateurs attiques
forment un groupe (Cf. § 30). Cicéron les
cite volontiers ensemble. Cf. *de Orat.*,
II, 23, 94.

Cujus nulla exstant scripta. Quintil.,
II, 17, 13 : « Neque enim orationes scribere est ausus ut eum multum valuisse in
dicendo sciamus » ; XII, 10, 49 : « ideoque

ætas effudit hanc copiam ; et, ut opinio mea fert, sucus ille
et sanguis incorruptus usque ad hanc ætatem oratorum fuit,
in qua naturalis inesset, non fucatus nitor. [37] Phalereus
enim successit eis senibus adulescens, eruditissimus ille quidem horum omnium, sed non tam armis institutus quam
palæstra. Itaque delectabat magis Athenienses quam inflam-
mabat. Processerat enim in solem et pulverem, non ut e
militari tabernaculo sed ut e Theophrasti doctissimi hominis umbraculis. [38] Hic primus inflexit orationem et eam
mollem teneramque reddidit et suavis, sicut fuit, videri maluit quam gravis : sed suavitate ea, qua perfunderet ani-

NC. 36. Stangl, d'après Reiz : *in quo inesset*. Mais *fucatus nitor* se rapportant à quelque chose d'extérieur et de superficiel ne peut pas s'appliquer à *sanguis*. — 37. *palæstræ*, conjecture de Lambin, est inacceptable à cause de *e Theophrasti... umbraculis*.

in agendo clarissimos quosdam nihil poste-
ritati mansurisque mox litteris reliquisse,
ut Periclem, ut Demadem. »

Ætas. Quintil., X, 1, 76 : « Sequitur
oratorum ingens manus, ut cum decem
semel Athenis una ætas tulerit. »

Sucus et sanguis, métaphore familière
à Cicéron quand il parle des orateurs
Attiques : § 68, 283 ; *de Orat.*, II, 22, 93
« ille Pericli sucus » ; *Orator*, 23, 76 :
« Orationis subtilitas imitabilis illa quidem videtur esse existimanti, sed nihil est
experienti minus ; etsi enim non plurimi
sanguinis est, habeat tamen sucum aliquem
oportet, ut, etiamsi illis maximis viribus
careat, sit, ut ita dicam, integra valetudine. » Cf. *ad Attic.*, IV, 18, 2. — *Ille*,
au sens emphatique.

Inesset, parce que le relatif a ici le sens
de *quippe qui*. Cf. § 53. Cicéron emploie d'ordinaire *inesse* avec *in* et l'a-
blatif.

Naturalis... non fucatus nitor. Même
métaphore § 162.

37. *Phalereus*, Démétrius de Phalère,
que Cicéron désigne ainsi quelquefois par
le surnom seul. Cf. *Orat.*, 27, 94. — Tout
en faisant des réserves, Cicéron tient à
ne pas exclure Démétrius du nombre des
Attiques, afin d'avoir une plus grande
variété d'atticismes à opposer aux préten-
tions étroites des Néo-Attiques. Cf. § 285.

Armis, champ de bataille, combat véritable, par opposition aux combats fictifs
de la palestre. Voir (§ 32) la note sur *forensi luce*.

Umbraculis. *De legibus*, III, 6, 14 : « A
Theophrasto Phalereus ille Demetrius mi-
rabiliter doctrinam (*il s'agit seulement de
la science politique*) ex umbraculis erudi-
torum otioque non modo in solem atque
in pulverem, sed in ipsum discrimen aciem-
que produxit. » Cf. *de Fin.*, V, 19, 54.

38. *Inflexit*, ploya et fit fléchir. Cf.
Quintil., X, 1, 80 : « Primus inclinasse eloquentiam dicitur. » Cicéron veut faire entendre que Démétrius abaissa le ton de
l'éloquence attique, et qu'au lieu de s'é-
lever comme ses prédécesseurs au genre
sublime, dont le propre est d'être *gravis*
(§ 35) et de *movere* ou *perfringere animos*
(Cf. § 188), il s'en tint au genre tempéré
(*genus medium* ou *floridum* ou *modicum*)
qui a pour but de plaire (*delectare, per-
fundere animos suavitate*. Cf. § 188 ; *Orator*, 21, 69 ; Quintil., XII, 10, 59). Dans
l'*Orator* (26, 91 et suiv.), Démétrius est
en effet présenté comme le type le plus
parfait du genre tempéré.

Sed suavitate, etc. Cicéron précise parce
que *suavis* seul est un peu vague et que
la *suavitas* n'est pas nécessairement in-
compatible avec la force du genre sublime.
Cf. § 41.

mos, non qua perfringeret : [et] tantum ut memoriam concinnitatis suæ, non, quemadmodum de Pericle scripsit Eupolis, cum delectatione aculeos etiam relinqueret in animis eorum, a quibus esset auditus.

X. [39] Videsne igitur, *Brute*, in ea ipsa urbe, in qua et
nata et alta sit eloquentia, quam ea sero prodierit in lucem?
siquidem ante Solonis ætatem et Pisistrati de nullo ut diserto memoriæ proditum est. At hi quidem, ut populi
Romani ætas est, senes, ut Atheniensium sæcula numerantur, adulescentes debent videri. Nam etsi Servio Tullio
regnante viguerunt, tamen multo diutius Athenæ jam erant,
quam est Roma ad hodiernum diem : nec tamen dubito quin
habuerit vim magnam semper oratio. [40] Neque enim
jam Troicis temporibus tantum laudis in dicendo Ulixi tri-

VARIANTE : X, 39. igitur ut *L*.

NC. 38. *et*, sans doute amené par la fin de *perfringeret*, est supprimé par presque
tous les éditeurs. — X, 39. La plupart des éditeurs, choqués par le double emploi que
fait *ut* avec *quam*, *L*, suppriment *ut* ou le remplacent par *vel*, d'après Heusinger.
Bachrens propose de changer *quam* en *tamen*, Margraff de considérer *quam sero*
comme l'équivalent d'un superlatif, solution ingénieuse, mais que n'autorise pas l'introduction de *ea* entre *quam* et *sero*, dans les locutions de ce genre *quam* étant toujours
à côté du mot qu'il détermine. Peter conserve le texte des mss et l'explique par un
anacoluthe. Je rétablis par conjecture *Brute* (cf. § 231 ; *Orator*, 52, 174). Le singulier
vides indiquant que Cicéron s'adresse à un seul de ses interlocuteurs, un vocatif est
ici nécessaire. — 40. Simon conjecture *heroicis temporibus* d'après *Tuscul.* V, 3, 7 ; *de
Divin.*, I, 1, 1 ; *de Nat. deor.*, III, 21, 54.

Tantum ut, « juste assez pour que.... »
Riemann, *Syntaxe*, p. 321, note 3.

Concinnitatis, arrangement symétrique
et ingénieux des mots dans la phrase et
des membres de phrase dans la période,
arrangement propre à flatter l'oreille.

Eupolis. Cf. § 14 ; *de Orat.*, III, 34, 138 ;
Pline, *Epist.*, I, 20, 17. Voici les vers d'Eupolis, tirés d'une comédie intitulée Δῆμοι
(Meineke, *Com. gr.*, II, 458, 6) : πειθώ
τις ἐπεκάθιζεν ἐπὶ τοῖς χείλεσιν· οὕτως
ἐκήλει, καὶ μόνος τῶν ῥητόρων τὸ κέν-
τρον ἐγκατέλειπε τοῖς ἀκροωμένοις.

39. *Videsne.* Riemann, *Synt.*, p. 519-520.

Prodierit in lucem, comme s'il y avait
claruerit. L'éloquence existait avant Périclès, mais comme un art non encore formé.

At hi, etc. jusqu'à *nec tamen dubito* est
une sorte de parenthèse, pour répondre à
une objection possible.

Senes...adulescentes. Avoir vécu, comme
Solon ou Pisistrate au temps où régnait
Servius Tullius, c'est être très ancien pour
un Romain contemporain de Cicéron : on
appartient en effet aux plus anciennes générations de Rome ; on est un ancêtre
(*senex* équivaut ici à *vetus* ou *perantiquus*).
Mais si, au lieu de se placer au point de
vue romain, on se place au point de vue
grec, si l'on songe que les origines d'A-
thènes sont de près de dix siècles antérieures au règne de Servius, Solon et
Pisistrate, loin d'appartenir aux plus anciennes générations d'Athènes, sont relativement jeunes (*adulescentes* équivaut à
recentes). Voir un développement analogue
dans Tacite, *Dial. de orat.*, 16.

Nec tamen se rattache à la phrase *de
nullo ut diserto memoriæ proditum est.*

40. *Ulixi, Iliade*, III, 222. *Nestori.*

buisset Homerus et Nestori, quorum alterum vim habere voluit, alterum suavitatem, nisi jam tum esset honos eloquentiæ ; neque ips*i* poeta*e* hic *j*am idem ornatus in dicendo ac plane orator*i* fuisset. Cujus etsi incerta sunt tempora, tamen annis multis fuit ante Romulum : siquidem non infra superiorem Lycurgum fuit, a quo est disciplina Lacedæmoniorum astricta legibus. [41] Sed studium ejus generis majorque vis agnoscitur in Pisistrato de*mum*, quem [hunc] proximo sæculo Themistocles insecutus est, ut apud nos, perantiquus, ut apud Athenienses, non ita sane vetus. Fuit enim regnante jam Græcia, nostra autem civitate non ita pridem dominatu regio liberata. Nam bellum Volscorum

VARIANTES : 40. eloquentia *L* (*G²* corr.). — ipse poeta hic tam... orator *L*. — 41. Denique hunc *L*.

NC. 40. Les corrections *ipsi, poetæ, jam, oratori* sont faciles à justifier paléographiquement ; pour la construction, cf. *de Legib.*, I, 8, 25 : *virtus eadem in homine ac deo est*. Piderit, Eberhard rejettent *idem* ; Koch remplace *idem* par *valde* ; Bæhrens par *identidem*, Stangl par *interdum*. — *superiorem* est mis entre crochets par Kayser ; Fleckeisen remarqué que *infra* prouve *superiorem*, Cicéron n'ayant sans doute employé cette préposition inusitée dans ce sens que pour éviter la rencontre de *inferior superiore*. — 41. *Demum quem* est une conjecture de Bake complétée par Simon ; Bake, suivi par Stangl : *demum hunc*. — *regnante jam græca* Jahn ; *regnante jam libertate in Græcia* Weidner.

Iliade, I, 247. Cf. Quintil., XII, 10, 64. — *Tribuisset... esset* correspondrait à une phrase affirmative ainsi conçue : *tribuit* (au parfait)... quia tum *erat*. etc. Cf. § 238. Riemann, *Syntaxe*, p. 311, 312.

Ornatus résume toutes les qualités du style oratoire ; c'est en particulier l'art de faire valoir les pensées et les mots par l'emploi des figures, ainsi que par l'ampleur, la cadence et le nombre de la phrase. *De Orat.*, III, 14, 53 : « Qui distincte, qui explicate, qui abundanter, qui illuminate et rebus et verbis dicunt et in ipsa oratione quasi quendam numerum versumque conficiunt, id est, quod dico, ornate. » Cf. III, 37, 119 ; 38, 152. — Voir le jugement de Quintilien sur Homère considéré comme orateur, X, 1, 46.

Plane. Cf. § 221 : « *plane oratorem* » ; 250 « *plane virum* ». L'adverbe joue ici le rôle d'un adjectif (Riemann, *Synt.*, p. 11, 12).

Infra, « à une époque plus basse ».

seul exemple de *infra* dans le sens temporel (Dräger, *Hist. Synt.*, I, p. 571).

Superiorem, pour le distinguer de l'orateur attique du même nom, cité §§ 36 et 130. Cf. *Tuscul.*, V, 3, 7 ; *de Republ.*, II, 10, 18 : « Homerum, qui minimum dicunt, Lycurgi ætati triginta annis anteponunt fere ; ex quo intellegi potest, permultis annis ante Homerum fuisse quam Romulum. »

41. *Sed studium*, etc., répond à *nec tamen dubito* du § 39. Voici la suite des idées : il est hors de doute que l'éloquence a existé bien longtemps avant Pisistrate. Mais c'est à l'époque de Pisistrate que l'éloquence devient un art véritable.

Majorque vis correspond à *magnam vim* du § 39.

Ut apud nos. Cf. § 27.

Regnante, maîtresse d'elle-même après les guerres médiques, à l'apogée de sa puissance et de son indépendance, par

illud gravissimum, cui Coriolanus exsul interfuit, eodem fere
tempore quo Persarum bellum fuit, similisque fortuna clarorum virorum ; [42] siquidem uterque, cum civis egregius
fuisset, populi ingrati pulsus injuria se ad hostes contulit
conatumque iracundiæ suæ morte sedavit. Nam etsi aliter
apud te est, Attice, de Coriolano, concede tamen, ut huic
generi mortis potius assentiar. XI. At ille ridens : Tuo
vero, inquit, arbitratu, quoniam quidem concessum est
rhetoribus ementiri in historiis, ut aliquid dicere possint
argutius. Ut enim tu nunc de Coriolano, sic Clitarchus, sic
Stratocles de Themistocle finxit. [43] Nam quem Thucydides, qui et Atheniensis erat et summo loco natus summus-
que vir et paulo ætate posterior, tantum *morbo* mortuum

VARIANTE : 42. est apud te *G B H M*.

NC. XI, 43. *morbo*, addition de Teuffel, justifiée par le texte de Thucydide. Voir
le commentaire.

*opposition à non ita pridem dominatu re-
gio liberata.*

Eodem fere tempore. D'après les annales romaines, la guerre des Volsques
avec Coriolan se place vers l'an 263 de
Rome (491 av. J.-C.). La bataille de Ma-
rathon est de 490 av. J.-C. Le synchro-
nisme indiqué ici par Cicéron a été sans
doute emprunté par lui au *Liber annalis*
d'Atticus.

Similisque fortuna. Même parallèle
dans *Lælius*, 12, 42.

42. *Apud te*, dans ton manuel de chronologie. On n'était pas d'accord à Rome
sur l'histoire ou plutôt la légende de Coriolan. Les uns disaient qu'il avait été
mis à mort par les Volsques, furieux contre lui parce qu'il avait retiré de Rome
ses troupes victorieuses pour céder aux
prières de sa mère ; d'autres, entre autres Fabius Pictor et sans doute Atticus,
qu'il avait vécu longtemps encore et était
mort dans un âge avancé (Tite-Live, II,
35) ; d'autres enfin que, pris de remords,
il s'était tué (*ad Attic.*, IX, 10, 3). Sur
l'histoire de Coriolan, voir Mommsen,
Röm. Forsch., II, p. 113 et suiv.

Ementiri, de mentir jusqu'au bout, de
pousser leurs mensonges aussi loin qu'il
leur plaît.

Argutius, d'une façon plus piquante.

Clitarchus, historien rhéteur, contemporain d'Alexandre. Quintil., X, 1, 75 :
« Clitarchi probatur ingenium, fides in-
famatur. » Cf. *de Legib.*, I, 2, 7.

Stratocles, orateur athénien, contemporain de Démosthène et son adversaire
dans le procès d'Harpale. On ne sait rien
de son œuvre historique. Peut-être était-
ce dans un de ses discours que se trouvait
l'anecdote suspecte à laquelle Cicéron
fait allusion.

43. *Thucydides*, I, 138 : νοσήσας δὲ
τελευτᾷ τὸν βίον · λέγουσι δέ τινες καὶ
ἑκούσιον φαρμάκῳ ἀποθανεῖν αὐτόν,
ἀδύνατον νομίσαντα εἶναι ἐπιτελέσαι βα-
σιλεῖ ἃ ὑπέσχετο... Τὰ δὲ ὀστᾶ φασὶ κο-
μισθῆναι αὐτοῦ οἱ προσήκοντες οἴκαδε
κελεύσαντος ἐκείνου καὶ τεθῆναι κρύφα
Ἀθηναίων ἐν τῇ Ἀττικῇ.

Qui et Atheniensis, etc. Quatre raisons
pour croire que Thucydide est bien informé : il est compatriote de Thémistocle ; il est de grande famille et l'aristocratie a en général des traditions plus
sûres que celles de la foule ; c'est un
grand esprit et comme tel il est mieux
que d'autres en mesure de discerner la
vérité ; enfin il est presque le contemporain de Thémistocle.

scripsit et in Attica clam humatum addidit fuisse suspicionem veneno sibi conscivisse mortem : hunc isti aiunt, cum taurum immolavisset, excepisse sanguinem patera et eo poto mortuum concidisse. Hanc enim mortem rhetorice et tragice ornare potuerunt ; illa mors vulgaris nullam præbebat materiam ad ornatum. Quare quoniam tibi ita quadrat, omnia fuisse *in* Themistocle paria et Coriolano, pateram quoque a me sumas licet : præbebo etiam hostiam, ut Coriolanus sit plane alter Themistocles. [44] Sit sane, inquam, ut libet, de isto ; et ego cautius posthac historiam attingam te audiente, quem rerum Romanarum auctorem laudare possum religiosissimum. Sed tum fere Pericles [Xanthippi filius], de quo ante dixi, primus adhibuit doctrinam ; quæ quanquam tum nulla erat dicendi, tamen ab Anaxagora

VARIANTES : XI, 43. addidit *F O G*, tradidit *r*. — materiem *O G*.

NC. 43. Kayser, Stangl : *addiditque*. Mais si l'on se reporte au texte de Thucydide on voit que l'idée exprimée par *clam humatum* se trouve parmi les *addita* (cf. λέγουσι δὲ... τὰ δὲ ὀστᾶ φασί). *Et in Attica clam humatum* ne se rattache donc pas à *scripsit*. Voir le commentaire. — *Themistocli*, adopté par la plupart des éditeurs, ne se trouve que dans les mss inférieurs ; *in*, addition de l'éd. princeps. — 44. *Xanthippi filius* paraît être une glose.

Et in Attica clam humatum addidit, comme s'il y avait *et eum... addidit* (= *quemque addidit*). Le participe passé à l'accusatif tient lieu du démonstratif, lequel tient lieu lui-même d'un second relatif. Cf. § 258. Riemann, *Syntaxe*, § 17, p. 37.

Cum taurum immolavisset. Cette légende avait cours à Athènes avant Clitarque et Stratoclès, puisqu'il y est déjà fait allusion dans Aristophane, *Cheval.*, 83 et suiv. : βέλτιστον ἡμῖν αἷμα ταύρειον πιεῖν· ὁ Θεμιστοκλέους γὰρ θάνατος αἱρετώτερος.

Rhetorice et tragice. Cette mort légendaire était un prétexte à belles phrases, à développements pathétiques, comme en font volontiers les rhéteurs et les poètes tragiques. Cf. *de Orat.*, I, 51, 219 : « neque vero istis tragœdiis tuis... perturbor » ; II, 51, 205 : « si aut tragœdias agamus in nugis ».

Hostiam, le taureau à immoler.

44. *Isto*, Coriolan.

Sed marque le retour au sujet, interrompu au § 41 par la digression sur Thémistocle et Coriolan. Riemann, *Syntaxe*, p. 500, 501.

Tum fere, après Thémistocle et à peu près à la même époque.

Doctrinam, non pas la rhétorique, qui n'existait pas encore, mais la science philosophique. Cicéron veut dire que Périclès applique à l'éloquence les méthodes rigoureuses de la science, qu'il apporte à la tribune un esprit façonné à la controverse logique par les études et les discussions philosophiques.

Anaxagora physico. De Orat., III, 34, 108 : « hunc non declamator aliquis ad clepsydram latrare docuerat, sed, ut accepimus, Clazomenius ille Anaxagoras, vir summus in maximarum rerum scientia. » Cf. *Orat.*, 4, 15. Plat., *Phædr.*, p. 269 : (Περικλῆς) προσπεσών γὰρ οἶμαι τοιούτῳ ὄντι Ἀναξαγόρᾳ, μετεωρολογίας ἐμπλησθεὶς καὶ ἐπὶ φύσιν νοῦ τε καὶ ἀνοίας ἀφικόμενος, ὧν δὴ περὶ τὸν πο-

physico eruditus exercitationem mentis a reconditis abstru-
sisque rebus ad causas forenses popularesque facile tra-
duxerat. Hujus suavitate maxime hilaratæ Athenæ sunt,
hujus ubertatem et copiam admiratæ, ejusdem vim dicendi
terroremque timuerunt. XII. [45] Hæc igitur ætas prima
Athenis oratorem prope perfectum tulit. Nec enim in constituentibus rem publicam nec in bella gerentibus nec in
impeditis ac regum dominatione devinctis nasci cupiditas
dicendi solet. Pacis est comes otiique socia et jam bene
constitutæ civitatis quasi alumna quædam eloquentia.
[46] Itaque ait Aristoteles, cum sublatis in Sicilia tyrannis

VARIANTES : 44. perduxerat *B H M*. — XII, 45. nec in bella *F O*², nec bella *r*. —
nec in imp. *F O G*, nec imp. *r*. — etiam bene *L* (*F*² *corr.*). — 46. Siciliam (*G*² *corr.*).

λὸν λόγον ἐποιεῖτο Ἀναξαγόρας, ἐντεῦθεν
εἵλκυσεν ἐπὶ τὴν τῶν λόγων τέχνην τὸ
πρόσφορον αὐτῇ. Sur le sens de *physicus*
voir § 31 (nota sur *illa*).

Facile, parce que pour un homme habitué à raisonner sur des choses abstraites et difficiles, les discussions de la tribune n'étaient qu'un jeu.

Suavitate. Voir la note du § 38. Pour
tout ce passage, cf. *de Orat.*, III, 34, 138 :
« Quid Pericles? de cujus dicendi vi sic
accepimus ut, cum contra voluntatem
Atheniensium loqueretur pro salute patriæ severius, tamen id ipsum, quod ille
contra populares homines diceret, populare omnibus et jucundum videretur ; cujus in labris veteres comici, etiam cum
illi maledicerent,... leporem habitasse
dixerunt, tantamque in eodem vim fuisse,
ut in eorum mentibus qui audissent, quasi
aculeos quosdam relinqueret. »

Maxime, parce que de toutes ses qualités oratoires, la *suavitas* était celle que
les Athéniens goûtaient le plus.

Hilaratæ en contradiction avec *de Off.*,
I, 30, 108 (« Pythagoram et Periclem
summam auctoritatem consecutos, sine
ulla hilaritate ») et avec un passage de
Plutarque (*Pericl.*, ὃ προσώπου σύστα-
σις ἄθρυπτος εἰς γέλωτα). *Hilaratæ*,
si tant est que la leçon des mss doive
être conservée, ne peut s'expliquer ici
qu'à la condition de donner à *hilaritas*
un sens plus affaibli qu'aux §§ 197, 322.

Il indiquerait simplement l'heureux épa-
nouissement de l'auditeur tenu sous le
charme.

Terroremque. Thucydide, II, 65 : ὁπότε
γοῦν αἴσθοιτό τι αὐτοὺς παρὰ καιρὸν
ὕβρει θαρσοῦντας, λέγων κατέπλησσεν
ἐπὶ τὸ φοβεῖσθαι, καὶ δεδιότας αὖ ἀλόγως
ἀντικαθίστη πάλιν ἐπὶ τὸ θαρσεῖν. Aristoph., *Acharn.*, 350 et suiv. : ἐντεῦθεν
ὀργῇ Περικλέης οὐλύμπιος ἤστραπτεν,
ἐβρόντα, ξυνεκύκα τὴν Ἑλλάδα. Cf.
Orat., 9, 29. — Pour l'expression *terro-
rem*, cf. § 268 ; *pro Font.*, 15, 33 (11, 23) :
« cum quibusdam minis et barbaro atque
immani terrore verborum. »

XII, 45. *Constituentibus*. Sur l'emploi
des participes pris substantivement, voir
Riemann, *Langue et Gramm. de Tite-
Live*, 2ᵉ éd., p. 85, note 2.

Pacis est comes. Voir la même idée
exprimée dans *de Orat.*, I, 4, 14 ; 8, 30 ;
II, 8, 33. Tacite (*Dial. d. or.*, 40) développe la thèse contraire en empruntant
les termes de Cicéron.

46. *Aristoteles*, dans son ouvrage inti-
tulé τεχνῶν συναγωγή, appendice historique de son traité sur la *Rhétorique*.
Cf. *de Orat.*, II, 38, 160 « librum in quo
exposuit dicendi artes omnium superio-
rum ».

Sublatis in Sicilia tyrannis, c'est-à-dire
quand la Sicile n'était plus *impedita ac
regum dominatione devincta*. Allusion à
l'expulsion de Thrasydæos, tyran d'Agri-

res privatæ longo intervallo judiciis repeterentur, tum primum, quod esset acuta illa gens et controversia *matura*, artem et præcepta Siculos Coracem et Tisiam conscripsisse : nam antea neminem solitum via nec arte, sed accurate tamen et descript*e* plerosque dicere ; scriptasque fuisse et paratas a Protagora rerum illustrium disputationes, qu*i* nunc communes appellantur loci : [47] quod idem fecisse Gorgiam, cum singularum rerum laudes vituperationesque

VARIANTES : 46. et controuersia natura *L*. — de scripto *L*. — quæ *L*.

XC. XII, 46. Je propose *matura* au lieu de *natura* ; la correction est insignifiante et donne un sens satisfaisant. Les conjectures abondent : *controversa in ea jura* Madvig suivi par Stangl ; *controversia nata* Peter, *controversiis nata* Jacobs, *e controversia natam* Eberhard, *controversiæ essent ortæ* Piderit, *controversiarum avida* Bachrens, *controversiæ cupida natura* Friedrich. Kayser voudrait supprimer *quod esset... natura*. — *descripte*, conjecture de Schmitz adoptée par la plupart des éditeurs. — *qui*, correction de Margraff. La proposition relative étant ici une parenthèse explicative, nullement nécessaire au sens, l'accord du relatif est plus régulier avec l'attribut qu'avec l'antécédent. Voir Riemann, *Syntaxe*, p. 48.

gente en 472 av. J.-C. et de Thrasyboulos, tyran de Syracuse en 466.

Repeterentur. Les procès qui jusqu'alors étaient portés devant les tyrans et réglés par eux à leur fantaisie, furent désormais jugés par des tribunaux réguliers.

Esset, parce que Cicéron rapporte ici la pensée d'Aristote. Riemann, *Syntaxe*, p. 314, 315.

Acuta, d'une intelligence pénétrante et par suite inventive. Cf. *div. in Cæcil.*, 9, 28 « (Siculi) ut est hominum genus nimis acutum » ; *in Verr.*, III, 8, 20 « acute, ut Siculum » ; *Tuscul.*, I, 8, 15 « mihi videris Epicharmi acuti nec insulsi hominis, ut Siculi, sententiam sequi ».

Controversia matura. L'habitude de la controverse judiciaire ayant aiguisé l'esprit inventif des Siciliens, ils étaient en quelque sorte à point (*maturi*) pour concevoir la théorie de la rhétorique.

Artem, une théorie.

Coracem et Tisiam, deux noms presque toujours associés. Corax vécut et professa la rhétorique à Syracuse. Tisias, son élève, passa de Syracuse à Thurium, où il paraît avoir été le maître de Lysias, et plus tard se rendit avec Gorgias à Athènes, où il ouvrit une école. *De Orat.*, I, 20, 91 ; III, 21, 81 ; *de Invent.*, II, 2, 6 ; Quintil., II, 17, 7 ; III, 1, 8.

Via, traduction du terme grec ὁδός ou μέθοδος.

Sed... tamen, ce qui n'empêchait pas de parler avec soin, etc.

Descripte, clairement, sans confusion. Cf. *de Invent.*, I, 30, 49 : « In prasenti tantummodo numeros et modos et partes argumentandi confuse et permixte dispersimus, post descripte et electe in genus quodque causæ, quid cuique conveniat ex hac copia digeremus. »

Rerum illustrium disputationes, les θέσεις, dont Protagoras était l'inventeur (Diog. Laert., IX, 53) et qui consistaient à développer contradictoirement (de là *disputationes*) certaines grandes idées générales, sur la mort, la justice, l'humanité, la patrie, idées qui se prêtaient à de beaux effets oratoires (de là *res illustres*). On avait ainsi des morceaux d'éloquence tout préparés que l'on pouvait transporter dans n'importe quel discours. *De Invent.*, II, 15, 48 : « Hæc ergo argumenta, quæ transferri in multas causas possunt, locos communes nominamus » ; *de Orat.*, III, 27, 106 : « Loci... quia de universa retractari solent, communes a veteribus nominati sunt. Cf. *Orator*, 36, 126.

47. *Laudes et vituperationes*, exercices de sophistique consistant à soutenir tan-

conscripsisset ; quod judicaret hoc oratoris esse maxime
proprium, rem augere posse laudando vituperandoque
rursus affligere : huic Antiphontem Rhamnusium similia
quædam habuisse conscripta ; quo neminem unquam melius
ullam oravisse capitis causam, cum se ipse defenderet,
[se audiente] locuples auctor scripsit Thucydides : [48] nam
Lysiam primo profiteri solitum artem esse dicendi ; deinde,
quod Theodorus esset in arte subtilior, in orationibus autem jejunior, orationes cum scribere aliis cœpisse, artem

VARIANTE : 47. Antiphoontem *F G O²* cetus.
NC. 47. Kayser, Eberhard, Stangl : *quem… conscripsisse* d'après Bake. — *se au-
diente*, rejeté par tous les éditeurs d'après Campe, est certainement une glose, puis-
qu'à l'époque du procès d'Antiphon Thucydide était en exil. — 48. Au lieu de *nam*,
Eberhard écrit *tum* ; Stangl préférerait *jam*. — *artem [esse] dicendi*, Bake suivi par
Eberhard et Stangl.

tôt le pour, tantôt le contre, à parler,
par exemple, comme le fera plus tard
Carnéade à Rome, pour et contre la justice.

Augere, affligere. C'est ce que la rhétorique appelle l'αὔξησις et la μείωσις.
Platon, *Phædr.*, p. 267 A. Τισίαν δὲ
Γοργίαν τε ἐάσομεν εὕδειν, οἳ πρὸ τῶν
ἀληθῶν τὰ εἰκότα εἶδον ὡς τιμητέα μᾶλλον, τά τε αὖ σμικρὰ μεγάλα καὶ τὰ
μεγάλα σμικρὰ φαίνεσθαι ποιοῦσι διὰ
ῥώμην λόγου. Cf. Isocr., *Panegyr.*, 1, 8 :
ἐπειδὴ δ' οἱ λόγοι τοιαύτην ἔχουσι τὴν
φύσιν, ὥσθ' οἷόν τ' εἶναι περὶ τῶν αὐτῶν
πολλαχῶς ἐξηγήσασθαι καὶ τά τε μεγάλα
ταπεινὰ ποιῆσαι καὶ τοῖς μικροῖς μέγεθος περιθεῖναι.

Huic, entendez *eis quæ Gorgias conscri-
pserat.*

Antiphontem, Antiphon de Rhamnonte,
le plus ancien des dix orateurs. Il passe
pour avoir été le maitre de Thucydide.
Le premier il essaya d'adapter aux besoins de l'éloquence pratique les nouveautés de la rhétorique.

Similia quædam. Telles sont, par
exemple, les tétralogies qui nous restent
d'Antiphon, exercices oratoires comprenant chaque fois, sur un thème donné,
l'esquisse de l'accusation, de la défense,
de la réplique et de la contre-réplique.

Habuisse conscripta. Riemann, *Syntaxe,*
§ 140, p. 210.

Capitis causam. Il fut accusé de trahison en 411 av. J.-C. et condamné à mort,
malgré sa défense, qui, à en croire la tradition, était un chef-d'œuvre. Quintil.,
III, 1, 11.

Locuples. « Un homme riche étant un
homme qui présente des garanties, *locuples* a passé au sens « digne de confiance,
digne de créance. » Bréal, *Dictionn.
étym. latin,* p. 169.

Thucydides, VIII, 68 : (Ἀντιφῶν)
ἄριστα φαίνεται τῶν μέχρι ἐμοῦ…
θανάτου δίκην ἀπολογησάμενος.

48. *Nam,* formule de prétérition. « Pour
ce qui est de Lysias, qui est bien connu,
il suffira de dire ceci que… » Riemann,
Synt., p. 507, rem. IV.

Profiteri, § 30.

Theodorus, Théodore de Byzance,
sophiste et rhéteur établi à Athènes, un
de ceux que Platon appelle λογοδαιδάλους
(*Phædr.,* p. 226 D ; *Orator,* 12, 39.
Quintil., III, 1, 11).

Subtilior, plus fin, plus délié, poussant
plus loin l'analyse des procédés de la
rhétorique. Cf. le passage de Platon cité
dans la note précédente et Aristote,
Rhetor., III, 13 : Ἔσται οὖν, ἄν τις τὰ
τοιαῦτα διαρῇ, ὅπερ ἐποίουν οἱ περὶ
Θεόδωρον, διήγησις ἕτερον καὶ ἐπιδιή-
γησις καὶ προδιήγησις καὶ ἔλεγχος καὶ
ἐπέλεγχος.

Eum, Lysias.

removisse : similiter Isocratem primo artem dicendi esse
negavisse, scribere autem aliis solitum orationes, quibus in
judiciis uterentur : sed cum ex eo, quia quasi committeret
contra legem, « QUO QUIS JUDICIO CIRCUMVEN*IETUR* », sæpe
ipse in judicium vocaretur, orationes aliis destitisse scribere totumque se ad artes componendas transtulisse.
XIII. [49] Et Græciæ quidem oratorum partus atque fontes

VARIANTE : 48. circumueniretur *L*.

NC. 48. Jahn-Eberhard : *quasi qui* au lieu de *quia quasi*. — La formule *quo quis*, etc.,
telle qu'elle est donnée par *L* et généralement acceptée, est certainement fautive. De
deux choses l'une : dans le texte de la loi, ou bien elle se trouvait au milieu d'une
phrase, ou bien elle commençait un paragraphe. Or au milieu d'une phrase elle ne
pouvait avoir qu'une forme prohibitive (cf. le passage du *pro Cluentio* cité dans le
commentaire) et alors il faudrait soit *minus circumveniatur*, soit *circumveniatur* dé-
pendant d'un impératif négatif (cf. *Corp. Inscr. Lat.*, I, p. 79, IX : *neive quis facito
quo quoius*). En tête d'un paragraphe la formule ne pouvait avoir qu'une forme conditionnelle et alors l'exemple des inscriptions prouve que le verbe devait être au futur
Comme il est naturel de citer plutôt le début d'un texte de loi qu'un bout de phrase
perdue, je crois qu'il faut rétablir le sens conditionnel et j'écris *circumvenietur*, qui
a pu très aisément se transformer en un imparfait, à cause du voisinage de *committeret* et de *vocaretur*. Les derniers éditeurs ajoutent, avec Jahn, *a* devant *quis*. Mais
cette addition est inutile. — XIII, 49. Jahn : *ortus atque fontes*. Ernesti, suivi par
Stangl : *partus atque fetus*.

Similiter, entendez *artem removisse*
dont l'idée est contenue dans *artem dicendi esse negavisse*.

Quasi, pour excuser le rapprochement entre la coutume athénienne et
le texte de la loi romaine qui va être
cité.

Quo quis judicio circumvenietur, mots
empruntés au texte de la *lex Sempronia*;
pro Cluent., 55, 151 : « Hanc ipsam legem ne quis judicio circumveniretur C.
Gracchus tulit. » La loi *Sempronia* avait
pour but de protéger les plaideurs contre
toute tromperie, et c'en était une d'écrire
et de faire apprendre par cœur à un plai-
deur le discours que de par la loi il était
censé composer lui-même. *Quo quis*, entendez *si quo dolo quis*.

In judicium vocaretur. C'est une erreur. Jamais Isocrate n'a été cité en justice pour ce fait. La supercherie dont
parle Cicéron était parfaitement admise
à Athènes. Voir § 35. Cf. Quintil., II,
15, 36.

Artes, des traités théoriques, des
τέχναι. [Plutarque], *Vies des dix Orateurs*, p. 838 E : εἰσὶ δ'οἳ καὶ τέχνας
αὐτὸν λέγουσιν συγγεγραφέναι. On a
quelque raison de douter de l'authenticité
des τέχναι qui circulaient dans l'antiquité
sous le nom d'Isocrate (Blass, *Att. Bereds.*,
II, p. 96 et suiv.) et qui n'étaient probablement que des notes prises à ses leçons.
Cf. Quintil., II, 15, 4 : « Si tamen revera
ars, quæ circumfertur, ejus est. » Cicéron
s'en rapporte ici à l'autorité d'Aristote
(§ 46) qui, nous le savons par Zosime
(*Orat. attici*, Didot, II, p. 182, col. 2),
mentionnait dans sa τεχνῶν συναγωγή
un traité de rhétorique composé par Isocrate.

XIII, 49. *Partus* indique la naissance
d'un être déjà constitué, en possession
de tous ses organes comme l'est l'enfant
venant au monde; le terme se rapporte
par conséquent à l'éclosion de l'art oratoire telle qu'elle se produit au temps
de Périclès. Mais Cicéron est remonté
plus haut, aux origines les plus lointaines
de cet art longtemps embryonnaire, aux
sources diverses d'où il est sorti; de là
fontes.

vides, ad nostrorum annalium rationem veteres, ad ipsorum sane recentes. Nam ante quam delectata est Atheniensium civitas hac laude dicendi, multa jam memorabilia et in domesticis et in bellicis rebus effecerat. Hoc autem studium non erat commune Græciæ, sed proprium Athenarum. [50] Quis enim aut Argivum oratorem aut Corinthium aut Thebanum scit fuisse temporibus illis ? nisi quid de Epaminonda docto homine suspicari libet. Lacedæmonium vero usque ad hoc tempus audivi fuisse neminem. Menelaum ipsum dulcem illum quidem tradit Homerus, sed pauca dicentem. Brevitas autem laus est interdum in aliqua parte dicendi, in universa eloquentia laudem non habet. [51] At vero extra Græciam magna dicendi studia fuerunt maximique huic laudi habiti honores illustre oratorum nomen reddiderunt. Nam ut semel e Piræo eloquentia evecta est, omnes peragravit insulas atque ita peregrinata tota Asia est, ut se externis ob/ineret moribus omnemque illam salubritatem Atticæ dictionis et quasi

---

VARIANTES : XIII, 50. liċet *F*, libet *O*, lubet *r*. — 51. obtineret *O*, optineret *r*. NC. 51. *oblineret*, vulg.

Ad nostrorum annalium rationem. Cf. §§ 39 et 69.

Proprium Athenarum. Velleius Patere., I, 18 : « Una urbs attica pluribus annis eloquentia quam universa Græcia operibusque floruit... neque hoc ego magis miratus sim, quam neminem Argivum, Thebanum, Lacedæmonium oratorem aut dum vixit auctoritate aut post mortem dignum memoria existimatum. »

50. *Quis enim*. Tacite. *Dial. de Orat.*, 40 : « Quem oratorem Lacedæmonium, quem Cretensem accepimus ?... Rhodii quidam, plurimi Athenienses exstiterunt. »

Suspicari, indirectement, d'après des témoignages, puisqu'on n'a de lui aucun discours. Cornelius Nepos, *Epam*, 5 : Fuit etiam disertus, ut nemo ei Thebanus par esset eloquentia, neque minus concinnus in brevitate respondendi quam in perpetua oratione ornatus. » Plutarque (*Præc. polit.*, 26) dit d'Epaminondas qu'il était ῥητορικός.

Homerus, Il., III, 213 et suiv. : ἤτοι μὲν Μενέλαος ἐπιτροχάδην ἀγόρευεν, παῦρα μέν, ἀλλὰ μάλα λιγέως, ἐπεὶ οὐ πολύμυθος οὐδ' ἀφαμαρτοεπής. Cf. Quintil., XII, 10, 64.

Dicendi, entendez *orationis*. Il y a en effet certaines parties dans un discours, la *narratio* par exemple, où la *brevitas* est recommandée par la rhétorique (*de Orat.*, II, 80, 326).

51. *Piræo* n'est pas ici considéré comme un nom de ville, mais simplement comme un point d'embarquement ; de là l'emploi de la préposition. Voir la justification qu'en donne Cicéron lui-même *ad Attic.*, VII, 3, 10.

Tota Asia équivaut à *per totam Asiam*. Riemann. *Syntaxe*. § 77 *bis*, Rem., p. 145.

Salubritatem. Orator. 26, 90 : « Quicquid est salsum aut salubre in oratione id proprie Atticorum est. » Cf. *sucus et sanguis incorruptus* (§ 36), *sanitatem* (§ 284 ; *de Optim. gen.*, 3, 9). — *Quasi*

sanitatem perderet ac loqui pæne dedisceret. Hinc Asiatici oratores non contemnendi quidem nec celeritate nec copia, sed parum pressi et nimis redundantes ; Rhodii saniores et Atticorum similiores. [52] Sed de Græcis hactenus ; etenim hæc ipsa forsitan fuerint non necessaria.

Tum Brutus : Ista vero, inquit, quam necessaria fuerint non facile dixerim ; jucunda certe mihi fuerunt neque solum non longa, sed etiam breviora quam vellem. Optime, inquam, sed veniamus ad nostros, de quibus difficile est plus intellegere, quam quantum ex monumentis suspicari licet. XIV. [53] Quis enim putet [aut] celeritatem ingenii L. Bruto illi nobilitatis vestræ principi defuisse ? qui de matre savi-

VARIANTES : 52. fuerunt *G B H M*. — XIV, 53. (defuisse) qui *G²*, quæ *F*, que *O²* vetus, quem *r*.

NC. XIV, 53. Avec Piderit, je supprime *aut* dont l'introduction peut s'expliquer par une correction mal comprise : *putet* avec *at* en surcharge (sur la confusion de *at*, *et*, *aut*, voir plus haut *NC.* § 6). La plupart des éditeurs qui conservent *aut* supposent un anacoluthe (Hand, *Tursell.*, I, p. 546) et renvoient à l'*Orator*, 69, 229. Mais dans le passage de l'*Orator*, *aut* n'est pas certain (Manuce conjecture *ut*, adopté par Heerdegen. Pour *ut* = *aut*, cf. *VC.* § 6). Lambin conjecture *ingenii ‹aut eloquentiam›* ; Schütz, *texerit ‹aut eloquentiam›* ; Kayser, *putet... aut.* ; Klotz, *putet ‹vim› aut.*

devant *sanitatem* et non devant *salubritatem*, parce que, s'il est permis de dire, au propre, que le produit d'une région est pur et salubre, on ne peut dire, sans atténuer l'expression, qu'il a un air de santé.

Asiatici, etc. Quintil., XII, 10, 16 : « Et antiqua quidem illa divisio inter Atticos atque Asianos fuit, cum hi pressi et integri, contra inflati illi et inanes haberentur, in his nihil superflueret, illis judicium maxime ac modus deesset... Tertium mox... adjecerunt genus Rhodium, quod velut medium esse atque ex utroque mixtum volunt ; neque enim Attice pressi neque Asiane sunt abundantes, ut aliquid habere videantur gentis, aliquid auctoris. »

Non necessaria. Pour la vraisemblance du dialogue, Cicéron feint de s'être abandonné au hasard de la conversation. En réalité il attache une grande importance à la démonstration qu'il vient de faire, à savoir que l'éloquence est le plus difficile de tous les arts et celui qui arrive le plus tard à la perfection. C'est l'idée qui domine tout le *Brutus*.

Quam, « dans quelle mesure ».

Dixerim. Cf. § 18, *ausim*.

Intellegere, se faire une opinion raisonnée, fondée sur des preuves positives, se rendre bien compte de la réalité et du caractère de leur éloquence.

Ex monumentis... Cf. § 26.

XIII, 53. *Celeritatem ingenii*, la vivacité naturelle de l'esprit est la première condition de l'éloquence. *Celeritas*, parce que Brutus avait feint d'être *ingenio tardus*.

Principi, flatterie amicale de Cicéron comme dans *Tuscul.*, IV, 1, 2 : « præclarus auctor nobilitatis tuæ ». La famille *Junia* semble avoir été d'origine plébéienne. Mais, par une vanité assez commune à Rome (Cf. § 62), elle prétendait se rattacher au premier Brutus. La tête du fondateur de la république figure sur plusieurs monnaies frappées par le Brutus de notre dialogue.

anda ex oraculo Apollinis tam acute arguteque conjecerit ; qui summam prudentiam simulatione stultitiæ texerit ; qui potentissimum regem clarissimi regis filium expulerit civitatemque perpetuo dominatu liberatam magistratibus annuis, legibus judiciisque devinxerit ; qui collegæ suo imperium abrogaverit, ut e civitate regalis nominis memoriam tolleret : quod certe effici non potuisset, nisi esset oratione persuasum. [54] Videmus item paucis annis post reges exactos, cum plebes prope ripam Anionis ad tertium miliarium consedisset cumque montem, qui Sacer appellatus est, occupavisset, M. Valerium dictatorem dicendo sedavisse discordias,

VARIANTES : 54. Anionis *G*², Anconis *r*.

NC. 54. Pour la forme *Anionis*, voir Neue, *Formenl.*, I, p. 187. — Piderit, d'après l'éd. pr. et un ms. inférieur : *cumque montem.*

Oraculo, Tite-Live, I, 56 : « Imperium summum Romæ habebit qui vestrum primus, o juvenes, osculum matri tulerit. Brutus alio ratus spectare Pythicam vocem, velut si prolapsus cecidisset, terram osculo contigit, scilicet quod ea communis mater omnium mortalium esset. »

Acute, parce qu'il comprend qu'il ne faut pas prendre à la lettre le mot de l'oracle ; c'est une marque de pénétration (*acumen*). *Argute*, parce qu'il a l'idée ingénieuse que le mot *mater* s'applique à la terre. Ces deux termes indiquent qu'il a les qualités nécessaires à l'invention oratoire.

Conjecerit, parce que le relatif équivaut ici à *quippe qui*. Cf. § 36.

Prudentiam, § 23.

Potentissimum...clarissimi ne sont pas des superlatifs oratoires. On met en relief à dessein la puissance de Tarquin le Superbe pour exagérer le mérite de Brutus.

Filium. Cf. Tite-Live, I, 46, 4 : « L. Tarquinius (*Tarquin le Superbe*) Prisci Tarquinii regis filius neposne fuerit, parum liquet ; pluribus tamen auctoribus filium ediderim. »

Devinxerit, expression très forte et que fait ressortir encore l'opposition de *liberatam.* Il faut un génie plus qu'ordinaire pour réussir à *enchaîner* par des lois un peuple qui vient de conquérir sa liberté.

Collegæ suo, c'est-à-dire à un homme très puissant, à l'un des auteurs de la révolution, à l'un des chefs de l'Etat. Il s'agit de Tarquin Collatin. Cf. *de Offic.*, III, 10, 40 ; Tite-Live, II, 2.

Regalis est le terme propre ici. *Regii nominis* signifierait le titre de roi. Or Cicéron entend le nom *appartenant au roi*, le nom de *Tarquin.*

Quod certe. La plupart des faits cités prouvent seulement l'intelligence de Brutus (Cf. *de Orat.*, I, 9, 37 : « Ipsam exactionem (sc. regum) mente non lingua perfectam, L. Bruti esse cernimus »). Le dernier seul peut être une présomption d'éloquence, l'abrogation de l'*imperium* de Collatin ne s'étant faite ni par mesure légale, ni par violence.

54. *Paucis annis*, 16 ans après (260 de Rome, 494 av. J.-C.).

Sacer, parce qu'en souvenir de l'événement on le consacra à une divinité. Ascon. *in Cornel.*, p. 76, Orelli.

Occupavisset. Il s'agit de la première *secessio* qui se termina par la création des tribuns, Tite-Live, II, 33, 1 et suiv.

M. Valerium. La tradition ordinaire attribuait à l'éloquence de Ménénius Agrippa et à son apologue des *membres et de l'estomac* la pacification dont il est fait ici honneur à Valérius (Tite-Live, II, 32). Il est probable que la chronologie d'Atticus ne mentionnait à cette date que le chef du gouvernement, le dictateur.

Dictatorem dicendo, mots rapprochés

eique ob eam rem honores amplissimos habitos et eum primum ob eam ipsam causam Maximum esse appellatum. Ne
L. Valerium quidem Potitum arbitror non aliquid potuisse
dicendo, qui post decemviralem invidiam plebem in patres
incitatam legibus et contionibus suis mitigaverit. [55] Possumus Appium Claudium suspicari disertum, quia senatum
jamjam inclinatum a Pyrrhi pace revocaverit; possumus
C. Fabricium, quia sit ad Pyrrhum de captivis recuperandis
missus orator; Ti. Coruncanium, quod ex pontificum com-

VARIANTE : 54. Potitum *O²*, potitum *r*.
NC. 55. Bake : *inclinantem*.

à dessein, comme pour rappeler que
dans le mot *dictator* il y a l'idée de
dicere.

Ob eam rem... ob eam ipsam causam.
Cicéron insiste d'autant plus que sa thèse
est plus contestable. En réalité Valérius
devait tous ces honneurs à ses exploits
militaires. Tite-Live, II, 31, 3 : « Post
pugnam ad Regillum lacum non alia illis
annis pugna clarior fuit. Dictator trium-
phans urbem invehitur, super solitos
honores locus in circo ipsi posterisque
ad spectaculum datus, sella in eo loco
curulis posita. »

L. Valerium, consul en 305 de Rome
(449 av. J.-C.).

Incitatam. Il s'agit de la deuxième
secessio, sur le mont Aventin, qui détermine la chute des Décemvirs.

Legibus, sur la validité des plébiscites,
la *provocatio ad populum*, l'inviolabilité
des tribuns (Tite-Live, III, 49-55).

55. *Appium Claudium.* Appius Claudius Cæcus, censeur en 312, consul en
307 et 296, l'auteur de la voie Appienne.
Des personnages qui se rattachent aux
trois plus grandes crises révolutionnaires
de Rome, on passe sans transition à
Appius, postérieur d'environ un siècle
et demi aux Décemvirs. C'est sans doute
le souvenir du Décemvir Appius Claudius,
cause principale de la révolution de 449,
qui amène ici le nom de son descen-
dant, d'ailleurs célébré par Ennius (cf.
note sur *inclinatum*).

Suspicari. On avait bien le discours
plus ou moins authentique d'Appius (cf.
§ 61 ; *Cato*, 6, 16). Mais comme Cicéron
le trouve insignifiant, il aime mieux n'en
pas tenir compte et, procédant par conjecture, comme il l'a fait jusqu'ici, mesurer l'éloquence d'Appius aux effets
que sa parole avait produits.

Inclinatum par l'éloquence de Cinéas.
Voir la scène dans Plutarque, *Pyrrhus*,
19. Cf. Eunius, *Ann.* VI (éd. L. Mueller,
p. 27, XVIo) : « Quo vobis mentes..
dementes, sese flexere viai ? »

Revocaverit, au subjonctif, parce que
la raison est présentée comme venant de
la personne, quelle qu'elle soit, qui fait
la conjecture déclarée possible (« parce
que..., peut-on dire... »). Cf. Riemann,
Syntaxe, § 193, p. 314.

C. Fabricium, c'est le fameux Fabricius, souvent cité par les anciens comme
le type de l'antique vertu romaine. Cicéron est amené naturellement à le
nommer ici parce que l'ambassade à
Pyrrhus a lieu précisément l'année même
(280 av. J.-C.) du discours d'Appius.

Orator, synonyme de *legatus*. Cf. Térence, *Hecyra prol.*, 9 : « Orator ad vos
venio ornatu prologi » ; Virgile, *Æn.*, VII,
153 : « centum oratores augusta ad mœnia
regis ire jubet » ; *de Orat*, I, 46, 202 ;
Tite-Live, VI, 1, 6. Le mot est ici choisi
à dessein.

T. Coruncanium, consul en 280, qui
prit une part importante aux opérations
de la guerre conseillée par Appius.

Ex pontificum commentarius, parce que
T. Coruncanius avait été grand pontife. Ce fut le premier grand pontife
d'origine plébéienne (Tite-Live, *epit.* 18).
Les commentaires, contenant les actes de

mentariis longe plurimum ingenio valuisse videatur ; M' Curium, quod is tribunus plebis, interrege Appio Cæco diserto homine comitia contra leges habente, cum de plebe consulem non accipiebat, patres ante auctores fieri coegerit ; quod fuit permagnum nondum lege Mænia lata. [56] Licet aliquid etiam de M. Popilii ingenio suspicari, qui cum consul esset eodemque tempore sacrificium publicum cum læna faceret, quod erat flamen Carmentalis, plebei contra patres

VARIANTES : 55. M. Curium *L* (*de même dans tous les passages où il devrait y avoir* **M'**). — fuerit *L*. — 56. popilli *F O*.

NC. 55. *M'*, correction de Lambin. — *fuit*, correction d'un ms. secondaire, généralement adoptée par les éditeurs.

son administration sacerdotale, permettaient d'apprécier la haute valeur de son esprit.

Ingenio. Cicéron ne dit pas expressément qu'il fût orateur, mais au moins est-il certain qu'il avait au suprême degré (*plurimum*) une des qualités nécessaires à l'éloquence, l'*ingenium*.

M' Curium, M' Curius Dentatus, consul en 290, 275 et 274 av. J.-C., le vainqueur de Pyrrhus à Bénévent. Il était l'ami de Fabricius et de Coruncanius. Dans Cicéron, les trois noms sont presque toujours inséparables. Cf. *Cat.*, 13, 43 ; 16, 55 ; *Læl.*, 5, 18 ; 8, 28 ; 11, 39.

Interrege. L'interroi, qui devait être toujours un patricien, avait pour mission de présider les élections consulaires, quand il n'y avait pas de consul en charge.

Appio Cæco, c'est celui dont il a été question plus haut. Il fut interroi à trois reprises différentes. *Corp. inscr. lat.*, I, p. 287.

Diserto homine, le succès de Curius n'en est que plus significatif.

Contra leges, contre les lois Liciniennes, d'après lesquelles l'une des deux places de consul devait être réservée à un plébéien. Dans la seconde moitié du quatrième siècle avant J.-C., les patriciens essayèrent souvent et avec succès de tourner la loi en multipliant les interrègnes. L'interroi, en vertu de son pouvoir de président des comices, refusait d'accepter les noms des candidats plébéiens et ne permettait de voter que sur des noms de patriciens.

Cum, au sens temporel (Riemann, *Syntaxe*, p. 377, note 2). La proposition doit être rattachée non pas à *habente*, mais à *coegit*. *Au moment où* Appius, pour écarter les noms plébéiens, invoque le prétexte ordinaire des présidents et dit qu'il est inutile de voter sur des candidats dont l'élection ne sera certainement pas ratifiée ultérieurement par le sénat, Curius anéantit le prétexte en forçant le sénat à ratifier d'avance (*ante auctores fieri*) le résultat des élections, quel qu'il puisse être. Tite-Live, 17, 9 : « priusquam populus suffragium ineat, in incertum comitiorum eventum patres auctores fiunt. »

Lege Mænia. Cette loi n'est connue que par ce passage. On la place d'ordinaire, mais sans preuves décisives, vers l'an 285 av. J.-C.

56. *M. Popilii.* Tous les éditeurs croient ici reconnaître le consul de l'an 359 av. J.-C., le premier Popilius qui dans les *Fastes* porte le surnom de *Lænas*. Mais les *Fastes*, rédigés à une époque relativement récente, attribuent souvent par anticipation à des consuls très anciens le surnom que leur famille n'a porté que plus tard. Le récit de Tite-Live (VII, 12) où figure le consul de 359 ne s'applique pas au Popilius cité ici, puisqu'il y est question d'une surprise de Rome par les Tiburtins au milieu de la nuit, c'est-à-dire à une heure où il n'était pas d'usage d'accomplir les sacrifices solennels. Je crois plutôt qu'il s'agit de Popilius, consul en 316 av. J.-C., date pos-

concitatione et seditione nuntiata, ut erat læna amictus, ita venit in contionem seditionemque cum auctoritate tum oratione sedavit. Sed eos oratores habitos esse aut omnino tum ullum eloquentiæ præmium fuisse nihil sane mihi legisse videor : tantummodo conjectura ducor ad suspicandum. [57] Dicitur etiam C. Flaminius, is qui tribunus plebis legem de agro Gallico et Piceno viritim dividundo tulerit, qui consul apud Tarsumennum sit interfectus, ad populum valuisse dicendo. Q. etiam Maximus Verrucosus orator habitus est temporibus illis et Q. Metellus, is qui bello Punico secundo

VARIANTES : 56. ueste *au-dessus de* laena *B¹ H¹*. — mihi sane nihil *B¹ H M*. — 57. diuidundo *F*, diuidendo *r*.

NC. 56. *et seditione*, suspect à Ellendt, mis par Stangl entre crochets. Simon : *concitatæ contione*. — 57. Schütz, suivi par Kayser et Stangl : *tulit... est*. Voir le commentaire. — [*qui... interfectus*], Weidner.

sible du tribunat de Curius et de l'un des interrègnes d'Appius. La coïncidence chronologique pourrait suffire à expliquer comment Cicéron a été amené à introduire ici le nom de ce personnage. — *Carmentalis*, Carmenta, une des plus vieilles divinités du Latium, présidait aux naissances et avait le don prophétique. Sa légende se rattachait à celle d'Evandre, dont elle était, disait-on, la mère. Voir Preller, *Röm. Mythologie*, p. 356 et suiv.

Læna (χλαῖνα), sorte de manteau en étoffe de laine à long poil, qui se portait plié en double et qui faisait partie du costume officiel des flamines (Servius *in Aen.*, IV, 262).

57. *Dicitur etiam* marque un progrès dans le développement ; il ne s'agit plus seulement de conjectures : les trois personnages qui suivent sont expressément signalés comme ayant été orateurs.

C. Flaminius. Le tribunat de Flaminius se place d'après Polybe (II, 21, 7) en 233 av. J.-C., d'après Cicéron (*Cat.*, 4, 11) en 228.

Tulerit, à cause de *dicitur*. Le subjonctif laisse entendre que les détails biographiques cités ici se trouvaient dans l'auteur suivi par Cicéron. Cf. § 79, 107.

Consul en 217 av. J.-C.

Ad populum, auprès du peuple, c'est-à-dire dans les assemblées populaires.

Pour l'emploi de *ad* avec le sens de *apud* cf. § 80 et César, *de Bel. gall.*, III, 9, 3 : « nomen ad omnes nationes sanctum. »

Q. Maximus, c'est le fameux Fabius Cunctator, consul l'année même du tribunat de Flaminius, et l'adversaire de la loi agraire dont il vient d'être question (*Cato*, 4, 11).

Orator. Cf. *Cato*, 4, 10 : « ille admodum senex (en 204 av. J.-C.) suasor legis Cinciæ de donis et muneribus fuit (*sur la loi Cincia voir* Tacite, *Ann.*, XI, 5). ». *Ibid.* 12 : « multa in Q. Fabio præclara cognovi, sed nihil est admirabilius, quam quomodo ille mortem filii tulit, clari viri et consularis. Est in manibus laudatio, quam cum legimus, quem philosophum non contemnimus? » Plutarque, *Fab.*, 1 : ὁρῶν δὲ καὶ τῆς πολιτείας τὸ μέγεθος καὶ τῶν πολέμων τὸ πλῆθος, ἤσκει τὸ μὲν σῶμα πρὸς τοὺς πολέμους, ὥσπερ ὅπλον σύμφυτον, τὸν δὲ λόγον ὄργανον πειθοῦς πρὸς τὸν δῆμον, εὖ μάλα πρεπόντως τῷ βίῳ κατακεκοσμημένον. Οὐ γὰρ ἔπην ὡραϊσμὸς οὐδὲ κενὴ καὶ ἀγοραῖος χάρις, ἀλλὰ νοῦς ἴδιον καὶ περιττὸν ἐν γνωμολογίαις σχῆμα καὶ βάθος ἔχων, ἅς μάλιστα ταῖς Θουκυδίδου προσεοικέναι λέγουσι. — Cicéron ne tient pas compte ici de la *laudatio* prononcée par Fabius; voir § 61.

Q. Metellus. Pline, *H. N.*, VII, 139-141 : « Q. Metellus in ea oratione quam

cum L. Veturio Philone consul fuit. XV. Quem vero exstet
et de quo sit memoriæ proditum eloquentem fuisse et ita
esse habitum, primus est M. Cornelius Cethegus, cujus
eloquentiæ est auctor et idoneus quidem mea sententia
Q. Ennius, præsertim cum et ipse cum audiverit et scribat
de mortuo ; ex quo nulla suspicio est amicitiæ causa esse
mentitum. [58] Est igitur sic apud illum in nono, ut opinor,
annali :

> Additur orator Corneliu' suaviloquenti
> Ore Cethegus Marcu' Tudi*tano* collega
> Marci filius.....

Et oratorem appellat et suaviloquentiam tribuit : quæ nunc

Variantes : XV, 57. et de quo *F O,* de quo *r.* — audierit *O.* — 58. marcus studio
conlegam (*ou* collegam) *L.*

NC. XV, 57. *et de quo... proditum* serait une glose d'après Jahn, Kayser, Stangl. Mais
Piderit montre avec raison que ces mots sont nécessaires ici pour accuser la gradation : 1° *suspicari possumus ;* 2° *dicitur, habitus est ;* 3° *exstat et memoriæ proditum
est.* — Bake, suivi par Stangl : *ementitum.* — 58. Pour le texte des vers d'Ennius, voir
Enni carminum reliq., ed. L. Mueller, p. 41. Jahn et Piderit : *Marcus conlegæ Tuditano.*

habuit supremis laudibus patris sui L.
Metelli pontificis, bis consulis, dictatoris,
magistri equitum, quindecimviri agris
dandis, qui primus elephantos ex primo
punico bello duxit in triumpho, scriptum
reliquit decem maximas res optimasque,
in quibus quærendis sapientes ætatem
exigerent, consummasse eum. Voluisse
enim primarium bellatorem esse, optimum oratorem, fortissimum imperatorem,
auspicio suo maximas res geri, maximo
honore uti, summa sapientia esse, summum senatorem haberi, pecuniam magnam bono modo invenire, multos liberos
relinquere et clarissimum in civitate
esse. Hæc contigisse ei nec ulli alii post
Romam conditam. »

Consul en 206 av. J.-C.

Exstet marque un progrès sur *dicitur.*
Maintenant il y a un monument littéraire,
une preuve positive. Cf. *Tuscul.,* I, 16,
38 : « quod litteris exstet, Pherecydes
Syrius primus dixit animos esse hominum sempiternos. » Cf. *Philipp.,* IX, 3,
7 ; *de Orat.,* I, 16, 72. Pour l'emploi du
subjonctif voir Riemann, *Syntaxe,* p.
373, 2°.

Eloquentem et plus loin *eloquentiæ*
marquent une gradation nouvelle. Cicéron précise, au lieu de s'en tenir à des
termes plus ou moins vagues comme
orator ou *valuisse dicendo.*

M. Cornelius Cethegus, consul en 204
av. J.-C.

Mortuo. Céthégus mourut en 169. Tite-
Live, XXXIII, 42.

Mentitum avec ellipse du sujet comme
au § 17.

58. *In nono,* dans le X⁰ livre d'après L
Mueller, *Q. Enni reliq.,* p. 41.

Corneliu', et plus loin *Marcu'.* Cf.
Orator, 48, 461 : « quin etiam, quod
jam subrusticum videtur, olim autem po-
litius, eorum verborum quorum eædem
erant postremæ duæ litteræ, quæ sunt in
optumus, postremam litteram detrahe-
bant, nisi vocalis insequebatur : ita non
erat offensio in versibus quam nunc fu-
giunt poetæ novi ; sic enim loquebantur :
qui est omnibu' princeps, non omnibus
princeps, et : *vita illa dignu' locoque,*
non dignus. »

Tuditano. C. Sempronius Tuditanus
s'était distingué comme tribun militaire

quidem non tam est in plerisque ; latrant enim jam quidam oratores, non loquuntur. Sed est ea laus eloquentiæ certe maxima,

> — — is dictus*t* ollis popularibus olim,
> Qui tum vivebant homines atque ævum ag*ita*bant,
> Flos delibatus populi

probe vero ; [59] ut enim hominis decus ingenium, sic ingenii ipsius lumen est eloquentia, qua virum excellentem præclare tum illi homines florem populi esse dixerunt

> Suadae*que* medulla.

Πειθώ quam vocant Græci, cujus effector est orator, hanc Suadam appellavit Ennius ; ejus autem Cethegum medul-

VARIANTES : 58. dictus popularibus olim *L*. — agebant *L et Aulu-Gelle*. — 59. suadae *F³*, suadai *F²*, suadat *L¹*.

NC. 58. *dictust ollis*, correction de Gronovius d'après quelques mss d'Aulu Gelle (XII, 2, 3 : *dictus tollis*) ; de même *agitabant*. — 59. *decus*, qui manque dans quelques mss secondaires, est supprimé par Orelli et Meyer. — Les mots *ejus autem... vult*, que Schütz considère comme une glose, sont supprimés ou mis entre crochets dans presque toutes les éditions. Il est certain qu'ils font double emploi avec la fin de la phrase. Mais cette prétendue glose n'explique rien, puisqu'elle reproduit à peu près textuellement les mots à expliquer. Le passage condamné peut être conservé, à la condition d'éliminer e second *medullam*. Cicéron veut montrer que l'expression d'Ennius est plus énergique que celle d'Eupolis : or ce n'est pas en répétant *medulla* qu'il pourra le montrer ; c'est en définissant le mot par un équivalent qui en fera ressortir tout le sens. Au lieu du second *medullam* il devait y avoir dans le texte quelque chose comme *vim ipsam*. Le voisinage du premier *medullam* a pu faire aisément que le terme à définir (*medullam*), rappelé par un glossateur à côté de *vim ipsam*, s'insinuât à la place des mots qui le définissaient.

à la bataille de Cannes, où il avait réussi à s'échapper avec sa troupe en faisant une trouée (Tite-Live, XXII, 50). Il fut le collègue de Céthégus non seulement comme consul, mais comme censeur (Tite-Live XXVII, 11 et 36) et comme pontife (Tite-Live, XXXIII, 42).

Non tam, pas autant qu'il le faudrait. Cf. *ad Famil.*, VI, 7, 1 : « quod tibi non tam celeriter liber est redditus, ignosce timori nostro. »

Latrant, allusion à quelques-uns des partisans de César. Cf. *de Orat.*, III, 34, 138 : « hunc non declamator aliquis ad clepsydram *latrare* docuerat. »

Is dictust. D'après Aulu Gelle (XII, 2), Sénèque disait de ces vers : « Admiror eloquentissimos viros et deditos Ennio pro optimis ridicula laudasse. Cicero certe inter bonos ejus versus et hos refert. »

Flos delibatus, la fleur prélevée, c'est-à-dire choisie comme ce qu'il y a de plus pur. Cf. Pline, *H. N.*, VII, 123 : « florem hominum libantibus. » *Delibatus* répond au grec ἄωτος : Pind. *Nem.*, VIII, 15 (9) : ἡρώων ἄωτοι.

59. *Qua excellentem dixerunt*. Sur l'emploi de ce tour voir Riemann, *Syntaxe*, § 18, p. 58.

Medulla, la moelle, c'est-à-dire la quintessence.

Effector. Platon, *Gorgias*, p. 453 A : λέγεις ὅτι πειθοῦς δημιουργός ἐστιν ἡ

Iam fuisse vult, ut, quam deam in Pericli labris scripsit
Eupolis sessitavisse, hujus hic* [medullam] nostrum oratorem fuisse dixerit. [60] At hic Cethegus consul cum P. Tuditano fuit bello Punico secundo quæstorque *his* consulibus
M. Cato modo plane annis cxl ante me consulem, et id
ipsum nisi unius esset Ennii testimonio cognitum, hunc
vetustas, ut alios fortasse multos, oblivione obruisset. Illius
autem ætatis qui sermo fuerit ex Nævianis scriptis intellegi
potest. His enim consulibus, ut in veteribus commentariis
scriptum est, Nævius est mortuus : quanquam Varro noster,
diligentissimus investigator antiquitatis, putat in hoc erratum
vitamque Nævii producit longius. Nam Plautus P. Claudio
L. Porcio viginti annis post illos, quos ante dixi, consulibus
mortuus est, Catone censore.

[61] Hunc igitur Cethegum consecutus est ætate Cato,

^a
VARIANTES : — 59. libris *F*, libris *r*. — sesitauisse *L*. — 60. is consulibus *L*. — dixi
cos *B M G*, dixi con *H*, dixi cousules *r*.

NC. 60. Quelques éditeurs, avec Lambin et Schütz, conservent après *dixi* la leçon
consules et intercalent plus haut *consalibus* après *Porcio*.

ῥητορική. Cf. Quintil., II, 15, 3 : « rhe-
toricen persuadendi opificem. »

Pericli, § 38. Pour la forme du génitif, cf. §29.

60. *At* marque la mineure d'une sorte
de syllogisme. Céthégus est le premier
dont l'éloquence soit positivement attestée. Or il n'est antérieur au consulat
de Cicéron que de cent quarante ans.
Donc l'éloquence n'a commencé à Rome
que très tard. La conclusion du syllogisme n'est pas exprimée, mais s'entend
de reste. Sur l'emploi de *at* = « or »,
voir Riemann, *Syntaxe*, p. 360.

Modo, seulement.

Plane, exactement. Cicéron fut consul
en 63 av. J.-C. Dans le calcul n'entrent en
ligne de compte ni l'année 204, ni l'année 63. Le chiffre est celui des années intermédiaires seulement. De même § 72.

Et devant *id ipsum* signifie « et pourtant ». Cf. *Cato*, 9, 28 : « canorum illud in
voce splendescit etiam... in senectute, quod
equidem adhuc non amisi, *et* videtis annos ». *Id ipsum*, l'éloquence de Céthégus.

Quanquam, § 27.

Noster, parce qu'il était l'ami d'Atticus et de Cicéron.

Investigator antiquitatis. Cf. *Acad.*, I,3,
9 : « nos in nostra urbe peregrinantes
errantesques, tanquam hospites, tui libri
quasi domum reduxerunt ut possemus
aliquando qui et ubi essemus agnoscere.
Tu ætatem patriæ, tu descriptiones temporum, tu sacrorum jura, tu sacerdotum,
tu domesticam, tu bellicam disciplinam,
tu sedem regionum, locorum ; tu omnium
divinarum humanarumque rerum nomina, genera, officia, causas aperuisti. »
Voir Boissier, *Étude sur la vie et les ouvrages de Varron*, p. 166 et suiv.

Putat, sans doute dans son ouvrage *de
Poetis*.

Plautus. Plaute étant le contemporain
de Nævius, il est naturel de penser que
les deux poètes sont morts à peu d'années d'intervalle et par suite que Nævius,
qui est mort âgé (*Cat.*, 14, 50), vivait
encore après 204.

P. Claudio L. Porcio. Pour l'asyndète
voir Riemann, *Syntaxe*, p. 540.

61. *Igitur*, § 21.

qui annis IX post eum fuit consul. Eum nos ut perveterem habemus, qui L. Marcio M' Manilio consulibus mortuus est, annis LXXXVI ipsis ante me consulem. XVI. Nec vero habeo quemquam antiquiorem, cujus quidem scripta proferenda putem, nisi quem Appii Cæci oratio hæc ipsa de Pyrrho et nonnullæ mortuorum laudationes forte delectant. [62] Et hercules eæ quidem exstant : ipsæ enim familiæ sua quasi ornamenta ac monumenta servabant et ad usum, si quis ejusdem generis occidisset, et ad memoriam laudum domesticarum et ad illustrandam nobilitatem suam. Quanquam his laudationibus historia rerum nostrarum est facta mendosior. Multa enim scripta sunt in eis, quæ facta non sunt, falsi triumphi, plures consulatus, genera etiam falsa et ad plebem transitiones, cum homines humiliores in alienum ejusdem nominis infunderentur genus : ut, si ego me

---

VARIANTES : 61. VIIII *F G²*, IIIII *H*, IIIIII *r*. — LXXXVI *M G F¹*, LXXXIII *ou* LXXXIIII *r*. —62. eae quidem *F²*, ecquidem *F¹*, hae quidem *M*, equidem *r*.

NC. 61. *nisi ⟨si⟩ quem*, Manuce. — 62. Campe : [*et ad illustrandam... suam*]. — Quelques éditeurs, d'après Lambin ont *a plebe*, mais la correction n'a pas de raison d'être. Voir le commentaire.

Consul, en 195.

Mortuus, en 149.

Annis LXXXVI ipsis, « juste 86 ans ». Cf. § 161 ; *ad Attic.*, III, 21 : « triginta dies erant ipsi. »

Hæc ipsa, celui-là même auquel il a été fait allusion plus haut, § 55.

Laudationes, entre autres celles de Fabius et de Métellus (§ 57). Sur les éloges funèbres à Rome, voir C. Martha, *Études morales sur l'antiquité*, p. 1-59.

Nisi... forte, ironique.

XVI, 62. *Hercules*, exclamation d'impatience dédaigneuse : « Ah! celle-là par exemple.... » Pour Cicéron l'éloge funèbre est un genre d'éloquence inférieur. Cf. *de Orat.*, II, 11, 47 ; 84, 341.

Ad usum, parce que pour faire l'éloge du mort on avait à parler de ses ancêtres et qu'on pouvait ainsi à l'occasion se servir des éloges précédents.

Ad illustrandam nobilitatem, pour faire valoir tout ce qu'on pouvait avoir de noblesse.

Quanquam, § 27.

Mendosior. Tite-Live, VIII, 40, 4 : « Vitiatam memoriam funebribus laudibus reor falsisque imaginum titulis, dum familiæ ad se quæque famam rerum gestarum honorumque fallenti mendacio trahunt : inde certe et singulorum gesta et publica monumenta rerum confusa. »

Ad plebem transitiones. Il n'était pas rare que des patriciens se fissent adopter par des plébéiens, soit pour refaire leur fortune, soit par calcul politique afin de pouvoir briguer le tribunat, lequel était exclusivement réservé à des plébéiens : tel fut le cas en particulier du fameux Clodius, l'adversaire de Cicéron. Cf. Suétone, *Octav.*, 2 : « ea gens... in senatum mox a Servio Tullio in patricias transducta, procedente tempore ad plebem se contulit, ac rursus magno intervallo per D. Julium in patriciatum rediit ». Voir Mommsen, *Römische Forsch.*, I, p. 75, 118, 121, 125.

Infunderentur, se transvasaient, comme de mauvais vins que l'on verse dans l'amphore d'un vin de marque. Des plébéiens

a M' Tullio esse dicerem, qui patricius cum Servio Sulpicio
consul anno decimo post exactos reges fuit. [63] Catonis
autem orationes non minus multæ fere sunt, quam Attici
Lysiæ, cujus arbitror plurimas esse (est enim Atticus,
quoniam certe Athenis est et natus et mortuus et functus
omni civium munere ; quanquam Timæus eum quasi Licinia et Mucia lege repetit Syracusas). Et quodam modo est
nonnulla in his etiam inter ipsos similitudo : acuti sunt,
elegantes, faceti, breves ; sed ille Græcus ab omni laude

VARIANTE : 63. legere petit *I.* (G² *corr*).
NC. 63. Ernesti : *multæ veræ.*

arrivaient à se couler dans la généalogie
de certaines familles patriciennes, en pré-
tendant que tel de leurs ancêtres, patricien d'origine, avait passé à la plèbe par
adoption.

M' Tullio, consul en 500 av. J.-C.
(Tite-Live, II, 19, 1).

63. *Non minus multæ*, cf. § 65.

Lysiæ. Il circulait dans l'antiquité 425
discours portant le nom de Lysias ; les
critiques n'en reconnaissaient que 233
pour authentiques. Il nous en reste 34.

Plurimas. Cicéron indique en passant
qu'il considère comme étant de Lysias
plusieurs des discours dont l'authenticité
était contestée. Cf. *de Orat.*, II, 22, 93.

Omni civium munere n'est pas juste.
Lysias ne fut jamais citoyen d'Athènes.
Fils d'un métèque, Képhalos de Syracuse,
il demeura toute sa vie dans la même
condition que son père. Après l'expulsion
des Trente Tyrans, à laquelle il avait
coopéré, Thrasybule tenta sans succès de
ui faire donner par décret le droit de
cité. (Ps. Plutarque, *Vies des Dix Or.*,
p. 835 F.).

Timæus, historien de l'époque alexandrine, auteur d'une grande histoire de
la Sicile. Cf. § 325.

Quasi, § 18.

Licinia et Mucia lege. Loi présentée et
promulguée en 95 av. J.-C. par les consuls L. Licinius Crassus (§ 143) et Q. Mucius Scævola pontifex (§ 145) pour réin-
tégrer dans leurs cités respectives les Italiens qui avaient usurpé le titre de citoyen romain. Asconius, *in Cornel*, p. 67

(Orelli) : « Cum summa cupiditate civitatis romanæ Italici populi tenerentur
et ob id magna pars eorum pro civibus
romanis se gereret, necessaria lex visa
est, ut in suæ quisque civitatis jus redi-
geretur. Verum ea lege ita alienati animi
sunt principum Italicorum populorum, ut
ea vel maxima causa belli Italici, quod
post triennium exortum est, fuerit. » Sur
l'usurpation du droit de cité par les Italiens voir Duruy, *Hist. des Romains*, II,
p. 530-532.

Et quodammodo. Cicéron présente la
comparaison entre Lysias et Caton comme
une réflexion qui lui vient tout d'un coup,
en passant, comme par hasard, à propos
du rapprochement numérique qu'il vient
de faire entre les discours. En réalité il
n'a fait le rapprochement numérique que
pour amener la comparaison littéraire. Il
veut laisser entendre aux Néo-attiques,
entichés de Lysias, qu'il y a aussi des
maîtres dans la vieille éloquence romaine
Au fond il ne tient qu'à demi à sa comparaison, qui n'est après tout qu'un dé-
tour de polémique et que Plutarque (*Cat.
min.*, 7) trouve étrange : plus loin il
laissera entendre, par la bouche d'Atticus, qu'il ne faut pas la prendre à la lettre (§ 292).

Acuti, piquants, délicats. Comme les
trois termes qui suivent, le mot s'applique
ici au style. C'est une des qualités du style
simple. Dans ce sens *acutus* est souvent
associé à *subtilis* : § 291 ; *de Orat.*, II,
22, 93 ; 23, 98 ; III, 18, 66 ; *Orat.*, 28, 95
Sur Lysias voir plus haut, § 35.

felicior. [64] Habet enim certos sui studiosos, qui non tam habitus corporis opimos quam gracilitates consectentur; quos, valetudo modo bona sit, tenuitas ipsa delectat. Quanquam in Lysia sunt sæpe etiam lacerti sic ut [et] fieri nihil possit valentius. Verum est certe genere toto strigosior : sed habet tamen suos laudatores, qui hac ipsa ejus subtilitate admodum gaudeant. XVII. [65] Catonem vero quis nostrorum oratorum, qui quidem nunc sunt, legit? aut quis novit omnino? At quem virum, di boni! mitto civem aut senatorem aut imperatorem : oratorem enim hoc loco quærimus; quis illo gravior in laudando? acerbior in vituperando? in sententiis argutior? in docendo edisserendoque subtilior?

VARIANTES : 64. certosui O^2 *vetus* F^1 — 65. nostrorum *F*, nostrum *r* (*de même dans plusieurs autres passages*). — dii *I.* (F^2 *corr.*).

NC. 64. *delectet* Ernesti. Voir le commentaire. — Stangl corrige *ut et* en *uti*. Sur la confusion de *et* et de *ut*, voir *YC.* § 6.

64. *Certos sui studiosos*, allusion aux Néo-attiques. *Studiosos* est employé ici comme substantif (Riemann, *Syntaxe*, p. 83, rem. III).

Habitus, comme *gracilitates*, au pluriel parce que ces caractères appartiennent non pas à un orateur en particulier, mais à plusieurs.

Consectentur, parce que la proposition relative a un sens consécutif (« des gens ainsi faits que ». Cf. plus bas *gaudeant*). Riemann, *Syntaxe*, p. 372. *Delectat*, parce que la proposition est la simple constatation d'un fait.

Ipsa, à elle seule, par ses seuls charmes.

Quanquam (Cf. § 27), pour atténuer ce qu'il pourrait y avoir d'excessif dans les termes de *gracilitas*, *tenuitas* appliqués à Lysias. Cicéron est d'autant plus circonspect qu'il parle devant un partisan de Lysias. De là toutes les précautions oratoires de ce passage, embarrassé de parenthèses et de rectifications.

Lacerti, des muscles, c'est-à-dire du nerf, de la force, mais une force latente, qui ne se traduit pas par un développement musculaire extérieur (*tori*). Quintil., X, 1, 33 : « non athletarum toros sed militum lacertos esse. »

Genere toto, dans l'ensemble de sa diction.

Strigosior s'applique proprement aux animaux maigres et efflanqués.

Sed... tamen. La deuxième conjonction seule a une valeur logique. *Sed* n'est que la formule de transition ordinaire après une digression ou une parenthèse (Riemann, *Syntaxe*, p. 500, 501).

XVII. 65. *Qui quidem* n'a pas ici le sens restrictif : « J'entends ceux d'aujourd'hui », pour expliquer *nostrorum* qui n'est pas assez précis et qu'on pourrait interpréter comme *romanorum*.

Mitto civem, etc., Pline, *H.N.*, VII, 100 : « Cato primus Porciæ gentis tres summas in homine res præstitisse existimatur, ut esset optimus orator, optimus imperator, optimus senator. » Quintil., XII, 11, 23 : « M. Cato idem summus imperator, idem sapiens, idem orator, idem historiæ conditor, idem juris, idem rerum rusticarum peritissimus. » Cf. *de Orat.*, III, 33, 135 et le bel éloge de Caton dans Tite-Live (XXXIX, 40). — *Edisserendo*, dans l'art de pousser aussi loin que possible le développement logique des arguments.

Subtilior, § 35. Le style simple (*subtile genus*) est celui que doit employer l'orateur quand il se propose de *docere*.

Refertæ sunt orationes amplius centum quinquaginta, quas quidem adhuc invenerim et legerim, et verbis et rebus illustribus. Licet ex his eligant ea, quæ notatione et laude digna sint: omnes oratoriæ virtutes in eis reperientur. ¡66¡ Jam vero Origines ejus quem florem aut quod lumen eloquentiæ non habent? Amatores huic desunt, sicuti multis jam ante sæculis et Philisto Syracusio et ipsi Thucydidi.

Cf. *Orator*, 21, 69 : « quot officia oratoris, tot sunt genera dicendi, subtile in probando, modicum in delectando, vehemens in flectendo. »

Quas quidem, avec un sens restrictif (Riemann, *Syntaxe*, p. 373, n° 2). Caton avait prononcé plus de 150 discours, mais Cicéron, qui en curieux les avait cherchés, n'en avait pas trouvé davantage. Les fragments qui nous ont été conservés et dont la plupart sont très courts, se rapportent à 80 discours environ. Voir Meyer, *Oratorum roman. fragm.*, p. 11-151 ; Berger et Cucheval, *Eloquence latine*, II. p. 24 et suiv.

Et verbis, etc. Voici, à titre de spécimen, quelques traits de Caton : « Aliud est properare, aliud festinare. Qui unum quodque mature transigit, is properat : qui multa simul incipit neque perficit, is festinat. » (Festus, p. 234.) — « Fures privatorum furtorum in nervo atque in compedibus ætatem agunt, fures publici in auro atque in purpura. » (Aulu-Gelle, XI, 18.18). — « Nunc ita aiunt in segetibus et in herbis bona frumenta esse. Nolite ibi nimiam spem habere. Sæpe audivi inter os atque offam multa intervenire posse, verumvero inter offam atque herbam, ibi vero longum intervallum est.» (Aulu-Gelle, XIII, 17, 1.) — « Nunquam tacet quem morbus tenet loquendi. tanquam veternosum bibendi atque dormiendi. Quod si non conveniatis, cum convocari jubet, ita est cupidus orationis, ut conducat, qui auscultet : itaque auditis, non auscultatis tanquam pharmacopolam : nam ejus verba audiuntur, verum ei se nemo committit, si æger est. » (Aulu-Gelle, I, 15, 9. — « Cogitate cum animis vestris, si quid vos per laborem recte feceritis : labor ille a vobis cito recedet, bene factum a vobis, dum vivitis, non abscedet. Sed si qua per voluptatem nequiter feceritis, voluptas cito

abibit, nequiter factum illud apud vos semper manebit. » (Aulu-Gelle, XVI, 1, 4.)

Notatione. On notait en marge les passages remarquables. Sénèque, *Epist.*, 6, 4 : « mittam tibi libros et imponam notas, ut ad ipsa protinus, quæ probo et miror, accedas. » Cf. Aulu-Gelle, XVII, 2, 1 ; Fronton, *ad M. Anton. imp.*, II, 5.

66. *Origines* Cornelius Nepos, *Cat.*, 3, 3 : « senex historias scribere instituit. Earum sunt libri VII. Primus continet res gestas regum populi Romani ; secundus et tertius unde quæque civitas orta sit italica ; ob quam rem omnes *Origines* videtur appellasse. In quarto autem bellum Punicum primum ; in quiato secundum, atque omnia capitulatim sunt dicta : reliquaque bella pari modo persecutus est usque ad præturam Ser. Galbæ qui diripuit Lusitanos. Atque horum bellorum duces non nominavit, sed sine nominibus res notavit. » Pline, *H.N*, VIII, 11 : « Cato, cum imperatorum nomina annalibus detraxerit. cum (sc. elephantum) qui fortissime prœliatus esset in Punica acie, Surum tradidit vocatum altero dente mutilato. » Il ne reste des *Origines* que de très courts fragments.

Eloquentiæ ne vise pas seulement les discours de Caton insérés par lui-même dans les *Origines* (§ 89) : il s'agit du style de l'ouvrage en général. Ailleurs (*de Orat.*, II, 12, 53) Cicéron reproche à ce même ouvrage de manquer d'*ornatus*.

Philisto, historien grec de la fin du ve siècle et du début du ive, contemporain de Denys l'Ancien, auteur d'une histoire de la Sicile. C'était un imitateur de Thucydide. Cicéron dit de lui (*ad Quint.*, II, 13, 4) : « creber, acutus, brevis, pæne pusillus Thucydides. » Cf. *de Orat.*, II, 13, 57 ; Quintil., X, 1, 74.

Nam ut horum concisis sententiis, interdum *autem* non satis apertis cum brevitate tum nimio acumine, officit Theopompus elatione atque altitudine orationis suæ (quod idem Lysiæ Demosthenes), sic Catonis luminibus obstruxit hæc posteriorum quasi exaggerata altius oratio. [67] Sed *ea* in nostris inscitia est, quod hi ipsi, qui in Græcis antiquitate delectantur eaque subtilitate, quam Atticam appellant, hanc in Catone *ne* noverunt quidem. Hyperidæ volunt esse et Lysiæ. Laudo. [68] Sed cur nolunt Catones ? Attico genere dicendi se gaudere dicunt. Sapienter id quidem. Atque utinam imitarentur nec ossa solum, sed

VARIANTES : 66. etiam non satis apertis autem *L.* — 67. sed et *L.* — non noverunt *L.* — Catonis *L.*

NC. XVII, 66. Tous les éditeurs suppriment *autem* avec la vulgate et conservent *etiam*. Les deux mots peuvent être considérés comme deux variantes passées simultanément dans le texte de *L.* Le sens demande plutôt *autem* que *etiam*, *concisis sententiis*, qui correspond à *Catonis luminibus*, étant l'expression d'une qualité et non pas une critique. Peter : *sententiis interdum etiam, non satis apertis autem.* — Schütz *offecit.* — Kayser, d'après Schütz, [*quod idem... Demosthenes*]. — 67. *ea*, correction de Bake, adoptée par tous les éditeurs. — *ne*, vulg.

Officit, terme du langage juridique, appliqué d'ordinaire aux constructions qui en s'élevant devant les fenêtres d'une maison interceptent le jour (Cf. *de Orat.*, I, 39, 179 ; *de Offic.*, III, 16, 66). Le mot est en relation avec *apertis*. Le style de Thucydide est par lui-même obscur, comme l'est une maison percée d'ouvertures insuffisantes, et le voisinage du style de Théopompe le fait paraître plus obscur encore.

Theopompus, de Chio, historien-rhéteur qui vivait dans la première moitié du IVe siècle, auteur de deux grands ouvrages (Ἑλληνικά et Φιλιππικά) qui présentaient l'histoire de la Grèce depuis la guerre du Péloponnèse jusqu'à Alexandre. C'était un élève d'Isocrate (§ 204 ; *de Orat.*, II, 13, 57 ; Quintil., X, 1, 75).

Elatione est le terme usité pour désigner l'élévation du langage ; *altitudine* se dit plutôt d'un bâtiment. Cicéron l'ajoute pour rappeler la métaphore commencée.

Luminibus. On joue sur le double sens du mot, qui désigne, au figuré, les beautés oratoires, et, au propre, les fenêtres, les jours d'un bâtiment. Cf. *de domo*, 44, 115 : « cum ille id (sc. domum vendere) negaret, primo se luminibus ejus obstructurum minabatur. »

Quasi, § 21.

67. *Sed*. La suite des idées est celle-ci. Que Caton ait peu de partisans, la chose en soi est très naturelle ; témoin ce qui est arrivé à Philiste et à Thucydide. *Mais* ce qui est surprenant et dénote de la part des Romains une singulière ignorance, c'est que cette simplicité archaïque qu'on goûte tant chez les Grecs, on n'ait pas l'air de se douter qu'elle existe aussi à Rome, chez Caton.

Ea pour *id*, antécédent de *quod* (Riemann, *Syntaxe*, p. 47, d).

Subtilitate, § 35.

68. *Atque utinam*, parenthèse jusqu'à *cur igitur*.

Ossa, le squelette. Leur atticisme n'est qu'une forme en quelque sorte desséchée ; il lui manque la vie (*sanguis*) ; on a déjà vu plus haut (§ 36 et 64) la même comparaison entre le style et la constitution du corps.

etiam sanguinem! Gratum est tamen, quod volunt. Cur igitur Lysias et Hyperides amatur cum penitus ignoretur Cato? Antiquior est hujus sermo et quædam horridiora verba. Ita enim tum loquebantur. Id muta, quod tum ille non potuit, et adde numeros et, *ut* aptior sit oratio, ipsa verba compone et quasi coagmenta, quod ne Græci quidem veteres factitaverunt : jam neminem antepones Catoni. |69| Ornari orationem Græci putant, si verborum immutationibus utantur, quos appellant τρόπους, et sententiarum orationisque formis, quæ vocant σχήματα : non veri simile est quam sit

VARIANTE : 68. et aptior *L*.

NC. 68. Jahn Eberhard : |*gratum... quod volunt*]. — *ut*, addition de la vulgate. Sur la confusion de *et* et *de ut*, cf. NC. § 6.

Quod volunt, suppléez *Atticos imitari*.

Amatur. Les deux orateurs sont considérés comme représentant un seul type. Cf. § 30.

Horridiora. *Orator*, 45, 152 : « orationes illæ ipsæ horridulæ Catonis. » — *Horridus* (Cf. §§ 83, 117. 238, 268) se dit d'une chose rugueuse, qui n'a pas encore reçu de poli, d'une pièce de bois ou d'un métal à l'état brut par exemple ; *de Orat.*, III, 11, 152 : « de horridis rebus nitida »; Horace, *Ep.*, II, 1, 157 : « horridus ille defluxit numerus Saturnius. »

Muta, impératif marquant une supposition. Riemann, *Syntaxe*, p. 257, rem. I.

Non potuit. Cf. *de Orat.*, I, 37, 171 : « quid vero ille Cato? nonne et eloquentia tanta fuit, quantam illa tempora atque illa ætas in hac civitate ferre maximam potuit? »

Numeros, § 32. — *Aptior*, § 34.

Ipsa, les mots mêmes de Caton. Cicéron distingue deux opérations qui consistent : 1° à substituer aux mots *horrida* des mots d'une quantité plus harmonieuse (*numeros*); 2° à changer simplement de place les mots de Caton que l'on conserverait (*Orator*, 70, 233 : « videsne ut ordine verborum paululum commutato, isdem tamen verbis stante sententia, ad nihilum omnia recidant, cum sint ex aptis dissoluta? aut si alicujus inconditi arripias dissipatam aliquam sententiam eamque ordine verborum paululum commutato in quadrum redigas, efficiatur aptum

illud, quod fuerit antea diffluens ac solutum. »)

Coagmenta, terme d'architecture (de là *quasi*); se dit des pièces de bois ou des pierres qui s'emboîtent les unes dans les autres et forment ainsi une masse cohérente; *de Orat.*, III, 43, 171 : » Collocationis est componere et struere verba sic, ut neve asper eorum concursus neve hiulcus sit, sed quodammodo coagmentatus et levis. » Cf. *Orator*, 23, 77; Quintil., VIII, 6, 63; XII, 10, 77.

69. *Verborum immutationibus*. *Orator*, 27, 92 : « verba immutata (ea dico), in quibus pro verbo proprio subjicitur aliud, quod idem significet, sumptum ex re aliqua consequenti.» Cf. *de Orat.*, III, 12, 167.

Quos et plus loin *quae* s'accordent avec l'attribut parce que les deux propositions relatives sont des parenthèses explicatives. § 16.

Sententiarum orationisque formis désigne : 1° les figures de pensées (σχήματα διανοίας), c'est-à-dire les figures qui ne dépendent pas de l'emploi ou de la place de tel ou tel mot, l'exclamation par exemple, l'apostrophe, la prétérition, etc.; — 2° les figures de mots (σχήματα λέξεως), qui dépendent des mots employés ou de la place qu'ils ont dans la phrase, la répétition par exemple, l'antithèse, le zeugma, l'allitération, etc. Voir l'énumération des figures dans le *de Orat.*, III, 52, 201 et suiv.; *Orat.*, 39, 135 et suiv.

in utroque genere et creber et distinctus Cato. XVIII. Nec vero ignoro nondum esse satis politum hunc oratorem et quærendum esse aliquid perfectius ; quippe cum ita sit ad nostrorum temporum rationem vetus, ut nullius scriptum exstet dignum quidem lectione, quod sit antiquius. Sed majore honore in omnibus artibus quam in hac una arte dicendi versatur antiquitas. [70] Quis enim eorum, qui hæc minora animadvertunt, non intellegit Canachi signa rigidiora

VARIANTES : 69. creber et *F²M²*, creberet *V¹*, crebere *F¹G*, crebre *r*. — una hac *BH*.

NC. 69. Tout ce paragraphe paraît suspect à Weidner, qui le met entre crochets. Eberhard voudrait supprimer la phrase *quippe antiquius*, sous prétexte que la même idée a déjà été exprimée au § 61. — *Versatur honore* sans préposition est une tournure inusitée. Sauppe . *majore in honore*. Baehrens *observatur*. — Avec Peter et Stangl je conserve *arte*, supprimé dans la vulgate.

Distinctus, les tropes et les figures se détachent sur le fond général du style comme des points lumineux (*lumina*); ils font l'effet de pierres précieuses sur une parure ; *de Orat.*, III, 25, 96 : « ut porro conspersa sit (oratio) quasi verborum sententiarumque floribus, id non debet esse fusum æquabiliter per omnem orationem, sed ita *distinctum*, ut sint quasi in ornatu disposita quædam insignia et lumina. » Cf. § 275 ; *de Orat.*, II, 9, 36 ; III, 52, 201.

Cato. La lecture des fragments de Caton confirme le jugement de Cicéron. On y trouve des tropes comme ceux-ci : *flavo cinere unctitabant* (Meyer, *Or. fragm.*, p. 23), *mare velis florere videres* (*ibid.*, p. 33), *Antiochus epistulis bellum gerit, calamo et atramento militat* (*Ibid.*, p. 40). On y trouve surtout des figures, dont plusieurs ont été relevées par les anciens (*de Orat.*, II, 63, 256 ; Aulu-Gelle, XIII, 25, 12 ; Rufinianus, *de Figuris*, ed. Ruhnken, p. 204, 210). Fronton (*Epist. ad Anton.*, I, 1, p. 109) cite comme le plus remarquable exemple de prétérition (παράλειψις) qu'il ait pu trouver dans tous les orateurs grecs ou romains le passage suivant, tiré du discours de Caton *de sumptu suo* : « Jussi caudicem proferri, ubi mea oratio scripta erat. De ea re, quod sponsionem feceram cum M. Cornelio, tabulæ prolatæ ; majorum bene facta perlecta, deinde quæ ego pro republica fecissem leguntur. Ubi id utrumque perlectum est, deinde scriptum erat in oratione : « Nunquam ego pecu- « niam neque meam neque sociorum per « ambitionem delargitus sum. » Atat noli, noli scribere, inquam, istud nolunt audire. Deinde recitavit : « Nunquam præ- « fectos per sociorum vestrorum oppida « imposivi, qui eorum bona, liberos di- « riperent. » Istud quoque dele, nolunt audire. Recita porro : « Nunquam ego « prædam neque quod de hostibus cap- « tum esset, neque manubias inter pau- « culos amicos meos divisi ; ut illis eri- « perem qui cepissent. » Istuc quoque dele, nihil minus volunt dici ; non opus est recitato. « Nunquam ego evectionem « datavi, quo amici mei per symbolos « pecunias magnas caperent. » Perge istuc quoque uti cum maxime delere. « Nunquam ego argentum pro vino con- « giario inter apparitores atque amicos « meos disdidi, neque eos malo publico « divites feci. » Enimvero usque istuc ad lignum dele. Videsis, quo loco respublica siet, uti quod reipublicae bene fecissem, unde gratiam capiebam, nunc idem illud memorare non audeo, ne invidiæ siet. Ita inductum est male facere impœne, bene facere non impœne licere. »

Ad nostrorum temporum rationem, § 49.

XVIII, 70. *Hæc minora*. Cf. § 3 : « leviorum artium » ; Quintil., II, 21, 8. — Cicéron et Quintilien font volontiers des rapprochements entre l'éloquence et les arts plastiques. Voir E. Bertrand, *Cicéron artiste* (Grenoble, 1890), p. 35 et suiv.

Canachi, le plus grand sculpteur de

esse, quam ut imitentur veritatem; Calamidis dura illa
quidem, sed tamen molliora quam Canachi; nondum Myronis satis ad veritatem adducta, jam tamen quæ non du-
bites pulchra dicere : pulchriora etiam Polycliti et jam plane
perfecta, ut mihi quidem videri solent? Similis in pictura
ratio est : in qua Zeuxim et Polygnotum et Timanthem et

VARIANTES : 70. etiam *omis par B H M G devant* Polycliti. — et iam *O² al.*, etiam *r*.
— Zeuxim *F*. Zeusim *O*, Zeusum *r*
NC. 70. [*etiam*] *Polycliti* Stangl.

l'école dorienne de Sicyone (fin du vi° siècle et début du v°). Son chef-d'œuvre
était une statue d'Apollon, dont il avait
fait deux répliques, l'une pour le temple
de Didymes en Asie Mineure (Pline,
H. N., XXXIV, 75), l'autre pour le temple d'Apollon Isménien à Thèbes (Pau-
sanias, II, 10, 4 ; IX, 10, 2). Son style
avait la solidité un peu raide de l'archaïsme dorien.

Imitentur = μιμεῖσθαι, reproduire.

Veritatem, la réalité vivante, c'est-à-
dire le corps humain avec toute la sou-
plesse de ses formes et l'aisance de ses
mouvements; *de Invent.*, II, 1, 2 : « ut
mutum in simulacrum ex animali exemplo veritas transferatur. » — Pour tout
ce passage, cf. Quint. XII, 10, 2 et suiv.

Calamidis, sculpteur attique (2° moitié du v° siècle), contemporain de Phidias,
mais moins dégagé que lui des traditions
de l'archaïsme. Son talent, très varié,
s'était essayé dans tous les genres, mais
excellait surtout dans les figures d'animaux. Comme les maîtres de l'ancienne
école attique du vi° siècle, il avait un
style précis jusqu'à la minutie, délicat,
élégant, mais un peu sec. Denys d'Halicarnasse (*de Isocrate*, 3, p. 522) le compare à Lysias τῆς λεπτότητος ἕνεκα καὶ
τῆς χάριτος.

Molliora, c'est-à-dire *minus rigida*
(Quintil., XII, 10, 7).

Myronis, d'Eleuthères, contemporain
de Calamis, élève, comme Phidias, de
l'Argien Agéladas. C'est un des grands
maîtres de l'école attique. Ses œuvres les
plus remarquables étaient le *Discobole*
(Quintil., II, 13, 8) et la fameuse *Vache*,
célébrée à l'envi par les poètes de l'An-
thologie (Cic. *in Verr.*, IV, 60, 135). Par
la vérité et la liberté de leurs mouve-

ments, les statues de Myron donnaient
l'impression de la vie (Pétrone, *Satyr.*
88 : « paene hominum animas ferarumque
aere comprehenderat »).

Satis. Pline, *H. N.*, XXXIV, 58
« (videtur) corporum tenus curiosus animi sensus non expressisse, capillum quoque et pubem non emendatius fecisse
quam rudis antiquitas instituisset. »

Polycliti, d'Argos, élève d'Agéladas,
comme Phidias, dont il était à peu près
le contemporain. Ses deux œuvres les
plus célèbres étaient un *Diadumenos* et
un *Doryphoros*. Il passait pour avoir porté
jusqu'à la perfection la science du corps
humain. Les proportions, dont il avait
donné à la fois la théorie et l'exemple,
servirent de règle (κανών) à la sculpture
grecque pendant plus d'un siècle, jusqu'à
Lysippe. C'est pour cette raison sans
doute que Cicéron le cite ici de préférence à Phidias (Cf. *de Orat.*, III, 7, 26).

Zeuxim, etc. Les noms ne sont pas dans
l'ordre chronologique. Des trois peintres
cités, le plus ancien est Polygnote de Tha-
sos, contemporain et ami de Cimon. Zeuxis
est postérieur à Polygnote d'environ un
demi-siècle. Polygnote est le plus grand
maître de l'école attique. Il avait fait de
grandes compositions décoratives pour la
Lesché de Delphes, et la στοὰ ποικίλη
d'Athènes. — *Zeuxis*, le chef de l'école
ionienne, rival de Parrhasius (Pline, *H. N.*,
XXX, 61 et suiv.; Lucien. *Zeuxis*, 3 et suiv.).
Il avait une habileté de main extraordinaire et une science du clair-obscur qui
allait jusqu'au trompe-l'œil. Plusieurs de
ses tableaux se voyaient à Rome, entre
autres son *Marsyas* (Pline, *l. c.*, 63) et
son *Hélène* (*de Invent.*, II, 1, 1). — Ti-
manthe, contemporain de Zeuxis, connu
surtout par son tableau représentant la

eorum, qui non sunt usi plus quam quattuor coloribus, formas et liniamenta laudamus : at in Aetione, Nicomacho,
Protogene, Apelle jam perfecta sunt omnia. [71] Et nescio
an reliquis in rebus omnibus idem eveniat : nihil est enim
simul et inventum et perfectum; nec dubitari debet quin
fuerint ante Homerum poetæ, quod ex eis carminibus intellegi potest, quæ apud illum et in Phæacum et in procorum epulis canuntur. Quid, nostri veteres versus ubi sunt?

> ..... quos olim Fauni vatesque canebant,
> Cum neque Musarum scopulos *quisquam superarat,*
> Nec dicti studiosus erat ....
> Ante hunc,

VARIANTE : 71. scopulos nec dicti quisquam erat ante hunc *L.*

NC. 71. *quisquam superarat,* conjecture de Victorius adoptée par la plupart des éditeurs (cf. *Enni rel.* éd. L. Müller, p. 29). Bergk, suivi par Jahn-Eberhard, Piderit, Stangl :
nec ⟨*doctis*⟩ *dictis studiosus quisquam erat ante hunc.* — Bake : *de se* ⟨*Ennius*⟩.

mort d'Iphigénie (Quintil., II, 13, 12;
Orat., 22, 74).

Quattuor coloribus, le rouge, l'ocre
jaune, le blanc et le noir (Plutarque, *de
defect. orac.,* 57); cf. *Orator,* 50, 169
« *pictura paucorum colorum* »; *de Orat.,*
III, 25, 98). Selon Pline (XXXV, 50).
Apelle, Aétion et Nicomaque n'avaient
employé aussi que quatre couleurs.

Formas, le modelé, c'est-à-dire la juste
distribution des lumières et des ombres;
liniamenta, les traits du dessin. Cf. Denys
d'Hal., *de Isæo.* 4 εἰσὶ δή τινες ἀρχαῖαι
γραφαὶ χρώμασι μὲν εἰργασμέναι ἁπλῶς
καὶ οὐδεμίαν ἐν τοῖς μίγμασιν ἔχουσαι
ποικιλίαν, ἀκριβεῖς δὲ ταῖς γραμμαῖς
καὶ πολὺ τὸ χαρίεν ἐν ταύταις ἔχουσαι.

In Aetione, etc. Peintres contemporains
de Philippe et d'Alexandre : Aétion, célèbre par son tableau représentant le
mariage d'Alexandre et de Roxane (Lucien, *Herod. sive Aetion,* 4 et suiv.; Pline,
H. N. XXXV, 78) ; Nicomaque, talent
facile et rapide, auteur de plusieurs
tableaux qui se voyaient à Rome, entre
autres d'une *Scylla* et d'un *Rapt de
Proserpine* (Pline, *H. N.* XXXV, 108);
Protogène, auteur du fameux *Ialysos,*
qui sauva Rhodes, Démétrius Poliorcète
n'osant pas mettre le feu à la ville, de
peur de brûler ce chef-d'œuvre (Pline,
H. N., XXXV, 101 et suiv.; Aulu-Gelle,
XV, 31; Plutarque, *Demetr.,* 22); Apelles, peintre ordinaire d'Alexandre, le
plus grand maître de la peinture antique. Pline (*H. N.,* XXXV, 79 et suiv.
donne la liste de ses principaux ouvrages,
dont plusieurs furent transportés à Rome
sous Auguste, entre autres son chef-d'œuvre, la *Vénus Anadyomène.*

71. *Phæacum.* Cf. *Odyssée,* VII, 48 et
suiv. ; *procorum,* cf. *Odyssée,* I, 154;
XVII, 263; XXII, 330 et suiv.

Quos olim, etc. Vers tirés du VIIe livre
des *Annales d'Ennius* (L. Müller, *Q. Enni
carm. rel.,* p. 29). Les mots donnés plus
loin (§ 76) complètent la citation : *Scripsere alii rem Vorsibu', quos olim,* etc. (Cf.
Orat., 51, 171). Ennius fait allusion à
Nævius et à ses vers saturniens. Festus,
325 : « Versus quoque antiquissimi, quibus Faunus fata cecinisse hominibus videtur, saturnii appellantur. Quibus a Nævio bellum Punicum scriptum est. » —
Fauni vatesque. Varron, *de Ling. lat.,*
VII, 32 : « Fauni, dei Latinorum, ita ut
Faunus et Fauna sit; hos versibus, quos
vocant saturnios, in silvestribus locis traditum est solitos fari futura, a quo fando
Faunos dictos. » — *Vates* a ici son sens
propre de *devin, faiseur de prédictions,*
comme le prouve le passage du *de Divin.*
(I, 50, 115), où à propos du vers d'Ennius
Cicéron cite les devins Marcius et Publi-
cius (Cf. Servius; ad *Æn.* VI, 70).

Musarum scopulos. Il n'y a pas là d'al-

ait ipse de se nec mentitur in gloriando. Sic enim sese res
habet. Nam et Odyssia Latina est [sicin] tanquam opus
aliquod Dædali et Livianæ fabulæ non satis dignæ quæ
iterum legantur. [72] Atqu*i* hic Livius primus fabulam
C. Claudio Cæci filio et M. Tuditano consulibus docuit anno
ipso ante, quam natus est Ennius, post Romam conditam
autem quarto decimo et quingentesimo, ut hic ait, quem nos
sequimur. Est enim inter scriptores de numero annorum
controversia. Accius autem a Q. Maximo quintum consule
capt*um* Tarento scripsit Livium annis XXX post quam eum

VARIANTES : 72. atque hic Linius qui *L*. — Clodio *L* (*de même* § 166). — conditam
autem *F O*, autem conditam *r*. — Accius *F O²*, Atticus (*au-dessus* : ccius) *B¹*, Atticus
H M, Actius *O¹ G*. — consule *M² G²*, cos. *F*, consulem *r*. — capto *L*.

NC. 71. Les éditeurs pensent que *sic in* provient d'une mauvaise lecture de *sicut*,
et écrivent avec la vulgate *sic [ut]* ou simplement *sic*. *Sicin* n'est qu'une glose
dubitative (*sicin?* pour *sicine?* = « Bah !, est-ce bien juste ? ») provenant de quelque
lecteur partisan de l'archaïsme, comme il y en avait beaucoup sous l'empire, et surpris
du jugement de Cicéron sur l'œuvre de Livius. — 72. Lambin : *hic ‹est› Livius qui*.
Avec presque tous les éditeurs je supprime *qui*, qui provient sans doute d'une correction mal comprise de *que* dans *atque*. — Orelli et Meyer écrivent *Tarenti*. Mais
la leçon fautive *capto* prouve *Tarento*. Voir le commentaire.

lusion aux rochers de l'Hélicon ou du Par-
nasse, comme le suppose Jahn. Dans la
prose classique, *scopuli* désigne toujours
des rochers dans la mer, des écueils.
Doubler le cap des Muses signifie pour
Ennius réussir à composer un poème en
vers hexamètres, ce que personne n'avait
fait à Rome avant lui. — *Ante hunc*, sc.
me. Cf. Horace, *Sat.*, I, 9, 47 : « Hunc
hominem velles tradere. »

Odyssia, traduction latine de l'*Odyssée*
en vers saturniens, faite par Livius Andronicus. Il en reste quelques vers isolés.
Voir Wordsworth, *Fragm. and specim.
of early Latin*, p. 289-291.

Dædali, sculpteur légendaire, dont le
nom personnifiait pour les Grecs les premiers efforts de la sculpture. Cicéron veut
dire que les œuvres de Livius Andronicus
sont les essais plus ou moins informes d'un
art encore dans l'enfance.

Non satis dignæ. Cf. Tite-Live. XXVII,
37, 13 (à propos d'un hymne composé par
Livius Andronicus) : « Illa tempestate forsitan laudabile (carmen) rudibus ingeniis,
nunc abhorrens et inconditum. »

72. *Atqui*, or.

Consulibus, en 514 (240 av. J.-C.).

Docuit équivaut au grec διδάσκειν, qui
signifie *faire représenter* une pièce, l'auteur
ayant à faire apprendre lui-même son œuvre
aux acteurs et au chœur. Cf. §§ 73, 78, 229.

Ipso, § 61.

Hic, Atticus, dans son *Liber annalis*.

Accius, le plus grand poète tragique
de Rome, né en 170 av. J.-C. et que Cicéron
avait connu fort âgé (Cf. §§ 107, 229). Outre
ses tragédies, Accius avait écrit une sorte
d'histoire de la poésie dramatique sous le
titre de *Didascalica*. C'est sans doute à
cet ouvrage que Cicéron se réfère ici.

Quintum consule, en 545 de Rome (209
av. J.-C.).

Tarento est un ablatif de la question
unde (Riemann, *Syntaxe*, p. 137, n. 1) :
« Emmené prisonnier de Tarente. » Cf.
César, *B. civ.*, I, 34 : « Quem paucis ante
diebus Corfinio captum ipse dimiserat. »
— Livius Andronicus avait été en effet
amené de Tarente à Rome, mais en 482
(272 av. J.-C.), quand Tarente avait été
prise pour la première fois par Papirius.
L'erreur d'Accius vient d'une confusion
entre le siège de 272 et celui de 209.

fabulam docuisse et Atticus scribit et nos in antiquis commentariis invenimus : [73] docuisse autem fabulam annis post xi,
C. Cornelio Q. Minucio consulibus ludis *Juventatis*, quos
Salinator Senensi prœlio voverat. In quo tantus error
Accii fuit, ut his consulibus xl annos natus Ennius fuerit :
cui æqualis fuerit Livius, minor fuit aliquanto is, qui
primus fabulam dedit, quam ii, qui multas docuerant ante
hos consules, et Plautus et Nævius. XIX. [74] Hæc si
minus apta videntur huic sermoni, Brute, Attico assigna,
qui me inflammavit studio illustrium hominum ætates et
tempora persequendi. Ego vero, inquit Brutus, et delector
ista quasi notatione temporum et ad id, quod instituisti,

VARIANTES : 73. luentatis *F O G*, luctantis *r*. — Senesi *F O²* *vetus*. — accii *F O*
Actii *r*. — XXX *GBHM*. — quod *L*. — hi *L* (*M²* *corr.*).

NC. 73. *Juventatis*, corr. de Victorius. — *cui* pour *quoi* (cf. *N. C.* § 35), d'où la
leçon fautive *quod*. La plupart des éditions ont *cui si*; Baehrens : *quoius si*. — Stangl
fuit au lieu de *fuerit*, d'après Madvig. Voir le commentaire.

Commentariis, § 60.

73. *Annis post XI*, en ne comptant que
les années intermédiaires. Cf. § 60.

Consulibus, en 197 av. J.-C.

Ludis Juventatis. Ces jeux eurent lieu,
d'après Tite-Live (XXXVI, 36), non pas
en 197, comme le prétendait Accius, mais
en 191 : « Item Juventatis ædem in circo
maximo C. Licinius Lucullus duumvir de-
dicavit. Voverat eam sexdecim annis ante
M. Livius consul, quo die Hasdrubalem
exercitumque ejus cecidit ; idem censor
eam faciendam locavit M. Cornelio P.
Sempronio consulibus. Hujus quoque de-
dicandæ causa ludi facti, et eo omnia cum
majore religione facta, quod novum cum
Antiocho instabat bellum. »

Senensi prœlio, la bataille du Métaure,
près de Sienne, livrée en 207 contre
Hasdrubal par Claudius Nero et Livius
Salinator.

Ut... fuerit, entendez *ut Livius æqualis
Ennio fuerit qui tum XL annos natus
erat*.

Fuerit, etc. « Admettons que Livius
ait été (*fuerit*)...; alors il *a été* (*fuit*)
plus jeune, etc. » Cicéron fait ici un
raisonnement par l'absurde. D'après les
calculs d'Accius, Livius deviendrait le
contemporain d'Ennius. Or il est établi :

1° que Livius Andronicus est le premier
poète en date à Rome ; 2° qu'Ennius est
postérieur à Plaute et à Nævius. Donc
Livius serait postérieur lui aussi à Plaute
et à Nævius, c'est-à-dire aux poètes
mêmes dont on sait pertinemment qu'il
a été le précurseur. — Pour l'emploi du
subjonctif concessif voir Riemann, *Syntaxe*, p. 256 *b*.

Fabulam dedit. Cf. Térence, *Eunuch.*,
prol. 9 : « Idem Menandri Phasma nuper
dedit. »

Plautus et Nævius. Plaute mourut en
184 av. J.-C., et plusieurs de ses comé-
dies étaient certainement antérieures à
197. Nævius mourut soit en 204, soit plus
probablement quelques années plus tard
vers 199 (Cf. § 60).

Minus apta. Ici, comme plus haut (§ 52),
Cicéron feint de s'être laissé entraîner à
une digression inutile. En réalité, il attache une grande importance aux dates,
qui d'une part lui sont nécessaires pour
le classement des orateurs, et qui d'autre
part peuvent intéresser le public romain
peu familier avec la chronologie (les
étranges erreurs d'Accius le prouvent).

Ætates, les générations dans leur ordre
relatif ; *tempora*, les dates.

Quasi notatione (Cf. § 21), parce que la

oratorum genera distinguere ætatibus, istam diligentiam esse
accommodatam puto. [75] Recte inquam, Brute, intellegis :
atque utinam exstarent illa carmina, quæ multis sæculis ante
suam ætatem in epulis esse cantitata a singulis convivis de
clarorum virorum laudibus in Originibus scriptum reliquit
Cato ! Tamen illius, quem in vatibus et Faunis annume-
rat Ennius, bell*um* Punicum quasi Myronis opus delectat.
[76] Sit Ennius sane, ut est certe, perfectior : qui si illum, ut
simulat, contemneret, non omnia bella persequens primum
illud Punicum acerrimum bellum reliquisset. Sed ipse dicit,
cur id faciat : « Scripsere, inquit, alii rem vorsibus » ; et
luculente quidem scripserunt, etiamsi minus quam tu polite !
nec vero tibi aliter videri debet, qui a Nævio vel sumpsisti
multa, si fateris, vel, si negas, surripuisti.

[77] Cum hoc Catone grandiores natu fuerunt C. Flaminius,

VARIANTES : 75. enumerat *B H M*. — bello punicum (*au-dessus de* cum *un signe
de doute*) *F*, bello punico eum *r*.

NC. 74. Stangl : [*oratorum... ætatibus*]. — 75. Au lieu de *tamen*, Weidner con-
ecture *ita me*; Jahn-Eberhard : *nam Nævi*. Voir le commentaire.

digression qui précède est plutôt la rec-
tification d'un point d'histoire littéraire
qu'une *notatio temporum* au sens propre
du mot.

75. *Atque utinam* reprend le développement interrompu après *nostri veteres
versus ubi sunt* (§ 71) : « Où sont nos vieux
vers et ceux que chantaient les Faunes et
les devins, et ceux que l'on chantait dans
les festins ? »

Carmina. Varron, cité par Nonius
(*assa voce*) : « in conviviis pueri modesti
ut cantarent carmina antiqua, in quibus
laudes erant majorum et assa voce et cum
tibicine. » Cf. *Tuscul.*, I, 2, 3; IV, 2, 3;
Horace, *Odes*, IV, 15, 25-32.

Tamen. Ces vieux vers disparus étaient
bien imparfaits; les vers de Nævius qui,
au dire d'Ennius, ne valent guère mieux,
sont bien imparfaits aussi. On les goûte
cependant comme on goûte l'archaïsme
de Myron. Ainsi en poésie comme en
art, on ne dédaigne pas les primitifs; il
n'y a qu'en éloquence qu'on en fait peu
de cas (Cf. § 69 fin).

Illius, sc. 'Nævii.

In vatibus. Cf. *pro Rosc. Am.*, 32,
89 : « Ego forsitan propter multitudinem patronorum in grege annumerer. »

Bellum Punicum, titre du poème
épique de Nævius en vers saturniens. Il
contenait l'histoire de la première guerre
punique (Horace, *Epist.*, II, 1, 53). Il ne
nous en reste que quelques courts fragments.

76. *Contemneret... reliquisset.* Cf. § 40.

Persequens = dum persequebatur. Voir
Riemann, *Syntaxe*, § 261, p. 461.

Acerrimum, qui méritait par conséquent
d'être racontée en détail.

Reliquisset, laisser de côté, raconter
rapidement, comme une histoire déjà
faite par d'autres et dont il était inutile
de refaire le récit. Cf. § 165.

Et luculente, etc. Apostrophe à Ennius.

Polite, § 69.

77. *Hoc* ramène à la question.

C. Flaminius, § 57. De même pour
Q. Maximus et *Q. Metellus*.

C. Varro, Q. Maximus, Q. Metellus, P. Lentulus, P. Crassus, qui cum superiore Africano consul fuit. Ipsum
Scipionem accepimus non infantem fuisse. Filius quidem
ejus, is qui hunc minorem Scipionem a Paulo adoptavit, si
corpore valuisset, in primis habitus esset disertus : indi-
cant cum oratiunculæ tum historia quædam græca scripta
dulcissime. XX. [78] Numeroque eodem fuit Sex. Ælius,
juris quidem civilis omnium peritissimus, sed etiam ad dicendum paratus : de minoribus autem C. Sulpicius Gallus,
qui maxime omnium nobilium Græcis litteris studuit; isque

NC. 77. Stangl voudrait ajouter *is* après *P. Crassus.*

C. Varro, le vaincu de Cannes, consul
en 216.

P. Lentulus. P. Cornélius Lentulus
Caudinus, légat de Scipion en Espagne
en 210 (Tite-Live, XXXV, 48), l'un des
dix ambassadeurs envoyés en Macédoine
en 196 (Tite-Live, XXXIII, 35, 39).

P. Crassus. P. Licinius Crassus Dives,
grand pontife (*de Orat.*, III, 33, 134).
Tite-Live, XXX, 1 : « Facundissimus habebatur seu causa oranda, seu in senatu,
aut ad populum suadendi ac dissuadendi
locus esset, juris pontificii peritissimus. »

Consul, en 205.

Non infantem. Cf. § 90, 101, 108, 278,
305. Aulu-Gelle, IV, 18, 3 : « Cum M. Nævius tribunus plebei accusaret Africanum
ad populum, diceretque accepisse ab rege
Antiocho pecuniam, ut condicionibus gra-
tiosis et mollibus pax cum eo populi
romani nomine fieret, et quædam item alia
crimini daret indigna tali viro, tum Scipio,
pauca præfatus, quæ dignitas vitæ suæ
atque gloria postulabat, « Memoria, in-
« quit, Quirites, repeto, diem esse hodier-
« num, quo Hannibalem Pœnum imperio
« vestro inimicissimum magno prœlio
« vici in terra Africa, pacemque et victo-
« riam vobis peperi insperabilem. Non
« igitur simus adversum deos ingrati, sed
« censeo, relinquamus nebulonem hunc,
« eamus hinc protinus Jovi Optimo Maxi-
« mo gratulatum. » — Fertur etiam oratio, quæ videtur habita eo die a Scipione
et qui dicunt eam non veram, non eunt
infitias, quin hæc quidem verba fuerint,
quæ dixi, Scipionis. » Cf. Tite-Live,
XXXVIII, 50.

Paulo, Paul Émile, le vainqueur de
Persée.

Si corpore valuisset, Cf. *de Off.*, I, 33,
121; *Cato*, 11, 35 : « Quam fuit imbe-
cillus P. Africani filius! Quam tenui aut
nulla potius valetudine! Quod ni ita fuisset, alterum ille exstitisset lumen civitatis; ad paternam enim magnitudinem
animi doctrina uberior accesserat. » Nous
avons son épitaphe (*Corp. inscr. lat.*, I,
p. 19); on y lit : « Mors perfecit tua ut
essent omnia brevia — honos fama virtusque gloria atque ingenium : — quibus
sei in longa licuiset tibe utier vita —
facile facteis superases gloriam maio-
rum. »

Historia græca, une histoire romaine
écrite en grec. Cf. § 81.

XX, 78. Numeroque eodem pour *numero
eorundem*, tournure familière à Cicéron
(Cf. *in Verr.*, V, 11, 28, éd. Thomas.
p. 53 et la note). Pour l'ellipse de la
préposition, voir Riemann, *Syntaxe*
p. 120, g.

Sex. Ælius (Paetus Catus), consu
en 198. Pompon., *de Orig. juris*, 38
« Exstat illius liber, qui inscribitur tri-
partita, qui liber velut incunabula juris
continet. » Cf., *de Orat.*, I, 45, 198; 48,
212; III, 33, 133; *Tuscul.*, I, 9, 18; *de
Repub.*, I, 18, 30.

De devant *minoribus* est pris dans le
sens partitif (Riemann, *Syntaxe*, p. 166,
167.) *Minoribus* correspond à *grandiores
natu* du § 77.

C. Sulpicius Gallus, consul en 166,
l'année où fut représentée la première
pièce de Térence, *l'Andrienne.*

et oratorum in numero est habitus et fuit reliquis rebus
ornatus atque elegans. Jam enim erat unctior quædam splendidiorque consuetudo loquendi. Nam hoc prætore ludos
Apollini faciente cum Thyestem fabulam docuisset, Q. Marcio Cn. Servilio consulibus, mortem obiit Ennius. [79] Erat
isdem temporibus Ti. Gracchus P. F., qui bis consul et
censor fuit, cujus est oratio Græca apud Rhodios : quem
civem cum gravem tum etiam eloquentem constat fuisse. P.
etiam Scipionem Nasicam, qui est Corculum appellatus, qui
item bis consul et censor fuit, habitum eloquentem aiunt,
illius, qui sacra acceperit, filium ; dicunt etiam L. Lentu-

VARIANTES : XX, 79. eloquentem m. (*ou* M.) aïunt illius *L* (aiunt O²).

NC. XX, 78. Peter : *vinctior*. Voir le commentaire. — 79. Stangl voudrait ajouter
Idæa devant *sacra*. Déjà Schütz avait proposé *Idææ matris sacra*. Mais on savait à
Rome de quels *sacra* il s'agissait quand on rappelait le nom de Scipion Nasica. Il
n'est pas davantage nécessaire, avec les mêmes éditeurs, d'ajouter le prénom *P.*
devant *illius* ni de substituer un indicatif à *acceperit*.

Reliquis rebus. Il avait entre autres
des connaissances astronomiques (*Cato*,
14, 49). Étant tribun militaire en Macédoine, à la veille de la bataille de Pydna,
il rassura l'armée, effrayée par une
éclipse de lune, en lui expliquant les
causes du phénomène (*de Rep.*, I, 15, 23 ;
Tite-Live, XLIV, 37 ; Pline, *H. N.*, II, 53).

Unctior, expression empruntée au lar-
gage de la toilette ; cf. § 262 : « calamistris » ; *Part. or.*, 6, 19 : « comptum atque
expolitum orationis genus » ; *ad Attic.*,
II, 1, 1.

Ludos. Les jeux Apollinaires, institués
en 212, se célébraient au mois de juillet,
sous la présidence du préteur urbain, et
comportaient des représentations dra-
matiques (Tite-Live, XXV, 12).

Thyestem. Il nous en reste quelques
vers, conservés par Cicéron. *Enni carminum relig.*, éd. L. Müller, p. 119 et suiv.

Docuisset, § 72.

Consulibus, en 169. Ennius avait 70 ans.

79. *Ti. Gracchus*, le père des Gracques,
censeur en 169, deux fois consul en 177
et 163.

Oratio græca. On ne sait rien de ce
discours. Il est probable que Ti. Gracchus
e prononça dans le cours de son ambassade en Asie (Polybe, XXVII, 11).

Eloquentem. Cicéron dit le contraire
dans le *de Orat.*, I, 9, 38, mais parce qu'il
le compare à ses deux fils : « Omnium
mihi videor, exceptis, Crasse, vobis duobus, eloquentissimos audisse Ti. et C. Sempronios, quorum pater, homo prudens et
gravis, *haudquaquam eloquens*, et sæpe
alias et maxime censor saluti reipublicæ
fuit. Atque is non accurata quadam orationis copia, sed nutu atque verbo liber-
tinos in urbanas tribus transtulit. » D'a-
près Tite-Live (XXXVIII, 56), on citait
un discours de Ti. Gracchus prononcé en
faveur de Scipion l'Africain ; mais ni la
date, ni les circonstances de cette intervention oratoire n'étaient bien connues.

Scipionem. P. Cornélius Scipio Nasica,
surnommé *Corculum* (sur le sens de ce surnom voir *Tuscul.*, I, 9, 18), consul en 162 et
155, censeur en 159, auteur d'une relation
de la guerre contre Persée (Plutarque,
Paul Em., 15).

Sacra, l'idole et les objets nécessaire
au culte de *Magna Mater*, la déesse de
Pessinonte, que les Romains avaient fait
venir en 204 sur la foi de plusieurs oracles.
Scipion avait été chargé, comme le citoyen le plus vertueux, d'aller à l'embouchure du Tibre recevoir l'idole (Tite-Live
XXIX, 11). — *Acceperit*, cf. § 57.

L. Lentulum, consul en 156, personnage d'ailleurs inconnu

lum, qui cum C. Figulo consul fuit. Q. Nobiliorem M. F.
jam patr*io* instituto deditum studio litterarum, qui etiam
Q. Ennium, qui cum patre ejus in Ætolia militaverat,
civitate donavit, cum triumvir coloniam deduxisset; et
T. Annium Luscum hujus Q. Fulvii collegam non indiser-
tum dicunt fuisse. [80] Atque etiam L. Paulus, Africani
pater, personam principis civis facile dicendo tuebatur.

*E*t vero etiam tum Catone vivo (qui annos quinque et
octoginta natus excessit e vita, cum quidem eo ipso anno
contra Ser. Galbam ad populum summa contentione dixisset, quam etiam orationem scriptam reliquit) XXI. [81] sed

VARIANTES : 79. patre *L.* — trium uirum *L.* — 80. at vero *L.*

NC. 79. *patrio*, vulg. ; *patris* ed. princ. — 80. *Et vero*, correction de Lambin adoptée
par tous les éditeurs.— XXI, 81. Les anciennes éditions suivies par Ellendt et Meyer
mettent un point après *reliquit* et commencent un nouveau paragraphe avec *Sed vivo
Catone*. Voir le commentaire.

Q. Nobiliorem, consul en 153, fils du
Fulvius Nobilior qui conquit l'Étolie. Il
parla pour Galba et contre Caton dans
le grand procès de 149 (Cf. §§ 80 et 89).
Tite-Live, *epit.*, 49.

Patrio instituto. Le vainqueur des Éto-
liens appartenait à cette partie de la
noblesse romaine qui se passionnait pour
les arts et les lettres de la Grèce. Avec
le produit du butin recueilli en Étolie, il
avait élevé à Rome un sanctuaire aux
Muses (*pro Arch.*, 11, 27; Pline, *H. N.*,
XXXV, 66).

Q. Ennium. Cf. *Tuscul.*, I, 2, 3 : « obje-
cit (Cato), ut probrum, M. Nobiliori quod
is in provinciam poetas duxisset. Duxerat
autem consul ille in Ætoliam, ut scimus,
Ennium. »

Triumvir, en 184. Tite-Live, XXXIX, 44.

T. Annium Luscum. Il n'est connu que
par l'opposition énergique qu'il fit à la
loi agraire de Tibérius Gracchus. Tite-
Live (*epit.*, 58) et Plutarque (*Ti. Gracch.*,
14) rappellent les discours qu'il prononça
à cette occasion devant le sénat et devant
le peuple.

Collegam, comme consul.

80. *L. Paulus*, le vainqueur de Persée,
que Cicéron avait oublié de citer et qui
n'est pas ici à son rang chronologique. Le
triumvirat de Fulvius (en 184) l'ayant fait
revenir en arrière, il se trouve ramené à

Paul-Émile, consul en 182. On citait de
Paul-Émile un grand discours prononcé
devant le peuple peu de temps après son
triomphe, où, après avoir rappelé ses victoires, il terminait par une allusion à la
mort récente de ses enfants (Tite-Live,
XLV, 40, Velléius Paterc., I, 10). Valère
Maxime nous en a conservé la péroraison,
plus ou moins authentique (V, 10, 2) :
« Cum in maximo proventu felicitatis nostræ, Quirites, timerem, ne quid mali
fortuna moliretur, Jovem Optimum Maximum Junonemque reginam et Minervam
precatus sum, ut, si adversi quid populo
romano immineret, totum in meam domum
converteretur. Quapropter bene habet ;
annuendo enim votis meis id egerunt, ut
vos potius meum casum doleatis quam
ego vestro ingemiscerem. »

Personam, § 165.

Eo ipso anno, l'année même où il avait
85 ans, c'est-à-dire en 149. Cicéron insiste sur les dates, parce qu'on n'était pas
d'accord sur l'âge de Caton au moment
de sa mort. Quelques-uns prétendaient
qu'il avait vécu jusqu'à 90 ans (Cf. Plutarque, *Cat.*, 15). Mais tout le monde
reconnaissait que le discours contre Galba
avait de peu précédé sa mort.

Ser. Galbam. Cf. §§ 80 et 89.

81. *Sed vivo Catone*, reprise de la phrase
interrompue par la parenthèse. Cf. § 61.

vivo Catone minores natu multi uno tempore oratores flo-
ruerunt. Nam et A. Albinus, is qui Græce scripsit historiam, qui consul cum L. Lucullo fuit, et litteratus et
disertus fuit ; et tenuit cum hoc locum quendam etiam Ser.
Fulvius et Numerius Fabius Pictor et juris et litterarum
et antiquitatis bene peritus ; Quintusque Fabius Labeo fuit
ornatus isdem fere laudibus. Nam Q. Metellus, is cujus

VARIANTES : 81. nua serius *F*, Miaserius *O*[1], Nuasernis *O*[2] *vetus*, una ser *BHM*.

NC. 81. Tous les éditeurs ont *una Ser(vius)*. Mais aucun des membres de la *gens
Fabia*, que nous connaissons par les auteurs, les inscriptions ou les monnaies (et ils
sont nombreux), n'a porté le prénom de *Servius*. Je rétablis *Numerius*, prénom particulier à la *gens Fabia* (inc. auct. *de prænominibus*, 6) et qui dans la seconde moitié
du IIe siècle avant J.-C. se trouvait précisément dans la famille des *Fabii Pictores*
(Babelon, *Monn. de la Répub.*, I, p. 483). Numérius étant un prénom rare et peu
connu, a été écrit en toutes lettres (cf. *pro Cluentio*, 7, 21 ; *de Orat.*, III, 23, 87 ; *de
Divin.*, I, 21, 43), puis mal interprété par les copistes, enfin transformé en *nuase-
rius* ou *unaserius*. Voir le commentaire.

Minores natu désigne une troisième catégorie (Cf. §§ 77, 78), celle des jeunes
gens qui n'ont paru dans la vie publique
que tout à fait dans les dernières années
de la vie de Caton.

A. Albinus. Consul en 151, préteur en
155, l'année de l'ambassade de Carnéade
à Rome (*Acad.*, II, 45, 137).

Græce. Cf. § 77. Au début de son ouvrage Albinus demandait l'indulgence du
lecteur pour les fautes que lui, Romain,
pouvait avoir commises en grec ; ce qui
faisait dire à Caton : « Ne tu, Aule, nimium nugator es, cum maluisti culpam
deprecari quam culpa vacare. Nam petere
veniam solemus, aut cum imprudentes
erravimus aut cum compulsi peccavimus.
Tibi, oro te, quis perpulit ut id committeres, quod, priusquam faceres, peteres
ut committeres. » (Aulu-Gelle, XI, 8, 4.)

Ser. Fulvius Flaccus, consul en 135,
connu par une heureuse expédition en
Illyrie (Tite-Live, *Epit.*, 59 ; cf. *Ephe-
meris epigr.*, I, p. 154).

N. Fabius Pictor peut être identifié
avec le Numérius Fabius Pictor dont parle
Cicéron (*de Divin.*, I, 21, 43) et qui avait
composé des annales grecques ; sans
doute aussi avec le Fabius Pictor (cité
sans prénom), dont l'ouvrage sur le droit
pontifical est mentionné par Aulu-Gelle
(I, 12, 14) et Nonius (p. 518).

Fabius Labeo. Il ne peut pas être ici

question, comme le pensent tous les com-
mentateurs, du protecteur de Térence
(Suétone, *vit. Ter.*, 4), c'est-à-dire du
consul de 183, lequel n'appartient pas à
la génération des autres personnages
cités. Il s'agit probablement du fils ou du
petit-fils de ce consul, Q. Fabius Labeo,
qui exerça la charge de magistrat monétaire vers le milieu du second siècle avant
notre ère (*Corp. inscr. lat.*, I, p. 273,
n° 1481 ; Babelon, *Monnaies de la rép.
rom.*, I, p. 479). Cf. *de Off.*, I, 10, 33.

Nam, § 48.

Q. Metellus (*Macedonicus*), fils du consul de 206 (§ 57), consul en 143. Ayant
constaté, à la suite du recensement qu'il
fit comme censeur en 131, la décroissance
de la population romaine, il proposa de
contraindre tous les citoyens au mariage
et prononça à cette occasion un célèbre
discours *de prole augenda* qui existait encore au temps d'Auguste et que l'empereur lut lui-même au sénat (Tite-Live,
Epit., 59 ; Suétone, *Aug.*, 89). Aulu-Gelle,
qui attribue par erreur le discours à Métellus Numidicus (I, 6, 1), nous a conservé les fragments suivants, dont la langue
est certainement quelque peu rajeunie :
« Si sine uxore possemus, Quirites, esse,
omnes ea molestia careremus : sed quoniam
ita natura tradidit, ut nec cum illis satis
commode, nec sine illis ullo modo vivi
possit, saluti perpetuæ potius quam brevi

quattuor filii consulares fuerunt, in primis est habitus eloquens, qui pro L. Cotta dixit accusante Africano ; cujus et
aliæ sunt orationes et contra Ti. Gracchum exposita est in
C. Fannii annalibus. [82] Tum ipse L. Cotta *est* veterator
habitus, sed C. Lælius et P. Africanus in primis eloquentes ; quorum exstant orationes, ex quibus existimari de ingeniis oratorum potest. Sed inter hos ætate paulum his antecedens sine controversia Ser. Galba eloquentia præstitit ; et
nimirum is princeps ex Latinis illa oratorum propria et
quasi legitima opera tractavit, ut egrederetur a proposito
ornandi causa, ut delectaret animos, ut permoveret, ut augeret rem, ut miserationibus, ut communibus locis utere-

VARIANTES : — 82. Cottae *L*. — aut *permoneret L*.

NC. 81. Jahn supprime *est* après *exposita* ; Kayser écrit *et ⟨quae⟩ contra*, etc.; Baehrens conjecture *exposita*. J. Simon : *et aliæ sunt et contra T. G. ⟨oratio⟩ expositæ*
par analogie avec le § 122. La leçon de *L* peut très bien être conservée. — 82. *est*,
ajouté par Stangl et Friedrich. La même addition se trouve, d'après Ellendt, dans
trois mss secondaires ; *Cotta veterator*, vulg. — *Quorum exstant... potest* mis entre
crochets par Jahn. — Lambin : *degrederetur* et plus loin *commiserationibus*. — *ut
permoveret* vulg.

voluptati consulendum. » — (I, 6, 7) : « Di
immortales plurimum possunt ; sed non
plus velle nobis debent quam parentes.
At parentes, si pergunt liberi errare, bonis
exheredant. Quid ergo nos divinitus ex-
pectemus, nisi malis rationibus finem faciamus ? Iis demum deos propitios esse
æquum est, qui sibi adversarii non sunt.
Dii immortales virtutem adprobare, non
adhibere debent. »

Filii. Velleius Paterc, I, 11 ; *Tuscul.*,
I, 35, 85.

L. Cotta, probablement le consul de 144.
Le procès intenté à Cotta eut lieu après
le deuxième consulat de Scipion Émilien
(132 av. J.-C.). Quoique coupable, l'accusé fut absous parce que les juges ne
voulurent pas avoir l'air d'être influencés
par la gloire de l'accusateur (*pro Mur.*,
28, 58 ; Val. Max., VIII, 1, 11 ; Appien,
bell. civ., I, 22).

Exposita (§ 164) se dit d'un discours ou
d'une conversation dont on donne la teneur, mais sans s'astreindre à une reproduction textuelle des termes. Cf. *Orator*,
7, 23 ; *de Repub.*, I, 8, 13 ; *de Orat.*, I,
53, 223 (cf. *Brutus*, § 80 et 89).

C. Fannii, cf. § 101.

82. *Veterator*, orateur qui a plus de
pratique, de routine, que de talent. Cf.
§§ 178, 238, 261 ; *de Off.*, III, 32, 113 :
« veterator et callidus ».

C. Lælius, l'ami intime de Scipion
Émilien ; il fut consul en 140.

P. Africanus, le second Africain.

Oratorum, de ces deux personnages considérés en tant qu'orateurs. Cf. § 94.

Quasi, parce que *legitima* n'est pas employé avec son sens ordinaire, « conforme
aux lois ».

Egrederetur. De Orat., II, 19, 80 : « alii
jubent, antequam peroretur, ornandi aut
augendi causa digredi » ; Quintil., IV, 3,
12 : « hanc partem παρέκβασιν vocant
Græci, Latini egressum, vel egressionem. »

Augeret répond à ce que la rhétorique
grecque appelle l'αὔξησις ; *de Orat.*, I, 31,
143 : « ea quæ pro nobis essent, amplifi-
canda et augenda » ; III, 26, 104 et suiv.

Miserationibus. Cf. Quintilien, VI, 1,
23.

Communibus locis, particulièrement appropriés à l'αὔξησις (*de Orat.*, III, 27,
105 ; *Orat.*, 36, 126).

tur. Sed nescio quomodo hujus, quem constat eloquentia præstitisse, exiliores orationes sunt et redolentes magis antiquitatem quam aut Lælii *aut* Scipionis aut etiam ipsius Catonis; itaque exaruerunt, vix jam ut appareant.

[83] De ipsius Lælii et Scipionis ingenio quanquam ea est *f*ama, ut plurimum tribuatur ambobus, dicendi tamen laus est in Lælio illustrior. At oratio Lælii de collegi*is* non melior quam de multis quam voles Scipionis; non quo illa Lælii

Variantes : 83. ea est iam *L*. — collegis *L*.

NC. 82. Eberhard voudrait supprimer *quem constat... eloquentia praestitisse*. Mais la périphrase a beaucoup plus de force que n'en aurait le nom propre *Galba*. — *Aut Scipionis* vulg. — Purgold : *situque evanuerunt*. La correction *evanuerunt* est inadmissible à cause du pléonasme *vix jam ut appareant*. — 83. *Fama*, correction de Baiter, adoptée par tous les éditeurs. Les anciennes éditions ou bien conservent *iam*, qui est inintelligible, ou bien ajoutent soit *sententia*, soit *opinio*.

Nescio quomodo, locution adverbiale qui n'influe pas sur le mode du verbe. Voir Riemann, *Syntaxe*, p. 271.

Exaruerunt, n'ont plus ni forme, ni couleur, ni parfum, comme des plantes desséchées dans un herbier et réduites presque à rien. Le verbe s'emploie tantôt avec un ablatif (*Tuscul.*, III, 31, 75 : « vetustate exaruit »), tantôt absolument (*ad famil.*, VII, 31, 2 : « vides enim exaruisse jam veterem urbanitatem »; IX, 18, 3 : « facultas orationis... exaruisset »).

83. *Ipsius* se rapporte grammaticalement à *Lælii*, mais logiquement à *Lælii* et *Scipionis*.

De collegiis, le plus célèbre des discours de Lælius, celui que l'on considérait sans doute comme son chef-d'œuvre (*de Nat. deor.*, III, 2, 5 : « in illa oratione nobili »; III, 17, 43 : « in illa aureola oratiuncula »). Le discours *de collegiis* fut prononcé par Lælius préteur, en 145, pour combattre la loi du tribun C. Licinius Crassus, qui demandait que les membres des collèges sacerdotaux, au lieu de se recruter eux-mêmes par voie de *cooptatio*, ussent nommés par le peuple (*Læl.*, 25, 96). Lælius réussit à faire rejeter la loi. — Des discours de Lælius nous n'avons qu'un fragment insignifiant tiré de l'oraison funèbre de Scipion Emilien qu'il écrivit pour Fabius. Meyer, *Or. rom. fragm.*, p. 175.

De multis. Il reste quelques fragments des discours de Scipion Émilien (Meyer *Or. rom. fragm.*, p. 176 et suiv.). Le morceau le plus intéressant est un passage que nous a conservé Macrobe (*Sat.*, II, 10) et qui provient d'un discours contre la loi judiciaire de Ti. Gracchus « Docentur præstigias inhonestas : cum cinædulis et sambuca psalterioque eunt in ludum histrionum. Discunt cantare, quæ majores nostri ingenuis probro ducier voluerunt. Eunt, inquam, in ludum saltatorium inter cinædos virgines puerique ingenui. Hæc cum mihi quisquam narrabat, non poteram animum inducere, ea liberos suos homines nobiles docere. Sed cum ductus sum in ludum saltatorium, plus medius fidius in eo ludo vidi pueris virginibusque quingentis; in his unum, quod me reipublicæ maxime misertum est, puerum bullatum, petitoris filium, non minorem annis duodecim, cum crotalis saltare, quam saltationem impudicus servulus honeste saltare non posset. » — Pour l'emploi de *de* cf. § 78 : « de minoribus ».

Quam voles, sorte de pronom composé tenant lieu d'un nominatif. Voir Riemann, *Syntaxe*, p. 36. rem.

Illa Lælii, « celui, si renommé, de Lælius. » *Illa* s'oppose à *quam voles* : ce qu'on vante comme le chef-d'œuvre de Lælius ne vaut pas plus que le premier venu des discours de Scipion. Sur l'emploi du démonstratif avec un génitif voir

quicquam sit dulcius aut quo de religione dici possit
augustius, sed multo tamen vetustior et horridior ille
quam Scipio; et cum sint in dicendo variæ voluntates, de-
lectari mihi magis antiquitate videtur et libenter verbis
etiam uti paulo magis priscis Lælius. [84] Sed est mos hominum, ut nolint eundem pluribus rebus excellere. Nam
ut ex bellica laude aspirare ad Africanum nemo potest, in
qua ipsa egregium Viriathi bello reperimus fuisse Lælium,
sic ingenii, litterarum, eloquentiæ, sapientiæ denique, etsi
utrique primas, priores tamen libenter deferunt Lælio. Nec
mihi ceterorum judicio solum videtur, sed etiam ipsorum
inter ipsos concessu ita tributum fuisse. [85] Erat omnino
tum mos, ut in reliquis rebus melior, sic in hoc ipso huma-
nior, ut faciles essent in suum cuique tribuendo. XXII. Memoria teneo Smyrnæ me ex P. Rutilio Rufo audivisse,
cum diceret adulescentulo se accidisse, ut ex senatus consulto P. Scipio et D. Brutus, ut opinor, consules de re

VARIANTES : 83. quo de *G²*, quode *F*, quod e *O* quo e *r*. — uenustior *L* (*O² M²*
corr.). —XXII, 85. myrnae (*avec un s au-dessus de* m) *F¹*, Myrnae *O*, Murne *H*, Mirnae
r. — audisse *F*.

Riemann, *Syntaxe*, p. 9. Cf. § 244 : « hanc
Scipionis »; *de Orat.*, III, 48, 184 : « illa
poetarum ».

   Dulcius, etc. Cf. § 295.

   Horridior, § 68.

   Voluntates, « goûts ». Voir le développement de cette idée dans le *de Orat.*,
III, 7, 25 et suiv.

   Ex, « du côté de ».

   Aspirare. Cf. *ad Famil.*, VII, 10, 1 : « ad
quem ceteri... aspirare non possunt. »

   Viriathi bello. Cf. *de Offic.*, II, 11, 40 :
« Viriathus Lusitanus, cui quidem etiam
exercitus nostri imperatoresque cesse-
runt; quem C. Lælius, is qui sapiens
usurpatur, prætor fregit et comminuit,
ferocitatemque ejus ita repressit, ut facile bellum reliquis traderet. » Sur la
guerre de Viriathe, voir Duruy, *Hist.
des Rom.*, II, p. 145 et suiv.

   Primas, sc. *partes.*

   Concessu. Cf. *de Repub.*, I, 12, 18 : « fuit
enim hoc in amicitia quasi quoddam jus
inter illos, ut militiæ, propter eximiam
belli gloriam, Africanum ut deum coleret
Lælius; domi vicissim Lælium, quia ætate
antecedebat, observaret in parentis loco
Scipio. »

   85. *Tum.* Cicéron professe une grande
admiration pour le temps de Scipion
Émilien. Il aurait voulu y vivre et son
imagination s'y reporte souvent; c'est
ainsi qu'il y place la scène de plusieurs
de ses dialogues (*de Republica, Cato ma-
ior, Lælius*).

   In suum cuique tribuendo. Riemann,
Syntaxe, p. 442, note 3.

   Smyrnæ, en 78, lors du voyage que
fit Cicéron à Rhodes et en Asie Mineure
(§ 315). Rutilius y vivait exilé.

   Ex Rutilio Rufo, §§ 110, 113 et suiv. Cf.
de Repub., I, 8, 13.

   Adulescentulo, en 138.

   Ut opinor, parce qu'il cite de mémoire
et n'a pas vérifié les noms des consuls.

atroci magnaque quærerent. Nam cum in si*l*va Si*l*a facta
cædes esset notique homines interfecti insimulareturque
familia, partim etiam liberi societatis ejus, quæ picarias de
P. Cornelio L. Mummio censoribus redemisset, decrevisse
senatum, ut de ea re cognoscerent et statuerent consules :
[86] causam pro publicanis accurate, ut semper solitus esset,
eleganterque dixisse Lælium ; cum consules re audita « amplius » de consilii sententia pronuntiavissent, paucis interpositis diebus iterum Lælium multo diligentius meliusque
dixisse iterumque eodem modo a consulibus rem esse prolatam ; tum Lælium, cum eum socii domum reduxissent
egissentque gratias et ne defatigaretur oravissent, locutum
esse ita : se, quæ fecisset, honoris eorum causa studiose
accurateque fecisse ; sed se arbitrari causam illam a Ser.

Variantes : 85. in siuas ita *F*, istiuas ita *G B H M*, stiuas ita *O*.
  NC. XXII. 85. La vraie leçon *in silva Sila* a été rétablie par Turnèbe. —
Corrado, suivi par Meyer : *liberti*.

Quærerent. L'instruction de l'affaire
avait été par exception confiée aux consuls
parce qu'il s'agissait *de re atroci ma-*
gnaque, d'un véritable massacre (*cædes*)
et non pas de quelques assassinats isolés.

Silva Sila, forêt du Bruttium, qui pro-
duisait une poix fort estimée (Strabon,
VI, p. 261 ; Denys d'Halic., *fragm. Am-*
bros., XX, 5).

Familia, le personnel des esclaves
attachés à la compagnie fermière (*socie-*
tas). Dig., I. 16, 195, 3 : « in edicto
prætor loquitur de familia publicanorum
sed ibi non omnes servi, sed corpus quoddam servorum demonstratur hujus rei
causa paratum, hoc est vectigalis causa. »

Liberi, les hommes libres au service de
la compagnie.

Picarias sc. *officinas.* Les forêts de pins
faisaient partie du domaine public,
comme les salines et les mines. Dig., I.
16, 17, 1 : « publica vectigalia intellegere
debemus, ex quibus vectigal fiscus capit:
quale est vectigal portus vel venalium
rerum, item salinarum et metallorum et
picariarum. » L'exploitation de ces forêts
était mise en adjudication tous les cinq
ans par les censeurs.

Redemisset, « avait pris à ferme ».
Censoribus, en 142.

Cognoscerent et statuerent. Comme
l'affaire était grave et touchait sans
doute à la politique (*homines noti*), elle
resta tout entière entre les mains des
consuls, qui furent à la fois chargés de
l'instruction (*cognoscere*) et du jugement
(*statuere*).

86. *Accurate* ne se rapporte pas au
fond, à l'invention, mais à la forme. Cf.
§§ 30, 46, 143, 253 ; *de Orat.*, I, 33,
150 ; II, 12, 49. — *Esset*, § 57.

Amplius est le mot que prononçait
le président d'un jury criminel pour
renvoyer l'affaire à une autre audience,
quand les jurés, appelés à voter, avaient
répondu *non liquet* et demandé ainsi un
supplément d'enquête (*ampliatio*).

Prolatam, c'est-à-dire *ampliatam*.

Socii, les membres de la compagnie
fermière.

Honoris eorum causa, pour montrer
l'estime qu'il avait pour eux. Le fait
d'avoir pour avocat l'un des hommes les
plus considérés de Rome était par lui-
même une recommandation et comme
une présomption d'honorabilité.

Galba, quod is in dicendo a*sper*ior acriorque esset, gravius
et vehementius posse defendi ; itaque auctoritate C. Lælii
publicanos causam detulisse ad Galbam ; [87] illum autem, quod ei viro succedendum esset, verecunde et dubi-
tanter recepisse ; unum quasi comperendinatus medium
diem fuisse, quem totum Galbam in consideranda causa
componendaque posuisse ; et, cum cognitionis dies esset et
ipse Rutilius rogatu sociorum domum ad Galbam mane
venisset, ut eum admoneret et ad dicendi tempus addu-
ceret, usque illum, quoad ei nuntiatum esset consules
descendisse, omnibus exclusis commentatum in quadam tes-

VARIANTES : 86. adhortor *L*, adhortatior *O²*.

NC. 86. *Asperior*, conjecture de Moser (cf. Orelli-Baiter), est le terme qui convient le mieux à Galba (*de Orat.*, III, 7, 28 : *lenitatem Laelius, asperitatem Galba ;* cf
§ 129 ; *de Orat.*, II, 15, 64 ; *Orat.*, 36, 127 ; Quintil., VI, 3, 8 ; Sen. *Controv.*, IX,
26, 11). La plupart des éditions ont *ardentior*, d'après Corrado. Peter conjecture
actor fortior, Kayser *actuosior*, Friedrich, d'après Triller et Buttmann : *atrocior*

Auctoritate C. Lælii = *Lælio auctore*.
Figure de langage familière à Cicéron.
Cf. § 22 : « actas » ; *pro Rosc. Amer.*, 3,
7 : « ut audacium *sceleri* resistatis, inno-
centium calamitatem levetis » ; *de Orat.*,
I, 45, 200 : « vestibulum... summorum
hominum *splendore* celebratur ; 53, 227 :
« illorum orbitati ».

87. *Recepisse*, § 155 et 207. *Recipere
causam* n'est pas la même chose que
suscipere causam. Dans le premier cas
on cède aux instances d'autrui, dans le
second on se met soi-même en avant ;
de Orat., II, 24, 101 ; *divin. in Cæcil.*,
8, 26 : « ego in hoc judicio mihi Siculo-
rum causam receptam, populi romani
susceptam esse arbitror. »

Quasi comperendinatus. Pour empêcher les présidents d'éterniser les procès
de concussion par des ajournements successifs, moyen détourné de se soustraire à
une responsabilité gênante et de soustraire en même temps les coupables au
jugement, il fut décidé par la *lex Servilia de repetundis* (111 av. J.-C.) que
pour ces sortes d'affaires il n'y aurait
qu'une remise, que le second débat aurait lieu le surlendemain (*comperendi-
nus dies*) du premier ajournement et que
cette fois le jugement serait définitive-

ment rendu. Cette remise, qui ne laissait
qu'un jour plein (*medium diem*) entre les
deux audiences, s'appelait *comperendinatus* ou *comperendinatio*. La loi *Servilia*
n'existant pas au temps de Galba et ne
s'appliquant qu'aux procès *repetundarum*, le terme *comperendinatus* est ici un
anachronisme et une impropriété ; de là
l'emploi de *quasi*.

Quem équivaut à *et cum*. Riemann,
Syntaxe, § 230, p. 390-391.

Cognitionis, « audience ».

Usque... quoad « jusqu'au dernier moment où ». Cf. Varron, *de Ling. lat.*, V,
2, 7 : « quod usque id emit, quoad in
aliquo consistit pretium » ; Cornelius
Nep., *Epam*, 9, 3 : « usque eo (ferrum)
retinuit, quoad renuntiatum est vicisse
Bœotos. »

Descendisse, parce qu'on habitait les
collines et que le forum, où siégeaient
les tribunaux, était en contre-bas. Cf. *de
Orat.*, II, 66, 267 : « in forum descen-
dens. »

Commentatum désigne ici la préparation du discours au point de vue de la
forme, des effets oratoires, de l'action.
La veille, Galba n'avait fait qu'amasser
et mettre en ordre les matériaux de son
plaidoyer. Cf. § 301.

tudine cum servis litteratis fuisse, quorum *alii* aliud dictare
eodem [a] tempore solitus esset ; interim cum esset ei nuntiatum tempus esse, exisse in ædes eo colore et iis oculis, ut
egisse causam non commentatum putares. [88] Addebat
etiam idque ad rem pertinere putabat, scriptores illos male
mulcatos exisse cum Galba ; ex quo significabat illum non
in agendo solum, sed etiam in meditando vehementem atque
incensum fuisse. Quid multa ? magna exspectatione, plurimis
audientibus, coram ipso Lælio sic illam causam tanta vi
tantaque gravitate dixisse Galbam, ut nulla fere pars orationis silentio præteriretur ; itaque multis querelis multaque miseratione adhibita socios omnibus approbantibus
illa die quæstione liberatos esse. XXIII. [89] Ex hac Rutiliæ
narratione suspicari licet, cum duæ summæ sint in oratore

VARIANTES : 87. iis *M*, his *r*. — 88. mulcatos *F*, muletatos *r*. — die *O*, dis *r*. —
XXIII, 89. Rutilia *L*.

NC. 87. *Alii*, addition de Manuce. — [a] *tempore*, vulg. — 88. *id quod* au lieu de
dque Lambin. — XXIII, 89: *Rutilii*, correction d'Orelli. Les anciennes éditions ont
Rutiliana.

Testudine, charpente à quatre ram-
pants divergents, en forme de pyramide
(Varron, *de Ling. lat.*, V, 161 : « Dice-
batur testudo ab testudinis similitudine
ut est in prætorio in castris »). On s'en
servait pour couvrir certaines parties de
'habitation, situées en dehors de la pro-
tection du toit des bâtiments, une petite
cour intérieure par exemple (*cavædium
testudinatum*), ou une pièce annexe, ou un
pavillon isolé dans un jardin. *Testudo* signifie donc une pièce écartée, non comprise dans le carré que forme la maison
autour de l'*atrium*, et dans laquelle on
n'était dérangé ni par les visiteurs, ni
par le va-et-vient du service domestique.

Exisse in ædes. En sortant de la *testudo*, Galba rentre dans le corps de logis
principal (*ædes*), au centre duquel est
l'*atrium*.

Putares, « on pouvait croire ». L'imparfait remplit ici une double fonction :
une fonction grammaticale comme dé-
pendant de *ut*, et une fonction logique
comme expression du potentiel dans le
passé. Cf. Riemann, *Syntaxe*, § 242, *a*,
p. 426.

88. *Addebat* sc. Rutilius.

Ad rem, à la connaissance du caractère
oratoire de Galba.

Male mulcatos, comme des gens qui
viennent d'être bousculés.

Significabat, faire une conjecture,
§ 112 ; *ad Attic.*, XVI, 7, 5 : « aliud non
habeo quod ex eis a te verbis significar
putem. »

In meditando, sens analogue ici à celu
de *commentari* (§ 87). *Meditari* se dit de
même de l'acteur qui apprend ou répète
son rôle avant la représentation (Plaute
Persa, 461, 462).

Plurimis, avec le sens d'un superlati
absolu.

Silentio, c'est-à-dire sans exciter les
applaudissements (*clamores*) ; cf. § 164,
326).

XXIII, 89. *Duæ summæ.* D'après la
rhétorique, le rôle de l'orateur est triple et non pas double : il doit *docere*,
delectare, *movere* (cf. § 185, 275 ; *de Orat.*,
II, 27, 115). Mais de ces trois devoirs le
premier et le dernier ont seuls une importance capitale. *Orator*, 21, 69 : « probare necessitatis est, delectare suavitatis

laudes, una subtiliter disputandi ad docendum, altera graviter agendi ad animos audientium permovendos, multoque plus proficiat is, qui inflammet judicem quam ille qui doceat, elegantiam in Lælio, vim in Galba fuisse. Quæ quidem *vis* tum maxime cognita est, cum Lusitanis a Ser. Galba prætore contra interpositam, ut existimabatur, fidem interfectis, L. Libone tribuno plebis populum incitante et rogationem in Galbam privilegii similem ferente, summa senectute, ut ante dixi, M. Cato legem suadens in Galbam multa dixit ; quam orationem in Origines suas rettulit, paucis ante quam mortuus est [an] diebus an mensibus. [90] Tum igitur

VARIANTES : 89. ut istum *L*. — cognita est *F*, cognitast *O*, cognita sit *r*. — T. Libone *L*.

NC. 89. *Vis tum* vulg. — *An* supprimé par Pareus devant *diebus* (cf. Hand, *Turs.*, I, p. 308). Les textes qui pourraient justifier la répétition de *an* (ad *Att.*, II, 6, 1; XI, 6, 7) sont eux-mêmes suspects.

flectere victoriæ » ; *de optim. gen. orat.*, I, 3 : « docere debitum est, delectare honorarium, permovere necessarium. »

Subtiliter, § 35.

Elegantiam, qualité de l'orateur qui *disputat subtiliter ad docendum*.

Lusitanis. Galba étant préteur en Espagne en 150, avait attiré dans un guetapens les Lusitaniens désarmés qui venaient lui faire volontairement leur soumission, et au milieu des pourparlers il les avait fait attaquer par ses soldats. Les uns avaient été massacrés et les autres vendus comme esclaves (Suétone, *Galba*, 3; Valère Max., VIII, 1, 2; Tite-Live, *Epit.*, 49).

L. Libone. L. Scribonius Libo n'est connu que par l'attaque qu'il dirigea contre Galba, de concert avec Caton et L. Cornélius Céthégus (Tite-Live, *Epit.*, 49).

Rogationem, terme technique pour désigner une proposition de loi soumise au vote de l'assemblée du peuple.

Privilegii similem. La loi devait avoir un caractère général et impersonnel et ne devait pas être faite pour ou contre un individu (*de Leg.*, III, 19, 44 : « in privos homines leges ferri noluerunt, id est enim privilegium. » Cf. Aulu-Gelle, X, 20, 1). De là cette disposition de la loi des XII Tables : *privilegia ne inroganto*. En demandant que les Lusitaniens vendus comme esclaves en Gaule fussent remis en liberté (Tite-Live, *Epit.*, 49), Libon visait indirectement Galba, la réparation du mal fait aux victimes impliquant naturellement la condamnation de celui qui l'avait fait et le vote de la loi devant entrainer une poursuite criminelle (Cf. *de Orat.*, I, 53, 227 : « L. Scribonio quæstionem in eum ferente »).

Ut ante dixi, § 80.

Rettulit, cf. *de Orat.*, I, 53, 227 « quam orationem in Originibus suis exposuit ipse. » Tite-Live, *Epit.*, 49 : « exstat oratio in Annalibus ejus inclusa. » Aulu-Gelle (XIII, 25, 15) nous a conservé le début de l'exorde de Caton : « Multa me dehortata sunt huc prodire, anni, ætas, vox, vires, senectus : vero enimvero quom tantam rem peragier arbitrarer... »

Diebus an mensibus, parce qu'on n'était pas d'accord sur la date du tribunat de Libon, que les uns plaçaient en 150 et les autres en 119. Cf. *ad Attic.*, XII, 5, 3. — Sur l'emploi de *an* comme conjonction disjonctive, voir Riemann, *Syntaxe*, p. 524, rem. III.

90. *Tum igitur*. Galba, dans cette circonstance, prononça trois discours. Tite-Live *Epit.*, 49 : « exstant tres orationes Galbæ, duæ adversus Libonem trib. pl.

nihil recusans Galba pro sese et populi Romani fidem implorans, cum suos pueros tum C. Galli etiam filium flens commendabat, cujus orbitas et fletus mire miserabilis fuit propter recentem memoriam clarissimi patris : isque se tum eripuit flamma, propter pueros misericordia populi commota, sicut idem scriptum reliquit Cato. Atque etiam ipsum Libonem non infantem video fuisse, ut ex orationibus ejus intellegi potest.

[91] Cum hæc dixissem et paulum interquievissem : Quid igitur, inquit, est causæ, Brutus, si tanta virtus in oratore Galba fuit, cur ea nulla in orationibus ejus appareat? quod mirari non possum in eis, qui nihil om-

VARIANTE : 91. apparet *L*.

NC. 90. *Nihil* rétabli par Corrado et tous les éditeurs d'après Val. Max., VIII, 1, 2. — Stangl : *pro sese* [*et*] *populi*, d'après Campe. — 91. *Appareat*, correction de Lambin. Peter essaie de défendre la leçon de *L*; mais les exemples qu'il cite ne sont pas concluants.

rogationemque ejus habitæ de Lusitanis, una contra L. Cornelium Cethegum, in qua Lusitanos propter sese castra habentes cæsos fatetur, quod compertum habuerit, equo atque homine suo ritu immolatis, per speciem pacis adoriri exercitum suum in animo habuisse. » La scène racontée ici par Cicéron se rapporte évidemment à la péroraison du dernier des trois discours de Galba.

Nihil recusans pro sese. Galba, voyant le peuple excité contre sa personne, n'essaie plus de se justifier et finit en se soumettant à toutes les conséquences (exil ou mort) que la loi de Libon peut entraîner pour lui.

Fidem. parce qu'il confie des orphelins à la tutelle protectrice du peuple. Cf. *de Orat.*, I, 53, 227 : « Reprehendebat igitur Galbam Rutilius. quod is C. Sulpicii Galli propinqui sui Quintum pupillum filium ipse pæne in humeros suos extulisset, qui patris clarissimi recordatione et memoria fletum populo moveret, et duos filios suos parvos tutelæ populi commendasset ac se, tanquam in procinctu testamentum faceret sine libra atque tabulis, populum Romanum tutorem instituere dixisset illorum orbitati. »

Cum... tum, etc. *Tum* a ici le sens de *et surtout*. C'est sur l'apparition du fils de Gallus que Galba compte le plus. Voir le passage du *de Oratore* cité dans la note précédente. — *C. Galli*, § 78.

Se eripuit flamma, il échappa à l'incendie qui allait le dévorer. L'expression est sans doute de Caton. Cicéron emploie d'ordinaire *eripere* soit avec le datif, soit plus volontiers avec *ex* et l'ablatif. Dans le *pro Scauro* (48) on retrouve « eripuit flamma », mais immédiatement après : « eriperet ex hac flamma... eripuisset ex illo incendio ... »

Scriptum reliquit. De Orat., I, 53, 228 : « Quod item apud Catonem scriptum esse vides « nisi pueris et lacrimis usus esset, pœnas eum daturum fuisse. »

91. *In orationibus ejus*, qu'il a laissés par écrit.

Quod mirari, etc. La suite des idées est assez enveloppée. Brutus veut dire que sa question n'est pas pour mettre en doute le moins du monde la valeur oratoire de Galba, qu'elle a au contraire quelque chose de flatteur : c'est déjà un honneur que d'en être l'objet, et cet honneur, les orateurs qui n'ont rien écrit ne l'ont pas. C'est qu'en effet, répond Cicéron, les raisons mêmes qui expliquent

nino scripti reliquerunt. XXIV. Nec enim est eadem, inquam, Brute, causa non scribendi et non tam bene scribendi quam dixerint. Nam videmus alios oratores inertia nihil scripsisse, ne domesticus etiam labor accederet ad forensem (pleræque enim scribuntur orationes habitæ jam, non ut habeantur) ; [92] alios non laborare, ut meliores fiant (nulla enim res tantum ad dicendum proficit, quantum scriptio) ; memoriam autem in posterum ingenii sui non desiderant, cum se putant satis magnam adeptos esse dicendi gloriam eamque etiam majorem visum iri, si in existimantium arbitrium sua scripta non venerint ; alios, quod melius putent dicere se posse quam scribere, quod peringeniosis hominibus neque satis doctis plerumque

VARIANTE : 92. putent melius *B H M*.

NC. 91. Il n'y a aucune raison suffisante pour considérer comme une glose, avec Stangl, la phrase *pleræque... habeantur*. Sans doute les interlocuteurs de Cicéron savent à quoi s'en tenir sur les habitudes des orateurs. Mais le dialogue n'est qu'une fiction et l'on conçoit que Cicéron ait tenu à préciser pour ses lecteurs le sens de *ne domesticus labor accederet*.

d'une part l'abstention des orateurs qui n'écrivent pas, d'autre part les défaillances de ceux qui écrivent, ne sont pas également honorables. Les uns sont ou des paresseux, ou des orateurs indifférents à la perfection littéraire, satisfaits de leurs succès éphémères, certains d'avance que le jugement des connaisseurs ne leur profitera pas, ou bien encore des gens qui se défient d'eux-mêmes et qui s'abstiennent par prudence. Les autres sont des hommes de grande valeur (*peringeniosis*) à qui il ne manque que l'expérience technique du métier d'écrivain (*non satis doctis*). Leur effort peut n'être pas heureux, mais encore ont-ils le mérite de leur effort.

Et non, au lieu de *nec*, parce que la négation ne porte que sur *tam bene*. Riemann, *Syntaxe*, p. 481, 4°.

Dixerint, au sens potentiel.

Habitæ jam. Cf. § 164 ; *Tuscul.*, IV, 25, 55 : « cum jam rebus transactis et præteritis orationes scribimus » ; *Cato*, 11, 38 : « Causarum illustrium, quascumque defendi, nunc cum maxime conficio orationes. » Avant de prononcer leurs discours, les orateurs ne rédigeaient guère que des notes ou un canevas plus ou moins étendu (*Commentarii*, Quintil., X, 7, 30).

92. *Scriptio*. Cf. *de Orat.*, I, 33, 150 : « Stilus optimus et præstantissimus dicendi effector ac magister. »

Existimantium, les connaisseurs, les critiques. Cf. § 122, 146, 200, 239, 252, 320. Pour l'emploi du participe présent comme substantif, voir plus haut, § 45.

Alios quod melius. Entendez *alios non scribere quod*, etc. Cicéron aurait pu ajouter une autre catégorie, celle des orateurs qui n'écrivent pas, comme Antoine, pour pouvoir se contredire au besoin (*pro Cluent.*, 50, 140 : « Hominem ingeniosum M. Antonium aiunt solitum esse dicere, idcirco se nullam unquam orationem scripsisse, ut si quid aliquando, quod non opus esset, ab se esset dictum, posset se negare dixisse »).

Quod, le fait de *melius dicere posse quam scribere*. Nous entrons ici dans la seconde partie du développement (*causa non tam bene scribendi*, etc.).

Neque satis doctis, qui n'ont pas une éducation littéraire suffisante.

contingit, ut ipsi Galbæ ; [93] quem fortasse vis non ingenii solum, sed etiam animi et naturalis quidam dolor dicentem incendebat efficiebatque, ut et incitata et gravis et vehemens esset oratio ; dein cum otiosus stilum prehenderat motusque omnis animi tanquam ventus hominem defecerat, flaccescebat oratio. Quod iis, qui limatius dicendi consectantur genus, accidere non solet, propterea quod prudentia nunquam deficit oratorem, qua ille utens eodem modo possit et dicere et scribere ; ardor animi non semper adest, isque cum consedit, omnis illa vis et quasi flamma oratoris exstinguitur. [94] Hanc igitur ob causam videtur Lælii mens spirare etiam in scriptis, Galbæ autem vis occidisse.

XXV. Fuerunt etiam in oratorum numero mediocrium L. et Sp. Mummii fratres, quorum exstant amborum orationes : simplex quidem Lucius et antiquus, Spurius autem nihilo ille quidem ornatior, sed tamen astrictior ; fuit enim

VARIANTES : 93. prenderat *F*. — flaccesciebat *L*(*M²* corr.). — his *L*.

NC. 93. Schneider : *calor* au lieu de *dolor*. Mais voir les textes indiqués dans le commentaire.

Dolor, sensibilité, puissance d'émotion, propre à produire le pathétique. Cf. § 158, 278 ; *de Orat.*, II, 17, 73 ; III, 25, 96 ; *Orat.*, 37, 130 et suiv.

Flaccescebat, était languissant, inerte, sans mouvement, comme l'est une voile quand le vent est tombé et ne la gonfle plus. C'est la continuation de la métaphore indiquée par *tanquam ventus*.

Limatius, terme analogue à *politus* et *elegans* (§ 69). C'est une des qualités du style simple. *Orat.*, 5, 20 : « subtili quadam et pressa oratione limati » ; *de Orat.*, III, 8, 34 : « Limatus alter et subtilis, rem explicans propriis aptisque verbis. »

Prudentia, la sûreté du jugement, le goût.

Qua utens, § 59 (« qua excellentem »).
Spirare. Cf. *Orat.*, 37, 130 : « Carent libri (*les discours écrits*) spiritu illo, etc. »
XXV, 94. *Mediocrium*, de valeur moyenne.
L. et Sp. Mummii. L. Mummius

(Achaïcus) est le consul de 146 qui assiégea et prit Corinthe. Il n'est resté aucun souvenir de ses discours, pas plus que de ceux de son frère. Sp. Mummius, ami de Scipion Emilien (*de Repub.*, I, 12, 18 ; *Lælius*, 19, 69) et l'un des interlocuteurs du *de Republica*, accompagna L. Mummius comme légat dans la campagne d'Achaïe (*ad Attic.*, XIII, 5, 1). Cicéron connaissait de lui, outre ses discours, « epistolas. . versiculis facetis, ad familiares missas a Corintho » (*ad Attic.* XIII, 6, 3).

Antiquus, § 83.
Nihilo... ornatior. D'après un fragment du *de Republica* cité par Nonius (*imbuere*, p. 521), Sp. Mummius détestait les rhéteurs et par suite devait faire fi de tous leurs procédés de style.

Astrictior (§ 120, 309), plus serré. *Tamen*. Quoique son style fût aussi peu oratoire que celui de son frère, il était moins lâche, par suite travaillé avec un certain art.

doctus *ex* disciplina Stoicorum. Multæ sunt Sp. Albini orationes; sunt etiam L. et C. Aureliorum Orestarum, quos aliquo video in numero oratorum fuisse. [95] P. etiam Popilius cum civis egregius tum non indisertus fuit; C. vero filius ejus disertus; Gaiusque Tuditanus cum omni vita atque victu excultus atque expolitus tum ejus elegans est habitum etiam orationis genus. Eodemque in genere est habitus is, qui injuria accepta fregit Ti. Gracchum patientia, civis in rebus optimis constantissimus M. Octavius. At vero M. Æmilius Lepidus, qui est Porcina dictus, isdem temporibus fere quibus Galba sed paulo min*or* natu et summus orator est habitus et fuit, ut apparet ex orationibus, scriptor

VARIANTES : XXV, 94. doctus et *L.* — C. aureliorum *F*, caureliorum *r*. — 95. c*ivis F G²*, cuius *r.* — minus *L.*

NC. XXV, 94. *ex disciplina* vulgate. — 95. Kayser supprime *etiam* après *habitum.* — *Minor*, vulgate.

Stoicorum, § 147. Vivant dans la familiarité de Scipion Emilien, Sp. Mummius avait dû être en rapports avec Panétius.

Sp. Albini. Sp. Postumius Albinus, consul en 148. Il fut un des dix commissaires envoyés en Achaïe en 146 pour organiser la nouvelle province (*ad Attic.*, XIII, 30, 3). Voilà pourquoi son nom se trouve cité immédiatement après ceux des Mummius.

Orestarum. L. Aurélius Orestes, consul en 126, réprima une révolte en Sardaigne (Tite-Live, *Epit.*, 60). On ne sait rien de son frère.

95. *P. Popilius Lænas*, consul en 132. Chargé, avec son collègue Rupilius, de l'enquête sur la mort de Ti. Gracchus (*Lælius*, 11, 37), il poursuivit les complices du tribun et s'attira par sa conduite en cette affaire la haine du parti démocratique (d'où les mots *civis egregius*, cf. § 2). C. Gracchus en 122 le fit condamner à l'exil, d'où le tribun Bestia le fit rappeler l'année suivante (*pro Dom.*, 31, 82; *Brutus*, § 128). Voir sur Popilius *Corp. inscr. lat.*, I, p. 154, n° 551. — On ne sait rien de son fils.

C. (Sempronius) Tuditanus, préteur en charge l'année du consulat de Popilius (*ad Attic.*, XIII, 32, 3), consul lui-

même en 129. Denys d'Halicarnasse le cite comme l'un des plus savants historiens romains (*Antiq. rom.*, I, 11).

Vita atque victu, deux termes souvent rapprochés (*de Leg.*, III, 14, 32; *de Off.*, I, 17, 58; Cornel. Nep., *Alcib.*, 1, 3; Lucrèce, V, 804). *Vita* désigne ici la vie publique, les rapports de société; *victus*, la manière de vivre dans le particulier, le régime domestique.

M. Octavius (Cæcina), tribun en 133. Gagné au parti de l'aristocratie (d'où *civis in rebus optimis constantissimus*, cf. § 2), il s'opposa de toutes ses forces à la loi agraire de son collègue Ti. Gracchus et maintint énergiquement son véto malgré les prières et les menaces. Poussé à bout, Ti. Gracchus le fit déposer, au mépris de l'inviolabilité tribunitienne (*injuria*), donnant ainsi un exemple de violence qui bientôt se retourna contre lui-même (*fregit*). Voir Duruy, *Hist. des Rom.*, II, p. 398 et suiv.

At vero, « mais par exemple », pour marquer l'opposition entre *mediocrium* (§ 94) et *summus*.

M. Æmilius Lepidus, consul en 137. Cf. § 97, 106, 295.

Ex orationibus. Il ne nous en reste rien.

Scriptor, et non pas *orator*, parce que

sane bonus. [96] Hoc in oratore Latino primum mihi videtur
et levitas apparuisse illa Græcorum et verborum comprehensio et jam artifex, ut ita dicam, stilus. Hunc studiose duo
adulescentes ingeniosissimi et prope æquales C. Carbo et
Ti. Gracchus audire soliti sunt; de quibus jam dicendi
locus erit, cum de senioribus pauca dixero. Q. enim Pompeius non contemptus orator temporibus illis fuit, qui summos honores homo per se cognitus sine ulla commenda-
tione majorum est adeptus. [97] Tum L. Cassius multum
potuit non eloquentia sed dicendo tamen; homo non liberalitate, ut alii, sed ipsa tristitia et severitate popularis;   .

VARIANTE : 96. etiam artifex *L*.

NC. 96. *et jam*, dans toutes les éditions, d'après P. Faber.

c'est seulement sur les qualités du style
que Cicéron veut insister ici. Les discours de Porcina lui paraissent manquer
un peu de fonds; il le trouve (*de Orat.*,
I, 10, 40) « ignarum legum, hæsitantem
in majorum institutis, rudem in jure civili ». — *Sane*, cf. § 21.

96. *Levitas* correspond à ce que la
rhétorique grecque appelait λειότης,
c'est-à-dire une diction équarrie, rabo-
tée, qui ne heurte pas l'oreille par des
rencontres de mots désagréables ; *de
Orat.*, III, 43, 171 : « Struere verba sic
ut neve asper eorum concursus neve
hiulcus sit, sed quodam modo coagmentatus et levis. » Cf. *Orat.*, 5, 20; Quintil.,
II, 5, 9.

Illa Græcorum. Il n'est pas sans intérêt
de remarquer que Porcina, qui le premier appliqua à l'éloquence romaine les
procédés de la rhétorique grecque, fut
aussi l'un des premiers qui essayèrent
d'introduire à Rome les habitudes du
luxe hellénique. Il fut noté par les censeurs et condamné à une amende parce
qu'il habitait une trop belle maison (Velleius Pat., II, 10; Val. Max., VIII, 1,
damn. 7).

Comprehensio, § 34.

Artifex stilus, une plume assez sûre
pour produire une œuvre d'art. *Artifex*
s'appliquant d'ordinaire à l'ouvrier lui-
même et non pas à l'instrument dont il
se sert, *ut ita dicam* atténue la har-

diesse de la synecdoche. *Artifex* est un
substantif employé ici adjectivement.

C. Carbo et Ti. Gracchus, § 103.

Q. Pompeius, cité après Porcina quoique ayant été consul cinq ans avant lui
en 141, parce qu'il se trouva mêlé à
l'affaire de Mancinus (cf. § 103), le collègue de Porcina, et tenta dans cette circonstance de justifier le traité peu honorable qu'il avait, lui aussi, quelques années avant Mancinus, en 140, signé avec
les Numantins (*de Repub.*, III, 18, 28;
de Off., III, 30, 109; *de Finib.*, II,
17, 54).

Summos honores. Il obtint la censure
en 131, et cette année-là pour la première fois on eut deux censeurs plébéiens (Tite-Live, *Epit.*, 59).

Per se cognitus a le même sens que
homo novus. Cf. *In Catil.*, I, 11, 28 : « te
hominem per se cognitum, nulla commen-
datione majorum » ; *in Verr.*, V, 70,
181 : « Q. Pompeius, humili atque ob-
scuro loco natus... ». Selon Plutarque
(*Apophth.*, p. 200), Pompeius était le fils
d'un joueur de flûte.

97. *L. Cassius* (*Longinus*), tribun du
peuple en 137, consul en 127.

Liberalitate, caractère aimable et com-
plaisant.

Tristitia et severitate. La sévérité de
Cassius était proverbiale à Rome. *Cas-
sianus judex* signifiait un juge sévère
(*in Verr.*, III, 60, 137). On citait volon-

cujus quidem legi tabellariæ M. Antius *Restio* tribunus
plebis diu restitit, M. Lepido consule adjuvante ; eaque res
P. Africano vituperationi fuit, quod ejus auctoritate de
sententia deductus *Restio* putabatur. Tum duo Cæpiones
multum clientes consilio et lingua, plus auctoritate tamen
et gratia sublevabant. Se*x*. Pompei sunt scripta nec nimis
extenuata, quanquam veterum est similis, et plena prudentiæ.
XXVI. [98] P. Crassum valde probatum oratorem isdem fere

VARIANTES : 97. Briso *L* (*de même plus bas*). — clientes *F O M²*, dicentes *r*. — Sed
Pompei *L*.

NC. 97. *Restio* est le surnom héréditaire de tous les membres de la gens *Antia*
que nous connaissons par les textes et les monnaies (voir le commentaire). *Briso*,
que donnent les mss, ne se trouve nulle part. Le mot n'a d'ailleurs aucun sens et
ne peut être rattaché à aucun radical connu : or les surnoms romains signifient d'ordinaire quelque chose. — *Sex. Pompei*, correction de Madvig.

tiers ce qu'on appelait le mot de Cassius
illud Cassianum « *cui bono* » (*pro Rosc.
Amer.*, 30, 84 ; *pro Mil.*, 12, 32 ; Asconius
in Milon., p. 46, Orelli : « Quotiens quæstor judicii alicujus esset, in quo quæreretur de homine occiso, suadebat atque
etiam præibat judicibus, ut quæreretur
cui bono fuisset perire eum, de cujus
morte quæritur ») ; sa rigueur dans le
procès des Vestales (Cf. § 160) était restée
célèbre (Ascon, *ibid.*). Il est vrai que la
tradition a peut-être attribué à un seul et
même Cassius des traits se rapportant à
deux personnages différents. Selon Valère
Maxime (III, 7, 9), le juge des Vestales
aurait été un Cassius Longinus préteur
en 113, « cujus tribunal propter nimiam
severitatem scopulus reorum diceba-
tur ».

Legi tabellariæ, loi sur le scrutin
secret dans les comices judiciaires, pour
défendre les plébéiens contre les sollici-
tations et les menaces des patriciens.
Cette loi fut votée en 137. Voir les monnaies de la famille Cassia (Babelon,
Monn. de la Répub., I, p. 332, 333).

M. *Antius Restio*, collègue de Cassius
au tribunat en 137, grand-père du tribun
qui vers 71 fit voter une loi somptuaire
(Aulu-Gelle, II, 24, 3 ; Macrobe, *Sat.*,
II, 13) et arrière-grand-père de C. Antius
Restio qui fut magistrat monétaire vers
45 av. J.-C. (Babelon, *Monn. de la Rép.*,
I, p. 154 et suiv.), qui suivit le parti de

Pompée, et qui, proscrit en 43, dut son
salut au dévouement d'un de ses esclaves
(Val. Max., VI, 8, 7 ; Appien, *Bell. civ.*,
IV, 43 ; Macrobe, *Sat.*, I, 11).

P. *Africano* ; *de Leg.*, III, 16, 37 :
« Cassiæ legis culpam Scipio sustinet,
quo auctore lata esse dicitur. »

Duo Cæpiones. Ils ne sont pas ici à leur
place chronologique, puisque Cn. Servilius Cæpio fut consul en 141, et son frère
Quintus, celui qui fit assassiner Viriathe,
consul en 140. Mais la mention de
Q. Pompeius (§ 96) entraînait naturellement celle des Cæpions, qui tous deux
avaient joué un rôle important dans un
procès *repetundarum* intenté à Pompeius
(*pro Font.*, 11, 23 ; Val. Max., VIII, 5, 1)
et dont l'aîné avait été le collègue de
Pompeius au consulat.

Sex. Pompeii, probablement le père
de Q. Pompeius et le père des deux
Pompeii cités au § 175.

Nec nimis extenuata, dont le style n'est
pas trop *tenuis* (Cf. § 64, *tenuitas* ; 201,
attenuate), c'est-à-dire dont le style a une
certaine ampleur oratoire.

Prudentiæ, § 93.

XXV, 98. *P. Crassum*. P. Licinius
Crassus Dives Mucianus, fils de P. Scævola
(consul en 175), frère de P. Scævola (consul en 133), adopté par P. Crassus (Cf.
§ 77). Cicéron le signale (*Acad.*, II, 5, 13 ;
de Rep., I, 19, 31) comme ayant été avec
son frère le conseiller de Ti. Gracchus

temporibus accepimus, qui et ingenio valuit et studio et habuit quasdam etiam domesticas disciplinas. Nam et cum summo illo oratore, Ser. Galba, cujus Gaio filio filiam suam collocaverat, affinitate sese devinxerat et cum esset P. Mucii filius fratremque haberet P. Scævolam, domi jus civile cognoverat. In eo industriam constat summam fuisse maximamque gratiam, cum et consuleretur plurimum et diceret. [99] Horum ætatibus adjuncti duo C. Fannii C. et M. filii fuerunt : quorum Gaii filius, qui consul cum Domitio fuit, unam orationem de sociis et nomine Latino contra C. Gracchum reliquit sane et bonam et nobilem. Tum Atticus : Quid ergo? estne ista Fannii? nam varia opinio pueris nobis erat. Alii a C. Persio litterato homine scriptam esse

VARIANTES : XXVI, 98. constat industriam *B H M.* — 99. c. fanni c. m. f. *L.* (et *ajouté par H² au-dessus de* m.) — filius *F G O*, fannius *r.*

NC. XXVI, 99. Avec Jahn et Stangl je rétablis le prénom *C.* devant *Gracchum.*

et l'inspirateur des lois agraires. Grand-pontife vers 145, consul en 131, il fut tué la même année en Asie dans la guerre d'Aristonicus Aulu-Gelle, I, 13, 10 : « Crassus... traditur habuisse quinque rerum bonarum maxima et præcipua, quod esset ditissimus, quod nobilissimus, quod eloquentissimus, quod jurisconsultissimus, quod pontifex maximus. » — *Probatum oratorem. De Orat.*, I, 56, 240 : « Fuit Crassus in numero disertorum, sed par Galbæ nullo modo »; cf. §37,170 ; 50, 216.

Studio. Val. Max., VIII, 7, 6 : « P. Crassus, cum in Asiam... venisset, tanta cura Græcæ linguæ notitiam animo comprehendit, ut eam in quinque divisam genera per omnes partes et numeros penitus cognosceret. »

Domesticas disciplinas, l'éloquence en tant qu'allié à Galba ; le droit en tant que fils et frère d'un Scævola. *Disciplinas* répond à *doctrina* et complète avec *ingenio* et *studio* la série des trois termes.

Cujus Gaio filio, construction fréquente dans Cicéron (*pro Arch.*, 3, 6 ; *pro Cluent.*, 8,25 ; *de Orat.*, I, 53, 228). Ici elle semble avoir été recherchée pour rapprocher *filio* de *filiam.* Sur C. Galba, cf. § 127.

Consuleretur. Voir l'anecdote racontée dans le *de Orat.*, I, 56, 240.

99. *Duo Fannii.* Cicéron s'est complètement embrouillé dans les Fannius (voir à ce sujet ses lettres à Atticus, XII, 5, 3 ; XVI, 13ᵉ, 2). Il est aujourd'hui démontré (*Corp. inscr. lat.*, I, p. 158, nº 560 ; cf. Teuffel-Schwabe, § 137, 4) que les deux Fannius cités ici ne sont qu'un seul et même personnage dédoublé par erreur, C. Fannius, M. f., consul en 122, gendre de Lælius et auteur d'*Annales.*

De sociis et nomine Latino, termes presque toujours associés, aussi bien dans les textes que dans les inscriptions. *Nomen Latinum* désigne l'ensemble des membres de l'ancienne fédération latine ; les *socii* sont tous ceux des Italiens qui se trouvent en dehors de cette fédération. Aux uns et aux autres C. Gracchus, en 122, proposait de donner la plénitude des droits civils et politiques.

Reliquit. Il nous reste du discours de Fannius le passage suivant, qui nous a été conservé par Julius Victor (p. 224, Orelli) : « Si Latinis civitatem dederitis, credo, existimatis vos ita ut nunc constitisse, in contione habituros locum aut ludis et festis diebus interfuturos? Nonne illos omnia occupaturos putatis? » Cf. *de Orat.*, III, 47, 183.

C. Persio. De Orat., II, 6, 25 : « C

aiebant, illo, quem significat valde doctum esse Lucilius;
alii multos nobiles, quod quisque potuisset, in illam orationem contulisse. [100] Tum ego : Audivi equidem ista,
inquam, de majoribus natu, sed nunquam sum adductus ut
crederem ; eamque suspicionem propter hanc causam
credo fuisse, quod Fannius in mediocribus oratoribus habitus esset, oratio autem vel optima esset illo quidem tempore orationum omnium. Sed nec ejusmodi est, ut a pluribus confusa videatur; unus enim sonus est totius orationis
et idem stilus, nec de Persio reticuisset Gracchus, cum e*i*
Fannius de Menelao Maratheno et de ceteris objecisset :
præsertim cum Fannius nunquam sit habitus elinguis. Nam
et causas defensitavit et tribunatus ejus, arbitrio et auctoritate P. Africani gestus, non obscurus fuit. Alter autem

VARIANTES : 100 cum et *L*. — menelao *M¹*, menelauo *F O G*, menelano *r*.
NC. 100. Kayser, d'après Bake : *habitus est... optima est*. Mais les deux subjonctifs s'expliquent très bien avec *suspicionem*. Atticus ne donne pas les raisons comme
venant de lui, mais comme étant la pensée de ceux qui avaient des soupçons. — *ei*,
correction de Gruter, passée dans toutes les éditions récentes. Les anciens éditeurs
conservent *et*, lequel est défendu par Hand, *Tursell*., II, p. 512 (*qui scripserunt ei non
viderunt optime se habere cum et = da auch.*). Cf. § 104.

Lucilius (*le poète*) homo doctus et perurbanus dicere solebat, ea quæ scriberet
neque se ab indoctissimis neque a doctis-
simis legi velle, quod alteri nihil intellegerent, alteri plus fortasse quam ipse,
de quo etiam scripsit : « Persium non
curo legere ». Hic fuit enim, ut noramus,
omnium fere nostrorum hominum doctissimus. » Cf., *de Finib.*, I, 3, 7. — *Litterato*. Suétone, *de ill. gramm.*, 4 : « Lit-
teratos quidem vulgo appellari ait (Cornelius Nepos) eos qui aliquid diligenter
et acute scienterque possint aut dicere
aut scribere. »
100. *De majoribus*. Cf. *pro Balb.*, 5,
11 : « Audivi hoc de parente meo »; *de
Rep.*, II, 15, 23 : « Sæpe hoc de majoribus audivimus. »
Mediocribus, § 94.
Confusa, produit d'une combinaison,
chaque collaborateur apportant un morceau pour le mêler avec ceux des autres.
Cf. *de Repub.*, II, 23, 41 : « quæ (respublica) ex tribus generibus illis, regali

et optumati et populari, confusa modice ».
Sonus. Cf. *de Opt. gen. or.*, 1. : « Suus
est cuique certus sonus et quædam intel-
legentibus nota vox. »
Menelao Maratheno, Ménélas de Mara-
thos (Phénicie), rhéteur grec qui avait été
le maître des Gracques, ainsi que (*de
ceteris*) le rhéteur Diophane de Mitylène
et le philosophe Blossios de Cumes (Plutarque, *Ti. Gracch.*, 8).
Objecisset, employé ainsi fréquemment
par Cicéron comme verbe intransitif et
avec *de*.
Præsertim cum, outre que les deux
hypothèses sont peu vraisemblables, elles
sont inutiles, *étant donné surtout que*, etc.
Elinguis. Tacite, *Dial. d. or.*, 36 :
« Mutum et elinguem. »
Tribunatus. Cicéron croit avoir entendu
dire que Fannius fut tribun sous la censure
de Scipion Emilien et de L. Mummius,
c'est-à-dire vers 141 (*ad. Attic.*, XVI,
13ᵉ, 2). La date est incertaine.
Alter. Voir la note du § 99.

C. Fannius M. filius, C. Laelii gener, et moribus et ipso
genere dicendi durior. [101] Is soceri instituto, quem, quia
cooptatus in augurum collegium non erat, non admodum
diligebat, præsertim cum ille Q. Scævolam sibi minorem
natu generum prætulisset : cui tamen Lælius se excusans
non genero minori dixit se illud, sed majori filiæ detulisse :
is tamen instituto Lælii Panætium audiverat. Ejus omnis in
dicendo facultas historia ipsius non ineleganter scripta perspici potest, quæ neque nimis est infans neque perfecte
diserta. [102] Mucius autem augur, quod pro se opus erat,
ipse dicebat, ut de pecuniis repetundis contra T. Albucium.
Is oratorum in numero non fuit, juris civilis intellegentia
atque omni prudentiæ genere præstitit. L. Cælius Antipater

VARIANTES : 101. durioris *L*. — 102. cœlius *F G*.

NC. 101. *durior. Is*, vulgate. — D'après Orelli il serait préférable d'écrire *quia*
⟨*ab eo*⟩ *cooptatus*. Mais cette conjecture est détruite par une citation de ce passage
dans Quintilien (VII, 9, 12). — ⟨*in*⟩ *historia*, éd. princ.; ⟨*ex*⟩ *historia*, texte de la
vulgate repris par Stangl. Avec la plupart des éditeurs récents je conserve la leçon
des mss. Cf. *Part. or.*, 25, 88, *amicitiæ caritate et amore cernuntur;* Balbus dans
Cic. *ad Attic.*, IX, 13², 1 *brevitate epistulæ scire poteris* etc. Cf. pourtant § 28 et 228.
— 102. Stangl propose *pro se quod opus.*

101. *Cooptatus*, § 1; suppléez *ab eo.*
Q. *Scævolam*, § 102.
Sibi, amphibologique, selon Quintilien
(VII, 9, 12) : « Nam *sibi* et ad socerum
referri et ad Fannium potest. » Mais les
prosateurs de l'époque classique ne s'ar-
rêtaient pas à ces équivoques apparentes.
Cf. Riemann, *Syntaxe*, p. 23, Rem. VIII.
Illud, l'augurat.
Is tamen, répond à *quem non diligebat,*
qui équivaut logiquement à *quanquam
eum non diligebat.*
Panætium, de Rhodes, philosophe
stoïcien, qui le premier répandit à Rome
les principes du stoïcisme. Il vivait dans
la maison de Scipion Émilien (*pro Murena,*
31, 66; *Tuscul.*, I, 33, 81) et avait, par
suite, des relations familières avec Lælius
et les amis de Scipion. Cf. § 114.
Historia. Fannius avait écrit des *Annales* dont Brutus avait fait un abrégé (*ad.
Attic.*, XII, 5, 3). Dans le *de Legibus*
(I, 2, 6), Cicéron apprécie plus sévèrement qu'ici les Annales de Fannius,

comme aussi, du reste, les *Origines* de
Caton (cf. § 66) : « Quanquam ex his aliis
alio plus habet virium, tamen quid tam
exile quam isti omnes. »
102. *Mucius*. Q. Mucius Scævola (dit
l'Augure, pour le distinguer de son homonyme et contemporain le grand Pontife), beau-frère de Fannius, beau-père de
l'orateur Crassus, consul en 117, l'un des
interlocuteurs du *de Republica* et du *de
Oratore*. Cf. § 212. Dans les dernières années de sa vie, qui fut longue, il dirigea
les premières études juridiques de Cicéron
(§ 306; *Lælius*, 1, 1). Propréteur d'Asie
vers 120, il fut accusé à son retour *de
repetundis* par Albucius (cf. § 131) et absous (*de Orat.*, II, 70, 281).
Prudentiæ, § 23.
L. *Cælius Antipater*, auteur d'une histoire de la seconde guerre Punique; *de
Leg.*, I, 2, 6 : « Fanni autem ætate conjunctus Antipater paulo inflavit vehementius habuitque vires agrestes ille quidem
atque horridas sine nitore ac palæstra,

scriptor, quemadmodum videtis, fuit ut temporibus illis luculentus, juris valde peritus, multorum etiam, ut L. Crassi,
magister.

XXVII. [103] Utinam in Ti. Graccho Gaioque Carbone
talis mens ad rem publicam bene gerendam fuisset, quale
ingenium ad bene dicendum fuit : profecto nemo his viris
gloria præstitisset. Sed eorum alter propter turbulentissi-
mum tribunatum, ad quem ex invidia fœderis Numantini
bonis iratus accesserat, ab ipsa re publica est interfectus;
alter propter perpetuam in populari ratione levitatem morte
voluntaria se a severitate judicum vindicavit. Sed fuit uter-

sed tamen admonere reliquos potuit ut accuratius scriberent. » Cf. *de Orat.*, II, 12, 54; *Orat.*, 69, 230.

Quemadmodum videtis. Atticus et Brutus étaient familiers avec l'œuvre de Cælius Antipater, l'un parce qu'il s'occupait beaucoup d'histoire romaine, l'autre parce qu'il avait fait un abrégé de Cælius (*ad Attic.*, XIII, 8).

Luculentus, § 76.

L. Crassi, l'orateur, § 143.

103. *Mens*, disposition d'esprit. *De Harusp. resp.*, 19, 40 : « Ti. Gracchus convellit statum civitatis : qua gravitate vir, qua eloquentia, qua dignitate! Nihil ut a patris avique Africani præstabili insignique virtute, præterquam quod a senatu desciverat, deflexisset. » **A** une autre époque, parlant devant le peuple, Cicéron était moins sévère pour les Gracques; *de Leg. agr.*, 2, 5, 10 : « Non sum autem ego is consul, qui ut plerique nefas esse arbitrer Gracchos laudare : quorum consiliis, sapientia, legibus, multas esse video reipublicæ partes constitutas. »

Tribunatum, en 133. Voir Duruy, *Hist. d. Rom.*, II, p. 394 et suiv.

Ex invidia fœderis Numantini, par suite du dépit provoqué par l'affaire du traité Numantin. En 137, Ti. Gracchus, étant questeur en Espagne auprès du consul L. Hostilius Mancinus, avait réussi à sauver l'armée d'une situation désespérée, en traitant avec les Numantins, ceux-ci n'ayant d'ailleurs consenti à négocier qu'avec lui à cause des souvenirs de loyauté laissés en Espagne par son père. Or, le

traité qu'il avait conclu et dont il s'était porté garant avait été annulé par le sénat, qui s'était contenté de livrer Mancinus aux Numantins. Ti. Gracchus eût été livré de même si le peuple ne s'y fût opposé (Vell. Paterc., II, 2; Plutarque, *Ti. Gr.*, 5-7).

Bonis, cf. § 6.

Ab ipsa republica. Cf. *ad Famil.*, III, 11, 3 : « te ab ipsa republica defensum scribis. » Scipion Nasica (cf. § 107) et les partisans du sénat s'étaient faits dans la circonstance les champions de la légalité, à défaut du consul P. Mucius Scævola, qui pactisait plus ou moins ouvertement avec Ti. Gracchus (*Acad.*, II, 5, 13; *de Orat.*, II, 70, 285) et se refusait à marcher contre lui.

Populari ratione, dans ses calculs pour plaire au peuple (*pro Sest.*, 53, 114; *de pet. consul.*, 11, 41; *de Leg.*, III, 16, 35).

Levitatem. Carbon fut d'abord un des plus chauds partisans de la démocratie; il continua l'œuvre de Ti. Gracchus comme triumvir chargé de l'exécution de la loi agraire; tribun en 131, il fit voter une loi tabellaire (cf. § 106 fin) et proposa sans succès une loi *de tribunis reficiendis* (*Lælius*, 25, 96; Tite-Live, *Epit.*, 59); en 129 il souleva les passions populaires contre Scipion Emilien et fut soupçonné de complicité avec ses meurtriers (*de Orat.*, II, 40, 170; *ad Famil.*, IX, 21, 3). Puis, devenu consul en 120, il se tourna du côté des nobles et se fit l'avocat d'Opimius, le meurtrier de C. Gracchus.

Morte voluntaria. Ad Famil., IX, 21, 3 :

que summus orator. Atque hoc memoria patrum teste dicimus. |104| Nam et Carbonis et Gracchi habemus orationes nondum satis splendidas verbis, sed acutas prudentiæque plenissimas. Fuit Gracchus diligentia Corneliæ matris a puero doctus et Græcis litteris eruditus. Nam semper habuit exquisitos e Græcia magistros, in eis jam adulescens Diophanem Mytilenæum Græciæ temporibus illis disertissimum. Sed ei breve tempus ingenii augendi et declarandi fuit. |105| Carbo, *cui* vita suppeditavit, est in multis judiciis causisque cognitus. Hunc qui audierant prudentes homines, in quibus familiaris noster L. Gellius, qui se illi

VARIANTES : XXVII, 103. didicimus *HMO²G²* al. — 104. diaphanem *L* (*F⁵ corr.*). — mutilenaeum *L*. — Sed et *L*. — 105. quo *L*.

NC. 104. Stangl ⟨*Ti.*⟩ *Gracchus*. Mais le prénom est inutile, aucune confusion n'étant possible ici. Cf. *Carbonis et Gracchi* au début du paragraphe; et plus bas (§ 109) *quæstor Gracchus*. — *Ei*, correction de Lambin. Cf. § 100. — 105. *Cui* se trouve dans toutes les éditions depuis Kayser. La leçon de *L quo* (cf. § 169 et 189) provient de *quoi*, forme orthographique fréquente dans les inscriptions de l'époque républicaine et que l'on trouve dans quelques mss de Cicéron (*Parad.*, VI, 52; *de Leg.*, I, 18, 49). Les anciennes éditions ont *quod*, défendu par Madvig; l'édition princeps et Lambin : *quoad*.

« C. Carbo, accusante Crasso, cantharidas sumpsisse dicitur. » D'après Valère Maxime (III, 7, 6), Carbon fut condamné à l'exil. Sur le procès, voir plus loin § 126.

Atque hoc etc. justifie *summus orator*, les discours qu'on pouvait lire ne répondant pas tout à fait à un pareil éloge. « Omnium mihi videor (dit Scævola dans le *de Orat.*, I, 9, 38) exceptis, Crasse, vobis duobus, eloquentissimos audisse Ti. et C. Sempronios. »

Patrum, la génération à laquelle avaient appartenu le père de Cicéron et celui d'Atticus, génération contemporaine des Gracques.

104. *Habemus*. On lisait encore les discours des Gracques sous l'empire (Pline, *H. N.*, XIII, 83; Quintil., II, 5, 21), et peut-être les discours prêtés par Plutarque et Appien à Ti. Gracchus sont-ils plus ou moins inspirés des discours authentiques. De Ti. Gracchus il ne nous reste plus rien.

Sed acutas etc. corrige en la précisant la critique qui précède. Si les discours en question sont remarquables par la force d'invention (*acutas prudentiæque plenissimas*), ils n'ont pas assez de cet éclat oratoire qui constitue l'élocution parfaite (*splendidas*, cf. § 210); en d'autres termes, ils n'ont pas assez de *lumina* (cf. § 66). Sur le style de Ti. Gracchus, voir Plutarque (*Ti. Gr.*, 2 : τῇ δὲ λέξει καθαρὸς καὶ διαπεπονημένος ἀκριβῶς) et Quintilien (II, 5, 21, « elocutione, quæ tum sine dubio erat optima, sed nostris temporibus aliena est »).—*Prudentiæ*, § 97.

Corneliæ, § 211.

Diophanem. Cf. § 100. Il fut tué après la mort de Ti. Gracchus.

Breve tempus, il avait tout au plus trente ans quand il mourut.

105. *Suppeditavit*, § 124, 245.

Judiciis causisque, n'est pas un ἓν διὰ δυοῖν, comme le pense Kuniss. La suite montre clairement que Cicéron entend ici d'une part les procès criminels (*quæstiones perpetuæ* et *judicia populi*, § 106); d'autre part, les procès civils (*causæ privatæ*).

Prudentes, les connaisseurs.

L. Gellius, § 174.

contubernalem in consulatu fuisse narrabat, canorum oratorem et volubilem et satis acrem atque eundem et vehementem et valde dulcem et perfacetum fuisse dicebat : addebat industrium etiam et diligentem et in exercitationibus
commen*tationibus*que multum operæ solitum esse ponere.
[106] Hic optimus illis temporibus est patronus habitus eoque
forum tenente plura fieri judicia cœperunt. Nam et quæstiones perpetuæ hoc adulescente constitutæ sunt, quæ antea

VARIANTES : 105. esse dicebat *G*. — commendationibus *L*. — 106. patronus est *H*.
NC. 105. Peter, d'après Lambin : *dicebant ; addebant* ; voir le commentaire. —
Commentationibus, vulg.

Contubernalem, littéralement camarade de tente, attaché à la personne d'un
général en campagne. Par extension, les
magistratures avec *imperium* ayant un caractère militaire, le terme s'appliqua aux
jeunes gens qui s'attachaient à un consul
ou à un préteur pour faire sous sa direction leur apprentissage politique, juridique ou oratoire. Cf. *pro Sulla*, 12, 34 :
« L. Torquatus, cum esset meus contubernalis in consulatu atque etiam in prætura fuisset, auctor, adjutor, particeps
exstitit. »

Canorum, etc. *De Orat.*, III, 7, 28 :
« profluens quiddam habuit Carbo et canorum. » *Canorum* et les deux épithètes
qui suivent se rapportent au débit. Cicéron commence par signaler ces caractères
tout extérieurs, parce qu'il parle d'après
un témoin oculaire qui a reçu l'impression
de cette voix sonore, de cette parole rapide et mordante, et qui tout naturellement a rappelé d'abord ce dont il avait
encore comme un écho dans la mémoire.

Atque eundem etc. précise les caractères particuliers de l'éloquence de Carbon. Il ne s'agit plus d'une impression en
quelque sorte physique, mais d'une appréciation littéraire. Piderit explique
comme si les épithètes se correspondaient
deux à deux (*acrem* et *vehementem*, *volubilem* et *dulcem*, *canorum* et *perfacetum*),
la seconde étant chaque fois le correctif
de la première. Mais *perfacetum* et *dulcem* désignent un tout autre ordre d'idées
que *canorum* et *volubilem*. La symétrie
n'est que dans la phrase.

Dicebat, au lieu de *dicebant*, par une
sorte d'attraction, le sujet de la proposition relative *Gellius* étant à la fois le
plus voisin et le plus important logiquement.

Exercitationibus désigne d'une façon
générale tous les exercices propres à développer la facilité oratoire, la lecture
par exemple, la composition écrite, la
déclamation improvisée ou sur un sujet
donné, les exercices de mémoire, etc. (cf.
§ 151); *commentationibus* (cf. § 87) s'applique plus spécialement à la préparation
méthodique et approfondie d'un discours
soit sur un sujet fictif, soit pour une cause
véritable.

Solitum. De Orat., I, 34, 154 : « Mihi
adulescentulus proponere solebam illam
exercitationem maxime, qua C. Carbonem... solitum esse uti sciebam, ut aut
versibus propositis quam maxime gravibus aut oratione aliqua lecta ad eum finem, quem memoria possem comprehendere, eam rem ipsam, quam legissem,
verbis aliis quam maxime possem lectis
pronuntiarem. »

106. *Plura*, plus nombreux que par le
passé.

Cœperunt, parce que *fieri* est considéré
comme un infinitif moyen. Riemann,
Syntaxe, p. 199, § 135.

Quæstiones perpetuæ. Primitivement
les procès criminels étaient jugés par le
peuple. Peu à peu, ces procès s'étant
multipliés, le peuple créa pour les juger
des commissions temporaires (*quæstiones
extraordinariæ*). Celles-ci s'étant elles-
mêmes multipliées, il parut plus simple
d'instituer pour certains crimes qui re-

nullæ fuerunt (L. enim Piso tribunus plebis legem primus
de pecuniis repetundis Censorino et Manilio consulibus tulit; ipse etiam Piso et causas egit et multarum legum aut
auctor aut dissuasor fuit, isque et orationes reliquit, quæ
jam evanuerunt, et annales sane exiliter scriptos) et judicia populi [quibus aderat Carbo], jam magis patronum de-
siderabant, tabella data; quam legem L. Cassius Lepido et
Mancino consulibus tulit.

XXVIII. [107] Vester etiam D. Brutus M. filius, ut ex
familiari ejus L. Accio poeta sum audire solitus, et dicere

VARIANTES : 106. populi. Quibus aderat Carbo. *F O,* populi quibus aderat Carbo *r.*
NC. 106. Eberhard, Kayser, Stangl : [*quibus aderat Carbo*]. Outre qu'en effet la
phrase est inutile, les deux points entre lesquels elle se trouve placée dans *FO*
semblent indiquer qu'il y avait à cet endroit dans l'archétype un certain trouble
provenant sans doute de l'introduction d'une glose. — Bake [*quam legem... tulit*].

venaient souvent des commissions perma-
nentes (*quæstiones perpetuæ*). Le premier jury permanent fut créé en 149 par
une loi de L. Calpurnius Piso et pour les
crimes de concussion (*repetundarum*). Puis
l'institution se développa, et, au lieu d'un
jury, il y en eut six pour les crimes : *repetundarum, ambitus, peculatus, majestatis,
de sicariis et veneficis, falsi.* Voir Bouché-
Leclerq, *Manuel des Inst. rom.,* p. 452
et suiv.

Piso. L. Calpurnius Piso Frugi, consul
en 133, censeur en 120, adversaire acharné de C. Gracchus. *Pro Font.,* 17, 39 :
« Exstat oratio hominis, ut opinio mea
fert, nostrorum hominum longe ingeniosissimi atque eloquentissimi C. Gracchi :
qua in oratione permulta in L. Pisonem
turpia ac flagitiosa dicuntur. At in quem
virum! qui tanta virtute atque integri-
tate fuit, ut etiam illis optimis temporibus, cum hominem invenire nequam neminem posses, solus tamen Frugi nominaretur. »

Dissuasor, en particulier de la *lex frumentaria* de C. Gracchus. Voir la scène
racontée par Cicéron dans les *Tuscul.,*
III, 20, 48.

Annales. De Orat., II, 12, 53 : « Qualis apud Græcos Pherecydes, Hellanicus,
Acusilas fuit aliique permulti, talis noster
Cato et Pictor et Piso, qui neque tenent,
quibus rebus ornetur oratio... et dum in-

tellegatur quid dicant, unam dicendi laudem putant esse brevitatem. » Cf. *de
Leg.,* I, 2, 6; Aulu-Gelle, VII, 9, 1; XI,
14, 1 : « Simplicissima suavitate et rei et
orationis L. Piso Frugi usus est in primo
annali. »

Sane, § 21.

Judicia populi. Le peuple continuait à
exercer le pouvoir judiciaire pour les procès criminels qui n'étaient pas spécialement réservés à la compétence des *quæstiones perpetuæ.*

Patronum, un avocat de profession,
c'est-à-dire un orateur véritable. Du jour
où fut établi le scrutin secret et par là
assurée l'indépendance des comices judiciaires, le jugement, protégé contre toutes
les influences étrangères, dépendit presque uniquement de l'effet produit par
l'accusation et la défense, et ainsi l'action de l'éloquence devint prépondérante.

Tabella, § 97.

Quam legem, sc. *tabellariam,* dont
l'idée est contenue dans *tabella.*

XXVIII, 107. *Vester,* comme membre
de la gens *Junia.*

D. Brutus, surnommé *Callæcus* à la
suite de ses victoires en Espagne sur les
Callæci (Vell. Pat., II, 5, 1), consul en
138 (*de Leg.,* III, 9, 20).

L. Accio, § 72. *Pro Arch.,* 11, 27 : « D.
quidem Brutus, summus vir et imperator,

non inculte solebat et erat cum litteris Latinis tum etiam Græcis, ut temporibus illis, eruditus ; quæ tribue*b*at idem Accius etiam Q. Maximo L. Pauli nepoti ; et vero ante Maximum illum Scipionem, quo duce privato Ti. Gracchus occisus esset, cum omnibus in rebus vehementem tum acrem aiebat in dicendo fuisse. [108] Tum etiam P. Lentulus ille princeps ad rem publicam dumtaxat quod opus esset satis habuisse eloquentiæ dicitur ; isdemque temporibus L. Furius Philus perbene Latine loqui putabatur litteratiusque quam ceteri ;

VARIANTES : XXVIII, 107. tribuerat *L.* — 108. perbelle *B H M¹.* — latine *répété deux fois dans F¹ B H.* — literatusque *B H M G.* — quam tum ceteri *H.*

NC. XXVIII, 107. *tribuebat* se trouve déjà au xve siècle dans un ms. secondaire ; tous les éditeurs l'ont adopté depuis Lallemand. — Kayser et Stangl, d'après Bake : *occisus est.* Mais le subjonctif est correct. Cf. § 57.

Accii, amicissimi sui, carminibus templorum ac monimentorum aditus exornavit suorum. » (Il s'agit des temples et des monuments élevés par Brutus avec le produit du butin recueilli en Espagne.) Cf. Val. Max., VIII, 14, 2.

Ut temporibus, § 27.

Quæ, entendez *non inculte dicere et litteris... eruditum esse.*

Q. Maximo. Q. Fabius Maximus Allobrogicus (Tite-Live, *Epit.,* 61), consul en 121, l'année de la mort de C. Gracchus. Il prononça en 129 l'éloge funèbre de Scipion Emilien, composé par Lælius ; *pro Mur.,* 36, 75 : « Quem cum supremo ejus die Maximus laudaret, gratias egit dis immortalibus, quod ille vir in hac republica potissimum natus esset ; necesse enim fuisse ibi esse terrarum imperium, ubi ille esset. »

Nepoti. Son père était le fils aîné de Paul-Émile et avait été adopté par Q. Fabius Maximus Cunctator (§ 57).

Scipionem. P. Cornélius Scipio Nasica Serapio, fils de Scipio Corculum (cf. § 79), grand pontife, consul avec Brutus Callæcus en 138 (cf. § 85), chef du mouvement qui renversa Ti. Gracchus. *Tuscul.,* IV, 23, 51 : « Consulem languentem reliquit atque ipse privatus, ut si consul esset, qui rempublicam salvam esse vellet se sequi jussit. » Cf. *in Catil.,* I, 1, 3 ; *de Off.,* I, 22. 76. Après la mort du tribun, le sénat, pour soustraire Scipion aux vengeances démocratiques, l'envoya en Asie avec la commission chargée d'organiser le royaume de Pergame, récemment légué au peuple romain. Il y mourut en 132 (*pro Flacc.,* 31, 75 ; Val. Max. V, 3, 2).

108. *P. Lentulus* n'est pas à sa place chronologique, puisqu'il fut consul *suffectus* en 162. Il est nommé ici avec les divers personnages qui ont été mêlés aux troubles des Gracques parce qu'étant *princeps senatus* il marcha avec le consul Opimius contre C. Gracchus en 122 et fut blessé dans le combat (*de Orat.,* I, 48, 211 ; *div. in Cæcil.,* 21. 69 ; *Philipp.,* VIII, 4, 14).

Ad rempublicam, pour traiter les questions politiques, au sénat ou dans les assemblées. Cf. § 135 ; 178 ; 222 ; 245 ; 268.

Dumtaxat, exactement et pas au delà. Cf. § 285. Le mot résulte de la juxtaposition d'une conjonction et d'une forme verbale (*dum .. taxat = jusqu'à ce qu'il ait touché ;* cf. Bréal, *Dict. étym.,* p. 72 et 384) qui s'employaient à l'origine dans certaines formules de droit pour marquer le maximum de la peine (Wölflin, *Archiv. für lat. Lexik.,* IV, p. 325.

L. Furius Philus, consul en 136, ami et contemporain de Scipion Émilien et de Lælius, l'un des interlocuteurs du *de Republica* ; il fut l'adversaire de Ti. Gracchus dans l'affaire du traité de Numance (cf. § 103 ; *de Repub.,* III, 18, 28 ; *de Off.,* III, 30, 190). — *Perbene,* avec une grande pureté d'expression.

Litteratius. § 99. *de Orat.,* II, 37, 151 :

P. Scævola valde prudenter et acute ; paulo etiam copiosius nec multo minus prudenter M' Manilius. Appii Claudii volubilis, sed paulo fervidior oratio erat. In aliquo numero etiam M. Fulvius Flaccus et C. Cato, Africani sororis filius : mediocres oratores, etsi Flacci scripta sunt, sed ut studiosi litterarum. Flacci autem æmulus P. Decius fuit, non infans ille quidem, sed ut vita sic oratione etiam turbulentus. [109] M. Drusus C. F., qui in tribunatu C. Gracchum collegam, iterum tribunum, fregit, vir et oratione

VARIANTE : 109. fecit *L*.

NC. 108. *Erat oratio* vulg. ; Friedrich : *oratio. Erat.* Weidner : *oratio. Erant.* —
109. *fregit*, corr. de Victor Pisanus.

« non tulit ullos hæc civitas... humanitate politiores P. Africano, C. Lælio, L. Furio, qui secum eruditissimos homines ex Græcia palam semper habuerunt » ; *de Repub.*, III, 3, 5 : « Quid P. Scipione, quid C. Lælio, quid L. Philo perfectius cogitari potest? Qui ne quid prætermitterent quod ad summam laudem clarorum virorum pertineret, ad domesticum majorumque morem etiam hanc a Socrate adventiciam doctrinam adhibuerunt. »

P. Scævola (cf. § 98), le consul de 133, qui favorisa sous main les projets de Ti. Gracchus (*Acad.*, II, 5, 13). Il composa des ouvrages de droit (*de Orat.*, I, 56, 240 ; 57, 242).

Prudenter, § 23 ; *acute*, § 53.

M' Manilius, l'un des premiers jurisconsultes du temps avec P. Scævola (*de Orat.*, I, 48, 212 ; III, 33, 133 ; *de Repub.*, III, 10, 17), consul en 149, ami de Scipion et de Lælius, et l'un des interlocuteurs du *de Republica*.

Appii Claudii, consul en 143, beau-père de Ti. Gracchus, qui le fit nommer commissaire pour l'exécution de sa loi agraire.

M. Fulvius Flaccus, partisan des Gracques, commissaire de la loi agraire après la mort de Tibérius, ennemi de Scipion Nasica (§ 107) et de Scipion Emilien, contre lesquels il souleva le peuple par ses discours (*de Orat.*, II, 70, 285 ; Tite-Live, *Epit.* 59 ; Plutarque, *C. Gracch.*, 10). Consul en 125, il proposa des lois pour donner aux Italiens le droit de cité (Val. Max., IX, 5, 1). Il fut tué avec C.

Gracchus (*in Catil.*, I, 2, 4 ; IV, 6, 13 ; *Philipp.*, VIII, 4, 14).

C. Cato, petit-fils de Caton le censeur et de Paul-Émile, ami et partisan de Ti. Gracchus (*Lælius*, 11, 39). Consul en 114, il fit en Thrace une expédition malheureuse et à son retour fut accusé de concussion (Vell. Pat., II, 8). Condamné plus tard pour s'être laissé corrompre par Jugurtha (cf. § 128), il s'exila à Tarragone (*pro Balbo*, 11, 28).

Etsi. Ce qui explique la restriction de Cicéron, c'est qu'en général on n'avait conservé que les discours des bons orateurs ; ceux de Flaccus existant encore, on pourrait être tenté de contester l'épithète *mediocris*.

Ut studiosi litterarum, ses discours écrits (*scripta*) n'ont pas de qualités oratoires.

P. Decius. La place qu'occupe ce nom parmi les orateurs mêlés aux troubles des Gracques prouve que Cicéron entend parler du tribun de 121, qui accusa d'illégalité le consul Opimius après la mort de C. Gracchus (*de Orat.*, II, 30, 132 ; 31, 135 ; *Part. orat.*, 30, 104) : Tite-Live (*Epit.*, 61), l'appelle Q. Decius.

109. *M. Drusus*, tribun du peuple en 122 avec C. Gracchus. Gagné à la cause du sénat (*de Fin.*, IV, 24, 65 ; Suétone, *Tib.*, 3), il ruina peu à peu le crédit de son collègue, opposant à chacune de ses propositions de loi d'autres propositions plus populaires. Voir Duruy, *Hist. des Rom.*, II, p. 424 et suiv.

Fregit, § 95.

gravis et auctoritate, eique proxime adjunctus C. Drusus frater fuit. Tuus etiam gentilis, Brute, M. Pennus fac*ete* agitavit in tribunatu C. Gracchum, paulum ætate antecedens. Fuit enim M. Lepido [et] L. Oreste consulibus quæstor Gracchus, tribunus Pennus, illius Marci filius, qui cum Q. Ælio consul fuit ; sed is omnia summa sperans ædilicius est mortuus. Nam de T. Flaminino, quem ipse vidi, nihil accepi nisi Latine diligenter locutum.

XXIX. [110] His adjuncti sunt C. Curio, M. Scaurus, P. Rutilius, C. Gracchus. De Scauro et Rutilio breviter licet

VARIANTES : 109. frater *omis par* **G B H M**. — etiam **F** *O*² *vetus*, et *r*. —facile *L*. — paulum C. Gracchum *L*. — M. Lepido *FO*, L. Lepido *r*. — Flaminino *O G*, Flaminio *r*.

NC. 109. *facete*, correction de Lambin, généralement adoptée. Les anciennes éditions conservent *facile*, qui n'a aucun sens. Cf. § 198. — *C. Gracchum, paulum* vulg. Si le texte des mss est complet, la transposition est nécessaire. Mais peut-être manque-t-il après *agitavit* un mot comme *peregrinos*. — Toutes les éditions récentes suppriment *et* après *Lepido*. L'asyndète est en effet plus conforme à l'usage (Riemann, *Syntaxe*, p. 510).

C. Drusus, cité ailleurs par Cicéron comme jurisconsulte (*Tuscul*., V. 38, 112. Cf. Val. Max., VIII, 7, 4).

Gentilis, parce qu'il s'appelait *Junius* Pennus.

M. Pennus, n'est connu que comme auteur d'une loi *de peregrinis; de Off*., III, 11, 47 : « Male etiam qui peregrinos urbibus uti prohibent eosque exterminant, ut Pennus apud patres nostros. » Festus (p. 286) : « C. Gracchus in ea quam conscripsit de lege Penni et peregrinis. »

Agitavit, malmena.

Consulibus, en 126, peu de temps avant le départ de C. Gracchus pour la Sardaigne comme questeur du consul Aurelius Orestes.

Consul, en 167.

Summa, sc. *summos honores*. Le mot est ici employé comme substantif. Cf. § 114 : « multa præclara »; *Tuscul*., III, 7, 15 : « omnes sapientes »; IV, 24, 54 : « omnes stulti ».

Nam. § 48.

T. Flaminino, petit-fils du conquérant de la Macédoine. Il fut consul en 123, l'année du premier tribunat de C. Gracchus. Cf. § 259.

Diligenter, avec correction.

XXIX, 110. *C. Curio*, § 122; *C. Gracchus*, § 125.

Scauro. M. Æmilius Scaurus, consul en 115 et en 108, *princeps senatus*, l'un des plus énergiques soutiens du parti aristocratique entre l'époque des Gracques et celle de Sylla. Cicéron, qui l'admire beaucoup (*pro Mur*., 7. 16; 17, 36), vante à maintes reprises son sens politique (*de Orat*., I, 49, 214), sa fermeté inébranlable (*in Verr*., I, 17, 52; *pro Sestio*, 47, 101), son courage dans les séditions (*pro C. Rab. perd*., 7, 21; 9, 26). Salluste au contraire le juge avec une grande sévérité et ne voit en lui qu'un ambitieux cupide, qui joue l'austérité (*Jug*., 15) et se laisse gagner par l'or de Jugurtha (*ibid*., 29). Tous deux sont plus ou moins suspects à cause de leurs préventions, l'un pour, l'autre contre l'aristocratie.

Rutilio, § 113.

Licet, signifie ici : « il serait permis de... », le présent impliquant d'ailleurs qu'on n'a pas l'intention d'user de la permission. (Riemann, *Syntaxe*, p. 238, 239). De fait, Cicéron va parler assez longuement de Scaurus et de Rutilius.

dicere, quorum neuter summi oratoris habuit laudem. *At
uterque* in multis causis versatus *est: et* in quibusdam laudandis viris, etiamsi maximi ingenii non essent, probabil*is*
tamen industria; quanquam his quidem non omnino ingenium, sed oratorium ingenium defuit. Neque enim refert
videre quid dicendum sit, nisi id queas solute et suaviter
dicere. Ne id quidem satis est, nisi id, quod dicitur, fit
voce, vultu motuque conditius. [111] Quid dicam opus esse

VARIANTES : XXIX, 110 et uterque *L*. — erat. In quibusdam *L*. — probabiles *L*.
— oratorium *F H*, oratorum *r*. — uideri *L* (*G²* corr.).

XC. XXIX, 110. *laudem. At uterque*, d'après Ernesti et Schütz, au lieu de *laudem et
uterque* que conservent tous les autres éditeurs. Une particule adversative est ici
nécessaire. Cicéron dit qu'une courte mention pourrait suffire, et il insiste longuement sur Scaurus et Rutilius. A la raison qui justifierait sa brièveté, il faut qu'il
oppose la raison qui justifie l'étendue de son développement. (Sur la confusion de
et et de *at* voir *N. C.* § 6). Schneider : *etsi uterque* : Stangl *et ⟨est⟩ uterque*. —
Au lieu de *erat*, je conjecture *est et*. et pour le reste je conserve à une lettre près
la leçon de *L* (*probabilis* au lieu de *probabiles* comme dans l'édition princeps et
quelques mss secondaires). On écrit tantôt *versatus erat : in quibusdam laudandi
viri,... probabiles* (Orelli, Ellendt, Kayser, Jahn-Eberhard, Piderit, etc.), tantôt
versatus ⟨est⟩. Erat in quibusdam laudandis viris,... probabilis (Peter, Madvig, Friedrich), tantôt *⟨est⟩.... versatus* ou *erant in quibusdam laudandi viri et, vel si..., probabiles* (Stangl). Bake met entre crochets toute la phrase *in quibusdam.... industria*;
Eberhard, la proposition suppositive seulement *etiamsi... essent*.

Et in quibusdam, etc., réflexion générale : Si Scaurus et Rutilius n'ont pas
été de grands orateurs, du moins ils ont
été mêlés à beaucoup de procès, ce qui
prouve leur activité oratoire (*industria*) ;
or quand il s'agit de certains personnages
remarquables, qu'on ne peut pas ne pas
louer et admirer, cette activité, à supposer
même qu'ils n'aient pas eu un très grand
talent, est un mérite qu'il est permis de relever. L'irréel *essent* équivaut ici au potentiel du passé (Riemann, *Syntaxe*, § 163,
rem. III, p. 247, 248; cf. § 211, p. 349).
Quant à l'emploi de *et* avec le sens de
or, il est autorisé par plusieurs exemples
de Cicéron cités dans Kühner, *Gramm.*,
II, p. 635, 11.

Quanquam, § 27 : « non pas que je veuille
dire que... » ; le mot porte sur la proposition *etiamsi*, etc.

His quidem marque le retour à la
pensée particulière après la réflexion
générale.

Quid dicendum sit. Rutilius et Scaurus
ont l'*invention*, mais il leur manque ce
qui fait véritablement l'orateur, l'*élocution* (*solute et suaviter dicere*) et l'*action*
(*vox, vultus, motus*). Cf. *de Orat.*, II, 27,
120 : « Itaque cum hæc duo nobis quæ-
renda sint in causis, primum quid, deinde
quomodo dicamus; alterum quod totum
arte tinctum videtur, tametsi artem re-
quirit, tamen prudentiæ est mediocris
quid dicendum sit, videre; alterum est,
in quo oratoris vis illa divina virtusque
cernitur, ea, quæ dicenda sunt, ornate,
copiose, varieque dicere. » *Orat.*, 14, 44 :
« nam et invenire et judicare quid dicas
magna illa quidem sunt, et tanquam
animi instar in corpore, sed propria magis prudentiæ quam eloquentiæ. »

Solute, librement, avec facilité, §§ 173,
180, 245, 280, 317.

Conditius; l'action donne du montant à
l'éloquence, comme l'assaisonnement à
un mets ; cf. § 177.

111. *Quid dicam*, etc. Pour comprendre
la suite des idées il faut songer aux trois
conditions de l'éloquence (*natura, doctrina, industria*, cf. § 22). Cicéron a

doctrina? sine qua etiamsi quid bene dicitur adjuvante natura, tamen id, quia fortuito fit, semper paratum esse non
potest. In Scauri oratione, sapientis hominis et recti, gravitas summa et naturalis quædam inerat auctoritas, non ut
causam, sed ut testimonium dicere putares, cum pro reo
diceret. [112] Hoc dicendi genus ad patrocinia mediocriter
aptum videbatur; ad senatoriam vero sententiam, cujus
erat ille princeps, vel maxime; significabat enim non prudentiam solum, sed, quod maxime rem continebat, fidem.
Habebat hoc a natura ipsa, quod a doctrina non facile posset; quanquam hujus quoque ipsius rei, quemadmodum
scis, præcepta sunt. Hujus et orationes sunt et tres ad

VARIANTES : 111. tecti *F¹ O G.* — cum... diceret, *omis dans B H M.*

NC. 111. Stangl, d'après Schütz et Peter [*cum pro reo diceret*]. Bernhardy conjecture *pro ⟨se⟩ reo.* — 112. Campe conjecture *continet.*

montré que Scaurus et Rutilius ont l'*industria* ; qu'ils ont aussi l'*ingenium*, c'est-
à-dire les dons naturels (*natura*), mais
dans une certaine mesure, seulement pour
l'invention ; reste la *doctrina* (*quid dicam*).
Ici une distinction va être établie entre les
deux personnages. Scaurus, à l'exemple
des vieux Romains (cf. § 116, *in antiquis*), n'a pas la *doctrina*. Rutilius l'a au
contraire (cf. § 114); mais, comme elle
est presque exclusivement stoïcienne, il
ne peut en tirer, au point de vue spécial
de l'éloquence, qu'un médiocre parti.

Quia fortuito, etc. cf. § 33.

112. *Cujus.* Il n'est pas du tout nécessaire de rapporter le relatif au mot *senatus* dont l'idée serait contenue dans *sen-
torium* (Berger, *Styl.*, p. 69, II). On peut
très bien entendre *cujus* (*sententiæ*) ; à
l'époque de Scaurus, le prince du sénat
était encore de droit appelé le premier
à donner son opinion (Aulu-Gelle, XIV,
7, 9).

Significabat, § 88.

Prudentiam. De Orat., I, 49, 214 :
« (M. Scaurus) vir regendæ reipublicæ
scientissimus...; qui quanquam est in
dicendo minime contemnendus, prudentia tamen rerum magnarum magis quam
dicendi arte nititur. »

Quod maxime rem continebat, parce que
son genre d'éloquence tenait serrée la

question ; il ne disait que juste ce qu'il
fallait dire et allait droit au but sans
aucun artifice de langage. Selon Jahn-
Eberhard, il faudrait entendre la phrase
comme une apposition de *fidem* (*quod =
id quod*) et *continebat* équivaudrait à
continet.

Posset, potentiel du passé.

Quanquam, § 27.

Hujus quoque ipsius rei, entendez *fidei
faciendæ.*

Scis s'adresse à Brutus, que Cicéron
considérait comme son élève.

Præcepta sunt, dans la partie de la
rhétorique qui est relative aux preuves
(πίστεις).

Orationes. De ces discours nous n'avons
que quelques titres (Meyer, *Or. rom.
fragm.*, p. 253-261) et le souvenir d'un
célèbre mouvement oratoire. Accusé de
trahison par le tribun Varius (cf. 224),
un Espagnol devenu Romain d'une façon
plus ou moins légitime, Scaurus se contenta de dire : « Varius Sucronensis
Æmilium Scaurum, regia mercede corruptum, imperium populi romani prodi-
disse ait; Æmilius Scaurus huic se affi-
nem esse culpæ negat. Utri creditis? »
et aussitôt l'assemblée força l'accusateur
à abandonner la poursuite (Val. Max.,
III, 7, 8; Quintil., V, 12, 9; Asconius
in Scaur., p. 22).

L. Fufidium libri scripti de vita ipsius *lectu* sane utiles, quos
nemo legit ; at Cyri vitam et disciplinam legunt, præclaram
illam quidem, sed neque tam nostris rebus aptam nec
tamen Scauri laudibus anteponendam. XXX. 113. Ipse
etiam Fufidius in aliquo patronorum numero fuit. Rutilius autem in quodam tristi et severo genere dicendi
versatus est. *Erat* uterque natura vehemens et acer :
itaque cum una consulatum petivissent, non ille solum,
qui repulsam tulerat, accusavit ambitus designatum competitorem, sed Scaurus etiam absolutus Rutilium in judicium vocavit. Multaque opera multaque industria Rutilius
fuit, quæ erat propterea gratior, quod idem magnum mu-

VARIANTES : 112. acta *L*. — 113. et uterque *L*.

NC. 112. *lectu*, conjecture de Geel adoptée par tous les éditeurs récents. — *tamen* paraît suspect à Eberhard, qui le considère comme une dittographie de *tam* ou
comme une leçon fautive pour *sane*. — XXX, 113. *erat*, corr. de Jahn, adoptée par
tous les éditeurs.

L. Fufidium, connu seulement par ce
passage et par un texte de Pline (*H. N.*,
XXXIII, 21) qui le cite parmi les Romains
attachés à l'austérité des vieux usages :
il s'obstinait à porter un anneau de fer
alors que la coutume était de porter un
anneau d'or.

De vita ipsius. Les *Mémoires* de Scaurus paraissent avoir été surtout une autobiographie conçue avec une arrière-pensée d'apologie. Tac., *Agric.*, 1 : « Plerique suam ipsi vitam narrare fiduciam potius morum quam arrogantiam arbitrati
sunt, nec id Rutilio et Scauro citra fidem
aut obtrectationi fuit. » Cf. Val. Max., IV,
4, 11.

Cyri vitam et disciplinam traduit
Κύρου παιδεία.

Tam, autant que les *Mémoires* de Scaurus.

Tamen répond à *quanquam præclara
est*, dont l'idée est contenue dans *præclaram*.

Laudibus, parce que les *Mémoires* de
Scaurus n'étaient en somme qu'un panégyrique du personnage. Cette appréciation de la *Cyropédie* peut paraître étrange,
étant donné le goût de Cicéron pour cet
ouvrage (*ad Famil.*, IX, 25, 1) et le peu
de cas qu'il paraît faire du style de Scau-

rus. Mais il se met ici au point de vue
oratoire. La phrase est à l'adresse de
certains partisans de l'atticisme, qui se
piquaient d'imiter Xénophon. *Orat.*, 9,
32 : « Nactus sum etiam qui Xenophontis
similem esse se cuperet ; cujus sermo est
ille quidem melle dulcior, sed a forensi
strepitu remotissimus. »

XXX, 113. *Rutilius*. § 85 et suiv. Vell.
Paterc., II, 13 : « virum non sæculi sui
sed omnis ævi optimum. » Comme Scaurus il avait écrit des *Mémoires* (cf. § 112,
note sur *vita ipsius*).

Uterque, Scaurus et Rutilius.

Una, en 116. Ce fut Scaurus qui l'emporta et qui exerça le consulat en 115.

In judicium vocavit. De Orat., II, 69,
280 : « Cum Scaurus accusaret Rutilium
ambitus, cum ipse consul esset factus,
ille repulsam tulisset, et in ejus tabulis
ostenderet litteras A. F. P. R. idque diceret esse Actum Fide Publii Rutilii,
Rutilius autem Ante Factum Post Relatum, C. Canius, eques romanus, cum
Rufo adesset, exclamat, neutrum illis
litteris declarari : « Quid ergo ? » inquit
Scaurus. « Aemilius Fecit Plectitur Rutilius. »

Opera, l'activité en général ; *industria*,
l'activité particulière de l'avocat.

nus de jure respondendi sustinebat. [114] Sunt ejus orationes jejunæ ; multa præclara de jure; doctus vir et Græcis
litteris erudi*tus*, Panætii auditor, prope perfectus in Stoicis ; quorum peracutum et artis plenum orationis genus scis
tamen esse exile nec satis populari assensioni accommodatum. Itaque illa, quæ propria est hujus disciplinæ, philoso-

VARIANTE : 114. eruditi *L.*
NC. 114. *cruditus*, vulg.

Respondendi, § 98 ; 306. Rutilius avait
vécu dans l'intimité des Scævola et s'était
formé avec eux à l'étude du droit (*de
Off.*, II, 13, 47).

114. *Orationes.* Il ne nous en reste
rien. Un de ces discours (*de Modo ædificiorum*) est particulièrement célèbre. Auguste le lut plus tard au sénat (Suétone,
Aug., 89).

Multa præclara de jure, entendez *in
orationibus.*

Græcis litteris. Athénée (IV, p. 168 E ;
VI, p. 274 C ; XII, p. 543 B) cite de Rutilius une histoire romaine en grec.

Panætii, § 101 ; *de Off.*, III, 2, 10 :
« Posidonius scribit, P. Rutilium Rufum
dicere solere, qui Panætium audierat, ut
nemo pictor esset inventus, qui Coæ Veneris eam partem quam Apelles incohatam
reliquisset, absolveret, sic ea quæ Panætius prætermisisset, propter eorum quæ
perfecisset præstantiam, neminem perse-
cutum. » Le discours de Rutilius *de Modo
ædificiorum* était probablement plus ou
moins inspiré des idées de Panétius, qui
précisément, au témoignage de Cicéron,
blàmait les grandes et coùteuses constructions (*de Off.*, II, 17, 60).

In Stoicis. Quelques éditeurs considèrent, avec Jahn, *stoicis* comme un neutre
équivalant à *stoica disciplina* (cf. *de Nat.
deor.*, I, 6, 15 : « progressus habebat in
stoicis ») et font rapporter *quorum* au
masculin *stoici* dont l'idée serait contenue
dans le neutre *stoica.* Mais ici la question
n'est pas de savoir si Rutilius est fort
sur la philosophie stoïcienne : Cicéron
veut dire qu'il a l'esprit du stoïcisme,
avec toutes les vertus de caractère et aussi
tous les défauts de style que cet esprit
comporte, en un mot qu'il réalise à peu
près le type du vrai Stoïcien, la perfec-

tion parmi les Stoïciens (*in Stoicis,* cf.
§ 118 *perfectissimo Stoico*). C'est du reste
ainsi que les adeptes du stoïcisme se re-
présentaient Rutilius. Sénèque le cite
souvent avec Régulus et Caton d'Utique,
comme un des plus grands sages, un des
saints de l'école (*de Provid.*, 3 ; *Consol. ad
Marc.*, 22, 3 ; *Epist.*, 24, 4 ; 67, 7 ; 79,
14, etc.).

Peracutum, très pénétrant. Le mot
s'applique d'ordinaire à l'invention des
arguments (§ 53). Mais ici il ne vise que
la façon de raisonner. Les Stoïciens ne
s'occupaient pas de l'invention proprem-
ment dite, de ce qu'on appelait la *topique*
(§ 119 ; *de Orat.*, II, 38, 159 ; *Top.* ; 2,
6 ; *de Fin.*, IV, 4, 10).

Artis plenum, allusion à la dialectique,
à laquelle se ramenait toute la rhétorique
stoïcienne. Voir les textes cités dans la
note précédente.

Tamen, malgré les qualités qui viennent
d'être signalées (*peracutum,* etc.).

Exile. De Orat., III, 18, 66 : « Accedit
quod orationis etiam genus habent (Stoici)
fortasse subtile et certe acutum ; sed, ut
in oratore, exile, inusitatum, abhorrens
ab auribus vulgi, obscurum, inane, jeju-
num. » Cicéron revient souvent sur la
sécheresse rebutante du langage des Stoïciens. Il parle de leurs étroits sentiers
hérissés de broussailles (*Acad.*, II, 35,
112 : « angustias et dumeta »), de leurs
filets captieux (*Tuscul.*, IV, 27, 76 :
« laquei ») ; ce sont des gens occupés à
arracher des épines et à décharner des os
(*de Fin.*, IV, 3, 6 : « spinas vellentium...
ossa nudantium »).

Illa, etc. Tous les philosophes avaient
une haute opinion de leur sagesse ; mais
aucune école ne poussait plus loin que
les Stoïciens l'orgueil philosophique.

phorum de se ipsorum opinio, firma in hoc viro et stabilis inventa est. [115] Qui *cum* innocentissimus in judicium vocatus esset, quo judicio convulsam penitus scimus esse rem publicam, cum essent eo tempore eloquentissimi viri L. Crassus et M. Antonius consulares, eorum adhibere neutrum voluit: dixit ipse pro sese et pauca C. Cotta, quod sororis erat filius (et is quidem tamen ut orator, quanquam erat admodum adulescens) *et* Q. Mucius, enucleate ille quidem et polite, ut solebat, nequaquam autem ea vi atque copia, quam genus illud judicii et magnitudo causæ postulabat. [116] Habemus igitur in Stoicis oratoribus Rutilium, Scaurum in antiquis : utrumque tamen laudemus, quoniam per illos ne hæc quidem in civitate genera hac oratoria laude caruerunt. Volo enim ut in scæna sic etiam in foro non eos modo laudari, qui celeri motu et difficili utantur, sed eos etiam,

VARIANTES : 115. quam innocentissimus *L.* — Sed Q. Mucius *L.* — 116. etiam, *omis dans B H M après* sic.

NC. 115. *cum innocentissimus*, vulgate. Lambin : *quamquam.* — *et*, correction de Bake, adoptée par la plupart des éditeurs. Stangl conserve *sed.* — 116. Stangl, d'après Madvig : *habeamus.* L'indicatif s'explique très bien : « pour nous résumer nous avons... ». — Stangl avec quelques anciens éditeurs : *sic [etiam]*.

115. *In judicium.* Légat en Asie du proconsul Q. Mucius Scævola (cf. plus bas) et chargé seul de l'administration après le départ de son chef, qui ne resta que neuf mois dans son gouvernement (*ad Attic.*, V, 17, 5), Rutilius s'était attiré la haine des publicains en essayant de mettre un frein à leurs exactions. Ceux-ci, appartenant à la classe des chevaliers qui exerçait à Rome les fonctions judiciaires depuis la loi Sempronia (122 av. J.-C.), profitèrent de leur crédit pour le faire accuser de concussion à son retour et condamner à l'exil (vers 92). Il se retira à Mitylène, puis à Smyrne, où il reçut le droit de cité et séjourna jusqu'à sa mort.

Eloquentissimi. Cf. § 143.

Ipse. De Orat., I, 53, 229 : « Cum esset ille vir exemplum, ut scitis, innocentiæ cumque illo nemo neque integrior esset in civitate neque sanctior, non modo supplex judicibus esse noluit, sed ne ornatius quidem aut liberius causam dici

suam, quam simplex ratio veritatis ferebat. » Quintil., XI, 1, 12 : « P. Rutilius illo pæne socratico genere defensionis est usus. » — *Cotta*, § 202.

Tamen, quoiqu'il eût dit peu de chose.

Q. *Mucius Scævola (Pontifex maximus)*, dont Rutilius avait été le légat en Asie. Il en sera souvent question plus loin (§§ 145 et suiv. ; 156 ; 161 ; 163 ; 194 ; 229 ; 311 ; 327) ; *de Orat.*, I, 53, 229 : « Dixit item causam illam quadam ex parte Q. Mucius, more suo, nullo apparatu, pure et dilucide. »

Postulabat. Cicéron indique (*de Orat.*, I, 53, 230) comment un orateur véritable aurait conçu la défense de Rutilius : « Nemo ingemuit, nemo inclamavit patronorum, nihil cuiquam doluit, nemo est questus, nemo rempublicam imploravit, nemo supplicavit ; quid multa? pedem nemo in illo judicio supplosit, credo, ne stoicis renuntiaretur. »

116. *Antiquis*, § 94.

Difficili, difficile à exécuter, c'est-à-

quos statarios appellant, quorum sit illa simplex in agendo
veritas, non molesta.

XXXI. [117] Et quoniam Stoicorum est facta mentio,
Q. Ælius Tubero fuit illo tempore, L. Pauli nepos, nullo in
oratorum numero, sed vita severus et congruens cum ea
disciplina, quam colebat; paulo etiam durior, qui quidem
in triumviratu judicaverit contra P. Africani avunculi sui
testimonium vacationem augures quo minus judiciis operam
darent non habere; sed ut vita sic oratione durus, incultus,
horridus. Itaque honoribus majorum respondere non potuit. Fuit autem constans civis et fortis et in primis Graccho

VARIANTES : XXXI, 117. quidem *omis dans B H M.* — judicauerat *B H M C.*
NC. XXXI, 117. Presque toutes les éditions depuis Schütz ont *in tribunatu.* Mais
l'emploi des termes *judicaverit, testimonium* indique qu'il s'agit ici d'une magistrature judiciaire. Voir le commentaire. — Stangl, d'après Bake : *et ut vita,* etc. —
Stangl *C. Graccho.*

dire compliqué. Le terme s'oppose à
simplex.

Statarios (cf. §239), terme emprunté au
langage militaire (Tite-Live, IX, 19;
XXII, 18) et qui sert à caractériser aussi
certaines pièces de théâtre peu mouve-
mentées. Donat, *in Ter. Adelph.,* prol.
24 : « duo agendi sunt principales modi,
motorius et statarius. » Ter., *Hautont.,*
prol. 35 : « Date potestatem mihi —
statariam agere ut liceat per silentium —
ne semper servus currens, iratus senex,
— edax parasitus, sycophanta autem
impudens — avarus leno assidue agendi
sint mihi — clamore summo, cum labore
maxumo. »

Veritas, § 70.

XXXI, 117. Q. *Ælius Tubero,* neveu
de Scipion Émilien par sa mère *Æmilia,*
fille de Paul Émile ; c'est un des interlocuteurs du *de Republica.*

Vita severus. Cette austérité était chez
lui comme un héritage de famille. Son
père est cité comme un type de l'antique
simplicité romaine (Pline, *H. N.* XXXIII,
142; Val. Max., IV, 4, 9).

Disciplina, le stoïcisme, que Tubéron
avait étudié à fond sous la direction de
Panétius (*de Orat.,* III, 23, 87; *Acad.,*
II, 44, 135; *Tuscul.,* IV, 2, 4). Le traité
de Panétius *de Dolore patiendo* lui était

dédié (*de Fin.,* IV, 9, 23) ainsi qu'un ouvrage d'Hécaton, disciple de Panétius,
sur les Devoirs (*de Off.,* III, 15, 63).

In triumviratu. Les *triumviri nocturni*
ou *capitales,* d'abord simples magistrats
de police, étaient devenus avec le temps
les auxiliaires du préteur, qui se déchar-
geait sur eux du soin d'accomplir certaines formalités secondaires. Ils avaient
à percevoir les *sacramenta* de la partie
condamnée (Festus, *sacramenta,* p. 347) :
il se peut qu'ils aient eu aussi à préparer
l'audience en appréciant les excuses des
jurés qui refusaient de siéger.

Sed, reprise de la phrase interrompue
par une sorte de parenthèse. Cf. § 81.

Horridus, § 68.

Honoribus. Tubéron ne put pas s'élever
au-dessus de la préture. Encore n'y ar-
riva-t-il pas sans difficulté. Candidat en
128, il ne fut pas élu, parce qu'il s'était
rendu impopulaire en organisant d'une
façon par trop mesquine le repas funèbre
aux funérailles de son oncle Scipion Émilien (Cic. *pro Mur.,* 36, 75).

Constans, dans ses opinions aristocra-
tiques.

Graccho. On admet généralement qu'il
s'agit ici de C. Gracchus, en se fondant sur
un texte de Priscien, qui attribue à C. Gracchus un discours contre Tubéron (Meyer,

molestus, quod indicat Gracchi in eum oratio; sunt etiam in Gracchum Tuberonis. Is fuit mediocris in dicendo, doctissimus in disputando. [118] Tum Brutus : Quam hoc idem in nostris contingere intellego quod in Græcis, ut omnes fere Stoici prudentissimi in disserendo sint et id arte faciant sintque architecti pæne verborum, idem traducti a disputando ad dicendum inopes reperiantur. Unum excipio Catonem, in quo perfectissimo Stoico summam eloquentiam non desiderem, quam exiguam in Fannio, ne in Rutilio quidem magnam, in Tuberone nullam video fuisse. [119] Et ego : Non, inquam, Brute, sine causa, propterea quod istorum in dialecticis omnis cura consumitur, vagum illud oratio-

NC. 117. Kayser : *sicut etiam in Gracchum*. Le même éditeur, suivi par Eberhard, considère comme interpolée la phrase *is fuit... disputando*. Friedrich, d'après J. Simon, met de plus entre crochets *sunt etiam... Tuberonis*. Mais, d'une part, la mention des discours conservés de Tubéron est naturelle, Cicéron aimant à rappeler dans le *Brutus* les discours publiés qu'il a pu se procurer; d'autre part, les mots *is fuit*, etc., qui donnent comme la formule de l'orateur stoïcien, servent de transition aux réflexions qui suivent.

Or. rom. fragm., p. 240). Mais une erreur de prénom est facile à commettre, et d'autre part on a un texte positif de Cicéron parlant de la rupture entre Tubéron et Ti. Gracchus (*Laelius*, 11, 37 : « Ti. Gracchum rempublicam vexantem a Q. Tuberone æqualibusque amicis derelictum videbamus. ») L'opposition de Tubéron devait être pénible (*molestus*) surtout à Ti. Gracchus, qui croyait pouvoir compter sur ses parents et ses amis.

In disputando, allusion à la dialectique stoïcienne, dont Tubéron connaissait à fond (*doctissimus*) tous les procédés. *Orat.*, 32, 113 : « Disputandi ratio et loquendi dialecticorum sit, oratorum autem dicendi et ornandi. »

118. *In disserendo*, dans l'argumentation. Cf. §§ 120, 143, 146, 276.

Arte, théoriquement, suivant les principes de la dialectique. Cf. § 111 : « artis plenum ».

Architecti, à cause de la construction savante de leurs syllogismes; *pæne*, à cause de la métaphore.

Disputando, la discussion philosophique, opposée à l'exposition oratoire (*dicendum*).

Inopes. Cf. *de Fin.*, IV, 3, 7 : « scripsit artem rhetoricam Cleanthes, Chrysippus etiam, sed sic, ut si quis obmutescere concupierit, nihil aliud legere debeat. »

Catonem, Caton d'Utique. Ce passage est important pour la date du *Brutus*. Caton est encore vivant ou du moins on ne connaît pas encore la nouvelle de sa mort.

Eloquentiam. Parad., procœm. 1 et suiv. : « Animadverti, Brute, sæpe Catonem, avunculum tuum, cum in senatu sententiam diceret, locos graves ex philosophia tractare, abhorrentes ab hoc usu forensi et publico, sed dicendo consequi tamen, ut illa etiam populo probabilia viderentur.... Cato... stoice solet oratoriis ornamentis adhibitis dicere ». Cf. Plut., *Cat.* 5.

Fannio, § 101.

119. *In dialecticis. Top.*, 2, 6 : « Cum omnis ratio diligens disserendi duas habeat partes, unam inveniendi, alteram judicandi, utriusque princeps, ut mihi quidem videtur, Aristoteles fuit. Stoici autem in altera elaboraverunt; judicandi enim vias diligenter persecuti sunt ea scientia, quam διαλεκτικήν appellant;

nis et fusum et multiplex non adhibetur genus. Tuus autem avunculus, quemadmodum scis, habet a Stoicis id, quod ab illis petendum fuit ; sed dicere didicit a dicendi magistris eorumque more se exercuit. Quodsi omnia a philosophis essent petenda, Peripateticorum *atque Academicorum* institutis commodius fingeretur oratio. [120] Quo magis tuum, Brute, judicium probo, qui eorum [id est ex vetere Academia], philosophorum sectam secutus es, quorum in doctrina

VARIANTE : 119. Peripateticorum institutis *L*.

NC. 119. Après *Peripateticorum* je rétablis *atque Academicorum*, qui dans un manuscrit en capitales pouvait tenir une ligne, et dont l'omission s'explique par la terminaison identique des deux génitifs à la fin de deux lignes consécutives. Toute la suite prouve que Cicéron a en vue les disciples d'Aristote et ceux de Platon, et *Peripateticorum* ne peut pas à lui seul désigner l'ensemble des deux écoles. — 120. *Id est ex vetere Academia* est une glose de *atque Academicorum*, glose que presque tous les éditeurs, depuis Lambin, suppriment ou mettent entre crochets.

inveniendi artem, quæ τοπική dicitur, quæ et ad usum potior erat et ordine naturæ certe prior, totam reliquerunt. » — *Vagum*, libre dans ses allures, non enfermé dans le moule étroit du syllogisme (Cf. § 120 *liberior*); le terme s'oppose à *astrictus*, par lequel Cicéron ailleurs (§ 94; 120) caractérise le langage des Stoïciens.

Fusum, d'une seule coulée, qui se répand sans intermittence. Les Stoïciens au contraire procèdent par petites phrases courtes (*de Fin*. IV, 3, 7: « interrogatiunculis angustis ») qui tombent pour ainsi dire goutte à goutte. Cf. *de Orat.*, II, 38, 159 : « Stoicus... genus sermonis affert non liquidum, non fusum, non profluens, sed exile, aridum, concisum ac minutum. »

Multiplex opposé à *exile* (§ 114. Cf. le passage du *de Oratore* cité dans la note précédente).

Avunculus tuus. Servilia, la mère de Brutus, était la sœur utérine de Caton. Tous deux étaient nés de Livia, fille de M. Livius Drusus (consul en 112), laquelle s'était mariée deux fois, avec M. Cato et avec Q. Servilius Cæpio.

Essent... fingeretur, à l'imparfait parce que Cicéron ne veut pas admettre qu'on puisse jamais se trouver réduit à cette extrémité (Cf. § 120 : « nec perficere » etc.).

Peripateticorum atque Academicorum. Cicéron manque rarement de rapprocher ses deux écoles, qui toutes deux se réclamaient également de Socrate et de Platon et différaient plutôt par le nom que par la doctrine. *Acad.*, I, 4, 17 : « Una et consentiens duobus vocabulis philosophiæ forma instituta est Academicorum et Peripateticorum »; *de Fin.*, V, 3, 7 : « In qua (*Academia vetere*) non ei soli numerantur qui Academici vocantur, sed etiam Peripatetici veteres, quorum princeps Aristoteles. » Cf. *de Fin.*, IV, 2, 5; *de Off.*, I, 1, 2 ; III, 4, 20.

Institutis, § 31.

Commodius, sc. *quam Stoicorum*.

120. *Magis* sc. *quam judicium avunculi tui.*

Eorum philosophorum. Brutus était un disciple d'Antiochus d'Ascalon (§ 315; Plut. *Brut.* 2) et d'Aristus, frère d'Antiochus (§ 322 ; *Acad.*, I, 3, 13; *ad Attic.*, XIII, 25), tous deux philosophes académiciens, mais de l'*ancienne Académie* (Cf. § 149), ainsi nommée pour la distinguer de la *nouvelle Académie* d'Arcésilas et de Carnéade, qui avaient fait dévier la doctrine de Platon vers le scepticisme et le probabilisme (*de Orat.*, III, 18, 67 et suiv.; *de Leg.*, I, 13, 39). L'*ancienne Académie* prétendait revenir à la vraie tradition platonicienne, un moment abandonnée, et avec Antiochus elle cherchait à concilier dans une sorte d'éclectisme les doctrines de Platon, d'Aristote et des Stoïciens.

Sectam secutus, deux termes qui sont

atque præceptis disserendi ratio conjungitur cum suavitate
dicendi et copia : quanquam ea ipsa Peripateticorum Aca-
demicorumque consuetudo in ratione docendi talis est, ut
nec perficere oratorem possit ipsa per sese nec sine ea orator
esse perfectus. Nam ut Stoicorum astrictior est oratio ali-
quantoque contractior quam aures populi requirunt, sic illorum liberior et latior quam patitur consuetudo judiciorum
et fori. [121] Quis enim uberior in dicendo Platone? Jovem

VARIANTE : 120. dicendi *L*.

NC. 120. La conjecture de Kayser *ratione dicendi* ne permet pas d'expliquer l'introduction de *in*. Pour *docendi*, cf. *Orator*, 43, 144 (*dicendo* dans *LA* au lieu de
docendo); 44, 150 (*dicendo A*, *docendo L*).

entre eux en relation étymologique (*secta*
= direction où l'on s'engage *en suivant*
un guide) et qui sont souvent réunis (*in
Verr.*, V, 70, 181 ; *pro Cæl.*, 17, 40 ; *de
Nat. Deor.*, II, 22, 57 ; Lucr .V, 1113).

In doctrina atque præceptis, dans leur
enseignement, lequel comprend d'une part
l'exposé qu'ils font eux-mêmes de leurs
idées, d'autre part les conseils qu'ils
donnent à leurs disciples sur la manière
de les exposer à leur tour.

Consuetudo, l'habitude de *conjungere
disserendi rationem cum suavitate dicendi.*

In ratione docendi correspond à *in
doctrina atque præceptis*. Cicéron fait
allusion à la méthode d'exposition familière aux philosophes péripatéticiens et
académiciens, et qui consistait à présenter
sur chaque question les arguments pour
et contre, sous la forme d'un débat con-
tradictoire, avec l'abandon et les détours
d'une conversation, *consuetudo de omnibus rebus in contrarias partes disserendi*
(*Tuscul.*, II, 3, 9 ; *de Orat.*, III, 27, 107 ;
Quintil., XII, 2, 25).

Sine ea. Cf. *Orat.*, 3, 12 et suiv.

Astrictior, parce que, chez les Stoïciens,
l'expression est toujours enfermée et
comme enchaînée dans les limites étroites
d'un raisonnement syllogistique. *Tuscul.*,
III. 6, 13 : « Breviter solent (Stoici) ad-
stringere argumenta ». Cf. § 94 ; Quintil.,
X, 1, 106 ; 4, 1 ; 5, 4.

Contractior. Orat., 32, 113 : « Zeno
quidem ille, a quo disciplina Stoicorum
est, manu demonstrare solebat, quid inter
has artes interesset; nam cum compresserat digitos pugnumque fecerat, dialecticam aiebat ejusmodi esse ; cum autem
diduxerat et manum dilataverat, palmæ
illius similem eloquentiam esse dicebat.
Atque etiam ante hunc Aristoteles principio artis rhetoricæ dicit illam artem
quasi ex altera parte respondere dialecticæ,
ut hoc videlicet differant inter se quod
hæc ratio dicendi latior sit, illa loquendi
contractior. » Cf. *de Fin.*, II, 6, 17.

Liberior et latior. Ces termes s'appliquent non seulement aux dialogues de
Platon (Cf. Pline, *Epist.*, I, 10 : « plato-
nicam latitudinem »), mais encore à ceux
d'Aristote, qui, à en juger par les témoignages antiques, semblent avoir égalé en
grâce et en élégance ceux de Platon
(*Acad.*, II, 38, 46 ; *de Orat.*, I, 11, 49 ;
ad Attic., II, 1, 1 ; IV, 16, 2 ; *Quintil.*, X,
1, 83).

Aures populi. Cf. § 114.

Et fori, et en général du forum. *Judicia*
et *forum* sont fréquemment associés
(*pro Arch.*, 2, 3 : « A consuetudine judiciorum... a forensi sermone »).

121. *Enim* explique *sic illorum*, etc.
Si admirable que soit le style de Platon,
d'Aristote, de Théophraste, il ne convient
pas à l'orateur politique ou judiciaire.

Jovem. Plut. *Cic.*, 24 : πολλὰ δ' αὐτοῦ
καὶ ἀπομνημονεύουσιν · οἷον.., περὶ τῶν
Πλάτωνος διαλόγων. ὡς τοῦ Διός, εἰ λό-
γῳ χρῆσθαι πέφυκεν, οὕτω διαλεγομένου.
Denys d'Hal., *de Demosth.*, 23 : ἤδη τινῶν
ἤκουσα ἐγὼ λεγόντων ὡς, εἰ καὶ παρὰ
θεοῖς διάλεκτός ἐστιν, ἢ τὸ τῶν ἀνθρώπων
κέχρηται γένος, οὐκ ἄλλως ὁ βασιλεὺς

sic [ut] aiunt philosophi, si Græce loquatur, loqui. Quis Aristotele nervosior, Theophrasto dulcior? Lectitavisse Platonem studiose, audivisse etiam Demosthenes dicitur, idque apparet ex genere et granditate verborum ; dicit etiam in quadam epistula hoc ipse de sese. Sed et hujus oratio in philosophiam translata pugnacior, ut ita dicam, videatur et illorum in judicia pacatior.

XXXII. [122] Nunc reliquorum oratorum ætates, si placet, et gradus persequamur. Nobis vero, *inquit* Atticus, et vehementer quidem, ut pro Bruto etiam respondeam. Curio fuit igitur ejusdem ætatis fere sane illustris orator, cujus de

VARIANTES : 121. uidetur *L*. — XXXII, 122. uero Atticus *L*.

NC. 121. Avec Schütz et la plupart des éditeurs *sic* [*ut*]. Ceux qui conservent *sicut* l'expliquent par un anacoluthe. Mais dans les anacoluthes de ce genre l'accusatif ne précède jamais le verbe. — *videatur*, correction d'Ernesti adoptée par Eberhard et Stangl. (Cf. *Orator*, 31, 112 : *videmur A, videamur L* ; 55, 183 : *videtur A, videatur L*). — *inquit*, addition de la vulgate.

ὧν αὐτῶν διαλέγεται θεὸς ἢ ὡς Πλάτων.

Loquatur, au présent du subjonctif, parce que l'hypothèse n'est pas considérée comme inadmissible.

Nervosior n'est pas en contradiction avec *liberior et latior* : considéré dans le détail, le style d'Aristote a du nerf et de la force, ce qui n'exclut pas une certaine liberté d'allures dans le développement philosophique.

Theophrasto, § 37, 172. Orat., 19, 62 : « Theophrastus divinitate loquendi nomen invenit. » Cf. Diog. Laert., V, 38 ; Quintil., X, 1, 83.

Audivisse. Plut. *Demosth.*, 5 : Ἕρμιππός φησιν ἀδεσπότοις ὑπομνήμασιν ἐντυχεῖν, ἐν οἷς ἐγέγραπτο τὸν Δημοσθένην συνεσχολακέναι Πλάτωνι καὶ πλεῖστον εἰς τοὺς λόγους ὠφελῆσθαι. Cf. *de Orat.*, I, 20, 89 ; *de Off.*, I, 1, 8 ; Aulu-Gelle, III, 13.

Ex genere et granditate verborum, au caractère général et *en particulier* à la noblesse de l'expression. *Et* marque le passage du genre à l'espèce. *Granditate*, cf. § 35.

In quadam epistula. Orat., 4, 15 : « idem de Demosthene existimari potest cujus ex epistulis intellegi licet, quam

requens fuerit Platonis auditor ». Dans la cinquième des six lettres plus ou moins authentiques qui nous sont parvenues sous le nom de Démosthène, il y a quelques mots très élogieux sur la valeur morale de l'enseignement de Platon, mais rien sur les rapports de l'orateur et du philosophe. Cicéron fait allusion à quelque autre lettre que nous n'avons pas.

Pugnacior, parce que l'éloquence est une sorte de bataille et l'orateur un combattant. Cf. § 32, 37.

Pacatior. *Orat.*, 19, 62 : « horum (Theophrasti, Aristotelis, Platonis) oratio neque nervos neque aculeos oratorios ac forenses habet. Loquuntur cum doctis, quorum sedare animos malunt quam incitare, de rebus placatis ac minime turbulentis, docendi causa non capiendi. »

XXXII, 122. *Igitur* reprend le développement du § 110. Cf. § 21.

Curio. C. Scribonius Curio, le premier des trois orateurs de ce nom (Pline, *H. N.*, VII, 133), n'est guère connu que par ce passage. Il fut préteur en 121, l'année de la mort de C. Gracchus.

Fere, parce qu'il était un peu plus âgé que les trois autres orateurs cités avec lui au § 110.

ingenio ex orationibus ejus existimari potest. Sunt enim
et aliæ et pro Ser. Fulvio de incestu nobilis oratio. Nobis
quidem pueris hæc omnium optima putabatur, quæ vix jam
comparet in hac turba novorum voluminum. [123] Præclare,
inquit Brutus, teneo qui istam turbam voluminum effecerit.
Et ego : Intellego, inquam, Brute, quem dicas ; certe enim
et boni aliquid attulimus juventuti, magnificentius, quam
fuerat, genus dicendi et ornatius, et nocuimus fortasse, quod
veteres orationes post nostras, non a me quidem (meis enim
illas antepono), sed a plerisque legi sunt desitæ. *Me* numera, inquit, in plerisque ; quanquam video mihi multa
legenda jam te auctore, quæ antea contemnebam. [124] Atqui hæc, inquam, de incestu laudata oratio puerilis est
locis multis : de amore, de tormentis, de rumore loci sane
inanes, verumtamen nondum tritis nostrorum hominum auribus nec erudita civitate tolerabiles. Scripsit etiam alia non-

Variantes : 122. putabatur *F O²*, putabantur *r*. — 123. inquam intellego *L*. — Enu-
mera inquit *L*.

NC. XXXII, 123. *intellego, inquam*, transposition de Schütz. — *Me numera* d'après
Weidner, suivi par Stangl et Friedrich. Ernesti et la plupart des éditeurs : *Numera*,
inquit ⟨*me*⟩.

Et pro Ser. Fulvio. Et marque le passage du général au particulier. Cf. § 121.
Le procès de Ser. Fulvius ne nous est
pas connu. Cicéron (*de Invent.*, I, 43,
80 ; cf. *ad Herenn.*, II, 20, 33) cite une
phrase du plaidoyer de Curion : « Nemo
potest uno adspectu neque præteriens in
amorem incidere. » Le Ser. Fulvius dont
il est ici question est sans doute le consul
de 135 (Cf. § 81).

123. *Turbam voluminum*. Cicéron était
très fier de sa fécondité littéraire et oratoire. *Orat.*, 30, 108 : « Nemo orator
tam multa ne in græco quidem otio scripsit quam multa sunt nostra, eaque hanc
ipsam habent quam probo varietatem. »
de Leg. I, 3, 9 : « Scripsisti plura quam
quisquam e nostris. »

Magnificentius, etc. Cf. *de Orat.*, I, 21,
94 : « eum statuebam... eloquentem...
qui mirabilius et magnificentius augere
posset atque ornare quæ vellet. »

Desitæ. Riemann, *Synt.*, § 135, p. 199.

Jam, dorénavant.

124. *Atqui* (= et pourtant) reprend
la suite du développement interrompu
au § 123 par la réflexion de Brutus.

Tormentis ; voir (*Parad*, 14, 50) la façon
de traiter ce genre de *loci*. Pour *amore*
cf. le texte cité plus haut (note sur *Fulvio*).

Inanes, vides de sens, de la phraséolo-
gie pure.

Tritis, frottées par l'usage, c'est-à-dire
habituées à l'éloquence, par suite délicates. *Ad Famil.*, IX, 16, 4 : « Servius...
quem litteratissimum fuisse judico, facile diceret, « hic versus Plauti non est,
hic est », quod tritas aures haberet
notandis generibus poetarum et consuetudine legendi. »

Nec erudita civitate. L'enseignement de
la rhétorique n'étant pas encore répandu
à Rome, le public n'était pas familiarisé
avec ces lieux communs et toutes les ba-
nalités de Curion paraissaient d'inté-
ressantes nouveautés.

nulla et multa dixit et illustri in numero [patronorum] fuit,
ut eum mirer, cum et vita suppeditavisset et splendor ei
non defuisset, consulem non fuisse.

XXXIII. [125] Sed ecce in manibus vir et præstantissimo
ingenio et flagranti studio et doctus a puero C. Gracchus.
Noli enim putare quemquam, Brute, pleniorem aut uberi-
orem ad dicendum fuisse. Et ille : Sic prorsus, inquit, existimo atque istum de superioribus pæne solum lego. Immo
plane, inquam, Brute, legas censeo. Damnum enim illius immaturo interitu res Romanæ Latinæque litteræ fecerunt.
[126] Utinam non tam fratri pietatem quam patriæ præstare

VARIANTE : 124. inlustri et in *L.*

NC. 124. *patronorum* paraît être une glose de *illustri in numero.* La plupart des
éditions ont *illustria et*; Schneider, suivi par Schütz : *illustrium.* — Jahn : *cum ei
vita.*

Illustri in numero équivaut à *illustrium
virorum in numero.* Avec *numerus* Cicéron
remplace volontiers le génitif attribu-
tif par un adjectif. Cf. § 78; *Philipp.,*
II, 6, 13 : « duo de consulari numero »;
in Verr., V. 58, 153 : « ex illo Sertoriano
numero ».

Splendor, l'éclat de la naissance.

XXXIII, 125. *Ecce.* Après cette longue
énumération d'orateurs de second ordre,
auxquels il manque toujours l'une ou
l'autre des trois conditions de l'éloquence
(*natura, doctrina, exercitatio*), voici enfin
un orateur qui les réunit toutes les trois.
— Avec *ecce* Cicéron emploie toujours le
nominatif.

In manibus, au sens figuré, comme le
grec ἐν χερσίν : « nous touchons, nous
sommes en présence de... » Cf. Virg.
Georg., II, 44 : « lege littoris oram : — in
manibus terræ. » César, *de Bell. gall.,*
II, 19, 7 : « jam in manibus nostris
hostes viderentur. » Piderit entend l'expression au sens propre, les discours de
C. Gracchus étant dans toutes les mains
(Cf. *Cato maj.,* 4, 12 : « est in manibus
laudatio »).

Studio, § 23. Cf. *de Orat.,* III, 4, 16 :
« fuit uterque *studio* atque *ingenio* et
doctrina præstans omnibus ».

Doctus a puero. Sur l'éducation des
Gracques, voir § 104.

C. Gracchus, plus jeune de neuf ans
environ que Tibérius, commissaire de la
loi agraire en 133, questeur en Sardaigne
de 126 à 124, tribun en 123, puis en 122,
tué en 121. Pour le détail de sa vie politique, voir Duruy, *Hist. des Romains,*
II, p. 411 et suiv. Ce qui reste de ses
discours a été rassemblé par Meyer,
Orat. rom. fragm., p. 224 et suiv.

Plane porte sur *immo* : « Oui ! tout à
fait... » Cicéron insiste parce qu'il a cru
voir dans la réponse de Brutus plutôt
une adhésion polie qu'une conviction bien
établie. La plupart des éditeurs rattachent *plane* à *legas* (= lis-le de très près,
à fond). Peter entend *plane solum,* répondant à *pæne solum.* Il y aurait ainsi
comme un jeu de mots.

Immaturo interitu. Il avait environ
trente et un ans quand il mourut.

126. *Utinam,* cf. § 103; *de Harusp. resp.*
19, 41 : « C. Gracchus, quo ingenio,
quanta vi, quanta gravitate dicendi, ut
dolerent boni omnes, non illa tanta ornamenta ad meliorem mentem voluntatem-
que esse conversa. »

Pietatem. De Harusp. resp., 20, 43 :
« C. autem Gracchum mors fraterna,
pietas, dolor, magnitudo animi ad expe-
tendas domestici sanguinis pœnas excitavit. » Dès le début de sa carrière
C. Gracchus se déclare solidaire de son

voluisset ! Quam ille facile tali ingenio, diutius si vixisset, vel paternam esset vel avitam gloriam consecutus ! Eloquentia quidem nescio an habuisset parem neminem : grandis est verbis, sapiens sententiis, genere toto gravis ; manus extrema non accessit operibus ejus : præclare incohata multa, perfecta non plane. Legendus, inquam, est hic orator, Brute, si quisquam alius, juventuti. Non enim solum acuere, sed etiam alere ingenium potest.

frère. En 131, parlant pour la loi de Carbon (cf. § 105) sur la réélection des tribuns, il fait publiquement l'éloge de Tibérius (Charisius, II, 214 : « Pessimi Tiberium fratrem meum optimum interfecerunt ; em videte quam par pari sint »). A peine revenu de Sardaigne, où le sénat prétendait le confiner en le prorogeant dans sa questure, il songe au tribunat, pour frapper les ennemis de Tibérius. Comme tribun, ses premiers actes sont des lois de vengeance, dirigées l'une contre Octavius, l'ancien adversaire de Tibérius, déposé par lui (§ 95), l'autre contre Popilius, le consul de 132, qui s'est acharné contre les complices de Tibérius (§§ 94 et 128). Toute sa politique consiste à poursuivre et à compléter les desseins de son frère.

Paternam, § 79. *Avitam* : Cornélie était la fille du premier Africain. Cf. *de Orat.*, I, 9, 37 : « at vero ejus filii diserti et omnibus vel naturæ vel doctrinæ præsidiis ad dicendum parati, cum civitatem vel paterno consilio vel avitis armis florentissimam accepissent, ista præclara gubernatrice, ut ais, civitatum eloquentia rempublicam dissipaverunt. »

Eloquentia. Il était plus éloquent encore que son frère. Velleius Paterculus (II, 6, 1), qui le compare à Tibérius, dit de lui : « Ingenio etiam eloquentiaque longe præstantiorem. » Cf. Tite-Live, *Epit.* 60. Plutarque, *Ti-Gr.*, 2.

Grandis, § 29 ; 121.

Verbis. .sententiis. Comme dans tout ce passage, il n'est question que de *lire* C. Gracchus (*legas, legendus*). Cicéron ne signale que les qualités oratoires appréciables à la lecture, c'est-à-dire *l'élocution* et *l'invention*, et ne dit rien de *l'action*. Le Brutus doit être ici complété par d'autres passages : *de Orat.*, III, 56,

214 : « Quid fuit in Graccho... quod me puero tanto opere efferretur ? « Quo me miser conferam ? Quo vertam ? In Capitoliumne ? At fratris sanguine madet. An domum ? Matremne ut miseram lamentantem videam et abjectam ». Quæ sic ab illo esse acta constabat oculis, voce, gestu, inimici ut lacrimas tenere non possent » ; *de Orat.*, III, 60, 225 : « Servum... cum eburneola solitus est habere fistula, qui staret occulte post ipsum, cum contionaretur, peritum hominem, qui inflaret celeriter eum sonum, quo illum aut remissum excitaret aut a contentione revocaret. » (Cf. Aulu-Gelle, I, 11, 10 ; Quintil., I, 10, 27 ; Val. Max. VIII, 10, 1.) — Sur la véhémence pathétique de C. Gracchus, voir Tacite, *dial.* ; 26 ; Aulu-Gelle, I, 10, 3 ; Plutarque, *Ti-Gr.*, 2 : τὸν δὲ Ῥωμαίων πρῶτον ἐπὶ τοῦ βήματος περιπάτῳ τε χρήσασθαι καὶ περισπάσαι τὴν τήβεννον ἐξ ὤμου λέγοντα, καθάπερ Κλέωνα τὸν Ἀθηναῖον ἱστόρηται περισπάσαι τε τὴν περιβολὴν καὶ τὸν μηρὸν ἀλοῆσαι πρῶτον τῶν δημηγορούντων.

Manus extrema. Il n'eut pas le temps de revoir ses discours pour les publier. Ceux-ci sont comme des ébauches (*incohata*) qui n'ont pas été finies.

Legendus, avec précaution, selon Quintilien (II, 5, 21 : « ne quis eos (pueros) antiquitatis nimius admirator in Gracchorum Catonisque et aliorum similium durescere velit ; fient enim horridi atque jejuni, etc. »).

Acuere, parce que la *forme* de cette éloquence vive et mordante est comme un aiguillon qui excite l'esprit, et aussi parce que n'étant point parfaite, elle peut exercer la critique ; *alere*, parce que le *fond* en est substantiel. Le premier terme répond à *verbis*, le second à *sententiis.*

[127] Huic successit ætati *C.* Galba, Servii illius eloquentissimi viri filius, P. Crassi eloquentis et juris periti gener. Laudabant hunc patres nostri, favebant etiam propter patris memoriam, sed cecidit in cursu. Nam rogatione Mamilia, Jugurthinæ conjurationis invidia, cum pro sese ipse dixisset, oppressus est. Exstat ejus peroratio, qui epilogus dicitur; qui tanto in honore pueris nobis erat, ut cum etiam edisceremus. Hic, qui in collegio sacerdotum esset, primus post Romam conditam judicio publico est condemnatus. XXXIV. [128] P. Scipio, qui est in consulatu mortuus, non multum ille quidem nec sæpe dicebat, sed et Latine loquendo cuivis erat par et omnes sale facetiisque superabat. Ejus collega L. Bestia *a* bonis initiis orsus tribunatus

VARIANTES : 127. p. Galba *L.* — Seruilius *O B H M*, Serulius *r.* — mamilia *F*, manilia *r.*

NC. XXXIII, 127. *C. Galba*, vulgate ; de même *Servii illius* — XXXIV. 128. *A* devant *bonis*, addition de Müller, adoptée par Stangl.

127. *Servii illius*, § 89 et suiv.

P. *Crassi*, § 98.

In cursu, avant d'avoir pu parcourir toute la carrière des honneurs. Cf. § 3.

Rogatione Mamilia. Salluste., *Jug.* 40 : « C. Mamilius Limetanus tribunus plebis (en 110) rogationem ad populum promulgat uti quæreretur in eos, quorum consilio Jugurtha senati decreta neglexisset, quique ab eo in legationibus aut imperiis pecunias accepissent ; qui elephantos quique perfugas tradidissent ; item qui de pace aut bello cum hostibus pactiones fecissent... Plebes incredibile memoratu est quam intenta fuerit, quantaque vi rogationem jusserit, decreverit, voluerit, magis odio nobilitatis, cui mala illa parabantur, quam cura reipublicæ : tanta lubido in partibus erat... Quæstio exercita aspere violenterque ex rumore et lubidine plebis. »

Jugurthinæ conjurationis invidia. Cf. § 103 : « Ex invidia fœderis. » L'ablatif *invidia* ne dépend pas de *oppressus est*; il marque sous l'influence de quelle passion la loi a été proposée (Riemann, *Syntaxe*, § 78, 4, p. 147). *Conjurationis*, parce que la plèbe, exaspérée contre les nobles et prompte à accueillir toutes les accusations, voyait une trahison concertée, une

sorte de conspiration, là où il n'y avait sans doute que des faiblesses individuelles.

Peroratio, soit la péroraison du plaidoyer de Galba, publiée à part sous le titre d'*Epilogus* (cf. § 160); soit, si Galba a été défendu par plusieurs orateurs, le dernier discours de la série, prononcé par lui-même (cf. § 190, 217).

Qui... esset, bien qu'il fût. Riemann, *Syntaxe*, p. 371, § 222.

Collegio sacerdotum. Les membres des collèges sacerdotaux n'étaient justiciables que du *Pontifex maximus*.

XXXIV, 128. *P. Scipio*, consul en 111, fils du Scipion Nasica qui marcha contre Ti. Gracchus (§ 85 ; 107). Cf. *de Off.*, I, 30, 109.

Latine loquendo, par la pureté de son langage. Cf. § 133, 140; *de Orat.*, III, 10, 37; 11, 40.

L. Bestia. L. Calpurnius Bestia, tribun en 121, l'année de la mort de C. Gracchus, consul en 111 avec P. Scipion. Chargé comme consul de commencer la guerre contre Jugurtha, il se laissa duper ou corrompre par le roi numide (Tite-Live, *Epit.*, 64; Florus, I, 35; Salluste, *Jug.*, 28 et suiv.).

A bonis initiis, parce qu'il était d'accord avec le parti aristocratique.

(nam P. Popilium vi C. Gracchi expulsum sua rogatione
restituit), vir et acer et non indisertus, tristes exitus
habuit consulatus. Nam invidiosa lege [Mamilia quæstio]
C. Galbam sacerdotem et quattuor consulares, L. Bestiam,
C. Catonem, Sp. Albinum civemque præstantissimun L. Opimium, Gracchi interfectorem, a populo absolutum, cum is
contra populi studium stetisset, Gracchani judices sustulerunt. [129] Hujus dissimilis in tribunatu reliquaque omni
vita civis improbus *P.* Licinius Nerva non indisertus fuit.
C. Fimbria temporibus isdem fere, sed longius ætate pro-

VARIANTES : XXXIV, 128. gracchum iudices *B II M.* — 129. C. Licinius *L.*
NC. 128. Avec Peter et Friedrich, je considère *Mamilia quæstio* comme une glose
de *invidiosa lege.* Les éditeurs mettent entre crochets tantôt *quæstio* (Ernesti, Stangl),
tantôt *lege Mamilia* (Kayser, avec *quæstione* de la vulgate) ; Piderit, Eberhard : *invidiosa ⟨illa⟩ quæstione.* — Stangl : ⟨*C.*⟩ *Gracchi interfectorem.* — 129. *P. Licinius,*
d'après les monnaies. Voir le commentaire.

P. Popilium, § 95.
Restituit, rétablit dans ses droits de
citoyen, que la condamnation à l'exil lui
avait fait perdre.
Invidiosa lege, allusion à la loi Mamilia.
Cf. § 127.

C. Catonem, § 108.
Sp. Albinum, Sp. Postumius Albinus,
consul en 110. On l'accusait d'avoir trop
mollement conduit la guerre en Numidie
(Salluste, *Jug.,* 36) et on le rendait en
même temps responsable d'un traité peu
honorable, signé avec Jugurtha par A.
Postumius Albinus, son frère et son légat,
à qui il avait laissé le commandement pour
venir à Rome présider les comices (*Jug.,*
38-40).

L. Opimium. Chef de l'ambassade chargée en 112 de régler le différend de Jugurtha et d'Adherbal, il s'était laissé corrompre par Jugurtha (Salluste, *Jug.,* 16 ;
Plutarque, *C. Gracchus,* 18).

Interfectorem. Consul en 121, il avait
obtenu pleins pouvoirs pour marcher contre C. Gracchus et mis à prix la tête de
l'ancien tribun.

Absolutum, à la suite du procès *de
majestate* que lui avait intenté Décius
(§ 108) en 120, pour avoir abusé de sa victoire sur C. Gracchus et ses partisans.
Dans ce procès, Opimius avait eu Carbon
(§ 105) pour défenseur. Cf. *pro Sest.,* 67,

140 : « Flagrantem invidia propter interitum C. Gracchi ipse populus romanus
periculo liberavit. »

Gracchani judices, les juges choisis, conformément à la loi *Sempronia* de 122,
parmi les chevaliers, c'est-à-dire dans le
parti hostile à la noblesse. Cf. *pro Planc.,*
29, 70 : « Opimii calamitas utinam ex hominum memoria posset evelli ! Vulnus illud
reipublicæ, dedecus hujus imperii, turpi-
tudo populi romani, non judicium putan-
dum est. Quam enim illi judices, si judices et non parricidæ patriæ nominandi
sunt, graviorem potuerunt reipublicæ in-
fligere securim, quam cum illum e civitate
ejecerunt. »

Sustulerunt, supprimèrent comme citoyens, en les condamnant à l'exil.

129. *Hujus,* sc. *Bestiæ.*
Improbus, parce qu'il était du parti démocratique.

P. Licinius Nerva, probablement l'un
des collègues de Bestia au tribunat en 121.
On connaît de ce nom un monétaire dont
les monnaies se classent précisément à
cette époque (Babelon, *Monnaies de la
Rép.,* II, p. 128).

C. Fimbria. C. Flavius Fimbria, consul
en 104. Accusé *de repetundis* en 102 par
M. Gratidius (§ 168), il fut absous malgré
le témoignage porté contre lui par Scaurus (§ 111) ; cf. *pro Font.,* 7. 14. Il est

vectus, habitus est sane, ut ita dicam, lu*t*ulentus, [patronus]
asper, maledicus, genere toto paulo fervidior atque commotior, diligentia tamen et virtute animi atque vita bonus auctor
in senatu ; idem tolerabilis patronus nec rudis in jure civili et
cum ve*rita*le tum etiam ipso orationis genere liber : cujus
orationes pueri legebamus, quas jam reperire vix possumus.
[130] Atque etiam ingenio et sermone eleganti, valetudine
incommoda C. Sextius Calvinus fuit ; qui etsi cum remiserant dolores pedum non deerat in causis, tamen id non
sæpe faciebat. Itaque consilio ejus, cum volebant, homines
utebantur, patrocinio, cum licebat. Isdem temporibus

VARIANTES : 129. luculentus *L*. — uirtute *L*.

NC. 129. *lutulentus*, correction de Jahn, adoptée par presque tous les éditeurs.
Ernesti : *truculentus*. Kayser : *luculentus* ⟨*accusator*⟩. Quant à *patronus*, qui ne signifie rien ici et qui reparaît plus bas, il provient d'une glose ou d'une dittographie.
— J'écris *veritate* au lieu de *virtute*, qui a été amené par le voisinage de *virtute
animi* (cf. *in Verr.*, V, 72, 188 : *uirtutem* R, *ueritatem* p φ). — 130. Quelques éditeurs
veulent supprimer ou corriger *atque etiam* sous prétexte que Calvinus n'a rien de
commun avec Fimbria. Mais ils sont contemporains (cf. plus bas *isdem temporibus* ;
§ 130 *atque eodem tempore* ; § 131 *doctus etiam*). Kayser *acuto etiam* : Jahn Eberhard :
atque et ingenio ; Piderit *atque jam* ; Friedrich et Stangl *atque et acri*.

cité ici sans doute parce qu'il exerçait
une magistrature, peut-être la questure,
en 121. En tout cas il n'était pas tribun
(*pro Planc.*, 21, 52).

Lutulentus, bourbeux, plein d'impuretés, c'est-à-dire de trivialités et d'incor-
rections (Horace, *Sat.*, 1, 4, 10 ; 10, 50).
Le terme est le contraire de *purus* et de
elegans, la pureté et l'élégance étant la
qualité d'un langage qui s'est dépouillé
et comme filtré. L'expression s'applique
bien à Fimbria, dont Cicéron signale ailleurs (*de Orat.*, II, 22, 91) *oris pravitatem
et verborum latitudinem*.

Asper, § 86.

Genere toto, § 126.

Fervidior, § 108.

Tamen, malgré le peu de distinction de
son langage.

Vita. C'était un caractère droit et dont
l'honnêteté allait parfois jusqu'au scrupule. Voir l'anecdote contée par Cicéron
(*de Off.*, III, 19, 77) et Valère Maxime
(VII, 2, 4).

Veritate, par sa franchise. Il ne se gê-
nait pas pour dire tout ce qu'il pensait

et l'expression chez lui (*tum etiam*, etc.)
était aussi libre que la pensée.

130. *Atque etiam*, suppléez *isdem temporibus*.

Eleganti, capable de faire un choix dans
les pensées (*invention*) et dans l'expression (*élocution*). C'est le contraire de Fimbria, lequel dit tout ce qui lui traverse
l'esprit et le dit n'importe comment. Pour
l'expression *ingenium elegans* voir Quintilien (V, 13, 48).

C. Sextius Calvinus, consul en 124, cité
ici parce que ses victoires et son triomphe
sur les Saluviens (fondation d'Aix en Pro-
vence) coïncident, dans les Fastes consultés par Cicéron, avec les deux tribunats
et la mort de C. Gracchus (Tite-Live, *Epit.*,
61 ; *Corp. inscr. latin.*, I, p. 460). Calvinus était borgne et goutteux (*de Orat.*,
II, 60, 246 ; 61, 249).

Remiserant, employé intransitivement.
Cf. César, *B.c.*, III, 26, 4 : « Si forte
ventus remisisset. »

Id faciebat = *non deerat*. Cf. § 21.

Cum licebat, quand sa santé le permettait.

M. Brutus, in quo magnum fuit, Brute, *dedecus* generi
vestro ; qui cum tanto nomine esset patremque optimum
virum habuisset et juris peritissimum, *magistratus non petiverit sed* accusationem factitaverit [ut Athenis Lycurgus]:
is fuit accusator vehemens et molestus, ut facile cerneres

VARIANTES : 130. genus generi *L.* — peritissimum accusationem factitauerit, ut
Athenis Lycurgus. Is magistratus non petiuit sed *L.*

NC. 130. Stangl d'après Jahn [*in quo*]. — *dedecus*, correction très ancienne qui se
trouve dans un ms. secondaire. Schütz, d'après l'édition princeps, *vulnus*. Lambin
conjecture *dedecus inustum generi*. — Le texte de *L* (*accusationem*, etc.), que conservent la plupart des éditeurs, est inadmissible, d'abord parce que *fuit accusator*
répète inutilement *accusationem factitaverit*, ensuite parce que l'opposition établie
par *sed*, en détruisant l'éloge qui logiquement est impliqué dans *accusator vehemens et
molestus*, ne permet plus d'expliquer la conséquence *ut facile cerneres naturale...
bonum*. Le désordre de ce passage s'explique par une ligne transposée, *magistratus
non petiverit sed*, que je rétablis après *peritissimum*. La transposition, amenée par
l'introduction de la glose *ut Athenis Lycurgus*, a entraîné la leçon *petivit*. Kayser :
[*accusationem... Lycurgus. is*] etc. Eberhard : [*ut Athenis... molestus*].

M. Brutus, célèbre surtout par la lutte
oratoire qu'il soutint contre Crassus (§ 143)
dans le procès de Cn. Plancius (*de Orat.*,
II, 55, 223 et suiv. ; Pline, *H. N.*,
XXXVI, 7) et par la belle apostrophe improvisée contre lui par son adversaire au
moment où passait dans le Forum, pendant les débats, le convoi d'une femme
de la famille Junia ; *de Orat.*, II, 55, 225 :
« Brute, quid sedes ? quid illam anum patri nuntiare vis tuo ? quid illis omnibus,
quorum imagines duci vides ? quid majoribus tuis ? Quid L. Bruto, qui hunc populum dominatu regio liberavit ? quid te
agere ? cui rei, cui gloriæ, cui virtuti stu-
dere ? patrimonione augendo ? At id non
est nobilitatis. Sed fac esse, nihil superest ;
libidines totum dissipaverunt. An juri civili ? Est paternum. Sed dicet te, cum ædes
venderes, ne in rutis quidem et cæsis so-
lium tibi paternum recepisse. An rei militari ? qui nunquam castra videris. An
eloquentiæ ? Quæ nulla est in te ; et quicquid est vocis ac linguæ, omne in istum tur-
pissimum calumniæ quæstum contulisti.
Tu lucem aspicere audes ? tu hos intueri ?
tu in foro, tu in urbe, tu in civium esse
conspectu ? tu illam mortuam, tu imagines
ipsas non perhorrescis ? quibus non modo
imitandis, sed ne collocandis quidem tibi
locum ullum reliquisti. »

Juris peritissimum. Pomponius (*de
Orig. jur. civ.*, 3, 39) le cite parmi les
fondateurs du droit civil. Il avait composé

trois livres juridiques (*de Orat.*, II, 55,
223, 224 ; *pro Cluent.*, 51, 141).

Factitaverit, il faisait de l'accusation
un métier. Cf. *de Offic.*, II, 14, 50 : « Duri
enim hominis, vel potius vix hominis videtur periculum capitis inferre multis. Id
cum periculosum ipsi est tum etiam sor-
didum ad famam, committere ut accusator
nominere, quod contigit M. Bruto, summo
genere nato, illius filio, qui juris civilis
in primis peritus fuit. » Brutus accusa
entre autres Æmilius Scaurus (§ 141 : *pro
Font.*, 17, 38).

Lycurgus, § 36. Diodore, XVI, 88 Λυ-
κοῦργος τῶν τότε ῥητόρων μέγιστον ἔχων
ἀξίωμα, βίον δ' ἐζηκὼς ἐπ' ἀρετῇ περι-
βόητον, πικρότατος ἦν κατήγορος.

Vehemens et molestus expriment un
éloge (cf. § 168). Après avoir flétri Brutus, Cicéron signale les qualités oratoires
qui le rendaient redoutable. Il faut
bien en effet qu'il dise quelques mots de
son talent d'orateur, sans quoi il n'aurait
aucune raison de citer ici ce triste personnage. Cf. *pro Cluent.*, 51, 140 : « M.
Bruto, homine in dicendo vehementi et
callido. » Dans le procès de Plancius, Brutus fut assez adroit pour déconcerter Crassus, qui se troubla un moment (« *ibid.* : aliquantum esse commotus dicitur, ») mais se
remit bientôt et fit une spirituelle et ter-
rible riposte. Voir la scène dans *pro Cluentio* et dans *de Orat.*, II, 55, 223 et suiv.

Ut facile cerneres, etc. C'est la suite de

naturale quoddam stirpis bonum degeneravisse vitio depra-
vatæ voluntatis. [131] Atque eodem tempore accusator de
plebe L. Cæsulenus fuit, quem ego audivi jam senem, cum ab
L. Saufeio multam lege Aquilia... sestertia petivisset. Non
fecissem hominis pæne infimi mentionem, nisi judicarem qui
suspiciosius aut criminosius diceret audivisse me neminem.
XXXV. Doctus etiam Græcis T. Albucius vel potius plane
Græcus. Loquor ut opinor; sed licet ex orationibus judi-

VARIANTES : 131. sauelio *L.* — de iustitia *L.* — audisse *B H M.* — XXXV, albitius *L.* — pœne *F*, pæne *B M*, pene *r.* — loquar *L.*

NC. 131. *Saufeio,* écrit en capitales rustiques, est identique à *sauelio,* qui ne répond à aucun nom connu. Vulgate : *Sabellio.* — *De iustitia* que donnent les mss n'a aucun sens et provient sans doute d'une fausse lecture de *sestertia* précédé d'un ou plusieurs chiffres (peut-être DC). Au lieu de l'abréviation ordinaire HS on trouve quelquefois dans les mss *sestertia* ou *sestertium* en toutes lettres (*pro Font.,* 3, 4; *pro Cluent.,* 25, 69; *in Pis.,* 35, 86; *Philipp.,* II, 37, 93 et 95; *de Off.,* III, 24, 93; *Parad.,* V, 3, 49; *ad Famil.,* XIII, 61; Sall., *Cat.,* 30, 6; Pline, *H. N.,* XII, 84; Val. Max., IX, 1, 4 et 6). La conjecture d'Hotoman *damni injuria,* qu'adoptent la plupart des éditeurs, suppose qu'il y avait dans l'archétype D. I., abréviation du titre de la loi invoquée. Mais de deux choses l'une : ou les mots *lege Aquilia* étaient clairs par eux-mêmes, et alors l'addition du titre en abrégé était inutile; ou ils avaient besoin d'être expliqués, et alors il fallait autre chose qu'une abréviation obscure. — XXXV. Madvig ⟨*in*⟩ *Græcis.* — *plane,* conjecture de Vogel d'après le texte du *de Finibus* cité dans le commentaire. — *loquor,* vulgate. Baehrens conjecture *loquax.*

l'éloge. La force de son éloquence prouvait des qualités de race, gâtées par le mauvais usage qu'il en avait fait.

131. *L. Cæsulenus* n'est pas connu.

L. Saufeio, très riche chevalier romain (Corn. Nepos, *Atticus,* 12), ami et contemporain d'Atticus. Cicéron en parle souvent dans ses *Lettres* et le plaisante à propos de son épicurisme (*ad Attic.,* I, 3, 1; II, 8, 1; IV, 6, 1; VI, 9, 4; VII, 1, 1; XIV, 18, 4; XV, 4, 3). Les relations de Saufeius avec Atticus expliquent la présence de Cicéron à un procès d'importance secondaire, où plaidait un avocat *pæne infimus.*

Lege Aquilia, etc. Gaius, *Instit.,* III, 210 : « damni injuriæ actio constituitur per legem Aquiliam ».

Fecissem... judicarem, § 40.

Suspiciosius aut criminosius, d'une manière plus propre à rendre suspect ou à charger l'adversaire. Cf. *pro Rosc. Amer.,* 20, 55. Sur l'art de faire valoir les *suspiciones,* voir *ad Herenn.,* IV, 41.

XXXV. *Græcis,* adjectif neutre.

T. Albucius, cité ici à cause du procès qu'il intenta en 120 à Q. Mucius Scævola l'Augure (§ 102). Propréteur en Sardaigne en 105 (*de Prov. consul.,* 7, 15), il fut accusé *repetundarum* en 103 par C. Julius Cæsar Strabo (§ 117) et condamné; il se retira à Athènes.

Plane Græcus. Cf. *de Fin.,* I, 3, 8 : « Nisi qui se plane Græcum dici velit, ut a Scævola est prætore salutatus Athenis Albucius. Quem quidem locum cum multa venustate et omni sale idem Lucilius, apud quem præclare Scævola : « Græcum te « Albuci, quam Romanum atque Sabi« num... ‖ maluisti dici. Græce ergo præ« tor Athenis, ‖ id quod maluisti, te, cum « ad me accedi', saluto : ‖ Χαῖρε, inquam, « Tite; lictores, turma omni', cohorsque « ‖ Χαῖρε, Tite. Hinc hostis mi Albucius, « hinc inimicus. » (De là le procès intenté par Albucius à Scævola l'année suivante.)

Loquor ut opinor, pour indiquer que son jugement est fondé sur des remarques personnelles : on pouvait croire qu'il était simplement l'écho de Lucilius.

Genus, apposition à *epicurea disciplina* dont l'idée est contenue dans *epicureus.*

care. Fuit autem Athenis adulescens, perfectus Epicureus
evaserat, minime aptum ad dicendum genus.

[132] Jam Q. Catulus non antiquo illo more, sed hoc nostro, nisi *quod ali*quid fieri potest perfectius, eruditus.
Multæ litteræ, summa non vitæ solum atque naturæ, sed
orationis etiam comitas, incorrupta quædam Latini sermonis integritas; quæ perspici cum ex orationibus ejus potest
tum facillime ex eo libro, quem de consulatu et de rebus
gestis suis conscriptum molli et Xenophontio genere sermonis misit ad A. Furium poetam, familiarem suum : qui
liber nihilo notior est quam illi tres, de quibus ante dixi,

VARIANTES : 132. nisi quid fieri *L.* — eruditius *L.* — Xenophonteo *O¹ C*, Xeno-
phonteio *r*.

NC. 132. *Nisi quid* est incorrect, *nisi* seul ne s'employant jamais pour *nisi quod* après
une proposition affirmative. La faute s'explique aisément par une fausse lecture *nisi
quod aut quid* (cf. § 175 : *aut quem* pour *aliquem*). Eberhard : *vel si quid.* — Stangl,
d'après Iwan Müller, ajoute *perfecte* devant *eruditus.* Mais, venant après la restriction *nisi,* etc., l'adverbe n'a plus aucun sens. — *Xenophontio* avec Stangl; cf. *ad
Famil.,* V, 12, 3.

Sur l'inutilité de l'épicurisme au point de
vue oratoire, voir *de Orat.,* III, 17, 63.

132. *Q. Catulus,* l'un des interlocuteurs du *de Oratore,* cité ici comme le
pendant d'Albucius : à côté du grécomane
pédant, il représente le type du Romain
passionné pour les choses de la Grèce,
mais sans exagération ridicule. Catulus
est le consul de 102 qui battit les Cimbres avec Marius à la bataille de Verceil.
Proscrit en 87 par son ancien collègue,
il se donna la mort. Cf. §§ 259, 307.

Antiquo illo more, à la façon des vieux
Romains, qui, comme Caton, faisaient fi
de l'hellénisme.

Hoc nostro, suivant la méthode qui
existe encore au temps de Cicéron et qui
concilie les traditions de l'éducation romaine avec la culture grecque.

Nisi quod aliquid, etc., avec cette restriction cependant qu'il y a mieux encore.
Cicéron veut laisser entendre que la con-
ciliation définitive du génie grec et du
génie romain n'a été réalisée que par lui-
même.

Multæ litteræ. Catulus était très versé
dans la littérature et la philosophie
grecques (*de Orat.,* II, 11, 51; *Tuscul.,*

V, 19, 56); il parlait le grec avec élégance (*de Orat.,* II, 7, 28 : « (Catulo) Græci
ipsi solent suæ linguæ subtilitatem ele-
gantiamque concedere »).

Integritas. Cf. *de Orat.,* III, 8, 29 : « Quid
jucundius auribus nostris unquam accidit hujus oratione Catuli? Quæ est pura
sic ut latine loqui pæne solus videatur. »

Orationibus. De ses discours il reste le
souvenir de l'éloge funèbre qu'il avait fait
de sa mère Popilia (*de Orat.,* II, 11, 44).

Misit, adressa avec dédicace. Cf. *Cato
maj.,* I, 3; *de Nat. deor.,* I, 7, 16.

Et Xenophontio, passage du genre à
l'espèce. Cf. § 121. *Xenophontio,* cf.
Orat., 9, 32 : « cujus sermo est ille quidem melle dulcior »; 19, 62 : « Xenophontis voce Musas quasi locutas ferunt »;
Quintil., X, 1, 33.

Furium. Furius Antias, poète épique,
auteur d'*Annales* dans le genre de celles
d'Ennius. Macrobe (*Sat.,* VI, 1, 31-
34) et Aulu-Gelle (XVIII, 11) citent quelques vers de lui. Catulus avait sans doute
dédié son ouvrage à Furius avec l'espoir
que le poète en tirerait parti pour ses
Annales.

Ante. § 112.

Scauri libri. [133] Tum Brutus : Mihi quidem nec iste notus est nec illi ; sed hæc mea culpa est : nunquam enim in manus inciderunt; nunc autem et a te sumam et conquiram ista posthac curiosius. Fuit igitur in Catulo sermo Latinus ; quæ laus dicendi non mediocris ab oratoribus plerisque neglecta est. Nam de sono vocis et suavitate appellandarum litterarum, quoniam filium cognovisti, noli exspectare quid dicam. Quanquam filius quidem non fuit in oratorum numero, sed non deerat ei tamen in sententia dicenda cum prudentia tum elegans quoddam et eruditum orationis genus. [134] Nec habitus est tamen pater ipse Catulus princeps in numero patronorum, sed erat talis, ut, cum quosdam audires, qui tum erant præstantes, videretur esse inferior, cum autem ipsum audires sine comparatione, non modo contentus esses, sed melius non quæreres. [135] Q. Me-

VARIANTE : 133. non mediocriter *O G*.

NC. 133. Ernesti d'après Rivius : *nec hæc mea*. — Eberhard, suivi par Stangl : *fuit igitur ⟨inquam⟩*. L'addition est inutile, *igitur* suffisant à marquer la reprise. Cf. § 21 ; 122 ; 213. — 134. Kayser et Stangl : *quosdam ⟨una⟩ audires*. — Lambin : *non modo ⟨co⟩ contentus*.

133. *Hæc mea culpa est.* Brutus est coupable de négligence ; au lieu d'attendre que le hasard lui fît tomber ces livres entre les mains, il aurait dû chercher à se les procurer, ce qu'il fera à l'avenir.

Igitur, § 21.

Latinus, d'un latin pur, excellent. Cf. § 128.

Neglecta, § 140 ; 258.

Appellandarum se rapporte à la prononciation (§ 259). Cf. *de Off.*, I, 37, 133 : « Catuli optime uti lingua latina putabantur. Sonus erat dulcis, litteræque neque expressæ neque oppressæ, ne aut obscurum esset aut putidum, sine contentione vox nec languens nec canora. » Quintil., XI, 3, 35 : « Laudatur in Catulo suavis appellatio litterarum. »

Filium, § 222.

Quanquam, § 27.

Sed répond à *quidem ; tamen* répond à une proposition concessive sous-entendue (= quoiqu'il ne fût pas compté pour un orateur).

In sententia dicenda, au sénat.

134. *Tamen.* De la restriction contenue dans la phrase précédente on pourrait être tenté de conclure que le père était un orateur de premier ordre ; cependant, etc.

Sine comparatione, § 173.

135. *Q. Metellus Numidicus*, consul en 109, vainqueur de Jugurtha sur les bords du Muthul, rival de Marius, qui lui avait enlevé son commandement. Partisan acharné de l'aristocratie, il s'opposa aux lois du tribun Saturninus, qui le fit condamner à l'exil ; il se retira en Asie, d'où il fut rappelé après la mort du tribun. Aulu-Gelle (XVII, 2, 7) dit de lui « caste pureque lingua usus latina videtur ». On cite plusieurs procès auxquels il fut mêlé, ainsi que quelques fragments, d'ailleurs insignifiants, de ses discours (Meyer, *Orat. rom. fragm.*, p. 272 et suiv.). Aulu-Gelle (I, 6, 7) lui attribue à tort le discours *de prole augenda* qui est de Metellus Macedonicus (cf. 81).

tellus Numidicus et ejus collega M. Silanus dicebant de re
publica, quod esset illis viris et consulari dignitati satis.
M. Aurelius Scaurus non sæpe dicebat, sed polite; Latine
vero in primis est eleganter locutus. Quæ laus eadem in
A. Albino bene loquendi fuit. Nam flamen Albinus etiam
in numero est habitus disertorum; Q. etiam Cæpio, vir acer
et fortis, cui fortuna belli crimini, invidia populi calami-
tati fuit. XXXVI. [136] Tum etiam C. L. Memmii fuerunt,
oratores mediocres, accusatores acres atque acerbi. Itaque
in judicium capitis multos vocaverunt, pro reis non sæpe

VARIANTE : 135. qui fortuna *L* (*O²B²* *corr.*).
NC. 135. Kayser [*bene loquendi*].

M. Silanus. M. Junius Silanus, battu
par les Cimbres en 109 (Tite-Live, *Epit.*
65); accusé en 104 par le tribun Cn. Domitius Ahenobarbus d'avoir amené par
son incapacité les malheurs de la guerre
cimbrique, il fut acquitté (Ascon. *in Cornel.*, p. 80).

De republica, § 108.

Esset, potentiel du passé.

M. Aurelius Scaurus, consul en 108.

Latine, § 128.

A. Albino, consul en 99.

Flamen Albinus, sans doute le frère
du consul de 99. Il était *flamen Martialis,* la famille des *Postumii Albini* étant
attachée au culte de Mars : un L. Postumius Albinus est *flamen Martialis* en 167
(Tite-Live, XLV, 15) et un monétaire du
même nom, qui vit au temps des Gracques,
fait graver sur ses monnaies l'*apex* des
flamines avec l'image de Mars dans un
quadrige (Babelon, *Monn. de la Rép.*, II,
p. 377). — *Nam.* § 48,

Q. (Servilius) Cæpio, consul en 106.

Fortuna belli. Envoyé en Gaule pour
arrêter l'invasion des Cimbres, Cæpion
avait pillé à Toulouse le temple d'Apollon
(*de Nat. deor.*, III, 30, 74 ; Justin, 32, 3)
et l'année suivante son armée avait été
anéantie par les Cimbres. Le désastre fut
imputé au sacrilège, et en 95 Cæpion fut
accusé *de majestate* par le tribun Norbanus
(*de Orat.*, II, 47, 197). Condamné à l'exil,
malgré l'éloquente intervention de Crassus
(§ 162), il se retira à Smyrne. *Fortuna* rappelle l'excuse de Cæpion (*ad Herenn.*, I, 14,

21 : « Purgatio est, cum consulto se negat
reus fecisse. Ea dividitur in fortunam,
imprudentiam, necessitatem. Fortunam,
ut Cæpio ad tribunos plebis de amissione
exercitus »).

Invidia populi. Lors de son consulat
Cæpion s'était rendu impopulaire en enlevant aux chevaliers par la *lex Servilia
judiciaria* le privilège exclusif des fonctions
judiciaires que la loi de C. Gracchus leur
avait réservé (§ 161 ; *de Invent.*, I, 19, 92 ;
Tacite, *Ann.*, XII, 60).

XXXVI, 136. *C. L. Memmii.* La conjonction *et* est souvent omise entre les
prénoms de deux frères (§ 169, 242). C.
Memmius est le fameux tribun de 111,
dont parle Salluste (*Jug.*, 27, « vir acer
et infestus potentiæ nobilitatis » ; 30, « ea
tempestate Romæ Memmi facundia clara
pollensque fuit ») et auquel il attribue
un violent discours contre les nobles. Accusé vers 104 *de repetundis,* il fut absous
malgré un témoignage accablant d'Emi-
lius Scaurus (*pro Font.*, 11, 24 ; Val. Max.,
VIII, 5, 2). Candidat au consulat en 100,
il fut assassiné en pleins comices par les
partisans de Glaucia et de Saturninus.
C'est à lui sans doute que s'adresse la
raillerie de Crassus citée dans le *de Orat.*,
II, 59, 240. — Pour son frère L. Memmius, voir § 304.

Acerbi. Cf. *de Orat.*, II, 70, 283 : « Cum
Scaurus nonnullam haberet invidiam ex
eo, quod Phrygionis Pompei, locupletis
hominis, bona sine testamento possede-
rat, sederetque advocatus reo Bestiæ, cum

dixerunt. Sp. T*h*orius satis valuit in populari genere
dicendi, is qui agrum publicum vitiosa et inutili lege vectigal*i* levavit. M. Marcellus, Æsernini pater, non ille quidem
in patronis, sed et in promptis tamen et non inexercitatis
ad dicendum fuit, ut filius ejus P. Lentulus. [137] L. etiam
Cotta prætorius, in mediocrium oratorum numero, dicendi
non ita multum laude processerat, sed de industria cum
verbis tum etiam ipso sono quasi subrustico persequebatur
atque imitabatur antiquitatem.

VARIANTES : XXXVI, 136. torius *L.* — uectigale *L.* — exercitatis *B H M.*
NC. XXXVI, 136. *Thorius*, vulgate. — Stangl *sed* [*et*].

fuuus quoddam duceretur, accusator C.
Memmius : « Vide, inquit, Scaure, mortuus rapitur, si potes esse possessor. »

Sp. Thorius, tribun du peuple entre
120 et 110. Cicéron le cite encore dans le
de Oratore (II, 70, 284), et il est à remarquer que dans ce passage, comme dans
le *Brutus*, la mention du nom de Thorius
suit immédiatement celle du nom de C.
Memmius. Les deux personnages ont dû
être ou collègues ou adversaires.

In populari genere dicendi, dans le genre
d'éloquence qui convient aux assemblées
populaires. §§ 165, 247.

Vitiosa et inutili lege, la loi agraire de
Ti. Gracchus, qui dépouillait en partie les
détenteurs du domaine public pour répartir entre les pauvres les terres disponibles. Cette loi était irrégulière (*vitiosa* ;
Cf. *Philipp.*, II, 33, 84 ; Tite-Live, VIII,
23), parce que Ti. Gracchus l'avait fait
voter en dépit de l'*intercessio* du tribun
Octavius (§ 95) ; de plus elle n'avait pas
eu les effets qu'on en attendait (*inutili*),
parce que les pauvres peu à peu avaient
été réduits à vendre, de gré ou de force,
les terres qui leur avaient été assignées
(Appien, *B. civ.*, I, 27). Pour contenter
tout le monde, les riches et les pauvres,
Sp. Thorius proposa une loi qui garan-
tissait la propriété aux détenteurs actuels
de l'*ager publicus*, mais à charge pour
ceux-ci de payer une redevance (*vectigal*)
qui devait être distribuée aux pauvres
(Appien, *l. c.*). On désigne quelquefois à
tort sous le nom de *lex Thoria* une loi
agraire datée de 111 dont le texte nous

a été en partie conservé (*Corp. inscr. lat.*,
I, 200, p. 75 et suiv.).

Vectigali, ablatif instrumental.

M. Marcellus, lieutenant de Marius
dans la guerre contre les Cimbres en 102.
Lors de la guerre contre les Marses en
90, après la défaite du consul Cæsar devant Æsernia, il se réfugia dans cette ville,
fut assiégé et réduit à capituler. De là le
surnom d'*Æserninus* qui fut donné à son
fils.

P. Lentulus, fils adoptif d'un Cornelius
Lentulus, père de Cn. Cornelius Lentulus
Marcellinus qui fut consul en 56 et con-
tribua au rappel de Cicéron exilé (*ad
Attic.*, IV, 2, 3).

137. *L. (Aurelius) Cotta*, tribun en 95,
essaya par son *intercessio* d'arrêter le procès intenté à Cæpion (§ 135 ; *de Orat.*, II,
47, 197).

Prætorius, pour le distinguer de son
homonyme, L. Aurelius Cotta, qui fut consul en 65.

Non ita, et plus bas *non ita disertos*.
Cf. § 58.

Ipso sono, etc. De Orat., III, 11, 42 :
« Est autem vitium quod nonnulli de industria consectantur : rustica vox et agres-
tis quosdam delectat, quo magis antiquitatem, si ita sonet, eorum sermo retinere
videatur, ut tuus, Catule, sodalis, L. Cotta,
gaudere mihi videtur gravitate linguæ so-
noque vocis agresti, et illud, quod loquitur, priscum visum iri putat, si plane
fuerit rusticanum. » Cf. 12, 46 : « Quare
Cotta noster, cujus tu illa lata, Sulpici,
nonnunquam imitaris, ut iota litteram

Atque ego et in hoc ipso Cotta et in aliis pluribus intellego me non ita disertos homines et rettulisse in oratorum numerum et relaturum. Est enim propositum colligere eos, qui hoc munere in civitate functi sint, ut tenerent oratorum locum ; quorum quidem quæ fuerit ascensio et quam in omnibus rebus difficilis optimi perfectio atque absolutio ex eo, quod dicam, existimari potest. [138] Quam multi enim jam oratores commemorati sunt et quam diu in eorum enumeratione versamur, cum tamen spisse atque vix, ut dudum ad Demosthenem et Hyperidem, sic nunc ad Antonium Crassumque pervenimus! Nam ego sic existimo, hos oratores fuisse maximos et in his primum cum Græcorum gloria Latine dicendi copiam æquatam.

XXXVII. [139] Omnia veniebant Antonio in mentem ; eaque suo quæque loco, ubi plurimum proficere et valere possent, ut ab imperatore equites, pedites, levis armatura,

NC. 138. Bake *quam tamen* ; Campe *cum tandem.*

tollas et E plenissimum dicas, non mihi oratores antiquos, sed messores videtur imitari. »

Propositum, § 270.

Ascensio. Cf. § 122 : « gradus ».

138. *Spisse,* d'une façon lente. Nonius, p. 392 : « spissum significat tarde » ; Cic. *ad Quint. fr.,* II, 14, 1 : « spissum sane opus et operosum » ; *ad Attic.,* X, 18, 2 : « omnia tarda adhuc et spissa » ; Cf. *de Orat.,* II, 53, 213 ; III, 36, 145.

Dudum, précédemment (§§ 35, 36). Cf. § 252 ; *de Orat.,* II, 65, 262 : « dixi enim dudum » ; *Tuscul.,* I, 31, 76 : « quod tibi dudum videbatur ».

XXXVII, 139. *Omnia.* Cicéron va considérer l'éloquence d'Antoine au point de vue des cinq parties (*inventio, dispositio, memoria, elocutio, actio*) qui constituent l'art oratoire (§ 25). *Omnia* se rapporte à l'*inventio.* Cf. § 215 : « reperiebat quid dici opus esset » ; *de Orat.,* I, 38, 172 : « Antonii incredibilis quædam et prope singularis et divina vis ingenii videtur » ; *ibid.,* II, 28, 125 : « acumen quoddam singulare » ; *Orat.,* 5, 18 : « vir natura peracutus et prudens ». Dans le *de Oratore* Antoine traite la question de

l'*inventio,* de la *dispositio* et de la *memoria.*

Antonio, M. Antonius, grand-père du triumvir, né en 143, questeur en 113, préteur en 104, chargé d'une expédition contre les pirates en 102, consul en 99, censeur en 97. Il périt dans les troubles de Marius en 87 (Velleius Paterc., II, 22) et sa tête fut clouée aux rostres (*de Orat.,* III, 3, 10). Des nombreux discours qu'il avait prononcés et qu'il n'avait pas laissés par écrit (§ 163) il ne reste aucun fragment. On en connaît seulement les principaux : 1° *pro se de incesto* (§§ 97, 160 ; Valère Max., III, 7, 9) ; 2° *in Cn. Papirium Carbonem* (§§ 103, 105) ; 3° *in Sex. Titium* (*de Orat.,* II, 11, 48) ; 4° *pro M'Aquilio* (§ 222) ; 5° *pro se in Duronium* (*de Orat.,* II, 68, 274 ; Val. Max., II, 9, 5) ; 6° *pro C. Norbano* (*de Orat.,* II, 48, 199) ; 7° *pro se in Varium* (§ 142) ; 8° *pro Mario Gratidiano* (*de Off.,* III, 16, 67) ; 9° *contra Cossos* (*de Orat.,* II, 23, 98).

Suo quæque loco se rapporte à la *dispositio.*

Ab imperatore. Cf. *ad Herenn.,* III, 10, 18 : « Hæc dispositio locorum, tanquam

sic ab illo in maxime opportunis orationis partibus collocabantur. Erat memoria summa, nulla meditationis suspicio ; imparatus semper aggredi ad dicendum videbatur : sed ita erat paratus, ut judices illo dicente nonnunquam viderentur non satis parati ad cavendum fuisse. [140] Verba ipsa non illa quidem elegantissimo sermone : itaque diligenter loquendi laude caruit (neque tamen est admodum inquinate locutus) sed illa, quæ propria laus oratoris est in verbis (nam

VARIANTE : **XXXVII**, 140. proprie *L.*

NC. XXXVII, 140. Kayser *sed* ⟨*non*⟩ *illa.* Eberhard suivi par Stangl [*scilicet illa... in verbis*]. — *propria* d'après Lambin, suivi par la plupart des éditeurs.

instructio militum, facillime in dicendo, sicut illa in pugnando, parare poterit victoriam. »

Sic ab illo. Cicéron, pour apprécier la tactique oratoire d'Antoine, se sert souvent d'expressions empruntées au langage militaire ; *de Orat.*, II, 73, 296 : « in dicendo... tectissimum » ; II, 72, 294 : « Confiteor me, si qua premat res vehementius, ita cedere solere, ut non modo non abjecto sed ne rejecto quidem scuto fugere videar, sed adhibere quandam in dicendo speciem atque pompam et pugnæ similem fugam ; consistere vero in meo præsidio sic ut non fugiendi hostis sed capiendi loci causa cessisse videar » ; III, 9, 32 : « Videtisne genus hoc quod sit Antonii ?... præmunitum et ex omni parte causæ septum,... in sua quaque re commorans, honeste cedens, acriter insequens. »

Nulla meditationis suspicio. Sa mémoire était si sûre qu'on ne sentait pas chez lui l'effort d'un homme qui cherche à se rappeler ce qu'il a préparé. Il avait l'air d'improviser. Pour le sens de *meditatio*, cf. § 88.

Cavendum. Comme il paraissait n'avoir rien préparé, les juges n'étaient pas en garde contre la tactique savante de son éloquence. Voir dans le *de Oratore* (II, 48. 199 et suiv.) l'analyse du plaidoyer d'Antoine pour Norbanus. L'orateur y dévoile le secret de la manœuvre inattendue par laquelle il sauva son client ; son ancien adversaire Sulpicius résume ainsi son impression (II, 50, 203) : « serpere

occulte cœpisti, nihidum aliis suspicantibus, me vero jam pertimescente ».

140. *Verba ipsa*, l'élocution.

Elegantissimo. D'après la théorie, l'art de l'élocution comporte : 1° l'élégance ; 2° l'arrangement des mots ; 3° l'ornementation du style ; *ad Herenn.*, IV, 12, 17 : « (Elocutio) tres res in se debet habere, elegantiam, compositionem, dignitatem. Elegantia est, quæ facit, ut unumquodque pure et aperte dici videatur : hæc distribuitur in latinitatem et explanationem. »

Diligenter équivaut à *eleganter* et désigne l'attention dans le choix des mots (cf. plus bas *eligendis*).

Neque tamen, etc. Cicéron craint qu'on ne se méprenne sur la portée de sa critique. La condition essentielle de l'élégance étant la pureté (*ad Her.*, IV, 12, 17), on pourrait s'imaginer qu'Antoine parlait mal le latin (*inquinate = non pure*).

Sed illa, entendez : *illa diligenter loquendi laude* (= *illa elegantia*) *caruit.*

Propria laus oratoris. Il y a deux sortes d'élégance, l'une qui consiste à ne choisir que des mots corrects, à parler purement ; l'autre qui consiste à faire un choix parmi les mots corrects en vue de l'effet oratoire. Antoine possède la première, mais il n'a pas la seconde, l'élégance suprême de l'orateur (de là *non elegantissimo*) que Cicéron définit dans le *de Orat.*, III, 37, 150 : « In propriis igitur est verbis *illa laus oratoris*, ut abjecta atque obsoleta fugiat, lectis atque illustribus utatur, in quibus plenum quiddam et sonans inesse videatur. »

ipsum Latine loqui est illud quidem [est], ut paulo ante
dixi, in magna laude ponendum, sed non tam sua sponte,
quam quod est a plerisque neglectum ; non enim tam præclarum est scire Latine quam turpe nescire ; neque tam
id mihi oratoris boni quam civis Romani proprium videtur); sed tamen Antonius in verbis et eligendis (neque id
ipsum tam leporis causa quam ponderis) et collocandis
et compre*hen*sione devinciendis nihil non ad rationem
et tanquam ad artem dirigebat ; verum multo magis hoc
idem in sententiarum ornamentis et conformationibus.

Variante : 140. compressione *L*.

NC. 140. Je supprime le second *est* avec la vulgate. — *comprehensione*, correction
très ancienne qui se trouve dans un ms. secondaire.

Ipsum latine loqui, infinitif employé
avec la valeur d'un substantif neutre,
comme en grec, *ipsum* ayant un rôle
analogue à celui de l'article ; cette construction de forme savante ne se trouve
pas dans les discours de Cicéron (Wölfflin,
Archiv für lat. Lex. III, p. 73, 74 ; Riemann, *Syntaxe*, p. 433).

Dixi, § 133.

Sua sponte, considérée en elle-même
et d'une façon absolue. La correction
n'est qu'un mérite relatif.

Non tam præclarum. Cf. *de Orat.*, III,
14, 52 : « Nemo enim unquam est oratorem, quod Latine loqueretur, admiratus.
Si est aliter, irrident ; neque eum oratorem tantummodo, sed hominem non
putant. »

Sed, pour reprendre après la parenthèse ;
§ 81. *Tamen* : Quoiqu'on puisse croire,
d'après ce qui précède, que l'élocution
d'Antoine était livrée au hasard, *cependant* l'orateur choisissait ses termes ; seulement il les choisissait à sa façon, suivant certains effets particuliers qu'il voulait produire (*ponderis*), et non pas suivant les règles de la rhétorique, en vue
de l'esthétique oratoire (*leporis*).

Id ipsum, sc. *eligere verba*.

*Et collocandis et comprehensione devin-
ciendis* se rapporte à la seconde partie
de l'art de l'élocution, c'est-à-dire à l'arrangement des mots (voir plus haut la
note sur *elegantissimo*). Cette opération
se subdivise en deux autres : 1° la *collo-*

catio proprement dite, pour éviter les
rencontres de sons désagréables (*de Orat.*,
III, 43, 171 : « collocationis est componere
et struere verba sic, ut neve asper eorum
concursus neve hiulcus sit sed quodam
modo coagmentatus et levis »); 2° le tour
de la phrase, *modus et forma verborum* (*de
Orat.* III, 44, 173), c'est-à-dire la construction périodique (*comprehensio*, cf. § 34).

Rationem, § 33.

Tanquam ad artem. Dans son élocution il ne se conformait à aucune théorie
d'école (pour le sens de *ars*, cf. § 118).
Mais les effets y étaient si bien calculés
(*ad rationem*) qu'il avait l'air d'appliquer
des règles théoriques (*tanquam ad artem*), alors qu'en réalité il n'avait que
des procédés empiriques.

Hoc idem, sc. *nihil non dirigebat ad
rationem*.

*In sententiarum ornamentis et confor-
mationibus* a trait à la troisième opération de l'élocution, à l'ornementation du
style (voir plus haut la note sur *elegantissimo*), laquelle comporte : 1° les figures
de mots ; 2° les figures de pensées (Cf.
§ 69 ; *ad Herenn.*, IV, 13, 18 ; *de Orat.*,
III, 52, 201 ; *Orat.*, 39, 134). Cicéron
ne dit rien ici des premières, parce que
les remarques faites plus haut sur le
choix peu oratoire des mots de la part
d'Antoine impliquent chez lui l'absence
des expressions figurées, et ensuite parce
que les figures de pensées ont beaucoup
plus d'importance.

[141] Quo genere quia præstat omnibus Demosthenes, idcirco a doctis oratorum est princeps judicatus. Σχήματα enim quæ vocant Græci, ea maxime ornant orationem ; eaque non tam in verbis pingendis habent pondus quam in illuminandis sententiis. XXXVIII. Sed cum hæc magna in Antonio tum actio singularis : quæ si partienda est in gestum atque vocem, gestus erat non verba exprimens, sed cum sententiis congruens, manus, humeri, latera, supplosio pedis, status, incessus omnisque motus [cum verbis sententiisque con-

VARIANTE : 141. oratorem L.

NC. 141. *orationem* Lambin. — Au lieu de *eaque*, Jahn écrit *quæ*; Stangl propose *atque*. — *cum verbis sententiisque consentiens* n'est qu'une glose, que tous les éditeurs depuis Schütz suppriment avec raison.

141. *Quo in genere*, dans l'emploi des figures de pensées.

Demosthenes. Cf. *Orat.*, 39, 136 : « Sententiarum ornamenta majora sunt ; quibus quia frequentissime Demosthenes utitur, sunt qui putent ejus eloquentiam maxime esse laudabilem. Et vero nullus fere ab eo locus sine quadam conformatione sententiæ dicitur. »

Doctis. Cf. §§ 184, 186, 198, 199, 283, 320.

Σχήματα, § 69. La rhétorique grecque distingue les σχήματα διανοίας (figures de pensées) et les σχήματα λέξεως (figures de mots). Les unes et les autres contribuent à relever le style (*maxime ornant orationem*). Mais les premières, qui donnent de l'éclat aux pensées (*in illuminandis sententiis*), ont plus de valeur que les secondes, qui donnent de la couleur au style (*in verbis pingendis*). De là la supériorité de Démosthène qui se sert surtout des premières ; de là aussi le mérite d'Antoine.

XXXVIII. *Actio.* Suite de l'examen technique. Nous voilà à la cinquième partie de la rhétorique, l'*actio*, laquelle, d'après la théorie de l'école, se subdivise (*partienda est*) en *gestus* et *vox*.

Singularis. Sur la puissance d'Antoine dans l'*actio*, voir *in Verr.*, V, 1, 3 : « Causa prope perorata, ipse arripuit M' Aquilium constituitque in conspectu omnium tunicamque ejus a pectore abscidit, ut cicatrices populus romanus judicesque aspicerent adverso corpore exceptas. » (Cf. *de Orat.*, II, 28, 124 ; 47, 194) ; *Tuscul.*, III, 24, 56 : « Genu mehercule M. Antonium vidi, cum contente pro se ipse lege Varia diceret, terram tangere. »

Non verba exprimens, allusion à certaine méthode de gesticulation vicieuse, qui consistait à figurer les mots par une sorte de traduction plastique (se tâter le pouls, par exemple, si l'on parle d'un médecin au chevet d'un malade, remuer les doigts comme si l'on jouait de la cithare lorsqu'on parle d'un citharède ; cf. les exemples cités par Quintilien, XI, 3, 88-90). Cette méthode était celle des acteurs dans les *cantica* (cf. *de Orat.*, III, 59, 220 : « Gestus, non hic verba exprimens scænicus..., non ab scæna et histrionibus. »)

Cum sententiis congruens. Cf. *de Orat.*, III, 59, 220 : « universam rem et sententiam non demonstratione sed significatione declarans. »

Manus... omnisque motus, apposition de *gestus.* Cf. *Orator.*, 18, 59 ; Quintilien, XI, 3, 65 et suiv.

Supplosio pedis, §§ 158, 278 ; *de Orat.*, I, 53, 230 ; III, 59, 220 ; Quintil., XI, 3, 128.

Incessus, § 158 ; Quintil., XI, 3, 126 : « Conveniet ambulatio quædam... quanquam Cicero rarum incessum neque ita longum probat. » (Cf. *Orator*, 18, 59.)

Omnisque motus. « Et d'une façon générale tous les mouvements. »

sentiens]; vox permanens, verum subrauca natura. Sed hoc
vitium huic uni in bonum convertebat. [142] Habebat enim
flebile quiddam in questionibus aptumque cum ad fidem faciendam tum ad misericordiam commovendam : ut verum
videretur in hoc illud, quod Demosthenem ferunt ei, qui
quæsivisset quid primum esset in dicendo, actionem; quid
secundum, idem, et idem tertium respondisse. Nec ulla
res magis penetrat in animos eosque fingit, format, flectit
talesque oratores videri facit, quales ipsi se videri volunt.

[143] Huic alii parem esse dicebant, alli anteponebant
L. Crassum. Illud quidem certe omnes ita judicabant,

VARIANTE : XXXVIII, 142. nulla *L*.

NC. 142. Lambin, suivi par Kayser : *conquestionibus*; Weidner : [*in quæstionibus*].
— *Nec ulla* avec Schenkl et Stangl. — 143. Kayser *omnes* [*ita*]. Voir le commentaire.

Permanens signifie non pas que le débit était monotone, ce qui eût été un défaut (Quintil., XI, 3, 45), mais qu'Antoine
avait le ton constamment soutenu, dans
les limites naturelles de son organe, sans
jamais forcer la note, ni laisser tomber
la voix (Cf. *de Orat.*, III, 60, 224).

Subrauca, un peu sourde. Quintil., XI,
3, 171 : « hic etiam fusca illa vox, qualem Cicero fuisse in Antonio dicit ».

Convertebat, avec un sens intransitif
(Riemann, *Syntaxe*, p. 192). Cf. *de Orat.*,
III, 29, 114 : « num interire virtus in homine aut num in vitium possit convertere ? »; *de Fato*, 7, 14 : « nec in falsum
e vero præterita possunt convertere »;
Lucrèce, V, 1422 : « neque in fructum
convertere quisse ».

142. *Flebile*, touchant. Quintil., XI, 3,
64 : « (in) miseratione flexa (vox) et fle-
bilis et consulto quasi obscurior ».

Questionibus, les passages pathétiques
(Cf. *Orator*, 39, 135). Le terme ordinaire est *conquestio*; *de Invent.*, I, 55, 106 :
« conquestio est oratio auditorum misericordiam captans. »

Misericordiam. Voir la scène du procès d'Aquilius racontée par Antoine dans
le *de Orat.*, II, 47, 196.

Demosthenem. Cf. *de Orat.*, III, 56,
213; *Orat.*, 17, 56.

Fingit, format, flectit, allitération. Les
trois termes vont en se précisant. L'artiste fait d'abord une ébauche presque
informe (*fingit*); puis il modèle la figure
en accusant les contours (*format*); enfin
il lui donne une attitude, un mouvement
(*flectit*). De même l'orateur pèse sur son
auditoire par une action progressive jusqu'au moment où il l'a tout à fait dans la
main et lui donne, par des mouvements
pathétiques, l'impulsion définitive. Cf. *de
Orat.*, III, 45, 177 : « formamus et fingi-
mus »; *pro Sulla*, 28, 79 : « flecti fingique ».

Talesque. Cf. *de Orat.*, II, 41, 176 :
« Si vero assequetur, ut talis videatur
qualem se videri velit, et animos eorum
ita afficiat, apud quos aget, ut eos quocumque velit, vel trahere vel rapere possit, nihil profecto præterea ad dicendum
requiret. »

Videri facit, tour poétique, très rare
dans la prose classique et qui n'appartient qu'au langage familier. On ne le
rencontre pas ailleurs dans Cicéron (abstraction faite des *Lettres*). Il est amené
ici par une raison de symétrie (*videri
facit — videri volunt*). Cf. Thielmann,
Archiv. für lat. Lex., III, p. 181.

143. *Alii*, § 186.

L. Crassum, de trois ans plus jeune
qu'Antoine (§ 162), consul en 95, censeur
en 92, mort en 91 à la suite d'une séance
du sénat et d'un discours violent qu'il
avait prononcé contre le consul Philippe
(*de Orat.*, III, 1, 1). Pour ses discours,
voir plus loin § 158 et suiv.

Ita avec *illud* forme pléonasme. Cf. *de

neminem esse, qui horum altero utro patrono cujusquam
ingenium requireret. Equidem quanquam Antonio tantum tribuo, quantum supra dixi, tamen Crasso nihil statuo
fieri potuisse perfectius. Erat summa gravitas, erat cum
gravitate junctus facetiarum et urbanitatis oratorius, non
scurrilis lepos ; Latine loquendi accurata et sine molestia diligens elegantia ; in disserendo mira explicatio ; cum
de jure civili, cum de æquo et bono disputaretur, argumentorum et similitudinum copia. XXXIX. [144] Nam ut
Antonius conjectura movenda *et* sedanda suspicione aut

VARIANTE : XXXIX, 144. aut sedanda *L*.

NC. 143. Eberhard et Stangl *disputabatur*. — XXXIX, 144. Kayser et Stangl
[*aut excitanda*]. Cf. le texte du *de Oratore* cité dans le commentaire.

Fin., II, 7, 17 : « *quod* quidem ego a
principio *ita* me malle dixeram ».

Neminem, § 189.

Perfectius. Cicéron manifeste généralement une préférence pour Crassus, où
il se plaît à reconnaître le type de sa propre éloquence et qu'il se flatte de continuer (§ 162). Cf. pourtant *Tuscul.*, V,
19, 55 : « M. Antonii, omnium eloquentissimi, quos ego audierim. »

Facetiarum et urbanitatis. Cf. § 158.
Le premier terme désigne les plaisanteries, les traits, les bons mots (*sales*); le
second, le tour d'esprit général, une certaine bonne grâce dans le ton, qui distingue l'homme de bonne compagnie
(Quintil., VI, 3, 107); *de Orat.*, II, 54,
220 : « Non enim quisquam reperietur
præter Crassum in utroque genere leporis
excellens et illo quod in perpetuitate
sermonis (*c'est l'urbanitas*) et hoc quod
in celeritate atque dicto est (*ce sont
les facetiæ*). » Cf. *ad Fam.*, IX, 15, 2.

Non scurrilis. *De Orat.*, II, 59, 239 :
« Vitandum est oratori utrumque, ne aut
scurrilis jocus sit aut mimicus »; 60, 244 :
« Scurrilis oratori dicacitas magno opere
fugienda est »; *Orat.*, 26, 88 : « Illud
admonemus tamen, ridiculo sic usurum
oratorem, ut nec nimis frequenti, ne scur-
rile sit, nec subobscæno, ne mimicum. »

Sine molestia (cf. § 116), sans aller
jusqu'à un purisme affecté.

In disserendo, §§ 118, 146, 276.

Explicatio, clarté d'exposition.

De jure civili... de æquo et bono, termes souvent opposés (cf. §§ 145, 198) et
qui représentent d'une part le droit écrit,
d'autre part le droit naturel ; d'une part
la lettre, de l'autre l'esprit de la loi.
Paul., *Dig.*, I, 1, 11 : « Jus pluribus modis dicitur, uno modo cum id, quod semper æquum ac bonum est, jus dicitur, ut
est jus naturale ; altero modo, quod omnibus aut pluribus in quaque civitate
utile est, ut est jus civile. »

Disputaretur. L'indicatif serait plus correct. On trouve cependant chez Cicéron
des exemples de l'imparfait ou du plus-
que-parfait du subjonctif avec *cum*
(= *toutes les fois que*). Riemann, *Syntaxe*, p. 331, note 2.

Similitudinum (cf. § 145 : « exemplorum »), cas analogues, propres à mettre
en lumière l'*æquum* et le *bonum* ; allusion
au plaidoyer de Crassus contre Scævola
dont il sera question plus loin, § 198.

XXXIX. 144. *Conjectura. De Invent.*,
I, 8, 10 : « cum facti controversia est,
quoniam conjecturis causa firmatur, con-
stitutio conjecturalis appellatur. » Cf. *ad
Herenn.*, I, 11, 18 ; *Part. orat.*, 9, 33.

Movenda. Sur cet emploi de l'adjectif
en *ndus* équivalant à une proposition avec
dum, voir Riemann, *Syntaxe*, p. 449,
rem. 1.

Suspicione. Cf. § 131 : « suspiciosius
aut criminosius »; *de Orat.*, II, 51,
208 : « in iracundia vel excitanda vel sedanda ».

excitanda incredibilem vim habebat, sic in interpretando,
in definiendo, in explicanda æquitate nihil erat Crasso copiosius : idque cum sæpe alias tum apud centumviros in
M' Curii causa cognitum est. [145] Ita enim multa tum
contra scriptum pro æquo et bono dixit, ut hominem acutissimum Q. Scævolam et in jure, in quo illa causa vertebatur, paratissimum obrueret argumentorum exemplorum-
que copia ; atque ita tum ab his patronis æqualibus et
jam consularibus causa illa dicta est, cum uterque ex
contraria parte jus civile defenderet, ut eloquentium juris
peritissimus Crassus, juris peritorum eloquentissimus Scæ-

VARIANTES : 144. apud c. u. i. n. (ti *B H M*) m. curi *L* (*F*² *O*² *G*² *corr.*). — 145. et
iam *M*, etiam *r*. — ius ciuile ex contraria parte *B H M*.

In interpretando, expliquer les mots
obscurs d'un texte de loi; *in definiendo*,
définir les termes pour en marquer exactement la portée et déterminer ainsi les
cas auxquels le texte peut s'appliquer;
in explicanda æquitate, développer certaines considérations d'équité conformes
à l'esprit de la loi, qui sont implicitement contenues, mais non formulées dans
le texte.

Apud centumviros, tribunal dont la
compétence était exclusivement civile et
restreinte aux questions les plus délicates
de la propriété quiritaire. Aussi les discussions de droit y tenaient-elles une
grande place (*de Orat.*, I, 38, 173; *Topica*, 17, 65). Cf. Bouché-Leclercq. *Manuel des Inst. rom.*, p. 417.

M' Curii causa. Cf. § 194 et suiv.

145. *Contra scriptum*, contre la lettre
du testament. Crassus prétendait ne s'attacher qu'à l'esprit de l'acte, c'est-à-dire
aux intentions du testateur, soutenant
ainsi la cause de l'équité (*pro æquo et
bono*) contre son adversaire Scævola, qui
avec son formalisme juridique voulait s'en
tenir à la lettre. Cf. *de Invent.*, II, 42,
121 : « Ex scripto et sententia controversia consistit, cum alter verbis ipsis, quæ
scripta sunt, utitur, alter ad id, quod
scriptorem sensisse dicet, omnem adjungit dictionem. »

Q. Scævolam, Scævola le Pontife (§ 115),
anquel s'attacha Cicéron après la mort
de Scævola l'Augure (§ 306). Contemporain de Crassus, il fut son collègue dans
presque toutes les magistratures (§§ 156,
161). Il fut tué en 81 (§ 311). On avait
encore ses discours au temps de Cicéron
(§ 163). Pour le résumé de son plaidoyer
dans l'affaire de M' Curius, voir § 195
et suiv.

Vertebatur, roulait. Cf. *in Verr.*, V, 50,
133 : « non in supplicio crimen meum
vertitur »; Quintil., XII, 8, 2 : « ubi li-
tium cardo vertatur ».

Paratissimum. Scævola était le plus
grand jurisconsulte de son temps. Le premier il avait présenté le droit romain dans
un recueil d'ensemble. Pomponius, *Dig.*,
I, 2, 2, 41 : « Q. Mucius, P. f., pontifex
Maximus, jus civile primus constituit, ge-
neratim in libros XVIII constituendo. »

Jus civile defenderet. Tous deux traitaient la question juridiquement et suivant les principes du droit civil, mais
chacun à son point de vue, Crassus selon
l'esprit. Scævola selon la lettre.

Peritissimus... eloquentissimus. L'antithèse paraît être le souvenir d'un mot de
Crassus sur Scævola : *de Orat.*, I, 39, 180 :
« ut ego (*c'est Crassus qui parle*) soleo
dicere, juris peritorum eloquentissimus, eloquentium juris peritissimus ».
Voir plus loin des antithèses analogues
(§ 148).

vola putaretur. Qui quidem cum peracutus esset ad excogitandum quid in jure aut in æquo verum aut esset aut non
esset, tum verbis erat ad rem cum summa brevitate mirabi-
liter aptus. [146] Quare sit nobis orator in hoc interpretandi,
explanandi, edisserendi genere mirabilis, sic ut simile nihil
viderim; in augendo, in ornando, in refellendo magis existimator metuendus quam admirandus orator. XL. [147] Verum ad Crassum revertamur. Tum Brutus : Etsi satis, inquit,
mihi videbar habere cognitum Scævolam ex *i*is rebus, quas
audiebam sæpe ex C. Rutilio, quo uteb*ar* propter familia-
ritatem Scævolæ nostri, tamen ista mihi ejus dicendi tanta
laus nota non erat. Itaque cepi voluptatem tam ornatum

VARIANTES : 145. cum, *omis dans B H M devant* summa. — 146. Sieut *G M*, sicut *r*.
— XL, 147. inquit, *omis dans B H M*. — haberi *L* (*G²* corr.). — his *L*. — utebatur *L*.
NC. XL, 147. *utebar*, correction ancienne qui se trouve dans trois mss secondaires. Gebhart suivi par Meyer: *utebamur*. Kayser et Stangl : *quo utebatur per-
familiariter Scævola ut nosti*. Eberhard : *perquam familiariter*.

Qui quidem, etc., parenthèse pour apprécier en passant le talent oratoire de
Scævola au point de vue de l'*inventio* et
de l'*elocutio*. Cf. § 115; *de Orat.*, I, 39,
180: « Q. Scævola... ingenio prudentia-
que acutissimus et oratione maxime limatus atque subtilis. »

Peracutus, § 53.

Verum, conforme aux principes, fondé
en droit.

Aptus, précis, qui emploie les termes
exactement appropriés aux choses. Cf.
§ 264; *de Orat.*, II, 13, 56 : « Ita porro
verbis est aptus et pressus (Thucydides)
ut nescias utrum res oratione an verba
sententiis illustrentur. »

146. *Interpretandi.* Cf. § 144; *explanandi* répond à *definiendo* (§ 144); c'est
le fait d'éclairer le sens d'un texte par
la définition des termes; *edisserendi*
(§ 65) indique la discussion raisonnée et complète d'une question juridique.

In augendo. Cf. § 82; *in ornando,* cf.
§ 40; *in refellendo,* dans la réplique, où
il s'agit de rabaisser la valeur des arguments adverses, au moyen de ce que la
rhétorique appelle μείωσις (*de Orat.*, I,
32, 143; III, 26, 104). *In ornando,* qui
s'applique à l'élocution, est placé entre

augendo et *refellendo* qui s'appliquent à
l'invention, parce que c'est surtout
l'αὔξησις qui comporte les *ornamenta
orationis*.

Existimator. Cf. § 92 : « existimantium ».

XL, 147. *Habere cognitum* (Cf. § 163),
tenir pour connu, n'avoir plus rien à apprendre (Cf. Riemann, *Syntaxe*, p. 210);
locution familière à Cicéron, qui la renforce d'ordinaire par un adverbe comme
satis, plane, penitus (Thielmann, *Archiv
für l. Lexic.*, II, p. 520).

C. Rutilio, probablement le fils du
P. Rutilius Rufus (§§ 85 ; 110, 113, 118),
qui fut le légat et l'ami de Scævola.

Scævolæ nostri n'est pas le fils du P.
Scævola dont il est ici question; il appartient à la branche des *Q. Mucii* (*ad. Att.*,
IV, 16, 12) et ne peut être que le petit-
fils de Scævola l'Augure (§ 102). Tribun
en 54, il accompagna l'année suivante en
Asie Appius Claudius (*ad. Famil.*, III, 5,
5) et s'y trouva avec Brutus, gendre
d'Appius.

Cepi. Cf. § 1.

Tam ornatum, si distingué. Cf. *Lælius*,
1, 1 : « Quem (Scævolam) unum nostræ
civitatis et ingenio et justitia præstantissimum audeo dicere. »

virum tamque excellens ingenium fuisse in nostra republica.
[148] Hic ego : Noli, inquam, Brute, existimare his duobus
quicquam fuisse in nostra civitate præstantius. Nam ut
paulo ante dixi consultorum alterum disertissimum, disertorum alterum consultissimum fuisse, sic in reliquis rebus
ita dissimiles erant inter sese, statuere ut tamen non posses,
utrius te malles similiorem. Crassus erat elegantium parcissimus, Scævola parcorum elegantissimus ; Crassus in summa
comitate habebat etiam severitatis satis, Scævolæ multa in
severitate non deerat tamen comitas. [149] Licet omnia hoc
modo : sed vereor ne fingi videantur hæc, ut dicantur a me
quodam modo ; res se tamen sic habet. Cum omnis virtus
sit, ut vestra, Brute, vetus Academia dixit, mediocritas,

VARIANTE : 149. res sed tamen sic se habet *F*.

Ingenium, c'est-à-dire *tam excellenti ingenio præditum*. Cf. *pro Archia*, 12, 31 : « si qua... in tantis ingeniis commendatio debet esse ; *de Rep.*, II, 1, 2 : « neque cuncta ingenia... tantum posse providere ut.... ».

In nostra republica serait, selon Pide-rit, une allusion à la secte stoïcienne, dont les adeptes ne brillaient pas par l'élo-quence. Mais, outre que l'allusion est bien obscure, *nostra* ne conviendrait pas, Bru-tus ni Cicéron n'étant stoïciens. Si Brutus a quelque arrière-pensée, ce ne peut être qu'un regret de ne pas trouver de pareils hommes dans l'entourage de César.

148. *Noli*. Cicéron insiste parce que Brutus n'a pas l'air convaincu de la supé-riorité de Scævola.

Dixi, § 145.

Ita... ut, au sens restrictif, pour bien marquer qu'il s'agit d'une différence de nature, non de degré : chacun dans son genre était de premier ordre. Cf. § 204 ; *de Orat.*, III, 7, 26 : « qui omnes inter se dissimiles fuerunt, sed ita tamen, ut neminem sui velis esse dissimilem ».

Elegantium parcissimus, etc. Il s'agit du style oratoire. Parmi les orateurs les *elegantes* sont ceux qui ont le goût de la parure, du luxe (*ornamenta orationis*) ; les *parci* sont ceux qui recherchent unique-ment la simplicité. Cf. *Orat.*, 25, 83 (à propos de l'emploi des *ornamenta* par

l'orateur simple) : « sicut in epularum apparatu a magnificentia recedens non se parcum solum sed etiam elegantem videri volet eligetque quibus utatur ».

149. *Licet hoc modo*, suppléez un verbe comme *persequi*, ellipse fréquente dans le langage familier. De même dans *Tus-cul.*, III, 18, 40 : « Sed non necesse est nunc omnia » ; *ad. Att.*, VII, 3, 2 ; VIII, 9, 2 ; XI, 4, 1. Berger, *Stylist.*, p. 217.

Fingi. Prolongées, ces antithèses pour-raient paraître un jeu d'imagination, alors qu'elles sont l'expression pure et simple de la vérité.

Quodam modo, d'une façon déterminée, voulue, avec un parti pris d'antithèse. Cf. *de Orat.*, III, 10, 37 : « Hæc et agenda sunt ab oratore... et dicenda quodam modo. »

Vestra. Cf. § 120.

Mediocritas, le juste milieu ; *de Off.*, I, 25, 89 : « mediocritatem illam quæ est inter nimium et parum, quæ placet Peri-pateticis » ; Horace, *Epist.*, I, 18, 9 : « Virtus est medium vitiorum et utrinque reductum. » Cette définition de la vertu est d'Aristote (*Eth. à Nicom.*, II, 5) : μεσότης τις ἄρχ ἐστὶν ἡ ἀρετὴ στοχαστι-κή γε οὖσα τοῦ μέσου. Mais Aristote et les Péripatéticiens peuvent être classés parmi les philosophes de l'ancienne Aca-démie, avec lesquels ils se confondent à l'origine (*de Off.*, III, 4, 20 ; cf. I, 1, 2 ;

uterque horum medium quiddam volebat sequi : sed ita
cadebat, ut alter ex alterius laude partem, uterque autem
suam totam haberet. [150] Tum Brutus : Cum ex tua oratione mihi videor, inquit, bene Crassum et Scævolam cognovisse, tum de te et de Ser. Sulpicio cogitans, esse quandam
vobis cum illis similitudinem judico. Quonam, inquam, istuc
modo? Quia mihi et tu videris, inquit, tantum juris civilis
scire voluisse, quantum satis esset oratori, et Servius eloquentiæ tantum assumpsisse, ut jus civile facile posset tueri ;
ætatesque vestræ, ut illorum, nihil aut non fere multum
differunt. XLI. [151] Et ego : De me, inquam, dicere nihil
est necesse; de Servio autem et tu probe dicis et ego dicam
quod sentio. Non enim facile quem dixerim plus studii
quam illum et ad dicendum et ad omnes bonarum rerum
disciplinas adhibuisse. Nam et in isdem exercitationibus

VARIANTES : 150. possit *L.* — XLI, 151. hisdem *F*, iisdem *O M.*

NC. 150. Eberhard et Stangl conservent *possit*. Mais pourquoi Cicéron ferait-il une
exception en faveur de Sulpicius? Si Sulpicius *peut* encore parler pour défendre le
droit, pourquoi Cicéron ne *peut*-il pas aussi faire acte d'orateur ? — Madvig conjecture *nihil fere aut non multum*. — XLI, 151. Lambin *quemquam dixerim*.

Acad., I, 4, 17; 6, 22; *de Fin.*, IV,
2, 5).

Cadebat, employé d'une façon impersonnelle comme le composé *accidere*. Cf.
de Orat., I, 21, 96 : « Utrique nostrum
cecidit. »

150. *Tum Brutus.* Digression destinée
à montrer indirectement que Cicéron est
plus grand que Crassus. Du moment que
Cicéron est à Crassus ce que Sulpicius
est à Scævola, il suffit d'établir la supériorité de Sulpicius pour que la conclusion
se devine. Elle est du reste indiquée
plus loin, §§ 161, 162.

Ser. Sulpicio, contemporain et ami de
Cicéron, compétiteur de Muréna pour le
consulat en 63 (voir le *pro Murena*), consul en 51. Il essaya d'empêcher la rupture
entre César et Pompée, se tint quelque
temps à l'écart après Pharsale et finit par
se rallier à César, qui le nomma en 46
gouverneur d'Achaïe. Il mourut en 43,
pendant la guerre de Modène, au cours
d'une ambassade dont le sénat l'avait
chargé auprès d'Antoine. Voir dans la

IX⁰ Philippique l'éloge funèbre que Cicéron fait de lui.

Istuc, ellipse de *dicis*. Cf. § 149.

Tantum juris civilis. Cicéron insiste
souvent sur la nécessité pour l'orateur de
connaitre le droit (*de Orat.*, I, 36, 166 ;
Orat., 34, 120; *Part. or.*, 28, 100). Lui-
même l'avait étudié, d'abord avec Scævola
l'Augure, puis avec Scævola le Pontife
(§ 306; *Lælius*, 1, 1). Cf. Quintil., XII,
3, 10 : « M. Tullius non modo in agendo
nunquam est destitutus scientia juris, sed
etiam componere aliqua de eo cœperat. »

Esset... posset, expression de la pensée
de Cicéron d'une part, de Sulpicius d'autre part.

Fere. Ils étaient tous deux à peu près
du même âge. Sulpicius est préteur en 65,
un an après Cicéron, et il brigue le consulat pour l'année qui suit le consulat de
Cicéron.

XLI, 151. *Quem*, plus indéterminé que
aliquem. Riemann, *Syntaxe*, p. 26.

Exercitationibus, § 105. Cf. Quintil., X,
5, 4.

ineunte ætate fuimus et postea una Rhodum ille etiam profectus est, quo melior esset et doctior; *at*, inde ut rediit,
videtur mihi in secunda arte primus esse maluisse quam in
prima secundus. Atque haud scio an par principibus esse
potuisset : sed fortasse maluit, id quod est adeptus, longe
omnium non ejusdem modo ætatis sed eorum etiam, qui
fuissent, in jure civili esse princeps. [152] Hic Brutus : Ain
tu? inquit. Etiamne Q. Scævolæ Servium nostrum ante-
ponis? Sic enim, inquam, Brute, existimo, juris civilis magnum usum et apud Scævolam et apud multos fuisse, artem
in hoc uno : quod nunquam effecisset ipsius juris scientia,

VARIANTES : 151. Rhodum etiam ille *O*. — et inde *L*.

NC. 151. Jahn supprime *una*; mais le mot ne fait pas double emploi avec *etiam*. Si
Sulpicius a été *aussi* à Rhodes, les deux amis auraient pu ne pas s'y trouver
ensemble, au même moment. — Kayser met entre crochets *quo melior esset et doctior*.
L'addition de *orator* (Campe et Stangl) est inutile, ce qui précède indiquant suffisamment qu'il s'agit de l'éducation oratoire. — Avant *inde*, la suite des idées demande
une conjonction adversative. Pour la confusion de *at* et de *et*, cf. *N. C.*, § 6. —
Baehrens conjecture ⟨*primæ*⟩ *principibus*. Mais l'idée de *primas* est contenue dans
principibus.

Postea, en 78. Cf. § 306.

Secunda arte; *Orat.*, 41, 141 : « Quis
unquam dubitavit quin in republica
nostra primas eloquentia tenuerit semper
urbanis pacatisque rebus, secundas juris
scientia? » Cf. *pro Murena*, 13, 29 :
« Itaque mihi videntur plerique initio
multo hoc (= eloquentiam) maluisse,
post, cum id assequi non potuissent, istuc
(= in juris scientiam) potissimum sunt
delapsi. » Il y a peut-être ici une allusion au mot fameux de César en Espagne (Plutarque, *J. Cæs.*, 11).

Par principibus. Cf. Pompon., *Dig.*, I,
2, 43 : « Servius in orandis causis primum locum aut pro certo post M. Tullium
obtinuit. »

Fuissent, expression de la pensée de
Sulpicius.

Princeps. Cf. *Philipp.*, IX, 5, 10 : « Nec
vero silebitur admirabilis quædam et incredibilis ac pæne divina ejus (Sulpicii) in
legibus interpretandis, æquitate explicanda
scientia. Omnes ex omni ætate, qui in
hac civitate intellegentiam juris habuerunt,
si unum in locum conferantur, cum Ser.
Sulpicio non sint comparandi. »

152. *Ain tu* indique à la fois la surprise et une légère incrédulité. Cf.
de Orat., I, 36, 165; *Orator*, 45, 154;
Plaute, *Capt.*, 892 : « Ain' tu? dubium
habebis etiam, saucte quom ego jurem
tibi? »

Usum, la pratique, c'est-à-dire la connaissance des textes due à une longue
expérience juridique.

Artem, une théorie (§ 140). Au lieu de
s'en tenir comme Scævola à l'étude for-
melle et à la classification des textes juridiques, Sulpicius, élevé à l'école des
Stoïciens, remontait aux principes et
concevait un système rationnel. Cicéron
pense à Sulpicius quand il fait dire à
Crassus (*de Orat.*, I, 41, 186) : « Nulli
fuerunt qui illa artificiose digesta genera-
tim componerent... (42, 190) : Si... alius
quispiam... effecerit, ut primum omne
jus civile in genera digerat, quæ perpauca
sunt, deinde eorum generum quasi quædam
membra dispertiat, tum propriam cujusque
vim definitione declaret, perfectam artem
juris civilis habebitis. »

Ipsius, comme *unius*. Cf. § 34.

Scientia, la connaissance.

nisi eam præterea didicisset artem, quæ doceret rem universam tribuere in partes, latentem explicare definiendo, obscuram explanare interpretando, ambigua primum videre,
deinde distinguere, postremo habere regulam, qua vera et
falsa judicarentur et quæ quibus propositis essent quæque
non essent consequentia. [153] Hic enim attulit hanc artem
omnium artium maximam quasi lucem ad ea, quæ confuse ab aliis aut respondebantur aut agebantur. XLII. Dialecticam mihi videris, inquit, dicere. Recte, inquam, intellegis ; sed adjunxit etiam et litterarum scientiam et loquendi
elegantiam, quæ ex scriptis ejus, quorum similia nulla sunt,
facillime perspici potest. [154] Cumque discendi causa duobus peritissimis operam dedisset, L. Lucilio Balbo, C. Aqui-

VARIANTES : 152. ambiguam *L.* — XLII, 153. dicere inquit *L.* — et eloquendi *O,*
eloquendi *G.* — 154. dicendi causa *F O¹.*

NC. 152. *ambigua*, vulg. d'après Lambin. — XLII. Avec Meyer et Stangl, d'après
un ms. secondaire : *inquit, dicere.* — Koch conjecture *quorum volumina multa sunt.*
— 154. *Balbo* ⟨*et*⟩ *C. Aquilio,* vulg.

Eam artem, la dialectique. Cf. *de Orat.,*
I, 41, 186 : « Nihil est enim quod ad
artem redigi possit nisi ille prius, qui
illa tenet, quorum artem instituere vult,
habet illam scientiam, ut ex eis rebus,
quarum ars nondum sit, artem efficere
possit. »

Quæ, dont la nature est de....

Rem universam, etc. Résumé des principales opérations de la dialectique :
1° classification par genres et espèces (*in
partes*); 2° définition de chaque genre et
de chaque espèce (*latentem explicare
definiendo*); 3° analyse des choses obscures pour en bien déterminer le caractère
spécifique et les classer ensuite où il convient (*obscuram explanare interpretando*);
4° méthode des raisonnements syllogis-
tiques, comprenant d'une part l'étude des
termes (*ambigua videre... distinguere*),
d'autre part l'étude des propositions (*vera
et falsa — propositis consequentia*). Sur
la dialectique, cf. *de Orat.,* I, 42, 189;
II, 38, 157; *Orat.,* 4, 14; 32, 115;
Top., 2, 9; *Part. or.,* 23, 78; *de Fin.,*
I, 7, 22; *Tuscul.,* V, 25, 72; *Acad.,* II,
28. 91.

Quæ quibus. Cf. *Part. or.,* 23, 78 :
Quibusque positis quid sequatur »; *pro*

Rosc. com., 7, 21 : « considera, C. Piso,
quis quem fraudasse dicatur ».

153. *Confuse,* sans ordre logique. Cf.
de Orat., I, 42, 187 (à propos du droit):
« Omnia fere, quæ sunt conclusa nunc
artibus, dispersa et dissipata quondam
fuerunt... Adhibita est igitur ars quædam extrinsecus ex alio genere quodam,
quod sibi totum philosophi assumunt, quæ
rem dissolutam divulsamque congluti-
naret et ratione quadam constringeret. »

Respondebantur, dans les consultations
(cf. § 143); *agebantur,* dans les plaidoiries. Cf. *de Orat.,* I, 48, 212.

XLII. *Loquendi elegantiam.* Voir la
lettre de Sulpicius à Cicéron pour le consoler de la mort de sa fille (*ad Fam.,* IV, 5).

Ex scriptis. Pompon., *Dig.,* 1, 2, 2,
43 : « Hujus volumina complura exstant;
reliquit autem prope CLXXX libros. »
De ses discours, il n'en subsistait que
trois au temps de Quintilien ; pour les
autres on n'avait que des sommaires
(Quintil., X, 7, 30; IV, 2, 106; VI, 1,
20; X, 1, 22).

154. *Peritissimis* sc. *juris,* dont l'idée
est impliquée dans le contexte. Voir
Berger, *Stylistique,* p. 103.

L. Lucilio Balbo, C. Aquilio Gallo.

lio Gallo, Galli hominis acuti et exercitati promptam et
paratam in agendo et in respondendo celeritatem subtilitate diligentiaque superavit ; Balbi docti et eruditi hominis in utraque re consideratam tarditatem vicit expedien-
dis conficiendisque rebus ; sic et habet quod uterque eorum
habuit, et explevit, quod utrique defuit. [155] Itaque, ut
Crassus mihi videtur sapientius fecisse quam Scævola (hic
enim causas studiose recipiebat, in quibus a Crasso supe-
rabatur, ille se consuli *n*olebat, ne qua in re inferior esset
quam Scævola), sic Servius *sap*ientissime, cum duæ civiles artes ac forenses plurimum et laudis haberent et gratiæ,
perfecit, ut altera præstaret omnibus, ex altera tantum assumeret, quantum esset et ad tuendum jus civile et ad obti-
nendam consularem dignitatem satis. [156] Tum Brutus : Ita
prorsus, inquit, et antea putabam (audivi enim nuper eum
studiose et frequenter Sami, cum ex eo jus nostrum pontifi-
cium, qua ex parte cum jure civili conjunctum esset, vellem

VARIANTES : 155. solebat *L.* — ap*s*entissume *L.* — duo *L* (*H²* *corr.*; *de même ailleurs*).
NC. 155. *nolebat* et *sapientissime*, vulg. — Eberhard et Stangl : *sapientissime :*
⟨*qui*⟩ *cum.*

Pompon., *Dig.*, 1, 2, 2, 42 : « Mucii
(*Scævola le Pontife*) auditores fuerunt
complures, sed præcipuæ auctoritatis
Aquilius Gallus, Balbus Lucilius, Sextus
Papirius, Gaius Juventius, ex quibus
Gallum maximæ auctoritatis apud populum fuisse Servius dicit. » Aquilius Gallus fut préteur avec Cicéron en 66 (*pro
Cæcina*, 27, 78 : « ita justus est et bonus
vir, ut natura, non disciplina consultus
esse videatur ; ita peritus ac prudens ut
ex jure civili non scientia solum quædam, verum etiam bonitas nata videatur »).

Agendo... respondendo. Cf. § 153.

In utraque re, c'est-à-dire *in agendo
et respondendo.*

155. *Studiose*, avec empressement.

Recipiebat. Cf. § 87.

Consuli, donner des consultations juridiques.

Sapientissime se rapporte à *perfecit.*
La gradation est celle-ci : Scævola force
son talent et veut être à la fois jur*iscon*-

sulte et orateur ; Crassus, plus sage, s'en
tient au métier d'orateur ; Servius, le
plus sage des trois, s'arrange pour être
un jurisconsulte de premier ordre et un
orateur honorable.

Artes. Cf. *de Off.*, II, 19, 65 : « Nam
in jure cavere, consilio juvare atque hoc
scientiæ genere prodesse quam plurimis
vehementer et ad opes augendas pertinet
et ad gratiam.... Atque huic arti finitima est dicendi facultas et gravior et ornatior. Quid enim eloquentia præstabilius vel admiratione audientium vel spe
indigentium vel eorum qui defensi sunt
gratia ? Huic ergo a majoribus nostris est
in toga dignitatis principatus datus. »
Cf. *pro Mur.*, 11, 24.

Haberent et non pas *habeant* parce
qu'on énonce la pensée de Sulpicius.

156. *Nuper*, en 47, à son retour d'Asie,
où il était allé rejoindre César. Cf. § 12 ;
21 ; 250.

Nostrum, Brutus était membre du collège des Pontifes. Cf. § 212.

cognoscere) et nunc meum judicium multo magis confirmo testimonio et judicio tuo ; simul illud gaudeo, quod et æqualitas vestra et pares honorum gradus et artium studiorumque quasi finitima vicinitas tantum abest ab obtrectatione *et* invidia, quæ solet lacerare plerosque, ut in ea non modo non exulcerar*i* vestra gratia, sed etiam conciliar*i* videatur. Quali enim te erga illum perspicio, tali illum in te voluntate judicioque cognovi. [157] Itaque doleo et illius consilio et tua voce populum Romanum carere tam diu ; quod cum per se dolendum est tum multo magis consideranti ad quos ista non translata sint, sed nescio quo pacto devenerint. Hic Atticus : Dixeram, inquit, a principio, de re publica ut sileremus : itaque faciamus. Nam si isto modo volumus singulas res desiderare, non modo querendi, sed ne lugendi quidem fidem reperiemus. XLIII. [158] Pergamus ergo, inquam, ad reliqua et institutum ordinem persequamur. Paratus igitur veniebat Crassus, exspectabatur, audiebatur, a principio statim, quod erat apud eum semper

Variantes : 156. obtrectatione inuidia *L* (inuidiæ *M H²*). — exulcerare uestram gratiam... conciliare *L*. — 157. istas *B¹ H¹ M¹* (*au-dessus* : singulas). — quærendi *FG*.

NC. 156. *et*, addition de la vulgate — Baehrens voudrait transposer *lacerare* et *exulcerare*. Madvig conjecture *macerare* au lieu d'*exulcerare*. Mais *exulcerare* s'explique très bien. — Je conserve *ut in ea* (sc. *vicinitate*). Quant aux corrections qui suivent, elles se justifient sans difficulté, étant donné la confusion perpétuelle de l'*i* et de l'*e*, et l'abréviation *vestrâ gratiâ*. Lambin et la plupart des éditions : *uti ea*.

Æqualitas. Cf. § 150.

Finitima vicinitas. Ils se touchent de si près qu'ils sont comme (*quasi*) mitoyens. Cf. *Orat.*, 32, 113 : « vicinam atque finitimam. » — Allusion aux dictons populaires sur les rivalités entre voisins : Hésiode, *Trav. et jours*, 23, ζηλοῖ δέ τε γείτονα γείτων. Cat. *de re rust.*, 4 : « vicinis bonus esto » ; Columelle, *de re rust.*, I, 3 ; Juvénal, XV, 33 : « inter finitimos vetus atque antiqua simultas ».

Exulcerari se dit de la blessure (idée exprimée par *lacerare*) dont la plaie s'envenime ; *pro Dejot.*, 3, 8 : « fore putabant ut in exulcerato animo facile fictum crimen insideret ». *Conciliari gratia* amène par zeugma *exulcerari gratia*.

Judicio, estime raisonnée.

157. *Illius consilio... carere*. On voit par ce passage que Sulpicius n'était pas encore rallié à César.

Ista, c'est-à-dire *consilium et vox*.

Translata, conférées régulièrement par voie légale ; *devenerint*, sont tombées par l'effet du hasard. — Allusion aux créatures de César (Cf. § 24).

Dixeram, § 11.

Faciamus = sileamus. Sur cet emploi de *facio* cf. § 21.

Non modo... sed ne... quidem, Riemann, *Syntaxe*, p. 484, rem. I.

XLIII, 158. *Exspectabatur*. Cf. *de Orat.*, I, 39, 180 : « clarissima M' Curii causa... quo concursu hominum, qua exspectatione defensa est ! » ; III, 9, 33 : « oratio... digna exspectatione et silentio ».

Audiebatur, on était tout oreilles.

accuratum, exspectatione dignus videbatur. Non multa jactatio corporis, non inclinatio vocis, nulla inambulatio, non cre-
bra supplosio pedis : vehemens et interdum irata et plena
justi doloris oratio, multæ et cum gravitate facetiæ; quodque
difficile est, idem et perornatus et perbrevis. [159] Jam in
altercando invenit parem neminem. Versatus est in omni
fere genere causarum; mature in locum principum oratorum venit. Accusavit C. Carbonem eloquentissimum hominem admodum adulescens : summam ingenii non laudem
modo, sed etiam admirationem est consecutus. [160] Defendit
postea Liciniam virginem cum annos XXVII natus esset. In
ea ipsa causa fuit eloquentissimus orationisque ejus scriptas
quasdam partes reliquit. Voluit adulescens in colonia Nar-

Accuratum. Crassus préparait ses exor-
des avec un soin particulier, pour ne pas
demeurer court sous le coup de l'émotion
qui s'emparait de lui au début de ses
discours (*de Orat.*, I, 26, 133).

Non multa jactatio. Cf. *de Orat.*, III,
9, 33 (*Crassus se compare à Antoine*) :
« dissimilitudo intellegi potest et ex
motus mei mediocritate et ex eo quod,
quibus vestigiis primum institi, in eis
fere soleo perorare. »

Inclinatio vocis. Ad Her., III, 14, 25 :
« In conquestione voce depressa, incli-
nato sono »; *Orat.*, 17, 56 : « Volet ille
qui eloquentiæ principatum petet, et
contenta voce atrociter dicere et sum-
missa leniter et inclinata videri gravis et
inflexa miserabilis. » Cf. Quintil., XI,
3, 168.

Inambulatio, § 141 ; *supplosio pedis*,
§ 278.

Doloris, § 93.

Cum gravitate, c'est-à-dire *non scur-
riles* (Cf. § 143).

Facetiæ. Cicéron, qui admirait beaucoup l'esprit de Crassus, nous a conservé
plusieurs de ses mots (*de Orat.*, II, 59,
240 ; 65, 262 ; 66, 267 ; 70, 285. Cf. Val.
Max., IX, 1, 1).

Perornatus. Cf. § 69.

159. *In altercando*, dans les répliques,
où les avocats discutaient et s'interpel-
laient l'un l'autre (Cf. §§ 164, 173). C'était
là surtout que les *facetiæ* trouvaient leur
place. Dans une lettre (*ad Attic.*, I, 16,

10) Cicéron rapporte une *altercatio* entre
Clodius et lui. La scène, il est vrai, a lieu
au sénat ; mais elle peut donner une idée
de ce qui se passait quelquefois devant
les juges au forum. Sur l'*altercatio*, cf.
Quintilien, VI, 4, 1 et suiv.

C. Carbonem, § 103.

Adulescens, à 21 ans (*de Orat.*, III,
20, 74) et non, comme le dit Tacite (*dial.*,
34), à 19 ans. Cicéron cite quelques lignes
du discours contre Carbon (*de Orat.*, II,
40, 170). Crassus eut plus tard des
remords d'avoir causé par son accusation la mort de Carbon (*in Verr.*, III,
1, 3).

160. *Liciniam*, accusée *de incesto* avec
deux autres Vestales, Æmilia et Marcia.
Elle fut traduite en 114 devant le collège
des Pontifes, qui ne condamna qu'Æmilia.
Le jugement fut attaqué par le tribun
Sex. Pæduceus et le peuple chargea
L. Cassius (§ 97) d'une nouvelle enquête,
qui aboutit en 113 à la condamnation
des deux Vestales précédemment acquit-
tées (Tite-Live, *Epit.*, 63 ; Asconius, *in
Milon.*, p. 46). Crassus plaida pour Licinia, qui était sans doute une de ses parentes.

Quasdam partes. Cf. § 127, 164. Sur
cet usage de ne publier que certaines
parties des discours, voir Pline, *Epist.*,
I, 20, 7.

In colonia Narbonensi, colonie fondée
en 118 (Velleius Paterc., I, 15, 5). Le
discours de Crassus est donc antérieur au

bonensi causæ popularis aliquid attingere eamque coloniam, ut fecit, ipse deducere. Exstat in eam legem
senior, ut ita dicam, quam ætas illa ferebat, oratio. Multæ
deinde causæ; sed ita tacitus tribunatus, ut, nisi in eo ma-
gistratu cenavisset apud præconem Granium idque nobis
[bis] narravisset Lucilius, tribunum plebis nesciremus fuisse.
[161] Ita prorsus, inquit Brutus; sed ne de Scævolæ quidem
tribunatu quicquam audivisse videor et eum collegam
Crassi credo fuisse. Omnibus quidem aliis, inquam, in
magistratibus, sed tribunus anno post fuit eoque in rostris
sedente suasit Serviliam legem Crassus; nam censuram sine
Scævola gessit; eum enim magistratum nemo unquam Scæ-
volarum petivit. Sed hæc Crassi cum edita oratio est, quam

VARIANTES : XLIII, 160. illa aetas *O*. — bis *omis dans O*.

NC. 160. *Bis* est suspect et pourrait bien provenir d'une dittographie. La répétition
de l'anecdote n'ajoute rien au témoignage de Lucilius. Lambin, Jahn-Eberhard et Stangl
mettent de même le mot entre crochets.

plaidoyer pour Licinia. On ne voit pas
bien pourquoi Cicéron intervertit ici
l'ordre chronologique. Peut-être tient-il
à rapprocher les discours *pro colonia
Narbonensi* et *pro lege Servilia*, qu'on
citait souvent ensemble pour les opposer
l'un à l'autre et dont les adversaires de
Crassus se plaisaient à relever les contra-
dictions (*pro Cluent.*, 51, 140 ; *de Orat.*,
II, 55, 223).

Popularis, démocratique.

Aliquid attingere, expression atténuée
parce que ce discours ne fut qu'une
échappée passagère de Crassus vers le
parti démocratique.

Fecit, § 157 « faciamus ».

In eam legem, « dans le sens de cette
loi ». Voir Riemann, *Syntaxe*, p. 174, c.

Senior indique la maturité du ton, la
gravitas, cf. § 265.

Oratio. Crassus y attaquait vivement
le sénat, qui s'opposait à l'établissement
de la colonie (*pro Cluentio*, 51, 140) et
montrait qu'en faisant quelque chose
pour les classes pauvres l'aristocratie
resterait fidèle à ses traditions. *De
Off.*, II, 18, 63 : « Atque hæc beni-
gnitas etiam reipublicæ utilis est, redimi
e servitute captos, locupletari tenuiores :
quod quidem vulgo solitum fieri ab

ordine nostro in oratione Crassi scriptum
copiose videmus. »

Causæ. On ne les connaît pas. De
tous les plaidoyers civils de Crassus dont
le souvenir nous a été conservé, un seul
(*pro Pisone*) peut à la rigueur se rapporter à cette période (*de Orat.*, II, 70,
285. Cf. Meyer, *Or. rom. fragm.*, p. 314).

Tribunatus, en 107.

Granium, crieur public, célèbre par ses
plaisanteries mordantes. Cicéron parle
souvent de lui (*de Orat.*, II, 60, 244 ; 62,
254 ; 70, 281 et 285; *ad Famil.*, IX, 15,
2 ; *pro Planc.*, 14, 33 : « Ille L. Crassi,
ille M. Antonii voluntatem asperioribus
facetiis sæpe perstrinxit impune. »

161. *Ne... quidem*, non plus, §§ 68, 199.

Omnibus quidem, sc. *collega fuit*.

Post. La date était controversée, de
là cette digression chronologique. Une
fois le *Brutus* publié, Cicéron eut des
scrupules et consulta Atticus (*ad Attic.*,
XII, 5, 3), qui le rassura sans doute,
puisque la même date est donnée dans
le *de Finibus* (II, 16, 54).

Sedente, comme président du *concilium
plebis*.

Serviliam legem, §§ 135, 164

Nam, § 48.

Sed, § 81.

te sæpe legisse certo scio, quattuor et triginta tum habebat
annos totidemque annis mihi ætate præstabat : iis enim consulibus eam legem suasit, quibus nati sumus, cum ipse
esset Q. Cæpione consule natus et C. Lælio, triennio ipso
minor quam Antonius. Quod idcirco posui, ut dicendi Latine prima maturitas in qua ætate exstitisset posset notari et
intellegeretur jam ad summum pæne esse perductam, ut eo
nihil ferme quisquam addere posset, nisi qui a philosophia,
a jure civili, ab historia fuisset instructior. XLIV. [162] Erit,
inquit [M.] Brutus, aut jam est iste, quem exspectas? Nescio,
inquam. Sed est etiam [L.] Crassi in consulatu pro Q. Cæpione defensione juncta non brevis ut laudatio, ut oratio

VARIANTES : 161. triginta dum *F*. — his enim *L*.

NC. 161. Kayser : *triginta* [*tum*]. — XLIV, 162. [*M.*] *Brutus*, avec Stangl et
Friedrich. Le prénom n'a aucune raison d'être ici, pas plus du reste que devant
Crassi à la ligne suivante. — Je conserve *defensione juncta;* selon Piderit, il faudrait
écrire *defensio non brevis*, la leçon des mss provenant d'une erreur de copie, *defensione*, combinée avec un signe de correction mal compris : *defensio ne puncta* (*ne*
exponctué). L'explication est bien subtile.

Te sæpe legisse, parce que ce discours était comme un souvenir de famille pour les membres de la *gens Servilia*, à laquelle Brutus touchait par sa mère et dans laquelle son oncle Q. Servilius Cæpio l'avait fait lui-même entrer par adoption.

Consule, construction familière à Cicéron. Cf. §§ 306, 328, *pro Arch.*, 3, 5 : « Mario consule et Catulo » ; *de Rep.*, I, 9, 14 : « Tuditano consule et Aquilio ».

Ipso, § 61.

Quod posui, j'ai bien établi ces dates. Cf. §§ 165, 218, 219, 277 ; Lucrèce, V, 526 : « Quid in hoc mundo sit... ponere certum difficile est. »

In qua ætate : « dans les limites de quelle période chronologique ». Sur cet emploi de *in*, voir Riemann, *Syntaxe*, p. 132, § 69.

Jam, dès l'an 106.

Nisi qui, c'est-à-dire *nisi is qui* : « excepté la personne qui », et cette personne est Cicéron lui-même.

A philosophia. Cf. § 63 : « ab omni laude » ; 198, 233.

Instructior. Cf. *de Orat.*, I, 21, 95 :

« Ego (*c'est Crassus qui parle*)... non despero fore aliquem aliquando qui et studio acriore, quam nos sumus atque fuimus, et otio ac facultate discendi majore ac maturiore, et labore atque industria superiore, cum se ad audiendum, legendum scribendumque dederit, exsistat talis orator, qualem quærimus. »

XLIV, 162. *Aut*, « ou plutôt ». Il n'y a pas ici d'interrogation double. Brutus corrige simplement l'énoncé de sa question en substituant *jam est* à *erit*.

Sed, § 81.

In consulatu, en 95, où il fit passer la loi *Licinia-Mucia*. Cf. § 63.

Pro Q. Cæpione, § 135.

Defensione juncta, publiée à la suite du plaidoyer de Cæpion. L'accusé s'était en effet défendu lui-même (*ad Her.*, I, 14, 24). Crassus n'assista au procès que comme *advocatus*, de même qu'Æmilius Scaurus (*de Orat.*, II, 47, 197), et pour porter témoignage en faveur de Cæpion. C'est ainsi que Pompée intervint aux procès de Sextius (*ad Famil.*, I, 9, 7 : « ut laudaret P. Sextium ») et de Plancus (Plutarque, *Pomp.*, 55 : αὐτὸς εἰσῆλθε

autem brevis ; postrema censoris oratio, qua anno duode-
quinquagesimo usus est. In his omnibus inest quidam sine
ullo fuco veritatis color. Quin etiam comprehensio et ambitus ille verborum, si sic περίοδον appellari placet, erat
apud illum contractus et brevis, et in membra quædam,
quæ κῶλα Græci vocant, dispertiebat orationem libentius.
[163] Hoc loco Brutus : Quandoquidem tu istos oratores,
inquit, tanto opere laudas, vellem aliquid Antonio præter
illum de ratione dicendi sane exilem libellum, plura Crasso
libuisset scribere ; cum enim omnibus memoriam sui tum

VARIANTES : XLIV, 162. perhiodorum *L.* — dispertibat oratione *L.*

Πλάγχον ἐπαινεσόμενος). Ces sortes d'in-
terventions s'appelaient *laudationes* (*pro
Font.*, 7, 16 ; *pro Cæl.*, 2, 5 ; *in Verr.*,
II, 5, 22, 57. Cf. Quintil. III, 7, 2). A la
fin de la république elles se multipliè-
rent tellement que, pour abréger la durée
des débats, Pompée en interdit l'usage
par une loi (Plutarque, *l. c.*, cf. §§ 245,
324). — Pour l'emploi de l'ablatif seul
avec *jungere*, cf. *de Orat.*, III, 15, 55 :
« vis... probitate jungenda » ; *Tuscul.*,
III, 5, 11 : « insania... juncta stultitia »,
ad Attic., IX, 10, 4 : « bellum junctum
miserrima fuga ».

Brevis. Les *laudationes* étaient en général très courtes. De là l'embarras de
Cicéron pour qualifier celle de Crassus,
qui n'a ni la brièveté d'une *laudatio* ordinaire, ni le développement d'un plaidoyer.
C'est quelque chose d'intermédiaire.

Postrema, le dernier en date, parce
que Cicéron ne cite ici que les discours
faits devant le peuple *in contione* (cf.
§ 165), les seuls d'ailleurs qui eussent été
publiés (*Orat.*, 38, 132 : « Crassi perpauca sunt nec ea judiciorum »). En
réalité la carrière oratoire de Crassus ne
s'arrête pas là : l'année suivante, en 91,
il plaide pour Plancius contre Brutus (*de
Orat.*, II, 54, 220 et suiv. ; *pro Cluent.*,
51, 140) et attaque dans le sénat le
consul Philippe (*de Orat.*, III, 1, 1 et
suiv.).

Censoris en 92 (cf. § 164). A la censure de Crassus se rattache un célèbre
édit, dont le texte nous a été conservé et
qui fermait les écoles des rhéteurs latins
(Aulu-Gelle, XV, 11 ; Suétone, *de Clar.
rhet.*, 1 ; *de Orat.*, III, 24, 93).

Veritatis color, la couleur du teint naturel. Cf. §§ 36, 70 ; *de Orat.*, III, 25, 96.

Quin etiam, etc., pour montrer à quel
point son style était sans apprêt.

Comprehensio, § 34 ; *ambitus* a le
même sens, mais traduit plus directement le terme grec. Cf. *Orat.*, 61, 208 :
« Itaque posteaquam nata est hæc vel
circumscriptio, vel comprehensio, vel
continuatio, vel ambitus, si ita licet
dicere. » Sur la difficulté de rendre avec
précision les termes techniques de la
rhétorique grecque, voir *Orat.*, 62, 211.

Membra. ad *Herenn.*, IV, 19, 26 ;
Orat., 62, 211 ; Quintil., IX, 4, 123.

Libentius. Cf. *Orat.*, 66, 233 : « sequitur comprehensio non longa (ex duobus enim versibus, id est membris, perfecta est)... et Crassus quidem sic plerumque dicebat ».

163. *Antonio.* Antoine n'avait publié
aucun de ses discours (*Orat.*, 38, 132 :
« nihil Antonii »), sous prétexte qu'il ne
voulait pas s'exposer à être réfuté par ses
propres paroles ; *pro Cluent.*, 50, 140 :
« M. Antonium aiunt solitum esse dicere,
idcirco se nullam unquam orationem
scripsisse, ut, si quid aliquando non
opus esset ab se esse dictum, posset negare
dixisse. » Sur la mésaventure de Crassus
mis en contradiction avec lui-même, voir
les textes cités dans la note *colonia Narbonensi* (§ 160).

Libellum. Cf. *de Orat.*, I, 21, 94 ; 48,
208 ; *Orat.*, 5, 18 ; Quintil., III, 1, 19.

etiam disciplinam dicendi nobis reliquissent. Nam Scævolæ
dicendi elegantiam satis ex *iis* orationibus quas reliquit,
habemus cognitam. [164] Et ego : Mihi quidem a pueritia
quasi magistra fuit, inquam, illa in legem Cæpionis oratio :
in qua et auctoritas ornatur senatus, quo pro ordine illa
dicuntur, et invidia concitatur in judicum et in accusatorum
factionem, contra quorum potentiam populariter tum dicendum fuit. Multa in illa oratione graviter, multa leniter, multa
aspere, multa facete dicta sunt ; plura etiam dicta quam
scripta, quod ex quibusdam capitibus expositis nec explicatis intellegi potest. Ipsa illa censoria contra Cn. Domitium
collegam non est oratio, sed quasi capita rerum et orationis
commentarium   paulo   plenius.   Nulla   est   enim   altercatio

Variante : 163. his *L.*

Nam, § 48.
Habemus cognitam, § 147.
164. *Magistra*, §§ 296, 298.
In legem. Cf. § 160.
In qua, etc. Cf. *pro Cluent.*, 51, 140 :
« In suasione legis Serviliæ summis ornat
senatum laudibus et multa in equites
Romanos asperius dicta. » Cicéron cite
(*de Orat.*, I, 52, 225) une phrase
du discours, dirigée contre l'arbitraire
tyrannique des chevaliers, maîtres des
tribunaux : « Eripite nos ex miseriis,
eripite ex faucibus eorum, quorum cru-
delitas nostro sanguine non potest expleri ;
nolite sinere nos cuiquam servire, nisi
vobis universis, quibus et possumus et
debemus. »
Populariter, sans blesser les suscepti-
bilités du peuple alors très excité contre
le parti des nobles.
Capitibus (Cf. plus bas, *capita rerum*),
sommaires des développements non re-
produits. Cf. Aulu-Gelle, *proœm.*, 25 :
« Capita rerum, quæ cuique commentario
insunt, exposuimus (Cf. *expositis* et § 81
exposita) hic universa, ut jam statim de-
claretur quid quo in libro quæri inve-
nirique possit. »
Censoria, § 162.
Cn. Domitium (*Ahenobarbum*), consul en
96. Il avait, comme tribun en 104, proposé
une loi enlevant aux collèges sacerdotaux
le droit de se recruter eux-mêmes (Velleius

Paterc., II, 12). Censeur avec Crassus, il
fut presque constamment en querelle avec
son collègue, auquel il reprochait en particulier l'excès de son luxe. (Pline, *H. N.*,
XVII, 3 : « Censuram... simul gessere...
frequentem jurgiis propter dissimilitu-
dinem morum.... Tum Cn. Domitius, ut
erat vehemens natura, præterea accensus
odio, quod ex æmulatione avidissimum
est..., etc. »). Crassus, dans son discours,
disait de lui en plaisantant : « Non esse
mirandum, quod æneam barbam haberet,
cui os ferreum, cor plumbeum esset »
(Suétone, *Ner.*, 2).
Commentarium, un canevas donnant le
plan du discours avec quelques ébauches
de développements. Cf. Senec., *Controv.*,
III, *proœm.*, 6 : « Sine commentario nunquam dixit (Cassius Severus), nec hoc
commentario contentus erat, in quo nudæ
res ponuntur ; sed maxima parte perscri-
bebatur actio, illa quoque quæ salse dici
poterant adnotabantur. » Quintilien (IV,
1, 69 ; X, 7, 30, 31) parle des *commentarii* de Cicéron publiés par Tiron.
Enim, preuve que le discours publié
n'est qu'un canevas. On ne s'explique pas
en le lisant le succès extraordinaire de
l'orateur.
Altercatio, § 159. Sur cette *altercatio*
voir les détails donnés par Valère Maxime
(IX, 1, 4), Pline l'Ancien (*H. N.*, XVII, 1
et suiv.), Macrobe (*Sat.*, II, 11). Cf.

clamoribus unquam habita majoribus. [165] Et vero fuit in hoc etiam popularis dictio excellens : Antonii genus dicendi multo aptius judiciis quam contionibus.

XLV. Hoc loco ipsum Domitium non relinquo. Nam etsi non fuit in oratorum numero, tamen pono satis in eo fuisse orationis atque ingenii, quo et magistratus personam et consularem dignitatem tueretur ; quod idem de C. Cælio dixerim : industriam in eo summam fuisse summasque virtutes, eloquentiæ tantum, quod esset in rebus privatis amicis ejus, in re publica ipsius dignitati satis. [166] Eodem tempore M. Herennius in mediocribus oratoribus Latine et diligenter loquentibus numeratus est ; qui tamen summa nobilitate hominem, cognatione, sodalitate, collegio, summa

VARIANTE : XLV, 165. dignitatis satis *F O¹ B¹ H M*.
NC. XLV, 166. Kraffert : [*Latine... loquentibus*].

de Orat., II, 56, 227 : « Faceta et urbana innumerabilia ex una contione meministis. Nec enim contentio major unquam fuit, nec apud populum gravior oratio, quam hujus (Crassi) contra collegam in censura nuper, neque lepore et festivitate conditior. » *Ibid.*, 230 : « Erat autem tanta in Domitio gravitas, tanta auctoritas, ut quod esset ab eo objectum, lepore magis elevandum quam contentione frangendum videretur. »

Clamoribus, bravos. Cf. §§ 88 : « silentio præteriretur » ; 242, 326 ; *de Orat.*, I, 33, 152 : « Hæc sunt quæ clamores et admirationes in bonis orationibus efficiunt » ; *Orat.*, 30, 107 : « Quantis illa clamoribus adulescentuli diximus de supplicio parricidarum » ; 34, 111 ; *ad Attic.*, I, 14, 4.

165. *Popularis*, c'est-à-dire *ad populum*. Cf. §§ 136, 247.

XLV. *Ipsum*, § 77.

Pono, je prétends ; *de Orat.*, II, 20, 85 : « Tantum ego in excellenti oratore et eodem bono viro pono esse ornamenti universæ civitati. » Cf. III, 36, 145 ; *de Leg.*, II, 3, 6.

Orationis, c'est-à-dire *elocutionis* (*ingenii* se rapportant à l'*inventio*).

Personam, § 80.

C. Cælio, consul en 94, un an après Crassus ; tribun en 107, il avait proposé une *lex tabellaria*, qui établissait le scrutin secret des juges dans les procès de haute trahison (*de Leg.*, III, 16, 36).

Eloquentiæ ; *de Orat.*, I, 25, 117 : « Quis enim non videt, C. Cælio, æquali meo (*c'est Crassus qui parle*), magno honori fuisse, homini novo, illam ipsam, quamcumque assequi potuerit, in dicendo mediocritatem. »

166. *M. Herennius*, consul en 93.

Latine et diligenter, §§ 133, 140.

Summa nobilitate. La gens *Marcia*, à laquelle appartenait Philippe, était une des plus anciennes et des plus illustres de Rome. Elle prétendait remonter à Numa et à Ancus Martius, dont les têtes figurent à ce titre sur plusieurs monnaies frappées par les membres de la *gens* (Babelon, *Monn. de la rép.*, I, p. 191). L. Philippus était le petit-fils du consul de 169, qui avait combattu Persée. — Cicéron énumère ici tous les genres de relations qu'on pouvait mettre en œuvre pour obtenir le consulat. Cf. Q. Cic., *de pet. consul.*, 5, 16 : « qui sunt amici ex causa justiore cognationis aut affinitatis aut sodalitatis aut alicujus necessitudinis ».

Sodalitate, collegio. « Il n'y a point de différence spécifique entre les termes de *collegium* et *sodalitas* ou *sodalicium*. Gaius

etiam eloquentia, L. Philippum in consulatus petitione superavit. Eodem tempore C. Claudius, etsi propter summam nobilitatem et singularem potentiam magnus erat, tamen etiam eloquentiæ quandam mediocritatem afferebat. [167] Ejusdem fere temporis fuit eques Romanus C. Titius, qui meo judicio eo pervenisse videtur, quo potuit fere Latinus orator sine Græcis litteris et sine multo usu pervenire. Hujus orationes tantum argutiarum, tantum exem-

VARIANTE : 166. Clodius *L.*

NC. 166. Stangl, d'après Campe. corrige *potentiam* en *prudentiam*. Voir le texte cité dans le commentaire. — 167. Kayser et Stangl [*tantum exemplorum*].

(*Dig.*, XLVII, 22, 4) définit les *sodales* : *qui ejusdem collegii sunt, quam Græci* ἑταιρίαν *vocant*. On peut dire cependant que *collegium* a le sens plus général d'« association »; *sodalitas*, le sens plus précis d'« association religieuse ». Bouché-Leclercq, *Man. des instit. rom.*, p. 473, note 3. La confraternité des membres des *sodalités* et des *collèges* était si étroite que la *lex repetundarum* de 122 avait interdit de choisir comme *judex* ou *patronus* « queive eiei (reo) sobrinus siet propiusve eum ea cognatione attigat, queive eiei sodalis siet, queive in eodem conlegio siet » (*Corp. inscr. lat.*, I, p. 58, X; 59, XXV).

L. Philippum, § 173.

Superavit; *pro Mur.*, 17, 36 : « Quis L. Philippum, summo ingenio, opera, gratia, nobilitate, a M. Herennio superari posse arbitratus est? » Le succès d'Hérennius s'expliquait par la popularité de sa famille, fort engagée dans le parti démocratique : un Hérennius s'était tué pour ne pas survivre à son ami C. Gracchus (Val. Max., IX, 12, 6); un autre était le patron de Marius et avait refusé de témoigner en justice contre lui (Plutarque, *Marius*, 5).

C. Claudius (*Pulcher*), consul en 92, fils du consul de 143 (Cf. § 108). Il est surtout connu par la splendeur des jeux qu'il donna comme édile en 99 (Pline, *H. N.*, VIII, 19; XXXV, 23; Val. Max., II, 1, 6).

Potentiam. Cf. *pro Planc.*, 21, 51 : « potentissimo et clarissimo cive, C. Claudio ».

Mediocritatem, § 94.

167. *C. Titius*. Macrobe (*Sat.*, III, 16, 14) parle d'un C. Titius, *vir ætatis Lucilianæ*, qui avait soutenu la loi Fannia (161 av. J.-C.). Mais la loi *Fannia* est antérieure à l'*ætas Luciliana*. Ou bien il y a deux Titius ou bien, ce qui est plus probable, Macrobe a commis une erreur sur le nom de la loi. On peut identifier le C. Titius, presque contemporain de Crassus, avec le *vir ætatis Lucilianæ* de Macrobe et celui-ci avec le poète Titius qui vivait au temps de C. Gracchus. Voir Teuffel, *Röm. Lit.*, § 141, 7.

Sine Græcis litteris. Il peut paraître étrange qu'un poète tragique n'ait pas connu la littérature grecque, la tragédie romaine n'étant qu'une imitation de la tragédie grecque. Mais au temps des Gracques, la plupart des sujets tragiques avaient été traités en latin et pour les traiter à nouveau il n'était pas nécessaire de recourir aux originaux grecs.

Argutiarum, traits piquants et ingénieux. Le fragment cité par Macrobe sous le nom de Titius répond assez bien au jugement de Cicéron. L'orateur y dépeint les viveurs de son temps, appelés à siéger aux tribunaux : « Ludunt alea, studiose unguentis delibuti, scortis stipati. Ubi horæ decem sunt, jubent puerum vocari, ut comitium eat percunctatum, quid in foro gestum sit, qui suaserint, qui dissuaserint, quot tribus jusserint, quot vetuerint; inde ad comitium vadunt, ne litem suam faciant. Dum eunt, nulla est in angiporto amphora, quam non impleant, quippe qui vesicam plenam vini habeant. Veniunt in comitium tristes, jubent dicere; quorum negotium est.

plorum, tantum urbanitatis habent, ut pæne Attico stilo scriptæ esse videantur. Easdem argutias in tragœdias satis ille quidem acute, sed parum tragice transtulit. Quem studebat imitari L. Afranius poeta, homo perargutus, in fabulis quidem etiam, ut scitis, disertus. [168] Fuit etiam Q. Rubrius Varro, qui a senatu hostis cum C. Mario judicatus est, acer et vehemens accusator. In eo genere sane probabilis, doctus autem Græcis litteris, propinquus noster, factus ad dicendum, M. Gratidius, M. Antonii perfamiliaris, cujus præfectus cum esset in Cilicia est interfectus, qui accusavit C. Fimbriam, M. Marii Gratidiani pat*er*.

XLVI. [169] Atque etiam apud socios et Latinos oratores habiti sunt Q. Ve*t*tius Ve*t*tianus e Marsis, quem ipse cognovi, prudens vir et in dicendo brevis; Q. D. Valerii Sorani, vicini et familiares mei, non tam in dicendo admi-

Variantes : 168. patrem *L.* — XLVI, 169. uectius uectianus *L.*

NC 167. Rau : [*poeta*]. — 168. Stangl, d'après Jahn, ajoute *is* devant *qui*. — *pater*, correction de Manuce. — XLVI, 169. L'orthographe *Vettius Vettianus* est donnée par les inscriptions (*Corp. I. L.*, I, 602, 776; Babelon, *Monn.*, II, p. 532); de même *Rusticelius* et *Betutius* (*Notizie d. Scavi di ant.*, 1879, p. 334; 1883, p. 151).

dicunt, judex testes poscit, ipsus it minctum. Ubi redit, ait se omnia audivisse, tabulas poscit. Litteras inspicit, vix præ vino sustinet palpebras, eunti in consilium ibi hæc oratio : Quid mihi negotii est cum istis nugacibus? Quam potius potamus mulsum mixtum vino græco, edimus turdum pinguem bonumque piscem, lupum germanum, qui inter duos pontes captus fuit. »

Exemplorum, rapprochements ingénieux.

Tragœdias. On n'en connaît rien.

Afranius, le poète comique, auteur de *togatæ*. Horace, *Epist.*, II, 1, 57 : « Dicitur Afrani toga convenisse Menandro. » Cf. Quintilien, X, 1, 100.

Disertus. On le voyait à la façon dont il faisait parler ses personnages.

168. Q. *Rubrius Varro*, tribun du peuple en 123 avec C. Gracchus, auteur d'une proposition de loi pour établir une colonie à Carthage (Plutarque, *C. Gr.*, 10).

Judicatus est, en 88.

In eo genere, c'est-à-dire *in accusatorio genere*.

M. Gratidius. De Leg., III, 16, 36 : « Et avus quidem noster singulari virtute in hoc municipio, quoad vixit, restitit M. Gratidio, cujus in matrimonio sororem, aviam nostram, habebat, ferenti legem tabellariam : excitabat enim fluctus in simpulo, ut dicitur, Gratidius, quos post filius ejus in Ægæo excitavit mari. »

Cujus cum, etc. Sur cet emploi du relatif, cf. § 59.

In Cilicia, lors de l'expédition d'Antoine contre les pirates en 103.

C. Fimbriam, § 129.

M. Marii Gratidiani, § 223.

XLVI, 169. *Socios et Latinos*, § 99.

Q. Vettius Vettianus, sans doute celui dont Lucilius raillait les provincialismes (Quintilien, I, 5, 56).

Q. D. Valerii, fils de Q. Valérius, l'un des plus grands savants de Rome (*de Orat.*, III, 11, 43; Cf. Teuffel, *Röm. Liter.*, § 147).

Sorani, de la ville de Sora, localité voisine d'Arpinum. Pour l'asyndète, cf. § 136

rabiles, quam docti et Græcis litteris et Latinis ; C. Rusticelius Bononiensis, is quidem et exercitatus et natura
volubilis ; omnium autem eloquentissimus extra hanc urbem
T. Betutius Barrus Asculanus, cujus sunt aliquot orationes
Asculi habitæ *et* illa Romæ contra Cæpionem, nobilis sane ;
cui orationi Cæpionis ore respondit Ælius, qui scriptitavit
orationes multis, orator ipse nunquam fuit. [170] Apud majores autem nostros video disertissimum habitum ex Latio
L. Papirium Fregellanum, Ti. Gracchi P. F. fere ætate ; ejus
etiam oratio est, pro Fregellanis colonisque Latinis habita
in senatu. Tum Brutus : Quid tu igitur, inquit, tribuis istis
externis quasi oratoribus ? Quid censes, inquam, nisi idem
quod urbanis ? præter unum, quod non est eorum urbanitate quadam quasi colorata oratio. [171] Et Brutus : Qui est,
inquit, iste tandem urbanitatis color ? Nescio, inquam ; tantum esse quendam scio. Id tu, Brute, jam intelleges, cum
in Galliam veneris : audies tum quidem etiam verba quæ-

Variantes : 169. Rusticellus *L.* — quo *L.* — 170. eius etiam *F O G.* eius autem *r.*
— 171. tu *L.*

NC. 169. *et illa* avec Eberhard, d'après Bake. Madvig suivi par Stangl : *una.*
— *cui.* vulgate. Cf. §§ 105, 189. — Stangl ⟨ *L.* ⟩ *Aelius.* — 170. *coloniisque* vulg. —
171. *tum,* correction de Weidner. Koch conjecture *ibi.*

Rusticelius n'est pas connu, pas plus que
Betutius.

Et illa Romæ (suppléez *habita*) « et en
particulier le fameux discours ». Cf. § 83 :
« illa Lælii ».

Cæpionem, § 223. — *Ælius,* §§ 205 et suiv.

170. *L. Papirium Fregellanum,* l'un des
ambassadeurs envoyés au sénat par les
colonies latines en 177, l'année même du
consulat de Sempronius Gracchus (§ 79).
Tite-Live, XLI, 8 : « Moverunt senatum
et legationes socium nominis Latini, quæ
et censores et priores consules fatigave-
rant, tandem in senatum introductæ.
Summa querelarum erat, cives suos Romæ
censos plerosque Romam commigrasse ;
quod si permittatur, perpaucis lustris fu-
turum ut deserta oppida, deserti agri
nullum militem dare possent. »

Etiam. Non seulement on sait par la
tradition (*video habitum*) qu'il a été un
orateur, *mais encore* on peut lire son
discours, qui a été conservé.

Quasi pour atténuer le mot *externi,* qui
n'est pas tout à fait juste appliqué à des
hommes parlant le latin et dont quelques-uns sont même des citoyens romains.

Quid censes, nisi. Cf. § 249 ; *de Orat.,*
I, 30, 134.

Urbanitate... colorata. Quintil., VI, 3,
107 : « Nam meo quidem judicio illa est
urbanitas, in qua nihil absonum, nihil
agreste, nihil inconditum, nihil peregrinum neque sensu neque verbis neque ore
gestuve possit deprehendi, ut non tam sit
in singulis dictis quam in toto colore
dicendi » ; *de Orat.,* II, 14, 60 : « Ut cum
in sole ambulem, etiamsi ego ob aliud
ambulem, fieri natura tamen, ut colorer,
sic cum istos libros... legerim, sentio
illorum tactu orationem meam quasi colo-
rari. »

171. *Jam,* bientôt, § 96.

In Galliam, où Brutus allait partir
comme propréteur.

dam non trita Romæ, sed hæc mutari dediscique possunt;
illud est majus, quod in vocibus nostrorum oratorum retin*n*it
quiddam et resonat urbanius. Nec hoc in oratoribus modo
apparet, sed etiam in ceteris. [172] Ego memini T. Tincam
Placentinum, hominem facetissimum, cum familiari nostro
Q. Granio præcone dicacitate certare. Eon', inquit Brutus,
de quo multa Lucilius? Isto ipso : sed Tincam non minus
multa ridicule dicentem Granius obruebat nescio quo sapore
vernaculo; ut ego jam non mirer illud Theophrasto accidisse, quod dicitur, cum percontaretur ex anicula quadam
quanti aliquid venderet et respondisset illa atque addidisset
« Hospes, non pote minoris », tulisse eum moleste se non
effugere hospitis speciem, cum ætatem ageret Athenis optimeque loqueretur. Omnium *hic* [ut opinor in nostris] est

VARIANTES : 171. retinuit *F O G*, recinuit *B H M*. — 172. *après speciem* quom *B*[1]
H[1] *M*[1] (*au-dessus* cum), quom *F*, quomodo *O G*. — omnium sicut opinor *L*.

NC. 171. *retinnit*, correction de Schneider. — 172. La phrase *eon', inquit... isto
ipso* paraît suspecte à Eberhard et à Simon, sous prétexte qu'il a déjà été question
de Granius (§ 160). Mais Brutus peut s'étonner que Cicéron ait connu un contemporain, ou peu s'en faut, de Lucilius. — A *sic* je substitue *hic*, qui est nécessaire à cause
de *illic*. Quant à *ut opinor in nostris*, ce n'est pas autre chose qu'une glose de *hic*. La plupart des éditions ont, d'après quelques mss secondaires, *omnino sic, ut opinor*. Piderit
et Baehrens, avec l'édition princeps : *optimeque loqueretur omnium. Sic...* Eberhard
met toute la phrase entre crochets.

Nostrorum, c'est-à-dire *urbanorum*.

Retinnit quiddam, a comme un tintement
déterminé, c'est-à-dire un accent particulier. De même Quintilien, XII, 10, 31 :
« pleraque nos illa quasi mugiente littera
cludimus M... at illi NY jucundam et in
fine præcipue quasi tinnientem illius loco
ponunt ».

172. *T. Tincam*. Quintilien, I, 5, 12 :
« Nam duos in uno nomine faciebat bar-
barismos Tinca Placentinus, si reprehen-
denti Hortensio credimus, preculam pro
pergula dicens; et immutatione, cum *c* pro
g uteretur, et transmutatione, cum *r* præ-
poneret *c* antecedenti. »

Q. Granio, § 160.

Dicacitate, verve mordante. *Orat.*, 26,
90 : « Demosthenes... non tam dicax fuit
quam facetus; est autem illud acrioris
ingenii, hoc majoris artis. » Quintilien,
VI, 3, 21 : « Dicacitas sine dubio a dicendo, quod est omni generi commune,

ducta est, proprie tamen significat sermonem cum risu aliquos incessentem : ideo
Demosthenem urbanum fuisse dicunt, di-
cacem negant. »

Ridicule, d'une façon plaisante. Cf.
§§ 198, 224.

Sapore. Cf. Quintilien, VI, 3, 107 :
« ἀττικισμός ille redolens Athenarum proprium saporem; » XII, 10, 25 : « Atticus
sapor » — *vernaculo*, du terroir. Cf. Tacite, *Hist.*, II, 88 : « vernacula utebantur
urbanitate ».

Theophrasto. Quintilien, VIII, 1, 2 :
« illa Attica anus Theophrastum, hominem
alioqui disertissimum, adnotata unius af-
fectatione verbi hospitem dixit, nec alio
se id deprehendisse interrogata respondit,
quam quod nimium Attice loqueretur. »

Hospes répond au grec ξένε. Cf. *Tuscul.*,
1, 42, 101. — *Pote*, forme archaïque,
conservée dans le langage familier. Riemann, *Syntaxe*, p. 370, note 2.

quidam urbanorum, sicut illic Atticorum sonus. Sed domum
redeamus, id est, ad nostros revertamur.

XLVII. [173] Duobus igitur summis, Crasso et Antonio,
L. Philippus proximus accedebat, sed longo intervallo tamen
proximus. Itaque eum, etsi nemo intercedebat qui se illi
anteferret, neque secundum tamen neque tertium dixerim.
Nec enim in quadrigis eum secundum numeraverim aut tertium, qui vix e carceribus exierit, cum palmam jam primus
acceperit, nec in oratoribus, qui tantum absit a primo vix
ut in eodem curriculo esse videatur. Sed tamen erant ea in
Philippo, quæ qui sine comparatione illorum spectaret,
satis magna diceret; summa libertas in oratione, multæ
facetiæ; satis creber in reperiendis, solutus in explicandis
sententiis; erat etiam in primis, ut temporibus illis, Græcis
doctrinis institutus, in altercando cum aliquo aculeo et maledicto facetus. [174] Horum ætati prope conjunctus L. Gellius,

VARIANTES : 172. illic *O M²*, illis *G M¹*, ille *r*.

NC. 172. Stangl, d'après Lambin [*id est ad nostros revertamur*]. — XLVII. 173.
Kayser [*et maledicto*]. — 174. *L. Gellius* ⟨*est*⟩ Stangl.

Sonus. Quintilien, XI, 3, 31 : « nam
sonis homines ut æra tinnitu dignosci-
mus ».

XLVII, 173. *Igitur*, § 21.

L. Philippus (cf. § 166), tribun en 109
et auteur d'une loi agraire (*de Off.*, II,
21, 73), consul en 91, censeur en 86. Sauf
dans les dernières années de sa vie, il fut
constamment attaché au parti démocratique. Son consulat ne fut qu'une lutte
contre le sénat et le tribun Drusus (§ 109);
de Orat., I, 7, 24; III, 1, 2 : « (Crassus) vehementer commotus oratione ea quæ
ferebatur habita esse in contione a Philippo (Cf. Salluste, *Hist. fragm.*, I, 51),
quem dixisse constabat videndum sibi esse
aliud consilium; illo senatu se rempublicam gerere non posse »; *Ibid.*, 4 : « homini et vehementi et diserto et in primis
forti ad resistendum, Philippo »; Horace,
Epist., I, 7, 46 et suiv. « Strenuus et
fortis causisque Philippus agendis clarus. »
On n'avait rien conservé de ses discours,
qu'il avait l'habitude d'improviser (*de
Orat.*, II, 78, 316 : « admirari soleo... hominem in primis disertum atque eruditum

Philippum, qui ita solet surgere ad dicendum, ut quod primum verbum habiturus sit, nesciat; et ait idem, cum brac-
chium concalefecerit, tum se solere pugnare »). Cf. §§ 230, 326.

Intervallo. Cf. Virg. *Æn.*, V, 320; Quintilien, X, 1, 53; Pline, *Epist.*, VII, 20, 3.

In quadrigis, dans les courses de chars.

Carceribus, remises fermées par des bar-
rières qui toutes s'ouvraient en même
temps, au signal du départ.

Sine comparatione illorum, § 134.

Libertas. Cf. Val. Max., VI, 2, 2 : « L.
Philippus consul adversus senatum libertatem exercere non dubitavit. »

Facetiæ. Cf. *de Off.*, I, 30, 108 : « Erat...
in L. Philippo multus lepos. » Cicéron cite
quelques-uns de ses mots (*de Orat.*, II,
54, 220; 60, 244; 61, 249).

Creber, changement de construction;
on attendrait *crebritas.* Cf. §§ 114, 158.

Reperiendis se rapporte à l'*invention*;
explicandis à l'*élocution.* — *Solutus*, § 140.

Ut, § 27.

In altercando, § 158.

171. *L. Gellius* (§ 105), sans doute le

non tam vendibilis orator, quam*vis* nescires quid ei deesset. Nec enim erat indoctus nec tardus ad excogitandum nec Romanarum rerum immemor et verbis solutus satis ; sed in magnos oratores inciderat ejus ætas ; multam tamen operam amicis et utilem præbuit, atque ita diu vixit, ut multarum ætatum oratoribus implicaretur. [175] Multum etiam in causis versa*batur* isdem fere temporibus D. Brutus, is qui consul cum Mamerco fuit, homo et Græcis doctus litteris et Latinis. Dicebat etiam L. Scipio non imperite Gnæusque Pompeius Sex. F. a*li*quem numerum obtinebat. Nam Sex. frater ejus præstantissimum ingenium contulerat ad summam juris civilis, et ad perfec*tam* geometriæ rerum*que* stoicarum scientiam. *At* ante hos M. Brutus et paulo

Variantes : XLVII, 174. quam ut *L*. — implicaretur multum etiam... uersaretur. Isdem *L*.—175. autquem *H*[1] (at *au-dessus de* aut), at... quem *O*, at quem *r*.—perfectum *L*. — scientiam iltim in iure. et ante hos *H*, scientiam ïtam in iure. et ante hos *r*.

NC. 174, *quamvis*, correction de Jeep, adoptée par tous les éditeurs. — Avec Kayser j'écris *versabatur isdem*, correction préférable à celle de Stangl (*versatus est isdem*), puisque tous les verbes de l'énumération depuis le §173 sont à l'imparfait, sauf *præbuit* et *vixit*, qu'il était d'ailleurs impossible de mettre à l'imparfait. — 175. *perfectam g. ⟨et⟩ rerum*, vulgate. — Les mots qui dans les mss suivent *scientiam* paraissent être une glose de *simili ratione*. La suite des idées se rétablit aisément avec *at* (cf. *NC*., §§ 6 et 151). Voir le commentaire. Prohasel : *Item in jure eminuerat ante*. La plupart des éditeurs écrivent *item in jure et ante hos*. Jahn et Stangl laissent en blanc la place des trois mots.

père du Gellius, consul en 72, qui proposa de donner une couronne civique à Cicéron après l'affaire de Catilina (Aulu-Gelle, V, 6, 15).

Vendibilis, qui trouve des acheteurs, achalandé, en vogue, cf. § 264 ; *Lælius*, 25, 96 : *de Fin*., I, 4, 12. — *Non tam*, autant qu'on aurait pu s'y attendre ; cf. § 58.

Nec enim. Énumération de ses mérites, toujours d'après la rhétorique. Il avait de la science (*nec... indoctus, nec immemor* etc.), des qualités naturelles (*nec tardus... solutus*); il avait, d'autre part, l'invention (*excogitandum*) et l'élocution (*verbis*).

Solutus, § 110.

175. *D. Brutus*, consul en 77. Il est encore cité à côté de L. Philippus et de L. Scipio parmi les personnages qui marchèrent en 100 contre Saturninus (*pro Rab*., 7, 21).

L. Scipio (*Asiagenus*), consul en 83 ; partisan de Marius ainsi que son collègue Norbanus, il essaya d'empêcher le retour de Sylla, mais fut abandonné par son armée. Il mourut en exil à Marseille.

Cn. Pompeius Sex. f. (cf. § 97), le père du grand Pompée. Consul en 89, il se distingua dans la guerre des Marses et s'empara d'Asculum (Tite-Live, *Epit*., 74). On l'avait surnommé Alexandre à cause de sa ressemblance avec le héros macédonien. De là ce mot de l'orateur Philippe dans le procès auquel donna lieu en 87 la succession de Cn. Pompeius (cf. § 230) : μηδὲν... παράλογον εἰ Φίλιππος ὢν φιλαλέξανδρός ἐστι (Plutarque, *Pomp*., 2). — *Nam*, § 48.

Juris civilis. Pomponius (*Dig*., I, 2, 2, 40) le cite parmi les jurisconsultes.

Geometriæ. Cf. *de Off*., I, 6, 19 : « in geometria Sex. Pompeium ipsi cognovimus ».

Rerum stoicarum. Cf. *de Orat*., I, 15, 67 ; III, 21, 78 ; *Philipp*., XII, 11, 27.

At. Après avoir laissé entendre par

post eum C. Billienus, homo per se magnus, prope simili ratione summus evaserat ; qui consul factus esset, nisi in Marianos consulatus et in eas petitionis angustias incidisset. [176] Cn. autem Octavii eloquentia, quæ fuerat ante consulatum ignorata, in consulatu multis contionibus est vehementer probata. Sed ab eis, qui tantum in dicentium numero, non in oratorum fuerunt, jam ad oratores revertamur. Censeo, inquit Atticus : eloquentes enim videbare, non sedulos velle conquirere.

XLVIII. [177] Festivitate igitur et facetiis, inquam, C. Julius L. F. et superioribus et æqualibus suis omnibus præstitit, oratorque fuit minime ille quidem vehemens, sed nemo

NC 175. Kayser et Stangl écrivent *Bellienus* avec l'édition princeps. La leçon de *L* est justifiée par les textes épigraphiques. Cf. Salluste, *Jug.*, 104 (Jordan). — Schütz : *simili ratione prope*. Bake, suivi par Kayser : *prope sine ulla oratione*.

une formule de prétérition (*nam*) que Sex. Pompeius ne compte pas, puisqu'il n'a été qu'un savant, Cicéron se ravise en pensant à M. Brutus et à Billienus, que leur science n'a pas empêchés d'être des hommes politiques. *At* introduit une objection : « il est vrai qu'on peut dire ». — *M. Brutus*, le père de l'accusateur (§ 130). Il vivait au milieu du IIe siècle avant notre ère.

C. Billienus peut être identifié avec le Γάϊος Βιλλιηνός que citent deux inscriptions de Délos (*Corp. inscr. gr.*, 2285*b* ; *Bull. de corresp. hellén.*, 1887, p. 271 ; date : entre 110 et 95). Il y est qualifié, dans l'une, de πρεσβευτής (= *legatus*), dans l'autre, de στρατηγὸς ἀνθύπατος (= *prætor pro consule*). Un L. Billienus *prætor* (évidemment *pro consule*) est cité par Salluste (*Jugurtha*, 104) dans la province d'Afrique, en 105. Peut-être y a-t-il une erreur de prénom et faut-il lire dans Salluste *C.* Billienus. Préteur en 105, il était en droit de briguer le consulat en 103 et il tombait ainsi, précisément comme celui dont il est ici question, dans la série des consulats de Marius.

Per se, § 96.

Prope simili ratione, c'est-à-dire *scientia juris*, mais sans la géométrie ni la philosophie ; de là l'atténuation *prope*.

Evaserat, parce qu'on affirme la même chose des deux sujets. Cf. § 30.

Marianos consulatus. Marius fut consul cinq fois de suite, de 104 à 100.

Angustias, les abords du consulat étaient comme obstrués.

176. *Cn. Octavii.* Consul en 87, il s'opposa aux desseins de son collègue Cinna et le chassa de Rome. A leur retour, Marius et Cinna le firent tuer (Velleius, II, 20 ; Tite-Live, *Epit.*, 79).

Sedulos correspond à *dicentium* ; ce sont ceux qui n'ont que de la conscience et de la bonne volonté.

XLVIII, 177. *Festivitate.* Cf. *de Orat.*, II, 56, 227 : « neque lepore et festivitate conditior. »

C. Julius L. f. (Cæsar Strabo Vopiscus), frère utérin de Catulus (§ 132) : il fut édile en 90 (§ 305), tenta en vain de se faire nommer consul (§ 226) et fut tué en 87 dans les troubles de Marius (§ 307). Il figure parmi les interlocuteurs du *de Oratore*, et c'est lui qui parle sur la plaisanterie (II, 58, 235 et suiv.).

Præstitit. Cf. *de Off.*, 37, 133 : « Sale vero et facetiis Cæsar, Catuli patris frater, vicit omnes, ut in illo ipso forensi genere dicendi contentiones aliorum sermone vinceret » ; *de Orat.*, II, 23, 98 : « Inusitatum nostris quidem oratoribus leporem quendam et salem... est con-

unquam urbanitate, nemo lepore, nemo suavitate conditior. Sunt ejus aliquot orationes, ex quibus, sicut ex ejusdem tragœdiis, lenitas ejus sine nervis perspici potest.
[178] Ejus æqualis P. Cethegus: cui de re publica satis
suppeditabat oratio : totam enim tenebat eam penitusque
cognoverat. Itaque in senatu consularium auctoritatem
assequebatur, sed in causis publicis nihil, *in* privatis satis
veterator videbatur. Erat in privatis causis Q. Lucretius
Vispillo et acutus et juris peritus ; nam *Ofella* contionibus aptior quam judiciis. Prudens etiam T. Annius Velina
et in ejus generis causis orator sane tolerabilis. In eodem
genere causarum multum erat T. Juventius, nimis ille qui-

VARIANTES : XLVIII, 178. nihil prinatis *L.* — Erant in priuatis *L.* — a filia *L.*

NC. XLVIII, 178. ⟨*in*⟩ *privatis*, vulgate ; de même *erat.* — *Ofella*, rétabli par Victor Pisanus. — Jahn-Eberhard : *multarum* (cf. 246), vulgate *multus.* Voir le commentaire.

secutus » ; III, 8, 30 : « Quid noster hic Cæsar nonne novam quandam rationem attulit orationis et dicendi genus induxit prope singulare ? Quis unquam res præter hunc tragicas pæne comice, tristes remisse, severas hilare, forenses scænica prope venustate tractavit atque ita ut neque jocus magnitudine rerum excluderetur nec gravitas facetiis minueretur. » Cicéron cite quelques-uns de ses mots : § 216 ; *de Orat.*, II, 66, 266 ; 68, 276.

Suavitate. Cf. *Tuscul.*, V, 19, 55 : « C. Cæsaris, in quo mihi videtur specimen fuisse humanitatis, salis, suavitatis, leporis. » — *Conditior*, § 110.

Aliquot orationes, entre autres son plaidoyer *pro Sardis* contre Albucius (§ 131), que Jules César dans sa jeunesse admirait beaucoup et dont il avait même, au dire de Suétone (*Cæsar*, 55), reproduit textuellement plusieurs passages dans un de ses discours.

Tragœdiis. C'était un poète tragique de second ordre. Cf. Val. Max., III, 7, 11.

178. *P. (Cornelius) Cethegus*, partisan de Marius, avec lequel il quitta Rome en 88 pour y revenir en 87. Plus tard il passa du côté de Sylla (83). Cicéron l'appelle (*Parad.*, V, 3, 40) « homo non probatissimus. » Salluste aussi le

juge sévèrement (*Hist. fragm.*, I, 51).

De republica, § 108.

Consularium, il n'avait été que préteur.

In causis publicis etc., dans le genre judiciaire, au criminel (*publicis*) et au civil (*privatis*), par opposition au genre délibératif (*in senatu*).

Nihil s'oppose à *satis* et se joint à *veterator.* Au civil, il avait une certaine pratique ; au criminel, il n'en avait pas.

Veterator, § 82.

Q. Lucretius Vispillo, inconnu.

Nam, § 48.

(*Q. Lucretius*) *Ofella*, partisan de Sylla. En 82 il s'empara de Préneste, où s'était enfermé Marius le Jeune (Velleius, II, 27 ; Tite-Live, *Epit.*, 88). Comme il s'obstinait à briguer le consulat sans avoir même été questeur et en dépit de la *Lex Cornelia de magistratibus*, Sylla le fit tuer en plein forum (Tite-Live, *Epit.*, 89 ; Plutarque, *Sylla*, 29).

Contionibus aptior, etc. § 165.

Prudens, c'est-à-dire *juris peritus* comme Vispillo. La phrase *nam... judiciis* est une sorte de parenthèse. — *T. Annius*, inconnu. *Velina*, suppléez *tribu.*

Ejus generis, c'est-à-dire *privatis.*

Multum erat. Cf. Cæsar, *B. c.*, IV, 1 : « multumque sunt in venationibus. »

T. Juventius. Un C. Juventius est signalé

dem lentus in dicendo et pæne frigidus, sed et callidus et
in capiendo adversario versutus et præterea nec indoctus
et magna cum juris civilis intellegentia. [179] Cujus auditor
P. Orbius, meus fere æqualis, in dicendo non nimis exercitatus, in jure autem civili non inferior quam magister fuit.
Nam T. Aufidius, qui vixit ad summam senectutem, volebat
esse similis horum, eratque et bonus vir et innocens, sed
dicebat parum; nec sane plus frater ejus M. Vergilius, qui
tribunus plebis L. Sullæ imperatori diem dixit. Ejus collega
P. Magius in dicendo paulo tamen copiosior. [180] Sed omnium oratorum sive rabularum, qui et plane indocti et inurbani aut rustici etiam fuerunt, quos quidem ego cognoverim, solutissimum in dicendo et acutissimum judico nostri

VARIANTES : 179. Uirgilius *F*. — Sullæ *F²*, Syllæ *L*. — 180. aut inurbani *L*.

NC. 178. Eberhard pense qu'il manque un *tum* correspondant à *cum*. Stangl propose
cum ⟨antiquitatis memoria tum⟩ juris, etc. — 180. *et inurbani*, correction ancienne
qui se trouve dans un manuscrit secondaire.

par Pomponius (*Dig.*, I, 2, 2, 42) parmi
les jurisconsultes élèves de Scævola le
Pontife, avec Lucilius Balbus et Aquilius
Gallus (§ 154). C'est probablement le
même personnage, la différence des prénoms pouvant tenir à une faute de copie
soit dans le *Brutus*, soit dans le *Digeste*.

Callidus... versutus. Cf. *de Nat. deor.*,
III, 10, 25 : « Versutos eos appello
quorum celeriter mens versatur ; callidos
autem, quorum, tanquam manus opere,
sic animus usu concalluit. » L'un des
termes implique les qualités naturelles,
l'autre la pratique. *Nec indoctus* complète
la série (*natura, usus* ou *exercitatio,
doctrina*). Cf. § 22.

179. *Auditor,* élève. § 114.

P. *Orbius.* Cf. *pro Flacco*, 31, 76 :
« P. Orbius, homo et prudens et innocens » ; 32, 79. Il fut préteur en Asie
en 63 (Waddington, *Fastes des prov.
asiat.*, p. 51).

Nam, § 48.

T. *Aufidius*, préteur en Asie vers 68
(Waddington, *o. c.*, p. 51-52). Val. Max.,
VI, 9, 7 : « Gessit se (*dans la province*)
etiam integerrime atque splendidissime,
eoque modo demonstravit, pristinum

quæstum suum fortunæ, præsens vero
dignitatis incrementum moribus ipsius
imputari debere. »

M. *Vergilius*, tribun en 87. Cf. Plutarque, *Sylla*, 10 : παραλαβὼν δὲ (Cinna),
τὴν ἀρχὴν εὐθὺς ἐπεχείρει τὰ καθεστῶτα
κινεῖν καὶ δίκην ἐπὶ τὸν Σύλλαν πα-
ρεσκεύαζε καὶ κατηγορεῖν ἐπέστησεν
Οὐεργίνιον (peut-être Οὐεργίλιον). ἕνα
τῶν δημάρχων. ὃν ἐκεῖνος ἅμα τῷ
δικαστηρίῳ χαίρειν ἐάσας ἐπὶ Μιθριδά-
την ἀπῆρε.

P. *Magius*, tribun en 87. Il n'est connu
que par ce passage.

180. *Rabularum*, mauvais avocats,
bavards et criards, sans talent et sans
étude. Cf. *de Orat.*, I, 46, 202 : « non
enim causidicum nescio quem neque
clamatorem aut rabulam hoc sermone
nostro conquirimus » ; *Orat.*, 15, 47 :
Non enim declamatorem aliquem de
ludo, aut rabulam de foro, sed doctissi-
mum et perfectissimum quærimus. »

Cognoverim, Riemann, *Syntaxe*, p. 376,
rem. IV. Cf. § 65.

Solutissimum (§ 110) s'applique à
l'élocution ; *acutissimum* (§ 53) à l'invention.

Nostri, c'est-à-dire *senatorii*.

ordinis Q. Sertorium, equestris C. Gargonium. Fuit etiam
facilis et expeditus ad dicendum et vitæ splendore multo et
ingenio sane probabili T. Junius L. F., tribunicius, quo accusante P. Sextius prætor designatus damnatus est ambitus.
Is processisset honoribus longius, nisi semper infirma atque
etiam ægra valetudine fuisset.

XLIX. [181] Atque ego præclare intellego me in eorum
commemoratione versari, qui nec habiti sint oratores neque
fuerint, præteriririque a me aliquot ex veteribus commemoratione aut laude dignos : sed hoc quidem ignoratione.
Quid enim est superioris ætatis, quod scribi possit de iis, de
quibus nulla monumenta loquuntur nec aliorum nec ipsorum ?
de his autem, quos ipsi vidimus, neminem fere prætermitti-
mus eorum, quos aliquando dicentes *audivi*mus. [182] Volo
enim scir*i* in tanta et tam vetere re publica maximis
præmiis eloquentiæ propositis omnes cupisse dicere, non
plurimos ausos esse, potuisse paucos. Ego tamen ita de uno-
quoque dicam, ut intellegi possit quem existimem clamatorem, quem oratorem fuisse. Isdem fere temporibus ætate
inferiores paulo quam Julius, sed æquales propemodum

VARIANTES : XLIX, 181. sunt... fuerunt *H*, fuerint *H*[1], sint... fuerint *r*. — uidimus *L*.
— 182. scire *L*.

NC. XLIX. 181. Avec Meyer, Piderit, Stangl, je conserve *sint* et *fuerint*, qui s'expliquent par une attraction modale (Riemann, *Syntaxe*, p. 400). La plupart des éditeurs
préfèrent la leçon *sunt...fuerunt*. — Kayser, suivi par Eberhard, supprime *superioris
ætatis*. Piderit, d'après Th. Mommsen, écrit par transposition *ignoratione superioris
ætatis*. — Eberhard : *sciri* au lieu de *scribi*. — *prætermittemus*, Stangl d'après Bake.
— *audivimus*, corr. de Ruhnken. Kayser et après lui Piderit mettent entre crochets
la phrase *eorum... audivimus*.

Q. Sertorium, le fameux partisan de
Marius qui, après le retour de Sylla en
83, se retira en Espagne et y tint plus de
dix ans en échec les armées romaines
(voir Duruy, *Hist des Rom.*, II, p. 735
et suiv.). Plutarque, *Sert.*, 2 : ἤσκητο μὲν
οὖν περὶ τὰς δίκας ἱκανῶς καί τινα
δύναμιν ἐν τῇ πόλει μειράκιον ὢν ἀπὸ
τοῦ λέγειν ἔσχεν.

C. Gargonium, inconnu, ainsi que les
deux orateurs qui suivent.

XLIX. 181. *Aut*, ou même.

Superioris ætatis dépend de *quid*.
Monumenta, § 26.
182. *Volo enim sciri*, etc. Cf. § 244.
Præmiis. Cf. *de Orat.*, I, 4, 15 : « Erant
autem huic studio maxima, quæ nunc
quoque sunt, exposita præmia vel ad gratiam, vel ad opes, vel ad dignitatem. »
Tamen. Entendez *quanquam pauci potuerunt, tamen de omnibus dicam*.
Clamatorem. Voir (§ 180) la note sur
rabularum. Cf. *de Orat.*, II, 20, 86 ; III,
21, 81.

fuerunt C. Cotta, P. Sulpicius, Q. Varius, Cn. Pomponius, C. Curio, L. Fufius, M. Drusus, P. Antistius, nec ulla ætate uberior oratorum fetus fuit. [183] Ex his Cotta et Sulpicius cum meo judicio tum omnium facile primas tulerunt.

Hic Atticus : Quomodo istuc dicis, inquit, cum tuo judicio tum omnium ? Semperne in oratore probando aut improbando vulgi judicium cum intellegentium judicio congruit, an alii probantur *a* multitudine, alii autem ab *iis*, qui intellegunt ? Recte requiris, inquam, Attice ; sed audies ex me fortasse quod non omnes probent. [184] An tu, inquit, id laboras, *si* huic modo Bruto probaturus es ? Plane, inquam, Attice, disputationem hanc de oratore probando aut improbando multo malim tibi et Bruto placere ; eloquentiam autem meam populo probari velim. Etenim necesse est, qui ita dicat, ut a multitudine probetur, eundem doctis probari. Nam quid in dicendo rectum sit aut pravum ego judicabo, si modo is sum, qui id possim aut sciam judicare ; qualis vero sit ora-

---

VARIANTES : 182. P. Antistius *G²*, patistius *O²* *vetus F G¹*, particius *O¹*, patirtius *r* — 183. ab his *L*. — 184. laborasse huic *L*.

NC. 183. *a multitudine*, vulgate. — 184. *laboras si*, correction de Manuce. Simon conjecture *si mihi modo et Bruto*, d'après la réponse *malim tibi et Bruto*. Mais c'est uniquement l'assentiment de Brutus qu'il importe d'avoir ici, puisque des interlocuteurs du dialogue Brutus est le seul qui soit engagé dans les théories néo-attiques. — Schütz [*de oratore... improbando*].

C. Cotta, etc. Tous ces orateurs seront caractérisés plus loin, § 202 et suiv.

183. *Cum meo judicio tum* ... « non seulement... mais encore et surtout ». On insiste sur le second terme (Riemann, *Syntaxe*, p. 495, rem. III) : c'est précisément cette insistance qui étonne Atticus et amène la digression.

Primas, § 84.

Intellegentium, les critiques compétents, les connaisseurs ; §§ 188, 190, 198, 199, 229, 320. Cf. 111, 184 (*doctus*), 185 (*artifex*) ; 188 (*sapiens*). Pour le participe pris substantivement, cf. § 45.

Quod non omnes probent, allusion à Brutus et aux partisans de l'école néo-attique, qui se piquaient d'être des *docti, intellegentes*, et faisaient fi du jugement de la multitude.

184. *An tu,* etc. « Est-ce que par hasard tu t'inquiètes de cela (*id = omnesne te probaturi sint annon*)? Non, n'est-ce pas? si (comme cela est certain) tu ne veux en somme convaincre que Brutus. » Pour *an* voir Riemann, *Syntaxe*, p. 523, rem. II *a* ; pour *si* avec le futur périphrastique, *ibid.*, p. 240, 241.

Malim, sc. *quam multitudini*. — *Tibi et Bruto*, c'est-à-dire à des connaisseurs.

Nam. La nature des moyens employés par l'orateur tombe sous le coup de la critique ; mais l'effet produit par sa parole n'est pas discutable, et c'est à l'effet seulement qu'on peut mesurer sa valeur oratoire (*qualis sit = bonusne sit necne*, voir § 185.)

Ego, moi, en tant que critique.

Possim indique les facultés intellectuelles : *sciam*, les connaissances théoriques.

tor ex eo, quod is dicendo efficiet, poterit intellegi. [185] Tria sunt enim, ut quidem ego sentio, quæ sint efficienda dicendo : ut doceatur is, apud quem dicetur, ut delectetur, ut moveatur vehementius. Quibus virtutibus oratoris horum quidque efficiatur aut quibus vitiis orator aut non assequatur hæc aut etiam in his labatur et cadat, artifex aliquis judicabit. Efficiatur autem ab oratore necne, ut *ii*, qui audiunt, ita afficiantur ut orator velit, vulgi assensu et populari approbatione judicari solet. Itaque nunquam de bono oratore aut non bono doctis hominibus cum populo dissensio fuit. L. [186] An censes, dum illi viguerunt quos ante dixi, non eosdem gradus oratorum vulgi judicio et doctorum fuisse? De populo si quem ita rogavisses : Quis est in hac civitate eloquentissimus? in Antonio et Crasso aut dubitaret aut hunc alius, illum alius diceret. Nemone Philippum, tam suavem oratorem, tam gravem, tam facetum his anteferret, quem nosmet ipsi, qui hæc arte aliqua volumus expendere, proximum illis fuisse diximus ? Nemo profecto. Id enim ipsum est summi oratoris summum oratorem populo videri.

Variante : 185. hi *L.*

NC. 184. Jahn-Eberhard : *quod quis* ; Weidner : *quod ipse.* — 185. Jahn-Eberhard, *dicatur.* — Stangl préférerait *virtutibus oratoriis* (cf. §§ 65, 185, 279, 294). — Ernesti, *audiant.* Ellendt, d'après quelques mss secondaires et l'éd. pr. : *audient.*

185. *Tria.* Cf. §§ 197 et suiv., 276 ; *de Orat.*, II, 27, 115 : « Ita omnis ratio dicendi tribus ad persuadendum rebus est nixa : ut probemus vera esse, quæ defendimus ; ut conciliemus nobis eos, qui audiunt ; ut animos eorum ad quemcumque causa postulabit motum vocemus. » Voir la même idée formulée à peu près de même dans *de Orat.*, II, 29, 128 ; 77, 130 ; *Orat.*, 21, 69 ; *de Opt. gen. or.*, 1, 3 ; Quintilien, III, 5, 2.

Artifex, un maître compétent. Cf. *de Orat.*, I, 24, 111 : « ut quidam magister atque artifex » ; *Orat.*, 51, 172.

Velit. Voir Riemann, *Syntaxe*, p. 400-401.

Approbatione ; Tuscul., II, 1, 3 : « effectus eloquentiæ est audientium approbatio ».

Cum populo. Cf. *de Off.*, III, 13, 56 : « hæc est illa quæ videtur utilium *cum* honestis sæpe dissensio.

186. *An censes.* Cf. § 184 (*an tu*).

De populo. Cf. § 78 : « de minoribus ».

Rogavisses … dubitaret, sur le changement de temps, voir Riemann, *Syntaxe*, p. 341.

In Antonio, à propos d'Antoine. Voir Riemann, *Syntaxe*, p. 175, § 107 c.

Arte aliqua, en me fondant sur les règles, comme un critique qui porte un jugement théoriquement raisonné. Cf. § 140.

Volumus. Cicéron insiste sur la sûreté de sa critique. Si lui, qui apporte dans ses jugements l'attention (*volumus*), la compétence (*nosmetipsi*) et la méthode (*arte*), est amené à mettre Philippe presque sur le même rang (*proximum*) que Crassus et Antoine, le populaire aurait pu se trom-

[187] Quare tibicen Antigenidas dixerit discipulo sane frigenti ad populum : « Mihi cane et Musis »; ego huic Bruto dicenti, ut solet, apud multitudinem : « Mihi cane et populo, mi Brute, » dixerim, ut qui audient quid efficiatur, ego etiam cur id efficiatur intellegam. Credit *iis*, quæ dicuntur, qui audit oratorem, vera putat, assentitur, probat, fidem facit oratio. [188] Tu artifex quid quæris amplius ? Delectatur audiens multitudo et ducitur oratione et quasi voluptate quadam perfunditur. Quid habes quod disputes? Gaudet dolet, ridet plorat, favet odit, contemnit invidet, ad misericordiam inducitur, ad pudendum, ad pigendum ; irascitur mi*ti*gatur, sperat timet ; hæc perinde accidunt, ut eorum qui adsunt mentes verbis et sententiis et actione tractantur. Quid est quod exspectetur docti alicujus sententia ?

VARIANTES : L, 187. id *omis par B II M*. — his *L*. — 188. miratur *L*.

NC. L, 187. Madvig, par transposition, *dixerit sane discipulo*. — 189. *mitigatur*, correction de Schütz. Voir le texte de l'*Orator* (note sur *gaudet*).

per sur des talents aussi voisins et préférer Philippe aux deux autres.

187. *Antigenidas*. Musicien thébain du IVᵉ siècle avant J.-C. L'anecdote est diversement racontée. Cf. Dion Chrysost. 78, 18 : ἐδήλωσεν ὁ Θηβαῖος αὐλητής, οὐδὲ τῷ θεάτρῳ πάνυ προσέχων τὸν νοῦν οὐδὲ τοῖς κριταῖς ἀπείροις οὖσιν αὐλήσεως, καὶ ταῦτα περὶ ἄθλου καὶ νίκης ἀγωνιζομενος, ἀλλ' ὅμως οὐδὲ μικρὸν ἐκβῆναι τοῦ ῥυθμοῦ τοῦ πρέποντος ἐτόλμησεν, αὐτῷ δὲ καὶ ταῖς Μούσαις αὐλεῖν ἔφη.

Dixerit, mettons qu'Antigénidas ait dit ... je pourrais dire à mon tour (*dixerim*). Cf. § 73 : « fuerit Livius».

Sane, § 21. *Frigenti*. Cf. *ad Att.*, I, 14, 1 : « prima contio Pompeii ... frigebat »; *Philipp.*, VI, 5, 14 : « friget patronus Antonius. »

Et populo « et aussi, et surtout pour le peuple. »

Credit iis, etc. Toute cette phrase est le développement de *docere*. Cicéron accumule les termes pour montrer que le premier effet indiqué au § 185 est de tous points et parfaitement atteint, qu'en an mot *fidem facit oratio*.

Tu s'adresse au critique en général.

Amplius en ce qui concerne *docere*.

Delectatur, etc., se rapporte au second effet (*conciliare*).

Disputes, du moins en ce qui concerne *conciliare*.

Gaudet, etc., développement de *movere*. Cf. *Orator*, 38, 131 : « est faciendum etiam, ut irascatur judex mitigetur, invideat faveat, contemnat admiretur, oderit diligat, cupiat tædeat, speret metuat, lætetur doleat »; *de Orat.*, II, 44, 185.

Perinde ... ut « exactement dans la mesure où ... ». Ces effets sont exactement proportionnés aux moyens employés pour les produire ; en d'autres termes, ces effets ne résultent pas d'une circonstance étrangère, d'un hasard favorable, mais sont dus uniquement à l'art de l'orateur dans l'invention (*sententiis*), l'élocution (*verbis*) et l'action (*actione*). Cf. *de Orat.*, III, 56, 213 : « hæc omnia perinde sunt ut aguntur »; Térence, *Hautontim.*, 195 : « hæc perinde sunt ut illius est animus qui ea possidet »; voir Riemann, *Syntaxe*, p. 515, rem. III.

Tractantur. Cf. §§ 199, 202 ; Quintilien, XI, 1, 85 : « summas ille (Cicero) tractandorum animorum artifex. »

Exspectetur, en ce qui concerne le troisième effet (*movere*).

Sententia, même sens que *de consilii*

Quod enim probat multitudo, hoc idem doctis probandum
est. Denique hoc specimen est popularis judicii, in quo
nunquam fuit populo cum doctis intellegentibusque dissensio : [189] cum multi essent oratores in vario genere
dicendi, quis unquam ex his excellere judicatus est vulgi
judicio, qui non idem a doctis probaretur ? Quando autem
dubium fuisset apud patres nostros eligendi cui patroni
daretur optio, quin aut Antonium optaret aut Crassum ?
Aderant multi alii; tamen utrum de his potius dubi-
tasset aliquis, quin alterum nemo. Quid! adulescentibus
nobis cum esset Cotta et Hortensius, num quis, *cui* quidem eligendi potestas esset, quemquam his anteponebat?
LI. [190] Tum Brutus : Quid tu, inquit, quæris alios? de
te ipso nonne quid optarent rei, quid ipse Hortensius
judicaret videbamus? qui cum partiretur tecum causas,

VARIANTE : 189. quo *L.*

NC. 188. Campe et avec lui Eberhard voudraient supprimer *quod enim... probandum est*. Mais il est naturel que Cicéron rappelle ici la proposition qui domine tout le
développement. Quant à la phrase *in quo... dissensio*, qu'Eberhard et Stangl mettent en crochets, elle me paraît aussi devoir être conservée. Sans doute elle reproduit à peu près textuellement la fin du § 185. Mais la répétition est très naturelle, le
développement qui suit n'étant lui-même qu'une reprise de ce qui a été dit au § 186.
— 189. Eberhard et Stangl : *dubium fuit*. — Ernesti : *at erant. — cui*. Cf. *N. C.*
§§ 105, 169.

sententia (§ 86). Le critique prononce
comme un juge.

Quod enim, etc., puisque l'effet produit est là, il est impossible que les connaisseurs se refusent à l'évidence et ne
reconnaissent pas eux aussi, comme la
foule, la puissance de l'orateur.

Denique, bref, sans insister davantage
sur la discussion et pour prendre un
exemple qui peut servir de type(*specimen*);
hoc annonce tout le développement qui
commence au § 189. — Cicéron termine
par l'argument péremptoire, qu'il a déjà
indiqué (§ 186) et qui, en somme, vaut à
lui seul toutes les considérations théoriques : « Jamais, en fait, il n'y a eu
désaccord entre la foule et les connaisseurs. »

In quo se rapporte à *specimen*.

189. *Optio*, cf. *ad Att.*, IV, 19, 2 : « hi-
berna legionis eligendi optio. » Cons-
truisez (*illi*) *cui daretur optio patroni eligendi*.

Utrum de his, suppléez *optaret*.

Alterum, l'un des deux.

Esset avec deux sujets; cf. § 30.

Cotta et Hortensius, § 301.

Quemquam, parce que l'interrogation
implique une réponse négative. Voir Riemann, *Syntaxe*, p. 29, rem. 1°.

LI. 190. *De te ipso*. Cicéron se fait indirectement donner la consécration de la
foule (*rei*) et celle des connaisseurs (*Hortensius*).

Partiretur causas. Dans les procès importants, plusieurs avocats se partagaient
la défense. D'ordinaire il y en avait quatre;
il y en eut quelquefois jusqu'à six, dans
le procès de Scaurus, par exemple. Asconius, *in Scaur., argum.*, p. 20, Orelli :
« Defenderunt Scaurum sex patroni, cum
ad id tempus raro quisquam pluribus

(sæpe enim interfui) perorandi locum, ubi plurimum pollet oratio, semper tibi relinquebat. Faciebat ille quidem, inquam, et mihi benevolentia, credo, ductus tribuebat omnia. Sed ego quæ de me populi sit opinio nescio : de reliquis hoc affirmo, qui vulgi opinione disertissimi habiti sint, eosdem intellegentium quoque judicio fuisse probatissimos. [191] Nec enim posset idem Demosthenes dicere, quod dixisse Antimachum clarum poetam ferunt, qui, cum convocatis auditoribus, legeret eis magnum illud, quod novistis, volumen suum et eum legentem omnes præter Platonem reliquissent, « Legam, inquit, nihilo minus : Plato enim mihi unus instar est *centum milium*. » Et recte. Poema enim reconditum paucorum approbationem, oratio popularis assensum vulgi debet movere. At si eundem hunc Platonem unum auditorem haberet Demosthenes, cum esset relictus a ceteris,

VARIANTES : LI, 191. omnium. me. illum *L*. — moueri *L* (*B²* *M²* *corr.*).

NC. LI, 191. Dans quelques anciennes éditions, *Clarium* au lieu de *clarum* d'après Ovide (*Trist.*, I, 6, 1 : *Clario... poetæ*). Mais Antimaque est de Colophon, et dans Ovide, *Clario* n'est qu'un équivalent poétique de *Colophonio*. Il n'y a d'ailleurs aucune raison pour rappeler ici la patrie d'Antimaque, au lieu qu'il est naturel d'opposer *clarum poetam* à *Demosthenes*. — *centum millium*, correction d'Orelli, passée dans toutes les éditions. Voir le commentaire.

quam quattuor uteretur; ac post bella civilia ante legem Juliam ad duodenos patronos est perventum. » Cf. § 207 et suiv.

Perorandi. *Orat.*, 37, 130 : « etiamsi plures dicebamus, perorationem mihi tamen omnes relinquebant ; in quo ut viderer excellere, non ingenio sed dolore assequebar. » Cf. § 217.

Faciebat, § 21.

Opinione, jugement non raisonné, par opposition à *judicio*. Cf. *Acad.*, II, 20, 66 : « sum opinator, non enim sum sapiens » ; *pro Arch.*, 1, 8 : « non opinari sed scire. »

Sint. Cf. § 185 (note sur *velit*).

191. *Antimachum* de Colophon, poète et grammairien de la fin du ve siècle avant J.-C., très apprécié à l'époque alexandrine (Quintilien, X, 1, 53 ; Catulle, 95, 10 : « At populus tumido gaudeat Antimacho »). Il était l'auteur d'une longue et indigeste épopée, la *Thébaïde*. L'anecdote est racontée d'une façon plus vraisemblable dans Plutarque (*Lysandre*, 18).

Centum milium, allusion au dicton grec εἷς ἐμοὶ μύριοι, que Cicéron rappelle quelquefois soit textuellement (*ad Att.*, XVI, 11, 1), soit en le traduisant (*ad Att.*, II, 5, 1 : « Cato ille noster, qui mihi unus est pro centum milibus »).

Reconditum, parce que les poèmes d'Antimaque étaient sans doute remplis d'allusions obscures, d'expressions cherchées, de surnoms rares, comme le furent plus tard les épopées alexandrines. Cf. Spartien, 15 (*à propos de l'empereur Hadrien*) : « Catachanas libros obscurissimos Antimachum imitando scripsit. » Le vers d'Horace (*A. Poet.*, 146) s'applique, d'après le Scholiaste, à Antimaque, qui, dans sa *Thébaïde*, avait rempli 23 livres avant d'amener les Sept Chefs devant Thèbes.

verbum facere non posset. [192] Quid tu, Brute? possesne,
si te, ut Curionem quondam, contio reliquisset? Ego vero,
inquit ille, ut me tibi indicem, in eis etiam causis, in quibus
omnis res nobis cum judicibus est, non cum populo, tamen,
si a corona relictus sim, non queam dicere. Ita se, inquam,
res habet. Ut, si tibiæ inflatæ non referant sonum, abji-
ciendas eas sibi tibicen putet, sic oratori populi aures tanquam tibiæ sunt ; eæ si inflatum non recipiunt aut si auditor
omnino tanquam equus non facit, agitandi finis faciendus
est. LII. [193] Hoc tamen interest, quod vulgus interdum
non probandum oratorem probat, sed probat sine comparatione ; cum a mediocri aut etiam *a* malo delectatur, eo
est contentus, esse melius non sentit ; illud, quod est, qualecumque est, probat. Tenet enim aures vel mediocris orator,
sit modo aliquid in eo ; nec res ulla plus apud animos hominum quam ordo et ornatus orationis valet. [194] Quare
quis ex populo, cum Q. Scævolam pro M. Coponio dicen-

---

192. *posses ...reliquisset.* Comparez plus
bas *relictus sim ... queam.* Cicéron emploie l'irréel par politesse, Brutus le potentiel par modestie, en considérant l'ac-
cident comme possible dans l'avenir. Pour
l'emploi du subjonctif parfait (*relictus
sim*) dans la proposition conditionnelle,
voir Riemann, *Syntaxe,* p. 338, rem. 1.

Curionem. Cf. §§ 210, 305.

Ut me tibi indicem. Cf. *pro Arch.,* 11,
28 : « jam me vobis, judices, indicabo. »

Corona, l'auditoire qui fait cercle autour du tribunal. *Pro Mil.,* 1, 2 : « non
enim corona consessus vester cinctus est
ut solebat. »

Tibiæ, comparaison analogue dans le
de Orat., II, 83, 338 : « habet enim multitudo vim quandam talem, ut, quemadmodum tibicen sine tibiis canere, sic
orator sine multitudine audiente eloquens
esse non possit. »

Aut : « ou plutôt ». Cicéron change sa
comparaison parce qu'au moment de terminer celle qu'il a commencée, il s'aper-

çoit que *abjicienda multitudo est* n'aurait
aucun sens.

Non facit « ne répond pas ». Cf. Ovide,
Am., I, 2, 15 et suiv. : « Asper equus ...
frena minus sentit quisquis ad arma facit. »

Agitandi. Cf. Virgile, *Æn.,* XI, 770 :
« spumantemque agitabat equum. »

LII. 193. *Tamen* porte non pas sur la
phrase qui précède immédiatement, mais
sur la proposition formulée plus haut
§ 190 (*affirmo,* etc.)

Sine comparatione, cf. §§ 134, 173.

Mediocris, § 94.

Ordo, le développement méthodique,
l'ordonnance logique du discours ; *ornatus,* le ton oratoire du style. Le premier terme s'applique au fond, le second à la forme. Cf. *Top.,* 20, 77 :
« mundus ejusque omnis ordo et ornatus. »

194. *Quare,* etc. Exemple de l'effet
que peut produire un orateur *vel mediocris.*

tem audiret in ea causa, de qua ante dixi, quicquam poli-
tius aut elegantius aut omnino melius aut exspectaret aut
posse fieri putaret ? [195] Cum is hoc probare vellet,
M' Curium, cum ita heres institutus esset, « si pupillus ante
mortuus esset quam in suam tutelam venisset », pupillo non
nato heredem esse non posse ; quid ille non dixit de testamentorum jure ? de antiquis formulis ? quemadmodum scribi
oportuisset, si etiam filio non nato heres institueretur ?
[196] quam captiosum esse populo, quod scriptum esset,
neglegi et opinione quæri voluntates et interpretatione

VARIANTE : 194. fieri posse *O G*.

NC. 195. Stangl remarque avec raison que *veniret* conviendrait mieux. Cf. *de Orat.*,
I, 39, 180. — 196. Avec quelques éditeurs (Meyer, Peter, Friedrich), je conserve
la leçon de *L* (*esse*), que l'on corrige d'ordinaire en *esset* d'après Ernesti. Pour la
construction, cf. Tite-Live, VIII, 33, 13 : *quantum interesse inter moderationem anti-
quorum et novam superbiam*, et plus loin (20) : *quam conveniens esse*, etc.

De qua ante dixi, cf. §§ 114 et suiv.,
256. Voici en quoi consistait le procès. Un
homme près de mourir, croyant sa femme
enceinte, avait testé en faveur de l'enfant dont la naissance était présumée,
en ajoutant que si cet enfant venait à
mourir avant sa majorité, l'héritage devait
échoir à un héritier substitué, M' Curius, tuteur désigné de l'orphelin. La
femme n'ayant pas eu d'enfant, M' Curius
revendiqua l'héritage. Mais un certain
Coponius, parent du défunt, l'attaqua en
justice, soutenant que puisque l'enfant
n'était pas né, il n'avait pas pu mourir avant
sa majorité, qu'ainsi l'une des clauses du
testament n'avait pas été observée, et
que par suite l'acte était nul. Scævola
plaida pour Coponius et Crassus pour
M' Curius. Cf. *de Orat.*, I, 39, 180 ; 57,
243 et suiv. ; II, 54, 221 ; *Top.*, 10, 44 ;
pro Cæc., 18, 53 ; Boethius *in Cic. Top.*,
IV, p. 15.

Quicquam, cf. § 189.

195. *Ita* avec la clause *si pupillus ante
mortuus esset*, etc. Cf. *Top.*, 10, 44 :
« *sic heredes instituti si filius natus esset.* »

In suam tutelam venisset, qu'il devînt
son propre tuteur, c'est-à-dire qu'il fût
majeur.

De antiquis formulis sc. *testamentorum*.
Le droit romain était extrêmement for-
maliste (*pro Rosc. com.*, 8, 24 : « sunt
formulæ de omnibus rebus constitutæ »).
Pour les testaments en particulier, il y
avait des formules consacrées, auxquelles
il importait qu'on se conformât littéralement, sans quoi l'acte était de nul effet.
Voir Bouché-Leclercq, *Man. des instit.
rom.*, p. 402.

Oportuisset. Le testament était incom-
plet. Il était rédigé sans doute suivant
la formule que nous trouvons dans Gaius,
Inst. II, 179 : « Titius filius meus mihi
heres esto. Si filius meus mihi heres non
erit, sive heres erit et prius moriatur
quam in suam tutelam venerit, Seius
heres esto. » Mais il eût fallu prévoir la
non-naissance du fils et ajouter une formule analogue à celle-ci (Gaius, *ibid.*,
180) : « Quo casu, si quidem non exstiterit heres filius, substitutus patri fit
heres : si vero heres exstiterit filius et
ante pubertatem decesserit, ipsi filio fit
heres substitutus ».

196. *Captiosum*, trompeur, c'est-à-dire
dangereux.

Populo, pour le public, qui, n'étant pas
au fait des subtilités d'interprétation possibles, ne serait jamais sûr d'avoir rédigé
un acte valable.

Opinione, par des conjectures.

Voluntates, les intentions des tes-
tateurs.

discrtorum scripta simplicium hominum pervertere ? [197]
Quam ille multa de auctoritate patris sui, qui semper jus
illud esse defenderat ? quam omnino multa de conservando
jure civili ? Quæ quidem omnia cum perite et scienter *sumpta*
breviter et presse et satis ornate et pereleganter diceret,
quis esset in populo, qui aut exspectaret aut fieri posse
quicquam melius putaret ? LIII. At vero, ut contra Crassus
ab adulescente delicato, qui in littore ambulans scalmum
repperisset, ob eamque rem ædificare navem concupi-

VARIANTES : 196. simplicum *F O*. — 197. tum ita breuiter *L*.

NC. 197. Selon Eberhard l'indicatif *defenderat* prouve que la phrase *qui semper*, etc. est une glose. Mais la réflexion peut venir de Cicéron lui-même. — J'écris
sumpta, qui est l'équivalent paléographique de *tum ita* (cf. *Orator*, 157, *stilionem*
dans *F* pour *Stilponem* ; Lucr. I, 846, *suira* pour *supra*). Le mot convient bien ici. Le
début de Crassus parlant du *scalmus*, début que Cicéron trouve si spirituel, n'a aucun
sens s'il n'est pas la critique et comme la parodie du discours de Scævola. Il faut donc
supposer que Scævola était parti de très loin pour arriver à la cause et qu'il avait commencé par une série de prémisses juridiques (voir le commentaire). Kayser conserve
tum ita. La plupart des éditions ont *item* d'après Haupt. Piderit conjecture *tum ut
breviter... ita satis*. — Jahn-Eberhard et Stangl voudraient supprimer *aut exspectaret
aut* sous prétexte que ces mots se trouvent déjà plus haut (§ 194). Mais la répétition
s'explique, puisque la phrase tout entière (jusqu'à *putaret*) n'est elle-même qu'une redite.

Disertorum, d'avocats ou de juristes,
habiles à présenter et à faire accepter
leurs interprétations ; *simplicium*, des
gens simples, qui n'entendent rien à
toutes ces complications et qui disent tout
bonnement ce qu'ils veulent dire, suivant
la formule et sans sous-entendus.

Perverterc, à l'actif alors que les autres
infinitifs sont au passif. Cf. *de Orat.*, II,
11, 177 : « proponi oportet quid afferas
et quare ita sit ostendere » ; *de Fin.*, II,
7, 21 : « Quid attinet luxuriosis ullam
exceptionem dari aut fingere aliquos. »

197. *Patris sui* (§ 98). Cf. *de Orat.*,
I, 57, 242 (*à propos du même plaidoyer*) :
« Ipse ille Mucius paterni juris defensor
et quasi patrimonii propugnator sui. »

Illud, c'est-à-dire *id quod scriptum est*,
la lettre.

Omnino, d'une manière générale.

Perite et scienter sumpta se rapporte à
l'invention. *Scienter*, en jurisconsulte savant. *Sumpta*, pris dans le sens qu'a quelquefois *sumere*, poser des principes, établir les prémisses sur lesquels on raisonne
et d'où l'on tire des conclusions. Cf. *de*

Nat. deor., I, 31, 89 : « beatos esse deos
sumpsisti » ; *de Divin.*, II, 50, 104 : « nec
solum ea non sumitis ad concludendum
quæ ab omnibus concedantur sed ea sumitis quibus concessis nihilo magis efficiatur quod velitis » ; Lucrèce, I, 974 :
« alterutrum fatearis enim sumasque
necessest. »

Presse, § 51 ; *ornate*, § 40. Sur l'élocution de Scævola, voir §§ 115, 145.

LIII. *At vero*, mais en revanche.

Delicato, choyé par ses parents (*deli-
ciæ parentum*), par suite, enfant gâté,
qui n'admet aucune résistance, ne s'arrête
à aucune difficulté et d'un rien fait un
prétexte à fantaisies. Cf. *de Nat. deor.*,
I, 36, 102.

Scalmum, cheville qui sert de point
d'appui à la rame sur le bordage ; Vitruve, X, 8 : « remi circa scalmos reli-
gati. » Crassus choisit à dessein un objet
insignifiant pour bien montrer l'enfantil-
lage du caprice. Par la seule raison que
le hasard lui a fait trouver ce débris (*ob
eam rem*) l'enfant se met en tête d'avoir
un bateau pour utiliser sa trouvaille.

visset, exorsus est, similiter Scævolam ex uno scalmo captionis centumvirale judicium hereditatis effecisse, hoc in
illo initio consecutus, multis ejusdem generis sententiis
delectavit animosque omnium, qui aderant, in hilaritatem
a severitate traduxit; quod est unum ex tribus, quæ dixi
ab oratore effici debere. Deinde hoc voluisse eum, qui testamentum fecisset, hoc sensisse, quoquo modo filius non
esset, qui in suam tutelam veniret, sive non natus sive
ante mortuus, Curius heres ut esset : ita scribere plerosque
et id valere et valuisse semper. Hæc et multa ejusmodi dicens
fidem faciebat; quod est ex tribus oratoris officiis alterum.
[198] Deinde æquum bonum, testamentorum sententias
voluntatesque tutatus est : quanta esset in verbis captio cum

VARIANTE : LIII, 197. uenisset *B H M*.

NC. LIII, 197. Avec Peter je conserve le texte de *L* : *hoc in illo initio*. Voir le commentaire. Parmi les éditeurs les uns écrivent *hoc illo* (d'après Orelli), d'autres *hoc ille*
(d'après Ellendt) ou *hocce ille* (Stangl); Campe : *hoc illum*. Kayser : *hoc illo... consecutus ⟨est et⟩*; Jahn-Eberhard : *hoc ille initio constituto*. Madvig, Stangl, Friedrich :
consecutis multis, etc. (d'après un ms. secondaire).

Ex uno scalmo captionis. Scævola n'a
en somme trouvé qu'un argument *quam
captiosum est* etc. (§ 196). Cette idée
lui a servi de prétexte pour échafauder
une sorte de machine juridique et bâtir un
procès en règle (*centumvirale judicium,*
cf. § 144). C'est une fantaisie de juriste
qui veut à tout prix avoir son procès
comme l'enfant veut à tout prix avoir
son bateau.

Hoc... consecutus, ayant poursuivi cette
comparaison. *In illo initio* ne fait pas
double emploi avec *exorsus est,* qui ne
s'applique qu'aux tout premiers mots de
l'exorde (*de Orat.,* I, 27, 122; II, 77,
315), au lieu que *initium* désigne l'exorde
considéré dans toute son étendue (*de
Orat.* I, 31, 143; II, 50, 202; 77, 313;
79, 323). De là l'addition de *in.* — *Illo*
au sens emphatique.

In hilaritatem. Cf. § 322; *de Orat.,*
II, 54, 221 : « nam hæc perpetua contra
Scævolam Curiana defensio tota redunda-
vit hilaritate quadam et joco. »

Severitate, l'impression laissée par le
discours de Scævola.

Dixi. Cf. § 185.

Voluisse répond à l'intention non
exprimée, *sensisse* à l'intention impliquée
dans les termes du testament : « Le testateur avait eu l'intention suivante et il
avait attribué à la formule qu'il employait le sens suivant, etc. », cf. § 198 :
« sententias voluntatesque. »

Valuisse semper. Topica, 10, 44 : « Ex
eodem similitudinis loco etiam exempla
sumuntur, ut Crassus in causa Curiana
exemplis plurimis usus est, qui testamento sic heredes instituti, si filius natus
esset in decem mensibus, isque mortuus
prius quam in suam tutelam venisset, he-
reditatem obtinuissent. »

Fidem faciebat, c'est-à-dire *docebat.*
Cf. § 187.

198. *Æquum bonum,* § 143.

Tutatus est. Cf. *de Orat.,* I, 57, 242 :
« Arripuisti patrocinium æquitatis et
defensionem testamentorum voluntatis. »

In verbis captio. Crassus retourne l'argument de Scævola, *quam captiosum,* etc.
(§ 196). *In verbis,* dans le fait de s'en
tenir à la lettre.

in ceteris rebus tum in testamentis, si neglegerentur voluntates; quantam sibi potentiam Scævola assumeret, si nemo
auderet testamentum facere postea nisi de illius sententia.
Hæc cum graviter *tum ab* exemplis copiose, tum varie,
tum etiam ridicule et *facete* explicans eam admirationem
assensionemque commovit, dixisse ut contra nemo videretur. Hoc erat oratoris officium partitione tertium, genere
maximum. Hic ille de populo judex, qui separatim alterum
admiratus esset, idem, audito altero, judicium suum contemneret; at vero intellegens et doctus audiens Scævolam
sentiret esse quoddam uberius dicendi genus et ornatius.
Ab utroque autem, causa perorata, si quæreretur, uter
præstaret orator, nunquam profecto sapientis judicium a
judicio vulgi discreparet. LIV. [199] Qui præstat igitur intellegens imperito? Magna re et difficili : siquidem magnum
est scire, quibus rebus efficiatur amittaturve dicendo illud

VARIANTES : 198. cum ab *L*. — facile *L*.

NC. 198. *tum ab exemplis*, vulgate. — *facete*, vulgate, cf. § 109.— LIV, 199. Stangl,
d'après Kraffert, met entre crochets le premier *dicendo*. Mais Cicéron répète ici à
dessein les mêmes termes.

Nisi de illius sententia. Cf. *de Orat.*,
II, 6, 24 : « Nam si, inquam, Scævola,
nullum erit testamentum recte factum,
nisi quod tu scripseris, omnes ad te cives
cum tabulis veniemus, omnium testamenta
tu scribes unus. Quid igitur? inquam,
quando ages negotium publicum? Quando
amicorum? Quando tuum? Quando denique nihil ages? »

*Ab exemplis = quod ad exempla atti-
net.* Cf. Riemann, *Syntaxe*, p. 164.

Ridicule. Cf. § 172; *de Orat.*, I, 57,
243 : « Multo majorem partem sententiarum sale tuo et lepore et politissimis
facetiis pellexisti, cum et illud nimium
acumen illuderes et admirarere ingenium
Scævolæ, qui excogitasset nasci prius
oportere quam emori; cumque multa
colligeres et ex legibus et ex senatus con-
sultis et ex vita ac sermone communi non
modo acute, sed etiam ridicule ac facete,
ubi si verba, non rem sequeremur, confici nihil posset. Itaque hilaritatis plenum
judicium ac lætitiæ fuit. »

Dixisse ut contra, etc. On oublia les

arguments contraires de Scævola. Cela
parut irréfragable.

Partitione, dans le classement que fait
la rhétorique des trois effets à produire,
movere vient en troisième lieu. Mais cet
ordre ne répond pas au degré d'importance (*genere*) de chacun d'eux.

Maximum. Cf. § 279; *Orat.*, 21, 69 :
« id unum (permovere) ex omnibus ad
obtinendas causas potest plurimum. »

Hic ille, dont il a été question, § 194;
de populo, § 78. — *At vero,* § 197.

Audiens Scævolam, rien qu'en enten-
dant Scævola, sans avoir besoin de faire une
comparaison, *sine comparatione* (§ 193).

Utroque, c'est-à-dire le *judex de populo* et le *doctus intellegensque.*

Nunquam, puisqu'il s'agit d'un cas particulier on attendrait plutôt *non* que
nunquam. Mais Cicéron considère sa démonstration comme décisive et généralise
sa conclusion. C'est comme s'il y avait
nec tum nec unquam in alia quavis causa.

LIV, 199. *Quibus rebus,* etc. Cf. § 185 :
« quibus virtutibus, etc. »

quicquid est, quod aut effici dicendo oportet aut amitti non
oportet. Præstat etiam illo doctus auditor indocto, quod
sæpe, cum oratores duo aut plures populi judicio probantur, quod dicendi genus optimum sit intellegit. Nam illud,
quod populo non probatur, ne intellegenti quidem auditori
probari potest. Ut enim ex nervorum sono in fidibus, quam
scienter ei pulsi sint, intellegi solet, sic ex animorum motu
cernitur quid tractandis his perficiat orator. [200] Itaque intellegens dicendi existimator, non assidens et attente audiens,
sed uno aspectu et præteriens de oratore sæpe judicat.
Videt oscitantem judicem, loquentem cum altero, nonnunquam etiam circulantem, mittentem ad horas, quæsitorem
ut dimittat rogantem : intellegit oratorem in ea causa non
adesse, qui possit animis judicum admovere orationem tanquam fidibus manum. Idem si præteriens aspexerit erectos
intuentes judices, ut [aut] doceri de re idque etiam vultu pro-

NC. 199. Kayser et Stangl [*auditori*]. — 200. *Erectos, intuentes*, marquant l'attitude
du juge attentif à suivre une démonstration, ne peuvent porter que sur *doceri*. Au contraire avec le texte de *L* (*ut aut doceri*), les deux mots portent sur toute la phrase. Il
faut supprimer *aut*, qui n'est qu'une dittographie de *ut* amenée par les deux *aut* qui
suivent (cf. *N. C.*, § 6).

Illo, ablatif neutre.

Nam, § 48. Bien entendu, il est inutile
d'envisager le cas où le public *non
probat*. Celui qui ne réussit pas à se
faire écouter n'est pas un orateur, pas
plus pour les connaisseurs que pour la
foule.

Ne... quidem, non plus. Cf. §§ 68, 118,
161.

Scienter, §§ 197, 283.

Tractandis, § 188.

200. *Judicem* au sens collectif. Voir
une scène analogue décrite au § 290.

Circulantem, formant de petits grou-
pes pour causer. Cf. César, *B. G.*, I,
64 : « totis vero castris milites cir-
culari et dolere, hostem ex manibus di-
mitti. »

Mittentem ad horas, suppléez *puerum*,
un esclave chargé d'aller voir l'heure à
la clepsydre publique. Cf. Martial, VIII,
671 : « horas quinque puer nondum tibi
nuntiat »; Juvénal., X, 216 : « quem
dicat venisse puer, quot nuntiet horas. »

Quæsitorem, le président, ainsi appelé
parce que c'était lui qui faisait l'instruction du procès (*quærebat*).

Dimittat, suppléez *consilium*. On demande au président de renvoyer l'affaire
à une autre audience, pour échapper à
l'ennui présent.

Erectos, intuentes, la tête levée et
fixant les yeux sur l'orateur avec attention. Cf *pro Sex. Rosc.*, 21, 60 : « usque
eo animadverti, judices, cum jocari atque
alias res agere antequam Chrysogonum
nominavi ; quem simul atque attigi, statim homo se erexit, mirari visus est »;
Acad., II, 1, 10 : « cum ita esset exorsus,
ad audiendum animos ereximus »; Macrob. *Sat.*, I, 3 : « cum omnes paratos ad
audiendum erectosque vidisset. »

Doceri... teneri... perturbatos esse, toujours les trois effets indiqués § 185 (*docere, delectare, movere*).

bare videantur ; aut, ut avem cantu aliquo, sic illos viderit oratione quasi suspensos teneri ; aut, id quod maxime opus est, misericordia, odio, motu animi aliquo perturbatos esse vehementius : ea si præteriens, ut dixi, aspexerit, si nihil audiverit, tamen oratorem versari in illo judicio et opus oratorium fieri aut perfectum jam esse profecto intelleget.

LV. [201] Cum hæc disseruissem, uterque assensus est ; et ego tanquam de integro ordiens : Quando igitur, inquam, a Cotta et Sulpicio hæc omnis fluxit oratio, cum hos maxime judicio illorum *omni*um [et illius ætatis] dixissem probatos, revertar ad eos ipsos ; tum reliquos, ut institui, deinceps persequar. Quoniam ergo oratorum bonorum (hos enim quærimus) duo genera sunt, unum attenuate presseque,

VARIANTE : LV, 201. illorum hominum et illius aetatis *L.*

NC. 200. Piderit conjecture *avis*, Weidner *avium*. Un accusatif est nécessaire pour correspondre à *illos*. Baehrens : *aulico* au lieu de *aliquo*. — LV, 201. Avec *omnium* le sens devient très satisfaisant (voir le commentaire) ; *et illius aetatis* n'est qu'une glose de *illorum* mal compris. C'est à peu près ce qu'avait conjecturé Weidner, qui conserve toutefois *hominum*. Jahn : *maxime ⟨et meo⟩ judicio et omnium ex illius aetatis ⟨oratoribus⟩*. Stangl : *⟨cum meo⟩ judicio ⟨tum⟩ omnium illius...* J. Simon supprime *illorum hominum et*. Friedrich croit pouvoir conserver le texte de *L* en faisant porter *maxime* d'abord sur *judicio* (= les meilleurs au jugement de...), puis sur *illius aetatis* (= les meilleurs du temps). Mais la combinaison des deux constructions est peu naturelle.

Avem, à qui l'oiseleur siffle des airs. Friedrich d'après Sorof (*Phil. Rundschau*, 1883, p. 1031) entend *avem* au sens collectif : « le monde des oiseaux. »

Teneri, sous le charme.

Quod maxime opus est. Cf. § 198.

Aliquo, qu'on pourrait déterminer au besoin, mais qu'il est inutile de spécifier ici. Voir *de Orat.*, II, 42, 178 ; 44, 185.

Perturbatos, en proie au pathétique. *Tuscul.*, IV, 5, 10 : « quæ Græci πάθη vocant, nobis perturbationes appellari magis placet quam morbos » ; III, 4, 7 : « motus concitati animi recte... perturbationes dixerimus » ; *de Orat.*, II, 42, 178 : « ut... is, qui audiet,... sic moveatur, ut impetu quodam animi et perturbatione magis quam judicio aut consilio regatur. »

Si nihil, etc., au sens concessif comme *etsi*. Cf. *de Orat.*, I, 21, 94 : « id si est difficile nobis,... sit tamen in re positum atque natura. »

Oratorem, un orateur accompli. Le mot a ici un sens emphatique, de même que plus bas *oratorium*. Cf. §§ 82, 214.

LV, 201. *Tanquam de integro*, parce que dès les premiers mots sur Cotta et Sulpicius (§ 183) il a entamé sa longue digression.

Quando, avec le sens de *quandoquidem*. Cf. *Tuscul.*, IV, 15, 34 ; *de Fin.*, V, 8, 21 ; 23, 67 ; *Acad.*, II, 26, 85.

Illorum omnium, de ce « tout le monde » dont la mention vous a tant étonnés. C'est le mot *omnium* qui a provoqué l'interpellation d'Atticus (cf. § 183).

Reliquos, dont les noms sont énumérés à la fin du § 182.

Unum, le genre simple, *genus tenue* (cf. *Orat.*, 9, 29) d'où *attenuate* ; ad. Her., IV, 8, 11 : « attenuata (oratio) est, quæ demissa est usque ad usitatissimam puri consuetudinem sermonis. »

Presse (cf. § 51) indique la sobriété précise de l'expression, c'est-à-dire la

alterum sublate ampleque dicentium, etsi id melius est
quod splendidius et magnificentius, tamen in bonis omnia,
quæ summa sunt, jure laudantur. [202] Sed cavenda est
presso illi oratori inopia et jejunitas, amplo autem inflatum
et corruptum orationis genus. Inveniebat igitur acute Cotta,
dicebat pure ac solute; et ut ad infirmitatem laterum per-
scienter contentionem omnem remiserat, sic ad virium im-
becillitatem dicendi accommodabat genus. Nihil erat in
ejus oratione nisi sincerum, nihil nisi siccum atque sanum ;
illudque maximum, quod cum contentione orationis flectere
animos judicum vix posset nec omnino eo genere diceret,
tractando tamen impellebat, ut idem facerent a se commoti

NC. 202. Weidner [*nec omnino... diceret*].

qualité principale du genre simple. Voir
Orator, 5, 20.

Alterum, le genre dit sublime. *Sublate*.
Cf. § 66 : « elatione atque altitudine ».
Ample, parce que l'abondance (*copia*) est
un des caractères du style sublime (*Orator*,
5, 20; 28, 97).

Laudantur. Cf. *de Orat.*, III, 9, 34 :
« omne laudatur quod in suo genere
perfectum est ».

202. *Cavenda*. Cf. *ad Her.*, IV, 10, 15.

Inopia. Cf. § 64 : « gracilitates »,
« tenuitas »; 106 : « exiliter ».

Inflatum, boursouflé, c'est-à-dire emphatique. Cf. *ad Herenn.*, IV, 10, 15 :
« ut corporis bonam habitudinem tumor
imitatur sæpe, ita gravis oratio sæpe im-
peritis videtur ea quæ turget et inflata
est ». *Corruptum*, gâté par le mauvais
goût.

Igitur, cela posé. La distinction qui
vient d'être établie entre les deux genres
de style va servir à caractériser Cotta et
Sulpicius. Cf. *Orat.*, 30, 106 : « nihil
ample Cotta, nihil leniter Sulpicius ».

Acute, §§ 35, 53; cf. *de Orat.*, III, 8,
31 : « Hæret (Cotta) in causa semper et
quid judici probandum sit eum acutissime
vidit, omissis ceteris argumentis in eo
mentem orationemque defigit. »

Cotta. C. Aurélius Cotta, neveu de P.
Rutilius (§ 115) et l'un des interlocuteurs
du *de Oratore*. Né en 124 (§ 301), il brigue
sans succès le tribunat en 91 (*de Orat.*,

III, 3, 11), est accusé et exilé de par la
loi Varia (§§ 221, 305), revient avec Sylla
en 82 (§ 311), arrive au consulat en 75
(§ 318) et, après une heureuse campagne
en Gaule (§ 318), meurt au moment d'obtenir le triomphe (*in Pis.*, 26, 62). Sur ses
discours, cf. §§ 115, 205, 217, 317, 318;
pro Cæc., 33, 97. Aucun d'eux n'avait été
publié (*Orat.*, 38, 132 : « nihil Cottæ »).

Solute, § 110.

Ad infirmitatem. Cf. Riemann, *Syntaxe*.
p. 153 c.

Remiserat, au plus-que-parfait, parce
qu'il s'était déjà depuis longtemps et une
fois pour toutes interdit tout effort, au
moment où il choisissait son genre de
style (*accommodabat*).

Genus, le genre simple, qui n'exigeait
ni éclats de voix ni gestes vifs et passion-
nés.

Sincerum, sans mélange d'aucun élé-
ment malsain. Il s'agit de la pureté de
l'expression. Cf. *de Orat.*, III, 8, 31 :
« Limatus Cotta et subtilis, rem explicans
propriis aptisque verbis. »

Siccum, sans humeurs et par suite
sain. Le mot est précisé par *sanum*. De
même *de Opt. gen. orat.*, 3, 8 : « sani
et sicci » (appliqué aux Attiques); *Cato
maj.*, 10, 34 : « summam esse in eo
corporis siccitatem »; Sen. *Epist.*, 114, 3
« siccum et sobrium ingenium ».

Tractando, etc. (§ 188). Au lieu d'user
du πάθος qui donne de violentes secousses,

quod a Sulpicio concitati. [203] Fuit enim Sulpicius vel maxime, quos quidem ego audiverim, grandis et, ut ita dicam, tragicus orator. Vox cum magna tum suavis et splendida; gestus et motus corporis ita venustus, ut tamen ad forum, non ad scænam institutus videretur; incitata et volubilis nec ea redundans tamen nec circumfluens oratio. Crassum hic volebat imitari, Cotta malebat Antonium ; sed ab hoc vis aberat Antonii, Crassi ab illo lepos. [204] O magnam, inquit, artem! Brutus : siquidem istis, cum summi essent oratores, duæ res maximae altera alteri defuit.

VARIANTE : 204. maxume *L*.

NC. 203. *omnium*, que tous les éditeurs ajoutent après *maxime*, d'après un manuscrit secondaire, n'est pas indispensable; voir Riemann, *Syntaxe*, p. 36, § 16 *bis*.

il agissait petit à petit sur les juges par l'ἦθος, pesait doucement sur eux et par une série de poussées légères finissait par les mettre en branle (*commoti*).

A Sulpicio concitati. Cf. *de Orat.*, II, 47, 197 (*à propos du discours de Sulpicius contre Norbanus*) : « In accusando sodali meo tantum incendium non oratione solum sed etiam multo magis vi et dolore et ardore animi concitaras, ut ego ad id restinguendum vix conarer accedere. »

203. *Sulpicius*. P. Sulpicius Rufus, ami et contemporain de Cotta (§ 301) et comme lui l'un des interlocuteurs du *de Oratore*. Légat dans la guerre des Marses (§ 304), tribun en 88 (§ 306), il passe au parti démocratique et devient un des plus violents partisans de Marius. Au retour de Sylla, il est proscrit et tué (§ 307). On n'avait conservé aucun de ses discours (§ 205).

Grandis, orateur du genre sublime. Cf. § 29; *de Orat.*, II, 21, 89 : « omnino in illud genus eum (Sulpicium) Crassi magnificum et præclarum natura ipsa ducebat ».

Tragicus, en ce sens que tout chez Sulpicius avait quelque chose de la noblesse tragique, le style, la voix, le geste, l'attitude.

Vox, etc. Cf. *de Orat.*, I, 29, 132 : « Hæc, quæ sunt in specie posita,... in te, Sulpici, divina sunt. Ego enim neminem nec motu corporis neque ipso habitu atque forma aptiorem nec voce pleniorem aut suaviorem mihi videor audisse »; II,

21, 88 : « hunc ego, Catule, Sulpicium... adulescentulum audivi voce et forma et motu corporis et reliquis rebus aptis ad hoc munus »; III, 8, 31 : « Sulpicius autem fortissimo quodam animi impetu, plenissima et maxima voce, summa contentione corporis et dignitate motus, verborum quoque ea gravitate et copia est, ut unus ad dicendum instructissimus a natura esse videatur. »

Splendida, d'un timbre clair. Cf. §§ 239, 260.

Ita... ut tamen, de telle nature que cependant... (quoique ce soient surtout des qualités d'acteur, idée amenée par *tragicus*). Voir Riemann, *Syntaxe*, p. 323, rem. II. Cicéron compare souvent l'orateur et l'acteur; *de Orat.*, I, 28, 128 : « in oratore... vox tragœdorum, gestus pæne summorum actorum est requirendus »; 59, 251 : « quis neget opus esse oratori in hoc oratorio motu statuque Roscii gestum et venustatem ? »

Incitata (§§ 35, 233). Cf. *de Orat.*, II, 21, 88 (*à propos de Sulpicius*) : « oratione autem celeri et concitata, quod erat ingenii, et verbis effervescentibus et paulo nimium redundantibus, quod erat ætatis ».

Redundans, § 51. *Circumfluens*, § 316 : « extra ripas diffluentes ».

Crassum hic, etc. Cf. *de Orat.*, I, 21, 97; II, 3, 12; 21, 89; III, 12, 47.

204. *Defuit* s'accorde non avec le sujet (*duæ res*), mais avec l'apposition du sujet.

LVI. Atque in his oratoribus illud animadvertendum est,
posse esse summos, qui inter se sint dissimiles. Nihil enim
tam dissimile quam Cotta Sulpicio, et uterque æqualibus
suis plurimum præstitit. Quare hoc doctoris intellegentis est,
videre quo ferat natura sua quemque, et ea duce utentem
sic instituere, ut Isocratem in acerrimo ingenio Theopompi
et lenissimo Ephori dixisse traditum est, alteri se calcaria
adhibere, alteri frenos. [205] Sulpicii orationes quæ feruntur, eas post mortem ejus scripsisse P. Cannutius putatur,
æqualis meus, homo extra nostrum ordinem meo judicio

VARIANTES : LVI, 204. est *omis dans B H M après* animaduertendum. — *et* lenis-
simum *GM*[1], E *denissimo O*[1], *et* lenissimo *O*[2] *vetus r.* — 205. Cañutius *BH*[1]*M*[2]*O*[2],
Canutius *r.*

NC. LVI, 204. *illud ⟨inquam⟩* Weidner ; l'addition est inutile : cf. §§ 133, 243. —
Stangl, d'après Madvig : *Sulpicii.* Mais cf. *de Nat. deor.*, I, 35, 97 *canis nonne similis lupo? Tuscul.*, III, 10, 23 *ægris corporibus simillima.* Voir Riemann, *Syntaxe*,
p. 83, rem. I et les exemples de Cicéron cités dans Kühner, *Ausf. Gramm.*, II,
p. 328. — Vogel, suivi par Stangl, écrit *lentissimo* d'après Quintilien (II, 8, 11) : *an
Isocrates... cum de Ephoro atque Theopompo sic judicaret, ut alteri frenis, alteri cal-
caribus opus esse diceret, aut in illo lentiore tarditatem aut in illo pæne præcipiti
concitationem adjuvandam docendo existimavit?* Mais outre que Quintilien précise
lentiore par une métaphore (*tarditatem... præcipiti*) qui n'est pas dans Cicéron, la
rédaction du passage prouve que le mot est traduit d'Isocrate et non emprunté au
Brutus (voir le texte de Suidas dans le commentaire) ; *lenissimo* d'ailleurs va très bien
ici, opposé à *acerrimo.* — 205. Les éditeurs écrivent *Canutius.* Mais la vraie orthographe paraît être *Cannutius*, que donnent les meilleurs mss du *pro Cluentio*, 10, 29 ;
17, 50 ; 21, 58 ; 27, 73, 74.

Cf. *de Fin.*, V, 21, 72 : « ceteri particulas accipere conati suam quisque voluit
afferre sententiam » ; César, *B. G.*, I, 53,
4 : « duæ filiæ harum (conjugum) altera
occisa, altera capta est. »

LVI. *Atque*, et j'ajoute. Cicéron reprend la parole.

Posse esse summos. Voir la même idée
développée dans le *de Oratore*, III, 7, 25
et suiv.

Tam dissimile. Cf. *de Orat.*, III, 8, 31 :
« Ecce præsentes duo prope æquales
Sulpicius et Cotta. Quid tam inter se
dissimile? Quid tam in suo genere præstans ? »

Et, et pourtant.

Quare hoc doctoris, etc. Voir la même
idée développée dans le *de Oratore* (III,
9, 35) avec le même exemple d'Isocrate.
Cf. *ad Att.*, VI, 1, 12.

Theopompi, § 66. *Ephori*, historien rhé-

teur comme Théopompe, auteur d'une
histoire universelle depuis la guerre de
Troie jusqu'au IVe siècle. Cf. Suidas, *s. v.*
Ἔφορος : ὁ γοῦν Ἰσοκράτης τὸν μὲν
Θεόπομπον ἔφη χαλινοῦ δεῖσθαι, τὸν δὲ
Ἔφορον κέντρου. Quintil., II, 8, 11 ; X,
1, 74. On prêtait le même mot à Platon
sur Aristote et Xénocrate, et à Aristote
sur Théophraste et Callisthène (Diog.
Laert., V, 39).

Traditum est. Sur l'emploi de la construction impersonnelle, voir Riemann,
Syntaxe, p. 279, rem. I.

205. *P. Cannutius.* Cf. *pro Cluent.*, 10,
29 : « audiebant cum unaquaque de re a
P. Cannutio, homine eloquentissimo,
graviter et diu diceretur » ; 18,50 : « Accu-
sabat P. Cannutius, homo in primis inge-
niosus et in dicendo exercitatus » ; 21,
58 ; 27, 73.

Nostrum, sc. *senatorium.* Cf. § 180

disertissimus. Ipsius Sulpicii nulla oratio est, sæpeque ex
eo audivi, cum se scribere neque consuesse neque posse
diceret. Cottæ pro se lege Varia quæ inscribitur, eam
L. Ælius scripsit Cottæ rogatu. Fuit is omnino vir egregius et
eques Romanus cum primis honestus idemque eruditissimus
et Græcis litteris et Latinis, antiquitatisque nostræ et in
inventis rebus et in actis scriptorumque veterum litterate
peritus ; quam scientiam Varro noster acceptam ab illo
auctamque per sese, vir ingenio præstans omnique doctrina, pluribus et illustrioribus litteris explicavit. [206] Sed
idem Ælius Stoicus *stud*uit, orator autem nec studuit unquam nec fuit. Scribebat tamen orationes, quas alii dice-

VARIANTES : 205. consuesse *F*, consueuisse *r*. — 206. Stoicus voluit *L*.

NC. 206. Je substitue *studuit* à *voluit*, ce qui rétablit l'opposition entre les deux
parties de la phrase. Paléographiquement les deux mots peuvent aisément se confondre.
Vulgate : *Stoicus ⟨esse⟩*; Stangl : *Stoicum ⟨se⟩*.

Nulla oratio. Cf. *Orat.*, 28, 132 : « nihil
Sulpicii ».

Lege Varia, loi *de majestate*, votée
en 91 sur la proposition du tribun Q. Varius Hybrida (§ 221); elle était dirigée
contre ceux *quorum dolo malo socii ad
arma ire coacti essent* (Val. Max., VIII,
6, 4), c'est-à-dire contre le parti aristocratique qui s'était opposé aux empiéte-
ments des Italiens et à l'extension du
droit de cité. L'application en fut rigoureuse et entraîna en 90 l'exil des plus
grands personnages de Rome (cf. §. 304).

L. Ælius (*Præconinus Stilo*), le célèbre
grammairien, qui fut le maître de Cicéron
et de Varron. Suétone, *Gramm.*, 2 : « In-
struxerunt auxeruntque ab omni parte
grammaticam L. Ælius generque Ælii
Ser. Clodius, uterque eques romanus mul-
tique ac varii et in doctrina et in republica usus *r*; Varr., *L. l.*, VII, 2 : « homo
in primis in litteris latinis exercitatus »;
Varron cité par Aulu-Gelle (I, 18, 2) :
« L. Ælius noster, litteris ornatissimus
memoria nostra. »

Cum primis, comme *in primis*. Cf.
§ 224; *in Verr.*, I, 52, 137 : « homo
cum primis honestus. »

In inventis rebus se rapporte à l'histoire de la civilisation romaine (usages,
lois, religion, art, science, littérature).

Cf. *de Orat.*, I, 58, 246 : « Tum autem
quod amore patriæ censes nos nostrorum
majorum inventa nosse debere, non vides,
veteres leges aut ipsas sua vetustate
consenuisse aut novis legibus esse subla-
tas? » Virg., *Æn.*, VI, 662 : « Inventas
aut qui vitam excoluere per artes. » *In
actis* se rapporte aux faits historiques,
aux événements de la politique intérieure
et extérieure; cf. Suétone, *Cæs.*, 20 :
« primus omnium instituit ut tam senatus
quam populi diurna acta conferent et
publicarentur ».

Litterate, § 99.

Varro noster, § 80.

Illustrioribus, c'est-à-dire composés
d'une façon plus oratoire et par suite plus
accessibles au public. (Cf. *de Orat.*, I, 44,
62 : « Illustrare autem oratione si quis
istas ipsas artes velit », etc.). Varron
cherchait à rendre la science intéressante
« quo facilius minus docti intellegerent »
(*Acad.*, I, 2, 8).

206. *Sed*, pour reprendre après la parenthèse sur Varron. Cf. § 81.

Stoicus. Aulu-Gelle (XVI, 8, 3) parle
d'un livre très obscur d'Ælius Stilon sur
les axiomes de la dialectique, *Commentarium de proloquiis* (en grec περὶ ἀξιω-
μάτων).

Orator, etc. Cf. § 169 fin.

rent, ut Q. Metello *L*. F., ut Q. Cæpion*i*, ut Q. Pompeio
Rufo; quanquam is etiam ipse scripsit eas, quibus pro se est
usus, sed non sine Ælio. [207] His enim scriptis etiam ipse
interfui, cum essem apud Ælium adulescens eumque audire
perstudiose solerem. Cottam autem miror summum ipsum
oratorem minimeque ineptum Ælianas leves oratiunculas
voluisse existimari suas. LVII. His duobus ejusdem ætatis
annumerabatur nemo tertius; sed mihi placebat Pomponius
maxime, vel dicam minime displicebat. Locus erat omnino

VARIANTES : 206. Q. Metellot. *L*. — cæpione *L*. — 207. scriptis *omis par* O[1].
NC. 206. *Q. Metello* ne peut désigner que deux personnages, soit Métellus Numidicus, soit son fils Métellus Pius, tous deux amis d'Ælius Stilo. Mais comme Cicéron mentionne ici les principaux adversaires de Saturninus, je crois qu'il s'agit plutôt du père
que du fils. Le fils d'ailleurs ne se distingua que l'année suivante par son zèle à demander le rappel de son père (Vell. Paterc., II, 15, 4) et à ce moment Ælius Stilo,
qui était avec l'exilé, ne put pas l'aider à composer ses discours. J'écris donc *Q. Metello L. f.* comme dans le *de Oratore* (III, 18, 68) et le *pro Balbo* (5, 11). Les éditeurs ou bien laissent en blanc l'espace d'une lettre avant *F*, ou bien écrivent
Q. Metello f(ilio) comme *Q. Catulum filium* (§ 222). Lambin : *Q. Metello* (*Balea-
rici*) *f*. — 207. Lambin *scribendis* ; Kraffert *scribentibus*. Voir le commentaire.

Q. Metello L. f. Métellus Numidicus
(cf. § 135) fut l'ennemi le plus redoutable
de Saturninus et seul des sénateurs
refusa de sanctionner la loi agraire du
tribun. Plutôt que de céder, il quitta
Rome et un plébiscite le condamna à
l'exil; Ælius Stilon, qui sans doute
s'était compromis avec lui, l'accompagna.
Cf. Suétone, *Gr.*, 2 : « Vocabatur et Stilo
quod orationes nobilissimo cuique scribere
solebat; tantus optimatium fautor ut
Metellum Numidicum in exsilium comitatus
sit. » D'après un passage mutilé de Fronton
(*Epist.* 15) il semble que les discours
de Métellus Numidicus aient été publiés
par Ælius Stilon, comme ceux de Cicéron
par Atticus.

C. Cæpioni, le grand-père maternel de
Brutus. Cf. § 223. Étant questeur urbain
en 100, il avait été accusé *majestatis* par
Betutius Barrus (§ 169) pour avoir em-
pêché par une émeute le vote de la loi
frumentaire de Saturninus (*Ad. Her.*, I,
12, 21).

Q. Pompeio Rufo. Collègue de Saturninus au tribunat en 100 et l'un de ses
adversaires les plus acharnés. Cf. §§ 304,
306.

Pro se, en 91, quand il fut accusé de
par la loi Varia, § 304.

207. *His*, les plaidoyers de Pompeius
Rufus.

Scriptis interfui signifie que Cicéron
les a vus tout écrits de la main de Pompeius et qu'il a simplement assisté à la
correction qu'Ælius en a faite. *Scribendis
interfui* signifierait qu'il était là quand
on les écrivait (Riemann, *Syntaxe*, p. 459,
note 2).

Cum essem apud Ælium, comme élève
(*auditor*, cf. §§ 114, 179; de là *audire*). Cicéron avait 17 ans.

Ineptum. Cf. *de Orat.*, II, 1, 17 :
« Quem enim ineptum vocamus, is mihi
videtur ab hoc nomen habere ductum,
quod non sit aptus;... nam qui aut tempus quid postulet non videt, aut plura
loquitur, aut se ostentat, aut eorum, quibuscum est, vel dignitatis vel commodi
rationem non habet, aut denique in aliquo
genere aut inconcinnus aut multus est, is
ineptus esse dicitur. »

LVII. *His duobus.* Cotta et Sulpicius.
Pomponius. Cf. § 221.

Vel dicam, ou plutôt. Cf. § 246. Riemann, *Syntaxe*, p. 497, 498.

in maximis causis præter eos, de quibus supra dixi, nemini : propterea quod Antonius, qui maxime expetebatur, facilis in causis recipiendis erat ; fastidiosior Crassus, sed tamen recipiebat. Horum qui neutrum habebat, confugiebat ad Philippum fere aut ad Cæsarem ; *post* Cotta Sulpicius*que* expetebantur. Ita ab his sex patronis causæ illustres agebantur ; neque tam multa quam nostra ætate judicia fiebant ; neque hoc, quod nunc fit, ut causæ singulæ defenderentur a pluribus ; quo nihil est vitiosius. [208] Respondemus iis, quos non audivimus : in quo primum sæpe aliter est dictum, aliter ad nos relatum ; deinde magni interest coram videre me, quemadmodum adversarius de quaque re asseveret, maxime autem, quemadmodum quæque res audiatur. Sed nihil vitiosius quam, cum unum corpus debeat esse defensionis, nasci de integro causam, cum sit ab

VARIANTES : LVII, 207. Cæsarem Cotta Sulpicius expetebantur *L.* — 208. his *F O G.*
NC. LVII, 207. Après *Cæsarem* il manque évidemment quelque chose. Je rétablis *post* (cf. § 301 *post Julio*), qui a pu se confondre avec la première syllabe de *Cotta* (sur la confusion de *P* et de *C*, cf. *Orat.*, 39, 135 : *exclamatio* dans le ms. d'Avranches et Quintilien, *explanatio* dans *L.*). Il manque aussi une particule copulative entre *Cotta* et *Sulpicius*. Lambin : ⟨*secundum Philippum et Cæsarem*⟩ *Cotta* ⟨*et*⟩. Eberhard, suivi par Stangl : ⟨*rarius*⟩ *Cotta* ⟨*et*⟩. Piderit : ⟨*tum*⟩ *Cotta* ⟨*et*⟩. — 208. Plusieurs éditeurs (Orelli, Meyer, Ellendt, Kayser) d'après Buttmann corrigent *maxime* en *maximi.* Voir le commentaire.

Recipiendis, § 155.
Fere, presque toujours, d'ordinaire.
Neque hoc, suppléez *fiebat.*
A pluribus. Cf. § 190 ; *pro Cluent.*, 70, 99 : « qui totam hanc causam vetere instituto solus peroravi ».
Vitiosius. Cf. *de Orat.*, II, 77, 313 : « si quando (id quod mihi nunquam placuit) plures adhibent patronos ».
208. *Quos non audivimus*, c'est ce qui devait arriver à Cicéron, qui, parlant en général le dernier (§ 190) et étant d'ailleurs fort occupé, n'avait pas assisté aux plaidoyers de la partie adverse.
Coram, de mes propres yeux.
Maxime, et non pas *maximi* qui semble avoir été d'un usage peu ordinaire. On dit plus volontiers soit avec le sens superlatif *permagni* (Ter., *Hautont.*, 467 ; Cic., *Part. orat.*, 24, 84 ; *ad Famil.*, XI, 16, 1 ; Lucr.

I, 907), soit avec la forme superlative *maxime* (*Tuscul.*, III, 28, 69 ; *ad Famil.*, XVI, 4, 4 ; *pro Sull.*, 28, 79 ; *Philipp.*, XII, 12, 30).
Audiatur, par le public et les juges. Pour pouvoir détruire l'impression produite par le discours de l'adversaire, il faut s'être rendu compte par soi-même de cette impression.
Nasci de integro causam. Théoriquement une défense collective devrait être conçue comme un plaidoyer, c'est-à-dire former un tout organique (*corpus*) avec un commencement, un milieu, une fin, chaque avocat ne traitant qu'une partie. Mais, dans la pratique, chacun d'eux faisait un discours en règle avec un exorde, une argumentation, une péroraison, si bien qu'après la péroraison du premier tout pouvait paraître fini, et qu'avec l'exorde du second, tout avait l'air de recommencer.

altero perorata. [209] Omnium enim causarum unum est
naturale principium, una peroratio ; reliquæ partes, quasi
membra suo quæque loco locata, suam et vim et dignitatem
tenent. Cum autem difficile sit in longa oratione non aliquando aliquid ita dicere, ut sibi ipse non conveniat,
quanto difficilius cavere, ne quid dicas quod non conveniat ejus orationi, qui ante te dixerit. Sed quia et labor
multo major est totam causam quam partem dicere et quia
plures ineuntur gratiæ, si uno tempore dicas pro pluribus,
idcirco hanc consuetudinem libenter ascivimus.

LVIII. [210] Erant tamen quibus videretur illius ætatis
tertius Curio, quia splendidioribus fortasse verbis utebatur,
et quia Latine non pessime loquebatur, usu, credo, aliquo
domestico ; nam litterarum admodum nihil sciebat. Sed
magni interest quos quisque audiat cotidie domi, quibuscum loquatur a puero, quemadmodum patres, pædagogi,
matres etiam loquantur. [211] Legimus epistulas Corneliæ

VARIANTE : 209. te *omis dans H G avant* dixerit.
XC. 209. Lambin *ut sibi ipsum* ; Ernesti *ut tibi ipse non convenias*.

Perorata. Cf. § 127.

209. *Reliquæ partes,* tout ce qui se
trouve compris entre le commencement
et la fin, c'est-à-dire la narration, la confirmation et la réfutation.

Conveniat a pour sujet le sujet indéterminé de *dicere,* rappelé par *ipse = is qui
dicit.* Cf. *de Fin.,* III, 21, 70 : « Faten-
tur alienum esse ab justitia... detrahere
quid de aliquo quod sibi assumat » ; *de
Orat.,* I, 8, 30 : « Neque vero mihi quicquam præstabilius videtur, quam posse
dicendo... voluntates impellere quo velit. »

Plures ineuntur gratiæ, parce que les
avocats, se trouvant ainsi mêlés à un plus
grand nombre de procès, ont plus de clients
et par suite plus d'amis.

LVIII, 210. *Tamen* répond à *nemo tertius* du § 207.

Curio. C. Scribonius Curio, fils du Curion cité au § 122 et père du Césarien
(§ 280 et suiv.); tribun en 90 (§§ 192, 305),
légat de Sylla dans la guerre de Mithridate
(§§ 227, 311), consul en 76.

Domestico, §§ 98, 213, 252.

Magni interest quos, etc. Tout cela est
développé tout au long dans Quintilien
(I, 1).

Pædagogi, cités immédiatement après
le père, parce qu'en réalité leur rôle dans
l'éducation était plus important que celui
de la mère. Attachés de bonne heure à
l'enfant, ils ne le quittaient ni jour ni
nuit, assistaient à ses jeux et à ses repas
et l'accompagnaient partout, même à
l'école. Voir Jullien, *Les professeurs de
litt. dans l'ancienne Rome,* p. 165 et suiv.

211. *Epistulas.* Cf. Quintil., I, 1, 6 :
« Gracchorum eloquentiæ multum contulisse accepimus Corneliam matrem, cujus
doctissimus sermo in posteros quoque est
epistulis traditus. » Plutarque (*C. Gr.,* 13)
cite aussi le recueil des Lettres de Cornélie. Les manuscrits de Cornélius Nepos
nous ont conservé deux fragments assez
importants d'une lettre de Cornélie à
Caius. L'authenticité en a été contestée ;
mais Teuffel (*Röm. Lit.,* § 123, 6) remarque
avec raison qu'un déclamateur aurait fait

matris Gracchorum : apparet, filios non tam *in* gremio edu-
catos quam in sermone matris. Auditus est nobis Læliæ
C. F. sæpe sermo : ergo illam patris elegantia tinctam vidimus et filias ejus Mucias ambas, quarum sermo mihi fuit
notus, et neptes Licinias, quas nos quidem ambas, hanc
vero Scipionis etiam tu, Brute, credo, aliquando audisti
loquentem. Ego vero ac libenter quidem, inquit Brutus;
et eo libentius, quod L. Crassi erat filia. [212] Quid Crassum, inquam, illum censes, istius Liciniæ filium, Crassi
testamento qui fuit adoptatus? Summo iste quidem dicitur
ingenio fuisse, inquit; et vero hic Scipio, collega meus,

VARIANTES : LVIII, 211. tam gremio *L.* — C. *omis dans F O¹ après* Læliæ.
NC. LVIII, 211. *in gremio,* vulgate.

parler sur un autre ton la mère des
Gracques.

In gremio. Cf. Tacite, *Dial.*, 28 : « Nam
pridem suus cuique filius ex casta parente
non in cellula emptæ nutricis, sed gremio
ac sinu matris educabatur, cujus præcipua
laus erat tueri domum et inservire libe-
ris.... Sic Corneliam Gracchorum... præ-
fuisse educationibus... accepimus. »

Auditus est nobis. Riemann, *Syntaxe,*
p. 86 *c.*

Læliæ, fille de Lælius (§ 83) et femme
de Q. Mucius Scævola l'Augure (§§ 101,
102). Cicéron jeune avait eu l'occasion de
la connaître quand il étudiait le droit sous
la direction de Scævola (§ 306).

Patris elegantiam. De Orat., III, 12, 45 :
« Equidem cum audio socrum meam Læ-
liam (*c'est Crassus qui parle*) — facilius
enim mulieres incorruptam antiquitatem
conservant, quod multorum sermonis ex-
pertes ea tenent semper quæ prima didi-
cerunt — sed eam sic audio, ut Plautum
mihi aut Nævium videar audire. » Cf.
Quintil., I, 1, 6.

Tinctam. Cf. *de Orat.*, II, 20, 85 :
« tinctus litteris » ; Sénèque, *Ep.*, 66, 8 :
« Quicquid attigit in similitudinem sui
tingit (virtus) ».

Mucias. L'une des deux épousa l'orateur Crassus. *Neptes Licinias,* les deux
petites filles de Lælia, nées du mariage
d'une des *Muciæ* avec Licinius Crassus.

Hanc vero Scipionis, suppléez *uxorem*
qu'il est d'usage de sous-entendre en latin

dans les locutions de ce genre. Cf. *Cæciliæ
Q. Cretici filiæ Metellæ Crassi,* inscription
du tombeau de Cæcilia Metella sur la
voie Appienne ; Virg. *Æn.*, III, 319 :
« Hectoris Andromache ». — Le Scipion
dont il est ici question est P. Cornélius
Scipio Nasica, préteur en 94, fils du consul de 111 (§ 128) et petit-fils de Nasica
Serapio (§ 107). — Sur l'emploi du démonstratif suivi du génitif. Cf. § 93 : « illa
Lælii ».

212. *Crassum,* personnage inconnu
d'ailleurs.

Quid... censes, suppléez *fuisse.*

Hic Scipio, second fils de Scipio Nasica
et de Licinia. Il fut adopté par Q. Métellus
Pius (§ 206), fils de Métellus Numidicus
(§ 135), et s'appela Q. Cæcilius Metellus
Pius Scipio. Père de Cornélie, femme de
Pompée, il fut un des adversaires les plus
acharnés de César ; après Pharsale, où il
commandait le centre de l'armée pom-
péienne, il se retira en Afrique, fut battu
à Thapsus et se tua en même temps que
Caton. A l'époque où le *Brutus* est composé, Scipion représente, avec Caton, le
parti de la résistance à César : de là l'indulgence de Cicéron (Cf. *Philipp.*, XIII,
14, 29) ; Scipion était loin de réunir en
lui l'héritage de tant de vertus (*ad Att.*,
IX, 11, 4 : « Quid enim tu illic Scipionem... prætermissurum sceleris putas?
quorum creditores convenire dicuntur. »
Cf. César, *B. civ.*, III, 31 ; 83.)

Collega, dans le collège des Pontifes.

mihi sane bene et loqui videtur et dicere. Recte, inquam,
judicas, Brute. Etenim istius genus est ex ipsius sapientiæ
stirpe generatum. Nam et de duobus avis jam diximus,
Scipione et Crasso, et de tribus proavis, Q. Metello, cujus
quattuor filii, P. Scipione, qui ex dominatu Ti. Gracchi
privatus in libertatem rem publicam vindicavit, Q. Scævola
augure, qui peritissimus juris idemque percomis est habitus. [215] Jam duorum abavorum quam est illustre nomen,
P. Scipionis, qui bis consul fuit, qui est Corculum dictus,
alterius omnium sapientissimi, C. Lælii ! O generosam, inquit, stirpem et tanquam in unam arborem plura genera,
sic in istam domum multorum insitam atque in*sinu*atam

VARIANTES : 212. Ti. *omis dans F.* — perconus *M²*. — 213. inluminatam *L.*
NC. 212. Jahn : *quattuor ‹illi› filii*; Campe *filii ‹consulares›*. Aucune addition
n'est nécessaire; cf. *Tuscul.*, I. 35, 85 *Metellus ille honoratus quattuor filiis.* —
213. J'écris *insinuatam*, qui paléographiquement équivaut presque à *inluminatam*.
Les dernières éditions adoptent généralement la conjecture de Cujas reprise par
Schütz, *innatam.* On a encore proposé *illiminatam, illigatam, inoculatam. instilla-
tam, inseminatam, illatam.* Kayser met entre crochets *atque inluminatam.*

Loqui, dans la conversation; *dicere*,
comme orateur. Cf. *Orat.*, 32, 113 :
« Aliud videtur oratio esse aliud disputatio, nec idem loqui esse quod dicere. »
Quintil., XII, 6, 5 : « in quibusdam causis
loquendum est ».

Sapientiæ, allusion au surnom de Lælius
(*Sapiens*).

Nam, etc. L. Licinius Crassus Scipio et
son frère Q. Cæcilius Métellus Scipio, tous
deux fils de P. Cornélius Scipio Nasica
(§ 211) et de Licinia, se trouvent avoir :
1° pour grands-pères (*avi*), *du côté paternel*, P. Scipio Nasica, consul en 111,
époux de Cæcilia Métella, fille de Métellus
Macedonicus; *du côté maternel*, l'orateur
Crassus, époux de Mucia, fille de Scævola
l'Augure ; — 2° pour arrière-grands-pères
(*proavi*) : *du côté paternel*, Scipio Nasica
Serapio, consul en 138 d'une part et d'autre part Métellus Macedonicus; *du côté
maternel*, Scævola l'Augure, époux de
Lælia ; — 3° pour trisaïeuls (*abavi*), *du
côté paternel*, Scipio Nasica Corculum,
consul en 162 et *du côté maternel* Lælius,
père de Lælia.

Scipione, § 128; *Crasso*, § 143 et suiv. ;

Q. Metello, § 81; *P. Scipione*, § 107;
Scævola, § 102.

Percomis. Cf. *Philipp.*, VIII, 10, 31
« Q. Scævolam augurem memoria teneo
bello Marsico, cum esset summa senectute
et perdita valetudine, cotidie simul atque luceret, facere omnibus conveniendi
potestatem sui »; *de Orat.*, I, 45, 200;
55, 231.

213. *P. Scipionis*, § 79 ; — *Lælii*,
§ 83.

Tanquam in unam arborem. La famille
des Scipions est comparée à un arbre sur
lequel on a greffé diverses espèces (*plura
genera*). La sagesse des Lælius, des Scæ-
volas, des Crassus, des Métellus y a été
comme entée par une série de mariages
successifs.

Insitam est le terme propre pour désigner l'opération de la greffe, Columelle, *de Agr.*, V. 11 : « Omnis surculus
omni arbori inseri potest, si non est ei,
cui inseritur, cortice dissimilis. » *Insinuatam* marque le résultat de l'opération : la greffe faisant corps avec le sujet,
les qualités de l'espèce greffée s'insinuent
dans la seve du sujet.

sapientiam ! LIX. Similiter igitur suspicor, ut conferamus parva magnis, Curionis, etsi pupillus relictus est, patrio fuisse instituto puro sermone assuefactam domum ; et eo magis hoc judico, quod neminem ex his quidem, qui aliquo in numero fuerunt, cognovi in omni genere honestarum artium tam indoctum, tam rudem. [214] Nullum ille poetam noverat, nullum legerat oratorem, nullam memoriam antiquitatis collegerat ; non publicum jus, non privatum et civile cognoverat. Quanquam hoc quidem fuit etiam in aliis et magnis quidem oratoribus, quos parum his instructos artibus vidimus, ut Sulpicium, ut Antonium. Sed ei tamen unum illud habebant dicendi opus elaboratum ; idque cum constaret ex quinque notissimis partibus, nemo in aliqua parte earum omnino nihil poterat. In quacumque enim una plane clauderet, orator esse non posset. [215] Sed tamen

VARIANTES : LIX. 214. hic *F*, id *r*.
NC. 214. *hoc* vulg. — Vassis [*parte*]; Stangl *partium earum*; pour la construction Friedrich compare *Top.* 21, 80 *earum aliqua de re.*

LIX. *Patrio instituto* (§ 79), grâce aux mesures prises par son père, qui n'avait admis dans son intérieur que des serviteurs parlant correctement.

Sermone assuefactum. Cf. *de Orat.*, III, 10, 39 : « Quorum sermone assuefacti qui erunt. » Pour l'emploi de l'ablatif, voir Riemann, *Syntaxe*, p. 43 *e*.

Cognovi. Cicéron avait pu bien connaître Curion qui ne mourut qu'en 53. Voir la lettre qu'il adresse à Curion le fils à propos de la mort de son père (*ad Famil.*, II, 2).

Honestarum comme *liberalium*.

214. *Antiquitatis memoriam*, l'histoire. Cf. *de Orat.*, I, 46, 201.

Publicum jus, etc. Cf. §§ 222, 267 ; *Dig.*, I, 1, 1, 2 : « Publicum jus est quod ad statum rei romanæ spectat ; privatum quod ad singulorum utilitatem. Privatum jus tripertitum est ; collectum etenim est ex naturalibus præceptis (*droit naturel*) aut gentium (*droit international*) aut civilibus. »

Et civile. En ajoutant *et civile*, qui est implicitement contenu dans *privatum*, Cicéron veut montrer jusqu'où allait l'ignorance de Curion. Il ne connaissait pas même du droit privé la partie qui règle les rapports des citoyens romains entre eux. *Et* a ici le sens de *et même*.

Quanquam, § 27.

Hoc quidem, cette ignorance.

Ut Sulpicium, ut Antonium. On attendrait plutôt *in Sulpicio, in Antonio.* L'accusatif est entraîné par *quos.* Cf. *in Verr.*, IV, 13, 31 : « hi sunt illi quibus... refert... dedisse... Græcis pictoribus ». — Ce passage est le seul où Cicéron nous parle de l'ignorance de Sulpicius. Quant à l'ignorance d'Antoine, elle était en partie feinte (*de Orat.*, I, 18, 81, 82 ; 21, 94 ; II, 1, 3, 4 ; 14, 59).

Habebant... elaboratum, Cf. § 147 : « Habere cognitum ».

Dicendi opus, comme plus haut (§ 200) *opus oratorium.*

Constaret. Le présent serait plus naturel. L'imparfait laisse entendre que Sulpicius et Antoine pensaient à la rhétorique au moment où ils faisaient leur éducation oratoire.

Partibus, § 25.

Clauderet = *claudicaret* (Cf. § 227 ;

alius in alia excellebat magis : reperiebat quid dici opus esset, et quomodo præparari et quo loco locari, memoriaque ea comprehendebat Antonius ; excellebat autem actione : erantque ei quædam ex his paria cum Crasso, quædam etiam superiora; at Crassi magis nitebat oratio. Nec vero Sulpicio neque Cottæ dicere possumus neque cuiquam bono oratori rem ullam ex illis quinque partibus plane atque omnino defuisse. [216] Itaque in Curione hoc verissime judicari potest, nulla re una magis oratorem commendari quam verborum splendore et copia. Nam cum tardus in cogitando tum in struendo dissipatus fuit. LX. Reliqua duo sunt, agere et meminisse : in utroque cachinnos irridentium commovebat. Motus erat is, quem et C. Julius in perpetuum

VARIANTES : 215. præparare *L*. — erantque *F O*, erant *r*. — ex is *F*. — 216. in struendo *F*, in instruendo *r*.

NC. 215. Au lieu de *præparari*, Eberhard voudrait quelque chose comme *elaborari*, sous prétexte qu'il manque un mot se rapportant à l'*elocutio*. Mais l'élocution se trouve indiquée plus loin dans la phrase *at Crassi magis nitebat oratio*, qui équivaut à *in oratione Crasso inferior erat*. Stangl d'après Campe : *apparari*. — Eberhard met entre crochets *nec vero Sulpicio... defuisse*.

Tuscul., V, 8, 22). L'emploi du subjonctif après *quicumque* s'explique parce que la proposition relative indéterminée équivaut ici à une proposition conditionnelle : « S'il lui arrivait d'échouer complètement dans une seule des cinq parties, quelle qu'elle fût. »

215. *Præparari*, opération intermédiaire entre l'invention (*quid dici*) et la disposition (*quo loco locari*), mais qui se rattache plutôt à la disposition. Antoine l'explique dans le *de Oratore* (II, 76, 307 et suiv.) : le travail de l'invention terminé, on procède à une sorte de triage des arguments qu'on a trouvés; on en pèse la valeur relative en vue de l'effet (*probare*, *delectare*, *movere*) qu'on veut produire; ce n'est qu'après cet examen préparatoire que l'on aborde le travail de la disposition proprement dite, consistant à répartir ce qu'on a conservé de ses arguments dans les différentes parties du discours (exorde, confirmation, etc.).

Oratio, l'élocution.

216. *In Curione*, à qui tout manquait complètement, sauf l'élocution.

Nulla re una. Una conserve ici toute sa valeur : « Aucune qualité n'est plus propre *à elle toute seule* à faire valoir l'orateur. De même plus haut (§ 214) *quacumque una*.

Tardus in cogitando, faible dans l'invention, qui exige avant tout une certaine promptitude d'esprit (*celeritas*, cf. § 53).

In struendo, dans la disposition.

Dissipatus, désordonné, sans méthode. Cf. *de Orat.*, I, 42, 187 : « Omnia fere, quæ sunt conclusa nunc artibus, dispersa et dissipata quondam fuerunt » ; Lucrèce, I, 651 : « disjectis disque supatis ».

LX. *Reliqua duo*, les deux autres parties de la rhétorique, l'action et la mémoire.

Irridentium. Cf. § 45 : « constituentibus ».

Motus, qui constitue principalement l'*actio*.

C. Julius. Cf. § 177. Les deux anecdotes sont reproduites dans Quintilien, XI, 3, 129.

notavit, cum ex eo in utramque partem toto corpore vacillante quæsivit quis loqueretur e luntre, et Cn. Sicinius,
homo impurus, sed admodum ridiculus neque aliud in eo
oratoris simile quicquam : [217] is cum tribunus plebis Curionem et Octavium consules produxisset, Curioque multa
dixisset sedente Cn. Octavio collega, qui devinctus erat fa-
sciis et multis medicamentis propter dolorem artuum deli-
butus : « Nunquam, » inquit, « Octavi, collegæ tuo gratiam
referes ; qui nisi se suo more jactavisset, hodie te istic
muscæ comedissent. » Memoria autem ita fuit nulla, ut aliquotiens, tria cum proposuisset, aut quartum adderet aut
tertium quæreret ; qui in judicio privato vel maximo, cum

VARIANTES : LX, 216. loquetur *L.* — eluntre *F M G*, cluntre *O¹*, eli intre *B H*, elintre
O² al. — sicinius *B H M*.

NC. LX, 216. Stangl, d'après Campe : *quid loqueretur*. Mais *quis* est confirmé par
Quintilien, XI, 3, 129. — Kayser et J. Simon : [*neque aliud... quicquam*].

Vacillante, se balançant à la façon d'un
batelier que les mouvements de la barque
obligent à chaque instant à chercher son
équilibre. Ce balancement avait valu à
Curion le surnom de *Burbuleius*, parce
qu'il rappelait celui d'un histrion de ce
nom (Val. Max., IX, 14, 5 ; Pline, *H. N.*,
VII, 55).

Quis loqueretur, etc. Selon Piderit,
César feindrait plaisamment de ne pas
reconnaître l'orateur qui se balance et
demanderait à Curion lui-même : « Quel
est donc cet orateur qui parle dans une
barque ? » Mais la plaisanterie ainsi interprétée ne signifie pas grand'chose. César
demande simplement à Curion s'il a jamais
vu quelqu'un se démener comme il fait :
« Plaide-t-on debout dans une barque ? »

Cn. Sicinius, cité par Plutarque (*Crassus*, 7) comme le fléau des orateurs du
temps, qu'il ne cessait d'interpeller au
milieu de leurs discours.

Ridiculus, § 172. Savoir faire rire est
une qualité oratoire. Cf. *de Orat.*, II, 56,
227 (« multam facetias in dicendo prodesse ») et tout le développement qui
suit (§ 235) où est exposée la théorie de
plaisanterie.

Neque in eo équivaut à *et in quo*. Cf.
§ 258. Voir Riemann, *Syntaxe*, p. 37,
§ 17.

217. *Produxisset*, sc. *in contionem*. Les
assemblées du peuple étaient présidées
par les tribuns, qui introduisaient les magistrats, leur donnaient ou leur retiraient
la parole.

Consules, en 76.

Cn. Octavio. Cf. § 222 ; *de Finib.*, II,
28, 93 : « Quis istum dolorem timet ? Illum mallem levares, quo optimum et
humanissimum virum, Cn. Octavium, M. f.,
familiarem meum, confici vidi, nec vero
semel, nec ad breve tempus, sed et sæpe
plane et diu. Quos ille, dii immortales,
cum omnes artus ardere viderentur, cru-
ciatus perferebat » ; Sall., *Hist. fragm.*,
2 : « Cn. Octavius, homo mitis et captus
pedibus ».

Muscæ, attirées par l'odeur des com-
presses.

Memoria, développement de *meminisse*
(§ 216).

Tria cum proposuisset, alors que dans
la *propositio* il avait indiqué trois points
à développer.

Quæreret, cherchait en vain à retrouver...

Vel maximo. Un manque de mémoire,
une distraction s'expliquerait à la rigueur
dans un procès insignifiant ; mais dans un
procès important, la chose est tout à fait
extraordinaire.

ego pro Titinia Cottæ peroravissem, ille contra me pro
Ser. Nævio diceret, subito totam causam oblitus est idque veneficiis et cantionibus Titiniæ factum esse dicebat.
[218] Magna hæc immemoris ingenii signa; sed nihil turpius,
quam quod etiam in scriptis obliviscebatur quid paulo ante
posuisset, ut in eo libro, ubi se exeuntem e senatu et cum
Pansa nostro et cum Curione filio colloquentem facit, cum
senatum Cæsar consul habuisset, omnisque ille sermo ductus *est* e percontatione filii quid in senatu esset actum : in
quo multis verbis cum inveheretur in Cæsarem Curio, disputatioque esset inter eos, ut est consuetudo dialogorum,

VARIANTES : 218. facit. Cum *F*. facit cum *r*. — ductus e *L*.

NC. 217. Peut-être *Sex. Nævio*; cf. *pro Quinct.*, 1, 1. — 218. Manuce *oblivisce-
retur.* — Avec Peter, je conserve *cum senatum Cæsar consul habuisset*, que presque
tous les éditeurs, depuis Ernesti, suppriment ou mettent entre crochets. Ces mots
sont nécessaires pour expliquer ce qui suit *cum inveheretur in Cæsarem*. D'ailleurs
dans ce passage, qui résume visiblement l'introduction de Curion, il est naturel
que Cicéron rappelle la date précise du dialogue, comme Curion avait dû l'indiquer. Il est vrai que trois lignes plus bas on retrouve *quem senatum Cæsar consul
habuisset*. Mais la répétition a ici une valeur logique et contribue à mettre davantage
en relief l'étourderie de Curion. — *ductus est*, d'après Orelli. Lambin : *ductus esset;*
Schütz *ducitur.* — Kayser et Eberhard mettent entre crochets l'un *disputatioque
esset.... dialogorum*, l'autre toute la phrase depuis *in quo* jusqu'à *senatu misso.*

Cottæ n'est pas un génitif comme le
veulent certains éditeurs, qui entendent
pro Titinia Cotta uxore. C'est un datif
d'intérêt. Cotta plaidant pour Titinia,
Cicéron lui rend le service de se charger
de la péroraison (cf. § 190). Le procès
n'est pas autrement connu.

Contra me. Quoique le principal avocat
soit Cotta, c'est à Cicéron que Curion
semble répondre, parce qu'il parle immédiatement après lui.

Veneficiis et cantionibus. Demeuré
court, Curion disait, sans doute en riant
lui-même de sa mésaventure : « Que vou-
lez-vous, cette femme m'a jeté un sort! »
Cf. *Orat.*, 37, 129 : « Nobis privata in causa
magna et gravi cum cœpisset Curio pater
respondere, subito assedit, cum sibi ve-
nenis ereptam memoriam diceret. » Les
magiciennes se servaient de philtres (*veneficiis*) et de formules (*cantionibus.* Cf.
Hor., *Epist.*, I, 1, 34 : « sunt verba et
voces »).

218. *Posuisset*, § 161.

In eo libro, d'ailleurs inconnu. C'était

probablement un pamphlet contre César,
dont Curion était l'ennemi et qu'il pour-
suivait de ses épigrammes (voir Suétone,
Cæs., 9, 49, 50, 52).

Pansa. C. Vibius Pansa, celui qui,
comme consul en 43, périt à Modène
avec son collègue Hirtius. C'était un partisan de César et un ami de Cicéron. Cf.
ad Famil., VI, 12, 2.

Curione filio. Cf. § 280.

Facit. Cf. *de Natura deorum*, I,
12, 31 : « facit... Socratem disputan-
tem ».

Ductus est. Cf. § 21. Le verbe est au
parfait parce que l'action exprimée par
ducere est antérieure à la conversation
qu'elle provoque et dont l'idée est exprimée par le présent *facit.*

E percontatione filii peut avoir deux
sens et désigner une question faite, soit
par le père au fils, soit par le fils au père
(Riemann, *Syntaxe*, p. 92). Ici la question vient du fils, qui n'a pas assisté à la
séance. Cicéron résume l'introduction de
Curion.

cum sermo esset institutus senatu misso, quem senatum Cæsar consul habuisset, reprehendit eas res, quas idem Cæsar
anno post et deinceps reliquis annis administravisset in
Gallia. LXI. [219] Tum Brutus admirans : Tantamne fuisse
oblivionem, inquit, in scripto præsertim, ut ne legens
quidem unquam senserit, quantum flagitii commisisset ?
Quid autem, inquam Brute, stultius, quam, si ea vituperare
volebat, quæ vituperavit, non eo tempore instituere sermonem, cum illarum rerum jam tempora præterissent ? Sed ita
totus errat, ut in eodem sermone dicat in senatum se Cæsare
consule non accedere, sed id dicat ipso consule exiens e
senatu. Jam, qui hac parte animi, quæ custos est ceterarum
ingenii partium, tam debilis esset, ut ne in scripto quidem
meminisset quid paulo ante posuisset, huic minime mirum
est ex tempore dicenti solitam effluere mentem. [220] Ita-

VARIANTES : 218. administravit *M.* — LXI, 219. senatu *L.*

NC. 218. Stangl, avec Kayser, préfère la leçon de *M* (*administravit*). Voir le commentaire. — LXI. 219. Lambin, suivi par Kayser, Jahn-Eberhard, Stangl : *et id dicat.*
— Eberhard [*ut ne in scripto.... posuisset*].

Cum sermo esset, etc. La période est
embarrassée et surchargée d'incises parce
que Cicéron veut à la fois expliquer l'é-
tourderie de Curion et en faire ressortir
l'énormité. Curion, faisant une violente
sortie contre César, s'emporte, parle beaucoup (*multis verbis*), et dans sa vivacité
s'oublie ; puis l'imprévu du dialogue, le
jeu croisé des questions et des réponses,
l'allure discursive de la *disputatio* achèvent
de lui faire perdre de vue le point de
départ de la conversation : voilà l'explication de son étourderie. La suite *cum
sermo esset*, etc., met en relief l'étourderie
elle-même. Logiquement cette seconde
partie de la période est une conséquence
de la première et l'on peut entendre comme
s'il y avait : *cum inveheretur ... disputatioque esset ..., ita aberravit ut cum sermo
esset ... reprehenderet*, etc.

Senatu misso, etc., à l'issue de la séance
du sénat, de cette séance que précisément il avait dit (de là le subjonctif *habuisset*) avoir été présidée par César consul. La répétition de l'antécédent après
le relatif précise ici la circonstance. C'est

comme s'il y avait *eo ipso senatu misso
quem ...*

Administravisset, au subjonctif parce
que la critique est donnée comme venant
de Curion.

LXI, 219. *Tantamne fuisse*. Sur l'emploi de l'infinitif d'étonnement, voir Riemann, *Syntaxe*, p. 439, § 247.

Flagitii. Voir § 218 : « nihil turpius ».

Instituere, établir le dialogue, c'est-à-
dire faire une introduction qui l'eût placé
quelques années plus tard.

Ipso consule, précisément sous le consulat de César.

Custos. Cf. *de Orat.*, I, 5, 18 : « Quid
dicam de thesauro rerum omnium memoria ? Quæ nisi custos inventis cogitatisque
rebus et verbis adhibeatur, intellegimus
omnia, etiamsi præclarissima fuerint in
oratore, peritura. » Cf. *ad Herenn.*, III,
16, 28 ; *Part. or.*, I, 3.

Posuisset, §§ 161, 218.

Solitam, suppléez *esse.*

Effluere. Cf. *ad Fam.*, VII, 14, 1 : « Si
nostri oblitus es, dabo operam ut istue

que cum ei nec officium deesset et flagraret studio dicendi,
perpaucæ ad eum causæ deferebantur. Orator autem, vivis
ejus æqualibus, proximus optimis numerabatur propter verborum bonitatem, ut ante dixi, et expeditam ac profluentem
quodammodo celeritatem. Itaque ejus orationes aspiciendas
tamen censeo. Sunt illæ quidem languidiores, verumtamen
possunt augere et quasi alere id bonum, quod in illo mediocriter fuisse concedimus; quod habet tantam vim, ut solum
sine aliis in Curione speciem oratoris alicujus effecerit. Sed
ad instituta redeamus.

LXII. [221] In eodem igitur numero ejusdem ætatis
C. Carbo fuit, illius eloquentissimi viri filius, non satis acutus orator, sed tamen orator numeratus est. Erat in verbis
gravitas et facile dicebat et auctoritatem naturalem quandam habebat oratio. Acutior Q. Varius rebus inveniendis

NC. 220. Kayser et Simon [*vivis ejus æqualibus*]; Madvig *a temporis ejus*; Piderit, suivi par Eberhard : *a suis æqualibus*; Stangl *vivis etiam* ; Friedrich *vivis ejus
⟨ætatis⟩*. Le texte de *L* peut très bien être conservé. — Stangl ajoute *non* devant
mediocriter. Mais *mediocriter* est un éloge (cf. § 94) et correspond très bien au mérite de
Curion (*verborum bonitatem* ; cf. § 210 *non pessime loquebatur*). — LXII, 221. Vassis
voudrait supprimer *fuit*. Jahn met un point après *filius* et ajoute *is* devant *non satis*.

veniam antequam plane ex animo tuo
effluo. »

220. *Officium*, la serviabilité. Curion
était très disposé à prêter son ministère,
mais les plaideurs ne faisaient pas volontiers appel à sa complaisance.

Orator, considéré comme orateur, c'est-
à-dire au point de vue de l'élocution.

*Vivis ejus æqualibus = dum vivebant
ejus æquales.* Quand Cotta, Sulpicius, Pomponius, Carbon et les autres orateurs contemporains de Curion vivaient encore, la
comparaison ne se faisait qu'entre eux
et lui et on lui attribuait le troisième rang
(§ 210). Quand ses contemporains eurent
disparu, la comparaison se faisant entre
lui et les brillants orateurs de la génération nouvelle, il ne compta plus.

Bonitatem. Cf. *Orat.*, 49, 164 : « bo-
nitate potius nostrorum verborum utamur
quam splendore Græcorum ».

Ut ante dixi, § 210.

Aspiciendas tamen, malgré tous ses défauts.

Languidiores, parce qu'ils sont mal
composés et que le développement traîne.

Alere, § 126. *Id bonum,* l'élocution.

Mediocriter. Cf. § 94.

LXII, 221. *C. Carbo.* C. Papirius Carbo
Arvina, tribun en 90, fils du Carbon accusé par Crassus (§§ 103, 159), le seul des
membres de sa famille qui ait été partisan de l'aristocratie (*ad Famil.*, IX, 21,
3). Il en sera plusieurs fois question plus
loin, §§ 305, 308, 311.

Acutus (§ 53) dans l'invention. *In verbis* dans l'élocution. Voir dans l'*Orator*
(63, 213) une phrase de Carbon que Cicéron cite comme un remarquable exemple
de nombre oratoire.

Auctoritatem naturalem se rapporte indirectement à l'*action*. Carbon avait naturellement dans sa personne quelque
chose d'imposant.

Q. Varius (*Hybrida*), l'auteur de la fameuse loi Varia *de majestate* (§ 205), qui
va être à chaque instant rappelée. Cicéron
l'appelle *homo vastus atque fœdus* (*de Orat.*,
I, 25, 117). Tribun en 91, il fut, deux ans
après, victime lui-même de sa propre loi

nec minus verbis expeditus; fortis vero actor et vehemens
et verbis nec inops nec abjectus et quem plane oratorem
dicere auderes, Cn. Pomponius, lateribus pugnans, incitans
animos, acer, acerbus, criminosus. [222] Multum ab his
aberat L. Fufius, tamen ex accusatione M' Aquilii diligen-
tiæ fructum ceperat. Nam M. Drusum, tuum magnum avunculum, gravem oratorem, ita dumtaxat cum de re publica
diceret; L. autem Lucullum etiam acutum, patremque

NC. 222. Eberhard *tametsi ex accusatione.* — Stangl préférerait *cepit.*

(§ 305) et mourut misérablement en exil
(*de Nat. deor.*, III, 33, 81).

Verbis nec inops nec abjectus caractérise
le style de Varius, qui ne manque ni
d'abondance ni d'élégance. A la ligne
précédente *verbis expeditus* n'indique que
la facilité naturelle du débit. Cf. § 227.
Nec abjectus veut dire qu'il ne se contente
pas des premiers mots venus, mais qu'il
fait un choix. Voir § 140 (note sur *propria
laus oratoris*).

Auderes, potentiel du passé.

Cn. Pomponius, tribun en 90 (§ 305),
tué en 82 lors du retour de Sylla (§ 311).

Lateribus pugnans. Cf. *de Orat.*, I, 60,
255 : «lateribus aut clamore contenderent».

Criminosus, § 131. Un passage du *de
Oratore* (III, 13, 50) achève de caractériser
le personnage : « Easdem res autem simul ac Fufius aut... Pomponius agere cœpit, non æque quid dicant, nisi admodum
attendi, intellego; ita confusa est oratio,
ita perturbata, nihil ut sit primum, nihil
ut secundum, tantaque insolentia ac turba
verborum, ut oratio, quæ lumen adhibere
rebus debet, ea obscuritatem et tenebras
afferat atque ut quodammodo ipsi sibi in
dicendo obstrepere videantur. »

222. *Multum ab his aberat*, venait loin
derrière eux.

L. Fufius. Cf. *de Orat.* II, 22, 91 :
« Ille, qui nunc etiam amissa voce furit
in republica, Fufius nervos in dicendo
C. Fimbriæ (cf. § 129), quos tamen habuit ille, non assequitur, oris pravitatem
et verborum latitudinem imitatur »; III,
13, 50 (cité dans la note sur *criminosus*).
Il est encore signalé (I, 39, 179) à propos
d'un procès singulier pour des fenêtres.

M' Aquilii. Consul en 101 avec Marius, puis en 90, proconsul en Sicile où

il écrasa la deuxième révolte des esclaves,
M' Aquilius fut accusé de concussion
en 98 par Fufius et défendu par Antoine,
qui le sauva par son pathétique (§ 141,
note sur *singularis; pro Flacc.*, 39, 98;
in Verr., V, 1, 3; *de Orat.*, II, 28, 124;
47, 194 et suiv.).

Nam, § 48.

M. Drusum, fils de l'adversaire de
C. Gracchus (§ 109) et, comme son père,
partisan de l'aristocratie. Tribun en 91,
il tenta de réconcilier les chevaliers et
le sénat, de désarmer le peuple par des
distributions de terres et de blé et d'oc-
troyer aux Italiens le droit de cité (Tite-
Live, *Epit.*, 71). Ses ennemis l'ayant fait
assassiner, sa mort fut le signal de la
guerre Sociale. Voir Duruy, *Hist. des
Rom.*, II, p. 514 et suiv.

Avunculum. Servilia, mère de Brutus,
était née du mariage de Servilius Cæpio
(§ 223) avec Livia, sœur de Drusus.

Oratorem. Cf. Vell. Paterc., II, 13 :
« (Drusus) vir nobilissimus, eloquentissimus, sanctissimus. »

Dumtaxat. Cf. § 108.

L. Lucullum. C'est le grand Lucullus,
le vainqueur de Mithridate. Il avait
épousé en secondes noces la sœur de
Servilia, mère de Brutus. Cf. *Acad.*, II,
1, 1 : « Magnum ingenium L. Luculli,
magnumque optimarum artium studium,
tum omnis liberalis et digna homine
nobili ab eo percepta doctrina, quibus
temporibus florere in foro maxime potuit, caruit omnino rebus urbanis. Ut
enim, admodum adulescens, cum fratre,
pari pietate et industria prædito, paternas
inimicitias magna cum gloria est persecutus, in Asiam quæstor profectus. »

Patremque tuum, personnage assez

tuum, Brute, juris quoque et publici et privati sane peritum ; M. Lucullum, M. Octavium Cn. F., qui tantum
auctoritate dicendoque valuit, ut legem Semproniam fru-
mentariam populi frequentis suffragiis abrogaverit ; Cn. Octavium M. F., M. Catonem patrem, Q. etiam Catulum
filium abducamus ex acie, id est a judiciis, et in præsidiis
rei publicæ, cui facile satis facere possint, collocemus.
[223] Eodem Q. Cæpionem referrem, nisi nimis equestri ordini deditus a senatu dissedisset. Cn. Carbonem,

NC. 222. Quelques éditeurs, d'après Manuce, considèrent comme une glose *id est a
judiciis*. Mais une explication ici est nécessaire, *acie* seul n'étant pas suffisamment
explicite.

obscur, partisan de Marius, qui fut tribun
en 93 et fut tué à Regiam en 77 par
Pompée.

Juris et publici et privati. Voir
§ 214.

M. Lucullum, frère du grand Lucullus, consul en 73. Il fut adopté par
Varron.

M. Octavium, auteur d'une *lex frumentaria* dont Cicéron vante ailleurs la
modération : *de Off.*, II, 21, 72 : « C.
Gracchi frumentaria magna largitio ;
exhauriebat igitur ærarium ; M. Octavii
frumentaria largitio et reipublicæ tolerabilis et plebi necessaria : ergo et civibus et reipublicæ salutaris. »

Cn. Octavium, le consul de 76. Cf.
§ 217.

Catonem patrem, le père de Caton
d'Utique ; il mourut jeune, au moment
de devenir préteur. Cf. § 119.

Q. Catulum (cf. § 133), consul en 78
et l'un des plus fermes soutiens du parti
aristocratique. Il s'opposa avec Hortensius à la loi Manilia (*de imp. Cn. Pomp.*,
17, 51). Ce fut lui qui acheva la recon-
struction du Capitole, incendié en 83 au
milieu des troubles civils.

Ex acie. Cf. § 32 (note sur *forensi
luce*) ; *in præsidiis rei publicæ*, dans les
citadelles de l'État, c'est-à-dire dans les
grands corps politiques et particulièrement dans le sénat, où se concentraient les
forces du gouvernement et la résistance
aux entreprises révolutionnaires. La
métaphore de *præsidiis* est amenée par

celle d'*acies* (= champ de bataille en
plaine), à laquelle elle s'oppose.

Satis facere. Cf. § 135 : « Dicebant de
republica quod esset... satis. »

223. *Eodeme* sc. *in præsidia.*

Q. Cæpionem, le grand-père maternel
de Brutus (cf. §§ 169, 206). D'abord
partisan du sénat, il lutta avec énergie
contre le tribun Saturninus (*ad Her.*, I,
12, 21). Puis il se jeta dans le parti
démocratique, attaqua le prince du
sénat Scaurus (*pro Scaur.*, 1, 2 ; Ascon.
in Scaur., p. 21) et fut l'un des plus
violents adversaires de Drusus (§ 222),
son beau-frère, dont la mort lui fut im-
putée. Il périt en 90 dans la guerre
Sociale.

Equestri ordini. Les chevaliers étaient
lésés par les lois de Drusus, les lois
agraire et frumentaire les atteignant
dans leur fortune, la loi judiciaire leur
enlevant, pour le partager avec le sénat,
le privilège des fonctions judiciaires, dont
ils avaient scandaleusement abusé, et
menaçant de poursuites rétroactives les
juges prévaricateurs.

A senatu, c'est-à-dire *a præsidiis reipublicæ* : voilà pourquoi on ne peut le
citer avec les autres.

Cn. Carbonem, partisan de Marius,
trois fois consul en 85, 84 et 82. Après
avoir en vain essayé de tenir campagne
contre les forces de Sylla, il s'enfuit
d'Italie et fut tué en Sicile par Pompée.
Cicéron l'appelle ailleurs (*in Verr.*, I,
14, 37) « malus civis, improbus consul,

M. Marium et ex eodem genere complures, minime dignos
elegantis conventus auribus, aptissimos cognovi turbulentis contionibus. Quo in genere, ut in his perturbem
ætatum ordinem, nuper L. Quinctius fuit; aptior etiam Palicanus auribus imperitorum. [224] Et quoniam hujus generis facta mentio est, seditiosorum omnium post Gracchos
L. Appuleius Saturninus eloquentissimus visus est; magis
specie tamen et motu atque ipso amictu capiebat homines
quam aut dicendi copia aut mediocritate prudentiæ. Longe
autem post natos homines improbissimus C. Servilius Glaucia, sed peracutus et callidus cum primisque ridiculus. Is

VARIANTE : LXII, 223. turbulentis cognitionibus *L*.
NC. 223. Stangl conjecture *etiam* ⟨*M.*⟩ *Palicanus.*

seditiosus homo » (cf. *ad Famil.*, IX,
21, 3 : « improbior nemo meo judicio
fuit »).

M. Marium. Marius Gratidianus, fils
de Gratidius (§ 168), adopté par le frère
de Marius. C'était un parent éloigné de
Cicéron. Il fut tué en 82 par Catilina
sur l'ordre de Sylla.

L. Quinctius, tribun en 74 ; *pro
Cluent.*, 28, 77 : « L. Quinctius, homo
maxime popularis, qui omnes rumorum
et contionum ventos colligere consuesset » ; 29, 77 : « L. Quinctius, homo cum
summa potestate præditus, tum ad in-
flammandos animos multitudinis accom-
modatus » ; 37, 103 : « In summam enim
L. Quinctius invidiam contionibus eum
cotidianis, seditiosis et turbulentis,
adduxerat. »

Palicanus. M. Lollius Palicanus (ou,
d'après les monnaies, Palikanus), ardent
défenseur de la démocratie contre Sylla;
tribun du peuple en 71, il réussit à rendre
au tribunat son ancienne puissance. Ce
fut un des principaux accusateurs de
Verrès. Quintilien, IV, 2, 2 : « Humili
loco, Picens, loquax magis quam facundus. » Val. Max., III, 8, 3 : « M. Pali-
cani, seditiosissimi hominis, pestiferis
blanditiis præreptus populi favor. »

224. *L. Appuleius Saturninus,* le
fougueux tribun de 100, ami de Marius,
qui fit exiler Métellus Numidicus et
pendant près d'un an fut le maître de

Rome. Abandonné à la fin par Marius,
il fut assiégé dans le Capitole, dont il
s'était emparé, et y périt avec ses complices (voir Duruy, *Hist. des Rom.*, II,
p. 501 et suiv.).

Specie, par son air. Le mot, ainsi que
les deux termes qui suivent (*motu,
amictu*), se rapportent à l'action. Cf. *de
Harusp. resp.*, 19, 41 : « L. Saturninus
ita fuit effrenatus et pæne demens, ut
actor (*mss* auctor) esset egregius, et ad
animos imperitorum excitandos inflam-
mandosque perfectus. »

Amictu, par la manière dont il se
drapait dans sa toge. Cf. Quintilien,
XI, 3, 137 ; *de Orat.*, II, 22, 90.

Dicendi copia se rapporte à l'élocution, *mediocritate prudentiæ* à l'invention. Sur le sens de *mediocritas*, cf.
§ 94.

Post natos homines. Cf. § 54 : « post
reges exactos. »

Improbissimus. Quelqu'un l'avait appelé *stercus curiæ* (*de Orat.*, III, 41,
164).

C. Servilius Glaucia, préteur en 100,
l'ami et le complice de Saturninus.

Peracutus. Cf. *pro Rab. Post.*, 6, 11 :
« Glaucia... homo impurus sed tamen
acutus. »

Cum primis, § 205.

Ridiculus, § 172. Dans le *de Oratore*
(II, 61, 249 ; 63, 263) on cite des mots
de lui.

ex summis et fortunæ et vitæ sordibus in prætura consul
factus esset, si rationem ejus haberi licere judicatum esset.
Nam et plebem tenebat et equestrem ordinem beneficio
legis devinxerat. Is prætor eodem die, quo Saturninus tribunus plebis, Mario et Flacco consulibus publice est interfectus : homo simillimus Atheniensis Hyperboli, cujus
improbitatem veteres Atticorum comœdiæ notaverunt.
|225| Quos Sex. Titius consecutus, homo loquax sane et sa-

NC. 224. Campe propose *in summis* et *ex prætura*. Stangl d'après Schenkl [*in
prætura*]; mais *in prætura* est nécessaire pour expliquer *licere* : aucune loi n'empêchait de donner le consulat à un homme de basse naissance et peu considéré ; mais il
n'était pas permis de nommer consul un préteur en exercice. — Eberhard voudrait
supprimer *si rationem..... judicatum esset* et corriger la phrase ainsi : *in prætura
⟨pæne⟩ factus est.* — Kayser met entre crochets *is prætor... est interfectus.* Stangl
change *is* en *igitur.* — 225. Jahn-Eberhard et Stangl *consecutus ⟨est⟩.*

In prætura, ce qui était une illégalité,
la loi exigeant un intervalle de deux
ans au moins entre deux magistratures
curules. *Factus esset*, il aurait eu la majorité des voix. *Factus* équivaut ici à
designatus.

Rationem ejus haberi, etc. Le président des comices, en vertu de son pouvoir discrétionnaire, déclara nulle et
non avenue sa candidature (cf. § 55 :
« de plebe consulem non accipiebat »),
Glaucia, furieux, fit alors tuer à coups
de bâton, en plein champ de Mars, son
compétiteur C. Memmius (§ 136).

Beneficio legis, de sa loi *repetundarum*
(cf. § 87) votée vers 111. Les dispositions n'en sont pas connues avec certitude;
mais l'usage qu'on en fit contre Rutilius (§ 115) et Scaurus (§ 113; *pro Scaur.*,
1, 2 ; Ascon. *in Scaur.*, p. 21) montre
qu'elle était dirigée contre les nobles et
toute au profit des publicains, c'est-à-
dire des chevaliers.

Mario et Flacco. La conjonction copulative est nécessaire quand les prénoms
sont omis. Voir Riemann, *Syntaxe*,
p. 150, note 2.

Publice; pro C. Rab. perd., 7, 20 :
« Fit senatus consultum ut C. Marius,
L. Valerius consules adhiberent tribunos
plebis et prætores, quos eis videretur,
operamque darent ut imperium populi
romani majestasque conservaretur. »

Hyperboli, démagogue athénien de la
fin du v⁰ siècle, successeur de Cléon

dans la faveur populaire. Il fut banni
en 116 par une sentence d'ostracisme et
mourut quelques années après à Samos.
Cf. Plutarque, *Alcib.*, 13 : Ἦν δέ τις
Ὑπέρβολος Περιθοίδης, οὗ μέμνηται μὲν
ὡς ἀνθρώπου πονηροῦ καὶ Θουκυδίδης,
τοῖς δὲ κωμικοῖς ὁμοῦ τι πᾶσι διατριβὴν
ἀεὶ σκωπτόμενος ἐν τοῖς θεάτροις παρεῖχεν.

Comœdiæ. Cf. *de Rep.*, IV, 10, 11 :
« Quem illa non attigit? Vel potius
quem non vexavit ? Cui pepercit ? Esto :
populares homines, improbos, in republica seditiosos, Cleonem, Cleophontem,
Hyperbolum læsit. »

225. *Sex. Titius*, tribun en 99, auteur
d'une loi agraire, accusé et condamné
pour avoir gardé chez lui l'image de
Saturninus (Val. Max., VIII, 1, 3; *pro C.
Rab. perd.*, 9, 24). Dans le procès,
l'orateur Antoine, alors consul, eut à
témoigner contre lui et prononça à
cette occasion un véritable discours;
de Orat., II, 11, 48 : « Testimonium
sæpe dicendum est ac nonnunquam etiam
accuratius, ut mihi necesse fuit in Sex.
Titium, seditiosum civem et turbulentum. Explicavi in eo testimonio dicendo
omnia consilia consulatus mei, quibus
illi tribuno plebis pro republica restitis-
sem, quæque ab eo contra rempublicam
facta arbitrarer exposui. Diu retentus
sum, multa audivi, multa respondi. »
Cf. II, 66, 265.

Loquax... acutus... gestu. Toujours

tis acutus, sed tam solutus et mollis in gestu, ut saltatio quædam nasceretur, cui saltationi Titius nomen esset. Ita cavendum est ne quid in agendo dicendove facias, cujus imitatio rideatur. LXIII. Sed ad paulo superiorem ætatem revecti sumus : nunc ad eam, de qua aliquantum sumus locuti, revertamur.

[226] Conjunctus igitur Sulpicii ætati P. Antistius fuit, rabula sane probabilis, qui multos cum tacuisset annos neque contemni solum, sed irrideri etiam solitus esset, in tribunatu primum contra C. Julii illam consulatus petitionem extraordinariam, veram causam agens, est probatus : et eo magis, quod eandem causam cum ageret ejus collega ille ipse Sulpicius, hic plura et acutiora dicebat. Itaque post tribunatum primo multæ ad eum causæ, deinde omnes maximæ quæcumque erant deferebantur. [227] Rem videbat acute, componebat diligenter, memoria valebat; verbis non ille quidem ornatis utebatur, sed tamen non abjectis; expe-

VARIANTES : 225. dissolutus *B*[1] *H*. — LXIII, reiecti *O*[1] *G*. — 226. maxime *L*.

NC. 225. Stangl, approuvé par Simon, [*ita cavendum... rideatur*]. Mais cette réflexion didactique n'est pas contraire à l'usage de Cicéron, qui se plaît dans le *Brutus* à mêler les préceptes à l'histoire; Friedrich conjecture *irrideatur*. — LXIII, 226. Baehrens conjecture *jacuisset* au lieu de *tacuisset*.

les trois divisions oratoires, élocution, invention, action.

Solutus et mollis indique un manque de tenue, trop de laisser-aller. Nous disons de même une exécution lâchée, une facture molle. Cf. Tacite, *Ann.*, XVI, 18 : « dicta factaque ejus... solutiora et quandam sui neglegentiam præferentia ».

Saltatio, une mimique théâtrale, analogue à celle de l'acteur chargé des *cantica* et dont on disait qu'il *dansait la tragédie* (*saltabat tragœdiam*).

Esset amené par *nasceretur*.

Ita, tant il est vrai que.

In agendo dicendove, c'est-à-dire *in actione aut elocutione*.

LXIII. *Superiorem*, de dix ans environ.

226. *Igitur*, § 21.

P. Antistius, partisan de l'aristocratie, beau-père de Pompée, qui avait épousé en 89 sa fille Antistia (Plutarque, *Pomp.*, 4). Cf. §§ 308, 311.

Rabula, § 180.

In tribunatu, en 88.

C. Julii, § 177. Il avait la prétention de se faire nommer consul sans avoir été préteur (*de Harusp. resp*, 20, 43).

Veram causam, la cause de la légalité. Cf. *de Imp. Cn. Pomp.*, 17, 53 : « Quid? Si plus apud populum romanum auctoritas tua quam ipsius populi romani salus et *vera* causa valuisset, hodie hanc gloriam atque hoc orbis terrarum imperium teneremus? »

Hic, Antistius.

Acutiora, des arguments plus pénétrants.

227. *Rem*, les ressources du sujet, les arguments. On retrouve encore ici les cinq parties de la rhétorique, l'invention (*acute*), la disposition (*componebat*), la mémoire (*memoria*), l'élocution (*verbis*), l'action (*actio*).

Ornatis, § 40. *Abjectis*, § 221. *Expedita*, § 220.

dita autem erat et perfacile currens oratio; et erat ejus qui-
dam tanquam habitus non inurbanus; actio paulum cum
vitio vocis tum etiam ineptiis claudicabat. Hic temporibus
floruit *iis*, quibus inter profectionem reditumque L. Sullæ
sine jure fuit et sine ulla dignitate res publica; hoc etiam
magis probabatur, quod erat ab oratoribus quædam in
foro solitudo. Sulpicius occiderat, Cotta aberat et Curio;
vivebat e reliquis patronis ejus ætatis nemo præter Carbonem et Pomponium, quorum utrumque facile superabat.
LXIV. [228] Inferioris autem ætatis erat proximus L. Sisenna, doctus vir et studiis optimis deditus, bene Latine
loquens, gnarus rei publicæ, non sine facetiis; sed neque
laboris multi nec satis versatus in causis; interjectusque
inter duas ætates Hortensii et Sulpicii nec major*em* consequi poterat et minori necesse erat cedere. Hujus omnis
facultas ex historia ipsius perspici potest, quæ cum facile

VARIANTES : 227. quidem *L*. — his *L*. — Sullæ *F²*, Syllæ *L*. — etiam autem magis
F O. — LXIV, 228. maioris *L*. — percipi *F*.

NC. 227. *quidam*, correction de Manuce adoptée par la plupart des éditeurs. *Quidam* ne fait pas double emploi avec *tanquam*. cf. § 284 *tanquam insaniam quandam*. —
ulla est supprimé par Jahn-Eberhard. — LXIV, 228. *majorem*, vulgate.

Ejus, sc. *orationis*.

Tanquam, parce que le mot *habitus* est pris au sens figuré : « la tenue de son style ». Cf. *de Orat.*, III, 52, 199 : « si habitum etiam orationis et quasi colorem aliquem requiritis ».

Ineptiis, § 207.

Inter profectionem reditumque L. Sullæ, c'est-à-dire pendant cinq ans, depuis le départ de Sylla pour la guerre de Mithridate (printemps 87) jusqu'à la bataille de la porte Colline (automne 82).

Sine jure, la faction de Marius et de Cinna étant toute-puissante à Rome et disposant à son gré des magistratures ainsi que de la vie des plus illustres citoyens.

Ab oratoribus, parce qu'il y a dans *solitudo* une idée de séparation. Voir Riemann, *Syntaxe*, p. 121, § 64.

Sulpicius, tué à la fin de 88, quand Sylla était venu avec son armée rétablir l'ordre à Rome avant de partir pour l'Asie. (Tite-Live, *Epit.* 77; *de Orat.*, III,

3, 11). — *Cotta*, exilé depuis 90 de par la loi Varia (cf. § 311). — *Curio*, légat de Sylla en Asie (Plutarque, *Sylla*, 14). *Carbonem et Pomponium*, § 221.

LXIV, 228. *Sisenna* L. (Cornélius) Sisenna, préteur en 78, mort en 67, étant légat de Pompée en Crète, lors de la guerre des pirates.

Doctus vir. Outre son histoire, il avait écrit un commentaire du théâtre de Plaute.

Bene Latine, sauf les réserves faites plus loin, § 259.

Gnarus reipublicæ, ce n'était pas seulement un savant de cabinet.

Laboris, le travail particulier qu'exige le métier d'orateur, ce qu'ailleurs Cicéron appelle *studium* ou *exercitatio* (§ 22).

In causis. On n'en connaît que deux, le procès dont il est question plus loin (§ 260) et le procès de Verrès, qu'il défendit avec Hortensius (*in Verr.*, II, 45, 110).

Historia. C'était surtout une histoire contemporaine, contenant le récit de la

omnes vincat superiores, tum indicat tamen quantum absit
a summo quamque genus hoc scriptionis nondum sit satis
Latinis litteris illustratum. Nam Q. Hortensii admodum
adulescentis ingenium, ut Phidiæ signum, simul aspectum et
probatum est. [229] Is L. Crasso Q. Scævola consulibus
primum in foro dixit et apud hos ipsos quidem consules,
et cum eorum, qui adfuerunt, tum ipsorum consulum, qui
omnes intellegentia anteibant, judicio discessit probatus.
Undeviginti annos natus erat eo tempore, est autem L. Paulo
C. Marcello consulibus mortuus; ex quo videmus eum in
patronorum numero annos quattuor et quadraginta fuisse.
Hoc de oratore paulo post plura dicemus; hoc autem loco
voluimus ætate *disparem* in dispar*ium* oratorum ætatem in-

VARIANTES : 228. nam. Q. *O G²*, Nam. q. : *F.* Näq 3 *r*. — 229. ætatem in disparem
oratorum *O*, ætatem in disparem oratorum ætatem *r*.

NC. 229. La confusion d'*ætatĕ* et d'*ætate*, l'omission de *disparem* à côté de *in disparium* et, après la chute de *disparem*, le changement de *disparium* en *disparem* sont
des fautes qui s'expliquent aisément. Parmi les éditeurs, les uns suppriment le premier
ou le second *ætatem*, les autres intercalent *ejus* d'après H. Estienne soit avant, soit après
le second *ætatem*.

guerre Sociale et de la rivalité de Marius
et Sylla. Sur la valeur de l'ouvrage, cf.
Salluste, *Jug.*, 95 : « L. Sisenna optume
et diligentissume omnium, qui Sullæ res
dixere, persecutus, parum mihi libero ore
locutus videtur »; *de Leg.*, I, 2, 7 : « Sisenna omnes adhuc nostros scriptores,
nisi qui forte nondum ediderunt, de quibus existimare non possumus, facile superavit. Is tamen neque orator in numero
vestro unquam est habitus et in historia
puerile quiddam consectatur, ut unum
Clitarchum (cf. § 42), neque præterea
quemquam de Græcis legisse videatur;
eum tamen velle dumtaxat imitari; quem
si assequi posset, aliquantum ab optimo
tamen abesset ».

Nondum. Cf. *de Leg.*, I, 2, 5 : « Abest
enim historia litteris nostris, ut et ipse
intellego et ex te persæpe audio »; *de
Orat.*, II, 13, 55 : « minime mirum... si
ista res (historia) adhuc nostra lingua
illustrata non est ».

Nam explique *minori necesse erat cedere*.

Phidiæ signum. En présence d'un beau
génie oratoire on n'hésite pas, pas plus

qu'en présence d'un chef-d'œuvre de l'art :
l'admiration s'impose.

229. *L. Crasso, Q. Scævola*, en 95. Pour
l'asyndète, cf. § 60.

In foro, comme accusateur dans un procès *repetundarum*, intenté par les habitants de la province d'Afrique. *de Orat.*,
III, 61, 229 : « vellem (*dit Catulus*) ut
meus gener, sodalis tuus, Hortensius ad-
fuisset; quem quidem ego confido omnibus istis laudibus... excellentem fore. —
Et Crassus : Fore, dicis? inquit; ego vero
esse jam judico et tum judicavi, cum me
consule in senatu causam defendit Africæ »;
cf. Quintil., XII, 7, 4. — Les mots *in
senatu* (*de Orat.*, *l. c.*) ne sont pas en
contradiction avec *in foro*. Avant de déposer une accusation en règle, Hortensius avait sans doute dénoncé au sénat
les abus dont l'Afrique était la victime.

Apud hos, qui présidaient les comices
judiciaires.

Intellegentia. Cf. § 83, « intellegentium ».

Mortuus. Cf. § 1.

De oratore, considéré comme orateur. — *Paulo post*, § 301 et suiv.

cludere. Quanquam id quidem omnibus usu venire necesse
fuit, quibus paulo longior vita contigit, ut et cum multo
majoribus natu, quam essent ipsi, et cum aliquanto minoribus compararentur. Ut Accius isdem *ædilibus* ait se et Pacuvium docuisse fabulam, *cum* ille octoginta, ipse triginta
annos natus esset ; [230] sic Hortensius non cum suis æqualibus solum, sed et mea cum ætate et cum tua, Brute,
et cum aliquanto superiore conjungitur : siquidem et
Crasso vivo dicere solebat et magis jam etiam vigebat
Antonio, et, [cum] Philippo jam sene pro Cn. Pompeii bonis dicente, in illa causa, adulescens cum esset, princeps
fuit, et in eorum, quos in Sulpicii ætate posui, numerum
facile pervenerat, et suos inter æquales M. Pisonem, M. Crassum, Cn. Lentulum, P. Lentulum Suram longe præstitit,
et me adulescentem nactus octo annis minorem, quam erat
ipse, multos annos in studio ejusdem laudis exercuit, et te-

Variantes : 229. edilibus *O G*, et edibus *F*, edibus *r*. — quo ille *L*.

NC. 229. *cum*, vulgate. — 230. *vigente florebat Antonio* Kayser. — Je supprime *cum*
devant *Philippo*. Un lecteur comprenant mal l'ablatif *Antonio* et le faisant porter sur
dicente, aura voulu substituer *cum* à *et* pour justifier le singulier *dicente* au lieu de *dicen-
tibus*, et la correction faite en surcharge aura été maladroitement introduite dans le
texte ; cf. *Orat.*, 39, 136 (*quam*, correction de *nisi*, introduit de même dans *L* à la
suite de *nisi*). Quelques éditeurs écrivent avec Schütz : *et cum Philippo... dicens.* Stangl,
d'après Madvig *vigebat ⟨cum⟩ Antonio, et Philippo...* etc. — Kayser ajoute *æmulum*
après *nactus.* — Rivius : *stadio*, correction adoptée par Lambin, Schütz, Orelli, Meyer.

Quanquam, § 27.

Accius, § 72.

Isdem ædilibus, c'est-à-dire dans les
mêmes jeux publics, dont la surinten-
dance appartenait aux édiles.

Pacuvium, neveu d'Ennius, né vers 220,
mort en 132. La date indiquée ici par
Cicéron correspond à l'année 140, Accius
étant né en 170. Cf. § 258.

Docuisse, § 72.

230. *Crasso vivo.* Outre son plaidoyer
pour les Africains, Hortensius avait prononcé, du vivant de Crassus, en 91, un
discours pour Nicomède, roi de Bithynie
(*de Orat.*, III, 61, 229).

Antonio suppléez *vivo*, de 90 à 87. On
ne connaît aucune des causes plaidées par
Hortensius dans cet intervalle.

Pro Cn. Pompeii bonis, procès plaidé
en 86 par Philippe (§ 173) et Hortensius,
sous la présidence d'Antistius (§ 226),
peu de temps après la mort du père de
Pompée. On voulait obliger Pompée à
rendre la succession paternelle, sous prétexte que le défunt, lors du pillage de la
ville d'Asculum, avait détourné à son profit une partie du butin.

M. Pisonem, § 236 ; *M. Crassum*, § 233 ;
Cn. Lentulum, § 234 ; *P. Lentulum Suram*, § 235.

Nactus indique la première rencontre
des deux orateurs, qui se fit dans le procès
de Quinctius en 81. Cicéron avait alors
vingt-cinq ans.

Exercuit a pour complément *me adulescentem* ; Hortensius, étant pour Cicéron
un objet d'émulation, l'a constamment
tenu en haleine et forcé à travailler. Cf.

cum simul, sicut ego pro multis, sic ille pro Appio Claudio dixit, paulo ante mortem.

LXV. [231] Vides igitur, ut ad te oratorem, Brute, pervenerimus, tam multis inter nostrum tuumque initium dicendi interpositis oratoribus; ex quibus, quoniam in hoc sermone nostro statui neminem eorum, qui viverent, nominare, ne vos curiosius eliceretis ex me quid de quoque judicarem, eos, qui jam sunt mortui, nominabo. Tum Brutus : Non est, inquit, ista causa quam dicis, quam ob rem de iis, qui vivunt, nihil velis dicere. Quænam igitur, inquam, est? Vereri te, inquit, arbitror ne per nos hic sermo tuus emanet et ii tibi suscenseant, quos præterieris. Quid? vos, inquam, tacere non poteritis? Nos quidem, inquit, facillime ; sed tamen te arbitror malle ipsum tacere quam taciturnitatem nostram experiri. [232] Tum ego : Vere tibi, inquam, Brute, dicam. Non me existimavi in hoc sermone usque ad hanc ætatem esse venturum; sed ita traxit ordo ætatum orationem, ut jam ad minores etiam pervenerim. Interpone igitur, inquit, si quos videtur; deinde redeamus ad te et ad Hortensium. Immo vero, inquam, ad Hortensium; de me alii dicent, si qui volent. Minime vero, inquit :

Variantes : LXV, 231. eligeretis *L*. — iis *M*, his *r*. — ii *O²* vetus *F G*, ut *O¹*, is *r*. — 232 vere inquam tibi *B H M*.

NC. LXV, 231. *eliceretis*, vulgate.

Tuscul., V, 1, 3 : « eos casus in quibus me fortuna vehementer exercuit » ; *pro Arch.*, 11, 28 : « quid est quod in hoc tam exiguo vitæ curriculo et tam brevi tantis nos in laboribus exerceamus ? »

Sicut ego, entendez *tecum simul*. Selon Piderit, il faudrait entendre *sicut ego cum illo*; mais la place de *tecum simul* en tête de la proposition indique que ces mots portent sur tout ce qui suit. Sur la collaboration oratoire de Cicéron et de Brutus, cf. § 324.

Sic ille. Cf. *de Orat.*, II, 77, 310 : « reliquæ duæ, *sicuti* sanguis in corporibus, *sic* illæ in perpetuis orationibus fusæ esse debebunt. »

Pro Appio Claudio, frère de Clodius et beau-père de Brutus (§ 267). Proconsul de Cilicie un an avant Cicéron, il fut accusé de brigue et de majesté, en 50, par Dolabella, le futur gendre de Cicéron (*ad Famil.*, VIII, 6, 1). Cf. § 324.

LXV, 231. *Nostrum tuumque initium*. On ne sait pas au juste à quel moment se placent les débuts de Brutus comme orateur. Mais ils sont d'au moins vingt ans postérieurs à ceux de Cicéron. Sur la date de la naissance de Brutus, cf. § 324.

Emanet. Cf. *ad Att.*, III, 12, 2 : « Percussisti autem me etiam de oratione prolata... ; ita compresseram ut nunquam manaturam putarem. »

Experiri, mettre à l'épreuve.

232. *Ordo ætatum*, l'ordre chronologique.

Minores, sc. *ætate*.

Si quos videtur, sc. *interponere*.

Immo vero, « non, mais plutôt ».

nam etsi me facile omni tuo sermone tenuisti, tamen is
mihi longior videtur, quod propero audire de te ; nec vero
tam de virtutibus dicendi tuis, quæ cum omnibus tum certe
mihi notissimæ sunt, quam quod gradus tuos et quasi processus dicendi studeo cognoscere. [233] Geretur, inquam,
tibi mos, quoniam me non ingenii prædicatorem esse vis,
sed laboris mei. Verum interponam, ut placet, alios et a
M. Crasso, qui fuit æqualis Hortensii, exordiar.

LXVI. Is igitur mediocriter a doctrina instructus, angustius etiam a natura, labore et industria et quod adhibe-
bat ad obtinendas causas curam etiam et gratiam, in principibus patronis aliquot annos fuit. In hujus oratione sermo
Latinus erat, verba non abjecta, res compositæ diligenter;
nullus flos tamen neque lumen ullum ; animi magna, vocis
parva contentio, omnia fere ut similiter atque uno modo
dicerentur. Nam hujus æqualis et inimicus C. Fimbria non

Nec vero tam de virtutibus, entendez
*nec vero tam quod propero de virtutibus...
quam quod.*

Processus. Cf. § 272.

233. *Laboris.* Cf. § 318.

M. Crasso, le triumvir, mort chez les
Parthes en 53.

LXVI. *A doctrina*, §§ 63, 161. Plutarque,
Crass., 3 : Λέγεται δὲ καὶ πολυμαθὴς
καθ' ἱστορίαν γενέσθαι καί τι καὶ φιλο-
σοφῆσαι τοῖς Ἀριστοτέλους λόγοις προ-
σθέμενος, ὧν διδάσκαλον εἶχεν Ἀλέξαν-
δρον. — On retrouve ici la triple division,
doctrina, natura, industria. Cf. §§ 22, 236,
240, 243.

Angustius. Dans le *pro Murena* (23, 48)
Cicéron est moins sévère : il appelle
Crassus « vir summa dignitate et diligentia et facultate dicendi » ; il est vrai
que Crassus est présent.

Labore et industria correspondent au
terme grec μελέτη. Plutarque, *Crass.*, 3 :
παιδείας τῆς περὶ λόγον μάλιστα μὲν τὸ
ῥητορικὸν καὶ χρειῶδες εἰς πολλοὺς
ἤσκησε, καὶ γενόμενος δεινὸς εἰπεῖν ἐν
τοῖς μάλιστα Ῥωμαίων ἐπιμελείᾳ καὶ
πόνῳ τοὺς εὐφυεστάτους ὑπερέβαλεν.
Οὐδεμίαν γὰρ οὕτω δίκην φασὶ μικρὰν
οὐδ' εὐκαταφρόνητον γενέσθαι, πρὸς ἣν
ἀπαράσκευος ἦλθεν, ἀλλὰ καὶ Πομπείου

πολλάκις ὀκνοῦντος καὶ Καίσαρος ἀνα-
στῆναι καὶ Κικέρωνος, ἐκεῖνος ἀνεπλή-
ρου τὴν συνηγορίαν. Καὶ διὰ τοῦτο
μᾶλλον ἤρεσκεν ὡς ἐπιμελὴς καὶ βοηθη-
τικός. Crassus plaida plusieurs fois avec
Cicéron, entre autres pour Muréna, pour
Cornélius Balbus, pour Cælius et pour
Sestius.

Ad obtinendas causas, pour gagner les
procès qu'il plaidait. Cf. *ad Famil.*, I,
4, 1 : « Causam... frequenti senatu... obti-
nebamus. »

Curam, il prenait à cœur les intérêts de
ses clients ; *gratiam*, il usait, en leur faveur, du crédit que lui donnait son or.

Non abjecta, § 221. *Res compositæ diligenter*, cf. § 227.

Tamen, malgré ses qualités oratoires,
Crassus n'avait pas de véritable éloquence
parce qu'il lui manquait ce qui constitue
l'*ornatus*, c'est-à-dire le style figuré (*flos
et lumen*). Cf. §§ 40, 66, 69.

Animi magna, vocis parva contentio.
Tandis qu'il se passionnait pour les causes
de ses clients et s'y employait avec ardeur,
son débit était froid et monotone, il
plaidait avec la nonchalance d'un indifférent.

Nam explique *in principibus... fuit.*

C. (*Flavius*) *Fimbria*, fils de Fimbria

ita diu jactare se potuit; qui omnia magna voce dicens verborum sane bonorum cursu quodam incitato ita furebat tamen, ut mirarere tam alias res agere populum, ut esset insano inter disertos locus. [234] Cn. autem Lentulus multo majorem opinionem dicendi actione faciebat, quam quanta in eo facultas erat : qui cum esset nec peracutus, quanquam et ex facie et ex vultu videbatur, nec abundans verbis, etsi fallebat in eo ipso, sic intervallis, exclamationibus, voce suavi et canora admirand*us* incedebat [calebat] in

VARIANTE : LXVI, 234. admirando inridebat. calebat *L.*

NC. LXVI, 234. *Admirandus,* avec la désinence abrégée, explique aisément la fausse lecture *admirando. Incedebat* est presque identique à *inridebat.* Quant à *calebat,* qui dans *L* est précédé d'un point, ce ne peut être qu'un mot parasite, probablement une variante interlinéaire de... *cedebat,* qui a passé dans le texte. Ce passage a provoqué une foule de conjectures : *admirando irridendo latebat* Lambin (*valebat* Ernesti, *splendebat* Buttmann); *admirantes irretiebat et sic calebat* Schütz (*capiebatque* Scheving); *ad mirandum illicitebat ⟨ita⟩ calebat* Madvig; *mirum quantum valebat* Piderit; *admiranda dignitate valebat* Kayser; *admirando ore dicebat calebat* Friedrich (*irretiebat* [*calebat*] Stangl).

cité plus haut (§ 129), partisan de Marius et de Cinna. Après la mort de Marius (en 86), quand le nouveau consul Valérius Flaccus partit en Asie pour disputer à Sylla la conduite de la guerre contre Mithridate, Fimbria le suivit comme légat. S'étant brouillé avec son chef, Fimbria le tua et prit le commandement, jusqu'au jour où, serré de près par Sylla et abandonné de son armée, il fut réduit à se donner la mort (en 84).

Jactare se. Cf. § 217.

Furebat. La violence de Fimbria était presque proverbiale : Asinius Pollion avait forgé le mot *fimbriare* (Quintilien, VIII, 3, 32).

Alias res agere, être distrait, et par suite indifférent à ces violences insensées. Cf. *pro Cluent.,* 64, 179 : « Oppianicum aliud agentem ac nihil ejus modi cogitantem »; *de Orat.,* III, 14, 51.

Insano. Cf. *pro Sex. Rosc.,* 12, 33 · « Hominem longe audacissimum nuper habuimus in civitate, C. Fimbriam, et, quod inter omnes constat, nisi inter eos, qui ipsi quoque insaniunt, insanissimum. » Et comme exemple de démence, Cicéron cite le mot de Fimbria qui, n'ayant pas réussi à tuer du coup Q. Scævola le Pontife (§ 147) l'accusait en justice d'avoir survécu à sa blessure : « Aiunt hominem,

ut erat furiosus, respondisse quod non totum telum corpore recepisset. »

234. *Cn. Lentulus* (*Clodianus*).Cf.§§ 308, 311; consul en 72, censeur en 70, plus tard légat de Pompée contre les pirates.

Opinionem dicendi... faciebat, expression analogue à *facere fidem. Dicendi* équivaut à *dicendi facultatis.*

Quam quanta in eo facultas erat (suppléez *dicendi*) = *quam pro ea quanta in eo erat...* Cf. *ad Famil.,* XI, 13, 1 : « Qua prudentia es (= pro ea prudentia qua es) nihil te fugiet. »

Peracutus, dans l'invention. Cf. § 35.

Facie désigne l'aspect général du visage, l'ensemble des traits, l'air, qui peut être plus ou moins intelligent, plus ou moins fin. *Vultus,* c'est l'expression particulière que donne à la physionomie la mobilité des traits. Cf. *in Pison.,* 1, 1 : « oculi, supercilia, frons, vultus denique totus, qui sermo quidam tacitus mentis est »; Quintil., XI, 3, 47 : « Nonne ad singulas pæne distinctiones quamvis in eadem facie tamen quasi vultus mutandus est.»

Fallebat, il faisait illusion; *in eo ipso,* dans l'élocution, qui est indiquée par *abundans verbis.*

Intervallis. Cf. *Orat.* 16, 53 : « distincta alios et interpuncta intervalla, moræ respirationesque delectant ». *Ex-*

agendo, ut ea, quæ deerant, non desiderarentur. Ita, tanquam Curio copia nonnulla verborum, nullo alio bono, tenuit oratorum locum : [235] sic Lentulus ceterarum virtutum dicendi mediocritatem actione occultavit, in qua excellens fuit ; nec multo secus P. Lentulus, cujus et excogitandi et loquendi tarditatem tegebat formæ dignitas, corporis motus plenus et artis et venustatis, vocis et suavitas et magnitudo ; sic in hoc nihil præter actionem fuit, cetera etiam minora quam in superiore. LXVII. [236] M. Piso quicquid habuit, habuit ex disciplina maximeque ex omnibus, qui ante fuerunt, Græcis doctrinis eruditus fuit. Habuit a natura genus quoddam acuminis, quod etiam arte lima-

'VARIANTE : 235. neque multo *F*.

NC. 235. Weidner [*in qua excellens fuit*]. — Stangl écrit *scilicet* au lieu de *sic* et met toute la phrase jusqu'à *superiore* entre crochets ; Orelli *sed in hoc*.

clamationibus, cf. *ad Herenn.*, IV, 15, 22 : « Exclamatio est, quæ conficit significationem doloris aut indignationis alicuus per hominis aut urbis aut loci aut rei cujuspiam compellationem » ; *Orat.*, 39, 135 : « exclamatio vel admirationis, vel questionis ».— *Incedebat*. Cf. § 141 : « incessus ».

Curio. Cf. §§ 210, 220.

Nullo alio bono, alors qu'avec la *copia* il n'avait aucune autre qualité. L'ablatif exprime ici une idée d'accompagnement ; ce n'est pas, à proprement parler, un ablatif absolu. Cf. Riemann, *Syntaxe*, p. 134, note 2, et p. 138.

Oratorum et non pas *oratoris* ; il ne remplace pas *un orateur*, mais prend place *parmi les orateurs* (*in oratorum loco fuit*). Cf. *de Orat.*, II, 49, 200 : « pro meo sodali qui mihi in *liberum* loco more majorum esse deberet ».

235. *Mediocritatem*, § 94.

P. Lentulus, surnommé *Sura*, frère du précédent, consul en 71. Chassé du sénat par les censeurs en 70, il essaya d'y rentrer en se faisant nommer préteur pour la seconde fois en 63. Il prit une part active à la conjuration de Catilina et fut mis à mort avec ses complices par Cicéron (Plutarque, *Cic.*, 17).Cf. *in Catil.*, III, 5, 11 : « Ita eum (Lentulum) non modo

ingenium illud et dicendi exercitatio, qua semper valuit, sed etiam propter vim sceleris manifesti atque deprehensi impudentia, qua superabat omnes, improbitasque defecit. »

Magnitudo, § 203.

Cetera, l'invention et l'élocution, indiquées par *excogitandi et loquendi tarditatem*.

LXVII, 236. *M.* (*Pupius*) *Piso* (*Calpurnianus*), préteur en 69, consul assez tard, en 61, l'année du procès de Clodius, lequel amena une brouille entre Cicéron et lui. Sur leurs études communes à Rome et à Athènes, cf. §§ 240, 310 ; *de Finib.*, V, 1, 1.

Græcis doctrinis. Pison avait étudié de près la philosophie péripatéticienne sous la direction de Staséas, qu'il avait avec lui à Rome. (*de Orat.*, I, 23, 104 ; *de Finib.*, V, 3, 8 ; 25, 75). Cicéron le met en scène dans le *de Finibus* et lui fait exposer la doctrine d'Aristote (Vᵉ livre).

Arte. Rapproché d'*acumen* (la pénétration dans l'invention) ce terme ne peut désigner que la théorie philosophique des *lieux* (τόποι) ou la *Topique*, qui tenait une place importante dans l'enseignement des Péripatéticiens (*de Orat.*, II, 36, 152 ; *de Fin.*, IV, 4, 10).

verat, quod erat in reprehendendis verbis versutum et
sollers, sed sæpe stomachosum, nonnunquam frigidum,
interdum etiam facetum. Is laborem [quasi cursum] forensem diutius non tulit, quod et corpore erat infirmo et hominum ineptias ac stultitias, quæ devorandæ nobis sunt,
non ferebat iracundiusque respuebat sive morose, ut putabatur, sive ingenuo liberoque fastidio. Is cum satis flo-
ruisset adulescens, minor haberi est cœptus postea. Deinde
ex virginum judicio magnam laudem est adeptus et ex eo
tempore quasi revocatus in cursum tenuit locum tam diu,
quam ferre potuit laborem ; postea, quantum detraxit ex
studio, tantum amisit ex gloria. [237] P. Murena mediocri
ingenio, sed magno studio rerum veterum, litterarum et

NC. LXVII, 236. Avec Jahn et les derniers éditeurs je supprime *quasi cursum*,
glose de *laborem*, amenée par *cursum* qui se trouve quelques lignes plus bas. — Au
lieu de *is* (avant *cum satis*) Kayser met *itaque*, Stangl *igitur*.

In reprehendendis verbis, dans l'art de
reprendre pour les discuter les termes de
l'adversaire. Les discussions de termes
constituaient une des parties de la *Topique* péripatéticienne, la partie relative
aux *lieux intrinsèques* (ἔντεχνοι πίστεις),
comprenant la définition, la division,
l'analogie, la différence, les rapports
d'antécédent à conséquent, de cause à
effet, de supériorité ou d'égalité, etc.

Versutum. Cf. § 178.

Etiam interdum se relie à *sollers* et non
pas à *frigidum*. Les mots *sed sæpe... frigidum* forment une sorte de parenthèse.

Facetum. Cf. *ad Attic.*, I, 13, 2 :
« Consul autem ipse (Piso) parvo animo
et pravo, tantum cavillator genere illo
moroso, quod etiam sine dicacitate ride-
tur, facie magis quam facetiis ridiculus. »

Laborem après *ex disciplina* et *natura;*
toujours les trois conditions essentielles.
Cf. § 22.

Diutius, « plus longtemps que cela n'a
duré en effet ». Le comparatif équivaut
ici à *diu.* Cf. *Orator.* 3, 10 : « nec diutius
esse uno et eodem »; César, *B. G.*, IV,
35 : « Commisso prœlio diutius nostrorum
militum impetum hostes ferre non potuerunt. »

Infirmo. Ailleurs Cicéron dit qu'il est
nervis, somni plenus (*ad Attic.*, I, 14, 6).

Devorandæ. Cf. § 283 ; *Philipp.*, VI, 6,
17 : « paucorum dierum molestiam de-
vorate »; *pro Mur.*, 9, 19 : « multorum
difficultatem exsorbuit ».

Nobis, nous autres orateurs.

Non ferebat, comme un malade dont
l'estomac ne *supporte* pas ce qu'on lui fait
avaler (*devorandæ*) et qui le rejette (*respuebat*).

Morose indique une disposition habituelle et comme l'intolérance chronique
d'un estomac malade ; *fastidio* marque
au contraire un dégoût passager provenant d'un excès de délicatesse.

Cœptus est. Cf. § 123 : « desitæ sunt ».

Ex virginum judicio, procès d'ailleurs
inconnu. On sait seulement qu'il eut lieu
en 73. *In Catil.*, III, 4, 9 : « hunc annum (*l'année* 63)... qui esset decimus
annus post virginum absolutionem ».

Revocatus, comme les acteurs ou les
écuyers que le public sollicitait de repa-
raître sur le théâtre ou dans l'arène.

Cursum, cf. § 127.

Detraxit, etc. Cf. § 247.

237. *P. Murena*, personnage d'ailleurs
inconnu ; il périt avec *Censorinus* dans
la guerre civile qui suivit le retour de
Sylla en 81 (§ 311).

Ingenio et plus loin *studio... industriæ.*
Cf. § 22.

studiosus et non imperitus, multæ industriæ et magni laboris fuit. C. Censorinus Græcis litteris satis doctus, quod
proposuerat, explicans expedite, non invenustus actor, sed
iners et inimicus fori. L. Turius parvo ingenio, sed multo
labore, quoquo modo poterat, sæpe dicebat ; itaque *ei*
paucæ centuriæ ad consulatum defuerunt. [238] C. *Macer*
auctoritate semper eguit, sed fuit patronus propemodum
diligentissimus. Hujus si vita, si mores, si vultus denique
non omnem commendationem ingenii everteret, majus
nomen in patronis fuisset. Non erat abundans, non inops
tamen ; non valde nitens, non plane horrida oratio ; vox
gestus et omnis actio sine lepore ; at in inveniendis componendisque rebus mira accuratio, ut non facile in ullo
diligentiorem majoremque cognoverim, sed eam ut citius

Variantes : LXVII, 237. itaque et *L.* — 238. cancer *L.* — in nullo *F.*
NC. 237. *poterat ⟨et⟩ sæpe dicebat*, Bake ; Stangl *sæpe⟨que⟩*. — *ei* vulgate.
238. Madvig voudrait écrire *mira cura acratio.*

Et non au lieu de *nec*, parce que la
locution composée *non imperitus* est indis-
soluble (= *peritus*). Voir Riemann, *Syntaxe*, p. 481, 482.

C. (Marcius) Censorinus (§ 311), un des
plus ardents partisans de Marius. Chargé
en 82 par le consul Papirius Carbo (§ 223)
de débloquer Marius le Jeune assiégé dans
Préneste, il fut battu par Pompée et mis
à mort par ordre de Sylla, dont il était
depuis longtemps l'ennemi personnel.
Plutarque, *Sylla*, 5 : Ἀναχωρήσαντι
(*de Cilicie en* 91) δὲ αὐτῷ (Σύλλα) δίκην
ἔλαχε δώρων Κηνσωρῖνος ὡς πολλὰ
χρήματα συνειλοχότι παρὰ τὸν νόμον
ἐκ φίλης καὶ συμμάχου βασιλείας.

Proposuerat. Cf. § 217.

Expedite, § 220.

Actor, § 221.

Iners équivaut à *sine labore ; inimicus
fori* à *sine industria.*

L. Turius, peut-être le L. Turius (ou
Furius) qui, étant préteur vers 76, un an
avant Lentulus Sura (§ 235), eut à juger
un procès intenté à un parent d'Hortensius (Pseudo-Asconius, p. 109).

Centuriæ, parce que chaque centurie
ne représentait qu'une voix dans les
comices.

238. *C. (Licinius) Macer*, père de
Calvus (§ 283). Accusé en 66 de concussion, il comparut devant un tribunal présidé par Cicéron alors préteur, et tenta
en vain d'obtenir par la corruption son
acquittement. Il mourut subitement, d'autres disent se tua, aussitôt après le jugement (*ad Attic.*, I, 4, 2 ; Plutarque, *Cic.*,
9 ; Val. Max., IX, 12, 7). Il avait composé
des Annales, que Cicéron juge assez sévèrement (*de Leg.*, I, 2, 7).

Commendationem .. ingenii, le crédit
qu'aurait pu lui donner son talent naturel.

Everteret... fuisset. Cf. § 40.

Abundans... inops, suppléez *verbis.* Cf.
§§ 221, 234.

Horrida, § 68.

Et omnis actio, et d'une façon générale
toute son action. Cf. *Part. orat.*, 1, 3 :
« vox, motus, vultus atque omnis actio ».

Componendis, § 227 : « componebat
diligenter ».

Citius. Le mot *veteratorius* est celui qui
se présenterait le plus tôt, le plus vite, à
l'esprit. Cf. §§ 264, 265 ; *de Orat.*, I, 38,
174 : « Citius hercule is, qui duorum
scalmorum naviculam in portu everterit,
in Euxino ponto Argonautarum navem
gubernarit. » — *Veteratoriam*, § 82.

veteratoriam quam oratoriam diceres. Hic etsi etiam in publicis causis probabatur, tamen in privatis illustriorem obtinebat locum. LXVIII. [239] C. deinde Piso statarius et sermonis plenus orator, minime ille quidem tardus in excogitando, verumtamen vultu et simulatione multo etiam acutior, quam erat, videbatur. Nam ejus æqualem M' Glabrionem bene institutum av*i* Scævolæ diligentia socors ipsius natura neglegensque tardaverat. Etiam L. Torquatus elegans in dicendo, in existimando admodum prudens, toto genere perurbanus. Meus autem æqualis Cn. Pompeius, vir ad

VARIANTES : 238. Hic si *F.* Hic et si *r.* — LXVIII. 239. aut Scæuolæ *L.*
NC. LXVIII, 239. *avi*, vulgate.

Etiam porte sur *in publicis causis* et non pas sur *etsi.*

Publicis causis. Il accusa de haute trahison Rabirius (*pro Rab. perd. r.* 2, 6) et plaida la cause des Toscans ruinés par les colonies de Sylla (Meyer, *Or. rom. fr.*, p. 387). D'après un discours que lui prête Salluste dans les *Histoires*, il travailla comme tribun à l'abrogation des lois de Sylla.

LXVIII, 239. *C.* (*Calpurnius*) *Piso* (*Frugi*). Consul en 67, il s'opposa à la proposition de Gabinius qui donnait à Pompée le commandement de la guerre contre les pirates. Après avoir gouverné la Gaule Narbonnaise, il fut accusé de concussion par César et défendu par Cicéron.

Statarius, § 116.

Sermonis plenus, à la parole facile et naturelle, sur le ton de la conversation.

Tardus in excogitando, §§ 216, 235.

Vultu et simulatione équivaut à *vultu simulante*. Cf. § 234 : « etsi fallebat ».

Acutior, § 35.

Nam, § 48.

M' Glabrionem, consul en 67 avec Pison, chargé la même année du commandement de la guerre contre Mithridate à la place de Lucullus. Comme préteur il avait présidé le procès de Verrès.

Avi Scævolæ, qui avait été son tuteur (*ad Attic.*, VI, 1, 4). On ne sait s'il s'agit ici de Scævola l'Augure ou de Scævola le Pontife.

L. (*Manlius*) *Torquatus*, consul en 65.

Il avait été condisciple d'Atticus et de Cicéron (Corn. Nep., *Attic.*, 1). Il prit une part active à la répression de la conjuration de Catilina (*ad Attic.*, XII, 21, 1).

Existimando indique la sûreté du jugement, qui est une des qualités de l'invention. Cf. *pro Sulla*, 12, 34 : « Homo (Torquatus) amantissimus patriæ, maximi animi, summi consilii, cum esset æger, tamen omnibus rebus illis interfuit, nunquam est a me digressus; studio, consilio, auctoritate, unus adjuvit plurimum, cum infirmitatem corporis virtute animi superaret. »

Toto genere, §§ 116, 126, 202, 271.

Æqualis. Le grand Pompée était né la même année que Cicéron, en 106. Sur son éloquence, cf. Velleius Paterc., II, 29, 3 : « Cn. Pompeius, innocentia eximius, sanctitate præcipuus, eloquentia medius »; Sénèque, *Epist.*, 11, 4 : « Nihil erat mollius ore Pompei; nunquam non coram pluribus erubuit, utique in contionibus »; Tacite, *Dial.*, 37 : « Ex iis intellegi potest, Gnæum Pompeium et Marcum Crassum non viribus modo et armis sed ingenio quoque et oratione valuisse »; Plutarque (*Pomp.*, 1) lui attribue πιθανότης λόγου et ailleurs (*Crassus*, 7), il dit de lui : Σώματος δ' ἀξίωμα καὶ λόγου πειθὼ καὶ προσώπου χάριν ἀγωγὸν ἀμφοτέροις (*Pompée et Crassus*) ὁμοίως προσεῖναι λέγουσιν. Voir l'éloge pompeux que fait Cicéron du talent oratoire de Pompée devant Pompée lui-même (*pro Balb.*, 1, 1).

omnia summa natus, majorem dicendi gloriam habuisset, nisi eum majoris gloriæ cupiditas ad bellicas laudes abstraxisset. Erat oratione satis amplus, rem prudenter videbat; actio vero ejus habebat et in voce magnum splendorem et in motu summam dignitatem. [240] Noster item æqualis D. Silanus, vitricus tuus, studii ille quidem habuit non multum, sed acuminis et orationis satis. Q. Pompeius A. F., qui Bithynicus dictus est, biennio quam nos fortasse major, summo studio dicendi multaque doctrina, incredibili labore atque industria; quod scire possum : fuit enim mecum et cum M. Pisone cum amicitia tum studiis exercitationibusque conjunctus. Hujus actio non satis commendabat orationem; in hac enim satis erat copiæ, in illa autem leporis parum. [241] Erat ejus æqualis P. Autronius, voce peracuta atque magna, nec alia re ulla probabilis, et L. Octavius Reatinus, qui cum multas jam causas diceret, adulescens est mortuus (is tamen ad dicendum veniebat magis audacter quam

VARIANTE : 239. erat orator satis *II*.

NC. 240. Stangl d'après Lambin : *summo studio discen li*. Cf. pourtant *de Orat.*, I, 17, 79 *studium illud dicendi acerrimum* à côté de *doctrina*.

Omnia summa, § 109.

Rem prudenter videbat, § 227.

Splendorem, § 203 : « vox splendida ». Cf. § 250.

Dignitatem. Cf. *de Imp. Cn. Pomp.*, 11, 12 : « Jam quantum consilio, quantum dicendi gravitate et copia valeat, in quo ipso inest quædam dignitas imperatoria, vos, Quirites, hoc ipso ex loco sæpe cognovistis. »

240. *D. (Junius) Silanus*, consul en 62 avec Muréna.

Vitricus tuus. Servilia, la mère de Brutus, l'avait épousé en secondes noces.

Acuminis et orationis, qualités naturelles d'invention (§ 35) et d'élocution.

Q. Pompeius A. F., surnommé *Bithynicus* parce qu'il avait organisé, comme questeur de M. Juncus, l'annexion de la Bithynie en 74. Cf. § 310 : *ad Famil.*, VI, 17, 2.

Labore atque industria, § 237.

M. Pisone. Cf. § 236.

Exercitationibus, § 310.

Commendabat, § 238 : « commendationem ingenii ».

Leporis, § 238.

241. *P. Autronius (Paetus)*. Consul désigné en 66 avec P. Sylla, il fut accusé de brigue par ses concurrents Cotta et Torquatus et, pour se venger de sa condamnation, organisa en 65 avec Catilina une première conjuration, qui échoua (Sall. *Cat.*, 18). Il prit une part active à la seconde et dut s'exiler en Épire (*ad Attic.*, III, 2 et 7, 1). *Pro Sull.*, 25, 71 : « semper audax, petulans, libidinosus : quem in stuprorum defensionibus non solum verbis uti improbissimis solitum esse scimus, verum etiam pugnis et calcibus; quem exturbare homines e possessionibus, cædem facere vicinorum, spoliare fana sociorum, vi et armis disturbare judicia, in bonis rebus omnes contemnere, in malis pugnare contra bonos, non reipublicæ cedere, non fortunæ ipsi succumbere ».

L. Octavius de Réate est inconnu.

parate), et C. Staienus, qui se ipse adoptaverat et de Staieno
Ælium fecerat, fervido quodam et petulanti et furioso
genere dicendi ; quod quia multis gratum erat et probabatur, ascendisset ad honores, nisi in facinore manifesto deprehensus pœnas legibus et judicio dedisset. LXIX. [242] Eodem tempore C. L. Cæpasii fratres fuerunt, qui multa
opera, ignoti homines et repentini, quæstores celeriter facti
sunt, oppidano quodam et incondito genere dicendi. Adda-
mus huc etiam, ne quem vocalem præterisse videamur,
C. Cosconium Calidianum, qui nullo acumine eam tamen
verborum copiam, si quam habebat, præbebat populo cum
multa concursatione magnoque clamore ; quod idem faciebat

C. Staienus, personnage peu recommandable, dont il est souvent question dans
le *pro Cluentio* (24, 66 : « hominis egen-
tis, audacis, in judiciis corrumpendis
exercitati » ; cf. 25, 68 et *passim*). Juge
dans le procès d'Oppianicus, il s'était fait
acheter par l'accusé et peut-être aussi par
l'accusateur, s'était chargé à son tour
d'acheter parmi ses collègues le nombre de
voix nécessaire, et s'était approprié toutes
les sommes qu'on lui avait remises à cet
effet.

Se ipse adoptaverat, manière plaisante
de dire qu'il avait changé de nom. Comme
s'il avait été adopté par un membre de
la famille des *Ælii Paeti*, il s'appelait
Ælius Staienus Paetus. Cf. *pro Cluent.*,
26, 72 : « Quid tu ? inquit, Pæte ? hoc
enim sibi Staienus cognomen ex imaginibus Æliorum delegerat. »

Deprehensus, cf. *pro Cluent.*, 28, 78 :
« Jam cetera nota sunt omnibus : ut cum illo
Oppianicus egerit de pecunia, ut ille se
redditurum esse dixerit, ut eum sermonem
audierint omnem viri boni, qui tum consulto propter in occulto stetissent ; ut res
patefacta et in forum prolata et pecunia
omnis Staieno extorta atque erepta sit » ;
Top., 20, 75 : « ut Staieno nuper accidit,
qui ea locutus est, bonis viris subauscul-
tantibus, pariete interposito, quibus pa-
tefactis in judiciumque prolatis ille rei
capitalis jure damnatus est ».

Legibus et judicio, cf. *de Fin.*, I, 14, 17 :
« legum judiciorumque pœnis obligantur ».

LXIX, 242. *C. L. Cæpasii*, avocats

médiocres et peu considérés, mêlés indirectement au procès d'Oppianicus ; *pro
Cluent.*, 20, 56 : « Tum ille, inopia et
necessitate coactus, in causa ejusmodi ad
Cæpasios fratres confugit, homines in-
dustrios atque eo animo, ut quæcumque
dicendi potestas esset data, in honore
atque in beneficio ponerent. » Cf. *Ibid.*,
21, 58 et suiv., où Cicéron ridiculise l'aîné
des Cæpasius en lui attribuant une mésaventure oratoire qui, selon Quintilien, est
de pure fantaisie (VI, 3, 39 et suiv.). —
Pour l'asyndète *C. L.*, cf. § 136.

Repentini exprime plus fortement l'idée
de *homines novi*. Cf. Tite-Live, I, 34 : « in
novo populo, ubi omnis repentina atque
ex virtute nobilitas sit…. ».

Oppidano, de petite ville ; le terme s'oppose à *urbano*.

Vocalem, ayant de la voix. Cf. Pline,
Epist., IV, 7, 2 : « vocalissimus aliquis…
qui legeret eum (librum) populo ».

C. Cosconium, peut-être celui dont il
est question dans le *pro Cluentio* (35, 97)
et dont le témoignage contribua à la condamnation d'un des juges d'Oppianicus.

Acumine, § 35.

Si quam, comme *quamcumque*. (De
même en grec εἴτις pour ὅστις). Cf. § 208 ;
div. in Cæc., 15, 49 : « cum et ipse Alie-
nus ex ea facultate, si quam habet, aliquantum detracturus sit » ; *de Fin.*, III,
9, 31 : « Summum bonum est vivere seli-
gentem, quæ secundum naturam, et, si
quæ contra naturam sunt, rejicientem. »

Clamore, § 164.

Q. Arrius, qui fuit M. Crassi quasi secundarum. Is omnibus exemplo debet esse quantum in hac urbe polleat multorum obœdire tempori multorumque vel honori vel periculo servire. [243] His enim rebus, infimo loco natus, et honores et pecuniam et gratiam consecutus, etiam in patronorum, sine doctrina, sine ingenio, aliquem numerum pervenerat. Sed ut pugiles inexercitati, etiamsi pugnos et plagas Olympiorum cupidi ferre possunt, solem tamen sæpe ferre non possunt, sic ille, cum omni jam fortuna prospere functus labores etiam magnos excepisset, illius judicialis anni severitatem quasi solem non tulit.

[244] Tum Atticus : Tu quidem de fæce, inquit, hauris idque jam dudum; sed tacebam : hoc vero non putabam,

NC. 242. Stangl d'après Gruter : [*multorum*]. — 243. *quasi solem* paraît suspect à Eberhard.

Q. Arrius, préteur en 73, prit part à la guerre des esclaves, où il battit Crixus le principal lieutenant de Spartacus; il brigua sans succès le consulat en 59.

M. Crassi, § 233. *Quasi secundarum* (suppléez *partium actor*), expression empruntée au langage spécial du théâtre (de là *quasi*). Les acteurs chargés des premiers rôles s'appelaient *actores primarum*. Quant aux autres, on les distinguait, suivant l'importance de leurs rôles, par les termes de *secundarum, tertiarum.* Arrius et Crassus plaidaient souvent ensemble pour le même client, mais Crassus étant l'avocat principal. La subordination d'Arrius est marquée par le génitif *Crassi.* Cf. *div. in Cæcil.,* 15, 48 : « et in actoribus græcis fieri videmus, sæpe illum qui est secundarum aut tertiarum partium, cum possit aliquanto clarius dicere, quam ipse primarum, multum summittere, ut ille princeps quam maxime excellat ».

Multorum... tempori, il ne choisissait pas son moment, c'est-à-dire ses causes, mais était toujours à la disposition des clients qui s'adressaient à lui, aussi prêt à servir les ambitieux qui, pour se faire valoir et se pousser aux honneurs (*honori*), cherchaient l'éclat d'un procès retentissant, qu'à défendre les accusés en péril.

213. *Sine doctrina sine ingenio.* Des

trois conditions (§ 22) il n'avait que l'*industria*.

Inexercitati, qui ne se sont pas soumis à l'entraînement spécial des athlètes et n'ont qu'une certaine pratique du pugilat. De même Arrius avait une certaine pratique des luttes du barreau, mais l'entraînement spécial de l'orateur, la préparation théorique (*doctrina*) lui faisait défaut. — *Pervenerat,* § 230.

Olympiorum, des jeux Olympiques, c'est-à-dire des couronnes Olympiques.

Solem. Les jeux Olympiques se célébraient en été (Hérodote, VIII, 12; cf. VIII, 26) et en plein midi (Pausan., VI, 24, 1).

Fortuna, au lieu d'*honoribus* qu'on attendrait avec *functus*; Arrius avait eu plus de chance que de mérite.

Labores.., excepisset, comme on dirait *excipere plagas.* Cf. César, *B. G.,* I, 52 : « Germani... impetus gladiorum exceperunt. »

Illius judicialis anni, l'année 52, où la *lex Pompeia de ambitu* avait limité, avec le nombre des avocats, la durée des plaidoiries (Tacite, *Dial.,* 38; Ascon. *in Mil.,* p. 37). Deux heures étaient accordées à l'accusation et trois à la défense (§ 324). Pour plaider dans des conditions aussi défavorables, il fallait savoir choisir et

te usque ad Staienos et Autronios esse venturum. Non puto,
inquam, existimare te ambitione me labi, quippe de mortuis ; sed ordinem sequens in memoriam notam et æqualem
necessario incurro. Volo autem hoc perspici, omnibus con-
quisitis, qui in multitudine dicere ausi sint, memoria quidem dignos perpaucos, verum qui omnino nomen habue-
rint, non ita multos fuisse. Sed ad sermonem institutum
revertamur. LXX. [245] T. Torquatus T. F. et doctus vir
ex Rhodia disciplina Molonis et a natura ad dicendum satis
solutus atque expeditus, cui si vita suppeditavisset, sublato
ambitu consul factus esset, plus facultatis habuit ad dicendum quam voluntatis. Itaque studio huic non satis fecit ;
officio vero nec in suorum necessariorum causis nec in
sententia senatoria defuit. [246] Etiam M. Pontidius muni-
ceps noster multas privatas causas actitavit, celeriter sane

VARIANTES : LXIX, 244. indignos *B H M*. — tam multos *O G*.
NC. 244. Jahn-Eberhard et Stangl, d'après Madvig : [*verum*]. — LXX, 245. Kayser : *qui si vita*, etc.

concentrer ses arguments, ce qui supposait
une sûreté de composition que la simple
routine ne donnait pas et qu'un praticien
comme Arrius ne pouvait avoir.

244. *Ad Staienos*, etc., c'est-à-dire à
des avocats de dernier ordre.

Ambitione, désir de se faire bien venir
des personnes dont on parle. Cf. § 269.
Labi, cf. Quintil., VI, 3, 3 : « sive amore
immodico præcipui in eloquentia viri labor » ; X, 1, 94.

De mortuis, avec ellipse de *dico* (Berger, *Stylist.*, § 89).

Ordinem, l'ordre chronologique.

Et æqualem précise *notam* en l'expliquant. *Memoria æqualis* désigne l'histoire
contemporaine ; *de Leg.*, I, 3, 8 : « Ipse
æqualem ætatis suæ memoriam deposcit,
ut ea complectatur, quibus ipse interfuit. »

Necessario incurro, cf. § 232 : « ita traxit
ordo ætatum orationem ».

Volo, etc. Cf. §§ 182, 270, 299.

Verum n'est pas un adjectif se rapportant à *nomen*, mais une conjonction adversative. Après *quidem* l'emploi de *sed*
est plus ordinaire. *Verum* affirme ici avec
plus d'énergie l'opposition.

Nomen, sc. *oratorum*, la qualification
générale d'*orateur*.

LXX, 245. *T. Torquatus T. F.* n'est pas
connu.

Molonis. Cf. § 316.

Solutus, § 110 ; *expeditus*, § 220.

Cui si, etc. Riemann, *Synt.*, p. 38, § 18.

Sublata ambitu, par l'effet de la *lex
Pompeia de ambitu*, promulguée en 52,
qui interdisait la brigue sous peine d'exil
à perpétuité (*ad Att.*, X, 4, 8). Les
abords du consulat étant ainsi débarrassés
d'une foule de candidats qui n'avaient pour
réussir d'autre moyen que la brigue, les
chances des autres et celles de Torquatus
en particulier se trouvaient augmentées
d'autant.

Voluntatis, il lui manquait la troisième
condition, *studium* ou *exercitatio*, μελέτη
(§ 22).

Huic, sc. *oratorio*.

Officio, § 220.

246. *M. Pontidius* n'est pas connu. Le
Pontidius dont on cite un mot plaisant
dans le *de Oratore* (II, 68, 275) appartient
à une génération antérieure.

Actitavit, § 139.

verba volvens nec hebes in causis vel dicam plus etiam quam
non hebes, sed effervescens in dicendo stomacho sæpe ira-
cundiaque vehementius; ut non cum adversario solum, sed
etiam, quod mirabile esset, cum judice ipso, cujus delenitor
esse debet orator, jurgio sæpe contenderet. M. Messalla, minor natu quam nos, nullo modo inops, sed non nimis ornatus
genere verborum; prudens, acutus, minime incautus patronus, in causis cognoscendis componendisque diligens, magni
laboris, multæ operæ multarumque causarum. [247] Duo
etiam Metelli, Celer et Nepos, *non*nihil in causis versati
nec sine ingenio nec indocti, hoc erant populare dicendi
genus assecuti. *Cn.* autem Lentulus Marcellinus nec unquam

VARIANTES : LXX, 246. non minus ornatus *O G*. — 247. nihil *L* — *G*. autem Lentulus *L*.
NC. 246. Selon Meyer et J. Simon, *quod mirabile est* serait plus correct. Voir le
commentaire. — 247. *Nonnihil*, correction de l'éd. pr., adoptée par tous les éditeurs
depuis Orelli. — *Cn.*, correction de Manuce.

Volvens, cf. § 280; *Orat.*, 69, 229; *de
Orat.*, III, 47, 182 : « longissima complexio verborum, quæ volvi uno spiritu
potest ».

Hebes, le contraire de *acutus* (§ 35), se
rapporte à l'invention.

Vel dicam. Cf. § 207.

Esset, par attraction modale. Cf. Riemann, *Syntaxe*, p. 399.

M. (*Valerius*) *Messala* (*Viger*), consul
en 61 avec Pison (§ 236); *ad Attic.*, I,
14, 5 : « Messala consul est egregius,
fortis, constans, diligens, nostri laudator,
amator, imitator. » Il fut un des six avocats de Scaurus avec Cicéron (Ascon. *in
Scaur.*, p. 20).

Ornatus. Cf. § 40.

Prudens, acutus, minime incautus, qualités naturelles, nécessaires à l'invention.

Cognoscendis componendisque se rapporte au travail de l'invention et de la
disposition.

Magni laboris indique l'application
sans but pratique immédiat, le travail
désintéressé auquel se livrait Messala pour
s'entretenir dans l'art oratoire; *opera*, c'est
la préparation particulière des causes
(§ 174), préparation qui revenait souvent
puisqu'il avait beaucoup de causes. *Mul-*

tarum causarum équivaut à *multæ industriæ*. Pour le génitif, cf. *pro Cæl.*,
27,46 : « plurimarum fabularum poetriæ »;
ad Attic., XIII, 29,1 : « vetulam sane et
multarum nuptiarum ».

247. *Metelli*, les deux fils du consul de
98; l'un Métellus Celer, consul en 60,
ami et partisan de Cicéron, était le mari
de la fameuse Clodia, qui fut soupçonnée de
l'avoir empoisonné en 59; l'autre, Métellus
Nepos, tribun en 63, préteur en 60, consul en 57, se brouilla avec Cicéron lors des
affaires de Catilina, mais finit par se réconcilier avec lui et contribua à le faire
rappeler de l'exil (*post red. in sen.*, 10,
25); proconsul d'Espagne en 56, il mourut
peu de temps après son retour.

Nonnihil in causis versati, équivaut à
nonnullius industriæ et complète la série
des trois termes (§ 22).

Hoc, c'est-à-dire *genus quod appellamus
populare* (§§ 136, 165).

Cn. Lentulus Marcellinus, fils du P. Lentulus mentionné au § 136, consul en 56;
ennemi de Clodius, il sollicita le rappel
de Cicéron et s'opposa aux progrès de la
puissance de Pompée. Dans sa jeunesse il
s'était signalé comme témoin à charge
dans le procès de Verrès.

indisertus et in consulatu pereloquens visus est : non tardus
sententiis, non inops verbis, voce canora, facetus satis.
C. Memmius L. F. perfectus litteris, sed Græcis, fastidiosus
sane Latinarum, argutus orator verbisque dulcis, sed fugiens
non modo dicendi, verum etiam cogitandi laborem, tantum
sibi de facultate detraxit, quantum imminuit industriæ.

LXXI. [248] Hoc loco Brutus : Quam vellem, inquit, de
his etiam oratoribus, qui hodie sunt, tibi dicere liberet! et,
si de aliis minus, de duobus tamen, quos a te scio laudari
solere, Cæsare et Marcello, audirem non minus libenter,
quam audivi de iis, qui fuerunt. Cur tandem? inquam; an
exspectas quid ego judicem de istis, qui tibi sunt æque noti
ac mihi? Mihi mehercule, inquit, Marcellus satis est notus,
Cæsar autem parum. Illum enim sæpe audivi; hic, cum
ego judicare jam aliquid possem, afuit. [249] Quid igitur

VARIANTE : LXXI, 248. iam *omis* *après* iudicare *dans B H M.*

Pereloquens, surtout parce qu'il avait
parlé en faveur de Cicéron.

Tardus sententiis. Cf. § 239.

C. Memmius, l'ami de Lucrèce, auquel
est dédié le *de Natura rerum.* Tribun en
66, préteur en 58, il fut l'un des adversaires les plus acharnés de César. Candidat
au consulat en 54, il fut accusé de brigue,
condamné et obligé de s'exiler à Athènes
(*ad Fam.,* XIII, 1-3). On cite de lui plusieurs discours contre Lucullus (Plut.,
Luc., 37; Servius *in Æn.,* I, 161; IV, 261)
et contre César (Suét., *Cæs.,* 73).

Fastidiosus. Lucrèce (I, 136 et suiv.)
s'excuse presque de lui adresser un poème
en vers latins.

Argutus se rapporte à l'invention; cf.
§ 65 : « in sententiis argutior ».

Detraxit, § 236.

Industriæ répond à *laborem,* avec lequel
il est quelquefois associé; cf. §§ 233 :
« labore et industria » ; 237 : « multæ
industriæ et magni laboris ». Les deux
autres termes de la série (§ 22) sont con-
tenus, l'un (*doctrina*) dans *perfectus litteris,* l'autre (*ingenium*) dans *argutus orator
verbisque dulcis.*

LXXI, 248. *Hoc loco.* L'interruption
de Brutus se présente ici naturellement.

Cicéron, qui vient de suivre l'ordre des
consulats depuis 61, a passé le nom de César consul en 59, et la série chronologique
aboutit à l'année 51, date du consulat de
Marcellus ; les consuls de 54 (Domitius
Ahenobarbus et Appius Claudius), morts
dans la campagne de Pharsale, sont réservés
pour un chapitre spécial (LXXVII, 267 et
suiv.); les consuls de 53 vivent encore (sur
Valerius Messala, cf. § 328), et les consuls
de 52 (Pompée et Métellus) ont déjà été
appréciés (§§ 242, 239).

Marcello, un des chefs du parti sénatorial contre César. Après Pharsale, il
ne voulut ni continuer la lutte, ni se soumettre au vainqueur, et se retira à Mitylène. A la fin il autorisa ses amis à solliciter son rappel (*pro Marcello; ad Famil.,*
IV, 6, 11), mais à son retour, en passant
à Athènes, il fut assassiné (voir la lettre
de Sulpicius à Cicéron, *ad Famil.,* IV, 12).

Audirem et non *audiam,* parce que
Brutus est fondé à croire que Cicéron ne
se départira pas de sa réserve. Voir
Riemann, *Syntaxe,* p. 247, rem. I.

An, § 184.

Judicare, se faire une opinion raisonnée. Cf. *pro Arch.,* 3, 5.

Afuit. Lors du consulat de César en

de illo judicas, *inquam*, quem sæpe audivisti? Quid censes,
inquit, nisi id, quod habiturus es similem tui? Ne ego,
inquam, si ita est, velim tibi eum placere quam maxime.
Atqu*i* et ita est, inquit, et vehementer placet; nec vero sine
causa. Nam et didicit et omissis ceteris studiis unum id egit
seseque cotidianis commentationibus acerrime exercuit.
[250] Itaque et lectis utitur verbis et frequentibus *sententiis*,
et splendore vocis *et* dignitate motus fit speciosum et illustre, quod dicit[ur], omniaque sic suppetunt, ut ei nullam
deesse virtutem oratoris putem ; maximeque laudandus est,

VARIANTES : 249. audisti *B H M*. — atque *L*. — 250. frequentibus et splendore
uocis dignitate *L*. — dicitur *L*, omis dans *G*.

NC. LXXI, 249. *inquam*, addition de Jahn. — Madvig : *nisi (id quod agniturus
es) similem tui*. — *Atqui*, vulgate. — 250. Avec Jahn et les derniers éditeurs, j'a-
joute *sententiis*. Dans le langage de la rhétorique *frequens*, comme *creber*, s'applique
d'ordinaire aux pensées : *de Orat.*, II, 13, 56 *creber est rerum frequentia ;* cf. § 173,
264 ; Weidner ; *frequens est sententiis*. — *Vocis et*, vulgate. — *Dicit* avec Orelli et la
plupart des éditeurs.

50, Brutus n'avait guère qu'une vingtaine
d'années (sur la date de sa naissance
voir § 324) et n'était pas d'âge à se faire
sur l'éloquence de César une opinion
personnelle. Or les neuf années qui sui-
virent jusqu'à la guerre civile, César les
passa loin de Rome, dans son gouvernement des Gaules.

249. *Quid censes, nisi*. Cf. § 170.

Habiturus es. Voir Riemann, *Syntaxe*,
p. 210, § 141.

Similem tui. Cf. *ad Famil.*, XV, 9, 1
(*lettre adressée à Marcellus*) : « Maxi-
maque lætitia afficior, cum ab hominibus
prudentissimis virisque optimis, omnibus
dictis, factis, studiis, institutis, vel me tui
similem esse audio vel te mei. »

Ne, particule affirmative, qui dans Cicéron est toujours suivie d'un pronom personnel ou d'un démonstratif au singulier.
Cf. Kühner, *Ausf. Gramm.*, II, p. 598.

Atqui, eh! bien.

Didicit, employé souvent comme verbe
intransitif. Cf. *de Orat.*, II, 1, 4 : « si
omnino didicisse nunquam putaretur » ;
Academ., II, 22, 69 : « didicit apud Phi-
lonem tam diu, ut constaret diutius didicisse neminem ».

Unum id, l'art oratoire.

Commentationibus, exercices oratoires.

Cf. §§ 272, 310 ; *de Orat.*, I, 34, 154 :
« In cotidianis autem commentationibus
equidem mihi adulescentulus proponere
solebam illam exercitationem maxime,
etc. » Tout ceci est pour faire entendre
que Marcellus possède la *doctrina* et le
studium. D'autre part, l'expression *similem tui* implique qu'il possède l'*ingenium*.
Il réunit donc les trois conditions de
l'éloquence (§ 22).

250. *Lectis verbis* se rapporte à l'élocution, *frequentibus sententiis* à l'invention. *Et lectis* ne répond qu'à *et frequentibus* ; de même *et splendore* ne répond
qu'à *et dignitate*. Il faut construire ainsi :
« Utitur *et* lectis... *et* frequentibus...
(*1er membre de l'énumération*), fit speciosum et illustre... *et* splendore... *et*
dignitate (*2e membre*), omniaque, etc.
(*3e membre*) ; il y a asyndète entre les
deux premières propositions, et la troisième se rattache aux deux autres par
que. Riemann, *Syntaxe*, p. 490, *a*, 3°.

Splendore vocis. Cf. § 203.

Speciosum. L'action fait ressortir le
discours et lui donne du relief et du brillant (*illustre*).

Omnia sic suppetunt est précisé par *ut
ei nullam*, etc. Puisque Marcellus a pos-
sédé toutes les qualités oratoires, c'est-à-

qui hoc tempore ipso, cum liceat in hoc communi nostro
et quasi fatali malo, consoletur se cum conscientia optimæ
mentis tum etiam usurpatione et renovatione doctrinæ. Vidi
enim Mytilenis nuper virum atque, ut dixi, vidi plane virum.
Itaque cum eum antea tui similem in dicendo viderim, tum
vero nunc a doctissimo viro tibique, ut intellexi, amicissimo
Cratippo instructum omni copia multo videbam similiorem.
[251] Hic ego : Etsi, inquam, de optimi viri nobisque amicissimi laudibus libenter audio, tamen incurro in memoriam communium miseriarum, quarum oblivionem quærens
hunc ipsum sermonem produxi longius. Sed de Cæsare

VARIANTE : 250. gratippo *B H M G¹*.

NC. 250. Je conserve *cum liceat*. Les derniers éditeurs adoptent la correction de
Peter *quod liceat* (= *quantum liceat*). Voir le commentaire.

dire celles qui répondent aux cinq parties de la rhétorique, et que dans ce qui
précède il a été seulement question de
l'élocution, de l'invention et de l'action,
omnia suppetunt signifie que dans ses
discours tout se présente en bel ordre et
à point, en un mot qu'il possède la disposition et la mémoire.

Cum liceat sc. *se consolari*. Quand des
malheurs frappent tout le monde également (*communi*) et sont tels que nul ne
pouvait les empêcher (*fatali*), il est parfaitement permis de se consoler. C'est ce
que Marcellus a compris et que Cicéron
ne comprend pas encore, puisqu'il en
est toujours aux récriminations et n'a
pas retrouvé le calme nécessaire à l'étude
(§ 21). La réflexion de Brutus est une
leçon indirecte à l'adresse de Cicéron.

Fatali, par égard pour César et aussi
pour prêter au Césarien Brutus un langage vraisemblable. Cf. *pro Marc.*, 10,
31 : « Perfuncta respublica est hoc misero fatalique bello. »

Conscientia optimæ mentis, la conscience d'avoir bien rempli son devoir
politique, d'avoir défendu la cause de la
légalité, des *boni* (cf. § 2).

Doctrinæ. Cf. Sénèque, *ad Helv.*, 9, 4 :
« Brutus in eo libro, quem de virtute
composuit, ait se Marcellum vidisse
Mytilenis exsulantem et quantum modo
natura hominis pateretur beatissime vi-

ventem neque unquam cupidiorem bonarum artium quam illo tempore. »

Nuper, § 156.

Ut dixi, parce qu'en faisant l'éloge de
Marcellus (*maximeque laudandus*, etc...)
Brutus vient en effet de donner par
avance la définition de *plane virum*.

Plane, tout à fait (cf. § 40), c'est-à-
dire en donnant au mot *virum* son sens le
plus fort. Voir les lettres de Cicéron à
Marcellus (*ad Fam.*, IV, 6-11).

Viderim, parce que les deux propositions reliées par *cum... tum*, sont opposées
l'une à l'autre. Voir Riemann, *Syntaxe*,
p. 496, *b*.

Nunc s'oppose à *antea* : « Bien que
j'aie dit tout à l'heure... (de là le parfait *viderim*)... *maintenant* je puis dire
que je le *voyais* (de là *videbam*). Cf. *in
Verr.* III, 18, 47 : « Quos ego campos
antea... vidissem, hos ita vastatos *nunc*
ac desertos videbam. »

Ut intellexi, en causant avec lui.

Cratippo, philosophe péripatéticien (*de
Divin.*, I, 3, 5; II, 52, 107; *Tim.*, 1)
qui enseignait alors à Lesbos et qui plus
tard vint s'établir à Athènes. Lorsque
Cicéron envoya son fils compléter son
éducation en Grèce, il le confia aux soins
de Cratippe (*de Off.*, I, 1, 1).

Omni copia, de toutes les connaissances philosophiques.

251. *Incurro*, § 244.

cupio audire quid tandem Atticus judicet. LXXII. Et ille :
Præclare, inquit, tibi constas, ut de his, qui nunc sint,
nihil velis ipse dicere ; et hercle si sic ageres, ut de iis
egisti, qui jam mortui sunt, neminem ut prætermitteres, ne
tu in multos Autronios et Staienos incurreres. Quare sive
hanc turbam effugere voluisti sive veritus *es* ne quis se aut
præteritum aut non satis laudatum queri posset, de Cæsare
tamen potuisti dicere, præsertim cum et tuum de illius
ingenio notissimum judicium esset nec illius de tuo obscurum. [252] Sed tamen, Brute, inquit Atticus, de Cæsare et
ipse ita judico et de hoc hujus generis acerrimo existimatore sæpissime audio, illum omnium fere oratorum Latine
loqui elegantissime ; nec id solum domestica consuetudine,
ut dudum de Læliorum et Muciorum familiis audiebamus,
sed, quanquam id quoque credo fuisse, tamen, ut esset
perfecta illa bene loquendi laus, multis litteris et iis quidem
reconditis et exquisitis summoque studio et diligentia est

VARIANTES : LXXII, 251. his egisti *H*. — nec illius *F*, ne illius *r*.
NC. LXXII, 251. *veritus es*, vulg.

LXXII. *Ille*, Brutus.
Ut, à ce point que.
Ipse, en personne.
Ne tu, § 249.
Autronios et Staienos, §§ 241, 244.
Tamen, parce que *sive* contient ici
une idée concessive : « *Bien que* tu n'aies
pas voulu parler des vivants soit pour
une raison, soit pour une autre... *cependant* tu aurais pu. *Potuisti*, cf. Riemann,
Syntaxe, p. 239 c.
Præsertim cum, § 100.
Tuum. D'après Suétone (*Cæs.*, 55),
voici comment Cicéron jugeait le talent
de César dans une lettre à Cornélius
Népos : « Quid? oratorum quem huic
antepones eorum, qui nihil aliud egerunt? Quis sententiis aut acutior aut
crebrior? Quis verbis aut ornatior aut
elegantior? » Cf. *Philipp.*, II, 45, 116 :
« fuit in illo ingenium, ratio, memoria,
litteræ, cura, cogitatio, diligentia ».
252. *Sed* marque que l'on rentre dans
le sujet après la réflexion de Brutus, qui
est une sorte de parenthèse (cf. § 81) ;

tamen répond à une proposition concessive sous-entendue : « Quoique tu aies rai-
son, je n'en ferai pas moins ce que m'a de-
mandé Cicéron » (§ 251, *cupio audire*, etc.).
De hoc. Cf. § 100 : « de majoribus
natu ». *Hoc*, Cicéron que voici.
Hujus generis, l'éloquence.
Existimatore, § 92.
Fere, toujours la restriction en faveur
de Cicéron.
Elegantissime. Cf. Quintil., X, 1, 114 :
« Exornat Cæsar omnia sermonis, cujus
proprie studiosus fuit, elegantia » ; Aulu-
Gelle, XIX, 8, 3 : « Cæsar, sermonis
præter alios suæ ætatis castissimi. »
Dudum, § 138. — *Audiebamus*, § 211.
Id quoque. Cf. Tacite, *Dial.*, 28 : « Sic
Corneliam Gracchorum, sic Aureliam
Cæsaris, sic Atiam Augusti matrem præ-
fuisse educationibus ac produxisse prin-
cipes liberos accepimus. »
Reconditis et exquisitis, allusion aux
études abstraites de grammaire auxquelles César s'était livré et dont il sera
question plus loin, §§ 253 et 261.

consecutus : [253] qui[n] etiam in maximis occupationibus
cum ad te ipsum, inquit in me intuens, de ratione Latine
loquendi accuratissime scripserit primoque in libro dixerit,
« verborum delectum originem esse eloquentiæ », tribuerit-
que, mi Brute, huic nostro, qui me de illo maluit quam
se dicere, laudem singularem ; nam scripsit his verbis,
cum hunc nomine esset affatus : « ac si, cogitata præclare
eloqui *ut* possent, nonnulli studio et usu elaboraverunt, *in*
quo *ill*ius te pæne principem copiæ atque inventorem bene
de nomine ac dignitate populi Romani meritum esse existimare debemus, hunc facile*m* et cotidianum novisse ser-

VARIANTES : 253. scripsit *F*. — disserit *F*³. — cuius te *L*. — hunc facile et *L*.
NC. 253. *Qui*, Schütz d'après Schneider. — Selon Eberhard, les subjonctifs *scripserit*, *dixerit*, *tribuerit* pourraient bien n'être qu'une conséquence de la fausse lecture
quin. Mais avec *qui* (= *quippe qui*) le subjonctif *scripserit* est très régulier. Quant aux
deux autres verbes, qui sont simplement l'expression d'un fait, ils subissent par analogie, sinon l'influence logique, du moins l'influence grammaticale de *qui*. — *eloqui
⟨ut⟩*, Ernesti. La presque identité de la désinence ...*ui* et de *ut* explique la disparition
de la conjonction. Vulg. : *⟨ut⟩ cogitata*. Stangl : *cogitata ⟨ut⟩*. — Au lieu de *cujus*
(vulg.), qui ne donne aucun sens satisfaisant, ou de *hujus* (Piderit), qui brise toute
la construction de la phrase, j'écris *in quo illius*, d'où la fausse lecture *quoius* (cf. § 127
Seruilius ou *Serulius* pour *Serui illius*), puis *cujus*, laquelle a entraîné à son tour la
chute de *in*. — *facilem* vulg., *huncce facile* Stangl.

253. *Occupationibus*. Cf. Suétone, *Cæs.*,
56 : « De analogia duos libros... in transitu
Alpium, cum ex citeriore Gallia, conven-
tibus peractis, ad exercitum rediret...
fecit. »
Ad te ipsum. Le traité de l'*Analogie*
était dédié à Cicéron. Aulu-Gelle, XIX,
8, 3 : « in libris quos ad M. Ciceronem
de analogia conscripsit ».
In me intuens, pour marquer que *te*
ne s'adresse pas, comme tout le reste du
développement, à Brutus.
De ratione loquendi. César cherchait à
établir un principe rationnel (*ratio*) distinct de l'usage et supérieur à lui. Cf.
§ 258, *Accuratissime* ; cf. Fronton,
p. 221 : « duos de analogia libros *scru-
pulosissimos* scripsisse... ».
Primoque in libro, dans l'introduction,
où il indiquait l'objet de son livre.
Verborum delectum, etc. Cette phrase
devait être le point de départ de César.
L'élégance, c'est-à-dire le choix des
mots, étant la première condition de
l'éloquence, sur quels principes ce choix

doit-il être fondé ? Tout d'abord il importe de ne pas heurter de front l'usage :
« habe semper in memoria et in pectore
ut tanquam scopulum sic fugias inauditum atque insolens verbum » (Aulu-Gelle,
I, 10, 4, d'après le 1er livre de l'*Analogie*). Mais que faire quand l'usage
est incertain ? S'en rapporter à un principe supérieur et invariable, l'*analogie*.
Præclare, d'une façon remarquable, dans
un langage plus relevé que le langage
ordinaire, c'est-à-dire en style oratoire,
ornate (cf. § 40).
In quo, dans l'œuvre indiquée par *elaboraverunt*. Le démonstratif *illius* est pris
au sens emphatique.
Copiæ, c'est en effet la caractéristique
du style oratoire de Cicéron et le mérite
dont il était le plus fier.
Facilem, parce qu'il est à la portée de
tout le monde et ne suppose pas, comme le
style oratoire, une longue série d'efforts
(*elaboraverunt*).
Novisse est le sujet de *est habendum*.
Voir Riemann, *Syntaxe*, p. 132.

monem num pro relicto est habendum ? » LXXIII. [254] Tum Brutus : Amice hercule, inquit, et magnifice te laudatum puto, quem non solum principem atque inventorem copiæ dixerit, quæ erat magna laus, sed etiam bene meritum de populi Romani nomine et dignitate. Quo enim uno vincebamur a victa Græcia, id aut ereptum illis est aut certe nobiscum [illis] communicatum. [255] Hanc autem, inquit, gloriam testimoniumque Cæsaris tuæ quidem supplicationi non, sed triumphis multorum antepono. Et recte quidem, inquam, Brute : modo sit hoc Cæsaris judicii, non benevolentiæ testimonium. Plus enim certe attulit huic populo dignitatis, quisquis est ille, si modo est aliquis, qui

VARIANTES : 253. nunc L. — LXXIII, 254. grecis communicatum F O G, illis communicatum r.

NC. 253. *Num*, d'après Lallemand, suivi par Stangl. — Au lieu de *relicto*, qui s'explique très bien, on a proposé *derelicto* (Lambin), *delicto* (Schütz), *reiculo* (Madvig), *nihilo* (J. Simon). Ernesti et Jahn arrêtent à *debemus* la citation de César et attribuent à Atticus la phrase : *hunc... habendum.* — Piderit conjecture *ereptum ⟨per te⟩.* — *Nobiscum* d'après Simon. — LXXIII, 255. Stangl : *non tuæ quidem supplicationi.*

Num pro relicto, etc. César veut dire : « Si des générations d'orateurs ont travaillé et réussi à créer un style oratoire, le fait de parler correctement en langage ordinaire n'est-il plus un mérite et devons-nous désormais le considérer comme démodé? Évidemment non, et voilà pourquoi je recherche dans ce livre les règles de la correction. » *Pro relicto*, cf. *ad Attic.*, XIII, 1, 2 : « istuc jam pro facto habeo »; X, 6, 3 : « pro certo habemus ».

LXXIII, 254. *Vincebamur a victa*. Cf. Horace, *Epist.*, II, 1, 156 : « Græcia capta... cepit »; *de Natur. deor.*, I, 4, 8 : « tantum profecisse videmur, ut a Græcis ne verborum quidem copia vinceremur ». Comparer le mot de Molon de Rhodes à Cicéron (Plutarque, *Cic.*, 4) : σὲ μὲν, ὦ Κικέρων, ἐπαινῶ καὶ θαυμάζω, τῆς δὲ Ἑλλάδος οἰκτείρω τὴν τύχην ὁρῶν, ἃ μόνα τῶν καλῶν ἡμῖν ὑπελείπετο, καὶ ταῦτα Ῥωμαίοις διὰ σοῦ προσγενόμενα, παιδείαν καὶ λόγον.

255. *Tuæ supplicationi*, la fête d'actions de grâces, décrétée par le sénat en l'honneur de Cicéron après la conjuration de Catilina. Cf. *in Catil.*, III, 6, 15 :

« Atque etiam supplicatio dis immortalibus... meo nomine decreta est, quod mihi primum post hanc urbem conditam togato contigit et his decreta verbis est : quod urbem incendiis, cæde cives, Italiam bello liberassem. Quæ supplicatio si cum ceteris conferatur, hoc interest quod ceteræ bene gesta, hæc una conservata republica constituta est »; *ibid.*, III, 10, 23 ; *ad Famil.*, XV, 4, 11.

Non porte sur *antepono* au lieu de porter sur *tuæ*. C'est comme s'il y avait *tuæ supplicationi non antepono, sed triumphis multorum antepono.*

Triumphis rappelle un mot de César lui-même; Pline., *H. N.*, VII, 117 : « atque, ut dictator Cæsar hostis quondam tuus de te scripsit, *omnium triumphorum laurea major*, quanto plus est ingenii Romani terminos in tantum promovisse quam imperii ». L'honneur du triomphe, que Cicéron dédaigne ici, lui paraissait plus précieux quelques années auparavant, quand il le sollicitait en vain après sa campagne de Cilicie (*ad Famil.*, XV, 5 et 6 ; *ad Attic.*, VII, 1, 5).

Judicii, jugement raisonné et par conséquent sincère ; *benevolentiæ*, § 190.

non illustravit modo, sed etiam genuit in hac urbe dicendi copiam, quam illi, qui Ligurum castella expugnaverunt : ex quibus multi sunt, ut scitis, triumphi. [256] Verum quidem si audire volumus, omissis illis divinis consiliis, quibus sæpe constituta est imperatorum sapientia salus civitatis aut belli aut domi, multo magnus orator præstat minutis imperatoribus. — At prodest plus imperator. — Quis negat? Sed tamen (non metuo ne mihi acclametis; est autem quod sentias dicendi liber locus) malim mihi Crassi unam pro M' Curio dictionem quam castellanos triumphos duo. — At

VARIANTES : 256. Crassi *F*, L. Crassi *r*. — duos *O*².

NC. 256. Les derniers éditeurs écrivent d'après Jahn : *dicendi libere locus*. La leçon de *L* peut très bien être conservée. Cf. Quintil., XII, 8, 7 *liberum igitur demus... tempus ac locum.* — Je supprime avec *F* le prénom de Crassus. Cf. §§ 203, 207, 230, 296, 298, 301, 333. Le prénom est d'autant plus inutile ici que la mention de la cause de Curius ne laisse aucun doute sur le personnage.

Genuit. Cf. Sénèque, *Ep.*, 40, 11 : « Cicero quoque noster, a quo romana eloquentia exsiluit »; Pline, *H. N.*, VII, 117 : « facundiæ Latiarumque litterarum parens ».

Ligurum, peuplades de montagnards et de brigands, qui occupaient le pays compris entre les Alpes et la mer depuis l'embouchure du Rhône jusqu'à celle de l'Arno. Alliés des Carthaginois, les Ligures ne cessèrent, pendant un siècle environ, d'inquiéter par leurs incursions les provinces romaines au nord de l'Italie. Il fallut multiplier les expéditions pour les réduire; Tite-Live, XXXIX, 1 : « In Liguribus omnia erant, quæ militem excitarent, loca montana et aspera..., et itinera ardua, angusta, infesta insidiis; hostis levis et velox et repentinus, qui nullum usquam tempus, nullum locum quietum aut securum esse sineret; oppugnatio necessaria munitorum castellorum, laboriosa simul periculosaque. » Cf. XXXV, 40; XL, 25; XLI, 16; XLII, 8.

Multi. De 236 à 123 av. J.-C., les Fastes triomphaux mentionnent onze triomphes sur les Ligures (*Corp. inscr. lat.*, 1. p. 458-460). Cf. Tite-Live, XL, 59 : « Alter consulum Q. Fulvius ex Liguribus triumphavit; quem triumphum magis gratiæ quam rerum gestarum magnitudini datum constabat. »

256. *Verum*, etc., formule familière à Cicéron quand il avance quelque proposition contestable ; cf. *Tuscul.*, II, 23, 55 : « si verum quærimus »; *ad Att.*, XII, 41, 3 : « si verum scire vis »; *de Off.*, I, 23, 74 : « Vere autem si volumus judicare, multæ res exstiterunt urbanæ majores clarioresque quam bellicæ. »

Sapientia, ablatif instrumental qui précise l'ablatif de cause *quibus*. La divinité a tout conduit : les généraux n'ont été que les instruments de ses desseins.

Minutis, le menu fretin des généraux. Cf. *de Div.*, I, 30, 62 : « minutos philosophos ».

Acclametis, se récrier. Cf. *pro Mur.*, 8, 18; *in Pison.*, 27, 65; *de Orat.*, II, 83, 339.

Pro M' Curio, § 195 et suiv. L'exemple est topique, puisque Crassus avait précisément cherché un *castellanus triumphus*; *in Pis.*, 26, 62 : « L. Crassus... spiculis prope scrutatus est Alpes, ut, ubi hostis non erat, ibi triumphi causam aliquam quæreret. » Cf. *de Inv.*, II, 37, 111.

Dictionem, le fait de parler. Cicéron emploie à dessein une expression qui en dit moins que *orationem* et qui ne préjuge rien en faveur du talent oratoire, pour mieux marquer la distance entre l'orateur et le général. Cf. *de Orat.*, I, 33, 152 : « etiamsi vehementissime se in his subitis dictionibus exercuerit ».

Castellanos, c'est-à-dire *de castellis*. Cf.

plus interfuit rei publicæ castellum capi Ligurum quam bene defendi causam M' Curii. — [257] Credo. Sed Atheniensium quoque plus interfuit firma tecta in domiciliis habere quam Minervæ signum ex ebore pulcherrimum; tamen ego me Phidiam esse mallem quam vel optimum fabrum tignarium. Quare non quantum quisque prosit, sed quanti quisque sit ponderandum est; præsertim cum pauci pingere egregie possint aut fingere; operarii autem aut bajuli deesse non possint. LXXIV. [258] Sed perge, Pomponi, de Cæsare et redde quæ restant.

Solum quidem, inquit ille, et quasi fundamentum oratoris vides, locutionem emendatam et Latinam, cujus penes quos laus adhuc fuit, non fuit rationis aut scientiæ, sed quasi bonæ consuetudinis. Mitto C. Lælium, P. Scipionem : ætatis illius ista fuit laus tanquam innocentiæ sic Latine loquendi ; nec omnium tamen : nam illorum æquales Cæcilium et Pacuvium male locutos videmus. Sed omnes tum fere, qui nec

---

Variantes : 257. tignarium *G²*, tignuarium *L.* — baiuli *F*, baioli *r*. — LXXIV, 258. pilum Scipionem *F¹ O B H*, P. Scipionem *F² G² M.*

NC. LXXIV, 258. Stangl : *P. illum.* Mais la fausse leçon *pilum* peut provenir de *Publium*, écrit en toutes lettres. On ne voit pas d'ailleurs quelle raison aurait Cicéron d'attirer l'attention sur Scipion plutôt que sur Lælius.

Horace, *Od.*, III, 1, 7 : « giganteo triumpho ».

257. *Minervæ signum*, au Parthénon, sur l'Acropole d'Athènes. C'était le chef-d'œuvre de Phidias.

Præsertim cum, § 100.

LXXIV, 258. *Redde.* Atticus, s'étant chargé de parler sur César et n'ayant pas tout dit ce qu'il avait à dire, se trouve avoir encore comme une dette à payer.

Solum. Cf. *de Orat.*, III, 37, 151 : « Hoc quasi solum quoddam atque fundamentum est, verborum usus et copia bonorum. »

Vides, d'après ce que dit César § 253.

Adhuc, jusqu'au livre de César.

Rationis aut scientiæ, génitif descriptif pour caractériser la nature propre de *laus* (Riemann, *Syntaxe*, p. 99); *ratio* indique une méthode rationnelle pour contrôler les règles et au besoin pour les corriger;

scientia, la connaissance des faits grammaticaux.

Quasi, parce que *consuetudo* est ici légèrement détourné de son acception ordinaire (« habitude morale ») pour être employé comme synonyme d'*usus*. (Cf. Hor. *Ars poet.*, 71 : « si volet usus ».)

C. Lælium, P. Scipionem, §§ 82, 211.

Ista, dont tu as parlé toi-même (§ 211).

Innocentiæ, pureté morale, condition d'une bonne éducation domestique et, par suite, de la pureté dans le langage. Cf. *de Off.*, II, 22, 76 : « Laudat Africanum Panætius, quod fuerit abstinens... Laus abstinentiæ non hominis est solum sed etiam temporum illorum. »

Æquales, par approximation : Scipion avait en effet dix-huit ans environ à la mort de Cæcilius (vers 166) et cinquante-deux à celle de Pacuvius (132).

Male locutos. Ad Att., VII, 3, 10 :

extra urbem hanc vixerant neque eos aliqua barbari*a* domestica infuscaverat, recte loquebantur. Sed hanc certe rem deteriorem vetustas fecit et Romæ et in Græcia. Confluxerunt enim et Athenas et in hanc urbem multi inquinate loquentes ex diversis locis. Quo magis expurgandus est sermo et adhibenda *tan*quam obrussa ratio, quæ mutari non potest, nec utendum pravissima consuetudinis regula. [259] T. Flamini*n*um, qui cum Q. Metello consul fuit, pueri vidimus : existimabatur bene Latine, sed litteras

VARIANTES : 258. nec eos *M.* — alique barbarĭ in *L*, aliqua barbaries *G² O²* al. — enim et *F O G*, enim *r.* — quam tum *F*, quantum *O G*, quam *r.* — 259. Flaminium *L*.
NC. 258· J'écris *barbaria*, qui est plus voisin de la leçon de *L* que *barbaries* et qui paraît être la forme préférée par Cicéron (Neue, *Formenl.*, I, p. 371). — *tanquam*, d'après Manuce. — 259. Kayser ajoute *loqui* après *latine*.

« non dico Cæcilium ...malus enim auctor latinitatis est » ; pour Pacuvius, voir la critique de plusieurs de ses expressions dans l'*Orator*, 46, 155.

Neque eos. Sur l'emploi du démonstratif à la place du relatif, voir Riemann, *Syntaxe*, p. 37, § 17.

Barbaria domestica s'applique particulièrement à Cæcilius, qui était un Gaulois Insubrien.

Recte loquebantur. Cf. *de Orat.*, III, 10, 39 : « Sunt enim illi veteres ...omnes prope præclare locuti. »

Hanc rem, à savoir *recte loqui.*

Vetustas, le cours des âges, le temps à la longue.

In Græcia, au temps d'Alexandre, où la pureté des dialectes s'altéra au profit de la langue commune (χοινὴ διάλεχτος). Cf. Xenoph. *de Rep. Ath.*, 2, 8 : Ἀθηναῖοι δὲ κεκραμένη ἐξ ἁπάντων τῶν Ἑλλήνων καὶ βαρβάρων φωνῇ χρῶνται.

Inquinate, § 140.

Obrussa, opération qui consiste à faire l'essai de l'or en le passant au feu ; Pline, *H. N.*, XXXIII, 59 : « Aurique experimentum ignis est, ut simili colore rubeat ignescatque et ipsum ; obrussam vocant » ; cf. Sen. *Epist.*, 13, 1 : « Sic versus ille animus probatur ; hæc ejus obrussa est. » Comme l'or, le langage doit être débarrassé de toutes ses impuretés (*expurgandus*) et pour cela il faut le soumettre à une sorte de contrôle.

Ratio, le principe immuable qui doit servir de contrôle, c'est l'*analogie*. Cf. Quint., I, 6, 1 : « rationem præstat præcipue analogia ».

Consuetudinis regula, c'est la règle suivie par les partisans de ce qu'on appelle l'*anomalie*, qui s'en rapportent uniquement à l'usage, sous prétexte que le langage ne se développe pas suivant des principes fixes et invariables. Cf. Quintil., I, 6, 3 : « Consuetudo vero certissima loquendi magistra, utendumque plane sermone ut nummo, cui publica forma est. » — *Pravissima*, parce qu'elle n'est pas immuable.

259. *T. Flamininum.* Tout ce qui suit jusqu'au § 261 est le développement de la proposition (§ 258) : *non fuit rationis aut scientiæ sed quasi bonæ consuetudinis.* (*Mitto Lælium*, etc., jusqu'à la fin du § 258, n'est qu'une parenthèse.) Atticus va passer en revue rapidement tous ceux qui, d'après les appréciations antérieures de Cicéron, ont la réputation d'avoir bien parlé le latin, et montrer que chez aucun d'eux ce mérite n'est fondé sur l'application d'une méthode rationnelle. Flamininus est correct sans le savoir (§ 109), Catulus prononce d'une façon (§ 132), Cotta prononce d'une autre (§ 137), Sisenna ne parle pas comme tout le monde (§ 228). Jusqu'à César la pureté du langage est quelque chose d'instinctif ou d'arbitraire.

Bene Latine, sc. *loqui.* Cf. § 244.

Litteras nesciebat, c'est-à-dire qu'il n'avait pas de *scientia* (cf. § 258).

nesciebat. Catulus erat ille quidem minime indoctus, ut a
te paulo est ante dictum, sed tamen suavitas vocis et lenis
appellatio litterarum bene loquendi famam confecerat. Cotta,
qui[a] se valde dilatandis litteris a similitudine Græcæ locutionis abstraxerat sonabatque contrarium Catulo, subagreste
quiddam planeque subrusticum, alia quidem quasi inculta
et silvestri via ad eandem laudem pervenerat. Sisenna
autem quasi emendator sermonis usitati cum esse vellet, ne a
C. Rusio quidem accusatore deterreri potuit quo minus
inusitatis verbis uteretur. [260] Quidnam istuc est? inquit
Brutus, aut quis est iste C. Rusius? Et ille : Fuit accusator, inquit, vetus, quo accusante C. *Herenn*ium Sisenna
defendens dixit, quædam ejus « sputatilica » esse crimina.

Variantes : 259. siluestria *F.* — 260. chirtilium *L.*

NC. 259. *qui*, correction d'Ernesti. — *Græcæ locutionis* paraît suspect à quelques critiques. Eberhard propose *tragicæ*, Baehrens *gratæ*, Simon *rectæ*. Selon Friedrich, *græcæ
locutionis* proviendrait de la glose d'un terme grec disparu, ὀρθοεπείας (grece : *locutionis*). Voir le commentaire. — Kayser et Stangl [*accusatore*]. — 260. Je rétablis
Herennium, qui paléographiquement est à peu près identique à *Hirtilium*. Entre 80
et 70, un C. Herennius, sénateur, a été accusé de péculat (*in Verr.*, act. I, 13, 39).
Or à cette époque Sisenna était, avec Hortensius, un des défenseurs attitrés des
optimates, comme le prouve son rôle dans le procès de Verrès (§ 228).

Sed tamen. Quoiqu'il fût savant (*minime indoctus*), cependant ce n'était pas
à la science grammaticale qu'il devait la
pureté de son langage.

Lenis. Cf. *de Orat.*, III, 11, 43 : « le-
nitate vocis » (pour caractériser le parler
des habitants de Rome); — *appellatio.* Cf.
§ 133.

Confecerat, avait suffi à établir.

Dilatandis. Voir les textes cités au
§ 137 (note sur *ipso sono*).

A similitudine Græcæ locutionis. Les
Grecs avaient dans leur prononciation
quelque chose de plus doux, de plus
atténué que les Latins. Quintilien (XII,
10, 27 et suiv.), qui explique en détail la
différence des deux langues à cet égard,
dit qu'à Rome on avait souvent essayé
d'adoucir la prononciation à l'exemple
des Grecs, « ut plerique non antiquissi-
morum quidem sed tamen veterum mol-
lire tentaverint ». Les personnes qui,
comme Catulus, prononçaient avec dou-
ceur, pouvaient donc être considérées

comme parlant *ad similitudinem Græcæ
locutionis.* L'expression est d'autant plus
juste ici que Catulus était un helléni-
sant.

Abstraxerat indique un effort pour se
détacher et par suite une certaine affectation de la part de Cotta.

Sonabatque contrarium. Cf. § 137 : « ipso
sono »; pro *Arch.*, 10, 26 : « poetis pingue
quiddam sonantibus atque peregrinum »;
de Orat., III, 12, 44 : « nihil sonare aut
olere peregrinum ».

Quasi, parce que *emendator* n'est pas
tout à fait juste ici : Sisenna ne se posait
pas véritablement en réformateur de
l'usage. Il aimait seulement à employer
des termes inusités.

C. Rusio n'est pas connu. Sur C. Hérennius, voir les *Notes critiques.*

260. *Vetus*, vieux routier, sens analogue
à celui de *veterator* (§ 82).

Sputatilica, mot forgé par Sisenna,
avec un sens analogue à celui du grec
κατάπτυστα.

LXXV. Tum C. Rusius : « Circumvenior, inquit, judices, nisi subvenitis. Sisenna quid dica*t* nescio : metuo insidias. Sputatilica, quid est hoc ? sputa quid sit scio, tilica nescio. » Maximi risus : sed ille tamen familiaris meus recte loqui putabat esse inusitate loqui. [261] Cæsar autem rationem adhibens consuetudinem vitiosam et corruptam pura et incorrupta consuetudine emendat. Itaque cum ad hanc elegantiam verborum Latinorum, quæ, etiamsi orator non sis et sis ingenuus civis Romanus, tamen necessaria est, adjungit illa oratoria ornamenta dicendi, tum videtur tanquam tabulas bene pictas collocare in bono lumine. Hanc cum habeat præcipuam laudem in communibus, non video cui debeat cedere. Splendidam quandam minimeque veteratoriam

VARIANTES : 260. criminatum. C. rusium *L.* — LXXV, dicas *L.* — 261. emendabat *O G.* NC. LXXV. 260. *dicat*, vulg. — 261. [*tum*] *videtur*, Kayser.

LXXV. *Circumvenior.* Cf. § 48.

Tamen, malgré cette mésaventure.

261. *Rationem*, le principe de l'analogie. Cf. § 258.

Pura et incorrupta consuetudine. L'analogie tient compte en effet de l'usage, en ce sens qu'elle part de certains mots, dont la forme consacrée universellement par le bon usage ne soulève aucune difficulté, pour corriger à l'aide de ces types incontestés d'autres mots de formation semblable, que le mauvais usage a peu à peu défigurés. En un mot, l'analogie tire de l'usage même la formule des règles qu'elle lui applique. Cf. Varr., *L. lat.*, 9, 2 : « consuetudo et analogia conjunctiores sunt inter se quam ei credunt » ; Quintil., I, 6, 16 : « ut ipsam analogiam nulla res alia fecerit quam consuetudo ».

Emendat. On connaît par Aulu-Gelle et quelques grammairiens plusieurs des corrections proposées par César dans son livre de l'*Analogie.* Voir les textes réunis par Nipperdey (éd. de César, 1847, p. 753) et par Schlitte, *de C. Julio Cæsare grammatico* (Halle, 1865), p. 13.

Etiamsi, etc. Cf. § 140.

Illa ornamenta. Cf. § 40 (note sur *or natus*).

Bene, correctement, comme dans l'expression *bene loqui.*

In bono lumine, la métaphore est bien appropriée, les *oratoria ornamenta* consistant principalement dans l'emploi des *lumina orationis* (cf. §§ 66, 141). *Cum... tum* a ici son sens propre, « alors que... en même temps » (Riemann, p. 495, rem. III). L'effet indiqué ne se produit qu'au moment où se montrent les *ornamenta*, de même que le tableau n'a tout son éclat qu'au moment précis où on l'éclaire bien.

In communibus sc. *laudibus*, dans le nombre des qualités communes à tous les orateurs. Cela revient à dire que César possède l'invention, la disposition, l'élocution, la mémoire, l'action (cf. les textes cités à la fin du § 251). Cicéron se dispense de l'énumération pour s'en tenir à la qualité dominante (*præcipuam*).

Cui debeat cedere. Cf. Suétone, *Cæs.*, 55 ; Tac. *Ann.*, XIII, 3 : « dictator Cæsar summis oratoribus æmulus » ; Quintil., X, 1, 114 : « C. Cæsar, si foro tantum vacasset, non alius ex nostris contra Ciceronem nominaretur. Tanta in eo vis est, id acumen, ea concitatio, ut illum eodem animo dixisse, quo bellavit, appareat » ; I, 7, 34 : « vim Cæsaris » (de même X, 2, 25 ; XII, 10, 11).

Splendidam. Cf. Tac. *dial.* 25 : « splendidior Cæsar ».

Veteratoriam, § 82. Il n'avait rien de banal. *Rationem dicendi*, l'éloquence. Cf.

rationem dicendi tenet, voce, motu, forma etiam magnificam et generosam quodammodo. [262] Tum Brutus : Orationes quidem ejus mihi vehementer probantur; complures
autem legi, atque etiam commentarios, quos *idem* scripsit
rerum suarum. Valde quidem, inquam, probandos; nudi
enim sunt, recti et venusti, omni ornatu orationis tanquam
veste detracta. Sed dum voluit alios habere parata, unde
sumerent qui vellent scribere historiam, ineptis gratum fortasse fecit, qui volent illa calamistris inurere : sanos quidem homines a scribendo deterruit. Nihil est enim in historia pura et illustri brevitate dulcius. Sed ad eos, si placet,
qui vita excesserunt, revertamur.

Vᴀʀɪᴀɴᴛᴇs : 261. magnifica et generosa *L.* — 262. quosdam *L.* — uolunt illa *L.* —
enim est *B H M.*

NC. 261. *Magnificam et generosam,* Lambin d'après Suétone (*J. Cæs.*, 55) : *Cicero
ad Brutum oratores enumerans negat se videre, cui Cæsar debeat cedere, aitque eum elegantem, splendidam quoque atque etiam magnificam et generosam quodam modo rationem dicendi tenere.* — 262. *Quos idem,* correction de Stangl (Bake : *quos*). Je conserve
cependant, avec Friedrich, *commentarios,* que Stangl corrige en *commentarii* (rattaché
à *probantur*). — Suétone (*J. Cæs.*, 56), qui cite le passage, omet *enim* après *nudi.*
Stangl [*enim*]. — Lambin, suivi par quelques éditeurs : *detracto.* Suétone (*l. c.*) donne
la même leçon que *L.* Voir le commentaire. — Stangl, d'après Suétone (*l. 'c.*) : *illa
volent.*

de Orat. III, 49, 72 : « omnem omnium
rerum... cognitionem et scientiam cum
dicendi ratione jungebant ».

Forma. Cf. § 235 : « formæ dignitas »;
il s'agit ici de la tenue de l'orateur à la
tribune, de son grand air. Suétone, *Cæs.*,
55 : « Pronuntiasse autem dicitur voce
acuta, ardenti motu gestuque non sine
venustate. » Sur la véhémence de César
dans l'action cf. Suétone, 71 : « Masin-
tham nobilem juvenem, cum adversus
Hiempsalem regem tam enixe defendisset,
ut Jubæ regis filio in altercation barbam
invaserit... »

Generosam, noble, comme il convient à
un homme de grande race.

262. *Orationes,* il n'en reste presque
rien. Voir Meyer, *Or. rom. fragm.*, p. 404
et suiv.

Commentarios, sur la guerre des Gaules,
les seuls qui eussent encore été publiés.

Nudi, sans apprêts oratoires. Le sens
est précisé par *recti,* qui désigne le style
simple, allant droit au fait (Quintil., IX,
3, 3 : « simplex rectumque dicendi ge-

nus ») et par la fin de la phrase *omni
ornatu,* etc. Cf. *de Orat.,* II, 84, 341 :
« brevitatem habent nudam atque in-
ornatam ».

Detracta, accord par attraction. Riemann, *Syntaxe,* p. 47.

Ineptis, § 207.

Illa amené par *parata.*

Calamistris, fers à friser. Cicéron aime
à comparer les ornements inutiles du
style aux raffinements de la toilette (§§ 78,
162; *Orat.*, 23, 78; *de Orat.,* III, 25,
100). Cf. Den. d'Hal., *de Comp. verb.*,
25 : Πλάτων τοὺς ἑαυτοῦ διαλόγους κτε-
νίζων καὶ βοστρυχίζων καὶ πάντα τρό-
πον ἀναπλέκων οὐ διέλιπεν.

Deterruit. Cf. Hirtius, *de B. civ.*, VIII,
procem. : « Constat inter omnes, nihil tam
operose ab aliis esse perfectum, quod
non horum elegantia superetur. Qui sunt
editi, ne scientia tantarum rerum scriptoribus deesset, adeoque probantur omnium
judicio, ut prærepta non præbita facultas
scriptoribus videatur. »

Pura, sans ornements. On dit de même

LXXVI. [263] C. Sicinius igitur Q. Pompei illius, qui
censor fuit, ex filia nepos, quæstorius mortuus est : probabilis orator, jam vero etiam probatus, ex hac inopi ad
ornandum, sed ad inveniendum expedita Hermagoræ disciplina. Ea dat rationes certas et præcepta dicendi ; quæ si
minorem habent apparatum (sunt enim exilia), tamen habent ordinem et quasdam errare in dicendo non patientes
vias. Has ille tenens et paratus ad causas veniens, verborum non egens, ipsa illa comparatione disciplinaque dicendi
jam in patronorum numerum pervenerat. [264] Erat etiam
vir doctus in primis C. Visellius Varro, consobrinus meus,
qui fuit cum Sicinio ætate conjunctus. Is cum post curu-
lem ædilitatem judex quæstionis esset, est mortuus : in quo

VARIANTES : LXXVI, 263. sinicius *F O G*, sincius *r*. — patentes *B H M G¹*. —
264. aedilitatem *F O G*, dignitatem *r*.
NC. LXXVI, 263. *Sicinius*, vulg.

pura toga (toge blanche sans bandes de
pourpre), *purum argentum* (argent sans
ciselures). *Illustri*, lumineux.

LXXVI, 263. *C. Sicinius* est inconnu.
Q. Pompei, § 96.

Jam etiam, malgré sa jeunesse. *Quæstorius* indique en effet qu'il était mort
avant trente ans.

Hac, que nous connaissons.

Expedita, § 220.

Hermagoræ. Il y a deux et peut-
être trois rhéteurs de ce nom. Il s'agit
ici du plus ancien, que l'on place tantôt
à la fin du ɪɪᵉ siècle, tantôt dans la première moité du ɪᵉʳ siècle av. J.-C. Son
enseignement paraît avoir eu sur la rhétorique romaine une grande influence, à
en juger surtout par le traité *ad Herennium* et le *de Inventione*. Il s'attachait
moins à l'élocution qu'à l'invention. Il
avait particulièrement renouvelé la théorie des στάσεις (ou *status causæ*), par
un classement systématique, en multipliant les divisions et les subdivisions,
non sans subtilité (*de Invent.*, I, 9, 12 ;
Quintil., III, 11, 22 : « Non est necesse
per tam minutas rerum particulas rationem docendi concidere : quo vitio multi
quidem laborarunt, præcipue tamen Hermagoras, vir alioqui subtilis et in pluribus admirandus »).

Rationes certas, des méthodes déter-
minées pour trouver les arguments.

Si... tamen. Cf. § 200.

Apparatum, apprêt, ornement et par
suite agrément (Cf. *de Orat.*, I, 53, 229 :
« nullo apparatu, pure et dilucide »; II, 82,
333 : « atque hæc in senatu minore apparatu agenda sunt »). Avec ses divisions
et ses subdivisions, la théorie d'Hermagoras était plus rébarbative que les autres
(de là le comparatif *minorem*). Mais, sauf
cette restriction, elle était commode, parce
que tout y était classé logiquement (*ordinem*) et qu'en suivant l'ordre des formules
indiquées on était sûr de ne pas s'égarer.

Errare. Cf. *de Orat.*, I, 32, 145 :
« omnis istorum artificum doctrina,... habet... quædam quasi ad commonendum
oratorem, quo quidque referat, et quo
intuens ab eo, quodcumque sibi propo-
suerit, minus aberret. »

Paratus, grâce à la méthode d'Hermagoras, qui lui permettait de trouver les
arguments. Il avait ainsi l'invention d'une
part et certaines qualités d'élocution (*verborum non egens*).

Pervenerat, § 230.

264. *C. Visellius Varro*, cousin ger-
main de Cicéron et son condisciple (*de
Orat.*, II, 1, 2).

Judex quæstionis, président d'un jury

fateor vulgi judicium a judicio meo dissensisse. Nam populo
non erat satis vendibilis : præceps quædam et cum idcirco
obscura, quia peracuta, tum *ea ip*sa celeritate cæcata oratio; sed neque verbis aptiorem cito alium dixerim neque
sententiis crebriorem ; præterea perfectus in litteris jurisque
civilis jam a patre Aculeone traditam tenuit disciplinam.
[265] Reliqui sunt, qui mortui sint, L. Torquatus, quem
tu non tam cito rhetorem dixisses, etsi non deerat
oratio, quam, ut Græci dicunt, πολιτικόν. Erant in eo

VARIANTES : 264. tum rapida et celeritate *L*. — 265. sunt, qui mortui sunt *B H*.

NC. 264. Au lieu de *rapida*, qui n'a aucun sens après *præceps* et à côté de *celeritate*, j'écris *ea ipsa*. Quant à *et*, il peut provenir d'une variante *ipsa ea*. La
plupart des éditeurs se contentent avec Schütz de mettre *et* entre crochets. Weidner :
rapida lingua. Eberhard : *rapiditate* (d'après Dederich) [*et celeritate*]. Baehrens :
e celeritate.

criminel. Légalement cette fonction devait être exercée par un préteur. Mais
comme, depuis Sylla, le nombre des préteurs disponibles était inférieur à celui
des tribunaux, on confiait souvent les
présidences vacantes à d'anciens édiles
curules. Voir Bouché-Leclerq, *Manuel*,
p. 153 et 74.

Fateor, parce qu'il est obligé de constater une exception à la théorie développée § 185 et suiv.

Vendibilis, § 174.

Præceps. Cf. *pro Flacco*, 20, 48 : « sed
cum se homo volubilis quadam præcipiti
celeritate dicendi in illa oratione jacta-
ret »; *de Finib.*, II, 1, 3 : « Cum enim
fertur quasi torrens oratio, quamvis multa cujusque modi rapiat, nihil tamen
teneas, nihil apprehendas, nusquam orationem rapidam coerceas. »

Obscura, etc. On avait de la peine à suivre Visellius d'abord parce qu'il était
tres subtil, ensuite parce qu'il parlait trop
vite. *Peracuta*, § 66 : « nimio acumine »; 115.

Cæcata. On emploie de même *cæcus*
avec le sens de « obscur » : Lucrèce, III,
316 : « cæcas causas »; *de Oratore*, II, 87,
357 : « res cæcas et ab aspectus judicio
remotas »; Horace, *Od.*, II, 13, 16 : « cæca
fata ».

Aptiorem, § 115. *Cito*, §§ 238, 265.

Sententiis crebriorem, §§ 29, 173, 250.

Aculeone, contemporain et ami de
Crassus (*de Orat.*, II, 1, 2). Il avait
épousé la tante maternelle de Cicéron.
Cf. *de Orat.*, I, 43, 191 : « Nonne videtis
equitem romanum, hominem acutissimo
omnium ingenio, sed minime ceteris artibus eruditum, C. Aculeonem, qui mecum
vivit semperque vixit, ita tenere jus
civile, ut ei, cum ab hoc (Scævola) disces-
seritis, nemo de eis, qui peritissimi sunt,
anteponatur. »

265. *Qui mortui sint*, avec le sens
restrictif de *qui quidem* (Riemann, *Syntaxe*, p. 373).

L. (Manlius) Torquatus, fils du consul
de 65 (§ 239). Il avait été *contubernalis*
de Cicéron consul (*pro Sull.*, 12, 34).
Préteur en 49, il se déclara pour Pompée
et le suivit en Grèce. Après Pharsale, il
passa en Afrique et y fut assassiné en 46,
au moment de gagner l'Espagne (*Bell.
Afric.*, 96). Il était épicurien, et c'est
dans sa bouche qu'au Iᵉʳ livre du *de Finibus* Cicéron met l'exposé de la doctrine
épicurienne.

Rhetorem, un orateur de profession;
Cicéron emploie ce mot plutôt que *oratorem*, parce qu'il a dans l'esprit l'opposition établie par les Grecs entre ῥήτωρ
et πολιτικός.

Oratio, la capacité oratoire.

Πολιτικόν, non pas un orateur politique, mais un citoyen, au sens le plus
large du mot, un citoyen qui parle quand
il faut, mais qui ne fait pas de l'élo-

plurimæ litteræ nec eæ vulgares, sed interiores quædam et
reconditæ; divina memoria, summa verborum et gravitas et
elegantia; atque hæc omnia vitæ decorabat gravitas et integritas. Me quidem admodum delectabat etiam Triarii in illa
ætate plena litteratæ senectutis oratio. Quanta severitas in
vultu! quantum pondus in verbis! quam nihil non consi-
deratum exibat ex ore! [266] Tum Brutus, Torquati et Triarii mentione commotus (utrumque enim eorum admodum
dilexerat) : Ne ego, inquit, ut omittam cetera, quæ sunt
innumerabilia, de istis duobus cum cogito, doleo nihil tuam
perpetuam auctoritatem de pace valuisse! Nam nec istos
excellentes viros nec multos alios præstantes cives res publica perdidisset. Sileamus, inquam, Brute, de istis, ne augeamus dolorem. Nam et præteritorum recordatio est acerba
et acerbior exspectatio reliquorum. Itaque omittamus lugere
et tantum quid quisque dicendo potuerit, quoniam id quærimus, prædicemus.

Variantes : 265. decorabat dignitas *O¹*, decorabat grauitas *O²* *vetus*, *r*. —
266. eorum enim *B¹ H*. — perpetuam tuam *B H M*. — nec augeamus *O G*.

NC. 265. Le second *gravitas* est suspect. Simon conjecture *decorabat integritas*;
Stangl, d'après Orelli, voudrait *verborum granditas… vitæ gravitas*. La plupart des éditions ont *dignitas*. — 266. Stangl : *perpetuam tuam*.

quence sa carrière. Cf. Quintil., I, 10 15 :
« civili viro quem πολιτικόν vocant ».

Plurimæ litteræ. Cf. *de Fin.*, I, 5, 13 :
« L. Torquato, homine omni doctrina
erudito »; I, 7, 25 : « Quid tibi, Torquate,
quid huic Triario litteræ, quid historiæ
cognitioque rerum, quid poetarum evo-
lutio, quid tanta tot versuum memoria
voluptatis affert? »

Interiores et reconditæ, c'est-à dire qui
supposent des études pénétrantes et approfondies. Cf. *de Nat. deor.*, III. 16,
42 : « plures enim tradunt nobis ii qui interiores scrutantur et reconditas litteras »:
Acad., II, 2. 4 : « nos autem illa externa
cum multis; hæc interiora enim paucis… ».

Memoria. Cf. *de Fin.*, II, 34. 113 : « memoria rerum innumerabilium, in te (Torquato) quidem infinita ».

Triarii. C. Valérius Triarius, ami de
Torquatus et comme lui l'un des interlocuteurs du *de Finibus*. Lors de la guerre

civile, il commanda une escadre pom-
péienne et combattit à Pharsale (César,
B. civ., III, 92). Il mourut la même année et Cicéron devint le tuteur de ses
enfants (*ad Attic.*, XII, 28, 3).

In illa ætate. Dans la jeunesse où il
était. Dans le *de Finibus*, dont le premier
livre se rapporte à l'an 50, Triarius est
qualifié de *gravis et doctus adulescens* (I,
5. 13).

Litterata, §§ 99, 205. — *Senectutis.*
cf. § 160 : « senior… oratio ».

266. *Ne ego*, § 249.

Perpetuam auctoritatem. Depuis le moment où Pompée s'était brouillé avec César. Cicéron n'avait pas cessé de prêcher
la paix. *Philipp.*, II, 10. 24 : « composi-
tionis auctor esse non destiti »; *ad Att.*,
VII, 14. 3 : « equidem ad pacem hortari
non desino »; cf. *ad Famil.*, XVI, 14, 2 ;
12, 2; *pro Lig.*, 9, 28.

Sileamus. Cf. §§ 11, 157.

LXXVII. [267] Sunt etiam ex iis, qui eodem bello occiderunt, M. Bibulus, qui et scriptitavit accurate, cum præsertim non esset orator, et egit multa constanter; Appius Claudius socer tuus, collega et familiaris meus; hic jam et satis studiosus et valde cum doctus tum etiam exercitatus orator et cum auguralis tum omnis publici juris antiquitatisque nostræ bene peritus fuit. L. Domitius nulla ille quidem arte, sed Latine tamen et multa cum libertate dicebat. [268] Duo præterea Lentuli consulares, quorum Publius, ille nostrarum injuriarum ultor, auctor salutis, quicquid habuit, quantumcumque fuit, illud totum habuit e disciplina;

NC. LXXVII, 267. *Sunt enim* au lieu de *sunt etiam*, Kayser.

LXXVII, 267. *M.* (*Calpurnius*) *Bibulus*, adversaire de César et consul avec lui en 59. Pour entacher d'illégalité les actes de son collègue, auquel il avait en vain voulu s'opposer, il déclara fériés tous les jours de son consulat et se désintéressa du gouvernement. Dans la guerre civile il commanda la flotte de Pompée, et mourut en 48 devant Corcyre, des fatigues de la croisière (César, *B. civ.*, III, 5 et 18).

Cum præsertim, chose étonnante, étant donné qu'il n'était pas orateur et n'avait pas besoin d'écrire pour se former.

Egit multa constanter, allusion à sa ténacité politique.

Appius Claudius (cf. § 230) avait été consul en 54. Il suivit Pompée en Grèce et mourut en Eubée peu de temps avant Pharsale.

Collega, comme membre du collège des augures.

Familiaris. Les relations des deux amis n'avaient pas toujours été sans nuages. Voir leur correspondance dans le 3ᵉ livre des *Lettres familières* (cf. *ad Famil.*, II, 13, 2).

Jam, par rapport à Bibulus.

Studiosus, doctus, exercitatus rappellent les trois conditions : cf. § 223.

Auguralis. Appius Claudius avait écrit des *libri augurales* (ad. *Famil.*, III, 14, 3). Moins sceptique que la plupart de ses collègues, qui ne voyaient dans les auspices qu'une institution d'État, il avait foi dans la divination (*de Leg.*, II, 13, 32) et croyait à la nécromancie (*Tuscul.*,

I, 16, 37). Cf. Lucain, *Phars.*, V, 67 et suiv.

L. Domitius (*Ahenobarbus*), consul en 54 avec Appius. Lors de la guerre civile, il se déclara contre César, essaya de l'arrêter devant Corfinium, puis s'enferma à Marseille et enfin alla rejoindre Pompée en Grèce. Il mourut à Pharsale.

Nulla arte. Cf. § 234 : « nullo alio bono ». Pour le sens de *arte* (= études théoriques) voir § 140.

Multa cum libertate. Il se moque de son collègue Appius en plein sénat (*ad Quint. fr.*, II, 15, 1). Cf. César, *B. civ.*, III, 83 : « Domitius, Scipio, Lentulus Spinther cotidianis contentionibus ad gravissimas verborum contumelias palam descenderunt. »

268. *Quorum*, suppléez *unus*, lequel est ordinairement supprimé dans les phrases de ce genre, quand il y a un nom propre en apposition. Cf. § 286. Cf. Riemann, *Revue de Philologie*, XII, p. 178, note 2.

Publius. P. Cornélius Lentulus Spinther, consul en 57 par le crédit de César; plus tard il se déclara pour Pompée, fut assiégé avec Domitius à Corfinium, puis passa en Grèce. Il mourut après Pharsale, en essayant de gagner l'Asie.

Ultor, parce qu'il proposa le rappel de Cicéron exilé; *pro Mil.*, 15, 39 : « clarissimus et fortissimus consul, inimicus Clodio, P. Lentulus, ultor sceleris illius,... restitutor salutis meæ »; cf. *pro Sest.*, 32, 70; *in Pison.*, 15, 34.

instrumenta naturæ decrant ; sed tantus animi splendor et
tanta magnitudo, ut sibi omnia, quæ clarorum virorum essent,
non dubitaret asciscere eaque omni dignitate obtineret.
L. autem Lentulus satis erat fortis orator, si modo orator, sed
cogitandi non ferebat laborem : vox canora, verba non horrida sane, ut plena esset animi et terroris oratio ; quæreres
in judiciis fortasse melius : in re publica quod erat esse ju-
dicares satis. [269] Ne T. quidem Postumius contemnendus
in dicendo : de re publica vero non minus vehemens orator
quam bellator fuit ; effrenatus et acer nimis, sed bene juris
publici leges atque instituta cognoverat.

Hoc loco Atticus : Putarem te, inquit, ambitiosum esse,
si, ut dixisti, ii, quos jam diu colligis, viverent. Omnes
enim commemoras, qui ausi aliquando sunt stantes loqui,
ut mihi imprudens M. Servilium præterisse videare.
LXXVIII. [270] Non inquam, ego istuc ignoro, Pomponi,

VARIANTES : 268. plane *O¹*, plene *G*. — horroris *BHM*. — 269. acerrimus *F*.

NC. 268. Weidner : *at plena et*. Purgold : *fervoris*. Cf. pourtant § 44 : *vim
dicendi terroremque*.

Instrumenta naturæ, les ressources naturelles; cf. Quintilien, XII, 11, 24 :
« quod instrumentum dicendi M. Tullio
defuit ? »

L. (Cornelius) Lentulus (Crus), ennemi
de César et pour cette raison nommé consul en 49 avec Marcellus (César, *B. Gall.*,
VIII, 50). Il suivit Pompée à Dyrrachium,
puis à Pharsale, enfin en Égypte, où il fut
mis à mort (César, *B. civ.*, III, 104).

Fortis orator, parce qu'il se mit en
avant dans des circonstances où il fallait
de la décision et du courage (voir *B. civ.*
I, 1). *Si modo*, parce qu'il était plutôt un
homme d'action qu'un orateur au sens
propre du mot.

Cogitandi laborem, § 247.

Horrida, § 68.

Ut (= de telle sorte que...) résume
tout le jugement sur Lentulus. Il avait
une certaine ardeur vaillante, une voix
sonore, une élocution assez soignée, et de
tout cela il résultait une éloquence
pleine de feu et qui imposait.

Terroris, Cr. § 44. Sur les violences de
L. Lentulus, voir César, *B. civ.*, I, 2 :

« Hi omnes, convicio L. Lentuli consulis
correpti, exagitabantur. »

In judiciis, parce que devant les tribunaux il faut discuter une affaire avec
méthode et sûreté, ce qui suppose *cogitandi laborem*.

In re publica, §§ 108, 165, 174.

269. *T. Postumius* est inconnu. On voit
seulement, par la place que le personnage occupe dans l'énumération, qu'il
était du parti de Pompée et avait péri
dans la guerre civile.

Leges, les lois écrites; *instituta*, l'ensemble des traditions politiques, les règles
de gouvernement établies par les ancêtres.

Ambitiosum rappelle *ambitione me labi*
du § 244.

Stantes, debout à la tribune ou à leur
place au sénat.

Loqui, simplement ouvrir la bouche :
Atticus emploie à dessein un terme plus
dédaigneux que *dicere*.

Imprudens est ironique.

M. Servilium n'est pas plus connu que
Postumius.

multos fuisse, qui verbum nunquam in publico fecissent,
cum melius aliquanto possent quam isti oratores, quos col-
ligo, dicere : sed his commemorandis etiam illud assequor,
ut intellegatis primum ex omni numero quam non multi ausi
sint dicere, deinde ex iis ipsis quam pauci fuerint laude digni.
[271] Itaque ne hos quidem equites Romanos, amicos nostros,
qui nuper mortui sunt, *omittam* C. Cominium Spoletinum,
quo accusante defendi C. Cornelium ; in quo et compositum
dicendi genus et acre et expeditum fuit ; T. Accium Pisau-
rensem, cujus accusationi respondi pro A. Cluentio ; qui et
accurate dicebat et satis copiose, eratque præterea doctus
Hermagoræ præceptis, quibus etsi ornamenta non satis
opima dicendi, tamen, ut hastæ velitibus amentatæ, sic apta
quædam et parata singulis causarum generibus argumenta

Variantes : LXXVIII. 270. fecissent melius (avec cum en surcharge au-dessus de
la ligne) O G B¹. — 271. accium F, attium r.

NC. LXXVIII, 271. *omittam*, addition de Kayser.

LXXVIII, 270. *Etiam illud*, ceci encore, par surcroît. Cicéron ne veut pas
seulement faire l'histoire de l'éloquence
à Rome, il veut *encore* qu'on en tire des
conclusions sur la difficulté de l'art oratoire. Cf. §§ 182, 241, 299.

271. *P. Cominium*. Cf. Ascon. *in Cornel.*, p. 62 : « Exstat oratio Cominii accusatoris, quam sumere in manus est aliquod
operæ pretium non solum propter Ciceronis orationes, quas pro Cornelio habemus, sed etiam propter semet ipsam. »

C. Cornelium, ancien questeur de Pompée, tribun en 67. A la suite d'une proposition de loi dirigée contre les nobles
et qui amena des émeutes au forum, il
fut accusé de lèse-majesté en 66 et en
65. Cicéron plaida pour lui quatre jours
de suite et remporta un grand succès d'é-
loquence (Quintil., VIII, 3, 3). Il ne reste
du *pro Cornelio* que des fragments.

Compositum s'applique à la disposition
des mots dans la phrase. Cf. § 68, 303;
de Orat., III, 43, 171 : « componere et
struere verba »; *Orat.*, 70, 232 : « com-
positi oratoris bene structam collocationem dissolvas permutatione verborum ».

T. Accium, de Pisaurum (aujourd'hui
Pesaro, sur l'Adriatique entre Ravenne et
Ancône) ; *pro Cluent.*, 31, 84 : « tene hoc,
Acci, dicere tali prudentia, etiam usu
atque exercitatione præditum? » 57, 156 :
« agit sic causam T. Accius, adulescens
bonus et disertus ».

Pro Cluentio. Affaire d'empoisonnement,
plaidée en 66, et qui se rattachait à une
affaire du même genre plaidée huit ans
auparavant, au procès d'Oppianicus, dont
il a été question à propos de Staienus
(§ 241).

Hermagoræ, § 263. — *Opima*, § 64.

Hastæ velitibus amentatæ. Les vélites
ou troupes légères avaient pour arme principale un javelot garni d'une courroie de
cuir (*amentum*), nouée autour de la hampe
et formant une boucle pour passer les
doigts. L'élasticité de la courroie facili-
tait le jet de l'arme et en augmentait la
portée (Daremberg et Saglio, *Dict. des
Ant.*, amentum). Le nœud de la courroie
se faisant d'avance, le vélite arrivait en
ligne avec son javelot prêt à partir ; de
même, l'élève d'Hermagoras abordait l'é-
tude des causes, quelles qu'elles fussent,
avec un arsenal d'arguments toujours
prêts. Voir la même comparaison dans
le *de Oratore*, I, 57, 242. *Velitibus*, datif
d'intérêt.

traduntur. [272] Studio autem neminem nec industria majore cognovi, quanquam ne ingenio quidem qui præstiterit facile dixerim C. Pisoni, genero meo. Nullum tempus illi unquam vacabat aut a forensi dictione aut a commentatione domestica aut a scribendo aut a cogitando. Itaque tantos processus efficiebat, ut evolare, non excurrere videretur ; eratque verborum et delectus elegans et apta et quasi rotunda constructio ; cumque argumenta excogitabantur ab eo multa et firma ad probandum tum concinnæ acutæque sententiæ ; gestusque natura ita venustus, ut ars etiam, quæ non erat, et e disciplina motus quidam videretur accedere. Vereor ne amore videar plura, quam fuerint in illo, dicere : quod non ita est ; alia enim de illo majora dici possunt. Nam nec continentia nec pietate nec ullo genere virtutis quemquam ejusdem ætatis cum illo conferendum puto. LXXIX. [273] Nec vero M. Cælium prætereundum arbitror, quæcumque ejus

VARIANTE : 272. et disciplina F.

NC. 272. Selon Simon, *aut a scribendo... cogitando* ne serait qu'une glose. Voir le commentaire.

272. *Studio, industria, ingenio,* § 22.

Majore, suppléez *quam Pisonem,* que Cicéron réservait pour la fin de la phrase et qui, grammaticalement nécessaire, devient logiquement inutile après *qui præstiterit.*

Ne ... quidem, non plus, § 68.

C. Pisoni, marié à Tullia en 67, mourut questeur en 58. Il s'employa à faire revenir d'exil son beau-père, mais ne le revit pas (*ad Att.,* I, 3, 3; *ad Famil.,* XIV, 1, 1). Cicéron parle souvent de lui en termes très affectueux.

Forensi dictione, § 256.

Commentatione, §§ 105, 305, 310.

Aut a scribendo aut a cogitando n'est pas le développement de *commentatione.* La répétition de *aut* indique qu'il s'agit de quatre choses essentiellement distinctes : 1° la parole en public; 2° la déclamation dans le cabinet (cf. § 310, *declamitans; de Orat.,* I, 33, 149; 34, 154); 3° la composition écrite; 4° la composition mentale (cf. Quintil. X, 6, 1), qui consiste à faire de tête et sans déclamer un travail de composition et d'expression.

Evolare. Cf. *de Orat.,* I, 35, 161 : « tantus enim cursus verborum fuit et sic evolavit oratio, ut ejus vim et incitationem aspexerim, vestigia ingressumque vix viderim ».

Apta, § 34. *Quasi rotunda,* arrondie en période. Comparer les termes *ambitus, circuitus, circumscriptio* (cf. § 31), *orbis* (*de Orat.,* III, 51, 198; *Orat.,* 44, 149), *conversio* (*de Orat.,* III, 48, 186; 49, 190), qui tous expriment l'idée d'une évolution circulaire, comme le grec περίοδος.

Sententiæ répond à ce que nous appelons des « traits ». Cf. § 325; Quintil., XII, 10, 48 : « (Sententiæ) feriunt animum et uno ictu frequenter impellunt et ipsa brevitate magis hærent et delectatione persuadent »; Sen. *Epist.,* 100, 5 : « sensus... non coactos in sententiam, sed latius dictos »; Tac., *Dial.,* 20 : « sensus aliquis arguta et brevi sententia effulsit ».

Continentia. Cf. *in Vatin.,* 11, 26 : « Pisonem ... qui in summa copia optimorum adulescentium, pari continentia, virtute, pietate reliquit neminem ».

LXXIX, 273. *M. Cælium,* l'élève et l'ami

in exitu vel fortuna vel mens fuit; qui quandiu auctoritati
meæ paruit, talis tribunus plebis fuit, ut nemo contra civium perditorum popularem turbulentamque dementiam a
senatu et a bonorum causa steterit constantius. *Anti*quam
ejus *dictionem* multum tamen et splendida et grandis et eadem
in primis faceta et perurbana commendabat oratio. Graves
ejus contiones aliquot fuerunt, acres accusationes tres eæque

VARIANTES : LXXIX, 273. constantius quam eius actionem *L.* — tamen et *F O G.*
tamen *r.*

NC. LXXIX, 273. *Antiquam* d'après Stangl ; mais je substitue *dictionem* à *actionem.* L'action de Cælius n'avait rien de la sévérité archaïque ; il dit lui même (Quintil., XI, 1, 51) : *ne cui vestrum... meus aut vultus molestior aut vox immoderatior aliqua aut denique... jactantior gestus fuisse videatur.* D'après ce texte, Friedrich conjecture quelque chose comme *quanquam ejus actio erat molesta, multum tamen,* etc.
Eberhard : *nimiam ejus ;* Weidner, *scænicam.*

de Cicéron. Voir le *pro Cælio* et Boissier,
Cicéron et ses amis, p. 167 et suiv.

In exitu, à la fin de sa carrière politique.

Vel fortuna, pour atténuer dans une
certaine mesure la faute de Cælius. Cicéron le condamne, mais avec tous les mé-
nagements dus aux souvenirs d'une chère
amitié.

Tribunus, en 52, l'année du meurtre
de Clodius et du procès de Milon.

Civium perditorum, les partisans de
Clodius.

A senatu, du côté du sénat. *Bonorum,* §2.

Constantius, lors de l'affaire de Milon.
Cf. *pro Mil.,* 33, 91 : « Cædi vidistis populum romanum, contionem gladiis dis-
turbari, cum audiretur silentio M. Cælius,
tribunus plebis, vir et in republica fortissimus et in suscepta causa firmissimus
et bonorum voluntati et auctoritati senatus deditus et in hac Milonis sive invidia
sive fortuna singulari divina et incredibili
fide. »

Antiquam ejus dictionem. Cf. § 165 :
« popularis dictio » ; *de Orat.,* I, 15, 64 :
« res... quæ sit dictione explicanda ».
Sur les archaïsmes de Cælius, voir Tacite,
Dial., 18 : « Alios merito antiquos voca-
verimus ; sunt enim horridi et impoliti et
rudes et informes et quos utinam nulla
parte imitatus esset Calvus noster aut
Cælius » ; 21 : « Nec quemquam adeo
antiquarium puto ut Cælium ex ea parte
laudet qua antiquus est. » Cf. Quintil., I,
5, 61 ; 6, 29 et 42.

Tamen répond à la restriction contenue
dans *antiquam.*

Splendida. Cf. §§ 104, 210, 216.

Faceta. Cf. Quintil., VI, 3, 39-41 :
« Narrare, quæ salsa sint, in primis est
subtile et oratorium, ut... M. Cælius de
illa D. Lælii collegæque ejus in provinciam festinantium contentione... Et Cælius
cum omnia venustissime finxit tum illud
ultimum : *Hic subsecutus quomodo transie-
rit, utrum rate an piscatoris navigio, nemo
sciebat. Siculi quidem, ut sunt lascivi et
dicaces, aiebant in delphino sedisse et sic
tanquam Ariona transvectum.* » Voir le
fragment cité plus bas et ses lettres à
Cicéron (*ad Famil.,* VIII). *Perurbana,*
Quintil., X, 1, 115 : « Multum ingenii
in Cælio et præcipue in accusando multa
urbanitas. »

Oratio, « le style », s'oppose à *dictio,*
« le langage ». Cælius se sert d'expressions
et de tournures archaïques, mais com-
pense ce défaut par des qualités de style
remarquables. La phrase revient à dire
dicit antique, sed dicit ornate.

Contiones, discours politiques, lors de
son tribunat en 52 et de son édilité en 50.
Cf. Frontin, *de Aquæduct.,* 76 : « A
Cælio Rufo dicta sunt in ea contione cui
titulus est *de Aquis* » (cf. *ad Famil.,*
VIII, 6, 4).

Accusationes tres, dirigées : 1° contre
C. Antonius, l'ancien collègue de Cicéron
au consulat, qu'il accusa en 59 de lèse-
majesté pour complicité dans la conjura-

omnes ex rei publicæ contentione susceptæ; defensiones, etsi illa erant in eo meliora quæ dixi, non contemnendæ tamen saneque tolerabiles. Hic cum summa voluntate bonorum ædilis curulis factus esset, nescio quo modo discessu meo discessit a sese ceciditque, posteaquam eos imitari cœpit, quos ipse perverterat. [274] Sed de M. Calidio dicamus aliquid, qui non fuit orator unus e multis, potius inter multos prope singularis fuit; ita reconditas exquisitasque sententias mollis et pellucens vestiebat oratio. Nihil tam tenerum

tion de Catilina et qu'il fit condamner malgré Cicéron; 2° contre Sempronius Atratinus vers 57; 3° contre Q. Pompeius Rufus, son ancien collègue au tribunat, en 51. — Quintilien (IV, 2, 123) nous a conservé une spirituelle description tirée du discours contre Antonius : « Namque ipsum offendunt temulento sopore profligatum, totis præcordiis stertentem, ructuosos spiritus geminare, præclarasque contubernales ab omnibus spondis transversas incubare et reliquas circumjacere passim : quæ tamen exanimatæ terrore hostium adventu percepto, excitare Antonium conabantur, nomen inclamabant, frustra a cervicibus tollebant, blandius alia ad aurem invocabat, vehementius etiam nonnulla feriebat. Quarum cum omnium vocem tactumque noscitaret, proximæ cujusque collam amplexu petebat, neque dormire excitatus neque vigilare ebrius poterat, sed semisomno sopore inter manus centurionum concubinarumque jactabatur. »

Ex reipublicæ contentione, par suite d'un zèle actif pour l'intérêt public. Cf. *de Off.*, I, 25, 87 : « honorum contentio » Riemann, *Synt.*, p. 92, rem. 1).

Defensiones. Il eut à se défendre lui-même contre le fils d'Atratinus, qui l'avait attaqué pour venger son père. Il nous reste le plaidoyer prononcé pour lui dans ce procès par Cicéron (*pro Cælio*). En 52, il défendit avec Cicéron M. Saufeius, accusé d'avoir achevé Clodius.

Illa meliora, ses accusations. Cf. Quintil., VI, 3, 69 : « Idem (Cicero) per allegoriam M. Cælium, melius objicientem crimina quam defendentem *bonam dextram, malam sinistram habere* dicebat. »

Nescio quo modo, formule vague par

égard pour Cælius d'abord et aussi pour César, qui très probablement avait acheté le concours de Cælius.

Discessu meo, par suite de mon éloignement, comme proconsul de Cilicie. *Discessit a sese*, rapproché à dessein de *discessu* : « Il fut infidèle à sa conduite passée. » Au moment de la rupture entre César et le sénat, Cælius alla avec Curion rejoindre César à Ravenne.

Eos, les démagogues turbulents à la façon de Clodius. Préteur en 48, Cælius profita de l'absence de César pour se faire une popularité personnelle par des lois sur l'abolition des dettes. Chassé de Rome à la suite des troubles qu'il avait suscités, il périt obscurément en voulant soulever l'Italie méridionale (César, *B. civ.*, III, 20).

274. *M. Calidio*, préteur en 57, ami de Cicéron, et, comme Cælius, partisan de Milon contre Clodius (Ascon. *in Mil.*, p. 35). Comme Cælius aussi, il passa à César, qui le nomma en 47 gouverneur de la Gaule Cisalpine; mais il mourut en se rendant dans sa province.

Unus e multis, un orateur comme il y en a beaucoup, Cf. *Tuscul.*, I, 9, 17 : « homunculus unus e multis ».

Reconditas, § 265.

Mollis, souple comme une étoffe, c'est-à-dire qui se prête à tous les mouvements de la pensée.

Vestiebat. Cf. *de Orat.*, I, 31, 142 : « ea denique vestire atque ornare oratione »; III, 38, 155; Quintil., VIII, *proœm.*, 20 : « verborum habitu vestiantur ».

Tenerum. Cf. *de Orat.*, III, 45, 176 : « Nihil est enim tam tenerum, neque tam flexibile neque quod tam facile

quam illius comprehensio verborum, nihil tam flexibile,
nihil quod magis ipsius arbitrio fingeretur, ut nullius oratoris æque in potestate fuerit : quæ primum ita pura erat,
ut nihil liquidius, ita libere fluebat, ut nusquam adhæresceret ; nullum nisi loco positum et tanquam in vermiculato
emblemate, ut ait Lucilius, structum verbum videres ; nec
vero [n]ullum aut durum aut insolens aut humile aut [in] longius ductum ; ac non propria verba rerum, sed pleraque
translata, sic tamen, ut ea non irruisse in alienum locum,

Variante : 274. comprensio *F B H M.*
NC. 274. *ullum,* vulg. — *aut [in] longius,* vulg.

sequatur quocumque ducas quam oratio » ;
Orat., 16, 52 : « Oratio mollis et tenera
et ita flexibilis ut sequatur quocumque
torqueas. »

Comprehensio, § 34.

Fingeretur, § 142.

Quæ se rapporte à *oratio* dont l'idée
est implicitement contenue dans *comprehensio.* La suite développe et précise,
par une analyse de détail, l'élocution de
Calidius, dont Cicéron n'a encore donné
qu'une impression générale.

Pura, sans impuretés, c'est-à-dire bien
latine (cf. § 213). *Liquidius,* parce qu'une
eau pure est forcément limpide. La
pureté du langage est une condition de
la clarté. Cf. *ad Herenn.,* IV, 12, 17 :
« pure et aperte »; *de Orat.,* III, 10, 38 :
« Puri dilucidique sermonis. »

Fluebat, comme un ruisseau dont le
cours n'est contrarié par aucun obstacle.
Cf. *de Orat.,* II, 13, 54 : « tractu orationis leni et æquabili »; III, 43, 173 :
« collocatio verborum... quæ junctam
orationem efficit, quæ cohærentem, quæ
levem, quæ æquabiliter fluentem »; *Orat.,*
6, 21 : « Uno tenore, ut aiunt, in dicendo
fluit nihil afferens præter facilitatem et
æquabilitatem. »

Nullum, etc., jusqu'à *nec vero hæc soluta,* est le développement de *nusquam
adhæresceret.* Rien n'arrête, ni un mot
mal placé, ni un mot ou dur à l'oreille, ou
inusité ou trivial ou recherché, ni une
métaphore peu naturelle.

Loco, comme *suo loco* : « à sa vraie
place. » Cf. *de Orat.,* III, 38, 153 :
« quibus loco positis »; *ad Famil.,* IX,

16, 4 : « posuisti loco versus Accianos. »

Vermiculato emblemate, mosaïque,
ainsi appelée parce que sur un fond de
stuc frais on incruste (ἐμβάλλειν, d'où
ἔμβλημα) de petits cubes colorés et que
chacun d'eux en s'incrustant fait un trou
dans le stuc à la façon d'un ver qui pique
une pièce de bois (*vermiculato*). Voici les
vers de Lucilius (*Orat.,* 44, 149) : « Quam
lepide λέξεις compostæ, ut tesserulæ,
omnes ‖ Arte pavimento atque emble-
mato vermiculato. »

Structum. Cf. § 33 : « structura »;
272 : « constructio »; *de Orat.,* III, 43,
171 : « Collocationis est componere et
struere verba » (suivent les vers de Lucilius).

Nec vero, mais ce n'est pas seulement la
place des mots qui donne au style de
Calidius cette aisance, c'est aussi que rien
n'y choque.

Humile, comme *abjectum.* Cf. § 221.

Longius ductum a trait aux métaphores
recherchées et peu naturelles. Cf. *de Orat.,*
III, 11, 163 : « Videndum est ne longe
simile sit ductum : *Syrtim patrimonii,*
scopulum libentius dixerim ; *Charybdim
bonorum,* voraginem potius. »

Ac, etc., et cela (c'est-à-dire le fait de
non longius ducere verba) est d'autant
plus remarquable qu'il emploie presque
toujours des termes figurés de préférence
aux termes propres. Pour *ac non,* au lieu
de *nec,* cf. § 237.

Translata. *Orat.,* 27, 92 : « Translata
ea dico... quæ per similitudinem ab alia
re aut suavitatis aut inopiæ causa trans-
feruntur. » Cf. § 69, τρόπους.

Irruisse. Cf. *de Orat.,* III, 11, 165 :

sed immigrasse in suum diceres; nec vero hæc soluta nec diffluentia, sed astricta numeris, non aperte nec eodem modo semper, sed varie dissimulanterque conclusis. |275| Erant autem et verborum et sententiarum illa lumina, quæ vocant Græci σχήματα, quibus tanquam insignibus in ornatu distinguebatur omnis oratio. QUA DE RE AGITUR autem illud, quod multis locis in juris consultorum includitur formulis, *id* ubi esset, videbat. LXXX. |276] Accedebat ordo rerum plenus artis, actio liberalis totumque dicendi placidum et sanum genus. Quodsi est optimum suaviter dicere, nihil est quod melius hoc quærendum putes. Sed cum a nobis paulo ante dictum sit tria videri esse, quæ orator efficere deberet, ut doceret, ut delectaret, ut moveret, duo summe tenuit,

VARIANTES : 275. et ubi *L.* — LXXX, 276. est *omis après* quodsi *dans B H M.*
NC. 275. *Id,* correction de Corrado.

« Verecunda debet esse translatio, ut deducta in alienum locum, non irrupisse, atque ut precario, non vi, venisse videatur. »

Nec vero, etc. précise *libere fluebat.* Si le style de Calidius court librement, il ne faudrait cependant pas croire qu'il va à la dérive.

Soluta, libre des entraves du rythme oratoire. *Orat.,* 52, 174 : « Isocratem maxime mirantur quod verbis solutis numeros primus adjunxerit »; cf. 70, 233 : « diffluens ac solutum ».

Varie dissimulanterque. **Cf.** *Orat.,* 58, 197 : « hi (numeri) sunt inter se miscendi et temperandi : sic minime animadvertetur delectationis aucupium et quadrandæ orationis industria. » *Conclusis.* Cf. §§ 33, 34.

275. *Lumina,* §§ 66, 141. σχήματα, §§ 69, 141.

Tanquam insignibus. **Cf.** *Orat.,* 39, 134 : « lumina magnum afferant ornatum orationi; sunt enim similia illis, quæ in amplo ornatu scenæ aut fori appellantur insignia ». *Distinguebatur.* Cf. § 69.

Qua de re agitur, expression de la langue juridique, pour désigner le point à juger : « illud in quo quasi certamen est controversiæ, quod Græce κρινόμενον dicitur » (*Orat.,* 36, 126). Cf. *Top.,* 25, 95 : « quæ ex statu contentio efficitur,

eam Græci κρινόμενον vocant; mihi placet id, quoniam quidem ad te (*le jurisconsulte Trébatius*) scribo, *qua de re agitur* vocari ». — Il s'agit ici de l'invention.

Illud, emphatique.

Formulis. **Pour** chaque affaire, le préteur, après avoir entendu les parties, délivrait au demandeur, s'il y avait lieu à procès, une formule écrite qui réglait la procédure. Cette formule contenait au moins trois articles : 1° la désignation d'un juge; 2° la position de la question (*qua de re agitur*); 3° le pouvoir donné au juge de prononcer pour ou contre le défendeur. Voir Bouché-Leclercq, *Manuel,* p. 433-434.

Videbat. Cf. *de Fin.,* V, 26, 78 : « Si est quisquam, qui acute in causis videre soleat quæ res agatur, is est profecto tu. »

LXXX, 276. *Ordo rerum,* le classement des arguments, c'est-à-dire la disposition.

Plenus artis. Cf. § 111.

Liberalis, qui convient à un homme bien né, c'est-à-dire noble, grave, mesuré, n'ayant rien de commun avec le jeu des acteurs.

Totumque, résumé général.

Sanum, §§ 51, 202, 278, 284.

Quodsi = *si igitur.*

Ante, § 185.

ut et rem illustraret disserendo et animos eorum, qui au-
dirent, devinciret voluptate; aberat tertia illa laus, qua
permoveret atque incitaret animos, quam plurimum pollere
diximus; nec erat ulla vis atque contentio, sive consilio,
quod eos, quorum altior oratio actioque esset ardentior, furere atque bacchari arbitraretur, sive quod natura non esset
ita factus, sive quod non consuesset, sive quod non posset.
Hoc unum illi, si nihil utilitatis habebat, afuit; si opus erat,
defuit. [277] Quin etiam memini, cum in accusatione sua
Q. Gallio crimini dedisset sibi cum venenum paravisse idque
a se esse deprehensum seseque chirographa, testificationes,

VARIANTES : 276. deuinceret *L* (*M² G²* *corr.*). — furere atque *F O G*, furere et *r*.
— 277. crimine *L*.

NC. LXXX, 276. Friedrich : *sive quod non nosset.* D'autres mettent entre crochets soit les deux derniers membres *sive... consuesset... sive... posset* (Weidner
et Stangl), soit le dernier seulement (Walch, Kayser et Piderit). Voir le commentaire. — 277. *Crimini*, vulg.

Disserendo (Cf. § 118), se rapporte à
docere; *devinciret voluptate* (Cf. § 200) à
delectare.

Diximus, § 198. Cf. § 322.

Vis atque contentio, c'est-à-dire les conditions du pathétique.

Altior, parce que c'est dans le pathétique que le ton (*oratio*) s'élève d'ordinaire
au sublime.

Furere atque bacchari. Cf. § 233;
Orat., 28, 99 : « si is non præparatis auribus inflammare rem cœpit, furere apud
sanos et quasi inter sobrios bacchari vi-
nolentus videtur. »

Arbitraretur. Régulièrement il faudrait
arbitrabatur ou bien *quod furerent*, le
subjonctif suffisant à indiquer que l'on
rapporte la pensée de Calidius et par
suite *arbitrari* étant inutile. Sur ce genre
de construction, d'ailleurs autorisé par
l'usage, voir Riemann, *Synt.*, p. 317,
Rem. II. *Arbitraretur* amène par attraction les subjonctifs *esset, consuesset, posset.*

Sive quod natura, etc., jusqu'à *non posset*
marque la deuxième alternative (= « soit
qu'il ne pût pas ») opposée à *sive consilio*
(= « soit qu'il ne voulût pas »). Cette
seconde alternative se subdivise elle-même
en trois parties qui correspondent à la
triple division, *natura exercitatio, ars* (Cf.

§ 22). L'impuissance de Calidius s'explique
soit par la nature de son tempérament, soit
par le manque d'exercice, soit par une
gaucherie (*quod non posset*) tenant à l'ignorance des procédés spéciaux enseignés par
la rhétorique.

Afuit exprime une constatation pure
et simple; *defuit*, une critique.

277. *Q. Gallio*, candidat à la préture
en 64, accusé de brigue par Calidius. On
a quelques courts fragments du plaidoyer
de Cicéron, outre celui qui est cité plus
bas.

Paravisse. L'infinitif joue ici le rôle
d'un complément. Sur cette construction,
assez rare avec les verbes signifiant *accuser*, voir Riemann, *Synt.*, p. 276, Rem.
IV, 2.

Idque, sc. *venenum.* Cf. *pro Cluent.*, 7,
20 : « cum manifesto venenum deprehen-
disset ».

Chirographa, les pièces écrites de la
main même de l'accusé (Quintil., V, 13, 8);
testificationes, les dépositions orales ou
écrites des témoins comparants ou non
comparants (Quintil., V, 7, 1); *quæstiones*,
les aveux arrachés aux esclaves par la
torture (*ad Herenn.*, II, 7, 10; *Part. or.*,
14, 50; Quintil., V, 1, 1). Quant à *indicia*, dont le sens est plus difficile à déterminer, il paraît correspondre, comme le

indicia, quæstiones, manifestam rem deferre diceret deque
eo crimine accurate et exquisite disputavisset, me in respondendo, cum essem argumentatus, quantum res ferebat, hoc
ipsum etiam posuisse pro argumento, quod ille, cum pestem
capitis sui, cum indicia mortis se comperisse manifesto et
manu tenere diceret, tam solute egisset, tam leniter, tam
oscitanter. [278] « Tu istuc, M. Calidi, nisi fingeres, sic ageres, præsertim *summa* ista eloquentia? Alienorum hominum
pericula defendere acerrime soles, tuum neglegeres? Ubi
dolor? ubi ardor animi, qui etiam ex infantium ingeniis
elicere voces et querelas solet? Nulla perturbatio animi,

Variantes : 277. differe *L* (*M²* corr.). — 278. præsertim cum ista *L*.

NC. 277. Après *argumento* Kayser ajoute *eum non verisimile dixisse*, et substitue
insidias à *indicia*. — Eberhard : [*comperisse manifesto* et]. — 278. Je substitue
summa à *cum* (cf. plus bas *summi oratoris* et *pro Planc.*, 21, 52 *Philippus summa
nobilitate et eloquentia*). *Cum* ne peut être conservé ni comme préposition (ablatif de
qualité), ni comme conjonction (avec *soles*). *Ista* seul est vague et peut être indiffé-
remment un éloge ou une critique. Le changement de ponctuation a déjà été indiqué
par Lambin : *præsertim ista eloquentia? cum alienorum*, etc. L'opposition d'*alienorum*
et de *tuorum* est ainsi plus nettement accusée. Les éditeurs conservent le texte de *L*,
avec *soleas* au lieu de *soles*. Schütz : *ageres? ⟨tu⟩, ista eloquentia, cum... soleas...*

français *indices*, à ce que la rhétorique grecque appelait les σημεῖα εἰκότα, *les
vraisemblances*, par opposition aux preuves péremptoires et décisives (σημεῖα
ἄκοτα, *signa necessaria*), qui entraînaient la culpabilité comme une conséquence
nécessaire. Quintil., V, 9, 9 : « Alia sunt signa non necessaria, quæ εἰκότα
Græci vocant; quæ etiamsi ad tollendam dubitationem sola non sufficiunt, tamen
adjuta ceteris plurimum valent. *Signum* vocant, ut dixi, σημεῖον, quanquam id
quidam *indicium*, quidam *vestigium* nominaverunt, per quod alia res intellegitur,
ut per sanguinem cædes. »

Deferre, sc. *ad judices*.

Argumentatus, discuté la valeur des preuves apportées par Calidius.

Posuisse. Cf. § 161; *de Orat.*, II, 53, 214 : « argumentum, simul atque positum
est. »

Mortis, d'un attentat meurtrier.

Solute, d'une manière dégagée et tranquille, avec le laisser aller d'un homme
que la chose ne touche pas personnellement. Cf. le jugement de Cælius (*ad Famil.*,
VIII, 9, 5) : « Calidius in defensione sua fuit disertissimus, in accusatione satis frigidus. »

278. *Nisi fingeres*, si tout cela n'était pas un roman. Cf. Quintil., XI, 3, 155 :
« an ista, inquit Calidio Cicero, si vera essent, sic a te dicerentur? »

Præsertim summa ista eloquentia, surtout étant donné ta remarquable éloquence. Pour l'emploi de l'ablatif absolu cf. § 234 : « nullo alio bono ».

Soles... neglegeres. Pour le mouvement de l'interrogation antithétique, cf. *in Catil*, I, 7, 17 : « Servi me hercule si me isto pacto metuerent, domum meam re-
linquendam putarem, tu tibi urbem non arbitraris? » *Philipp.*, III, 4. 9 : « L.
Brutus regem superbum non tulit, Decimus sceleratum atque impium regnare
patietur? »

Dolor... ardor animi, § 93. Comme avocat et pour les besoins de la cause,
Cicéron attribue précisément à Calidius cette chaleur d'éloquence que comme critique il lui reprochait tout à l'heure de ne pas avoir (cf. § 276 fin.).

Infantium, §§ 90, 108, 305.

Perturbatio, § 200.

nulla corporis, frons non percussa, non femur; pedis, quod minimum est, nulla supplosio. Itaque tantum afuit, ut inflammares nostros animos, somnum isto loco vix tenebamus. » Sic nos summi oratoris vel sanitate vel vitio pro argumento ad diluendum crimen usi sumus. |279| Tum Brutus : Atque dubitamus, inquit, utrum ista sanitas fuerit an vitium? Quis enim non fateatur, cum ex omnibus oratoris laudibus longe ista sit maxima, inflammare animos audientium et, quocumque res postulet modo, flectere, qui hac virtute caruerit, id ei, quod maximum fuerit, defuisse? LXXXI. Sit sane ita, inquam : sed redeamus ad eum, qui jam unus restat, Hortensium ; tum de nobismet ipsis, quoniam id etiam, Brute, postulas, pauca dicemus. Quanquam facienda mentio est, ut quidem mihi videtur, duorum adulescentium, qui si diutius vixissent, magnam essent eloquentiæ laudem consecuti.

|280| C. Curionem te, inquit Brutus, et C. Licinium Calvum arbitror dicere. Recte, inquam, arbitraris : quorum quidem alter [quod verisimile dixisset] ita facile solute-

VARIANTE : LXXXI, 279. sed respondeamus F.

NC. 278. Stangl d'après Quintilien (XI, 3, 123) : *non frons percussa.* — Quintilien (XI, 3, 155), *tantum abest.* — 280. *Quod verisimile dixisset* est une glose de *arbitraris*, supprimée avec raison par les éditeurs, d'après Lambin.

Frons. Cf. Quintil., XI, 3, 123 : « idque in Calidio Cicero desiderat ; non frons, inquit, percussa, non femur ; quanquam, si licet, de fronte dissentio. »

Supplosio, § 141.

Somnum... tenebamus au lieu de la construction ordinaire *ut... teneremus.* Après *tantum abest ut*, Cicéron substitue volontiers ainsi une proposition indépendante à la seconde proposition complétive. Cf. *ad Attic.*, XIII, 21, 5 ; *de Fin.*, II, 17, 54 ; V, 20, 57.

279. *Ista* au lieu de *istuc*, accord par attraction. Cf. Riemann, *Synt.*, p. 47 d.

Maxima, §§ 198, 276.

Quocumque res postulet. Cf. *de Orat.*, II, 27, 115 : « ut animos eorum ad quemcumque causa postulabit motum vocemus ».

Flectere, §§ 142, 202.

LXXXI. *Postulas*, § 232.

280. *C. Curionem*, le fameux tribun de 50, dont la fuite au camp de Ravenne précipita la guerre civile. Fils d'un ennemi de César (§ 210), adversaire lui-même du triumvir qu'il ne cessait d'attaquer (*ad Att.*, II, 12, 2 ; 18, 1 ; 19, 3), il finit par se laisser acheter par lui et devint un de ses principaux agents à Rome. Il était célèbre par ses prodigalités et ses désordres. Pline, *H. N.*, XXXVI, 116 et suiv. ; Velleius Patere., II, 48 : « vir nobilis, eloquens, audax, suæ alienæque et fortunæ et pudicitiæ prodigus, homo ingeniosissime nequam et facundus malo publico, cujus animo, voluptatibus vel libidinibus neque opes ullæ neque cupiditates sufficere possent » ; cf. Lucain, I, 269 : « Audax venali comitatur Curio lingua. » Sur sa mort en Afrique en 49, cf. César. *de B. civ.*, II, 23-44. — *C. Licinium Calvum*, § 283.

Solute. § 110, 173.

que verbis volvebat satis interdum acutas, crebras quidem
certe sententias, ut nihil posset ornatius esse, nihil expedi-
tius. Atque hic parum a magistris institutus naturam habuit
admirabilem ad dicendum; industriam non sum expertus;
studium certe fuit. Qui si me audire voluisset, ut cœperat, honores quam opes consequi maluisset. Quidnam est,
inquit, istuc? et quemadmodum distinguis? [281] Hoc
modo, inquam. Cum honos sit præmium virtutis judicio
studioque civium delatum ad aliquem, qui eum sententiis,
qui suffragiis adeptus est, is mihi et honestus et honoratus
videtur. Qui autem occasione aliqua, etiam invitis suis
civibus, nactus est imperium, ut ille cupiebat, hunc nomen
honoris adeptum, non honorem puto. Quæ si ille audire
voluisset, maxima cum gratia et gloria ad summam ampli-
tudinem pervenisset, ascendens gradibus magistratuum, ut
pater ejus fecerat, ut reliqui clariores viri. Quæ quidem
etiam cum P. Crasso M. F., *cum* initio ætatis ad amicitiam
se meam contulisset, sæpe egisse me arbitror, cum cum

Variantes : LXXXI, 280. a magistris parum *B H M*. — quinam *F*.
NC. 281. [*ut reliqui... viri*] Weidner. *Majores clari* Jahn, suivi par Stangl. —
cum, addition de la vulgate.

Volvebat, § 246.

Crebras, § 173. *Quidem certe*, § 13.

Parum... institutus, comme son père,
§§ 213, 214. Des trois conditions essentielles (§ 22) il lui manquait la *doctrina*.

Industriam non sum expertus, parce
que l'activité oratoire de Curion s'était
surtout déployée l'année de son tribunat.
en 50, quand Cicéron était en Cilicie.

Studium, son ardeur pour l'éloquence.
Curion avait été l'élève de Cicéron. Les
deux termes *studium* et *industriam* répondent à μελέτη (§ 22).

Me audire. Voir les lettres à Curion où
Cicéron cherche à combattre avec une
délicatesse affectueuse les ambitions pré-
maturées de son jeune ami (*ad Famil.*,
II, 1-7).

281. *Judicio*, « l'estime raisonnée »,
correspond à *sententiis*; *studio*, « la
popularité », correspond à *suffragiis*.

Honestus indique le mérite personnel,
intrinsèque, indépendamment des honneurs; *honoratus* le mérite récompensé
par les honneurs. Cf. Tite-Live, XXXVI,
40, 8 : « Hoc titulo satis honestam hono-
ratamque P. Scipionis Nasicæ imaginem
fore. »

Nactus est imperium, allusion peut-
être à César, mais sûrement à Curion, qui avait réussi à se faire illéga-
lement nommer propréteur par César
et s'était promené en Italie avec six
faisceaux couronnés de laurier. Voir
l'entrevue de Curion et de Cicéron racontée à Atticus (*ad Att.*, X, 4, 9).

Nomen honoris, un simple titre.

Gradibus. Cf. *in Cat.*, 1, 11, 28 : « per
omnes honorum gradus ».

P. Crasso, le fils du triumvir. Il fut légat de César en Gaule et périt avec son
père dans l'expédition contre les Parthes.

Ad amicitiam, cf. *ad Famil.*, XIII,
16, 1 : « P. Crassum ex omni nobilitate

vehementer hortarer, ut eam laudis viam rectissimam esse
duceret, quam majores ejus ei tritam reliquissent. [282] Erat
enim cum institutus optime tum etiam perfecte planeque
eruditus, ineratque et ingenium satis acre et orationis non
inelegans copia; praetereaque sine arrogantia gravis esse
videbatur et sine segnitia verecundus. Sed hunc quoque
absorbuit aestus quidam insolitae adulescentibus gloriae; qui
quia navarat miles operam imperatori, imperatorem se statim esse cupiebat, cui muneri mos majorum aetatem certam,
sortem incertam reliquit. Ita gravissimo suo casu, dum
Cyri et Alexandri similis esse voluit, qui suum cursum
transcurrerant, et L. Crassi et multorum Crassorum inven-

VARIANTE : 282. munere (-ri *F*⁵) mos malorum *L*.

NC. 282. Selon Jahn, il manque un mot après *perfecte*. Stangl intercale *litteratus*.
Cf. pourtant Aulu-Gelle, XI, 16, 9 *perfectissime... et planissime dicitur.* — *non
insolita* dans la plupart des anciennes éditions d'après la seconde édition d'Ascensius.
— *majorum*, vulg. — Stangl *transcucurrerant*.

adulescentem dilexi plurimum »; *ad
Famil.*, V, 8, 4 : « Hoc magis sum Pu-
blio deditus, quod me quanquam a pueritia sua semper, tamen hoc tempore
maxime sicut alterum parentem et ob-
servat et diligit »; *ad Q. fr.*, II, 9, 2 :
« P. Crassus adulescens, nostri, ut scis,
studiosissimus. » Plutarque, *Crassus*, 13.

282. *Institutus* a trait à l'éducation
morale de la famille, *eruditus* à l'instruction par les maîtres. Sur son maître
Apollonius voir *ad Famil.*, XIII, 16.

Absorbuit aestus. Cf. *de Leg.*, II, 4, 9 :
« ne aestus nos consuetudinis absorbeat ».
La gloire prématurée lui donna le ver-
tige, et l'entraîna comme dans un tour-
billon. Dans Tacite (*Agric.*, 41), la gloire
est de même comparée à un abîme :
« in ipsam gloriam praeceps agebatur ».

Insolita, parce qu'on ne pouvait guère
obtenir avant trente-cinq ans des magistratures permettant d'acquérir la gloire
militaire. P. Crassus venait d'être questeur en 58 quand il devint légat de César
en Gaule.

Miles, employé à dessein pour faire
ressortir tout ce qu'il y avait d'exagéré
dans les ambitions de P. Crassus. En
réalité il avait été plus qu'un instrument entre les mains de son général. Il

avait conduit à lui seul une brillante campagne en Aquitaine (*B. Gall.*, III, 20-27).

Statim, tout de suite, sans attendre
qu'il fût en âge d'obtenir une magistrature avec *imperium*. Il se fit en effet
détacher en 55 de l'armée de César
avec mille cavaliers gaulois pour aller
combattre les Parthes. Son père étant
âgé et sans expérience militaire, il es-
pérait avoir et eut en effet auprès de
lui un rôle militaire plus important
qu'auprès de César.

Aetatem certam, parce que la loi fixait
un âge pour l'obtention des magistratures
conférant le droit de commander une
armée ; *sortem incertam*, parce que les
provinces étaient distribuées par le sort
entre les anciens préteurs ou consuls et
que dans toutes les provinces l'occasion
ne se présentait pas également de faire
une expédition militaire.

Casu. Voir Duruy, *Hist. d. Rom.*, III,
p. 247 et suiv.

Cyri et Alexandri, qui tous deux
avaient poussé jusqu'à l'Euphrate et
conquis avant l'âge la gloire militaire.

Qui suum cursum transcurrerant, qui
avaient parcouru leur carrière rapide
et étaient arrivés jeunes au but.

L. Crassi, l'orateur.

tus est dissimillimus. LXXXII. [283] Sed ad Calvum (is enim nobis erat propositus) revertamur : qui orator fui*t* et cum litteris eruditior quam Curio tum etiam accuratius quoddam dicendi et exquisitius afferebat genus : quod quanquam scienter eleganterque tractabat, nimium tamen inquirens in se atque ipse sese observans, metuensque ne vitiosum colligeret, etiam verum sanguinem deperdebat. Itaque ejus oratio nimia religione attenuata doctis et attente audientibus erat illustris, *a* multitudine autem et a foro, cui nata eloquentia est, devorabatur.

VARIANTES : LXXXII, 283. fuisset *L*. — dependebat *L* (*corrigé par* F², O² *al*).

NC. LXXXII, 283. Corrado *fuit sed*... La plupart des éditeurs ont *fuit*. Schütz *cum fuisset*. Piderit, d'après Ellendt : *cum esset*. De toute façon, le subjonctif après *cum* est inadmissible, parce qu'il suppose entre les deux propositions coordonnées par *cum*... *tum* une opposition qui n'existe pas. Il ne peut ici y avoir entre elles qu'un rapport de simultanéité. — *a multitudine* vulg.

LXXXII, 283. *Calvum*, fils de Licinius Macer (§ 238), contemporain de Brutus et de Caelius, ami de Catulle et comme lui poète (Plessis, *Essai sur Calvus*, Caen, 1885), ennemi de César et de Pompée, chef de l'école des Néo-attiques. Il mourut jeune vers 47.

Orator, au sens emphatique, « un vrai orateur », **un orateur de profession** et non pas, comme Curion, un politique turbulent.

Litteris eruditior, etc. Cf. *ad Famil.*, XV, 21, 5 : « multæ erant et reconditæ, litteræ » (à propos de Calvus).

Accuratius et exquisitius, § 277. Cf. *ad Famil.*, XV, 21, 5 : « Genus quoddam sequebatur (Calvus) in quo, judicio lapsus, quo valebat, tamen assequebatur quod probaret. »

Scienter, § 197.

Nimium inquirens in se. Comme les disciples des Alexandrins, Calvus attachait une importance extraordinaire au détail de l'expression. Il soumettait son style à une sorte d'enquête rigoureuse et se surveillait (*sese observans*) avec la minutie d'un critique décidé à ne rien laisser passer. Cf. Quintil., X, 1, 115 : « nimia contra se calumnia »; Tac., *dial.*, 25 : « astrictior Calvus ».

Sanguinem. § 68. Cf. Tacite, *dial.*, 18 : « Calvum quidem Ciceroni visum exsanguem et attritum. » *Verum* est synonyme ici de *sanum*. — Cicéron insiste sur la sécheresse de Calvus pour amener une digression sur les Néo-attiques. Mais il ne rend pas assez justice à son ancien adversaire. L'éloquence de Calvus, malgré ses défauts, était d'une véhémence redoutable. Cf. Sénèque, *Controv.*, VII, 4, 6-8 : « usque eo violentus actor et concitatus fuit ut in media ejus actione surgeret Vatinius reus et exclamaret : rogo vos, judices, num si iste disertus est, ideo me damnari oportet?... Solebat præterea excedere subsellia sua et impetu latus usque in adversariorum partem transcurrere.. Nihil... placidum, nihil lene es', omnia excitata et fluctuantia »; Fronton, p. 114 « in judiciis... Calvus rixatur ».

Religione, scrupule de styliste. Cf *Orat.*, 8, 25 : « Atticorum religioni cum serviret orator, nullum verbum insolens, nullum odiosum ponere audebat. »

Attenuata, ramené à sa plus simple expression, à ce minimum qui constitue le *genus tenue dicendi*. Cf. § 201 : « attenuate presseque »; *ad Herenn.*, IV, 8, 11 : « Attenuata est, quæ demissa est usque ad usitatissimam puri consuetudinem sermonis. » — *Doctis*, cf. § 111.

Illustris, § 262.

Devorabatur, était avalé d'un trait, c'est-à-dire n'était pas dégusté : la foule

[284] Tum Brutus : Atticum se, inquit, Calvus noster dici oratorem volebat : inde erat ista exilitas, quam ille de industria consequebatur. Dicebat, inquam, ita : sed et ipse errabat et alios etiam errare cogebat. Nam si quis eos, qui nec inepte dicunt nec odiose nec putide, Attice putat dicere, is recte nisi Atticum probat neminem. Insulsitatem enim et insolentiam tanquam insaniam quandam orationis odit, sanitatem autem et integritatem quasi religionem et verecundiam oratoris probat : hæc omnium debet oratorum eadem esse sententia. [285] Sin autem jejunitatem et siccitatem et inopiam, dummodo sit polita, dum urbana, dum elegans, in Attico genere ponit, hoc recte dumtaxat : sed quia sunt in Atticis alia meliora, videat ne ignoret et gradus

NC. 285. Les derniers éditeurs ajoutent *aliis* après *alia* d'après Bake. Mais *alia* seul s'explique très bien : « il y a chez les Attiques d'autres choses meilleures que la sécheresse (*jejunitas, siccitas et inopia*).

ne s'apercevait pas qu'on lui servait un régal de gourmet et toute la peine de l'orateur était perdue. — Ce sens est contesté par quelques éditeurs. Mais puisque *devorare* exprime tantôt la gloutonnerie avide (*pro Sest.*, 10, 23), tantôt la répulsion résignée (§ 236), pourquoi entre ces deux idées extrêmes et contradictoires n'y aurait-il pas place pour une idée intermédiaire, celle de l'absorption rapide, simplement par indifférence de goût ?

284. *Consequebatur* marque à la fois l'idée de poursuivre et celle d'atteindre. Cf. § 287.

Alios, allusion à Brutus, qui partageait quelques-unes des théories oratoires de Calvus et trouvait lui aussi à redire à l'éloquence de Cicéron : Tac., *Dial.*, 18 : « Ciceronem... male audisse... a Bruto... tanquam fractum atque elumbem » ; Quintil., XII, 1, 22 : « Bruto Calvoque qui certe compositionem illius (Ciceronis) etiam apud ipsum reprehendunt. »

Inepte, §§ 207, 227 ; *odiose*, d'une manière ennuyeuse, avec des détails inutiles, des longueurs, des minuties propres à impatienter l'auditeur : *de Orat.*, II, 65, 262 : « cum interpellaret odiose » ; Quint., XI, 3, 33 : « ut

est necessaria verborum explanatio, ita omnes imputare et velut annumerare litteras molestum et odiosum. » *Putide*, avec affectation ; *de Orat.*, III, 11, 41 : « nolo exprimi litteras putidius » ; *ad Attic.*, I, 14, 1 : « vereor ne putidum sit scribere ad te quam sim occupatus ».

Attice, cf. *Orat.*, 9, 29 : « dum intellegamus hoc esse Atticum in Lysia non quod tenuis sit atque inornatus, sed quod nihil habeat insolens aut ineptum. »

Insaniam, le contraire de *sanitatem*. *Quandam*, parce que c'est une maladie nettement caractérisée ; cf. § 227.

Sanitatem. Cf. *de Opt. gen. or.*, 3, 8 « incorrupta sanitate, quod est proprium Atticorum. »

Religionem. Cf. § 283. Un style sain, naturel, pur de toute affectation, lui paraît être une sorte d'obligation morale et comme un devoir de convenance (*verecundiam*).

285. *Jejunitatem*, etc., § 202.

Dumtaxat, § 108. Cela est juste, mais jusque-là seulement, à la condition de s'en tenir à cette affirmation et de ne pas prétendre que c'est la forme unique de l'atticisme. Cf. *Orat.*, 9, 28 : « errant quod solum ; quod Attice, non falluntur ».

Ignoret : « méconnaître, ne pas voir »

et dissimilitudines et vim et varietatem Atticorum. — Atticos, inquit, volo imitari. — Quos? nec enim est unum genus. Nam quid est tam dissimile quam Demosthenes et Lysias? quam idem et Hyperides? quam horum omnium Æschines? Quem igitur imitaris? *Si* aliquem, ceteri ergo Attice non dicebant; si omnes, qui potes, cum sint ipsi dissimillimi inter se? In quo illud etiam quæro, Phalereus ille Demetrius Atticene dixerit. Mihi quidem ex illius orationibus redolere ipsæ Athenæ videntur. At est floridior, ut ita dicam, quam Hyperides, quam Lysias : natura quædam aut voluntas ita dicendi fuit. LXXXIII. [286] Et quidem duo fuerunt per idem tempus dissimiles inter se, sed Attici tamen : quorum Charisius multarum orationum, quas scribebat aliis, cum cupere videretur imitari Lysiam ; Demochares

VARIANTES : 285. idem *F G B H M*, iidem *O*. — sed aliquem *L*.
NC. 285. Eberhard, suivi par Stangl [*et vim et varietatem*]. — *Si aliquem*, vulg.

Inquit a pour sujet la personne désignée par *si quis*, § 284.

Demosthenes et Lysias, qui représentent l'un le genre sublime, l'autre le genre simple. Cf. §§ 35, 36 ; *de Orat.*, II, 23, 94 ; III, 7, 28 : « Aspicite.., quid intersit inter oratorum studia atque naturas. Suavitatem Isocrates, subtilitatem Lysias, acumen Hyperides, sonitum Æschines, vim Demosthenes habuit. Quis eorum non egregius? Tamen quis cujusquam nisi sui similis? »

Aliquem, l'un quelconque des orateurs précédemment cités ; sur l'emploi de *aliquis* après *si*, cf. Riemann, *Synt.*, p. 27, rem. II.

Phalereus ille est mis en vedette parce que le surnom ici a une valeur logique. A un orateur né aux portes d'Athènes, à Phalère, peut-on raisonnablement contester la qualité d'Attique? Sur Démétrius de Phalère, cf. § 37.

Athenæ. Le terme qui exprime l'idée du parfum se met plus ordinairement à l'accusatif (cf. § 82). Pourtant cf. *pro Sest.*, 40, 24 : « ut multa ejus sermonis indicia redolerent ».

Floridior, plus riche en figures. Cf. §§ 233. 298 ; *de Orat.*, III, 41, 166 : « modus autem nullus est florentior in singulis

verbis nec qui plus luminis afferat orationi ». Sur le style de Démétrius de Phalère, voir *Orat.*, 27, 92 : « illustrant eam (orationem) quasi stellæ quædam translata verba atque immutata » ; cf. 27, 94. — *ut ita dicam*, parce que *floridus* s'applique ordinairement au style, non à la personne.

LXXXIII. 286. *Et quidem*, « Et tenez! précisément », formule de transition pour amener un exemple décisif.

Charisius, orateur du parti macédonien, contemporain de Demétrius de Phalère et de Ménandre, qui passait pour l'avoir aidé dans la composition de ses discours (Quintil., X, 1, 70). — *Quorum* avec ellipse d'*unus* ; cf. § 268.

Multarum orationum. Cf. § 246 : « multarum causarum ».

Scribebat aliis. Cf. § 48. Ce détail n'est pas inutile ici, parce qu'il explique la sécheresse de Charisius. Cf. *de Opt. gen. or.*, 3, 9 : « quia et privatas ille (Lysias) plerasque *et eas ipsas aliis* et parvarum rerum causulas scripsit, videtur esse jejunior, cum se ipse consulto ad minutarum causarum genera limaverit ».

Demochares, orateur du parti antimacédonien, célèbre surtout par la liberté de son langage. Par le caractère de son

autem, quifuit Demostheni sororis filius, et orationes scripsit aliquot et earum rerum historiam, quæ erant Athenis ipsius ætate gestæ, non tam historico quam oratorio genere perscripsit. At Charisii vult Hegesias esse similis, isque se ita putat Atticum, ut veros illos præ se pæne agrestes putet. [287] At quid est tam fractum, tam minutum, tam in ipsa, quam tamen consequitur, concinnitate puerile? — Atticorum similes esse volumus. — Optime. — Suntne igitur hi Attici oratores? — Quis negare potest? — Hos imitamur. — Quo modo, qui sunt et inter se dissimiles et aliorum? — Thucydidem, inquit, imitamur. — Optime, si historiam

VARIANTES : LXXXIII. 286. Demosthenis *O²* *G*. — 287. imitamur *G*, imitantur *F O B M²*, imitatur *H*. — quo quo modo *B H M*.

NC. LXXXIII, 286. Jahn *Ac charisii*. Stangl préférerait *atque*. — 287. Eberhard met entre crochets *Atticorum similes esse volumus*, etc., jusqu'à *et aliorum*. Voir le commentaire.

éloquence, il se rapprochait de Démétrius de Phalère. Cf. *de Orat.*, II, 23, 95 : « posteaquam exstinctis his (*les grands orateurs*) omnis eorum memoria sensim obscurata est et evanuit, alia quædam dicendi molliora ac remissiora genera viguerunt. Inde Demochares...; tum Phalereus ille Demetrius ».

Demostheni. Cf. § 29 : « Thucydidi ».

Non tam historico quam oratorio, c'est-à-dire en historien-rhéteur, dans un style pompeux.

At, « de son côté ». Voir Riemann, *Synt.*, p. 500.

Hegesias, de Magnésie, biographe d'Alexandre, historien-rhéteur au style prétentieux, l'un des premiers représentants du mauvais goût asiatique (Strabon, XIV, p. 648).

Veros, authentiques, c'est-à-dire nés en Attique, par opposition à Hégésias qui est né en Asie Mineure.

Agrestes équivaut à *inurbanos*, c'est-à-dire dépourvus de ce goût qui caractérise les habitants de la ville d'Athènes. Hégésias est si entiché de son prétendu atticisme qu'il va presque jusqu'à refuser le titre d'*Attiques* aux Attiques d'origine.

287. *Tam fractum*, etc. *Orat.*, 67, 226 : « (numerosam comprehensionem) perverse fugiens Hegesias, dum ille quoque imitari Lysiam vult... saltat incidens particulas » ; 69, 230 : « sunt etiam qui illo vitio, quod ab Hegesia maxime fluxit, infringendis concidendisque numeris in quoddam genus abjectum incidant versiculorum simillimum » ; cf. *ad Att.*, XII, 6, 1. Denys d'Hal., *de comp. verb.*, 4.

Consequitur, § 284.

Puerile. Cf. Longin, περὶ ὕψους, 2, 3 (à propos d'Hégésias et des rhéteurs qui lui ressemblent), πολλαχοῦ γὰρ ἐνθουσιᾶν δοκοῦντες οὐ βακχεύουσιν, ἀλλὰ παίζουσιν.

Atticorum similes, etc. Répétition voulue de la phrase *Atticos volo imitari*. (§ 285). C'est une manière de montrer l'entêtement irraisonné des Néo-attiques. Ils ne veulent rien entendre, et aux arguments les plus topiques ils répondent par leur éternel refrain : « nous voulons imiter les Attiques ». Ils ne sortent pas de là et la discussion est toujours à recommencer.

Hi. Charisius, Démocharès et Hégésias.

Thucydidem, cf. *Orat.*, 9, 30 : « Ecce autem aliqui se Thucydidios esse profitentur; novum quoddam imperitorum et inauditum genus ! Nam qui Lysiam sequuntur, causidicum quendam sequuntur... qui in forensibus causis possit præclare consistere; Thucydides autem res gestas et bella narrat et prœlia, graviter

scribere, non si causas dicere cogitatis. Thucydides enim rerum gestarum pronuntiator sincerus et grandis etiam fuit : hoc forense, concertatorium, judiciale non tractavit genus. Orationes autem quas interposuit (multæ enim sunt), eas ego laudare soleo; imitari neque possim, si velim, nec velim fortasse, si possim. Ut si quis Falerno vino delectetur, sed eo nec ita novo, ut proximis consulibus natum velit, nec rursus ita vetere, ut Opimium aut Anicium consulem quærat.... — Atqui hæ notæ sunt optimae. — Credo, sed nimia vetustas nec habet eam, quam quærimus, suavitatem nec est jam sane tolerabilis. [288] Num igitur, qui hoc sentiat, si is potare velit, de dolio sibi hau-

Variante : 287. optume *L*.

NC. 287. Friedrich voudrait intercaler *novitas* dans la phrase *nec est jam sane tolerabilis*.

sane et probe, sed nihil ab eo transferri potest ad forensem usum et publicum : ipsæ illæ contiones ita multas habent obscuras abditasque sententias, vix ut intellegantur, quod est in oratione civili vitium vel maximum. » Cf. *de Opt. gen. or.*, 5, 15. — *Inquit*, § 285.

Concertatorium. Cf. § 32 (note sur *forensi acie*).

Eas, pour reprendre la phrase interrompue par la parenthèse.

Falerno, Pline, *H. N.* XXIII, 34 : « Falernum nec in novitate nec in nimia vetustate corpori salubre est; media ejus ætas a XV annis incipit. »

Opimium, consul en 121 (§ 128). Cf. Pline, *H.N.*, XIV, 55 : « L. Opimio cos...,ea cæli temperies fulsit (cocturam vocant)... durantque adhuc vina ea ducentis fere annis, jam in speciem redacta mellis asperi; etenim hæc natura vinis in vetustate est, nec potari per se queant pervincive aqua, usque in amaritudinem carie indomita. » — *Anicium*, consul en 150.

Atqui, « et pourtant ».

Notæ. Nous disons de même : « les meilleures marques ». Les amphores où l'on gardait le vin portaient une étiquette avec le nom du consul rappelant l'année de la récolte. Cf. Hor., *Odes*, II, 3, 8 : « interiore nota Falerni »; *Sat.*, I, 10, 24 : « ut Chio nota si commixta Falerni est ».

288. *Igitur*, § 21. Il y a ici un anacoluthe, la conjonction comparative *ut* restant en suspens. Cicéron commence sa phrase avec l'idée de la construire à peu près ainsi : *ut si quis... delectetur, sed eo nec ita novo..., nec ita vetere ut.. quærat, quandam sequatur ætatem*; *sic ego*, etc. Mais comme les noms d'Opimius et d'Anicius désignent communément les meilleures années du Falerne, il est pris d'un scrupule et tient à justifier en passant le dédain de son amateur pour ces vieilles marques. De là une parenthèse qui lui fait oublier la construction commencée. Après avoir donné l'explication nécessaire il reprend sous une autre forme l'idée *nec ita novo, nec ita vetere*, sur laquelle porte le poids du raisonnement « Le Falerne très vieux n'étant guère potable, l'amateur n'en prendra pas. Que fera-t-il alors? Sera-t-il réduit à boire du Falerne encore doux? non évidemment Il choisira donc un Falerne d'âge intermédiaire. »

Qui hoc sentiat, c'est-à-dire *qui sentiat nimiam vetustatem nec habere suavitatem nec esse tolerabilem*.

De dolio, de la cuve où le moût fermente. Varron, *de re rust.*, I, 65 : « mustum conditur in dolium, ut habeamus vinum, non promendum dum fervet ». Les *dolia* étaient d'énormes jarres en terre cuite qui servaient de tonneaux.

riendum putet? minime; sed quandam sequatur ætatem :
sic ego istis censuerim et novam istam quasi de *lacu* ac
musto fervidam orationem fugiendam nec illam præclaram
Thucydidi nimis veterem tanquam Anicianam notam perse-
quendam. Ipse enim Thucydides si posterius fuisset, multo
maturior fuisset et mitior. — LXXXIV. Demosthenem
igitur imitemur. — O di boni! quid, quae*so*, nos aliud agi-
mus aut quid aliud optamus? At non assequimur : isti enim
videlicet Attici nostri quod volunt assequuntur. [289] Ne
illud quidem intellegunt, non modo ita memoriæ proditum
esse, sed ita necesse fuisse, cum Demosthenes dicturus
esset, ut concursus audiendi causa ex tota Græcia fierent.
At cum isti Attici dicunt, non modo a corona, quod est
ipsum miserabile, sed etiam ab advocatis relinquuntur.

VARIANTES : 288. de musto ac lacu *L*. — LXXXIV, di *F B H¹*, dii *r*. — quasi *L*. —
289. ita *omis dans B H M devant* memoriæ.

NC. 288. *De musto fervidam* ne donne pas un sens satisfaisant. Je transpose *lacu*
et *ac*. Schneider *quasi musteam de lacu*. Schütz : *quasi mustum de lacu*. Ellendt
[*musto ac*]. Baehrens *de musti lacu*. — LXXXIV. *Quæso* vulg., d'après Lambin.

Quandam...ætatem, un âge déterminé.
Cf. § 30 : « quodam modo ».

Istis, tes amis, les Néo-attiques. Dans
toute cette discussion Cicéron s'adresse
particulièrement à Brutus. *Istam*, dont
vous, les Néo-attiques, vous parlez souvent et que vous me reprochez d'avoir :
il s'agit de l'éloquence asiatique. Cf.
Quintil., XII, 10, 12 : « M. Tullium...
suorum homines temporum incessere audebant ut tumidiorem et Asianum et redundantem et in repetitionibus nimium
et in salibus frigidum et in compositione
ractum, exsultantem ac pæne, quod procul absit, viro molliorem. »

De lacu, s. e. *haustam*, prise dans
le bassin ou la cuve qui se trouve à côté
du pressoir pour recevoir le vin doux.
Columelle, XII, 18 : « aptandi sunt lacus
vinarii et torcularia » ; Ovide, *Fast.*, IV,
888 : « de lacubus proxima musta tuis » ;
Quintil., II, 4, 9 : « nec musta in lacu
statim austera sint ». *Musto fervidam*,
chaude par l'effet du moût qui fermente.
Cf. § 316 : « deferverat oratio » ; *de
Orat.*, II, 21, 88 : « verbis effervescentibus » ; *Orat.*, 30, 107.

Præclaram, clarifiée, dépouillée par le
temps, comme le vin vieux. Le mot continue la métaphore.

Thucydidi, § 286.

Maturior, toujours la suite de la métaphore. Thucydide, venu avant la belle
période de l'éloquence attique, a l'âpreté
d'un vin fait avec des raisins insuffisam
ment mûrs.

LXXXIV. *At non assequimur*. « Il est
vrai que nous n'y réussissons pas. »

Enim : « Je parle pour moi; car... »

Videlicet : « apparemment ». Le mot
est ironique. Cf. *in Catil.*, II, 6, 12 :
« (Catilina) homo videlicet timidus et per-
modestus. »

289. *Necesse*, parce qu'il est impossible
qu'on soit un grand orateur si l'on n'a
pas de succès. Voir § 184 et suiv.

Corona, § 192.

Ipsum : « cela seul ». Cf. § 31.

Advocatis, les amis convoqués pour le
procès, qui soutiennent les parties par
leur présence, qui s'intéressent par conséquent au succès du plaidoyer et doivent
avoir une patience à toute épreuve.

Relinquuntur. A en croire Cicéron, on

Quare si anguste et exiliter dicere est Atticorum, sint sane Attici; sed in comitium veniant, ad stantem judicem dicant : subsellia grandiorem et pleniorem vocem desiderant. [290] Volo hoc oratori contingat, ut cum auditum sit eum esse dicturum, locus in subselliis occupetur, compleatur tribunal, gratiosi scribæ sint in dando et cedendo loco, corona multiplex, judex erectus; cum surgat is, qui dicturus sit, significetur a corona silentium, deinde crebræ assensiones, multæ admirationes; risus, cum velit, cum velit, fletus : ut, qui hæc procul videat, etiamsi quid agatur nesciat, at placere tamen et in scæna esse Roscium intellegat. Hæc cui contingant, eum scito Attice dicere, ut de Pericle audimus, ut de Hyperide, ut de Æschine, de ipso quidem Demosthene maxime. [291] Sin autem acutum, prudens et idem sincerum et solidum et exsiccatum genus orationis probant nec illo graviore ornatu oratorio utuntur, et

Variantes : 290. ut de Aeschine *B H M*. Aeschine *r*.

ne leur épargnait pas non plus les quolibets. *Tuscul.*, II, 4, 3 : « jam conticuere, pæne ab ipso foro irrisi »; *de opt. gen. or.*, 4, 11 : « Satis enim iis res ipsa respondet, cum aut non adhibeantur ad causas, aut adhibiti derideantur. »

Comitium, partie du forum située près des Rostres, où se tenait d'ordinaire le préteur, soit siégeant à son tribunal pour écouter les parties qui sollicitaient une *formule* (cf. § 275), soit donnant audience *de plano*, c'est-à-dire debout et en se promenant, pour les petites affaires qu'on pouvait expédier au pied levé (*stantem judicem*). Il n'y avait pas là matière à belles plaidoiries, et voilà pourquoi Cicéron y renvoie les Néo-attiques.

Subsellia, les bancs où s'assoient les juges, les greffiers, les plaideurs, les avocats et toute la foule des amis (*advocati*) qui assistent les parties. Le mot désigne ici les audiences solennelles des tribunaux réguliers (*quæstiones perpetuæ*) où se jugent les grandes affaires, par opposition aux petites audiences du préteur dans le *comitium*.

290. *Compleatur tribunal*, que les juges soient au complet, ce qui n'arrivait pas toujours. C'est ainsi que Staienus (§ 241), juge dans le procès d'Oppianicus, se trouva absent au moment du vote, étant occupé à plaider devant un autre tribunal (*pro Cluent.*, 27, 74).

Judex, le président. — *Erectus*. Cf. § 200, où se trouve décrite d'une manière analogue la physionomie d'une audience intéressante.

Placere, se dit d'ordinaire des acteurs. Cf. Suétone, *Ner.*, 42 : « cuidam scænico placenti nuntium misit ».

Roscium, le grand acteur, pour lequel Cicéron avait plaidé en 76. Cf. *de Orat.*, I, 28, 130 : « Itaque hoc jam diu est consecutus (Roscius), ut in quo quisque artificio excelleret, is in suo genere Roscius diceretur. »

291. *Acutum*. Cf. § 63. — *Prudens*, calculé, qui dit juste ce qu'il faut dire et pas plus. — *Sincerum*, § 202. — *Solidum*, plein, c'est-à-dire où tout est substance. Cf. Sénèque, *de Prov.*, 6, 4 : « Non est ista solida atque sincera felicitas : crusta est et quidem tenuis. » Térence, *Eun.*, 318 : « corpus solidum et suci plenum ».

hoc proprium esse Atticorum volunt, recte laudant. Est enim in arte tanta tamque varia etiam huic minutæ subtilitati locus. Ita fiet, ut non omnes, qui Attice, idem bene, sed ut omnes, qui bene, idem etiam Attice dicant. Sed redeamus rursus ad Hortensium.

LXXXV. [292] Sane quidem, inquit Brutus : quanquam ista mihi tua fuit perjucunda a proposita oratione digressio. Tum Atticus : Aliquotiens sum, inquit, conatus, sed interpellare nolui. Nunc quoniam jam ad perorandum spectare videtur sermo tuus, dicam, opinor, quod sentio. Tu vero, inquam, Tite. Tum ille : Ego, inquit, ironiam illam, quam in Socrate dicunt fuisse, qua ille in Platonis et Xenophontis et Æschinis libris utitur, facetam et elegantem puto. Est enim et minime inepti hominis et ejusdem etiam faceti, cum de sapientia disceptetur, hanc sibi ipsum detra-

VARIANTES : LXXXV, 292. Tite *F O G*. Attice *r*.

NC. LXXXV, 292. Eberhard conjecture *commotus* au lieu de *conatus* ; Simon *provocatus*. — Un grand nombre d'éditeurs suppriment *jam*, comme une dittographie de (*quon*)*iam*. Cf. pourtant *ad. Att*, XIII, 25, 2 ; *de Orat.*, III, 31, 123 ; *in Catil.*, III, 12, 29. — Schütz, Jahn, Eberhard et Stangl préfèrent la leçon *disceptatur* qui ne se trouve que dans des manuscrits secondaires. Le subjonctif est parfaitement correct, l'infinitif *detrahere* étant pris dans un sens général, sans application à un sujet déterminé. Voir Riemann, *Synt.*, p. 401.

Ita fiet, etc. Cf. *de opt. gen. or.*, 4, 12 : « ut... bene dicere id sit attice dicere » ; Quintil., XII, 10, 26 : « Melius de hoc nomine (attico) sentiant, credantque Attice dicere esse optime dicere »

Rursus, parce que c'est la seconde fois qu'il dit *redeamus* (cf. § 279).

LXXXV, 292. *Conatus* sc. *interpellare* ou *loqui*. Atticus a cherché l'occasion de présenter des objections, mais malgré tous ses efforts il n'a pu trouver un joint. Il eût fallu couper le développement de Cicéron, ce qu'il ne voulait pas faire. — Pour l'ellipse, cf. § 241.

Opinor, c'est-à-dire : « si, comme je le pense, tu me le permets ».

Ironiam ne répond pas tout à fait à ce que nous appelons l'*ironie*. C'est la méthode de discussion chère à Socrate. On feint l'ignorance, on accepte tout de l'adversaire avec une naïveté voulue ; on soutient avec lui le contraire de ce que soi-même on pense, et par une sorte de condescendance captieuse on l'amène insensiblement à se mettre en contradiction avec lui-même. Cf. *Acad.*, II 5, 15 : « Socrates autem de se ipse detrahens in disputatione plus tribuebat iis, quos volebat refellere ; ita cum aliud diceret atque sentiret, libenter uti solitus est ea dissimulatione, quam Græci εἰρωνείαν vocant » ; *de Orat.*, II, 67, 270 ; *de Off.*, I, 30, 108.

Æschinis, non pas l'orateur, mais le philosophe socratique, qui avait écrit des dialogues à la façon de ceux de Platon. Cicéron en traduit un passage dans le *de Invent.*, I, 31, 51.

Elegantem, cf. *de Orat.*, II, 67, 270 (à propos de l'ironie socratique) : « Genus est perelegans et cum gravitate salsum eumque oratoriis dictionibus tum urbanis sermonibus accommodatum. »

Inepti, §§ 207, 284.

here, eis tribuere illudentem, qui eam sibi arrogant, ut
apud Platonem Socrates in cælum effert laudibus Protagoram, Hippiam, Prodicum, Gorgiam, ceteros, se autem
omnium rerum inscium fingit et rudem. Decet hoc nescio
quomodo illum, nec Epicuro, qui id reprehendit, assentior. Sed in historia, qua tu es usus in omni sermone, cum
qualis quisque orator fuisset exponeres, vide, quæso, inquit, ne tam reprehendenda sit ironia quam in testimonio.
Quorsus, inquam, istuc? non enim intellego. [293] Quia
primum, inquit, ita laudavisti quosdam oratores, ut imperitos posses in errorem inducere. Equidem in quibusdam
risum vix tenebam, cum Attico Lysiæ Catonem nostrum
comparabas, magnum mehercule hominem vel potius summum et singularem virum (nemo dicet secus), sed oratorem! sed etiam Lysiæ similem! quo nihil potest esse pic-

VARIANTES : 292. adrogant *F O G*, adigant *r*.

NC. 292. Ernesti *adrogent*. — 293. Selon Eberhard, *cum* est inadmissible après
tenebam. Il le remplace par *nam*, et propose encore soit *ut cum* (avec Ernesti), soit
tenebam : cum attico Lysia. Stangl supprime *cum*. Voir le commentaire.

Protagoram, etc., § 30.

Nescio quomodo équivaut à *aliquo modo*,
comme *nescio quis* à *aliquis*. Voir Riemann, *Synt.*, p. 271, rem. I. L'ironie
donne à Socrate une grâce « indéfinis-
sable. »

Epicuro. Épicure passait pour avoir dit
du mal (*contumeliosissime, de Nat. deor.*,
I, 33, 93) des autres philosophes et quelques-uns de ses disciples l'avaient compromis par leurs violences de langage.
Zénon l'épicurien appelait Socrate le
bouffon d'Athènes, *Atticus scurra* (*de
Nat. deor.*, I, 34, 93).

Assentior, bien qu'étant son disciple,
Atticus était épicurien.

In testimonio, quand on porte témoignage en justice.

293. *Quia* répond à *quorsus istuc*
(sc. *dicis*). Atticus répond (*hoc dico*) *quia*.

Imperitos, § 223.

In quibusdam, à propos de certains
orateurs appréciés par toi. Ces mots semblent en contradiction avec *cum comparabas*, qui n'amène qu'un exemple particulier, celui de Caton. Mais en réalité

Atticus commence sa phrase avec l'idée
de donner d'autres exemples, ceux de
Galba, de Lépidus, etc. A *cum comparabas*
devait correspondre dans sa pensée *cum
Galbam laudabas* (§ 295), *cum Lepidi
probabas orationes* (*ibid.*) et ainsi de
suite. Le développement sur Caton lui
fait perdre de vue la construction avec
cum.

Comparabas. Cf. § 63.

Oratorem, un orateur vraiment digne
de ce nom. Cf. § 200.

Quo nihil potest esse pictius. L'expression *picta oratio* désigne un style brillant,
dont le dessin est relevé par de vives
couleurs, c'est-à-dire un style orné de
figures. Cf. § 141 : « in verbis pingendis »;
ad Att., I, 14, 3 : « Totum hunc locum,
quem ego varie meis orationibus... soleo
pingere, de flamma, de ferro (nosti illas
ληχύθους) valde graviter pertexuit »;
Orat., 19, 65 : « Verba apertius transfe-
runt eaque ita disponunt ut pictores varietatem colorum »; 27, 96; *ad Her.*, IV,
11, 16; *de Orat.*, II, 13, 54. D'un style
qui, comme celui de Lysias, est la sim-

tius! Bella ironia, si jocaremur; sin asseveramus, vide ne
religio nobis tam adhibenda sit quam si testimonium diceremus. [294] Ego enim Catonem tuum ut civem, ut senatorem, ut imperatorem, ut virum denique cum prudentia
et diligentia tum omni virtute excellentem probo : orationes autem ejus, ut illis temporibus, valde laudo ; signi-
ficant enim formam quandam ingenii, sed admodum impo-
litam et plane rudem. Origines vero cum omnibus oratoris
laudibus refertas diceres et Catonem cum Philisto et Thucydide comparares, Brutone te id censebas an mihi
probaturum? Quos enim ne e Græcis quidem quisquam
imitari potest, his tu comparas hominem Tusculanum, nondum suspicantem quale esset copiose et ornate dicere.
LXXXVI. [295] Galbam laudas. Si ut illius ætatis principem,
assentior : sic enim accepimus ; sin ut oratorem, cedo,
quæso, orationes (sunt et enim) dic hunc, quem tu plus quam
te amas, Brutum velle te illo modo dicere. Probas Lepidi
orationes. Paulum hic tibi assentior; modo ita laudes, ut
antiquas; quod item de Africano, de Lælio, cujus tu oratione negas fieri quicquam posse dulcius, addis etiam nescio

VARIANTES : 294. imperatorem *M*, imp. *F*, impr. *O G*, imper. *r*. — quandam formam
B H M G. — te *omis dans B H¹ M après* Brutone.

NC. 293. Eberhard met entre crochets *tam* et *quam si testimonium diceremus*;
Weidner *quasi testimonium*. — 294. *oratoriis laudibus* Lambin.

plicité même et ne vaut que par l'élégance du dessin, on ne peut donc pas dire
nihil potest esse pictius. Il s'ensuit que
quo nihil est ne se rapporte pas à Lysias,
mais à Caton. Cicéron a dit plus haut
(§ 69), en parlant des figures qui ornent
le style : « Non verisimile est quam sit
in utroque genere creber et distinctus
Cato. » Atticus s'étonne de ce jugement :
« Faire de Caton un grand orateur! un
émule de Lysias! un écrivain coloré au
suprême degré! C'est une charmante ironie ». A quoi Cicéron va répondre plus
loin (§ 298) : « Intelleges nihil illius liniamentis... florem et colorem defuisse. »

Bella ironia. L'accusatif est plus ordinaire. Cf. pourtant *in Verr.*, V, 2, 5 :
« Magna laus et honesta oratio ».

Asseveramus conserve ici toute sa force
étymologique (*severus*) : « si nous parlons
sérieusement. »

Religio, § 281.

294. *Tuum*. Cf. *de Leg.*, 1, 2, 6 : « eum
qui tibi semper in ore est, Catonem »

Ut illis temporibus, § 27.

Formam ingenii, tournure de génie
naturel.

Tusculanum, c'est-à-dire : qui n'est
même pas *urbanus*.

Copiose et ornate. § 21.

LXXXVI, 295. *Galbam*, § 82.

Oratorem. Cf § 200, 293.

Cedo, forme syncopée de l'impératif
cedito, usitée dans le langage familier.

Lepidi, § 95.

Dulcius, § 83.

quid augustius. Nomine nos capis summi viri vitæque elegantissimæ verissimis laudibus. Remove hæc : ne ista dulcis
oratio ita sit abjecta, ut *eam* aspicere nemo velit. [296] Carbonem in summis oratoribus habitum scio ; sed cum in
ceteris rebus tum in dicendo semper, quo *jam* nihil est
melius, id laudar*i*, qualecumque est, solet. Dico idem de
Gracchis, etsi de eis ea sunt a te dicta, quibus ego assentior. Omitto ceteros ; venio ad eos, in quibus jam perfectam putas esse eloquentiam, quos ego audivi, sine controversia magnos oratores, Crassum et Antonium. De horum
laudibus tibi prorsus assentior, sed tamen non isto modo.
Ut Polycliti Doryphorum sibi Lysippus aiebat, sic tu suasionem legis Serviliæ tibi magistram fuisse . hæc germana
ironia est. Cur ita sentiam non dicam, ne me tibi assentari
putes. [297] Omitto igitur, quæ de his ipsis, quæ de Cotta,

VARIANTES : LXXXVI, 295. autem aspicere *L* (ut *O²* al.). — 296. quoniam *L*.
laudare *L*.

NC. 295. *erit abjecta* Weidner. — *ut eam* vulg. (sur la confusion de *ut* et *aut*
voir *N.C.*, § 6). — 296. *Quo jam*, correction de Jahn ; *quo nihil*, vulg. — *laudari*,
vulg. — Eberhard préférerait *assentiar*. — Je mets un point après *isto modo*. La
plupart des éditeurs considèrent *isto modo* comme une sorte d'antécédent de *sic* et
font porter la négation sur le verbe sous-entendu *aiebas*. Mais alors il n'y a plus
d'ironie dans le mot de Lysippe et, sans ironie, ce mot n'a pas de sens. Voir le commentaire. — Jahn-Eberhard suppriment *tu* devant *suasionem*.

Elegantissimæ marque ici la distinction intellectuelle et morale. Cf. *Cat.
maj.*, 5, 13 : « pure atque eleganter actæ
ætatis placida ac lenis senectus ».

Ne, suppléez *videndum est* ou *cave* ;
sur cet emploi de *ne* dans le langage familier, voir Riemann, *Syntaxe*, p. 304,
rem. IV.

Abjecta, § 221.

Aspicere, § 220.

296. *Carbonem*, § 105.

Sed cum in ceteris rebus, etc. En éloquence, comme en toutes choses, on vante
ce que sur le moment (*jam*) l'on possède de meilleur, alors même que cela
n'est pas excellent (*qualecumque est*).
Cette perfection vantée est purement relative.

De Gracchis, §§ 103, 125.

Crassum et Antonium, § 138 et suiv.

Isto modo, à ta façon, comme tu l'as
fait plus haut (§ 164).

Lysippus, le plus grand maître de la
sculpture grecque au temps d'Alexandre.
Jusqu'à lui les artistes se conformaient scru-
puleusement aux règles du *canon* de Polyclète (cf. § 70). Le premier il rompit avec
cette tradition et conçut un nouveau type
de proportions (Pline, *H. N.*, XXXIV, 65).
Quand il prétendait donc avoir pris pour
modèle la statue typique de Polyclète, le
Doryphore, il disait le contraire de sa pensée, et c'est de la même manière, avec
la même ironie, selon Atticus, que Cicéron a pu prétendre s'être réglé sur le
discours de Crassus pour la *loi Servilia*.

Sic tu, sc. *aiebas*.

Legis Serviliæ, § 164.

297. *Cotta, Sulpicio*, § 201 et suiv.
Caelio, § 273.

quæ de Sulpicio, quæ modo de Cælio dixeris. Hi enim
fuerunt certe oratores : quanti autem et quales, tu videris.
Nam illud minus curo, quod congessisti operarios omnes;
ut mihi videantur mori voluisse nonnulli, ut a te in oratorum numerum referrentur. LXXXVII. Hæc cum ille
dixisset : Longi sermonis initium *pepulisti*, inquam, Attice,
remque commovisti nova disputatione dignam, quam in
aliud tempus differamus. [298] Volvendi enim sunt libri
cum aliorum tum in primis Catonis. Intelleges nihil illius
liniamentis nisi eorum pigmentorum, quæ inventa nondum
erant, florem et colorem defuisse. Nam de Crassi oratione
sic existimo, ipsum fortasse melius potuisse scribere, alium,
ut arbitror, neminem. Nec in hoc εἴρωνα me duxeris esse,
quod eam orationem mihi magistram fuisse dixerim. Nam
etsi tu melius existimare videris de ea, si quam nunc habemus, facultate, tamen adulescentes quid in Latinis potius
imitaremur non habebamus. [299] Quod autem plures a
nobis nominati sunt, eo pertinuit, ut paulo ante dixi, quod

VARIANTES : 297. ii enim *M*. — LXXXVII. depulisti *L*. — 298. yroniam eduxeris *L*.
— etsi ut *H*, etsi ut tu *r*.

NC. LXXXVII, 297. *pepulisti*, vulg.; Manuce et Lambin conjecturent *detulisti*, Spitzner
posuisti, adopté par Simon. — 298. [*ut*] *arbitror* Schütz. — εἴρωνα *me duxeris esse*
avec Friedrich d'après Baehrens; les mots grecs étaient transcrits en latin dans l'archétype, et l'on trouve précisément plus bas (§ 299) *ironia* pour εἴρωνα (cf. *de Off*
I, 30, 108); *dixeris* vulg. — Baehrens *vel tu*; Stangl *tute*.

Dixeris, le subjonctif parce que *omitto*
équivaut ici à *omitto quærere*.

Videris. Riemann, *Synt*., p. 215, § 147.

Nam, § 48.

Operarios. Cf. *de Orat*., I, 62, 263 :
« Operarium nobis quendam, Antoni,
oratorem facis. »

Voluisse répond à un conditionnel
passé. Plus d'un lecteur dira en lisant le
Brutus : « Puisqu'il fait tant d'honneur
aux morts, j'aurais voulu mourir (*voluis-
sem*) avant le moment où il écrivait. »

LXXXVII. *Pepulisti* : « tu as poussé
en avant », et par suite : « tu as mis
en branle » (*commovisti*).

298. *Enim* explique *longi sermonis*, etc.
La discussion serait longue, parce qu'elle
suppose des études de textes.

Liniamentis, au dessin de son style. De
même que les grands peintres, dont il a
été question au § 70, Caton ne s'est servi
que des couleurs connues de son temps.
Mais il les a toutes employées et en
maitre.

Pigmentorum. Cf. § 293 : « pictius ».

Quæ inventa nondum erant. Il s'agit de
l'harmonie et du nombre oratoires. Cf
§ 68 : « Id muta, quod tum ille non potuit », etc.

Nam, § 48.

Duxeris... dixerim. Riemann, *Synt*
p. 213, § 161.

Si quam. Cf. § 212.

299. *Quod autem*, etc. répond au reproche d'Atticus *quod congessisti*, etc. (§ 297).

Paulo ante, § 270.

intellegi volui, in eo, cujus omnes cupidissimi essent, quam pauci digni nomine evaderent. Quare εἴρωνα me, ne si Africanus quidem fuit, ut ait in historia sua C. Fannius, existimari velim. Ut voles, inquit Atticus. Ego enim non alienum a te putabam, quod et in Africano fuisset et in Socrate. [300] Tum Brutus : De isto postea : sed tu, inquit me intuens, orationes nobis veteres explicabis? Vero, inquam, Brute; sed in Cumano aut in Tusculano aliquando, si modo licebit, quoniam utroque in loco vicini sumus. LXXXVIII. Sed jam ad id, unde digressi sumus, revertamur.

[301] Hortensius igitur cum admodum adulescens orsus esset in foro dicere, celeriter ad majores causas adhiberi cœptus est, quanquam inciderat in Cottæ et Sulpicii ætatem, qui annis decem majores *erant*; *et* excellente tum Crasso et Antonio, dein Philippo, post Julio, cum his ipsis dicendi gloria comparabatur. Primum memoria tanta,

VARIANTE : 299. quare ironia *L*.

NC. 299. εἴρωνα, vulg. — LXXXVIII, 301. Kayser, Eberhard, Stangl ajoutent *et* avant *quanquam* (d'après Ellendt), et intercalent *erant* d'après Rau soit avant, soit après *majores* (Kayser : *erant et*). Selon Baehrens, il y avait après *majores* une lacune de plusieurs mots. — *comparabantur* Crevier suivi par Schütz.

Ne si Africanus quidem, etc. La négation *ne quidem*, qui par la construction de la phrase semble porter sur *fuit*, ne porte en réalité que sur *velim*. « Je ne voudrais pas passer pour ironique quand même j'aurais pour me justifier l'exemple de Scipion Émilien. » Cf. *ad Att.*, XIII, 10, 3 : « In quem, ne si insidiis quidem ille interfectus esset, caderet illa suspicio; » *pro Planc.*, 20, 49 : « ut ne si cogitasset quidem quispiam largiri, daretur spatium comparandi. »

C. Fannius, § 101. Cf. *de Orat.*, II, 67, 270 : « Fannius in annalibus suis Africanum hunc Æmilianum... Græco verbo appellat εἴρωνα. »

Ego enim. « Je le disais; *car*, etc. »

300. *De isto*, sur ce que vous dites là, c'est-à-dire sur la question de savoir si Cicéron est ironique ou non.

Explicabis répond à ce qui a été dit par Cicéron (§ 298, *volvendi sunt*, etc.).

Vero, « certainement ». Voir Riemann, *Synt.*, p. 503, rem II.

In Cumano aut in Tusculano, Cicéron, ainsi que Brutus, avait une villa à Cumes et une autre à Tusculum.

Si modo licebit, si la politique nous permet de nous y rencontrer. Brutus allait partir pour la Gaule (§ 171).

LXXXVIII, 301. *Igitur*, § 21.

Admodum adulescens, § 228.

Cœptus est. Cf. § 123 (note sur *desitæ*).

Cottæ et Sulpicii, § 201 et suiv.

Excellente tum Crasso, etc. Cf. § 230. *Julio*, § 177.

Memoria. Sur la mémoire extraordinaire d'Hortensius, cf. *Acad.*, II. 1, 2 : « Habuit enim divinam quandam memoriam rerum, verborum majorem Hortensius »; *Tuscul.*, I, 24, 59; *de Orat.*, III, 61, 230; Quintil., XI ; 2, 24; Sénèque, *Controv.*, I, *proœm.*, 10 : « Hortensius... a Sisenna provocatus in auctione persedit totum diem et omnes res et pretia et emptores ordine suo argentariis recognoscentibus ita ut in nullo falleretur recensuit. »

quantam in nullo cognovisse me arbitror, ut quæ secum
commentatus esset, ea sine scripto verbis eisdem redderet,
quibus cogitavisset. Hoc adjumento ille tanto sic utebatur,
ut sua et commentata et scripta et nullo referente omnia
omni*um* adversariorum dicta meminisset. [302] Ardebat
autem cupiditate sic, ut in nullo unquam flagrantius studium viderim. Nullum enim patiebatur esse diem quin aut
in foro diceret aut meditaretur extra forum. Sæpissime
autem eodem die utrumque faciebat. Attuleratque minime
vulgare genus dicendi, duas quidem res quas nemo alius :
partitiones, quibus de rebus dicturus esset, et *collectiones*
eor*um*, quæ essent dicta contra, quæque ipse dixisset.
[303] Erat in verborum splendore elegans, compositione

VARIANTES : LXXXVIII, 301. in nullo uiro *O²* al., in uiro *G¹M²*, inuito *r*. — omnia.
omnia *F B H M*, omnia *r*. — 302. coniectiones memor et quae (memor quae *F*) *L*.

NC. 301. *in nullo* vulg. — *omnium*, d'après Stangl. — 302. *cupiditate dicendi*, Kayser
suivi par Stangl. — *collectiones* vulg. — *eorum quæ* d'après John (Orelli : *memor eorum
quæ*).

Commentatus esset (§ 87), par attraction modale ; voir Riemann, *Synt.*, p. 400.

Nullo referente, sans qu'aucun secrétaire eût à lui rappeler ce qui avait été
dit. Pour le rôle de ces secrétaires, cf.
in Verr., IV, 3, 5 : « Erant ænea duo
prætcrea signa… ; canephoræ ipsæ voca-
bantur, sed earum artificem, quem ? quen-
nam ?.. recte admones, Polyclitum esse
dicebant. »

302. *Cupiditate* désigne ici le caractère passionné en général, *studium* l'application particulière de ce caractère à
l'étude de l'art oratoire. Cf. *de Orat.*, I,
30, 134 : « vos… nimis etiam flagrare intellego cupiditate ».

Flagrantius. C'est le plus ancien exemple que l'on ait de ce comparatif : voir
Neue, *Formenl.*, II (3ᵉ éd.), p. 216.

Meditaretur répond au grec μελε-
τᾶν, faire des exercices. Cf. Aulu-Gelle,
XX, 5, 2 : « rhetoricas meditationes ».
Voir Bréal, *Dict étym. lat.*, p. 185.

Minime vulgare, c'est-à-dire qui suppose des études particulières (*doctrina*).
On a montré plus haut combien Hortensius était bien doué (§ 301 : *memoria
tanta* qui correspond ici à *natura*) et ce
qu'il avait de *studium*. Cf. § 22.

Partitiones. Hortensius établissait au
début de son discours les principaux points
qu'il se proposait de discuter (de là le
subjonctif *esset*, marquant la pensée de
l'orateur). L'emploi de ces divisions était
une nouveauté dans l'éloquence romaine.
Pro Quinct., 10, 35 : « Faciam, quod
te sæpe animadverti facere, Hortensi, totam causæ meæ dictionem certas in partes dividam. Tu id semper facis, quia
semper potes ; ego in hac causa faciam,
quod in hac videor posse facere. Quod
tibi natura dat, ut semper possis, id mihi
causa concedit, ut hodie possim » ; *div.
in Cæc.*, 14, 45 : « Quid ? cum accusationis
tuæ membra dividere cœperit (Hortensius)
et in digitis suis singulas partes causæ
constituere ? » (cf. Quintil., IV, 5, 24) ;
de Phil. sive Hortensius, fragm. 48 (Orelli,
p. 984) : « Quis te aut est aut fuit unquam in partiundis rebus… pressior ».

Collectiones, la récapitulation. C'est ce
que Cicéron appelle ailleurs *enumeratio* ;
de Inv., I, 52, 110 : « Enumeratio est,
per quam res dispersæ et diffuse dictæ
unum in locum coguntur et reminiscendi
causa unum sub aspectum subjiciuntur. »
Cf. Quintil., IV, 4, 2.

303. *Verborum*, etc. L'élocution, consi-

aptus, facultate copiosus; eaque erat cum summo ingenio tum exercitationibus maximis consecutus. Rem complectebatur memoriter, dividebat acute, nec prætermittebat fere quicquam, quod esset in causa aut ad confirmandum aut ad refellendum. Vox canora et suavis : motus et gestus etiam plus artis habebat, quam erat oratori satis. Hoc igitur florescente Crassus est mortuus, Cotta pulsus, judicia intermissa bello, nos in forum venimus. LXXXIX. [304] Erat Hortensius in bello primo anno miles, altero tribunus militum, Sulpicius legatus; aberat etiam [M.] Antonius : exercebatur una lege judicium Varia, ceteris propter bellum

NC. LXXXIX. 304. Je ponctue d'après Simon et avec Friedrich *Sulpicius legatus; aberat etiam*. Wex, suivi par Stangl, répète *aberat*. J'écris *Antonius* sans prénom d'après Ellendt. Tous les autres orateurs célèbres, que Cicéron énumère ici, sont cités sans prénom.

dérée au triple point de vue : 1° du choix des mots pris isolément (*elegans*) et parmi lesquels se trouvent des expressions figurées, c'est-à-dire brillantes (*splendore*; cf. §§ 104, 210); 2° de la place des mots dans la phrase (*aptus*; cf. § 34); 3° de l'abondance, tenant à la richesse du vocabulaire (*facultate*).

Rem complectebatur. La première condition de l'invention est de posséder la question à fond. Or, nul ne la possède mieux que celui qui, grâce à sa mémoire, a toujours présents à l'esprit les moindres détails d'une affaire.

Dividebat ne fait pas double emploi avec *partitiones*. Il s'agit ici du classement méthodique des preuves (*dispositio*), suivant leur importance ou leur valeur démonstrative. *Dividebat* répond ainsi à ce qu'on pourrait appeler la logique latente du discours. Les *partitiones* ne sont qu'un procédé artificiel d'exposition, consistant à découper le discours en un certain nombre de points.

Quod esset : « répondant à cette condition d'être, » etc. Sur l'emploi du subjonctif, voir Riemann, *Synt.*, p. 372.

Vox, etc. Sur les éléments de l'action, cf. 141. *Canora*, cf. § 317.

Plus artis. Cf. Aulu-Gelle, I, 5, 2 : « Q. Hortensius... quod multa munditia et circumspecte compositeque indutus et amictus esset, manusque ejus inter agendum forent argutæ admodum et gestuosæ, maledictis compellationibusque probris jactatus est multaque in eum, quasi in histrionem, in ipsis causis atque judiciis dicta sunt. » Aulu-Gelle ajoute qu'un de ses adversaires l'appela un jour *Dionysa*, du nom d'une célèbre danseuse du temps. Selon Macrobe (*Sat.*, II, 9), Hortensius, pour être toujours bien drapé, ajustait devant un miroir et fixait par des nœuds cachés les plis de sa toge; un jour même il voulut intenter un procès à l'un de ses confrères qui, en le frôlant dans un passage étroit, avait par mégarde dérangé l'harmonie de son costume. Selon Valère Maxime (VIII, 10, 2), les grands acteurs Æsopus et Roscius allaient au forum pour étudier le jeu d'Hortensius.

Mortuus, en 91; *Cotta* (§ 202); *pulsus*, en 90, de par la loi Varia (§ 205).

Bello, la guerre Sociale.

Venimus, non pas comme avocat, mais pour faire l'apprentissage de la vie publique : il avait 16 ans et venait de prendre la toge virile.

LXXXIX, 304. *Primo anno*, en 90.

Sulpicius, § 203.

M. Antonius, § 139.

Judicium, au singulier parce qu'il n'y avait plus qu'un seul tribunal en fonctions.

intermissis; cui frequens aderam, quanquam pro se ipsi
dicebant oratores non illi quidem principes, L. Memmius
et Q. Pompeius, sed oratores tamen, teste diserto ut*i*que
Philippo, cujus in testimonio contentio et vim accusatoris
habebat et copiam.

[305]. Reliqui, qui tum principes numerabantur, in magistratibus erant cotidieque fere a nobis in contionibus
audiebantur. Erat enim tribunus plebis tum C. Curio; quanquam is quidem silebat, ut erat semel a contione universa
relictus; Q. Metellus Celer non ille quidem orator, sed
tamen non infans; diserti autem Q. Varius, C. Carbo,
Cn. Pomponius; et hi quidem habitabant in rostris. C. etiam
Julius ædilis curulis cotidie fere accuratas contiones habebat.
Sed me cupidissimum audiendi primus dolor percussit, Cotta
cum est expulsus. Reliquos frequenter audiens acerrimo studio tenebar cotidieque et scribens et legens et commentans

VARIANTES : LXXXIX, 304. qui frequens *L*. — uterque *L*. — 305. ii quidem *M*. —
accuratas, *omis par B H M*.

NC. 304. *cui frequens*, vulg. Lambin, suivi par quelques anciens éditeurs : *qui fre-
quentes aderant*. — Lambin *tantum* au lieu de *quanquam* : Schütz *cum* ; Madvig *quoque*. — *utique*, correction de Jahn ; Buttmann : *utentes uterque*. — Weidner [*in testimonio*].

Cui, sc. *judicio*.

Pro se ipsi, la plupart des grands avocats étant absents, les accusés étaient réduits à se défendre eux-mêmes. Pour les
discours de Pompeius, cf. § 206.

L. Memmius et Q. Pompeius, « comme
par exemple L. Memmius et Q. Pompeius ». *L. Memmius* est peut-être l'accusateur cité au § 136 ; mais l'identifica-
tion n'est pas certaine. *Q. Pompeius
Rufus*, l'ancien adversaire de Saturninus,
(§ 206) venait d'être préteur en 91
(*de Orat.*, I, 37, 168). C'était un des
principaux champions du parti sénatorial,
et en 88 il fut consul avec Sylla. Voir Duruy, *Hist. d. Rom.*, II, p. 574 et suiv.

Teste, l'audience était intéressante parce
qu'elle comportait toujours, quel que fût
l'accusé (*utique*), une déposition de Philippe (§ 173), c'est-à-dire l'intervention
d'un homme éloquent (*diserto*) et qui
parlait comme témoin avec l'acharnement,

la violence et l'abondance d'un accusateur. Comme consul en 91, Philippe n'a-
vait cessé de combattre la politique des
optimates qui avait abouti à la guerre Sociale : il pouvait donc indiquer la part
prise par chacun des accusés à cette politique.

305. *In contionibus*, dans les assemblées
politiques.

C. Curio, § 210.

Relictus, § 192.

Ut « depuis que... » Cf. § 19.

Q. Metellus Celer, tribun en 90, d'ailleurs inconnu.

Q. Varius, C. Carbo, Cn. Pomponius
Cf. § 221.

Habitabant. Cf. *pro Mur.*, 9, 21 : « qui
in foro habitarint » ; *de Orat.*, I, 62, 264 :
« qui habitaret in subselliis ».

C. Julius. Cf. § 477.

Expulsus, § 303.

Commentans. Cf. §§ 105, 272, 310.

orator*is* tantum exercitationibus contentus non eram. Jam consequent*i* anno Q. Varius sua lege damnatus excesserat. [306] Ego autem *in* juris civilis studio multum operæ dabam Q. Scævolæ *Q. F.*, qui quanquam nemini *se* ad docendum dabat, tamen consulentibus respondendo studiosos audiendi docebat. Atque huic anno proximus Sulla consule et Pompeio fuit. Tum P. Sulpicii in tribunatu cotidie contionantis totum genus dicendi penitus cognovimus. Eodemque tempore, cum princeps Academiæ Philo cum Atheniensium optimatibus Mithridatico bello domo profugisset Romamque venisset, totum ei me tradidi admirabili quodam ad philosophiam studio concitatus; in quo hoc etiam commorabar attentius (etsi rerum ipsarum varietas et magnitudo summa me delectatione retinebat), *quod* tamen sublata jam esse in perpetuum ratio judiciorum videbatur. [307] Occiderat Sul-

VARIANTES : 305. oratoris *L.* — consequente *L.* — 306. p. f. *L.* — docebat se *G².* — hoc, *omis par B H M après* in quo. — retinebat sed tamen *L.*

NC. 305. *oratoriis tamen* Corrado, suivi par plusieurs éditeurs. — J'écris *consequenti* : Cicéron emploie d'ordinaire l'ablatif en *i* avec les composés de *sequens.* Voir Neue, *Formenl.*, II (3ᵉ éd.), p. 140. — 306. *In*, addition de Mueller. — *Q. F.*, correction de Fabricius. — *nemini se*, vulg. — Weidner [*mithridatico bello*]. — *quod* d'après Madvig.

Tantum ne porte que sur *oratoriis* : « uniquement de rhétorique ».

Contentus non eram. Il cherchait à se donner une culture générale, en étudiant l'histoire et la littérature. Plus loin il parlera du droit et de la philosophie.

Consequenti anno, en 89.

306. *Q. Scævolæ*, l'augure. Cf. § 102 ; *Læl.*, 1, 1 : « Q. Mucius augur multa narrare de C. Lælio... solebat... Ego autem a patre ita eram deductus ad Scævolam sumpta virili toga, ut, quoad possem et liceret, a senis latere nunquam discederem. Itaque fieri studebam ejus prudentia doctior. »

Proximus, l'an 88.

P. Sulpicii. Cf. § 203. Sur le tribunat factieux de Sulpicius, voir Duruy, *Hist. d. Rom.*, II, 574 et suiv.

Philo, de Larisse, élève de Clitomaque et son successeur dans la direction de l'Académie. Cf. *Acad.*, II, 6, 17 ; *Tuscul.*, II, 3, 9.

Cum Atheniensium optimatibus. En 88, les Athéniens, poussés par le péripatéticien Aristion, s'étant alliés avec Mithridate, les chefs du parti aristocratique, qui tenait pour l'alliance romaine, s'enfuirent de la ville. Voir Th. Reinach, *Mithridate*, p. 139 et suiv.

Hoc, répond à *quod.*

Etsi, etc. Il ne veut pas avoir l'air de présenter la philosophie comme un pis aller et s'empresse de protester que la philosophie l'intéresse vraiment pour elle-même.

In perpetuum, parce que les troubles succédaient aux troubles et que dans l'état où se trouvait la République, déchirée par les factions de Marius et de Sylla, rien ne pouvait faire prévoir le retour à un ordre de choses régulier.

Ratio judiciorum, l'organisation méthodique, c'est-à-dire la procédure régulière des tribunaux.

307. *Occiderat*, tué par ordre de Sylla, en 88, après la bataille de la Porte Colline (Vell. Paterc., II, 19).

picius illo anno tresque proximo trium ætatum oratores erant
crudelissime interfecti, Q. Catulus, M. Antonius, C. Julius.
[Eodem anno etiam Moloni Rhodio Romæ dedimus operam
et actori summo causarum et magistro.] XC. Hæc etsi videntur esse a proposita oratione diversa, tamen idcirco a me pro-
feruntur, ut nostrum cursum perspicere, quoniam voluisti,
Brute, possis (nam Attico hæc nota sunt) et videre quemadmodum simus in spatio Q. Hortensium ipsius vestigis persecuti.
[308] Triennium fere fuit urbs sine armis, sed oratorum aut
interitu aut discessu aut fuga (nam aberant etiam adulescentes

VARIANTES : XC. 307. *proposita ratione* O, *proposito ratione* r. — *et uidere* O¹ G F²
ei uidere r O² vetus.

XC. 307. Je transporte au § 312 *eodem anno etiam... magistro,* que plusieurs
éditeurs, avec Bake, mettent entre crochets. Un commentateur, confondant les deux
victoires de Sylla sur le parti démocratique (celle de 88 et celle de 82), aura cru que
l'ambassade indiquée au § 312 par *venerat* se rapportait à l'année 87, qui suit immédiatement le siège de Rhodes par Mithridate, et aura rappelé en marge du § 307 la
phrase du § 312, qu'un copiste aura ensuite fait passer dans le texte. En tout cas, elle
n'est pas à sa place ici. *Actori causarum* a besoin d'être expliqué, comme il l'est en
effet par *legatus* au § 312 ; *eodem anno* n'est pas clair : ces mots semblent désigner
proximo, c'est-à-dire l'année 87, tandis que la suite des idées nous ramènerait plutôt
à Philon, c'est-à-dire aux études de l'année 88. D'autre part, la présence de Molon à
Rome à cette époque ne se justifie ni par un exil, puisque Rhodes est toute dévouée
aux Romains, ni par une ambassade, puisqu'en 88-87 Rome, vaincue et débordée par
Mithridate, est hors d'état de rien faire pour ses alliés, ni de soutenir leur résistance,
ni de récompenser leur fidélité. Quelques éditeurs supposent avec Bernhardy que
Molon est venu deux fois à Rome, en 87 et en 82. Mais Cicéron, au § 312, n'eût pas
manqué de dire qu'il entendait le rhéteur pour la seconde fois (cf. § 316). —
XC. *proposita oratione* avec Lambin et Stangl. Cf. § 292. La plupart des éditions
ont *proposita ratione* ; Friedrich conserve la leçon *a proposito ratione.*

Proximo, en 87, lors du retour victo-
rieux de Marius et de Cinna.

Trium ætatum représentant trois générations, trois périodes de l'éloquence.

Interfecti, par ordre de Marius. Q. Catulus (§ 132, 259) fut contraint de se
donner la mort (*de Orat.,* III, 3, 9). Antoine fut égorgé et sa tête clouée aux
Rostres (*ibid.*; Val. Max., VIII, 2, 2).
Sur la mort de C. Julius (§ 177), cf. *de
Orat.,* III, 3, 10 : Val. Max., *l. c.*

XC. *Voluisti,* § 232.

Spatio, « dans la carrière ». Le mot est
en relation avec *nostrum cursum.* Cf. *Cat.
maj.,* 23, 83 : « quasi decurso spatio ad
carceres a calce revocari » ; *Læl.,* 12,
10 : « deflexit jam aliquantulum de spatio curriculoque consuetudo majorum ».

308. *Triennium,* en 86, 85 et 84.

Sine armis, parce que le parti aristocratique, décimé par les proscriptions de
Marius et privé de son chef Sylla, qui
combattait alors en Asie contre Mithridate, ne faisait rien pour disputer le pouvoir à Cinna, demeuré seul maître de Rome
après la mort de Marius (janvier 86).

Sed s'oppose à *sine armis.* Sans doute,
la ville étant tranquille, l'éloquence pouvait reprendre ses droits. *Mais* les orateurs étaient absents, sauf les six qui vont
être cités, et encore plusieurs d'entre eux
paraissaient-ils rarement en public.

Discessu, parce qu'ils étaient partis
d'eux-mêmes ou étaient à l'armée de
Sylla ; *fuga,* exil légal par application de
la loi Varia.

M. Crassus et Lentuli duo) primas in causis agebat Hortensius ; magis magisque cotidie probabatur Antistius ; Piso sæpe dicebat, minus sæpe Pomponius, raro Carbo, semel aut iterum Philippus. At vero ego hoc tempore omni noctes et dies in omnium doctrinarum meditatione versabar. [309] Eram cum Stoico Diodoto, qui cum habitavisset apud me *mecumque* vixisset, nuper est domi meæ mortuus. A quo cum in aliis rebus tum studiosissime in dialectica exercebar, quæ quasi contracta et astricta eloquentia putanda est; sine qua etiam tu, Brute, judicavisti te illam justam eloquentiam, quam dialecticam dilatatam esse putant, consequi non posse. Huic ego doctori et ejus artibus variis atque multis ita eram tamen deditus, ut ab exercitationibus oratoriis nullus dies vacuus esset. [310] Commentabar declamitans (sic enim

Variantes : 309. diodoto *F*, diodoro *B*² *M*, dioto *r*. — quae quasi *M C*¹ *B*², qua quasi *r*. — dilatam *L* (*C*² *corr.*).

NC. 309. *mecumque*, vulg. — Eberhard : [*quam dialecticam… putant*].

M. Crassus, § 233. Son père et son frère ayant été tués lors du retour de Marius et de Cinna en 87, Crassus s'était enfui en Espagne, puis en Afrique ; il ne revint en Italie qu'avec Sylla (Plutarque, *Crassus*, 4 et suiv.). *Lentuli duo*, § 234, 235.

Primas, sc. *partes*. Cf. §§ 84, 242.

Antistius, § 226 ; *Piso*, § 236 ; *Pomponius, Carbo*, § 305 ; *Philippus*, § 173.

309. *Cum Stoico Diodoto. Acad.*, II, 36, 115 : « Diodoto quid faciam Stoico, quem a puero audivi? Qui mecum vixit tot annos? Qui habitat apud me? Quem et admiror et diligo? » (Cf. *ad Famil.*, XIII, 16, 4. *Tuscul.*, V, 39, 113 : « Diodotus Stoicus cæcus multos annos nostræ domi vixit. Is vero, quod credibile vix esset, cum in philosophia multo etiam magis assidue quam antea versaretur, et cum fidibus Pythagoreorum more uteretur cumque ei libri noctes et dies legerentur, quibus in studiis oculis non egebat, tum, quod sine oculis fieri posse vix videtur, geometriæ munus tuebatur, verbis præcipiens discentibus, unde quo quamque lineam scriberent. »

Nuper, treize ans auparavant, en 59 ; *ad Att.*, II, 20, 6 : « Diodotus mortuus est ; reliquit nobis HS fortasse centies. »

Domi meæ. Riemann, *Synt.*, p. 127.

In aliis rebus. Cf. *Tuscul.*, V, 39, 113 (cité dans la note sur *Diodoto*).

Studiosissime, parce qu'en sa qualité de Stoïcien, Diodote attachait une grande importance à l'étude de la dialectique.

Dialectica, § 153.

Contracta et astricta, termes associés, de même § 120. Cicéron fait ici allusion au mot de Zénon, *Orat.*, 32, 113 : « Zeno quidem ille, a quo disciplina Stoicorum est, manu demonstrare solebat quid inter has artes interesset ; nam cum compresserat digitos pugnumque fecerat, dialecticam aiebat ejusmodi esse ; cum autem diduxerat et manum dilataverat, palmæ illius similem eloquentiam esse dicebat. » Cf. Quintil., II, 20, 7.

Justam, vraiment digne de ce nom, parce qu'elle répond à toutes les conditions requises. On dit de même *justa uxor*, *justi liberi*, une femme, des enfants répondant à toutes les conditions légales, c'est-à-dire légitimes.

Putant, sc. *Stoici*.

Tamen, malgré mon ardeur (*quanquam studiosissime exercebar*).

310. *Commentabar*, §§ 105, 272, 305. *Declamitans*, c'est-à-dire en parlant sur une cause imaginaire (*de Orat.*, I, 33, 149 : « Et causa aliqua posita consimili cau-

nunc loquuntur) sæpe cum M. Pisone et cum Q. Pompeio aut cum aliquo cotidie : idque faciebam multum etiam Latine, sed Græce sæpius, vel quod Græca oratio plura ornamenta suppeditans consuetudinem similiter Latine dicendi afferebat, vel quod a Græcis summis doctoribus, nisi Græce dicerem, neque corrigi possem neque doceri. [311] Tumultus interim

VARIANTE : 310. *possim* L.
NC. 310. *possem*, vulg.

sarum earum quæ in forum deferuntur, dicatis quam maxime ad veritatem accommodate »). C'est l'exercice qui se développera à l'époque d'Auguste et qui deviendra le but à peu près unique de l'éloquence. Cf. *ad Famil.*, XVI, 21, 5 : « *Præterea declamitare græce apud Cassium institui* »; *Tuscul.*, I, 4, 7 : « *Antea declamitabam causas, quod nemo me diutius fecit.* »

Nunc loquuntur, parce que le nom et la chose étaient encore une nouveauté. Cf. Senec. *Controv.*, I, proœm., 12 : « *Ipsa declamatio apud nullum antiquum auctorem ante Ciceronem et Calvum inveniri solet.* »

M. Pisone, Q. Pompeio, § 240.

Aliquo s'applique à une personne réelle, mais qu'on ne peut ou ne veut pas désigner explicitement. Cf. Virg. *Æn.*, II, 45 et suiv. : « *Aut hoc inclusi ligno occultantur Archivi... aut aliquis latet error* »; *Acad.*, II, 43, 132 : « *quemlibet, modo aliquem.* »

Multum, « souvent ». Cf. *Orat.*, I, 4, 4 : « *diu multumque dubitavi* ».

Græce. Cf. Suet. *de clar. rhet.*, 1 : « *Cicero ad præturam usque græce declamavit, latine vero senior quoque* »; *de Off.*, I, 1, 1 : « *ut ipse ad meam utilitatem semper cum græcis latina conjunxi neque id in philosophia solum sed etiam in dicendi exercitatione feci* ».

Plura ornamenta, plus d'expressions et de tours figurés, c'est-à-dire plus de beautés oratoires. Cf. § 40. En donnant la préférence à la déclamation grecque, Cicéron se conformait aux conseils des personnes qui avaient dirigé son éducation oratoire et en particulier de l'orateur Crassus. *De Orat.*, III, 24, 93; Suet., *de clar. rhet.*, 1 édit de Crassus contre les rhéteurs latins : *ibid.*, 2 :

« *Cicero in epistula ad M. Titinnium sic refert : equidem memoria teneo, pueris nobis primum latine docere cœpisse Plotium quendam ; ad quem cum fieret concursus, quod studiosissimus quisque apud eum exerceretur, dolebam mihi idem non licere. Continebar autem doctissimorum hominum auctoritate, qui existimabant Græcis exercitationibus ali melius ingenia posse.* »

Similiter, c'est-à-dire *cum iisdem ornamentis.* Cf. *de Orat.*, I, 34, 155 : « *Mihi placuit (dit Crassus), eoque sum usus adulescens, ut summorum oratorum græcas orationes explicarem. Quibus lectis hoc assequebar, ut, cum ea, quæ legeram græce, latine redderem, non solum optimis verbis uterer et tamen usitatis, sed etiam exprimerem quædam verba imitando, quæ nova nostris essent, dummodo essent idonea.* »

A Græcis. Les Grecs dédaignaient d'apprendre le latin. Longtemps leurs ambassadeurs à Rome durent se servir d'interprètes; il fallut à la fin leur concéder le droit de parler grec devant le sénat. Val. Max., II, 2, 3 : « *Quis ergo huic consuetudini, qua nunc græcis actionibus aures curiæ exsurdantur, januam patefecit? ut opinor, Molo rhetor, qui studia M. Ciceronis acuit : eum namque ante omnes exterarum gentium in senatu sine interprete auditum constat.* »

Corrigi. Cf. Plut. *Cic.*, 4 : Λέγεται δὲ τὸν Ἀπολλώνιον, οὐ συνιέντα τὴν Ῥωμαϊκὴν διάλεκτον, δεηθῆναι τοῦ Κικέρωνος Ἑλληνιστὶ μελετῆσαι· τὸν δ' ὑπακοῦσαι προθύμως, οἰόμενον οὕτως ἔσεσθαι βελτίονα τὴν ἐπανόρθωσιν.

Possem. Le subjonctif n'est pas amené par *quod* cf. *afferebat*, mais par une idée conditionnelle : « Je n'aurais pas pu. »

311. *Tumultus*, pendant les deux an-

in recuperanda re publica et crudelis interitus oratorum trium, Scævolæ, Carbonis, Antistii ; reditus Cottæ, Curionis, Crassi, Lentulorum, Pompei : leges et judicia constituta : recuperata res publica : ex numero autem oratorum Pomponius, Censorinus, Murena sublati. Tum primum nos ad causas et privatas et publicas adire cœpimus, non ut in foro disceremus, quod plerique fecerunt, sed ut, quantum nos efficere potuissemus, docti in forum veniremus. [312] Eodem *anno etiam* Moloni *Rhodio Romæ* dedimus operam *et actori summo causarum et magistro ;* dictatore enim Sulla legatus ad senatum de Rhodiorum præmiis venerat.

VARIANTE : 311. recuperata re publica *C.*

NC. 311. *In* ajouté d'après une conjecture d'Orelli, adoptée par Piderit, Eberhard, Friedrich, Simon. Kayser et Stangl mettent *recuperanda republica* entre crochets. Ellendt conjecture *recuperandæ reipublicæ* ; vulg. *pro recup. r.* — *recuperata re publica* Eberhard. — 312. *Eodem anno,* etc. Voir plus haut V.C. § 307.

nées de guerre civile (83-82), quand Sylla, revenu d'Asie avec son armée, entreprit de mettre fin à l'anarchie démagogique et de rétablir le gouvernement régulier (*in recuperanda republica*) en arrachant aux partisans de Marius la possession de l'Italie et de Rome. Voir Duruy, *Hist. d. Rom.,* II, p. 663-677.

Crudelis interitus, lors des massacres qui précédèrent de peu l'entrée de Sylla à Rome. Sur l'ordre de Marius le Jeune, le préteur Damasippus fit cerner la Curie et tuer en plein sénat ceux qui étaient ou passaient pour être les amis de Sylla (Tite-Live, *Epit.,* 86 ; Vell. Pat., II, 26).

Scævolæ, le grand pontife, § 145. *Carbonis,* § 221. *Antistii,* § 226.

Cottæ, § 305. *Curionis,* § 305. Curion avait accompagné Sylla comme légat dans la guerre de Mithridate. *Crassi, Lentulorum,* § 308. *Pompei :* pour échapper à Cinna il s'était retiré dans le Picenum, où il avait des propriétés, et avec trois légions improvisées était venu rallier l'armée de Sylla (Plut. *Pomp.,* 5-7).

Leges et judicia, allusion aux lois Corneliennes, qui réorganisaient le gouvernement aristocratique, et en particulier à la *lex judiciaria,* qui rendait les jugements aux sénateurs.

Pomponius, § 221. *Censorinus, Murena.* § 237.

Sublati, dans les proscriptions de Sylla.

Tum, en 81. Le *pro Quinctio* est de cette année. Cicéron avait alors vingt-six ans.

Causas privatas, au civil ; *publicas,* au criminel.

Quod plerique fecerunt, suivant les traditions de l'éducation romaine, qui formait l'orateur par la pratique. Cf. Tacite, *Dial.,* 34.

312. *Moloni* (§ 245), Molon d'Alabanda en Carie, souvent appelé Apollonius Molon (Plut., *Cic.,* 1 ; Suet., *J. Cæs.,* 1 ; Quintil., XII, 6, 7) peut-être par suite d'une confusion avec un autre rhéteur d'Alabanda, Apollonius, établi comme lui à Rhodes et dont Q. Mucius Scævola l'Augure avait entendu les leçons en 121 (*de Orat.,* I, 17, 75 ; Strab., XIV, 2, 26. p. 661 : οἱ μετοικήσαντες εἰς τὴν Ῥόδον ὅ τε Ἀπολλώνιος καὶ ὁ Μόλων). Cf. § 316.

Dictatore, en 82.

Legatus. Voir le texte de Valère Maxime cité plus haut § 310 (note sur *Græcis*).

De Rhodiorum præmiis. En 88, quand tout le monde grec s'était déclaré pour Mithridate. Rhodes demeurée fidèle aux Romains, avait été assiégée par le roi de Pont et avait fait une brillante résistance (Th. Reinach, *Mithridate,* p. 111 et suiv. . Sylla vainqueur, pour la récompenser, lui avait attribué comme tributaires le terri-

Itaque prima causa publica pro Sex. Roscio dicta tantum commendationis habui*t*, ut non ulla esset quæ non digna nostro patrocinio videretur. Deinceps inde multæ, quas nos diligenter elaboratas et *tanquam* elucubratas afferebamus.

XCI. [313] Nunc quoniam totum me non nævo aliquo aut crepundiis, sed corpore omni videris velle cognoscere, complectar nonnulla etiam, quæ fortasse videantur minus necessaria. Erat eo tempore in nobis summa gracilitas et infirmitas corporis, procerum et tenue collum; qui habitus et quæ figura non procul abesse putatur a vitæ periculo, si accedit labor et laterum magna contentio. Eoque magis hoc eos, quibus eram carus, commovebat, quod omnia sine remissione, sine varietate, vi summa vocis et totius corporis

VARIANTES : — 312. habui *L.* — digna nostro *F O G.* nostro digna *B H M.* — etiam quam elucubratas *L.* — XCI. 313. accidit *L. (F² corr.)*.

NC. 312. *habui* vulg. *Habui*, que donnent les mss, n'est pas possible ici, tous les verbes voisins étant à la première personne du pluriel. — *nonnulla* Madvig, d'après plusieurs mss secondaires. — *quas non minus diligenter*, dans les anciennes éditions d'après un ms. secondaire. Simon : *quas omnes.* — *et tanquam*, correction de Rivius, passée dans plusieurs mss secondaires.

toire de Caunes en Carie ainsi que plusieurs îles voisines (*ad Quint. fr.*, I, 1, 11, 33). Mais les Cauniens firent des difficultés et il fallut recourir à l'autorité de Rome. Strabon, XIV, 2, 3, p. 652 : καὶ ἔστι λόγος Μόλωνος κατὰ Καυνίων.

Itaque se relie à *docti* dont le sens est renforcé par ce qui vient d'être dit des leçons de Molon.

Pro Sex. Roscio (Amerino), procès de parricide plaidé en 80. Sur le succès de Cicéron, cf. *Orat.*, 30, 107 : « Quantis illa clamoribus adulescentuli diximus de supplicio parricidarum. »

Non ulla est plus fort que *nulla* : « Pas une seule. »

Elucubratas s'applique d'ordinaire à la composition d'un ouvrage écrit. Cf. Tac. *Dial.*, 9 : « Magna noctium parte unum librum excudit atque elucubravit. » Appliqué à la préparation des discours, le mot est un peu insolite. De là *tanquam.*

XCI, 313. *Nævo*, une marque physique, une tache de la peau, un signe naturel quelconque.

Crepundiis, les hochets, amulettes ou menus jouets, qu'on donnait aux enfants exposés ou envoyés en nourrice, pour qu'on pût un jour les reconnaître. (Daremberg et Saglio, *Dict. d. antiq.*, crepundia.) Ils servaient souvent, dans la comédie antique, à amener les reconnaissances du dénouement (Ter. *Eunuch.*, 753; Plaut. *Rud.*, 1154 et suiv.).

Corpore omni, la physionomie complète et non pas seulement quelques signes distinctifs.

Gracilitas, etc. Cf. Plut. *Cic.*, 3 : Καὶ γὰρ ἦν ὄντως ἰσχνὸς καὶ ἄσαρκος, ἀρρωστίᾳ στομάχου μικρὰ καὶ γλίσχρα μόλις ὀψὲ τῆς ὥρας προσφερόμενος. Ἡ δὲ φωνή, πολλὴ μὲν καὶ ἀγαθή, σκληρὰ δὲ καὶ ἄπλαστος. ὑπὸ δὲ τοῦ λόγου, σφοδρότητα καὶ πάθος ἔχοντος, ἀεὶ διὰ τῶν ἄνω τόνων ἐλαυνομένη, φόβον παρεῖχεν ὑπὲρ τοῦ σώματος.

Laterum, § 202.

Sine remissione, sans baisser le ton. Cf. de Orat., I, 61. 261 « contentiones vocis et remissiones »; Quintil., XI, 3

contentione dicebam. [314] Itaque cum me et amici et medici hortarentur, ut causas agere desisterem, quodvis potius periculum mihi adeundum quam a sperata dicendi gloria discedendum putavi. Sed cum censerem remissione et moderatione vocis et commutato genere dicendi me et periculum vitare posse et temperatius dicere, ut consuetudinem dicendi mutarem, ea causa mihi in Asiam proficiscendi fuit. Itaque cum essem biennium versatus in causis et jam in foro celebratum meum nomen esset, Roma sum profectus. 315] Cum venissem Athenas, sex menses cum Antiocho veteris Academiæ nobilissimo et prudentissimo philosopho fui studiumque philosophiæ nunquam intermissum a primaque adulescentia cultum et semper auctum hoc rursus summo auctore et doctore renovavi. Eodem tamen tempore Athenis apud Demetrium Syrum veterem et non ignobilem dicendi magistrum studiose exerceri solebam. Post a me Asia

VARIANTES : 314. mutarim *F B H M.* — et iam in foro *F*, etiam in foro *r*.
NC. XCI, 314. *desciscendum*, Ernesti. — Weidner suivi par Stangl [*et commutato genere dicendi*]. — Kayser met entre crochets *et* devant *periculum* ainsi que *et temperatius dicere*. — Eberhard [*ut... mutarem*].

17 : « tum intentis, tum remissis... modis opus est. »

314. *Discedendum* et non pas *discederem* parce qu'ici il ne s'agit que d'une simple comparaison entre deux partis également possibles. Du reste quand *potius quam* se rattache à un adjectif verbal en *ndus*, l'usage de Cicéron est de ne pas employer le subjonctif dans le second membre de la comparaison. Riemann, *Synt.*, p. 380 *b*, et 382, § 226 bis, 1°.

Temperatius, avec plus de calme, c'est-a-dire avec la sûreté d'un orateur maître de son débit et capable de le modérer au besoin. Cicéron veut dire qu'en corrigeant sa déclamation, il trouvera un double avantage, celui de ménager sa santé d'abord et ensuite d'avoir une éloquence plus souple et plus variée.

Ut dépend de *ea causa*. Cicéron insiste sur le vrai motif de son départ pour détruire l'opinion accréditée à Rome. On croyait qu'il avait voulu fuir le ressentiment de Sylla après le coup d'audace du *pro Roscio*, où il avait attaqué Chrysogonus.

l'affranchi et le principal agent du dictateur. Selon Plutarque (*Cic.*, 3) la raison de santé n'aurait été qu'un prétexte. Mais alors on ne comprend guère que le départ pour l'Asie n'ait pas eu lieu immédiatement après le procès et que, s'il était réellement inquiet, Cicéron soit resté encore un an à Rome. En 79, il plaide avec succès contre Cotta la cause d'une femme d'Arretium victime des lois de Sylla (*pro Cæc.*, 33, 97).

Proficiscendi, en 79.

315. *Antiocho*, d'Ascalon, frère d'Aristus (§ 332), disciple puis adversaire de Philon (§ 306. *Acad.*, I, 4, 13; II, 1, 11). Sur son rôle philosophique voir § 120 (note sur *eorum philosophorum*). Cf. *Acad.*, II, 35, 113 : « Antiochus... me valde movet, vel quod amavi hominem, sicut ille me, vel quod ita judico politissimum et acutissimum omnium nostræ memoriæ philosophorum. » Cf. *de Fin.*, V, 1, 1.

Demetrium Syram, rhéteur inconnu.

Et non, § 237.

Asia tota, la province romaine d'Asie,

tota peragrata est cum summis quidem oratoribus, quibuscum exercebar, ipsis libentibus : quorum erat princeps Menippus Stratonicensis meo judicio tota Asia illis temporibus
disertissimus : et, si nihil habere molestiarum nec ineptiarum Atticorum est, hic orator in illis numerari recte potest.
[316] Assiduissime autem mecum fuit Dionysius Magnes ;
erat etiam Æschylus Cnidius, Adramyttenus Xenocles : hi
tum in Asia rhetorum principes numerabantur. Quibus non
contentus Rhodum veni meque ad eundem, quem Romæ

VARIANTES : 315. et ineptiarum *B H M*. — 316. aeschilus *F*. esculus *r*. — gnidius
F. enidius *O²* *vetus*, enidius *r*.

NC, 315. Eberhard *peragrata est dum summis studeo* : Kayser *fatque cum* ; Piderit
d'après une conjecture de Feldhügel légèrement modifiée : *et summis quidem oratoribus usus sum*. Friedrich préférerait *referta tum summis* ; Baehrens : *cum summis-
que vivebam* ; Stangl ajoute simplement *et* devant *cum*. Simon *in qua cum summis* (en
supprimant *quibuscum*) ; voir le commentaire. — 316. Stangl considère comme suspecte la phrase *hi tum... numerabantur*.

c'est-à-dire la partie occidentale de l'Asie
Mineure et en particulier les pays situés
le long des côtes de la mer Égée. Cicéron avait pour compagnon de voyage
son ami Atticus, qu'il avait retrouvé à
Athènes (*de Fin.*, V, 1, 1). C'est à cette
époque qu'ils rendirent tous deux visite
à Rutilius Rufus (§ 85, 110, 113), alors
exilé à Smyrne (*de Republica*, 1, 8,
13).

Cum summis oratoribus. Ils ne l'escor-
taient pas constamment tous ensemble,
mais il en avait toujours un ou deux avec
lui. La plupart des éditeurs s'étonnent
que Cicéron ait été ainsi accompagné.
Mais les Grecs voyageaient volontiers le
long de ces côtes où les communications
étaient faciles. Et puis, les politesses
dont Cicéron était l'objet n'étaient pas
désintéressées. Les villes d'Asie, à tort
ou à raison suspectes de *mithridatisme*
(voir plus bas la note sur *Xenocles*), étaient
alors en proie aux publicains, qui les pil-
laient au mépris des garanties octroyées
par Sylla (Th. Reinach, *Mithridate*,
p. 311). On conçoit que ces rhéteurs,
qui étaient dans leurs cités de grands
personnages, aient tenu à faire montre
de sentiments romains en traitant avec
des égards particuliers des hôtes comme
Cicéron et Atticus, qui avaient beaucoup
d'amis parmi les magistrats et les publi-

cains de la province et dont le crédit
pouvait être précieux.

Menippus, de Stratonicée en Carie,
n'est connu que par ce passage. Strabon
(XIV, 2, 25, p. 660) et Plutarque (*Cic.*, 4)
le citent d'après Cicéron. Il eut un fils,
rhéteur comme lui sans doute, qui fut
chargé par ses concitoyens d'une ambassade à Rome au temps d'Auguste (*Bull.
de corr. hellén.*, 1887, p. 237).

Tota Asia équivaut à *per totam Asiam*
(Riemann, *Synt.*, p. 129 *h* et note 1).
Remarquer la série des trois ablatifs
exprimant chacune une idée grammaticale différente.

Molestiarum, § 116. *Ineptiarum*, §§ 207,
284.

316. *Assiduissime*, forme rare. Voir
Neue, *Formenl.*, II (3ᵉ édit.), p. 203.

Dionysius de Magnésie est inconnu,
ainsi qu'*Æschylus*. Cf. Plut. *Cic.* 4.

Xenocles d'Adramyttium est mentionné
par Strabon (XIII, 1, 66, p. 614) : ἀνὴρ
δὲ Ἀδραμυττηνὸς ῥήτωρ ἐπιφανὴς γεγέ-
νηται Ξενοκλῆς, τοῦ μὲν Ἀσιανοῦ
χαρακτῆρος, ἀγωνιστὴς δὲ εἴ τις ἄλλος
καὶ εἰρηκὼς ὑπὲρ τῆς Ἀσίας ἐπὶ τῆς
συγκλήτου καθ' ὃν καιρὸν αἰτίαν εἶχε
Μιθριδατισμοῦ. L'ambassade de Xéno-
clès se place vers 78. (Th. Reinach,
Mithridate, p. 311. Cf. Strab., XIV, 2,
25, p. 660 ; Plut. *Cic.*, 4.

audiveram, Molonem applicavi cum actorem in veris causis
scriptoremque præstantem tum in notandis animadverten-
disque vitiis et *in* instituendo docendoque prudentissimum.
Is dedit operam, si modo id consequi potuit, ut nimis redundantes nos et supra fluentes juvenili quadam dicendi impunitate et licentia reprimeret et quasi extra ripas diffluentes coerceret. Ita recepi me biennio post non modo exerci-
tatior, sed prope mutatus. Nam et contentio nimia vocis
resederat et quasi *d*eferverat oratio lateribusque vires et
corpori mediocris habitus accesserat.

XCII. [317] Duo tum excellebant oratores, qui me imi-
tandi cupiditate incitarent, Cotta et Hortensius : quorum alter remissus et lenis et propriis verbis comprehendens solute et facile sententiam, alter ornatus, acer et non talis,

VARIANTES : 316. supra fluentis *F G*, suprafluentes *r*. — diffluenti *F*. diffluentem *r*. —
reciderat...., referuerat *L*. — corporis *L*.

NC. 316. *in* addition d'Eberhard. — Avec Friedrich, je conserve *supra fluentes*. Schütz
met le mot entre crochets (de même Baehrens et Stangl). Vulg. : *superfluentes*. —
diffluentes, vulg. — *resederat*, correction de Lambin. — *deferverat*. Manuce et vulg.
cf. Quintil., XII, 6, 4. — *corpori*, correction ancienne, qui se trouve dans plusieurs
mss secondaires ; vulg. *corporis*. — XCII, 317. Bake supprime *et* devant *non talis*.
Weidner y substitue *certe*. Stangl voudrait *id est*.

Audiveram. Cf. § 312.

In veris causis, dans les procès réels
plaidés devant les tribunaux, par opposition aux causes fictives que l'on traitait
dans les écoles de rhétorique.

Si modo id consequi potuit, par l'emploi du parfait de l'indicatif, Cicéron
laisse entendre que Molon a réussi.
D'une façon indirecte et sous une forme
en apparence dubitative, il répond à ceux
qui lui reprochaient d'avoir conservé
l'exubérance asiatique.

Nimis redundantes nos. Voir dans
l'*Orator* (30, 107) comment Cicéron juge
certains passages de son *pro Roscio*.

Impunitate, parce que l'exubérance est
un défaut que l'on passe volontiers à la
jeunesse. Cf. *de Orat.*, II, 21, 88 : « Volo
enim se efferat in adulescente fecundi-
tas. »

Coerceret. Cf. Quintil., XII, 4, 20; 6,
7 : « M. Tullius... sc... Apollonio Moloni,
quem Romæ quoque audierat, Rhodi,
rursus formandum ac velut recoquendum

dedit. » Voir (§ 254) les éloges donnés
par Molon à Cicéron (Plut. *Cic.*, 4).

Biennio post, en 77.

Deferverat, avait cessé de fermenter.
Cf. § 288 : « musto fervidam »; *Orat.*,
30, 107 : « Quantis illa clamoribus adulescentuli diximus, quæ nequaquam satis de-
fervisse post aliquanto sentire cœpimus. »

Mediocris habitus, un embonpoint rai-
sonnable.

XCII, 317. *Alter*, sc. Cotta.

Remissus, etc. Cf. § 202.

Propriis verbis. L'emploi des termes
propres (par opposition aux expressions
figurées) est la caractéristique du style
simple. — *Comprehendens*, § 34. *Solute*,
§ 140, 173, 202.

Ornatus (cf. § 40) s'oppose à *propriis
verbis* et *acer* à *remissus et lenis*. Cicéron
avait ainsi sous les yeux les deux formes
extrêmes de l'éloquence, le genre simple
et le genre sublime.

Et non talis, « et, d'une façon générale.... etc. ».

qualem tu eum, Brute, jam deflorescentem cognovisti, sed verborum et actionis genere commotior. Itaque cum Hortensio mihi magis arbitrabar rem esse, quod et dicendi ardore eram propior et ætate conjunctior. Etenim videram in isdem causis, ut pro M. Canuleio, pro Cn. Dolabella consulari, cum Cotta princeps adhibitus esset, priores tamen agere partes Hortensium. Acrem enim oratorem *et* incensum et agentem et canorum concursus hominum forique strepitus desiderat. [318] Unum igitur annum, cum redissemus ex Asia, causas nobiles egimus, cum quæsturam nos, consulatum Cotta, ædilitatem peteret Hortensius. Interim me quæstorem Siciliensis excepit annus, Cotta ex consulatu est

VARIANTES : XCII, 317. iisdem *O G*. — 318. redissemus *F*. rediissemus *r*.

NC. 317. Jahn, suivi par Stangl. *cui et dicendi*. — *et* addition de Bake. Bachrens : *et incensum agentem*. Pour Simon *incensum et agentem* n'est qu'une glose de *acrem*.

Cognovisti. Hortensius avait commencé à décliner vers l'époque de son consulat en 69 (cf. § 320). Brutus n'avait alors qu'une dizaine d'années (cf. § 229).

Dicendi ardore. Cicéron ayant beaucoup de chaleur, il y avait entre Hortensius et lui des affinités de talent.

Ætate. La différence d'âge avec Hortensius n'était que de huit ans, au lieu qu'elle était avec Cotta d'environ dix-huit ans (cf. § 301).

Etenim. « Et par le fait j'avais raison ; car.... »

In isdem causis. Sur la collaboration des avocats dans une même cause, cf. §§ 207, 208, 242.

Pro M. Canuleio, procès inconnu.

Pro Cn. Dolabella. Cn. Cornélius Dolabella avait été élu consul en 81 par le crédit de Sylla et nommé ensuite proconsul de Macédoine. Il fut accusé de concussion en 77 par Jules César alors âgé de vingt-trois ans (Quintil., XII, 7, 3 ; Suet. *J. Cæs.*, 4 ; Val. Max., VIII, 9, 3) et qui fit brillamment dans cette cause ses débuts oratoires. *Consulari*, pour distinguer ce Dolabella d'un autre *Cn. Dolabella*, ancien préteur de Cilicie, accusé par Scaurus à peu près à la même époque et défendu par Hortensius (Ascon. *in Scaur.*, p. 26).

Princeps, comme avocat principal, dont Hortensius n'aurait dû être que le second. Cf §§ 230 ; 242 (note sur *quasi secundarum*).

Agentem, c'est-à-dire *actione calentem*. Cf. *de Orat.*, II, 87, 358 : « Utendum est... imaginibus agentibus, acribus, insignitis quæ occurrere celeriterque percutere animum possint » ; *ad Herenn.*, III, 22, 37 : « si non mutas nec vagas, sed aliquid agentes imagines ponemus ».

Canorum, § 303.

318. *Unum annum*, en 76. C'est la seule année où Cotta, Hortensius et Cicéron se trouvèrent ensemble au barreau. En 74, Cotta alla comme proconsul en Gaule et mourut peu de temps après son retour à Rome.

Causas nobiles, on n'en connaît qu'une, la cause de Q Roscius, l'acteur, qui, selon Plutarque (*Cic.*, 5) donnait à cette époque des leçons de déclamation à Cicéron. La date pourtant du *pro Roscio comœdo* n'est pas certaine (Teuffel. *Röm. Lit.*, § 179, 3).

Interim, sur ces entrefaites, en 75.

Siciliensis annus, l'année à passer en Sicile, comme *quæstor Lilybœtanus*, désigné par le sort pour ces fonctions. Le questeur de Lilybée avait surtout à s'occuper des rentrées du blé sicilien, destiné à l'approvisionnement de Rome (Plut. *Cic.*, 6).

profectus in Galliam, princeps et erat et habebatur Hortensius. Cum autem anno post ex Sicilia me recepissem, jam videbatur illud in me, quicquid esset, esse perfectum et habere maturitatem quandam suam. Nimis multa videor de me, ipse præsertim; sed omni huic sermoni propositum est, non ut ingenium et eloquentiam meam perspicias, unde longe absum, sed ut laborem et industriam. [319] Cum igitur essem in plurimis causis et in principibus patronis quinquennium fere versatus, tum in patrocinio Siciliensi maxime in certamen veni designatus ædilis cum designato consule Hortensio.

XCIII. Sed quoniam omnis hic sermo noster non solum enumerationem oratoriam, verum etiam præcepta quædam desiderat, quid tanquam notandum et animadvertendum sit in Hortensio breviter licet dicere. [320] Nam is post consulatum (credo quod videret ex consularibus neminem esse secum comparandum, neglegeret autem eos, qui consules non fuissent) summum illud suum studium remisit, quo a puero fuerat incensus, atque in omnium rerum abundantia voluit beatius, ut ipse putabat, remissius certe

Variantes : 318. e Sicilia *B H M*. — 320. uiderit *I.* (*G²* corr.). — suum *omis par B H M*.

NC. 319. *Maximum in certamen*. Stangl d'après Rau. — XCIII. Kayser, Eberhard. Stangl et quelques anciens éditeurs substituent *oratorum* à *oratoriam* d'après Corrado et Lambin. Je conserve l'adjectif, qui est parfaitement correct. *Oratoriam* s'oppose à *oratoria*, implicitement contenu dans *præcepta*.

Et erat et habebatur, au lieu qu'auparavant Hortensius, s'il était le premier en fait, n'était pas le premier en titre (§ 317 « Cotta princeps adhibitus »).

Quicquid esset. Sur l'emploi, assez rare dans Cicéron, du subjonctif après *quisquis*, voir Riemann, *Synt.*, p. 331, rem. I.

Maturitatem, § 8.

De me, suppléez *loqui*. Cf. § 244.

Laborem, § 233.

319. *In patrocinio Siciliensi*, en 70, dans le procès de Verrès, où Cicéron était l'avocat (*patronus*) des Siciliens.

Maxime. C'est en effet le moment critique de leur rivalité. Le talent de Cicéron est mûr (§ 318 « maturitatem ») et celui d'Hortensius est à son apogée : immédiatement après son éloquence décline.

XCIII. *Præcepta*, etc. Manière détournée d'amener la critique d'Hortensius, à titre d'enseignement, pour n'avoir point l'air de rabaisser un rival.

320. *Post consulatum*, après l'an 69.

Videret, au subjonctif parce que la pensée exprimée est celle d'Hortensius.

In omnium rerum abundantia. Le luxe d'Hortensius était célèbre. Il avait des tableaux de prix (Pline, *H. N.*, XXXV, 130), des jardins dont il arrosait les platanes avec du vin (Macrobe, *Sat.*, II, 9), des parcs où il entretenait des troupeaux de fauves (Varr. *de Re rust.*, III, 13, 2), des

vivere. Primus et secundus annus et tertius tantum quasi de
picturæ veteris colore detraxerat, quantum non quivis unus
ex populo, sed ex*i*stimator doctus et intellegens posset *vix*
agnoscere. Longius autem procedens *cum* in ceteris eloquentiæ partibus, tum maxime in celeritate et continuatione
verborum adhærescens, sui dissimilior videbatur fieri cotidie.
[321] Nos autem non desistebamus cum omni genere exercitationis tum maxime stilo nostrum illud, quod erat, augere,
quantumcunque erat. Atque, ut multa omittam in hoc spatio
et in *his* post ædilitatem annis, et prætor primus et incredibili

VARIANTES : 320, æstumator *F¹ B² M² G²*, extumator *r*. — magnum scelus *L*,
cognoscere *F³*. — ut in ceteris *L*. — 321. quod erat *omis par B H M*. — iis *L*.

XC. 320. J'ajoute *vix*, parce que la leçon fautive *magnum* indique qu'il y avait
un petit groupe de lettres entre *posset* et l'infinitif; *agnoscere* d'après Orelli. *Cognoscere* vulg. — *cum* rétabli par Lambin. — 321. Avec Friedrich, je conserve *et in his…
annis*, que les éditeurs, depuis Ellendt, suppriment ou mettent entre crochets. Ces
mots remettent en parallèle la carrière d'Hortensius et celle de Cicéron. Entendez
« dans les trois ans qui suivent d'une part le consulat d'Hortensius d'autre part mon
édilité ».

viviers pleins de murènes pour la nourri-
ture desquelles il enlevait quelquefois
tout le poisson du marché (Varr. *de R. r*,
III, 17, 5; Pline. *H. N.*, IX, 170, 172).
Le premier à Rome il servit des paons sur
sa table (Varr. *de R. r.*, III, 6, 6 ; Pline.
H. N., X. 45).

Quasi de picturæ veteris colore. L'éclat
de l'éloquence d'Hortensius se ternissait
peu à peu faute d'entretien, comme se
ternissent insensiblement les couleurs
d'une vieille peinture. Mais cela, seul un
œil de critique exercé pouvait l'apercevoir
dans les premières années et encore non
sans peine.

Quivis unus, une personne quelconque,
à elle toute seule, sans qu'une autre
l'avertît. *Unus* a ici tout son sens. Cf.
§ 214 : « in quacumque una » ; *pro Cæc.*,
22, 62 : « si tu solus aut quivis unus
cum scuto et gladio impetum in me fecisset ».

Existimator. § 200 ; *intellegens*, § 183.

Celeritate ; il parlait avec moins de facilité, d'une façon moins courante.

Continuatione verborum. Cf. *de Orat.*,
III, 13, 171 : « Continuatio verborum, quæ
duas res maxime, collocationem primum,
deinde modum quendam formamque desiderat. » — *Adhærescens*, § 274.

321. *Stilo*, § 92.

In hoc spatio, de 69, date de l'édilité
de Cicéron, à 66, date de sa préture.

Prætor primus, le premier élu parmi
les candidats à la préture, c'est-à-dire préteur urbain. Avec le préteur pérégrin, le
préteur urbain demeurait à Rome et prenait rang avant les autres. C'était un
honneur fort envié et dont Cicéron aime
à rappeler le souvenir : *in Pis.*, 1, 2 :
« Me cum quæstorem in primis, ædilem
priorem, prætorem primum cunctis suffragiis populus romanus faciebat » ; *de
Imp. Cn. Pomp.*, 1, 2 : « Cum… prætor
primus centuriis cunctis renuntiatus sum,
facile intellexi, Quirites, et quid de me
judicaretis et quid aliis præscriberetis. »

Incredibili, allusion au succès tout à
fait extraordinaire de son élection au consulat. Il avait été nommé par acclama-
tion, pour ainsi dire sans scrutin, et cela
dès sa première candidature et juste à
l'âge légal. Cf. *de Leg. agr.*, II, 1, 3 :
« Nec me tantummodo consulem, quod est
ipsum per sese amplissimum, sed ita fe-
cistis, quo modo pauci nobiles in hac civitate facti sunt, novus ante me nemo…
Est illud amplissimum… quod hoc honore ex novis hominibus primum me,
multis post annis affecistis ; quod prima

popul*i* Roman*i* voluntate *consul* sum factus. Nam cum propter assiduitatem in causis et industriam tum propter exquisitius et minime vulgare orationis genus animos hominum ad me dicendi novitate converteram. [322] Nihil de me dicam : dicam de ceteris, quorum nemo erat qui videretur exquisitius quam vulgus hominum studuisse litteris, quibus fons perfectæ eloquentiæ continetur ; nemo qui philosophiam complexus esset, matrem omnium bene factorum beneque dictorum ; nemo qui jus civile didicisset, rem ad privatas causas et ad oratoris prudentiam maxime necessariam ; nemo qui memoriam rerum Romanarum teneret, ex qua, si quando opus esset, ab inferis locupletissimos testes excitaret : nemo qui breviter arguteque incluso adversario laxaret judicum animos atque a severitate paulisper ad hilaritatem risumque traduceret : nemo qui dilatare posset atque a propria ac de-

VARIANTE : 321. populari *L.*

XC. 321. Stangl d'après Orelli : *populi Romani* ; vulg. *populi*, d'après Lambin. — *consul*, addition de Friedrich, pour justifier l'expression *incredibili voluntate*. Il n'y avait rien d'incroyable à être nommé préteur le premier et à l'unanimité. Au contraire, ce qui a été tout à fait extraordinaire c'est l'élection de Cicéron au consulat (voir le commentaire). Du reste, les mots (§ 323) *Itaque cum.. ego anno meo... consul factus essem*, qui sont un resumé, indiquent qu'il a déjà été question du consulat. — 322. Stangl, d'après Schütz, met *illuso*, au lieu d'*incluso*... Bachrens conjecture *eluso*. Mais il y a une opposition voulue entre *incluso* et *laxaret*.

petitione ; quod anno meo ; sed tamen magnificentius atque ornatius esse illo nihil potest, quod meis comitiis non tabellam..., sed vocem vivam præ vobis, indicem vestrarum erga me voluntatum ac studiorum, tulistis. »

322. *Nihil de me dicam*, etc Pour montrer en quoi consiste cette *dicendi novitas*, Cicéron va énumérer les mérites que ses devanciers ne possédaient pas. Tout ce développement est déjà indiqué en quelques mots au § 161. C'est le résumé des idées exposées dans le *de Oratore*.

Matrem, etc. Cf. *Tuscul.*, V, 2, 5 : « O vitæ philosophia dux, o virtutis indagatrix expultrixque vitiorum !... Tu inventrix legum, tu magistra morum et disciplinæ fuisti. »

Prudentiam, § 23.

Ab inferis. Il s'agit des prosopopées.

Top., 10, 45 : « Oratoribus... concessum est ut muta etiam loquantur, ut mortui ab inferis excitentur » ; *de Orat.*, I, 57, 245 : « Si causam ageres militis, patrem ejus, ut soles, dicendo a mortuis excitasses, statuisses ante oculos » ; *Orat.*, 25, 85 : « (tenuis orator) non faciet rempublicam loquentem nec ab inferis mortuos excitabit. » Cf. *pro Sest.*, 62, 130 ; *pro Mil.*, 29, 79.

Locupletissimos. Cf. § 47.

Incluso, enfermé dans un dilemme comme dans un filet. Cf. § 178 « in capiendo adversario ».

A severitate, § 197.

Dilatare, « généraliser » ; le mot est défini par ce qui suit.

Propria ac definita disputatione répond a ce que la rhétorique grecque appelle l'ὑπόθεσις, le cas particulier, l'espèce, par opposition à θέσις, la thèse générale.

finita disputatione hominis ac temporis ad communem quæstionem universi generis orationem traducere : nemo qui delectandi gratia digredi parumper a causa, nemo qui ad iracundiam magno opere judicem, nemo qui ad fletum posset adducere, nemo qui animum ejus, quod unum est oratoris maxime proprium, quocumque res postularet, impellere.

XCIV. [323] Itaque, cum jam pæne evanuisset Hortensius et ego anno meo, sexto autem post illum consulem, consul factus essem, revocare se ad industriam cœpit, ne, cum pares honore essemus, aliqua re superior esse viderer. Sic duodecim post meum consulatum annos in maximis causis, cum ego mihi illum, sibi me ille anteferret, conjunctissime versati sumus, consulatusque meus, qui illum primo leviter perstrinxerat, idem nos rerum mearum gestarum, quas ille admirabatur, laude conjunxerat. [324] Maxime vero per-

VARIANTES : 322. ad omis par *L* devant communem (rétabli par *G²*). — traduceret... impelleret *L*. — XCIV, 323. superiores uideremur *L*.

XC. 322. Weidner et Simon [*hominis ac temporis*]. — *Traducere... impellere*, dans toutes les éditions depuis Ernesti. — XCIV, 323. *superior esse viderer*, d'après Jahn et avec Stangl. — Stangl *conjunxit*.

Cf. *Orat.*, 11, 45 : « Orator excellens a propriis personis et temporibus semper, si potest, avocat controversiam : latius enim de genere quam de parte disceptare licet...: hæc igitur quæstio a propriis personis et temporibus ad universi generis orationem traducta appellatur θέσις »; *de Orat.*, 1, 31, 138; II, 31, 133: *Top.*, 21, 79.

Digredi, § 82.

Ad fletum adducere. Ce genre de pathétique était familier à Cicéron (cf. § 190). Ses adversaires l'en plaisantaient quelquefois. Voir *pro Planc.*, 31, 75; 34, 83.

Unum n'est pas explétif. La formule en question est celle qui *à elle seule* caractérise le mieux l'éloquence.

XCIV, 323. *Evanuisset*, avait disparu du barreau. De 69 à 63, en effet, Hortensius semble s'effacer comme orateur. On ne cite de lui que deux discours politiques, l'un contre la loi Gabinia en 67, l'autre contre la loi Manilia en 66 (*de Imp. Cn. Pomp.*, 17, 51 et 52) et un plaidoyer pour Varguntéius (*pro Sull.*, 2, 6).

Anno meo, à l'âge légal, c'est-à-dire à quarante-trois ans, d'après la *lex Cornelia de magistratibus*, par laquelle Sylla en 81 avait modifié les dispositions de la *lex Villia annalis*. Voir Bouché-Leclercq. *Manuel*, p. 18-49. Cf. § 321 note sur *incredibili*).

Consul, en 63.

Revocare se, § 11.

Duodecim annos, jusqu'à sa mort en 50.

In maximis causis... conjunctissime. Cicéron et Hortensius plaident ensemble en 63 pour Rabirius et pour Muréna, en 62 pour P. Cornélius Sylla, en 59 pour L. Valérius Flaccus, en 56 pour P. Sestius, en 54 pour Cn. Plancius et pour Æmilius Scaurus, en 52 pour Milon. Voir Meyer, *Or. rom. Fragm.*, p. 371 et suiv.

Perstrinxerat, parce qu'il voyait son rival devenir son égal en dignité. Cf. § 320 « neglegeret autem eos qui consules non fuissent ».

Admirabatur. Cf. *ad Att.*, II, 25, 1 : « Hortalus, quam plena manu, quam ingenue, quam ornate nostras laudes in astra sustulit. »

specta est utriusque nostrum exercitatio paulo ante, quam perterritum armis hoc studium, Brute, nostrum conticuit subito et obmutuit, cum lege Pompeia ternis horis ad dicendum datis ad causas simillimas inter se vel potius easdem novi veniebamus cotidie. Quibus quidem causis tu etiam, Brute, præsto fuisti compluresque et nobiscum et solus egisti; ut, qui non satis diu vixerit, Hortensius tamen hunc cursum confecerit : annis ante *sedecim* causas agere cœpit quam tu es natus; idem quarto *et* sexagesimo anno, perpaucis ante mortem diebus, una tecum socerum tuum defendit Appium. Dicendi autem genus quod fuerit in utroque, orationes utriusque etiam posteris nostris indicabunt.

XCV. [325] Sed si quærimus, cur adulescens magis floruerit dicendo quam senior Hortensius, causas reperiemus verissimas duas : primum, quod genus erat orationis

VARIANTES : 324. decem *L*. — quarto sexagesimo *L*.

XC. 324. *sedecim*, correction de Nipperdey, adoptée par les derniers éditeurs et par Teuffel, *Röm. Lit.*, § 209, p. 429 (5ᵉ éd.). Il paraît impossible de reculer audelà de 79 la date de la naissance de Brutus. Selon Velleius (II, 72, 1), il avait 37 ans à la bataille de Philippes en 42. D'autre part, s'il était né en 85, on ne s'expliquerait guère que César, né 15 ans auparavant, ait pu être, comme quelques-uns le disaient, son père. — *et*, addition de la vulg. — XCV, 325. *primam*, Eberhard, Stangl d'après Ernesti.

324. *Exercitatio*, notre expérience oratoire, c'est-à-dire notre talent. C'est le terme qui convient ici : dans toute cette fin du *Brutus*, Cicéron veut montrer par son exemple (§ 233 « laboris »; cf. § 318) et par celui d'Hortensius ce que l'éloquence coûte d'efforts et d'application soutenue.

Armis, la guerre civile.

Lege Pompeia, la loi de Pompée *de ambitu*, promulguée en 52 pour réprimer la brigue, et qui contenait certaines dispositions relatives au nombre des avocats et à la durée des plaidoyers. Cf. §§ 243, 245.

Ternis horis, trois heures à *chacun de nous*, jouant le rôle de défenseur. La loi n'accordait que deux heures à l'accusation. Cf. *de Fin.*, IV, 1, 1 : « Cum te hac nova lege videam eodem die accusatori respondere et tribus horis perorare. »

Causas simillimas. Elles ne sont pas connues.

Novi. Quoique les procès fussent à peu près identiques, Hortensius et Cicéron avaient assez de ressources oratoires pour ne pas se répéter. Cf. Denys d'Hal., *de Lys.*, 17 : οὑτοσὶ δὲ ῥήτωρ καινός ἐστι καθ' ἕκαστον τῶν λόγων.

Compluresque, etc. On ne les connait pas.

Ut qui : « si bien qu'Hortensius, quoi qu'étant mort trop tôt, a cependant, etc. ». Le relatif *qui* contient une idée concessive à laquelle répond *tamen*. Voir Riemann, *Synt.*, p. 371, § 222.

Hunc cursum, la carrière que voici, à savoir : *annis ante sedecim*, etc.

Sedecim. Voir les *Notes critiques*.

Appium. Cf. §§ 230, 267.

In utroque, Hortensius et Cicéron.

XCV, 325 *Primum*. La seconde raison n'est pas donnée d'une façon explicite. Cicéron l'a déjà indiquée par avance (§ 320) et la rappelle plus loin en quel-

Asiaticum adulescentiæ magis concessum quam senectuti. Genera autem Asiaticæ dictionis duo sunt : unum sententiosum et argutum, sententiis non tam gravibus et severis quam concinnis et venustis, qualis in historia Timæus, in dicendo autem pueris nobis Hierocles Alabandeus, magis etiam Menecles frater ejus fuit, quorum utriusque orationes sunt in primis, ut Asiatico in genere, laudabiles. Aliud autem genus est non tam sententiis frequentatum quam verbis volucre atque incitatum, quale est nunc Asia tota, nec flumine solum orationis, sed etiam exornato et faceto genere verborum, in quo fuit Eschylus Cnidius et meus æqualis Milesius Eschines. In his erat admirabilis orationis cursus, ornata sen-

VARIANTES : XCV, 325. et si etsi *OG*, ueris numquam *L*. — quale *B H M*, quali *r*. — aescilus *F G M*, eschilus *r*. — Cnidius *O² C*, gnidius *F M²*, cnidius *r*. — iis *M*, his *r*.

XC, 325. *et severis quam*, vulg. — Eberhard voudrait *alterum* au lieu de *aliud* ; selon Simon, *autem* proviendrait d'une fausse lecture de ce mot. — *quale* avec Stangl et Friedrich ; *qualis* Schütz, *quali* vulg. — Au lieu de *faceto*, quelques éditeurs écrivent *facto* d'après Ruhnken. Mais Cicéron n'emploie *factus*, dans le langage spécial de la rhétorique, que joint à *oratio* (cf. § 30 ; *de Orat.*, I, 14, 63 ; 48, 184 ; *Orat.*, 51, 172). — Eberhard *in quo floruit Æschylus*.

ques mots (§ 327 « exercitationem studiumque dimiserat »).

Asiaticum, § 51.

Sententiosum, plein de traits. Pour le sens de *sententia*, cf. § 272.

Argutum, fin, piquant. Notre terme français « pointes », appliqué au style, répond à la même métaphore.

Timæus. Cf. § 63 ; *de Orat.*, II, 14, 58 : « Timæus... longe eruditissimus et rerum copia et sententiarum varietate abundantissimus » ; Longin, 4, 1 : ὑπὸ ἔρωτος τοῦ ξένας νοήσεις ἀεὶ κινεῖν πολλάκις ἐκπίπτων εἰς τὸ παιδαριωδέστατον.

Hierocles, d'Alabanda en Carie, et son frère *Menecles* avaient tous deux une grande réputation en Asie, où tout le monde, au dire d'Antoine (*de Orat.*, II, 23, 95), s'appliquait à les imiter. *Orat.*, 69, 231 : « Asiaticorum rhetorum principes, Hierocles et Menecles, minime mea sententia contemnendi. Etsi enim a forma veritatis et ab Atticorum regula absunt, tamen hoc vitium compensant vel facultate vel copia ; sed apud eos varietas non erat, quod omnia fere concludebantur uno modo. » Cf. Strab., XIV, 2, 26, p. 661.

Ut, § 27.

Aliud, signifie ici, non pas « le second genre » (il faudrait *alterum*), mais « un autre genre ». Cf. César, *B. civ.*, III, 21, 2 : « Duas leges promulgavit : unam, qua... donavit, aliam tabularum novarum. » Avant l'époque impériale, *alius* ne s'emploie ainsi au lieu d'*alter* que très rarement.

Asia tota. Riemann, *Synt.*, p. 129, n. 1.

Faceto, ingénieusement élégant. Cf. *de Orat.*, I, 8, 32 : « sermo facetus ac nulla in re rudis » ; Hor. *Sat.*, I, 10, 44 : « molle atque facetum » ; Quintil., VI, 3, 20 : « Facetum quoque non tantum circa ridicula opinor consistere ; neque enim diceret Horatius, facetum carminis genus natura concessum esse Vergilio : decoris hanc magis et excultæ cujusdam elegantiæ appellationem puto. »

Æschylus Cnidius, § 316. *Æschines*, cf. Strab., XIV, 1, 7, p. 635 : ὃς ἐν φυγῇ διετέλεσε παρρησιαστάμενος πέρα τοῦ μετρίου πρὸς Πομπήιον Μάγνον. Sénèque, *Controv.*, I, 844 : « Eschines ex bonis declamatoribus ».

Admirabilis orationis cursus, parce que

tentiarum concinnitas non erat. [326] Hæc autem, ut dixi,
genera dicendi aptiora sunt adulescentibus, in senibus gravitatem non habent. Itaque Hortensius utroque genere flo-
rens clamores faciebat adulescens. Habebat enim et Mene-
clium illud studium crebrarum venustarumque sententiarum,
in quibus, ut in illo Græco, sic in hoc erant quædam magis
venustæ dulcesque sententiæ quam aut necessariæ aut interdum utiles ; et erat oratio cum incitata et vibrans tum etiam
accurata et polita. Non pro*b*antur hæc senibus : sæpe
videbam cum irridentem tum etiam irascentem et stoma-
chantem Philippum ; sed mirabantur adulescentes, multitudo movebatur ; [327] erat excellens judicio vulgi et facile
primas tenebat adulescens. Etsi enim genus illud dicendi
auctoritatis habebat parum, tamen aptum esse ætati videbatur ; et certe, quod et ingenii quædam forma lucebat et
exercitatio perfecta, verborum astricta comprehensio*ne*

VARIANTES : 326. in quibus... quaedam magis *répété dans* L. — probantur L. —
327. quod ingenii G. — exercitatione perfecta uerborum. eratque astricta comprehensio L.

NC. 326. Stangl substitue *in quo* à *in quibus* et met, avec Eberhard, *ut in illo græco
sic in hoc* entre crochets. — *probabantur*, correction d'Ernesti. — Bake *tum irridentem
tum.* — 327. Schütz met entre crochets *erat excellens*, etc. jusqu'à *adulescens* ; Eberhard,
suivi par Stangl, jusqu'à *excitabat.* — *elucebat*, Lambin suivi par Stangl. — Pour peu
que par la disposition des lignes *exercitatio* et *comprehensio* se soient trouvés voisins,
la désinence *ne* a pu aisément passer de l'un à l'autre. La fausse lecture *comprehensio*
a entraîné l'addition de *eratque*, gauchement placé d'ailleurs après *verborum*. La plupart
des éditions ont, d'après Meyer, *exercitatio perfecta erat verborumque*. Schütz supprime
et devant *ingenii* et *exercitatione* et transporte *verborum* après *eratque*. Bake voudrait
ajouter *sententiarum concinnitas* avant *verborumque*.

tout y est subordonné à l'aisance et à l'harmonie de la phrase. Cf. *Orat.*, 69, 230 :
« Apud... Asiaticos maxime numero ser-
vientes inculcata reperias inania quædam
verba quasi complementa numerorum. »

326. *Clamores*, § 164.

Et erat répond au second genre *verbis
volucre et incitatum* (§ 325).

Vibrans, rapide comme un trait qu'on
décoche. Cf. *Orat.*, 70, 234 : « (Demosthenis) non tam vibrarent fulmina illa,
nisi numeris contorta ferrentur » ; Quintil.,
XII, 9, 3 : « Nec illis vibrantibus conci-
tatisque sententiis velut missilibus utetur. »

Accurata et polita rappelle *exornato
et faceto* (§ 325).

Philippum, § 173.

327. *Adulescens*, répété à dessein
(cf. § 326) parce que c'est sur l'idée de
jeunesse que porte tout le développement.

Et certe, etc., ce qu'il y a de sûr,
c'est que ses belles périodes, où se mani-
festaient clairement et la forme particulière de son talent et la perfection de
son art, excitaient au plus haut point
l'admiration. Cf. § 303.

Astricta, bien attachée, c'est-à-dire
dont toutes les parties s'ajustent et se
tiennent. Cf. Hor. *Epist.*, II, 1, 174 :
« Quam non astricto percurrat pulpita
socco. » — *Comprehensione*, § 34.

summam hominum admirationem excitabat. Sed cum jam honores et illa senior auctoritas gravius quiddam requireret, remanebat idem nec decebat idem; quodque exercitationem studiumque dimiserat, quod in eo fuerat acerrimum, concinnitas illa crebritasque sententiarum pristina manebat, sed ea vestitu illo orationis, quo consuerat, ornata non erat. Hoc tibi ille, Brute, minus fortasse placuit, quam placuisset, si illum flagrantem studio et florentem facultate audire potuisses.

XCVI. [328] Tum Brutus : Ego vero, inquit, et ista, quæ dicis, video qualia sint et Hortensium magnum oratorem semper putavi maximeque probavi pro Messalla dicentem, cum tu afuisti. Sic ferunt, inquam, idque declarat totidem quot dixit, ut aiunt, scripta verbis oratio. Ergo ille a Crasso consule et Scævola usque ad Paulum et Marcellum consules floruit, nos in eodem cursu fuimus a Sulla dictatore ad eosdem fere consules. Sic Q. Hortensii vox exstincta fato suo est, nostra publico. [329] Melius, quæso, ominare, inquit Brutus. Sit sane, ut vis, inquam, et id non tam mea

Variantes : 327. consueuerat *O*. — XCVI, 328. inquit, ista *B H M*. — idemque declarat *B H M*. — suo fato *O*. — 329. ominare *G²*, o mire *O² vetus F G¹*. omitter.

Quodque, etc. C'est la seconde des raisons indiquées au § 325 : « Causas reperiemus verissimas duas. »

Vestitu, § 274.

Ornata non erat. Ce qui pèche est indiqué plus haut, § 321 : « in celeritate et continuatione verborum adhærescens ».

Florentem, cf. § 317 : « deflorescentem ».

Facultate, § 303.

XCVI, 328. *Et Hortensium*, « Et pourtant... ». Brutus répond à *minus fortasse placuit*.

Pro Messala, M. Valérius Messala, neveu d'Hortensius, consul en 53. Accusé de brigue en 51, il fut défendu par son oncle et absous. Ce jugement fit scandale, et quand le lendemain Hortensius parut au théâtre, il fut sifflé par le public. Voir la lettre de Cælius à Cicéron (ad Famil., VIII, 2, 1) : « Hic tibi *strepitus, fremitus, clamor tonitruum ac rudentum sibilus*.

Hoc magis animadversum est, quod intactus a sibilo pervenerat Hortensius ad senectutem ; sed tum ita bene, ut in totam vitam cuivis satis esset et pœniteret cum jam vicisse. » C'est pour ne pas rester sous le coup d'un échec qu'Hortensius, déjà malade, plaida peu après pour Appius Claudius (§ 324).

Afuisti. Il était en Cilicie.

Totidem... scripta verbis, publiée in extenso. Ce n'était pas l'usage ordinaire. Cf. § 160.

A Crasso, etc., depuis 95.

Consules, en 50.

A Sulla dictatore, depuis 82.

Fere, parce qu'il s'est arrêté en 51, pour aller dans son gouvernement.

329. *Ominare* répond à *exstincta*. Cf. Hor. *Od*. III, 14, 11 : « Male ominatis parcite verbis. »

Non tam mea causa quam tua. Cicéron

causa quam tua; sed fortunatus illius exitus, qui ea non
vidit cum fierent, quæ providit futura! Sæpe enim inter nos
impendentes casus deflevimus, cum belli civilis causas in
privatorum cupiditatibus inclusas, pacis spem a publico consilio esse exclusam videremus. Sed illum videtur felicitas
ipsius, qua semper est usus, ab eis miseriis, quæ consecutæ
sunt, morte vindicavisse. [330] Nos autem, Brute, quoniam
post Hortensii clarissimi oratoris mortem orbæ eloquentiæ
quasi tutores relicti sumus, domi teneamus eam sæptam liberali custodia, et hos ignotos atque impudentes procos repu-
diemus, tueamurque ut adultam virginem caste, et ab amatorum impetu, quantum possumus, prohibeamus. Equidem, etsi
doleo me in vitam paulo serius tanquam in viam ingressum,
priusquam confectum iter sit, in hanc rei publicæ noctem
incidisse, tamen ea consolatione sustentor, quam tu mihi,
Brute, adhibuisti tuis suavissimis litteris, quibus me forti
animo esse oportere censebas, quod ea gessissem, quæ de
me etiam me tacente ipsa loquerentur viverentque mortuo;

VARIANTES : 329. uindicasse *B H M.* — 330. armatorum *L.* — rei pu. *O¹.* re iu. p. *O²*
vetus, r. p. r. — mortuo. uiuerentque *L.*

NC. XCVI, 329. Lambin : *prævidit.* — 330. *amatorum.* vulg. — Stangl [*me*] *tacente.*
— *viverentque mortuo* d'après Stangl; vulg. *mortuoque viverent.* Ernesti intercale *me*
après *mortuòque.* Selon Simon, *mortuo* n'est qu'une glose de *tacente.*

ne doute pas que sa carrière oratoire ne
soit finie. Si les beaux jours de l'éloquence doivent revenir, Brutus seul pourra
en profiter.

Non vidit, cf. § 4.

Privatorum cupiditatibus. L'idée est
développée par Lucain, *Phars.,* I, 160 et
suiv.

Felicitas ipsius, « sa chance personnelle ». Cf. § 4.

330. *Sæptam liberali custodia,* comme
une jeune fille de bonne famille que l'on
entoure d'une surveillance intelligente
et délicate, sans la tenir sous la garde
d'esclaves, dans une sorte de prison.

Procos, allusion aux orateurs vulgaires
qui entourent César (cf. § 24), sortes de
prétendants à l'éloquence, et qui sont
loin de justifier par leur talent leurs
visées ambitieuses.

Serius, parce que s'il était entré plus
tôt dans la vie, il aurait eu, comme Hortensius, le bonheur de finir paisiblement
sa carrière avant la guerre civile.

Sit et non pas *esset,* malgré *incidisse,*
parce que l'infinitif exprime ici une
action, commencée il est vrai dans le
passé, mais qui dure encore au moment
où l'on parle : « Il est tombé et se trouve
être. »

Reipublicæ noctem, cf. *pro Rosc. Am..*
32, 91 : « Qui tanquam si offusa reipublicæ nox esset, ita ruebant in tenebris. »

Litteris, § 11.

Ea. allusion à sa conduite dans l'affaire
de Catilina.

Gessissem. au subjonctif parce que
c'est l'expression de la pensée de Brutus;
de même pour *si recte esset* et *darent.* — *Ipsa,* § 34.

quæ, si recte esset, salute rei publicæ, sin secus, interitu ipso testimonium meorum de re publica consiliorum darent. XCVII. [331] Sed in te intuens, Brute, doleo, cujus in adulescentiam per medias laudes quasi quadrigis vehentem transversa incurrit misera fortuna rei publicæ : hic me dolor tangit, hæc cura sollicitat et hunc mecum, socium ejusdem et amoris et judicii. Tibi favemus, te tua frui virtute cupimus, tibi optamus eam rem publicam, in qua duorum generum amplissimorum renovare memoriam atque augere possis. Tuum enim forum, tuum erat illud curriculum, tu illuc veneras unus, qui non linguam modo acuisses exercitatione dicendi, sed et ipsam eloquentiam locupletavisses graviorum artium instrumento et isdem artibus decus omne virtutis cum summa eloquentiæ laude junxisses. [332] Ex te duplex nos afficit

VARIANTES : 330. saluti *L*. — XCVII. 331. hæc cura *F O G*; hæc me cura *B H M*. — iisdem *O G*.

NC. 330. *Salute*, vulg. — XCVII. 331. *angit*, Lambin et quelques éditeurs d'après Corrado. Cf. *ad Q. fr.*, III, 3, 1 *me illa cura sollicitat angitque*. Mais ce texte est lui-même incertain (*tangitque* dans le *Mediceus*). — *hæc cura* avec Meyer, Stangl et Friedrich ; *hæc me cura* dans la plupart des éditions.

Si recte esset, sc. *res*, si les choses doivent bien tourner, c'est-à-dire si la république ne périt pas. Dans ce cas, on dira que Cicéron a contribué à la sauver en la débarrassant des factieux. Dans le cas contraire, on dira qu'il a vu les dangers auxquels ces factieux exposaient l'État, et tout fait pour les prévenir. Cf. l'expression grecque εἰ εὖ ἔχοι (sc. τὰ πράγματα). De même *ad Att.*, I, 7, 1 : « Apud matrem recte est » ; XIV, 16, 1 : « De Attica.. curasti ut... scirem recte esse. »

XCVII, 331. *Per medias laudes*. Au moment où Brutus lancé dans la carrière semble déjà assuré de la victoire, il est pris en travers (*transversa*) et arrêté dans sa course. Cf. § 127 : « cecidit in cursu ».

Vehentem, employé intransitivement avec un sens *moyen*. Cf. *de Rep.*, III, 9, 14 : « invehens alitum anguium curru » ; *de Nat. deor.*, I, 28, 78 : « Triton natantibus invehens beluis. »

Hunc, Atticus que voici.

Judicii, du jugement que je porte sur toi.

Duorum generum. Brutus appartenait à la *gens Junia* par la naissance, à la *gens Servilia* par suite de l'adoption qu'avait faite de lui son oncle maternel Q. Servilius Cæpio. Sur les monnaies il signe souvent *Q. Cæpio Brutus* (Babelon, *Monn.*, II, p. 112 et suiv.). Cf. §§ 222, 223.

Curriculum rappelle la métaphore de *quadrigis vehentem*.

Acuisses. Cf. *de Orat.*, III, 30, 121 : « Non enim solum acuenda nobis neque procudenda lingua est, sed onerandum complendumque pectus maximarum rerum et plurimarum suavitate, copia, varietate » ; Hor., *Ep.*, I, 3, 23 : « seu linguam causis acuis ».

Graviorum artium, allusion aux études philosophiques de Brutus.

332. *Ex te*. Brutus est l'occasion, le *point de départ* des sentiments exprimés par Cicéron. Cf. *ad Famil.*, XVI, 21, 3 : « Quoniam igitur tum ex me doluisti, nunc ut duplicetur tuum ex me gaudium præstabo. »

sollicitudo, quod et ipse re publica careas et illa te. Tu tamen, etsi cursum ingenii tui, Brute, premit hæc importuna clades civitatis, contine te in tuis perennibus studiis et effice id, quod jam propemodum vel plane potius effeceras, ut te eripias ex ea, quam ego congessi in hunc sermonem, turba [patronorum]. Nec enim decet te ornatum uberrimis artibus, quas cum domo haurire non posses, arcessivisti ex urbe ea, quæ domus est semper habita doctrinæ, numerari in vulgo patronorum. Nam quid te exercuit Pammenes vir longe eloquentissimus Græciæ? quid illa vetus Academia atque ejus heres Aristus, hospes et familiaris meus, si quidem similes majoris partis oratorum futuri sumus? [333] Nonne cernimus vix singulis ætatibus binos oratores laudabiles constitisse? Galba fuit inter tot æquales unus excellens, cui,

VARIANTES : 332. qui te *L* (*G²* quid). — 333. Cottæ quales *B*, coequales *B¹*.

NC. 332. Il est peu vraisemblable que Cicéron ait répété inutilement *patronorum* à deux lignes de distance. Avec Stangl je supprime le premier, *turba* étant suffisamment déterminé par les mots qui l'accompagnent. Kayser préfère supprimer le second. — 333. Rivius *exstitisse* au lieu de *constitisse*.

Effeceras et non *effecisti*, parce que l'action exprimée par le verbe est antérieure à l'explosion de la guerre civile, laquelle est un fait passé.

Domo, de Rome, qui n'avait pas de philosophie. Cf. *Phil.*, II, 11, 26 : « ab alienis potius consilium peterent quam a suis et foris potius quam domo? »

Ex urbe ea. d'Athènes. Cf. *de Orat.*, I, 4, 13 : « illas omnium doctrinarum inventrices, Athenas ».

Pammenes, rhéteur d'Athènes, cité avec éloge par Sénèque le père (*Controv.*, I, 4, 7). Cf. *Orat.*, 30, 105 : « Hunc tu oratorem (Demosthenem) cum ejus studiosissimo Pammene, cum esses Athenis, totum diligentissime cognovisti. »

Vetus Academia. Cf. plus haut, § 120, 315.

Aristus, frère d'Antiochus d'Ascalon (§ 315). Cf. *de Fin.*, V, 3, 8 : « Antiochi... sententiam quam tibi, qui fratrem ejus Aristum frequenter audieris, maxime probatam existimo »; *Acad.*, I, 3, 12 ; Plutarque, *Brut.*, 2 : διετέλει θαυμάζων μὲν Ἀντίοχον τὸν Ἀσκλωνίτην,

φίλον δὲ καὶ συμβιωτὴν τὸν ἀδελφὸν αὐτοῦ πεποιημένος Ἄριστον, ἄνδρα τῇ μὲν ἐν λόγοις ἕξει φιλοσόφων λειπόμενον, εὐταξίᾳ δὲ καὶ πραότητι τοῖς πρώτοις ἐνάμιλλον.

Hospes. Cicéron, revenant de Cilicie, avait été son hôte à Athènes (*ad Att.*, V, 10, 5 ; *Acad.*, II, 4, 12 ; *Tuscul.*, V, 8, 22).

Futuri sumus. Riemann, *Syntaxe*, p. 210, § 141.

333. *Nonne cernimus*, etc. Nouvel argument à l'appui de *nec enim decet*, etc. (§ 332). Chaque génération ayant son grand orateur, il faut que la génération qui vient après celle de Cicéron ait aussi le sien ; Brutus est tout désigné pour être celui-là.

Singulis ætatibus. Cf. *de Orat.*, I, 2, 8 : « cum boni perdiu nulli, vix autem singulis ætatibus singuli tolerabiles oratores invenirentur ».

Galba, § 88 et suiv. *Lepidus*, § 95. *Carbo*, § 103. Même énumération dans *Tuscul.*, I, 3, 5 : « Galbam, Africanum, Lælium doctos fuisse traditum est, studiosum autem eum, qui eis ætate anteibat,

quemadmodum accepimus, et Cato cedebat senior et qui
temporibus illis ætate inferiores fuerunt, Lepidus postea,
deinde Carbo : nam Gracchi in contionibus multo faciliore
et liberiore genere dicendi, quorum tamen ipsorum ad ætatem laus eloquentiæ perfecta nondum fuit; Antonius, Crassus, post Cotta, Sulpicius, Hortensius; nihil dico amplius :
tantum dico, si mihi accidisset, ut numerarer in multis .....
si operosa est concursatio magis opportunorum.....

VARIANTES : 333. Piderit ajoute *usi sunt* après *contionibus*. Mais l'addition n'est pas nécessaire, *sunt* pouvant être sous-entendu. — 333. *Note de Flavio Biondo à la fin de B* : « non erat amplius in exemplari, a quo abscisse sunt charte due : quamquam ut mihi videtur nedum charte. Sed pauca admodum uerba deficiunt. » *Note de V. degli Ardizzi à la fin de O :*... « non inueni plura in perueteri codice, fortunae quidem iniquitas id totum si tamen quiddam erat recidit. »

NC. Quelques éditeurs se sont évertués à restituer la fin de l'ouvrage, en ajoutant des phrases de leur invention (Voir l'éd. de Peter). Piderit essaye, par des corrections, de tirer un sens du texte même donné par les mss (*tantum dico : etsi operosa est contentio ac concursatio, tamen magis opportunum fore, si mihi accidisset, ut numerarer unus, quam ut numerarer in multis*). Le texte est trop mutilé pour autoriser les conjectures.

Catonem, post vero Lepidum, Carbonem. Gracchos : inde ita magnos nostram ad ætatem, ut non multum aut nihil omnino Græcis cederetur. »

Nam. Je cite Carbon de préférence aux Gracques, *car....* Cf. § 48.

Tamen répond à une idée concessive implicitement contenue dans ce qui précède : « S'ils ont eu un genre d'éloquence... etc., cependant.... »

Ipsorum ad ætatem, jusqu'à l'âge où ils sont arrivés l'un et l'autre (c'est-à-dire quand ils sont morts), leur talent oratoire ne s'était pas encore complète-ment développé; ils n'ont pas eu le temps de donner toute leur mesure. Cf. § 104 : « Sed ei (Tiberio) breve tempus ingenii augendi et declarandi fuit »; § 126 : « præclare incohata multa, perfecta non plane. »

Nihil dico amplius. Il s'arrête au moment de citer son propre nom, qu'on attend après celui d'Hortensius.

Ut numerarer in multis, d'être confondu dans la foule. Cf. *pro Rosc. Am.*, 32, 89 : « Verum ego forsitan, propter multitudinem patronorum, in grege annumerer. »

FIN.

TABLE DES NOMS PROPRES

INDEX

FIN DE L'INDEX.

ADDITIONS ET CORRECTIONS

P. 2, col. *b*, ligne 4 (fin de la note sur *cooptatum*). Ajouter : Plutarque, *Vie de Cicéron*, 36.

P. 3, col. *a*, note sur *cum quo*, fin. Ajouter : Les quelques discours où se rencontre *quocum* appartiennent à la fin de la carrière oratoire de Cicéron (*pro Srst.*, 17, 39; *pro Rab. Post.*, 8, 19; *pro Dejot.*, 14, 39).

P. 10, col. *a*, note sur *fetus repressus*. Rédiger la note ainsi : quand le germe du fruit (*fetus*), qui est à la base de la fleur et en est comme le support, ne se développe pas normalement (*repressus*), le bouton se dessèche et tombe avant de s'ouvrir. De là *exustus flos* après *repressus*.

P. 28, NC. fin. *Xanthippi filius* est rejeté par Simon ainsi que *de quo ante dixi*.

P. 38, NC. fin. Je conserve avec *L* l'orthographe *Tarsumennum*. Cf. Quintilien, I, 5, 13.

P. 52, col. *a*, ligne 25, lisez : *ait été*.

P. 56, col. *b*, note sur *Ser. Galbam*, lire 82 au lieu de 80.

P. 63. NC., ligne 2, rétablir *idque*. — Même page, col. *b*, ligne 8, rétablir *significari*.

P. 81. NC., fin, ajouter : Bake, suivi par Kayser, *nisi id quod dicitur fiat* (au lieu de *fit*).

P. 84, col *a*, lignes 6 et 23, lire *modo* au lieu de *Modo*.

P. 88, col. *a*, dernière ligne : *ces* au lieu de *ses*.

P. 90, col. *b*, ligne 1, rétablir *frequens*.

P. 95, ligne 5, lire *præstantissimum*.

P. 98, col. *b*, en bas. La note sur *genus* est à reporter p. 99.

P. 131, col. *b*, ligne 11 : ἐπί.

P. 161, col. *a*, ligne 2, lire *Regium*. — col. *b*, ligne 5, lire *Eodem*.

P. 171, col. *a*, ligne 4 : *alicujus*.

P. 172, col. *a*, dernière ligne : *iners*.

P. 173, NC., ligne 2 : *ac ratio*.

P. 177, col. *a*, note sur *Q. Arrius*. Sur son rôle dans l'affaire de Catilina, voir Plutarque, *Vie de Cic*, 15.

P. 189, col. *b*, note sur *quasi*. Pour le langage de Sisenna, voir Quintilien, I, 5, 13; VIII, 3, 35; Aulu-Gelle, II, 25, 9.

P. 196, col. *b*, en bas. M. Servilius est sans doute ce personnage peu recommandable dont il est question dans une lettre de Cælius à Cicéron (*ad Famil.* VIII, 8, 2; cf. ad *Attic.*, VI, 3, 10).

P. 211, ligne 1, séparer *qui fuit*.

P. 216, col. *a*, note sur *assentior*, lire : bien qu'étant son disciple : Atticus était épicurien.

P. 217, ligne 16, lire : *orationes (sunt enim) et dic*, au lieu de *orationes (sunt et enim) dic*. — Même page, col. *a*, ligne 4, lire : *quo nihil* etc. (au lieu de *quo nihil est*).

P. 218, ligne 13, mettre deux points après *fuisse*.

P. 225, ligne 8, lire *vestigiis*.

P. 241, *Variantes*, fin, lire : omitte *r* (au lieu de omitter).

Aux pages 16, 20, 24, 34, 40, 43, 53, 54, 55, 59, 63, 171, 225, quelques lettres ou signes de ponctuation sont tombés au tirage : le lecteur les rétablira aisément.

22729. — Imprimerie Lahure, rue de Fleurus, 9, à Paris.